U0512672

| 菿漢叢書 |

章太炎研究中心 主編

趙芳媛——整理

沈兼士集

上海人民出版社

章太炎研究中心

工作指導委員會

劉　穎　　王　犖　　温澤遠　　倪偉俊　　吴偉强

王樂芬　　李松濤　　倪滿芬　　孫　瑜　　徐娟妹

俞建新　　陸春松　　章明徠

常務聯繫人

章明徠　　章志宏　　費　傑　　孟　琢　　張鈺翰

總　序

　　餘杭章太炎先生是中國近代首屈一指的革命家、思想家、學問家，德業文章，世所景仰。太炎先生哲思深湛，接續吾華國故之統緒，洞達小學、經學，爲乾嘉漢學之殿軍；更承先啓後，熔鑄西學、佛學之精微。洋洋大觀，徑行獨往，卓然成一家之言。其所試圖重構的思想和文化，其所試圖重新闡釋的中國傳統，是有著普遍主義的價值的。它是"國學"，却又遠遠超出"國學"的範疇。我們以爲，太炎先生的思想和學術，不僅屬於中國，也屬於世界。

　　章太炎是故鄉餘杭的一張"金名片"，太炎先生故居、太炎中學、太炎小學、太炎路(街)等都體現了餘杭對太炎先生的崇高敬意與深厚感情。長期以來，餘杭對太炎先生相關的研究、普及、出版等工作都給予了大力支持。在餘杭的支持下，2017年，《章太炎全集》由上海人民出版社出齊，標誌著章太炎研究進入了一個新的階段。

　　太炎先生嫡孫章念馳先生，多年來持續關注、支持"章學"的出版與研究工作。近年來，他將家藏的大量珍貴文物捐贈給餘杭章太炎故居紀念館，並提出"以捐助研"的新理念，希望進一步推動章太炎相關研究。這一想法得到了餘杭區委、餘杭區政府、餘杭區文廣旅體局等單位的大力支持，並由章太炎故居紀念館負責落實具體事務。

經過一系列籌備工作，在各方的支持與配合下，章氏後裔、餘杭區委、餘杭區政府、餘杭區文廣旅體局、餘杭章太炎故居紀念館、上海人民出版社及學術界相關章學研究學者成立章太炎研究中心。中心主編《章太炎研究》集刊，推出以太炎先生及其弟子相關研究爲主的"菿漢叢書"，定期聯合海內外研究機構組織召開章太炎學術研討會、學術工作坊，希望可以不斷推動"章學"研究的拓展與深化，傳承並發展太炎先生的學術、思想與精神。

章太炎研究中心

2023 年 10 月

目　録

語言文字學論文

序跋

演講、報告

講義、筆記

雜談

詩歌

訪談

前　言

　　沈兼士（1888—1947），浙江歸安（今湖州）人，原名博，又名堅、堅、撥，字臤士、堅士，家中兄弟三人，兄沈士遠、沈尹默，沈兼士行三居幼，故又有沈三先生之稱。他幼承庭訓，熟讀四書五經，青年時留學日本，期間參加章太炎先生在東京開設的國學講習班，是太炎收入《弟子錄》中的親炙弟子。生前曾執教於北京大學、北京女子師範學校、清華大學、廈門大學、輔仁大學等，歷任北京大學研究所國學門主任、故宮博物院文獻館館長、輔仁大學代理校長、文學院院長等職，是中國現代著名的語言文字學家、文獻檔案學家、教育學家。

一

　　1887年農曆6月11日，沈兼士出生於陝西漢陰一個傳統的翰墨書香之家。沈家祖籍浙江歸安，以詩禮傳家，人才輩出。祖父沈際清（1807—1873），道光二十五年（1845）會試挑取謄錄；咸豐八年（1858）隨左宗棠入陝，任綏德州知州；同治十年（1872）調任陝南漢中府定遠廳同知，補知府加鹽運史，授從四品朝議大夫。從此，沈際清舉家遷往漢陰，祖孫三代一直在陝南定居。父親沈祖頤（1854—1903），19歲成爲國學生；光緒元年（1875），任磚坪廳（今陝西省嵐皋縣）撫民通

1

判；八年(1882)、十七年(1891)兩任漢陰廳撫民通判；十八年(1892)升漢中府定遠廳同知；二十九年(1903)因勞累過度在任上去世，之後沈家舉家搬往西安。沈祖頤非常重視對子女的教育，延請塾師開設家塾供子女就學，在家庭環境的熏陶之下，沈氏兄妹頗好詩文，有著良好的文學功底。

1905年，時任陝西藩臺樊增祥選派官費生赴日本留學，沈兼士及其次兄沈尹默在入選之列，但因兄弟二人並非陝西籍，只得自備資斧東渡求學。受到濃厚的維新思潮、風氣的影響，懷著對清政府的不滿和改良圖強的理想，沈兼士選擇學習"應用的學問"(茜頻《學人訪問記·文字學家沈兼士》)，先後考取日本鐵道學校和東京物理學校，學習鐵路、物理和化學。然而，他的興趣卻始終在於"國學的'小學'"(周作人《知堂回想錄》)。1908年，沈兼士參加了章太炎先生在東京開辦的國學講習會，系統地學習了《說文解字》《說文解字注》《音學五書》《爾雅義疏》《廣雅疏證》《莊子》《楚辭》《漢書》《爾雅》《毛詩》《文心雕龍》《文史通義》等小學、諸子學、文學方面的知識，同時亦深受太炎先生革命精神和信念的感召，"立志於語言文字學及革命事業"(樂芝田、張迺芝、高景成《沈兼士先生事略》)。從此，革命與學術、愛國與治學也成爲了沈兼士一生的追求。

二

早在留學日本期間，沈兼士便投身革命活動。1907年他與錢玄同一起加入了同盟會，想擔任起當時危險性最大的革命工作(《學人訪問記·文字學家沈兼士》)。像錢玄同改名爲"夏"一樣，他取《公羊傳》"撥亂世，反諸正"之義，自名爲"撥"(樂芝田、張迺芝、高景成《沈

兼士先生事略》)。1909 年,從東京物理學校畢業後,陶成章多次推薦
沈兼士參加光復會元老李爕和在南洋組織的教育和革命工作。然
而,最終未能成行。

歸國後,沈兼士投身教育事業,充分發揚留日期間從章太炎先生
那裏繼承下來的革命精神與民族氣節,在推動中國傳統學術的現代
轉型和反對封建軍閥獨裁、反對帝國主義侵略的抗爭中實現自己的
革命理想。

新文化運動爆發後,時任北京大學教授的沈兼士以實際行動響
應時代號召,一方面倡導寫作新詩、徵集歌謠、調查方言、考察各地風
俗,響應統一國語、改革漢字的語文現代化建設熱潮,擔任國語統一
籌備會會員、漢字省體委員會會員;一方面熱心整理國故,主持搶救、
整理清内閣大庫檔案,阻止文溯閣《四庫全書》外流,參與故宫文物點
查和文獻整理工作,提出組織專業團體進行科學考古,爲民族文化遺
産的保護以及考古學、文獻檔案學的創建和發展做出了重要的貢獻。
他親自起草《籌畫北京大學研究所國學門經費建議書》,提出“整理東
方學以貢獻於世界,實爲中國人今日一種責無旁貸之任務”,呼籲中
國學者“於世界學術界中爭一立脚地”。

1921 年,沈兼士作爲代表參加李大釗領導的北京大學等八校教
職員抗議北京政府積欠經費的罷教風潮,在請願活動中被衛兵打
傷——額頭被刺刀刺傷,腰部被槍柄重傷。

1925 年春,北平女子師範大學爆發風潮,時任校長楊蔭榆在北
洋政府教育部的保駕下,强行開除許廣平、劉和珍等領導風潮的學生
自治會幹事,北洋政府則明令停辦女師大。這些行徑,引起了北京教
育界人士的强烈不滿。5 月 26 日,沈兼士同馬裕藻、沈尹默、魯迅、李

泰棻、錢玄同、周作人一起在《京報》上聯名發表《對於北京女子師範大學風潮宣言》，公開支持女師大學生的反抗鬥爭，堅定地站在了反對北洋政府教育部的隊伍中。

1926 年 3 月 18 日，沈兼士參加李大釗領導的天安門集會遊行，抗議西方帝國主義列強向中國政府提出的拆除大沽口國防設施的"最後通牒"，段祺瑞却下令向遊行隊伍開槍，制造了"三一八慘案"，之後沈兼士遭到北洋政府的通緝。

1928 年，日本帝國主義爲了維護和擴大其侵華利益，入侵山東，在濟南制造"五三慘案"，沈兼士憤而辭去時任天津中日中學校長一職。"七七事變"之後，北平淪陷翌日他便宣佈辭去故宮文獻館館長、故宮專門委員會委員等職，蓄鬚明志，堅決拒絶爲日本人工作。之後，與同事英千里、張懷等在學校的掩護下秘密組織地下抗日組織——"炎社"，積極號召北平文教界同人參加淪陷區抗日活動，在敵後組織供應工作，支援前方的作戰。1939 年春，在日本人密切監視的惡劣鬥爭環境之下，"炎社"的組織機構進一步擴大，更名爲"華北文化教育協會"，在天津、開封、濟南、太原等地成立分會，網羅有志青年，組織學術團體，宣傳抗日愛國思想，編輯出版《辛巳文録》鼓勵不與日本人合作的仁人志士寫文章。1942 年，沈兼士的抗日活動被日寇知悉，爲敵僞所痛恨，列入抓捕黑名單的第一名。同年 12 月 16 日，趁著日寇實施抓捕之前撤離長期監視沈家密探的空檔，沈兼士在學生葛信益及女兒沈節的保護下，經由秘密交通渠道，微服逃離北平，經西安，輾轉到達重慶。雖然身在後方，沈兼士深爲滯留北平的輔仁師生擔憂，不久又轉返西安，組織輔仁校友會，開展收容安置、匡助輔導蜂擁而至的淪陷區青年的工作，設法營救因有共産黨嫌疑而被國民黨當局扣押的輔仁校友。

抗戰期間，沈兼士也將自己的愛國意志、抗日精神融入學術研究的字裏行間。比如在《"鬼"字原始意義之試探》文末落款"民國二十五年二月二十一日打鬼節沈兼士寫成於北平"，用"打鬼節"一語雙關；《吳著〈經籍舊音辨證〉發墨》文末的落款"民國二十九年四月四日寫於北平寓廬之抗志齋"，以書齋名寄寓自己的抗日志向；《石鼓文研究三事質疑》文章最後寫道："烏乎，賊勢猶張，蔡州之消息久斷，士心未振，冀北之收復何期。孤憤之懷，莫之或寫，乃復尋行數墨，故事雕蟲，不亦大可哀哉！"

1945 年抗戰勝利以後，沈兼士懷著對日寇的痛恨，接受國民黨當局教育部的任命，作爲教育部平津區特派員回到北平，負責接收敵僞文化教育機關。1946 年 7 月，接收工作甫一結束，便毅然辭職，回到輔仁大學繼續他熱愛的教育和語言文字學研究事業。惜天不假年，僅一年後，1947 年 8 月 2 日，沈兼士邀請胡適、張懷等到家中做客，宴中突發腦溢血病逝，享年 61 歲。

三

與革命精神、抗日事迹相比，沈兼士更爲人所熟知的是他的學術成就。

19 世紀末 20 世紀初，隨著帝國主義侵略而再次卷土東漸的西學給本就日漸式微的中國傳統學術帶來了極大的衝擊和挑戰，也帶來了新的發展機遇。在傳統與現代、中學與西學激烈碰撞交鋒而形成的交錯嬗變的潮流中，開啟了不可阻擋的學術轉型歷程。以章太炎及其弟子爲代表的一大批既具有良好的傳統文化功底，又不同程度上接受了西方科學文化洗禮的學者積極探索中國傳統學術如何走向現代化、科學化、理論化而獲得新生之路。沈兼士便是其中最具代表性的學者之一,他憑藉著深厚紮實的文獻功底和開闊的學術視野,以"開風氣之先的魄力"和"高人一籌的治學方法和才能"(葛信益《沈兼士傳略》),在文獻檔案學、史學、目錄學、教育學、考古學、民俗學、古籍整理等方面都有突出貢獻。當然,其成就最爲卓著的,還是在中國語言文字學方面。

在現代學術轉型的第一個三十年(1919—1949),沈兼士是探索中國傳統語言學現代化、科學化、理論化發展道路的代表性學者之一。他循著老師章太炎創建的"語言文字之學"理論研究框架,堅守却不保守地繼承乾嘉小學、章太炎語言文字學研究的豐碩成果;接受了時代精神的陶冶,吸收、借鑒西方有益的理論觀點、研究方法和學術成果,對中國語言文字學的諸多課題進行理論化的改造、系統性的推闡,探索中國傳統語言學自主創新的現代化發展道路,取得了有著鮮明的時代烙印、富有繼承性又具有獨特開創價值的研究成果。

文字學方面,沈兼士采用全新的方法獨立地教授文字學,編寫了第一部文字形義學講義,使文字形義學成爲一門具有較完整理論體系框架的獨立學科。他突破傳統六書學平面、泛時的研究方法,以科學的歷史發展觀爲指導,從比較文字學的角度來研究漢字的起源和發展,提出了文字起源二元論、文字畫、初期意符字、漢字發展四級論等新理論;又極具創造性地將德國文化史學家蘭普雷希特的"人類思想發達的五個時期"應用於漢字造字原則發生次序的研究,提出意符字造字原則的發生次序爲:指事→獨體象形→借象→合體象形、象形兼會意字→會意字。他还不滿於千年來六書形體研究孤立地就一字説一字,汗漫支離的弊病,提出將數以萬計漢字形體進行拆分和歸納,提取其中的"最小分子",以象形、指事、會意、形聲爲組合造字的原則和功能,對漢字構形進行系統研究的理論設想。

詞源學方面,沈兼士繼承章太炎先生豐厚的詞源學理論、方法與實踐成果,構建以"語根論""右文説""聲訓論"等爲核心的漢語字族學理論體系。他清晰地闡明了語根與語言、語詞、概念、聲音的關係,明確指出"語根"是一種以"概念"爲核心、以聲音爲存在形式的音義結合體,是産生最早且能夠分化語詞、賦予語詞音義的原始"語素",從語言的外部形式——語音和字形的角度,梳理、總結語根分化語詞的總規律,明確"右文"可以作爲探求漢語語根的重要媒介。於是,他從豐富却淩亂散漫的右文現象中概括理論、尋找方法、建構體系,揭示"右文説"的科學内核和重要價值,推闡以"右文"追溯語根、推衍字族譜系的新"右文説",歸納出"右文"分化形聲字的總模式和總規律,焕發新"右文説"在現代詞源學研究中的生命力。此外,他還透過聲訓釋詞與被釋詞在外部形式上所具有的音同音近關係,對其内部複雜的意義關係進行系統的描寫、分析與總結,提出了聲訓義類的六種分例,明確了在聲訓材料中運用音近義通理論系聯同源詞的有效適應範圍,保障了系聯結果的准確度與可信性。沈兼士努力提升漢語詞源學研究的理論化、科學化水平,推闡出了理論性和可操作性更强、系統更豐贍而嚴密、條理更細密的詞源學理論,提出了更爲先進、穩妥的研究方法,獲得了更加真確的詞源系聯實踐成果,有力推動詞源學研究向新階段的轉型,成爲現代詞源學研究史上重要的里程碑。

現代方言學方面，早在 1918 年，沈兼士在北京大學"歌謠徵集處"專門負責整理歌謠中的方言時，就已經認識到方言具有作爲一門獨立的學科進行研究的價值和必要，倡導進行方言調查，並親自設計了一個包括方言徵集流程、徵集人遴選標准、應徵方言的種類及方言徵集調查表等在內的較爲系統、完整的方言徵集調查方案。後來，他又全面考察傳統方言學研究的歷史，檢討前人得失，從語言的時空不平衡發展、語言接觸等方面推尋方言的成因，規劃未來研究方言的新趨勢，明確"耳治"的方言口語才是現代方言學的研究對象，提出采用"有系統的方法實行歷史的研究和比較的研究，以求得古今方言流變之派別，分佈之情況"，倡導跨學科的交叉、綜合研究法，"利用與之有直接或間接關係之發音學、言語學、文字學、心理學、人類學、歷史學、民俗學等，以爲建設新研究的基礎"（《今後研究方言的新趨勢》），爲現代方言學的創建及其理論體系建設作出了重要的貢獻。

沈兼士也是中國現代新語文建設的先驅。他面向新時代，關注語言生活的變化，積極響應"五四"新文化運動掀起的統一國語、改革漢字的語文現代化建設熱潮，從理論上論證統一國語、改革漢字的必要性和可行性，提出具體的操作辦法；同時，他也關注並參與現代白話語法建設，主持編撰現代白話語法書，從理論上規劃了一個以白話口語爲主要語料來源，以音、語、文爲研究內容，比照文法構擬國語標準語語法的現代白話語法研究體系。此外，他還參與改良白話語法的實踐，針對由語法歐化引發的結構助詞"的、地、底"分合問題及元代文言中就已存在的"的、得"通用現象，提出獨到的見解。

沈兼士本著"努力以求真實"之獨立、祛妄、實驗的研究精神，博通中學而推新知，廣引西學以尋出路；在重視傳統的微觀考據基礎上，有意識的進行宏觀的語言文字學理論建設；既系統、嚴謹、富有邏輯性地整理傳統訓詁、文字材料，焕發舊材料的學術活力，又以開放的視域、客觀的態度發掘新材料的研究價值；繼承傳統形音義兼治的訓詁方法，又自覺借鑒西方先進的科學方法，致力於探索中國語言文字學自主創新的現代化發展道路，成功地銜接了新舊兩個時代，真正實現了從傳統小學向現代語言文字學的全面跨越，成爲中國近現代語言文字學發展史、章黄學術史上有著承上啓下的重要學術地位、影響幾代學人的現代語言文字學家。

四

沈兼士生前手訂《段硯齋雜文》，共收文 24 篇，附録 3 篇，於 1946 年夏請他的學生葛信益編印，歷時年餘，期間又增收 1 篇文章、6 篇附録，總計文 25 篇，附録 9 篇，按年編次，於 1947 年 8 月排印出版。只可惜，該書問世時沈兼士已病逝，未能親眼得見。40 年後，1986 年，沈兼士誕辰一百周年前夕，葛信益、啟功二位先生從當時所能找到的各種民國時期學術刊物上廣爲搜求，共收集沈兼士的各類學術文章 42 篇，題名《沈兼士學術論文集》，由中華書局出版。如今，距離《沈兼士學術論文集》的出版，又一個 40 年快過去了。本次整理在《段硯齋雜文》《沈兼士學術論文集》的基礎上，利用當前數據庫文獻資源檢索的便利條件，從 1947 年前的報紙、學術刊物上新發掘出沈兼士的各類文章 22 篇、訪談録 3 篇，此外還搜集詩詞 45 首，一併重新分類梳理，按時間先後排列。每篇文章下，皆注明原始刊載、出版情況、轉載始末，以及本書整理所據版本。整理過程中，盡可能尊重沈兼士個人的用字、用語習慣，對於各篇文章用字不統一的情況，酌情統一；人名不統一之處，如"楊雄—揚雄"，則依據當前通行寫法統一爲一種；妨碍字形分析、闡釋处，適當保留異體字；對明顯錯誤的誤字、脱字、衍字的校改，均一一加脚注説明。此次整理舛誤乖漏之失，誠請方家不吝教正。

甲辰年秋

於北京師範大學珠海校區

語言文字學論文

小學起廢[*]

《漢志》小學附入六蓺。今世論小學者，亦多以此爲研治經學之
筌蹄。先儒戴氏之言曰："經以載道，所以明道者，辭也；所以成辭者，
字也。學者由字以通其辭，由辭以通其道。"宋儒譏訓詁之學而輕語
言文字，是猶度江河而棄舟楫也。比者學制更新，六蓺既不列於學
官，是宜《倉》《疋》之訓、篆籀之體等，諸殷彝周鼎雖云▨▨，祇龔玩好
而無服食之用矣。此說不然。蓋小學之功，不僅在於尚論古昔、尋繹
成說，亦將有以便民宜俗而致於用，其用維何，今約舉數崇於下。

在昔倉、沮，象法蹻远，創制文字，分理事形以引其緒，繹演聲意
以濟其窮，侖脊秩然，如調瑟之有準。其後篆籀遞變，體不失古，分隸
繼起，乃踰大閑，增減妄施，分合無定，陵夷至今，俗體蠲作，慮多無以
下筆。更有甚於"馬缺足""虫屈中"者，俗師莫理其本，童而習之，白
首紛如，持此以喻學子，宜其跋疐難行也。於是耳食之倫群起訐病，
謂中華合體字果不若異域合音字之易識。豈知言哉！夫中華千禩故
國，經略遼遠，音有古今之殊，言有夏楚之異。然而通欲達志，不資象
寄之材；諷籀詩書，無有隔閡之患。唯字有定形，故尚足以考合舊文，

* 編訂者按：原載《獨立週報》1913 年第 2 卷第 11 期，第 27—29 頁。

郵通殊語。今若廢形用聲，必至邦勢分崩，文亡道喪，蕭牆之禍，莫此爲甚。苟能上撢《説文》，歸本六書，明古人造字之例，既據形以成文，復演聲而益字，形聲並重，相輔以彰，視彼合音字之利於識音而拙於察義者，短長相斠正，未得任聲袞貶，此求識字不可不明小學也。

太上文言，合而不離。《大戴禮記》："發志爲言，發言爲名。"《尹文子》："形以定名，名以定事，事以驗名。"是"名"本爲辨指事物之稱，既而緣名制文，亦得通謂之"名"。《周禮》外史"掌達書名於四方"。《小戴禮記》："百名以上則書之於策。"①文言一致，此其明徵。降及後世，寖稍乖分，揆娸厥由，則有二焉：一因五帝三王之世，改易字體，代靡有同；一因周末諸侯，各本方音造作文字，重以古今音紐無不流變，自爾以來日益參互。近世士夫莫達其原，以爲我國學不溥及，寔由於此。相率詭更正則，師心改制，棄昔日均紐之學弗講，聲瞀唯譎觚之尚，求是致用，兩無所麗，不亦僨乎！夫九服俚辭，多與雅訓冥符；異代殊名，每緣聲類互受，必當溯音聲流變之軌迹，索名辭殊異之根株，以及訓詁之學、正名之方，溥教國人，俾知極準。庶幾殊辭絶語，甄明不惑，安用妄設科條彊歧鑿栝哉？此統一文言不可不明小學也。

荀子之論"正名"曰："名聞而實喻，名之用也。累而成文，名之麗也。用麗俱得，謂之知名。"又曰："單足以喻則單，單不足以喻則兼，單與兼無所避則共。"推此以求詞義②，中國文字本不患其簡也。《説文》一書，字列九千，囊括萬有。凡天地、鬼神、山川、艸木、鳥獸、蟲

---

① 編訂者按：今本《禮記》不見此句，沈氏所引疑據《論語》鄭注"必也正名乎"："正名謂正書字也。古者曰名，今世曰字。《禮記》曰：'百名以上則書之於策。'"

② 編訂者按："義"，沈文原寫作"篆"，據《雍言》版《小學起廢》，疑當作"義"。

蟲、雜物、奇怪、王制、禮儀，世間人事，莫不畢載。學者觀於象形，可以知先代宮室器用之制度；觀於會意，可以察古人社會心理之趨向；至於鳥獸艸木之名，博物者所當資；骨肉耳目之部，生理學所當考，其間字頗切用，誼已久微，沉而未鈎，往往多有。苟能單、兼綜互以宏其用，曷患術語之不足？而世人輒謂歐洲字多，漢土字少，斯不達麗名之術也。譯述之徒，非妄造新字，即捃摭東瀛名詞奉爲金科玉律，未敢稍事修飾，良以不知小學故，一切字誼未能恣意熔化，其弊至於文辭詰詘、詮釋不匃。此研究科學者不可不明小學也。

今之主學者，徒知培植師範人材而不知注重六書小學，是去皮存毛之策也。夫學問之道，規巨受於師，機巧發於心。曩者，塾師鼓篋諗業，大抵躐等雜施，固無規巨之可言。然佔畢之功，孳孳不輟，故學僅容有不費訓羑豁然貫通者，語云："巧生於熟。"信夫！今學校於國文一科教授之方不加良，諷籀篇什又非所敄，規巨無由受，機巧無由生，二者並廢，安所得通材乎？救之之道，當以造就六書，教師編輯六書課本爲先事之急務，使束修之僮明造字之例於事、形、聲、意；悟用字之法於通假、引申，然後教育溥及之效，庶幾可期。苟於此不加之意，即學校之數倍蓰。今茲師範之材，斗量車載，不揣本而齊其末，庸有濟乎？此小學教師不可不明小學也。

此外，造作文辭，吟詠詩賦，雅訓莫明，鄙倍難免，縱復襲用故實、堆砌詞藻而命字遣言，不能分合由己，欲求文章爾雅，安可得乎？劉勰有言："人之立言，因字而生句，積句而成章，積章而成篇。篇之彪炳，章無疵也；章之明靡，句無玷也；句之清英，字不妄也。"韓愈亦云："凡作文辭，宜略識字。"此又小學之足以扶今日文學陵遲之弊者也。蓋倉聖作書，其用至於百工乂、萬民察；孔子正名，其效歸於禮樂與刑罸中，小學之切於時用如此其鉅，是非專爲通經之學，乃一切學問之單位之學，而爲國人所應備之常識也。又何可廢乎？

附：1914 年《雍言》版《小學起廢》①

《漢志》小學附入六藝。今世論小學者，亦多以此爲研治經學之筌蹄。先儒戴氏之言曰："經以載道，所以明道者，辭也；所以成辭者，字也。學者由字以通其辭，由辭以達其道。"宋儒譏訓詁之學而輕語言文字，是猶渡江河而棄舟楫也。比者學制更新，六藝既不列於學官，是宜《倉》《雅》之訓、篆籀之體等，諸殷彝周鼎雖云𤴖𣪘，祇襲玩好而無服食之用矣。此説不然。蓋小學之功，不僅在於尚論古昔、敷繹成説，亦將有以便民宜俗而致於用，世人不察，橫加訾毁，將謂天之所廢莫或能興，故不得不著論辯之。

在昔倉、沮，篆法踧远，創制文字，分理事形以引其緒，繹演聲意以濟其窮，侖脊秩然，如調瑟之有準。其後篆籀遞變，體不違古，分隸繼起，乃踰大閑，增減妄施，分合無定，陵夷至今，俗體蠭作，慮多無以下筆。至有甚於"馬缺足""虫屈中"者，俗師莫理其本，童而習之，白首紛如，持此以喻學子，宜其跋疐艱行也。於是耳食之倫群起訴病，謂中華合體字果不若異域合音字之易識。豈知言哉！夫中華千禩舊邦，經略遼闊，斠之遠西諸國，廣袤縣殊，奚啻倍蓰。音有夏楚之別，言有古今之異。然而通欲達志，不資象寄之材；諷籀詩書，無有隔閡之患者，唯字有定形，故尚足以考合舊文，郵通殊語。今若廢形用聲，必至邦勢分崩，文亡道喪，蕭牆之禍，莫此爲甚。儻能上撢《說文》，歸本六書，明古人造字之例，既據形以成文，復演聲而滋字，形聲並重，相輔益彰，瞭然於斯，識字何有。且彼合音字者，祇利識音而難察義，高下相量，間不容黍，又安可捨我舊貫，變夏而用夷乎？

太古文言，合而不離。《大戴禮記》：「發志爲言，發言爲名。」《尹文子》：「形以定名，名以定事，事以驗名。」是「名」本爲辨指事物之稱，既而緣名制文，亦得通謂之「名」。《周禮》外史「掌達書名於四方」。《小戴禮記》：「百名以上則書之於策。」言文一致，此其明徵。降及後世，寖稍乖分，揆姝厥由，則有二焉：一因五帝三王之世，改易字體，代靡有同；一因周末諸侯，各本方音造作文字，重以古今音紐不無流變，自爾以來日益參互。近世士夫莫達其原，以爲我國學不溥及，實由於此。相率詭更正則，師心改制，棄昔日均紐之學弗講，瞀儒唯謏瓠是尚，求是致用，兩無所麗，不亦偵乎！夫九服俚辭，多與雅訓冥符；異代殊名，每緣聲類互受，必當溯音聲流變之軌迹，索名辭殊異之根株，以及訓詁之學、正名之方，溥教國人，俾知極準。庶幾殊辭絕語，斠若畫一，甄明不惑，安用妄設科條彊施檃栝哉？

荀子之論「正名」曰：「名聞而實喻，名之用也。累而成文，名之麗也。用麗俱得，謂之知名。」又曰：「單足以喻則單，單不足以喻則兼，單與兼無所避則共。」推此以求詞義，中國文字不患其簡也。《說文》一書，字列九千，囊栝萬有。凡天地、鬼神、山川、艸木、鳥獸、蚰蟲、雜物、奇怪、王制、禮儀，世間人事，莫不畢載。學者觀於象形，可以知先代宮室器用之制度；觀於會意，可以察古人社會心理之趨向；至於鳥獸艸木之名，博物者所當資；骨肉耳目之部，生理學所當考，其間字頗切用，誼已久斁，沉而未鈎，往往多有。苟能單、兼綜互以宏其用，曷患術語之不足？而世人輒謂歐洲字多，漢土字少，斯不達麗名之術也。譯述之徒，非妄造新字，即揃摭東瀛名詞奉爲玉律金科，未敢稍事改飾，其弊至於文辭晦澀、詮理不匈，良以小學不明故，於一切字誼未能熔化入斁，恣意運用，故研究科學、翻譯名詞而不通小學，亦猶摘埴冥行耳。

夫學問之道，規矩受於師，機巧發於心。曩者，塾師鼓篋孫業，大抵躐等雜施，固無規矩之可言。然佔畢之功，孳孳不輟，故學僮容有不費訓羐豁然貫通者，語曰："巧生於熟。"信夫！今小學校於國文一科教授之方不加良，諷誦篇什又非所課，規矩無由受，機巧無由生，二者並廢，安所得通材乎？主學者徒知振興小學（謂小學校）、培植師範人材爲溥及教育之道，而不知改革國文教法，此亦去皮存毛之策耳。試觀今日畢業於師範學校者，果有具國文教師之學識者乎？吾知其百無一二也。救之之道，在於改革國文教法，注重六書小學，務使爲僮子師者明造字之例於事、形、聲、意；悟用字之法於通假、引申、釋義、辨音，了無疑滯，以之出授孩提，然後教育溥及之效，庶幾可觀。苟於此不加之意，即使學校之數倍蓰。今茲師範之材，斗量車載，不揣本而齊其末，庸有濟乎？

此外，造作文辭，吟詠詩賦，雅訓莫明，鄙倍難免，縱復襲用故實、堆砌詞藻而命字遣言，不能分合由己，欲求文章爾雅，安可得乎？劉勰有言："人之立言，因字而生句，積句而成章，積章而成篇。篇之彪炳，章無疵也；章之明靡，句無玷也；句之清英，字不妄也。"韓愈亦云："凡作文辭，宜略識字。"此又小學之足以扢今日文學陵遲之弊者也。蓋倉聖作書，其用至於百工乂、萬民察；孔子正名，其效歸於禮樂與①刑罰中，小學之切於時用如此其鉅，是非專爲通經之學，乃國人所應備之常識也。又何可廢乎？

《周禮》古者"八歲入小學，保氏教國子，先以六書"，故劉歆《七略》以"六書"附經，獨稱"小學"；《弟子職》則分屬《孝經》不與小學併。而"小學家"祇列《史籀》等訓詁文字之書十家、四十五篇。至《隋志》增以金石刻文；《唐志》增以書法、書品；宋朱熹作《小學》以配《大學》，《文獻通考》以之入經部小學類，而後小學始兼容八法、幼儀之書矣。但古者史書、三倉大抵以四字或七字爲句，便於學僮誦習，故曰"小學"。今則範圍拓張，所謂"小學"者，乃包含字形、音韻、訓詁三種，循名責實，當名"語言文字之學"方爲碻切。此篇仍用"小學"之名者，襲古稱也。附識。

---

① 編訂者按："與"，沈文原寫作"興"，今據《獨立週報》版《小學起廢》改。

廣新方言[*]

廣新方言敘

　　今世士夫，輒謂中國方言參互，文語殊涂，敷不溥及，寔緣於此。遂相率詭更舊文，變亂常道，師心造作，以營世俗者夥矣。於戲！古敷不講，婁務唯異瓠是尚。捨本逐末，將焉用諸。夫中國俚辭殊語，甯陵雜，無友紀，貴能窮究音變，得其觖理。然後諭於俚辭，動與雅訓冥合。殊語多因聲類相受，又何參互殊涂之足慮乎，孫卿有云："越人安越，楚人安楚，君子安雅。"察琬以疑衆宿，循涂轍而知會歸。唯彼通人，明而能融。郷者吾師太炎先生嘗从事於茲，創訂六例，成《新方言》十一篇。昭矇振俗，厥功至矤。挈以菲質，獲聞緒論，竊嘗就所見聞，規摹成例。茜苴遺賸，得若干條，愧未能多識舊章，博覽載紀，引證不洽，意必是虞。比於師作，其猶一累壤以增大山，不知之加，吾知弗免。

昭易赤奮若陬月

---

　　* 編訂者按：原連載於《獨立週報》1913 年 2 月 23 日、3 月 2 日、3 月 9 日，第 7、8、9 號。

幅

《説文》:"幅,以囊盛穀,大滿而裂也。"方吻切。《穀梁》僖十年傳:"地賁。"范甯注:"賁,沸起也。"《詩·周南·桃夭》:"有賁其實。"毛傳:"賁,實皃。"案:"賁"本訓"雜香艸",此言"實皃"者,謂果實中滿坼裂之形也,皆當作"幅"。今北地尚存此語,讀若崩,古音輕脣多歸重脣也。

侹

《説文》:"侹,長皃。一曰箸地,一曰代也。"案:"一曰箸地"者,《通俗文》:"平直曰侹。"今北方謂到地直卧曰"侹"是也。"一曰代也"者,《方言》:"侹,代也。江淮陳楚之間曰侹。"今俗尚有"侹替"之語,誤書作"頂"。章師《新方言》作"鼎",亦通。蓋皆"當"之通假字。

夥伎

《説文》:"夥,齊謂多也。"《方言》:"凡物盛多,齊宋之郊、楚魏之際曰夥。"《説文》:"伎,與也。""與,黨與也。"《廣均》:"伎,侶也。"今合語謂朋輩爲"火計"。正當作"夥伎"。"夥伎"猶言"儔伴"。"儔"假爲"醜"。《爾疋》:"醜,眾也。"與"夥"同誼。《新方言》謂"火計"語出於火伴計偕,兹不從。

竩子

《説文》:"竩,短人立竩竩皃。"薄蟹切。或作"矲"。《方言》:"矲,短也。桂林之中謂短'粃'。"案:《周禮·司弓矢·庫矢》注:"鄭司農讀爲人罷短之罷。""粃"假爲"睥",猶"庫"讀爲"罷"也。今川陝間呼跛者爲"睥子",言其隻足差短睥睥然也。

竭

《説文》:"竭,負舉也。""豕"下云:"竭其尾,故謂之豕。"《禮運》:"五行之動,迭相竭也。"注:"竭猶負載也。"今陝西人謂以肩任物爲"竭"。

慇

《説文》:"慇,忎也。"胡田切。今陝西人以"慇"爲危詞。凡謂事之不可傲倖者曰"慇得很",殆其引申之誼,欲速則不達也。

肥臑臑

《説文》:"臑,益州鄙言人盛,諱其肥,謂之臑。"如兩切。《廣疋》:"臑臑,肥也。"今陝西尚有"肥臑臑"之語。"臑"讀若囊,古音孃日二紐並歸於泥。

訬孃

《説文》:"訬,訬擾也。""孃,煩擾也。"今陝西人謂叫囂爲"訬孃"。"孃"讀如壤。

狡獪

《廣均》:"狡獪,小兒戲。"《説文》:"訬,訬擾也。一曰訬獪。""訬"蓋假爲"狡"字。凡《説文》中"一曰"多言假借。今陝西謂欺誑人曰

"狡獪"。"狡"正讀如詨,楚交切。狡獪也者,猶云其言如兒戲也。

娿𧄔

《説文》:"娿,娿𧄔,貪也。"娿、𧄔爲疊均連語,引申之爲曉事之稱。通俗書作"糊塗"。案:《説文》:"冒,冡而前也。""冡,覆也。""冡"即蒙昧正字。《廣疋・釋訓》:"蒙,蒙暗也。"是"冒"有不明之義,引申訓貪。賈子《道術》:"厚人自薄謂之讓,反讓爲冒。"貪冒字本誼爲"冡而前",正與"娿𧄔"訓貪引申爲不曉事之義相成,凡貪人心地無光明者,諺有之曰:"利令智昏。"

㜣

《説文》:"㜣,不媚,前却㜣㜣也。"失冉切。《玉篇》作"㜣①"云"女子態"。《廣韻》:"㜣,前却㜣媚也。"案:《詩》:"無爲夸毗。"傳云:"夸毗,體柔人也。"正義:"便僻其足,前却爲恭,以形體順从於人,故云'以體柔人'。""㜣"字義殆與夸毗相近,今陝西人謂婦人妖冶作態曰"㜣電婆",言電者,前却㜣輸有如電光之不定也。又俗謂人來而曰"避閃",亦當作"㜣",言隨勢前却以避人也。"閃"本訓"窺頭門中",無避義。

扡

《説文》:"扡,給也。一曰約也。"章刃切。陝西謂以繩纏束物爲"扡",即其別義也。

---

① "㜣",部件"夾"當作"夾",古多混作"夾"。

13

嬗

《説文》：“嬗，好枝格人語也。”旨善切。今陝西人謂凋哲多言爲“嬗”。是其引申之誼，多言者輒喜儇和人語。《曲禮》所謂“儇言”是也。

踢

《説文》：“踢，跌也。”徒郎切，俗作“遢”。《漢書‧王式傳》：“式恥之，陽醉遢墜。”注：“失據而倒也。”服虔：“音湯，去豆皮之湯。”（去聲）今北方人謂橫臥爲“踢”，正如服音。“跌”則橫臥地矣。又《説文》：“踢，一曰搶也。”“搶，距也。”今俗尚謂拒止爲“踢”，書作“擋”，俗字也。桂未谷謂《説文》“搶也”之“搶”當作“蹌”。恐非。蹌，動也。

蹶子

陝西俗謂跛者爲“蹶子”。案：《説文》：“蹶，僵也。一曰跳也。”“跳，蹶也。”《荀子‧非相》篇：“禹跳湯偏。”《尚書大傳》：“禹其跳。”“其跳者，踦也。”注：“踦步足不折相過也。”是“跳”即跛足之謂也。

毁

四川陝西間謂物曲縮爲“毁”。案：《説文》：“毁，揉屈也。”《廣均》：“毁，毁屈。”居又切，與今同音。

㸰

今陝西謂賭簿不置錢注，但以籌隅計其勝負曰“片”。案：“片”即

"芇",一聲之轉。《説文》:"芇,相當也。讀若①宀。"《廣均》:"今人賭物相折謂之芇。"《廣雅》:"蒀,當也。"段茂堂云:"蒀即芇之譌。"戴侗謂:"越人尚有芇折語。"

痒

《説文》:"痒,寒病也。"今陝西猶謂寒爲"痒",所臻切。

僚偯

《説文》"僚"與"偯"均訓"好皃"。上力小切,下倉含切。今陝西人猶以"僚偯"爲贊美之詞。

臮

《説文》:"臮,楚謂小兒嬾臮。从臥、食。"尼厄切。《玉篇》:"楚人謂小嬾曰臮。"段茂堂云:"《説文》有'兒'。衍字也。"今陝西西安人謂小兒病嬾,思臥不事游嬉曰"臮",音轉爲去聲。北土本無入聲也。據此則《説文》有"兒"字爲是,段説似未允也。

僇

《説文》:"僇,垂皃。一曰嬾懈。"力傶切。《廣疋·釋訓》:"僇僇,疲也。"《廣均》:"僇,極困也。"今川陝間尚謂力乏爲"僇",古音古義也。

僄輕

《説文》:"僄,輕也。"今川陝間謂輕爲"僄輕",合語也。

---

① 編訂者按:"若",沈文原寫作"茹",誤,今據《説文》(中華書局影印陳昌治刻本)原文改正。

捎捫

陝西謂託人寄物爲"捎捫"。案:《説文》:"捫,撮取也。"《廣均》:"捫,撮取。"張衡《西京賦》:"捫飛鼺。"薛綜注:"捫,捎取之也。"今曰"捎捫"者,合語也。俗作"帶",非。

撟捎

《説文》:"自關已西,凡取物之上者曰撟捎。"《方言》:"撟捎,選也。"撟,居少切。捎,所交切。今陝西言人之佼出類者爲"撟捎"。"撟"讀如挑,喉音與舌頭音掍矣。

帔子

《説文》:"帔,幐裂也。"卑履切。"幐,殘帛也。"《急就篇》:"帔敝囊橐不直錢。"顏注:"帔者,幐殘之帛也。"北方人謂以鬻和綴膡布可作履空之用者曰"帔子",音猶作"卑履切"也。

夃

《説文》:"夃,厚脣皃。"《廣均》:"夃①,脣下垂皃。"陟加切。陝西謂撮脣使其突出爲"夃起嘴",音轉如都。古音舌上歸舌頭,且魚部、歌部得旁轉,如"何"作"胡","嬀"之作"華"類也。

哆

《説文》:"哆,張口也。"敕加切。今四川尚謂張大其口曰"哆",正

作敕加切。

圣①地

《説文》:"圣,汝潁之間,謂致力於地曰圣。"苦骨切。或作"劧"。《廣均》:"劧,力作也。"今俗謂農夫墾地爲"挖地",作烏括切。喉牙迆轉,猶骨聲之有"滑"也。案:許書有"宎"無"挖","宎,空也"。《廣均》:"宎,手宎②爲穴。"與墾地誼别。

坋

《説文》:"坋,塵也。"《五行志》:"棄灰於道者黥。"孟康曰:"商鞅以棄灰於道必③坋人,坋人必鬥,故設黥刑以絶其源。"杭州人謂凡物渜垢曰"坋",讀落風去聲,諄東二部,隔越相轉也。又北地謂塵埃飛揚曰"坋",讀如蓬,則復轉入重唇音矣。

塺

《説文》:"塺,塵也。从土,麻聲。"《楚辭》:"愈氛霧其如塺。"引申之則凡物之細如塵者,皆可曰"塺"。俗謂研物成粉爲"末",一聲之轉也。案:《説文》:"末,木上曰末。"雖亦可引申訓細,不如"塺"字於誼切近也。

坒塵

《説文》:"坒,塵也。从土,非聲。"今俗有合言"坒塵"者。"坒"讀

---

① 編訂者按:"圣",沈文原寫作"聖",誤,今正,下"圣"字同。
② 編訂者按:"宎",沈文原寫作"坋",疑涉下條而誤,"坋"無挖掘義,用在此處不準確,故據各本《廣韻》原文改。
③ 編訂者按:沈文"必"後衍"人"字,今據《漢書·五行志》(中華書局,1962 年)原文删。

如灰，輕唇轉入牙音，亦猶四川、湖南之言"飯"如"換"也。俗誤書作"灰"，非是。是"灰"訓"死火餘盡"，不當爲一切塵埃之稱。

米糌

《説文》："糌，以米和羹也。一曰粒也。"籀文从朁①作"糌"。今北方人謂磨米成紛用以作鬻曰"米糌"。側吟切。與朁聲之"簪"同音。

訐

《説文》："訐，面相斥罪告訐也。"居謁切。《廣均》："訐，持人短。"《玉篇》："訐，攻人之陰私也。"今陝西西安同州間謂罵人曰"訐人"。

懲

《説文》："懲，忞也。"《禮記·表記》注："懲謂懲艾。"今陝西尚謂虐苦人爲"懲"，亦曰"懲治"。

儹錢

《説文》："儹，最也。""最，積也。"《廣均》："儹，聚也。"作管切。凡从贊聲之字，多有積聚誼，如"瓚"訓"三玉②二石"；"簪"一訓"叢"；"欑"爲"積竹杖"，一曰"叢木"也；"酇"爲百家之③稱是也。通俗謂居積財貨曰"儹錢"，此與《新方言》稱得利爲篡錢之"篡"誼別。

---

① 編訂者案："朁"，沈文原寫作"替"，誤，今正，下"朁"字同。
② 編訂者按："玉"，沈文原寫作"至"，誤，今據《説文》原文改。
③ 編訂者按："之"，沈文原寫作"立"，誤，今據文意改作"之"。

暫

《左傳①》:"婦人暫而免諸國。"注:"暫,猶卒也。"《漢書·李廣傳》:"暫騰而上胡兒馬。"案:《説文》"暫"訓"不久"。今俗語云"霎時間",即此字之音變也。

桱

《説文》:"桱,大也。"古回切。今俗謂大爲"桱",如人之臀壯者曰"大桱頭";栗之大者曰"桱栗",俗書作"魁",非也。

歙

《説文》:"歙,縮鼻也。"今人尚謂涕欲垂而收攝之曰"歙鼻涕"。

阬

《禮記·明堂位》:"崇坫康圭。"鄭注:"康讀爲亢龍之亢,又爲高坫,亢所受圭奠於上焉。"案:鄭注之"亢"爲"阬"之省假字。《説文》:"阬,閬也。""閬,門高也。"《詩·綿》:"臯門有伉②。"傳:"伉③,高皃。"《釋文》:"伉,本又作亢,《韓詩》作閌。"説素無"閌"字,亢、伉之訓又無高義,是"伉"亦假爲"阬"。臯門是天子郭門,上有臺觀,阬然高也。凡高處便於閣物,遂引申爲藏庪品物之稱。今南人尚有此語也。

"阬"之本詁既爲高閬,然今俗又謂地之孔穴爲"阬",何也? 蓋高

---

① 編訂者按:"傳",沈文原寫作"待",誤,今正。
②③ 編訂者按:"伉",沈文原寫作"阬",今據《毛詩注疏》(清嘉慶二十年南昌府學重刊宋本十三經注疏本)原文改。

而廣者曰"阬";深而廣者亦得曰"阬",以言其帡積則一耳,故《説文》:"㪚①,阬也。""塹,阬也。""容"下云:"深通川也。从谷从卪。卪,殘地阬坎意也。"又"埂"下云:"秦謂阬爲埂。②"段氏注引《廣均》曰:"吳人謂堤封爲埂。今江東語謂畦埒爲埂。"是則周帀宂受,得以互稱同名,猶"池塘"古祇作"隄唐"也。

土阬

又北方謂土牀亦曰"阬"。蓋阬之制隆高,本是閣物之所,其後浸淫乃爲人所坐卧之處耳。亦猶"几",《説文》本訓"踞几"。"凥"字从人在几上。《儀禮·有司》:"徹受宰几。"注:"几,所以坐安體。"是几本所以居人,後乃用以閣物。故《釋名》云:"几,庪也,所以庪物也。"得此足以證明"阬"之義矣。

閌阬

《揚雄傳》:"阬閬閬③其寥廓兮。"注:"閬閬,空虛也。""閌"是"阬"之假體。《釋詁》:"阬,虛也。"閌④、阬二字有虛而高大之義,故今人謂凡物之蓬鬆龐大曰"閌阬"。

竑

《説文》:"竑,屋響也。"户萌切。今陝西人謂音浪有所障礙不能

---

① 編訂者按:"㪚",沈文原寫作"叡",誤,今據《説文》原文改。
② 編訂者按:"秦謂阬爲埂",沈文原寫作"秦謂容爲阬",誤,今據《説文》原文改。
③ 編訂者按:"阬閬閬",沈文原寫作"閬阬閬",誤,今據《漢書·揚雄傳》原文改。
④ 編訂者按:沈文原脱"閌"字,今據文意補。

四達曰"宖"，本義本音也。一曰"宖洞"，"洞"乃餘音，猶"匫董"之"董"也。

䕃

《説文》："䕃，小蒜。"附袁切。今北人尚謂小蒜爲"蒜䕃"，讀爲重脣音。

嬾懘

《説文》："懘，高也。一曰極也。一曰困劣也。"是"懘"之別義爲"嬾"。今陝西人謂倦於操作曰"嬾懘去作"，合語也。"懘"讀如帶。

娖

《説文》："娖，訬疾也。""訬，訬擾也。""訬"即炒鬧本字，然則"訬疾"者，利口捷給之謂也。今浙江嘉興人謂讇吷多言爲"訬"。昨禾切。桂未谷云訬疾之"訬"當作"眇"，恐非。

芬香

《説文》："芬，艸初生其香分布也。"今四川人謂香爲"芬香"，合語也。讀如蓬去聲者，輕脣歸重脣，且諄東隔越相轉。如"伯宗"或作"伯尊"，"蠭門"之爲"逢蒙"也。

如何

《魯論》："吾末如之何。"即"奈之何"。鄭康成讀"如"爲"那"，今江浙人言"如何"皆在麻均，音之轉也。

酓

《説文》：“酓，酒味苦也。”於剡切。今北地謂茶苦亦曰“酓”，俗作“釅”。

句倨

“倨句”之名，見於《周官》，其義則以程氏瑤田《磬折古義》之説最爲詳碻。蓋“倨句”者，曲矩申屈所成之角也。由一倨之折而漸申之，出乎一矩之外，名之曰“倨”，其倨之角，悉數之不能終其物也；由一矩之折而復屈之，入乎一矩之内，名之曰“句”，其句之角，亦悉數之^①不能終其物也。以其可句可倨也，於是合倨、句二字以名之，不妨顛到之曰“句倨”也。今陝西西安同州人謂踞爲“句倨”。“倨”讀若丩，魚幽旁轉，如甫聲之有“牖”也。踞曰句倨者，人蹲踞時，脛折如曲矩，隨股高下而成無定形之角也。倨之與踞，古本通用。《史記·酈陸傳》“方倨牀”是也。

木宣

《考工記》：“車人之事，半矩謂之宣。”程瑤田曰：“宣之言發也，當是起土句鉏之最句者，蓋句庇利發之義。”《詩·大雅·緜》：“迺宣迺畝。”箋：“時耕曰宣。”正義：“宣，徧也，發也。”《周語》：“王耕一墢，班三之。”《吕氏春秋·孟春紀》高注引作“一發”。今川陝間謂犁曰“鐵宣”，檷曰“木宣”。（從許説。金謂之犁，木謂之檷。）

餈饛

《説文》：“餈，稻餅也。”“饛，饙也。”今四川人以糯米蒸熟舂之作餅謂之“餈饛”。“饛”讀若巴，脂歌迆轉，如“柀木”即“棐木”也。

硈實

《説文》：“硈，石堅也。”《爾雅·釋言》：“硈，鞏也。”俗言“結實”當作此。

隔起來

隔，《方言》《廣雅》均訓爲“益”，莫駕切。通俗言累物使高，次第相重曰“隔起來”，正當作此。《新方言》以爲“籌馬”字。

漵

《方言》：“漵，清也。”《廣雅》訓同，匹滅切。今俗尚謂挹其清去其濁曰“漵”。

燀燹

《説文》：“燀，燀燹，火皃。”上卑吉切，下敷勿切（重唇音）。今俗言火盛然時燀燹有聲，蓋古語也。

縗縳

《説文》：“縗，縳衣也。”“縳，縗衣也。”《喪服傳》曰：“斬者何？不緝也。”“齊者何？緝也。”“齊”即“齋”，“緝”即“縗”之假借字也。今通語謂緣衣之邊曰"緁",或"纏"。

睼

《説文》:"睼,病人視也。讀若迷。"段氏據《廣均》改作"睼",今俗謂視而張目不毅曰"睼",讀爲去聲。

覘

《説文》:"覘,私出頭視也。讀若郴。"今俗尚謂竊視爲"覘",讀如張。易部與易侈聲侵部旁轉,若《易》"朋盍臧"或爲"盍簪",是其例也。

覭①

《説文》:"覭②,目有察省見也。"方小切。段氏注曰:"目偶有所見也。伺者有意,覭者無心。今俗語尚云'覭',與《目部》之'瞟'音義皆同。"

屈

《説文》:"屈,無尾也。"九勿切。《淮南子》:"屈奇之服。"許叔重曰:"屈,短也。"《埤》《倉》《廣均》皆訓"屈"爲"短尾"。今北人謂磬折其要以屈向上曰"屈",正作九勿切。段氏從玄應書、《廣均》云"九勿"當爲"衢勿",蓋一字容有二音也。

悬磬

《禮記·文王世子》:"則磬於甸人。"注:"縣縊殺之曰磬。"今俗語

---

① ② 編訂者按:沈文原寫作"覞",今據《説文》原文改。

謂自經爲"虞磬"。故弔、到通用，皆假爲"鳧"。鳧猶縣也。《方言》作"佻"，言縊者若磬之縣虞也。

磬

《詩·大叔於田》："抑磬控忌。"傳："騁馬曰磬，止馬曰控。"馬元伯曰："磬、控雙聲字，不當如毛傳字各爲義。"案：《載馳》："控於大邦。"《一切經音義》引《韓詩》曰："控，赴也。"赴者，走告也。是"控"不僅有止義。然則此詩"磬控"字兼有騁、止兩義。今浙人謂以手按物使不得動曰"磬住"，即止住也。又《釋名》："磬，磬也，其聲磬磬然堅緻也。"《周書·太子晋》："師曠磬然又稱曰。"注："自嚴整也。"《説文·車部》："輕，車堅也。"是磬、磬、輕皆以聲訓，有堅緻義。今北方俗語謂液體凝結曰"磬"，亦言其堅緻也。

誂姘子

《説文》："誂，相呼誘也。"《説文》："姘，《漢律》：'齊民與妻婢姦曰姘。'"今俗謂狂且引誘婦女與之厶合爲"弔膀子"，正當作"誂"。誂、弔音近，"姘"讀若膀者，青陽旁轉也。

礱糠

《説文》："礱，䃺也。"糠，穀之皮也。今江浙人謂磨穀去其皮曰"礱糠"。

傀儽子

四川人謂"鬼"爲"矮羅子"。案：《説文》："傀，鬼變也。从鬼，化聲。”“魖，見鬼驚詞。从鬼，難省聲。讀若《詩》‘受福不儺’。”是呼鬼之詞當作“傀魖”，“傀”音轉如矮者，矮，《說文·新附》：“从矢委聲。”《周禮》注作“罷”，《廣雅》《玉篇》作“庪”，皆與“傀”爲同歌部字也。

僞

《說文》：“僞，詐也。”爲聲，古音在歌部，故《堯典》：“平秩南訛。”《漢書·王莽傳》作“南僞”。今俗謂詐取人財曰“僞”，音仍歌部也。《新方言》以“俄”字當之，兹不从。

瞫

《說文》“瞫”，一訓“竊見”。式荏切。今嘉興人尚謂偷視曰“瞫瞫看”，讀若“鱏”，余箴切。

裯

《說文》：“裯，棺中縑裏。讀若雕。”朱豐芑曰：“今蘇俗制裘通曰裯，不知非吉語。”案：此通語也。

些

《廣雅》：“些，詞也。”息計反，又息賀反，謂語餘聲也。今湖州語助言“息個”即“些”之合音。

盅罐

《說文》：“盅，器也。”朱豐芑曰：“今蘇俗煎茶器曰吊子，即此‘盅’字。”案：通語酙之深者曰“盅罐”。“罐”爲《說文》新附字。《眾經音義·卷八》云："瓶罐又作'灌',汲器。"是"罐"以灌注得名,从缶俗改。

艴倞

通語顔色鮮明曰"漂亮"。"亮"爲"倞"之隸變,明也。"漂"當作"艴","縹色也"。《玉篇》引《楚辭·遠遊》:"玉色艴以脆顔。"今《楚辭》作"頩"。"艴"謂顔色鮮好也。引申之,人性明慧者亦曰"艴倞"。《新方言》作"暴亮",兹不从。

新文學與新字典 *

玄同吾友：

文學改良，已習聞兄及胡、陳二君之論矣。弟現於新文學之基礎建設上，稍稍有所主張，其說如下：

應用之文，必須用俗語；文學之文亦可用俗語，固爲吾人之所公認；唯其爲文之性質不同，故其用字之範圍廣狹，亦宜因之而有區別。

應用之文，說理敘事，期於易知易能，故用字宜采狹義的標準字。今擬標準字典之編法大綱如左：

（一）采方言中之流行較廣者，每一義只載一字；其餘"轉注"之字，一切不錄。

（二）字形須合於六書之義。凡方言有本字而俗不知者，考出之，例如負舉爲"揭"，揉屈爲"𢭃"；有本字而俗借他字爲之者，考正之，例如"一旲"作"一會"，"瘝病"作"毛病"；有本字而別造俗字者，附俗字於本字之下，例如"敠"作"抛"，"迦"作"卡"，皆須注明古今音變。

（三）不合六書之俗字，其本字不可考見而必需用者，別附錄之。

文學中如"詩""詞""曲"等，多有格律音叶之限制，若專用一種標

* 編訂者按：原載《新青年》1918 年 2 月 15 日，第 4 卷第 2 號。

準字，恐有拘滯牽強之弊；故其範圍宜稍加廣，以資通融調劑。今擬文學字典之編法大綱如左：

（一）凡合於今之方言者，悉載之，不限於一義一字。

（二）同標準字典。

（三）同標準字典。

（四）不合於今之方言，而《說文》所載，古籍常見之字，別附一篇，以資考古。

弟對於國語之主張，大致如上所說，意在"求是""致用"二者兼顧。唯病中屬思欠周密，又不能動筆，不能多言，特請人粗寫其大要如此；故引證說明，多不詳晰，兄當能諒其意也。如有不妥處，尚祈賜教；並望於"國語研究會"中代弟發表之，以供同人討論。

此外尚有"文字上之中國古代社會進化觀""象形及指事字之解剖研究""新《爾雅》"三個擬題，茲不復詳其體例，病愈再當就正也。

沈兼士

附：錢玄同回信

惠書敬悉。足下所擬新字典擇字的標準，玄同很為贊成。但鄙意以為考求本字的最大目的，是要明白這字的意義，和這字音讀的沿革變遷；所以在字典上，必須要考證確當，詳細說明。至於在應用一方面，只可拿現在的聲音來做標準：例如某本字，在文言裏現讀甲音，白話裏應該用這個本字的地方也讀甲音，這類本字，自然應該采用；又如某本字在文言裏雖讀甲音，而白話裏應該用這個本字的地方，却讀了乙音，那就只可寫一個和乙音相同的假借字了。本來"假借"一書，所包甚廣；小學家所謂"同音假借"者，固然有許多是寫別字；但是也有並非別字，因音變而不得不借用的。音變而別造一字的，就是"轉注"；音變而不造字，借用同音字的，就是"假借"。像那"老"字由Lao音變爲Khao音，後來造"考"字，這就是"轉注"；然"考"字未造以前，借用同音的"丂"字（鐘鼎裏有這樣寫的），這就是"假借"。所以鄙見以爲像"瘼病"寫成"毛病"，正和"老"字寫"丂"字一樣；在字典上必須講明"毛病"本作"瘼病"——不然"毛"字的意義便不可通——而在應用上，則只可寫"毛病"——因爲現在"瘼"字不讀做"毛"——庶幾不至和現在的聲音不合。尊見以爲然否？祈更賜教。

徵集方言之辦法 *

沈兼士先生近擬徵集方言之辦法如後：

一、由北京大學國語研究所囑托各省教育廳徵集各省之方言，由各省教育廳委托各縣教育會或公立各學校長徵集各縣之方言。

二、各縣徵集之方言每月填表報告各該省教育廳，再由教育廳彙寄大學研究所。

三、各省教育廳委托徵集方言之人必須通曉普通官話及熟習注音字母或羅馬字摒音者。

四、應徵之方言約分四種：

(1) 與通行官話有別者；

(2) 有音無字者；

(3) 習俗借用他字按之語義而不適合者；

(4) 各地別造俗字者。

五、就上四種分爲十類：(1)詞，(2)言，(3)稱謂，(4)形體，(5)服用，(6)建築，(7)天，(8)地，(9)植物，(10)動物。

六、各省教育廳按照下列表式印訂成册，分給各徵集員以便

＊　編訂者按：原載《北京大學日刊》1918 年 6 月 25 日，第 171 號第 2 版。

應用。

表式

方言	
注音	
類別	
解釋語意	
考正之方言	
說明考正之理由	
附記	

七、填寫表格之注意有四：

（1）表中第一格至第四格由各省徵集員填寫，第五格至第七格由大學研究所研究後填寫。

（2）注音用注音字母或羅馬字均可，但務須確切。

（3）方言中之有音無字者以〇記之，下注其音。

（4）各地造有俗字之語務須照寫，不可嫌其俚俗而改易他字。

八、各地志乘中如有關於方言之記載，以及古近人私家之著述，亦須囑托各省教育廳隨地隨時訪求寄送大學研究所以資參考。

文字學之革新研究(字形部)*

前年在病榻中,偶然想起從前講六書論形體的,都是就一字說一字,所以總免不了汗漫支離的毛病。我想用一個法子通盤籌算,從根本上解決這重公案。

今先立一定義:

> 凡文字,皆係應用象形、指事、會意、形聲等法,以·、一、
> |、∪、○、×、十、……諸簡單符號組合而成。前者謂之造字
> 之元則;後者謂之字體之最小分子。

本以上定義以施研究之法,其術有二:

(a) 分析各字體,以定各最小分子之作用及其分類。

(b) 綜合各最小分子,以觀各元則之應用。

(a) 例如⊠之从×,所以表示地之虛陷。由此可以推定⊠之从

---

* 編訂者按:原載《北京大學月刊》1919 年第 1 卷第 2 號,第 35—37 頁。

╳,亦當是表示頭皮内不充實之意,與⊗同意。王筠言╳象筋膜連綴,固非;段玉裁改篆爲⊗,直是破了腦蓋,尤不可通也。

╳這個符號,雖已證明有表示空虚的作用,然却不能謂凡从╳者皆是表示空虚。這是何故呢? 因爲鼐之从╳,象鼎腹交文;茻之从╳,象編竹文。又如⊠與⽧中⊠之从╳,則爲交互與界限的表示,有虚綫之作用。

據上所援諸例,依歸納法研究之結果,可斷定凡用╳符號者,其作用可分爲三類:

(1) 象物形之一部分,如鼐、茻等——爲連屬的、寫實的。

(2) 表示交界,如⊠、⽧等 ⎫
　　　　　　　　　　　　⎬爲獨立的、意造的。
(3) 表示空虚,如⊗、⊗等 ⎭

若能準上法以求最小分子之數共有若干,其作用各如何,而爲之各定一界説,則前此汗漫支離之弊可以免矣。

施行前法,有三難點,足以爲進行之障礙,研究者當先注意之。

(1) 古籀小篆不出於一時一人之手,其爲例多有不一致處;兼之書板傳刻,時有舛譌。

(2)《説文》多采小篆,而小篆改易古文,失其造字之元形元意者頗復不少。

(3) 金甲之文,固爲極有力量之參考品,唯刻工往往逞刀鋒之便,增損筆畫,以圖美觀,遂致字形亦多歧異。

今須先用精密工夫鈎稽爬梳，以解決上列之三難點，然後前法乃可以告成功。

（b）自來釋六書之例，大都作法自擾；或曰"獨"，或曰"合"，或曰"純"，或曰"變"，或曰"某兼某"；其分別愈多，而淆亂亦愈甚。

今爲之立一定義：

凡文字，皆係應用一個或一個以上之元則組合而成。

例如◌，爲應用象形一元則所成者；◌，爲應用象形、指事二元則所成者；◌，爲應用象形、指事、會意三元則所成者；餘可類推。

茲以簡便之故，假稱四元則爲1、2、3、4，則應用各元則以組合成字之式，當如下表：

1、2、3、4——應用一個元則者四式

1・2、1・3、1・4

2・3、2・4 ⎫ 應用二個元則者六式

3・4 ⎭

1・2・3、1・2・4、1・3・4

2・3・4 ⎫ 應用三個元則者四式

1・2・3・4——應用四個元則者一式

就上所列，共計得十五式。其中雖或有性質彼此近於重複者，或無字以當之者，要之造字之式，則盡網羅於此範圍之內，固無疑義矣。

若能依上法以論字形，則前此分配賓主、斟酌輕重所瞎費之苦心，可以免矣。

八年一月十四日稿

語法編纂大旨書 *

（1）向來所用之"語典"名稱，不合於今語，且意義甚爲含混，先擬改稱爲"語法"。

（2）語法内容，照例分爲三部：曰音，曰語，曰文。

（3）三部之中，語爲最要。即分斷的研究品詞在於語中之位置及其作用者也。現編語法，即由此著手。

（4）我國現尚無標準口語，小學校所用之教科書，亦均以古文爲主。故選擇語法材料不能不取之於小説，如《紅樓夢》《儒林外史》《官場現形記》之類。然以上諸書，不失之於古，即失之於土。現擬以北方教育社會所通用之語爲標準，而以小説爲參考之資，較爲妥當。

（5）擬先選定標準語編纂應用之語法一部。然後就古今之變遷，方土之差別，再編一部語法外篇，以備考查沿革，保存方言之用。

兹以圖表明之於下：

AB 綫表示方言之差别
CO 綫表示古今語之變遷
交點 O 表示現所假定之標準語

---

* 編訂者按：原載《北京大學日刊》1919 年 10 月 18 日，第 464 號第 2 版。

（6）我國文中所用之單字，語中多用雙字。此於注音上頗形便利。現編語法，擬儘量采用雙字之口語。

（7）即宜設一語法調查會，以調查各地語法分布之狀況。

（8）語法與詞書，一所以表示法式，一所以□①殊名，交相爲用，缺一不可。現擬詞書與語法同時並編。

附：國文學研究所開會紀事

十月十五日，在國文研究所開研究會，議定編纂語典方法。到會者列下：

馬裕藻　周作人　劉復　錢玄同　沈尹默　沈兼士　毛常
常惠　毛準　沈頤　朱希祖

國文研究所初定有研究語典一門，今春特請沈兼士先生爲語典總編輯。沈兼士先生，乃提出《語法編纂大旨》一篇，其文錄於後方。

本日議決之事如下：

"語典"二字，決定改爲"語法"。（國文研究所，尚有研究辭典一門，亦決定將"辭典"二字，改爲"辭書"。）

先編應用之語法，其關於古今之變遷、方土之差別，將來別行編纂。

編纂方法：（甲）依傍中國文法，編成假定的語法。（乙）依傍外國語法，編成假定的中國語法。

編成之後，再用近代小説，及其他口語文以審其當否。

---

① 編訂者按：此字漫漶不可識，故以"□"代之。

擔任編纂者列下：

沈先生頤　擔任依傍中國文法編成假定的語法。

沈先生兼士　擔任依傍日本語法編成假定的中國語法。

常先生惠　擔任依傍法國語法，編成假定的中國語法。

錢先生玄同主張語法中，應用語言，如現代普通語不敷用之處，可用古語（即自來文章中所通用者）及方言補之。

擔任編撰語法者，如有一部分已經成稿，先刷印分送於共同研究者，一星期後開會討論。

我對於"的"字問題的意見 *

止水君説："術語用底'的'字,大概从'鵠的'引申來底。"但是我據日本辭典中："テキ(的)'接尾'漢語ニ添ヘニ屬スル。又ハ'ノ',又ハ'ニ於ケル'ノ意ヨ表ス語——'積極テキ'——'抽象テキ'。"(山田美妙、芳賀矢一兩本略同。)

看來,止水君的話,似嫌附會。

又,止水君説:"中國文言裏,除名詞之外,从没有用過'的'字底。"這也是拘於字形,忘却音變軌迹的説話。要知中國文中所謂"虛字"的,都是借音表意,與所謂借字的形義毫不相關,往往同一詞意,而古今所用的字不同,這就是字音變了,不得不另借他字的緣故。即如"的"字的意思,古代用"之""者""只""咫""釳"等字去表他(參考章太炎師的《新方言》),及至以上諸字的聲音轉變,和口語不合了,然後又用"地""底""的"等字來表他,就是這個道理。若是株守著字形和本義講,那就拘滯難通了。

我以爲文字不過是記語言別同異的一種約定符號。倘使時代變遷,某字已經失却記語言或別同異的效力,那就不得不另行約定。這

---

* 編訂者按:原載《晨報》1919 年 11 月 19 日,第 332 號第 7 版。

是當然的道理。現在口語體文盛行，一句之中，"的"字數見，每每和譯名接尾的"的"字相混，所以另行約定"的"字的用法，也是可以認爲必要的。至於譯名中的"的"字，到底是由漢文"之"字、"者"字轉變來的呢？還是由"鵠的"引申來的呢？我以爲都沒有甚麼關係。只要在"地""底""的"等字中約定兩字、叫他們分任職務就得。高談詁訓，徒事紛擾，是用不著的。

附：錢玄同《我對於"的"字問題的意見》

這篇文章，是我的朋友沈兼士君今天从香山寄來，叫我轉交《晨報》記者的。現在送上。

我對於"的""底"等字字義的問題，所見完全和兼士君相同。因爲中國文字雖然號稱衍形衍義，其實六書之中，衍形的只限於象形和指事二書，衍義者只限於會意、形聲和轉注三書（形聲字雖然有半體表音，其實他還是會意的變相，所以還歸在衍義類中）。到了假借，除"引申"一部分以外，其餘都是借音，和本形、本義全不相干。這實在是中國文字由衍形、衍義而進化到音路上的第一步。所以漢唐以後增加的字義，十之七八都是假借——都是假借中的借音，絕不問他的本義怎樣，引申義怎樣。名詞、動詞和形容詞尚多如此，那代、副、介、連、歎、助等詞，不消說得，自然全是借音了。我也以爲我們現在對於"的"字、"底"字之類，只須規定怎樣用法，就得了，不必牽涉到字義上去。

至於我對於用"的"、用"底"的問題，我也主張分開的。我主張不僅分做"的"和"底"兩個字，應該分做"的""底"和"地"三個字，我以爲：

    A. "之"字、"者"字和"只"字的變音，該用"底"。

    B. 附屬於副詞的，該用"地"。

    C. 那日本人新創用"的"字的，該用"的"。

這樣分法，似乎稍微明白一點。

但是今天早晨，我遇見陳獨秀君，他和我談起這個問題，他也主張分做三個字。不過他和我所主張的，那 A、C 兩條正是相反。他的理由，以爲"之"字、"者"字和"只"字的變音用"的"字，已經是"約定俗成"的了，斷不能再去改他，所以主張仍用"的"字。那日本人新創用"的"字的，雖然中國文中近來也用，究竟他的勢力遠比不上那"之"字、"者"字、"只"字變音的"的"字，所以不妨趁現在尚未"成俗"的時候，把他改用"底"字，庶幾可以和"的"字、"地"字分別。獨秀君所主張，大致如此。他爲這個問題，做了一篇文章，預備登在《新青年》七卷二號中。

我覺得獨秀君這個辦法，非常適當。因此，我就取消我自己的主張。從今以後，我做文章，就用獨秀君這個辦法。

不過我又以爲古文（指和現代語言不同的文章，不是桐城謬種所謂"古文"）裏的"之"字和"者"字，有些在現代語言裏還是沿用的，如"……之類""……之中""……之至""老者""勞動者""犧牲者"……仍舊可以沿用"之"字和"者"字。

                    一九，一一，一六　　錢玄同附記

關於"的""得"兩字通用的意見 *

先把"的""得"兩字可以通用的簡單句子,在小説中找出幾個來做個例:

(1) 花紅{的/得}狠。

(2) 胆小{的/得}極。

(3) 那件事我記{得/的}清楚。

(4) 這匹馬走{得/的}很快。

(5) 這塊地值{得/的}三千塊錢。

"的""得"兩字可以通用的口語,不外以上所舉的幾個形式。現在就詞性上分析起來,可以歸做兩類:

(一) (1)(2)是形容詞的語尾,下接狀詞。

(二) (3)(4)(5)是動詞的語尾,下接狀詞、形容詞(或形容句)、形

---

* 編訂者按:原載《晨報》1919 年 12 月 10 日,第 353 號第 7 版。

容變詞。

第一類形容詞的語尾，擬專用"的"字，廢去"得"字。

理由：

(a) 因爲"的"字是本音，"得"字是變音的原故。何以知其然呢？現在就把"花紅$\frac{的}{得}$很"這句話的形式變做"花很紅的"，那麼就不能用"得"字了。

這就是"的"字底下接了他詞，有時聲音變做"得"的證據。

(b) 我們現在討論"的"字的用法，必須以語法上的區別爲立腳地，然後可以達到明晰而不破碎的目的。所以這一類的形容詞語尾，應當和他項形容詞的語尾同用一個"的"字，不宜再用"得"字。

第二類動詞的語尾，擬專用"得"字，廢去"的"字。

理由：

(a) 因爲"得"字是本音，"的"字是變音的原故。何以知其然呢？現在試把"那件事我記$\frac{得}{的}$清楚"這句話裏的"清楚"二字去掉，變成"那件事我記得"一句話，那麼就不能用"的"字了。這就是"得"字底下①接了他詞，也有時候聲音變做"的"的證據。

(b) "得"字表示動詞的能性，較"的"字爲顯明。

(c) 可以與動詞變爲形容詞的——"走的馬""開的花"之類——字形和字音上有個區別。

(d) 現在規定語法，不可不留意聲音上的區別，以爲將來改用拼音文字不致混淆的預備。"得"字與"的"字，音雖相轉，却不相同，較

---

① 編訂者按："底下"後，沈文原衍"的"字，今删。

之以"底"代"的",尤爲利便。

（e）"得"字是普通語，不是方言，拿他來代"的"字，不背"約定俗成"的原則。

沈兼士　十一月二十九日稿

（附言）以上的意見，曾於致錢玄同君信中說過幾句。昨天我在香山，看見十一月二日的《晨報》，其中有玄同君討論"的""底"分用的文章，替我登了個預告，所以我不能不提出來，以供大家的討論。但是我近來背痛舊病又發作，不能多寫字，這不過是個大概罷了。

十二月四日

附：

兼士君把"得""的"兩個用法如此分別，我極贊成。我們拿古文來看，也可以證明形容詞下面底"的"和動詞下面底"得"，是全不相同的。形容詞下面底"的"，在古文中可以用"之"字，如"膽小的極"作"膽小之極"，"不通的很"作"不通之至"。（自然也有不能一律論的，如"花紅的很"，不能作"花紅之至"。這是因爲天然的文法，不能彼此完全一致，常有例外底緣故。）原來古文底"之"字，也和今語底"的"字一樣，形容詞底語尾也用他、介詞也用他。所以今語作"小的""不通的"，古文就作"小之""不通之"。至於"記得清楚""走得很快""值得三千塊錢"，這一類底話，在古文裏是絕對沒有用"之"字的。這也可以證明這兩類底"的""得"是全不相同的。

不過這個動詞下面底"得"字，究竟應該歸入那一類品詞，似乎還要討論。兼士君說他是動詞底語尾，我想不甚妥當。昨天晚上和獨秀君也談到這個字，那時候兼士君這篇文章還沒有寄到，我們還是把"花紅得很"和"馬走得很快"混在一起講。獨秀君説："適之君底意思，以爲這個'得'字是助動詞。"我當時聽了，有些不懂。現在看了兼士君底解釋，覺得形容詞下面底"得"，實在是"的"字底音變，如兼士君所説。那動詞下面底"得"，確是助動詞，兼士君所謂"表示可能性"，説得很對。並且還有一層，這動詞下面底"得"字，在古文中往往有用"能"字、"可"字的，如"這匹馬走得很快"，古文作"此馬能疾馳"；"這塊地值得三千塊錢"，古文作"此地可值三千元"。"能"和"可"都是助動詞，所以"得"字也是助動詞。這樣講法，兼士君以爲怎樣？

一九一九，一二，七　錢玄同附記

再論"的""得"兩字通用答錢玄同君 *

動詞下所用的"得"字，我原想定爲助動詞，後來仔細研究了一下，覺得不盡如是。現在把我研究的方法寫在下面，請你賜教！

先舉幾句説話在下面作個例：

馬走[得]很快。

馬走[得]不很快。

馬能走[得]很快。

馬正走[得]很快。

馬走[得]很快了。

試把上列各種句子比較一比較，覺得其中有可以使人注意之點二：

（1）除第一句外，其餘各句中的"得"字，都不含何等助動性質。

（2）試把各句中的"得"字省掉，説起來就覺得有一點"不詞"。（因爲是不合習慣的原故）。

---

* 編訂者按：原載《晨報》1920 年 8 月 3 日，第 560 號第 7 版。

　　就上兩點看來，結果我就把這個"得"字的性質斷定他爲——本是可能性，助動詞，後來變作無意義的動詞語尾。

　　至於何以變作語尾？這個緣故，大概是因爲單字的動詞，說起來不大便當，所以往往因語勢句調關係，拿別的字配合起來成爲複音（多用助動詞配合）。然後音節才能够調順。比方說"今天著了涼了"，"著"字下的"了"字，也只算得一個動詞語尾罷了。

　　再从將來改用拼音文字上著想，這個動詞語尾，却是大有裨益，我們正應該承認他和利用他。不知玄同兄以爲何如？

八年十二月十二日

研究文字學"形"和"義"的幾個方法[*]

文字學"形體",向來還没有人拿有系統的合於科學的方法來研究過他。現在我把已經想到的幾個研究方法寫出來,以爲國文學系和史學系的研究材料。

(A)"造字原則"發生程敍和古代人類思想發展的關係

"六書"的次敍,从漢到清,説者極不一致。現在看來似乎已經成了不要緊的問題,但我却以爲這個問題還有研究的價值。因爲我們追溯"意符的"(Ideographic)文字的起源,初不是單爲語言的符號而發生的。實際上可以説是和言語同爲直接傳示思想的方法而别成一源。就是一方面用聲音來表示思想,由口以傳於耳;一方面用形象來表示思想,由手以傳於眼。所以就意符的文字發達的次敍上研究一下,借此也就可以曉得古代思想發展的程敍。這一層我以爲是很要緊的。現在我們試拿德國史學家 Lamprecht(1856~)所定的人類

---

  * 編訂者按:原載《北京大學日刊》1920 年 8 月 28 日,第 686 期第 4 版;又載《晨報》1920 年 8 月 31 日,第 588 號第 7 版;又載《時事新報(上海)》1920 年 9 月 9 日,第 4557 號第 13 版;又載《北京大學月刊》1921 年第 1 卷第 8 期,第 47—50 頁。本書據《北京大學月刊》版整理。

思想發達的五時期(説見該氏的《德國史》和《近代史學》),比照著來
説造字原則發生的次敘,就是:

1. 象徵主義(Symbolismus)。指事字二⌢之類。不過是一種記
號的。

2. 模型主義(Typismus)。象形字,⊖☽之類。由記號的進化而
爲象形的。

3. 因襲主義(Konventionalismus)。借象字,屮米之類。因襲實物
的形狀,以代表作者的意思("借象"的界説參考我民國三年所著的
《文字學講義》)。

4. 個性主義(Individualismus)。複象字,或象形兼會意字⿱之
類。漸漸脱離實物標本的束縛,作者能自由拼合各象形體,以發揮其
意思。較前範圍稍廣。

5. 主觀主義(Subjektivismus)。會意字,之類。能超乎迹象,
主觀的把各個文字間的關係看做有機的,而化合之,以表現作者的意
思。其作用愈加廣大。到了這個階級,意符區域算是擴張到極大的
限度。物窮必變,所以漸漸渡到"音符的"(Phonetic)區域而生出一種
"形聲"原則來了。

Lamprecht 氏承認他所分的五時期,是一切文化發達的一般形
式。文字是表現文化最爲顯著的東西。那麼造字原則發生的程敘,
當然也不能違背這個形式,是無可疑的了。我的理想如此。至於詳
細的討論,尚有待於同志。

(B) "造字原則"應用法的研究

這個問題,我想拿數學的組合法來解決他。詳見《北京大學月

刊》第一卷第二號我所做的《文字學之革新研究》。茲不多贅。

(C) 字體最小分子的研究

這個問題，我想把各字體解剖到獨立的極小部分，再用歸納法來斷定他們的作用和分類。詳見我的《文字學之革新研究》中。

(D)"龜甲文"和《説文》"重文"的研究

《説文》"重文"中的疑問極多，現在"龜甲"出土的很不少，正應該拿他和鐘鼎文、《説文》重文來鈎稽參訂，整理一番。這個研究，與(C)(E)兩方面都有極密切的關係。不過這事頗費工夫，應當組織一個會，合群力來進行他。

(E) 中國文字之史學的研究(文字形體上的中國古代社會進化觀)

六年冬天，我在《新青年》發表過致錢玄同君的一封信，曾提及《文字上的中國古代社會進化觀》這個題目。後來又向朱逷先君、馬幼漁君建議把文字學的一部分提出來，在史學系中設一學科。現在試把我主張的理由説個大概。

現在研究古、籀、篆文的形體，可以説是和文學沒有什麼關係。至於他對於史學的關係，卻反覺得重要得很。你看應用"象形""會意"兩原則的文字，大都直接的或間接的傳示古代道德、風俗、服飾、器物……等的印象，到現在人的心目中。簡直就説他是最古的史，也不爲錯。

史貴徵實。但是古及今有意做的史書，那一個不犯著主觀的、偏見的、文飾的毛病呢？獨有文字裏面無意中表現的事實，可以算得有客觀的、直寫的、裸體的價值,可以算得沒有參過水的古史材料,你看這是何等可貴!

這個學科的研究方法:應先拿《說文》、鐘鼎、龜甲中諸文字參校訂正,然後假定某字的"形""義"和當時社會思想事物的關係。這個假定不能就算是正確的,必須博考周秦諸書,看他有無佐證,然後再應用社會學原則判斷他的當否。照這樣子做去,方能夠免於傅會穿鑿的弊病。

這個研究若果成功,也許有多少地方可以反證出《說文》和古史所紀的字形和事實的繆誤。

(F) 縱橫兩方面的訓詁研究法

從來講訓詁的不外兩派:一派是《經籍籑詁》式的專尚臚列,沒有系統之可言。一派是《通訓定聲》式的,系統儘管有,但是古典的、舊文學的,不是應用的、新文學的。就理論上講起來,實在仍是偏而不全的辦法。我以爲大學裏很應該把研究訓詁的範圍擴張大來,叫他和新文學發生關係才好。怎麼樣方可以達到這個目的呢?我以爲必須注重縱橫雙方的研究。

現在擬把訓詁學分做三部分來研究,如下表:

訓詁學 { (1) 訓詁學概論——這是總論。
(2) 代語沿革考——這是縱的研究。
(3) 現在方言學——這是橫的研究。

《訓詁學概論》是總論他的原流、要義和研究的方法。如"變易""孳乳""引申""通假"諸定律,都是應該講的重要事項。

《代語沿革考》是應用總論所說的方法,目治的依據古籍來探尋歷代文語蛻禪的軌迹。這個研究和將來編輯《語法外編》大有關係。（參考我的《語法編纂大旨書》。）

《現在方言學》是應用總論所說的方法，耳治的研究現代各地方語言流變的狀況。這個研究先須用表式來徵集方言。（我从前曾擬過一個調查方言的表式，但是這個事辦起來手續很覺繁難，還須同大家从長商酌。）然後用歸納的法子整理起來，把研究所得的分類編錄成一種《爾雅》式字書。將來纂輯辭書的材料，就都在這個裏面了。（我嘗說《爾雅》是一部記載當時普通用字的半官式的字書，後世可惜沒有仿著他隨代編纂。不然，豈不是研究訓詁學的一個大幫助嗎？）

現在我們考究方言，和从前《新方言》諸書有一個根本不同之點，就是从前是以《說文》爲根據，凡《說文》中有本字可考的方才被選。換一句話說，就是以形爲經，以音義爲緯。現在却須專以音義爲主了。

九年八月二十五

造字原則發展之程敍說 *

六書次弟，自漢迄清，說者極不一致。或以獨體合體分，或以體用實虛別，要皆捨本逐末，非從根本立論。竊謂意符文字之起原，初非語言之符識，而爲與語言同屬直接傳示思想之方法而別成一派。語言用聲音表示思想，由口以傳於耳；意符文字用形象表示思想，由手以傳於目。故研究意符文字發展之次第，借可推測人類文明演進之過程，亦一有趣之事也。茲試本德國文化史學家蓝浦瑞喜提 Lamprecht(1856～1915)就社會心理的歷史觀所擬人類思想發達之各階段，比例以觀中國造字原則發達之次第：

1. 象徵主義(Symbolismus)　在六書爲指事 二 一 之屬，乃一種象徵之符識。

2. 模型主義(Typismus)　在六書爲象形 ☉ ☽ 之屬，由符號演變而爲象形。按：文字畫爲人類想像與摹仿兩種本能之合產物，至六書時期則分化爲指事、象形二獨立造字原則矣。

3. 因襲主義(Konventionalismus)　在六書爲象形中之借

---

*　編訂者按：原附載於葛信益編印《段硯齋雜文·影印元至治本鄭樵六書略序》後，北平東廠胡同協和印書局，1947 年。

象,如Ψ米之屬。Ψ象屮上出,借爲通徹語之符號,米象獸指爪分別,借爲辨別語之符號。凡因襲實物之形狀,假以表示作者擴大之意思,形拘而義通,體實而指虛者,皆是類也。(借象說詳見民國三年拙編北京大學豫科《六書講義》,自轉注以後由朱宗萊續編出版,名《文字學形義篇》。)

4. 個性主義(Individualismus) 在六書爲合體象形及會意兼象形,如𡕥𡧚𡧷𡧪之屬。漸漸脫離實物標本之束縛,作者能自由拼合象形體以發揮其綜合之指趣,較前範圍更廣大矣。

5. 主觀主義(Subjektivismus) 在六書爲會意志𢝫之屬。此類文字,超乎迹象,主觀的視各體爲有機體而化合之,以表現其抽象之意義。至此階段,意符區域乃擴張至極大之限度。

物窮必變,於是直接代表語言之音符字乃應運而生,形聲爲半音符,假借爲純音符,適應語音變化則或易其音符,是爲轉注。

Lamprecht 氏所分之各時期,爲人類文化發達之一般形式,意符字爲表現心理反應之最顯著者,而我國六書原則其內容適與之契合無違,舊說紛紜,得此可以定論矣,新學家矯枉過直,竟欲廢棄六書而不知利用,亦其獘也。

民國九年八月

一封討論歌謠的信[*]

顧銘堅先生：

　　你給我的復信，已經收到了。你收集的吳歌、吳諺、吳語已有十四五册^①之多，用力之勤，至可佩服！承委託我幫忙編審，那是我很願意做的。

　　來信説："我的意見，'黄房'決是'徨彷'二字之誤。其所以把'彷徨'二字顛倒的緣故：因爲'步'與'彷'是雙聲，雙聲的字，在一個詞内説起來很順，而在二個詞内連説起來很逆，所以竟倒轉了。'徨'與'彷'是疊韻，雖是倒轉，仍舊諧韻，所以更是不覺得倒轉了。臆見未知然否？……"我以爲大凡疊韻或雙聲的形狀語，兩字的次序，本有互易的例：譬如古書中的"悅惚""惚悅""黄昏""昏黄"和俗語中的"張慌""慌張"皆是，並無別的理由，似可不必過事深求。

　　再原歌中所用的"黄房"，倘相沿本是如此寫法，大可不必改作"徨彷"，以存其真。就理論上説來：這類的字本來不過是"託名標識"

---

　　* 編訂者按：原載《北京大學日刊》1920 年 12 月 21 日，第 774 期第 4 版；又載《晨報》1921 年 1 月 26 日，第 729 號第 7 版；後收入《段硯齋雜文》。本書據《北京大學日刊》版整理。

　　① 編訂者按：《北京大學日刊》版無"册"字，今據《晨報》版補。

罷了，"黃房"之與"徨彷"，功用略無差別，不能竟說他是錯誤的。

我們現在研究歌謠裏的方言，（就有俗字的說）不是要考他的古字（"本字"或"正字"）究竟是甚麽；是要考他的意義究竟是怎樣。仔細說起來，就是不應該以形體爲唯一目的，還像《新方言》那樣每語必求他的古字，應該以意義爲唯一目的，本著聲韻變遷的定律，去推尋其意義的範圍，意義①弄得很清楚了，就算能事已盡；正不必拿和現在說話不相符合得古字來替代俗字。例如《晨報》十二月十一日所載京南的歌謠《月亮地》有句："月亮地，凋衣裳。"注："凋，亦洗也，不知是否此字？姑用之。"從聲韻上研究起來，北方人說的"ㄊㄡ"和"ㄔㄡ"（凋），南方人說的"ㄉㄚ"都應該是"滌"字的音變。（"ㄊㄡ"是"滌"的古音。"ㄔㄡ"是疊韻相轉。"ㄉㄚ"是雙聲相轉。）我們研究方言的人，只要從"ㄊㄡ""ㄔㄡ""ㄉㄚ"這些聲音裏面推尋出他是由"滌"變來的，是"洗"的意思，那就夠了；却不必一定要把"滌"字復活了來代替俗用的"凋"字。又如你的吳歌47《哭七七》中有句"書童担掃靈前座"，注："担謂拂去灰塵，不知'担'字怎麽寫法？"我們雖然知道《内則》"桃曰膽之"的"膽"，是拂拭的意思，但是"膽"和"担"都是一樣"依聲托事"假借來用的字；又何必妄生分別，定要用那不通俗的"膽"字替代那通俗的"担"字。

至於歌謠中遇著有音無字的方言，且不必管他應該怎樣寫法，只要拿注音符號來表出他的聲音就得。倘是考出來的本字的聲音，恰好與今語相合，那也不妨拿來應用，但必須有個限定：就是要"現無流行的俗字，而其本字的聲音，又與今語相合的場合"方才可以。

此外還有幾條意見，現在一並寫在下面，和你商榷：

---

① 編訂者按："意義"，沈文原作"義意"，誤，今據上文改。

地方歌謠應該注明流行所在的現代地名，不應用那廣狹異域界限不清的古代地名，你在《晨報》上所發表歌謠，都注一個"吳"字，這個"吳"字若指狹義的吳縣説，就説無可論的了；倘是襲用古代吳越之吳，那是我不甚以爲然的。

地方歌謠中所用的字，多與原歌謠的聲音不符，我以爲非旁注注音符號不可。

民謠可以分爲兩種：一種爲自然民謠，一種爲假作民謠。二者的同點，都是流行鄉里間的徒歌；二者的異點，假作民謠的命意屬辭，沒有自然民謠那麼單純直樸，其調子也漸變而流入彈詞小曲的範圍去了。例如廣東的粵謳，和你所采蘇州的《戲婢十勸郎》諸首皆是。我主張把這兩種民謠分作兩類，所以示區別、明限制，不知你以爲何如？

十二月十六日　沈兼士

附：沈兼士、顧頡剛、魏建功就此問題的通信

顧銘堅先生①：

《晨報》所載歌謠 37《男孤孀》第十九句："如今在黃泉路上步黃房。"注："'黃房'二字不解。"我疑心"黃房"就同古書所用的"彷徨""彷徉""方羊""房皇""彷翔""悵悵"一樣，是形容無所適貌。不知你以爲如何？

沈兼士

十二、八

---

① 編訂者按：原載《北京大學日刊》1920 年 12 月 11 日，第 766 期第 3 版。

兼士先生①：

昨天在《北大日刊》見到先生的一信，欣幸之至；已經函《晨報》更正了。我的意思，"黃房"決是"徨彷"二字之誤。其所以把"彷徨"二字顛倒的緣故，因爲"步"與"彷"是雙聲，雙聲的字在一個詞內說起來很順，而在二個詞內連說起來很逆，所以竟倒轉了。"徨"與"彷"是疊韻，雖是倒轉，仍舊諧韻，所以更是不覺其倒轉了。臆見未知然否？請先生鑒正。

我在去年先輯吳歌，後來連帶及於吳諺，又連帶及於吳語。有許多尚在日記簿中，沒有錄出。若統行錄出，已有十四五冊了。所恨者，我於文字學太沒有根柢，竟不能整理他；又是我犯了神經衰弱的病，要用功讀書也是困難，所以雖積聚了許多材料，竟沒有法把他做成器用。現在先生給我一封信，我非常快樂。我願意拿這些材料送給先生，讓先生來編審，我去搜集。不曉得先生肯不肯？先生雖是湖州人，但離蘇州不遠，蘇州話一定能夠完全瞭解的。

學生顧頡剛　九、十二、十三

魏建功先生給我的信②

今天《日刊》上《一封討論歌謠的信》，我很懷疑，本想商之沈先生的，就和先生談談罷。

沈先生說："我們現在研究歌謠裏的方言，（就有俗字的說）不是

---

① 編訂者按：引自顧頡剛《孟姜女故事研究及其他》，商務印書館，2017年，第182頁。

② 編訂者按：原載《晨報》1921年1月27日，第730號第7版。

要考他的古字('本字'或'正字')究竟是什麼;是要考他的意義究竟
是怎樣。仔細說起來,就是不應該以形體爲唯一目的,還像《新方言》
那樣每語必求他的古字,應該以意義爲唯一目的,本著聲韻變遷的定
律,去推尋其意義的範圍,意義弄得很清楚了,就算能事已盡,正不必
拿和現在説話不相符合的古字來替代俗字。"我以爲言語底變遷是一
定有個頭緒的。要整理今言的頭緒,自然要考究出他的古字來,再找
出他變成今音的綫索。因爲古字是我們祖宗底語言,我們受的遺傳
很多,不得不去研究古字。古字不必泥用以代"俗字",古字底聲音若
和今音相同,不妨用他。假如所謂"俗字"還不曾通俗,連本地采集的
人都不知他是通俗的,我們就必須找出一個正確的字來替他了。例
如《哭七七》的"担"字是"擔"字,用"担"字固未爲不可的。但是吳語
"担"字是否是通俗字? 這也是一個問題。沈先生説:"何必妄生分
別,定要用那不通俗的'擔'字替代那通俗的'担'字。"先生是吳人,一
見此"担"字就不知作何寫法,足見不能通俗了。那麼,"担"字必係未
經通俗的字了。這種未經通俗的字,我們能找到一個古字和他的音
恰同而意又合,何以是"妄生分別"呢? 我以爲"担""擔"雖同音,而
"担"字毫無"拂拭的意思","擔"字有得作"拂拭的意思"底證據,自然
以"擔"爲宜。不然,我們何必審定呢? 況且這些歌謡多半是沒有通
俗的寫本,都是流傳於口述的,我們徵集的人,怎麼能不考訂一下再
寫下來呢? 我敢説,沈先生所謂通俗的字現在還沒有呢!"担"字不
盡然是"依聲托事"。

　　沈先生又説:"至於歌謡中遇著有音無字的方言,且不必管他應
該怎樣寫法,只要拿注音符號來表出他的聲音就得。"我以爲今音無
字而有音的,就是言語的變遷。這種非可以注音足以了事,更不可

"且不必管他應該怎樣寫法"。例如，我說的吳音和滬音的"啥"字是"什麼"之拼音；北京之"不用"拼讀如"崩上聲"；吾鄉之"罷"字是"不要"之拼音。我們自應在這些地方多注意、多研究，然後中國言語變遷大概也許有點頭緒。所以沈先生也說了的："倘是考出來的本字的聲音恰好與今語相合，那也不妨拿來應用。"

沈先生說："再原歌中所用的'黃房'，倘……'黃房'之與'徨彷'，功用略無差別，不能竟說他是錯誤的。""黃房"若是一見了然，何得發生疑問呢？若是改了"徨彷"，人家一見就懂，我們有什麼不能改呢？功用固無差別，習慣上瞭解不能瞭解卻是一個問題。假如我們寫成一個"恍惚"，依聲韻關係和"黃房"不也相近嗎？（因爲"灰"之聲與"弗"之聲，今人多相混的。如英文中"when"，多少人讀如"fen"。）但是我們因"徨彷"的意思是形容茫無所措的，"恍惚"卻是形容顛倒的。"黃泉路上"斷不會"步恍惚"的，所以就審定了是"徨彷"。而且這類的歌我們可以斷定是經過一位文人做出來的，不過原本已失，沿傳變成"黃房"了。我們研究言語學，對於這種變遷怎麼不要"過事深求"呢？我們要審定的就是這些。但是不必如從前研究小學的人說，某字俗訛，非應派寫成某古字不可。例如"啥"字，我們就不必說要寫做"什麼"。然而我們可以把他注解出來給大家知道知道。

沈先生主張分民謠爲兩類。我說，"自然"與"假作"很難分別。有許多歌謠是假作的，但是沿傳已久就像自然的了，我們怎麼辦？《男孤孀》我們還可以斷定是假作的，有些兒歌是有意造的（習俗相傳這類的很多），但是很像"天籟"，我們那兒分得出？我以爲只有以"兒歌""童謠""山歌""情歌""漁歌""秧歌"……這麼分好。《戲婢》《十勸郎》自是情歌之列。

我是一個少年不識事理的人，見了沈先生這一篇大信，不覺亂説了一頓！愚見先生以爲何如？而且我以爲在廢"漢字"底主張未實現之前時，無論什麽"字""句"，我們都要根據現時社會上言語意思來解釋，尋找這些方言的來歷，審定出一個原文來。而現行的與原文相通，或相同的，我們自應用新的，去舊的，促進言語的進化。照沈先生的那樣一説，我們要審定真不容易下手呀！

魏建功　九，十二，二十

沈先生答覆魏先生寄給我的信①

答駁我的第一段

我給顧君的原信第四段説明了是"就有俗字的説"，而魏君的議論却是爲無俗字的而發，假設既不同，結論當然不能一致。

担掃的"担"字，顧君原注所謂："不知'担'字怎麽寫法？"推其意實係"不知'担'之本字應該怎樣寫法"之省文（不如此解，則不可通）。魏君致顧君信説："先生是吳人，一見此'担'字就不知作何寫法，足見不能通俗了，那麽'担'字必係未經通俗的了。"據此以爲"担"字未經通俗的證據，恐怕是誤會了顧君原注的意思。"膽"字用以代表拂拭的意思，在古來某一個時代，雖有"約定俗成"的價值，但是現在就我所知道的地方，通俗多用"担"字（或"撣"字）。倘是用"膽"字，反足使人迷惑，魏君信中"我敢説沈先生所謂通俗的字，現在還沒有呢"的

---

① 編訂者按：原載《晨報》1921年1月29、30日，第732、733號第7版。

話,未免與事實不合。

魏君信又説:"'担'字不盡然是'依聲托事'。"這句話的意思頗欠明瞭。我以爲"膽"字和"担"字,都是抛却"肝膽"和"担擊"("担"字見《廣雅》及《廣韻》)的本義,只用依聲托事的原則,通假來代表拂拭意思的詞,所以我原信説:"'膽'和'担'都是一樣依聲托事假借來用的字。"

答駁我的第二段

我以爲考證方言來歷和聲音的變遷,本是很要緊的(我的原信第四段中已經説明了這個主張),至於改定方言用字,却是另外一事,必須於必要的場合方可改之定之(參照下表説明)。我所説"……且不必管他應該怎樣寫法,只要拿注音符號來表出他的聲音就得",是對於改定方言用字而言,並非對於考證方言而言。魏君把二事没有分析開來,却指責我反對考證,實在是失了我原文的真意。

答駁我的第三段

我承認"考證方言"和"改定方言"是兩椿事情,所以我前次雖然考證"黃房"或者是"彷徨"的意思,但是我却不主張竟然改定"黃房"爲"徨彷",因爲"黃房"是"徨彷"之誤,原不過是一個推測的假定,不改,還可以留後人研究"黃房"一語的餘地;改了,則"黃房"二字便永遠絶迹,後人便没有研究的機會了。這種審慎從事的辦法,我以爲實在是研究方言者大家所應取的態度。魏君上文主張改"黃房"爲"彷徨",下文又説:"……不必如從前研究小學的人説某字俗訛,非應派寫成某古字不可,……然而我們可以把他注解出來,給大家知道知道。"詞意似嫌矛盾。所謂"注解出來,給大家知道知道",我之考證"黃房"或者是與"彷徨"同義,也不就是這個意思嗎?

至於魏君信中又說:"……功用固無差別,習慣上瞭解不瞭解却是一個問題。"這句話是我極端承認的,我以爲解決這個問題,仍是只有絕對的用"考證而不改定"的方法才行。

答駁我的第四段

我所説的"自然民謡"與"假作民謡"是縱面的分法;魏君所説的"兒歌""童謡""山歌"……等,是横面的分法。横面的分法固不可少,縱面的却也有須分的必要。比方假作的歌謠,音節詞氣,大致和彈詞開篇相仿,倘使連類而及,則小曲唱本,亦當附入,似乎限制太漫。現在因爲研究上便利起見,我們不妨假定的把他略爲區別一下。在事實上嚴格講起來,我們對於某歌謠固然有時不能斷定其爲自然或假作,然就原理上著眼,這個分別或者還有幾分可以成立的理由。

總　結①

總之,我對於研究方言,是抱定"考證而不輕易改定"的宗旨。現在把我主張的理由,總括的寫在下面:

1. 考證是近於研究的供參考的態度;改定是近於武斷的定一尊的態度。

2. 自來訓詁學家只注重縱斷面求是的考證意義和聲音之本相,而無視横斷面致用的"約定俗成"之原則,這是我們應該力矯其弊的。

---

① 編訂者按:"總結"部分,以《關於考訂方言用字答魏建功君書》之名收入《段硯齋雜文》。

3. 保存現代方言的真面目：一以備察考音義轉變之軌迹；一以備後代研究現代方言的材料，這也是我們應負的責任。

4. 後代所有的事物和思想，大半爲古代所無，換一句話：就是古代的字義不見得能盡包含後代的事物和思想，倘先存了一個極積的"都要審定出一個原文來"的成見，恐怕免不了穿鑿附會毛病。

5. 從實驗上看來，方言的轉變大都本於雙聲，從疊韻轉的，實在是極少數，近代考證方言者一切本章太炎先生《成韻圖》所説廣義的"旁轉""對轉"，以通其所不可通，這也是我們應該注意審慎的地方。

現在我就個人的意見，將歌謠中方言用字就考證上把他列出一個表，如下：

歌謠中方言用字考證分類表

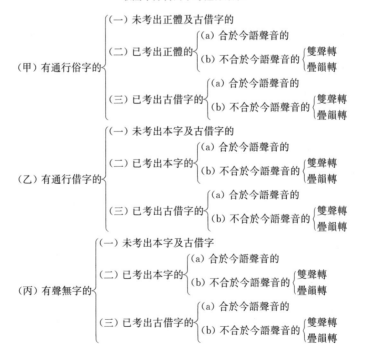

再就表中各項,研究其有無"改定"古字之必要?(不是指"考證"。)據表看來:

甲種第一類
乙種第一類　}不能用古字。
丙種第一類

甲種第二類、第三類
乙種第二類、第三類　}本約定俗成的原則,不必用古字。

丙種第二類、第三類——有用古字的必要,但是内中還有不可能的場合,如:

丙種第二類 b 項
丙種第三類 b 項　}爲考出之本字或古借字不合於今語聲音,故理論上雖有用古字之必要,而實際上仍有窒礙之處。非變其音讀不可。除上列諸項外,只有

丙種第二類 a 項
丙種第三類 a 項　}是絕對應該而且可以用古字的。

此外還想利用此表規定一種考證方言用的符號(此種符號當俟歌謠研究會開會時提出討論)免得考證者拿那些"音近義通""古今音變""一聲之轉"……等含混的話來斂混人眼。

附 論

魏君所定《晨報》三河《酸棗稞》歌謠:"十個翁十個婆。"注:"原文'翁'作'公'。注云,翁也。按:常說'某某仁翁''親翁'等底'翁',都讀做公,故翁婆往往說:做公婆。"案:就學理上說:老翁、翁姑,都是"公"的借字(古人已說過了的)。就習慣上說:公公婆婆的稱呼,差不多是全國的普通話;魏君把原文"公"作"翁",似乎可以不必。

一月二十日　沈兼士

65

給胡適之的一封信 *

適之先生：

你的《國語文學小史》，實在算是一部空前的傑作，不過據我的意思，你這部講義應該从殷周《詩三百篇》講起，方是窮源之論。日前曾以此意向玄同兄説過。玄同説："適之的講義，所以斷自漢朝科舉制度發生以後講起者，是有所爲而發的。"昨天你對我説，玄同有信給你，也勸你从《詩經》講起。玄同的信我没有看見，不知道他的意思是怎麼樣的。現在我姑且把我的意見寫在下面，不知道有一點參考的價值没有？

就事實上説，《詩》裏面的《國風》《小雅》，實在是古代白話文學中最有研究價值的材料，似乎不應該學那孔丘修經一樣的故智，偏重主觀的筆削，看輕客觀的事實。

倘是照講義上所説："《詩經》到漢朝已成了古文了，故不能不把他撇開。"那麼，元朝的戲曲到現在又何嘗不已成了古文了嗎？（我以爲現在演唱的戲曲，不但崑曲是古文學的，就是號稱通俗的皮黄，其中"聽我道來"一類的説白，差不多都是抄襲元曲，也只能算是古文的

---

* 編訂者按：原載《晨報副刊》1921 年 12 月 24 日，第 2 版。

了。又現在有一派做白話的人,慣愛用"面龐兒""那壁廂""兀的"等類元曲中的字樣,我以爲這個和摹仿"曰若稽古"的古文,不過百步與五十步的區別。使古語復活來補充現代語的缺乏,固然是很應該的辦法,但是以風流自賞的心理來襲用元曲裏面的詞頭,我却很不以爲然。)如此說來,豈不是國語文學史簡直的沒有適當材料可取了? 然而不然,國語文學史是縱方面說明白話文學在歷史上經過的狀況,所取的材料的要件,只要在當時是白話的文學就够了,到後代雖已變成了古文,却仍不損失其爲國語文學史史料的資格。

講義上說:"漢武帝到現在,足足的二千年,古體文勢力也就保存了足足的二千年。元朝把科舉停了近八十年,白話的文學就蓬蓬勃勃的興起來了;科舉回來了,古文的勢力也回來了。直到現在,科舉廢了十幾年了,國語文學的運動方才起來。科舉若不廢止,國語的運動決不能這樣容易勝利。"這個話說得極是。(我也時常這樣想,唐譯佛經體文、宋語録體文、清疏證體文,所以不能轉移一時的文風,而終處於中國文學史上別流的地位者,一半也是不能抵抗科舉的緣故;但是唯其不爲政府所提倡,所以才能保持他的精神,倘是一經政府提倡,就不免流於重形式無精采的毛病。比方元朝的曲子,曾經拿他來取過士,所以只是胡謅四折而毫無作意的曲子也就因此而多了,這一層也是應該注意的。)但是照這樣說來,當未有科舉制度以前的白話文學,應該像未定一尊以前的諸子哲學一樣的,那麼無拘檢的自由發展,豈不是更有研究的必要嗎?

無論那一個時代中間,都有貴族與平民兩種對待的文學存在,這是必然的現象,就是三百篇的《詩》,也不能一概而論,《國風》自然是平民的文學;《雅》裏面也有平民的文學,也有貴族的文學;《頌》就純

粹是貴族的文學了。又《雅》或者可以算是周代的國語文學，《國風》
就是當時各國的方言文學，《左傳》所説"吳季札觀周樂"，和《漢書·
地理志》中間所論"域分""風俗"，都是以表示地理與文學的密切關
係，所以由橫方面來觀察"風化芳臭氣澤之所及"，也是文學史上一件
要緊的事，這個似乎也非从《詩》的《國風》講起不可。

沈兼士　十二、十一

整理國故的幾個題目 *

一、諸子所用學術專門名詞索引

　　説明：研究學問的要件，材料與方法必須並重，而搜集材料的方法，尤須精密，蓋不如此則不能得真確完備的材料；没有真確完備的材料，則研究所得的結果，訣計是不能美滿的。研究中國古代哲學，其重要的材料，就是諸子書中所用的各種學術專門名詞，譬如"天""道""性""聖人"等名詞，不但諸子各家的解釋互有異同，就是一家的書裏面，也有前後所説廣狹之義不同的；也有自己竟和自己衝突的。研究者於此：第一，倘是不觀其全，僅取一端以爲之説，則陷於偏而不全的毛病。第二，雖能通觀其全，然蔽於重觀的成見，或急欲己説之成立，則稱舉其同於己者，而棄置其異於己者，於此則失却研究學問之忠寔的道德，而陷於自欺欺人的毛病。現擬仿外國書籍索引的辦法，搜取周秦以降①宋明諸子書中所用學術專門名詞及其解釋，分類

　　＊　編訂者按：原載《北京大學日刊》1922 年 2 月 18 日，第 961 號第 3—4 版；又轉載於《時事新報·學燈》1922 年 3 月 5 日。本書據《北京大學日刊》版，參以《時事新報·學燈》版整理。

　　①　編訂者按：疑沈文原脱"降"字，今據文意補充。

彙纂。(原文不加删節。)其目的:(1)與後人以分析研究的便利。(2)各家所用以解釋各種學術專門名詞的説話,歸納之便可定其名詞之界説。(3)有此完備真確的客觀材料,後世研究古代哲學者,可以減少許多爲人暗中蒙蔽的苦處,一切學者所慣弄的主觀武斷或斷章取義的毛病,可以一掃而空。戴震所謂"不以人蔽己,不以己自蔽",非如此辦法,不能達到這個目的。

二、分類書目提要

説明:研究學問,必有賴於圖書館;而圖書館最大之作用,則在於書目。有良好之分類書目,及精細之提要,然後可以引起研究者觸類旁通、左右逢源的興趣,這是幫助自動研究的唯一方法。分類書目及提要的辦法:第一,要打散叢書,依各書的内容性質來歸類(兼跨兩類或三類的,不妨互見)。第二,古人文集筆記中之有關學術的部分,宜分其性質,作成提要①(亦不妨各類互見)。編纂書目雖然是圖書館的職務,但也是研究國學中的一個重要題目,不妨由圖書館和研究所國學門兩方奮力同作的來做,或者比較的容易成功。

三、方言和方音之調查與研究

説明:統一國語的辦法,照理論上講起來,必須經過一番精密的調查,和分析的研究,然後可以尋出一個比較自然標準來,如此才可以算得不是顢頇的統一。現在對於方言和方音,亟應立表調查其分佈之狀況,以供學理的研究。

---

① 編訂者按:"要",《北京大學日刊》版作"實",今據《時事新報·學燈》版改。

四、古代民族語言之調查與研究

說明：考古學家所憑藉以爲采溯無文之世或載籍以外之事蹟的材料，約有三類：(1)爲地質，(2)爲古器物，(3)爲言語，而古代民族之語言，尤爲考古學上絶可寶貴之研究材料，其中可以考見原人思想、邃古風俗及現代言語之發達及其系統的地方，一定不少。日本古民族蝦夷之語言，已由其國之學者搜集研究，於學問界有極大之供獻。我國古民族如西南各省諸苗蠻族之語言，雖略經外國人研究，但是外國人多不深知①我國的古音學和文字學，當然難得到圓滿的結果。這件事情我們現在倘不及時努力來研究他，將來國語漸漸統一，這些絶好的考古資料，就有湮没之患，豈不可惜得很嗎！

五、日本吴漢音與中國古音之關係

說明：自來古音學家莫不以歌韻爲古本音，麻韻爲其變音；然考之日本音讀，則凡魚韻之②字，無不讀入歌韻，而歌韻之字，無不讀入麻韻者(唐人譯佛經亦皆以歌韻字譯麻韻)。因思自來古音學家之假定，或未必的。現在應該多搜求日本關於吴音、漢音諸書，加以研究，或能在古音分部上得一種新的假定，亦未可知。案：吴音是晋宋以來(西曆紀元三四百年的時候)由南方傳至日本的音，漢音是隋唐以來(西曆紀元六七百年的時候)由長安方面傳至日本的音。(尚有唐音及支那音二種：唐音③是宋代傳至日本之音，支那音是清代傳至日本

---

① 編訂者按："知"，《北京大學日刊》版漏印，今據《時事新報·學燈》版補。
② 編訂者按："之"，《北京大學日刊》版、《時事新報·學燈》版，皆作"三"，誤，今正。
③ 編訂者按：《北京大學日刊》版"唐音"前原有"之"字，當爲衍文，今據《時事新報·學燈》版删。

之音。）據此，則我國古代南北方音之異同，亦可以藉此比較而知。

　　整理國故的事業，千頭萬緒，有以私家及個人的力量就可以做得到；有非藉公家的幫助及多數人的研究，不能成功的。上面所提出的幾個問題，除末了一條外，都是屬於後者的，所以把他宣佈出來①，請大家注意及此。

---

① 　編訂者按："來"，《北京大學日刊》版本作"事"，今據《時事新報·學燈》版改。

國語問題之歷史的研究[*]

近十年來教育家都以爲我國教育之所以不能普及，文化之所以不能進步，其重要的原因，由於語言文字的紛歧和繁重。

於是教育部先後設立讀音統一會和國語統一籌備會，以謀語言文字的改良，我們試聽聽近來全國教育界"統一國語"的聲浪一日高似一日，就可以知道他的成效卓著了。但是社會上無論何事，我們如果想要對於他除弊改良，必須用歷史的眼光，把他過去的遠因和近果研究得清清楚楚，才能够用對症的藥去救濟他。現在"統一國語"這個名詞在教育界中雖然極其流行，終是人云亦云隨聲附和的人占了多數，至於中國文字和語言數千年來的關係是怎麼樣的？其所以致弊的原因又在什麼地方？注意的人却還很少。我認爲這是研究國語的人應該注意的一個問題，現在姑且本我個人的意見來説一説：

中國古代文字^①的創造和組織，相傳有六種原則，就是指事、象形、會意、形聲、轉注、假借六書。前三者可以叫做意符的原則；後三

＊ 編訂者按：原載《國學季刊》1923 年第 1 卷第 1 號，第 57—79 頁；又轉載於《國語月刊（漢字改革號）》1923 年，第 75—85 頁。本書據《國學季刊》版，參以《國語月刊（漢字改革號）》版整理。

① 編訂者按："字"，《國學季刊》版寫作"者"，今據《國語月刊（漢字改革號）》版改。

者可以叫做音符的原則。現在試進一步不墨守六書舊説，重新拿世界一般文字發達的次序和思想進化的歷程，比照著來研究中國文字與語言的關係和變遷，大致可分爲四級：

一、文字畫，在文字還没有發明以前，用一種粗笨的圖畫來表現事物的狀態、行動和數量的觀念，就叫做文字畫（Picture writing）。我們研究人類文化史，追溯到文化最初的起源，莫有不經過用文字畫的一個階級的。中國在石器時代有没有文字畫，現在尚没有證據可以判明，倘是根據有史以來的記載，如《虞書》上所説的欲觀古人之象而作日月至黼黻十二章，《春秋左氏傳》王孫滿所説的"昔夏之方有德也，遠方圖物，貢金九牧，鑄鼎象物，百物而爲之備，使民知神姦"，大約都是一種文字畫，據此可以知道銅器時代已經有文字畫了。但是古代純粹用文字畫紀事的古蹟，迄今尚未爲考古家所發見。到了銅器時代之後期，文字畫的形式似乎漸漸的蜕化成爲象形字，我們試看商代彝器的刻辭，不是已經有了直接而且顯明的表示語言之文字嗎？其中雖然夾雜些▨▨▨……等文字畫的遺形，但其作用似已消失，不過當作一種裝飾的圖案而已。（甲骨卜辭，雖然也是商代的東西，但因爲不像鐘鼎彝器那麼有裝飾的必要，所以就不用圖案化的文字畫了。）此等文字畫，其簡單者後來也逕變作象形字用的。但是鐘鼎家往往喜歡把一切文字畫的遺形，都要牽強附會認爲某字某字，這却是強作解人了。（關於中國文字畫的考證，當另作文討論。）

二、象形字，這一級裏面，可以分做兩類：

（1）寫實的方法

這一類的形式，和文字畫有密接的關係，其不同之點，即筆畫漸變簡單，結構漸成定形而已。例如▨▨⊙▨▨▨▨▨之類，形式雖有繁簡的分別,其爲實寫事物之狀態則一。

（2）象徵的方法

寫實的方法未免麻煩而且太呆板了,表示思想的力量和範圍過於狹小,比方"大""凶"這兩種抽象的意思,用寫實的方法是很不容易造成一個字的,想像力薄弱的古人,你叫他不依象形而憑空構造,又是絕對不可能的事實;於是想出一種法子,借了人的形狀、地的坎險,以爲"大""凶"的象徵,造成"大""凶"兩個象形字。（《説文》:"大,天大地大人亦大,故大象人形。""凶,惡也,象地穿交陷其中也。"）這麼一來,就可以把不容易表示的意思都能舉重若輕的表示出來了。這個方法又叫做"借象",現在我把我的舊作《文字學講義》（民國三年的）裏面所説"借象"原理的一段抄在下邊,作個參考:

夫意內言外,詞隨義起,欲傳久遠,乃著竹帛。譬如米、丫、帛、千四文,寫狀微末,義殊陋隘,特爲制字,似嫌迂曲。不知書契之初,依類象形,先有獨體,形聲相益,後乃滋繁;當時欲本"米別""丫戾""帛留""千速"之語以制文字,其義既屬虛泛,其形又難執著,勢非寓意於有形可象之物體不可。爰乃取假於"獸爪""羊角""木曲""鳥飛"之形,以爲一切"米別""丫戾""帛留""千速"之標識,固不僅區區摹狀鳥獸草木之狀態而已。逮其後更孳乳"辨""乖""稽""迅"等形聲字,而米、丫、帛、千之用遂替。許注逕釋之爲"獸爪""羊角""木曲頭""鳥疾飛"者,其書以辨析本形爲主,適當爾也。準此以觀,許書中獨體之文,慮皆言近恉遠,形局義通,若但於物之表象求之,則失之矣。

這裏有須注意的一點，就是這些字形所描寫的事物和内容所包含的意義，其專泛狹廣確有不同，陳澧所謂"文義不專屬一物，而字形則畫一物"就是這個意思。後人往往誤以許慎《説文》解釋本形之語謂之"本義"，未必盡合於古人造字之旨。

三、表意字，前面所説象徵的象形字，已經在客觀的物象之中攙了一點主觀的意象，但是仍舊脱離不了實物標本的束縛。到了這一級，作者才能够自由拼合各象形文字以表現其意趣，所以叫做"表意字"。據言語學者的研究，語意的緣起，本於表示"德""業"，而象形文字，却只利於表"實"。倘是對於表德和表業的語言，一一都要取一種固有而且簡單的物象來表現他，這實在是一椿困難的事情。因此想出一個法子，利用現成的象形文字，人爲的拼合起來，成爲一種具體的形象，藉以表示一種抽象的意思。譬如一個"初"字，《説文》注"裁衣之始也"，《爾雅》注"始也"，陳澧解説道："近人多以《説文》爲本義，《爾雅》爲引申義，其實不盡然也。造'初'字者，無形可畫，無聲可諧，故從衣從刀會意耳。"這就是用具體的方法表示抽象的意思的一個好例。其他如"盈""盗""間""仁""武""信"……等字皆是。這種字的作法，慢慢的超乎迹象，主觀的作用漸盛，而所包含的意義也更曲折了。後來因爲"事變綦繁"，人心所造之意象無窮，而事物可比擬之現象有限，於是覺得象形文字，反不如表意字之易造，所以表實的字如"男""或""沙"……等，也就應用這個方法來造了。

這裏要注意的，也同前段一樣，須知道"盈""盗"……等字，並不是專爲"以皿食囚""垂次皿中"……造的，不過扼要的舉出一個顯著之例來做一個代表罷了。

四、表音字，上面所說意符文字的區域，算是擴張到極大的限度了。後來人文進化，儘管憑藉著客觀的物象和主觀的意象去制造文字，終於難以應付下去。物窮必變，於是漫漫的渡到音符的區域來了，這也是必然的趨勢啊。所謂"表音字"，大都是借了象形文字或表意字來表示同一發音而不容易用（二）（三）兩種法子去造字的他種語言。其體裁可分爲兩類：

（1）半音符的，這一類的方法，是一字之中，半體表示聲音，半體表示形義（就是六書的形聲）。現在分爲兩部分來説：

（Ⅰ）音符兼義者，沈括①《夢溪筆談》卷十四説：

王聖美治字學，演其義爲"右文"。古之字書皆从左文，凡字其類在左，其義在右，如木類，其左皆从木。所谓"右文"者，如"戔"，小也，水之小者曰"淺"，金之小者曰"錢"，歹而小者曰"殘"，貝之小者曰"賤"，如此之類，皆以"戔"爲義也。

又龔自珍述段玉裁論《説文》"以聲爲義"一條云：

古者先有聲音，而後有文字，是故九千字之中，从某爲聲者，必同是某義，如从"非"聲者定是赤義，从"番"聲者定是白義，从"于"聲者定是大義，从"酉"聲者定是臭義，从"力"聲者定是文理之義，从"劦"聲者定是和義，全書八九十端，此可以窺上古之語言，於《劦部》發其凡焉。

---

① 編訂者按："括"，《國學季刊》版寫作"适"，今據《國語月刊（漢字改革號）》版改。

　　以上所説的音符兼義諸例中，又當分別觀之，區爲兩派：一派是音符非其語根者，一派是音符即其語根者。現在在下面分別來説明：

　　（a）音符兼義而非其語根者。章炳麟先生《文始敍例》説：

　　　　昔王子韶創作右文，以爲字从某聲，便得某義，若《句部》有"鉤""笱"，《臤部》有"緊""堅"，《丩部》有"糾""觲"，《辰部》有"蜄""祳"，及諸會意形聲相兼之字，信多合者，然以一致相衡，即令形聲攝於會意。夫同音之字，非止一二，取義於彼，見形於此者，往往而有，若"農"聲之字，多訓厚大，然"農"無厚大義；"支"聲之字，多訓傾衺，然"支"無傾衺義；蓋同韻同紐者，別有所受（兼士案：表示語根的本字亦有求不可得者。），非可望形爲論。（兼士案：《文始》説"醲""濃""襛"等从農聲的字，均含厚義，其語源不出於"農"乃出於"乳"，是不錯的。至謂"攱""攲"等从支聲的字，多訓傾衺，是由"氏""丂"孳乳出來的，那却不對。大概"支"字之形爲"手持半竹"，其義即由不全引申而有傾衺之意，於形添加偏旁則爲"攱""攲"，於音變成連語則爲"支離"，與"頗"字由頭偏之義引申而爲不全之詞，正復相同。然則"支"就是"攱""攲"的語根，並非別有所受。）

　　這一派的半音符字，雖説同一聲類，其義往往相似，但其語根却不在此音符而別有來源，如"與"聲之字多有安徐之義，而"與"字本身無此義，其義蓋受於"余"，"余，語之舒也"（《論語》"與與如也"，爲假借的連字形況詞）；又从"今"聲之字，多有禁制蘊藏之義，而今字無此義,其義蓋受於"禁","禁,吉凶之忌也";這個可以説因爲"與""今"等發音,與安徐之義的"余"、禁制之義的"禁"有關,所以把他拿來(就是假借的濫觴)加上各種類屬的偏旁,即成爲一組含有此等意義的半音符字。("與"字加"走""欠""馬""心"等偏旁而爲"趣""歟""驘""懇"等含有安徐之義的半音符字;"今"字加"牛""口""衣""鼠""心""云""糸""离""土"等偏旁,而爲"牣""含""吟""衾""黔""念""盦""紟""禽""金"等含有禁藏之義的半音符字。)

(b) 音符兼義且即其語根者,如以"斯"爲音符的字多有析散的意義,以"夗"爲音符的字多有委曲的意義,以"多"爲音符的字多有豐盛的意義,以"囪"爲音符的字多有中空的意義,這一種字的音符,不僅是爲了語音的關係,假借來用的,實在就是這些半音符字的語根,這是怎樣説法呢?例如《説文》"斯,析也""瘯,散聲""澌,水索也""漸,流斗也""誓,悲聲也"。後邊四個意義,都是由"析也"一個意義裏邊滋生變化出來的。大約起初只有一個"斯"的"通語",後來爲了目治的易於分別類屬起見,於是在"斯"字上加了各種偏旁,成爲一組"別語"。其他以"夗""多""囪"爲音符的字準此。章炳麟先生《語言緣起説》所謂:

> 一字遞衍,變爲數名,⋯⋯最初聲首,未有遞衍之文,則以聲首兼該餘義。

就是這個道理。這一類的字,形式上雖和前項相似,而性質却和自來小學家所謂"會意兼聲"的原理相通(如"襖""瑁""政""化"等字),這是我們應該注意的。

（Ⅱ）音符無義者。如江、河等字，右旁的"工""可"，只是表示聲音，絲毫不關意義，這是純粹的半音符字。現在試拿一個比較的方法來說明他，譬如前面所引段氏論《說文》"以聲爲義"一條中所說"从非聲者，定是赤義"，我們倘加以精密的研究，覺得段氏所說的不足以概括从"非"聲之字的意義。按：从"非"聲的半音符字，有"音符兼義"與"音符無義"的兩種，現在爲了便利起見，試在下面列表來說明：

	音符兼義而非其語根者：
	(1) 非、翡（緋）、痱，……含有赤義者。
	(2) 罪、扉、匪，……器雖異而同爲編物〔加（ ）者，《說文》所無之字〕。
非，《說文》："違也。从飛下翅，取其相背也。"	音符兼義且即爲其語根者：
	(1) 辈、誹、棐、斐、騑、悲（悱）、扉、排、輩，……由違背之義孳乳出者。
	(2) 俳（徘）、裴、蜚（蟲）、靐、辈，……由飛義孳乳出者。
	音符無義者：
	腓，脛腨也。跰、捓，刜也。餥，餱也。䲹，地名。厞（陫），隱也。斐，醜兒。……均與"非"義無關者。

我們拿表中的前二項與後項比較著一看，就可以知道音符無義的性質了。

大概古來造字，由意符的區域過渡到音符的區域的時候，第一步須先經過音符兼義的階級，仍舊利用會意的方法，使一切"通語"加了一個分別部居的偏旁，便成爲一個或一組之"別語"。第二步然後變到音符無義的階級，而純粹的半音符文字乃成立。

（2）純音符的，半音符的方法，仍須受形旁的拘束，還是覺得不十分方便，於是又用純音符的方法以濟其窮。這個方法的作用，在於消極的以不造字爲造字（古人謂假借不關造字，乃是用字，實係隔膜之論），故又可叫做"借字表音法"。現在分爲三部分來講：

（Ⅰ）原來語言中的單音詞，其後漸因便利起見，多半變爲疊韻或雙聲的複音詞了（其中有另外加添語尾的）。但是後來附加上去的音，只是借一個同音的字來表示他，却没有去另外造字，比方"處所"的"所"、"果敢"的"果"、"悉蟀"的"悉"之類，只借了異義同音的"所""果""悉"來比擬他的聲音就是了。章炳麟先生謂之"一字重音"，就語言上說，就是由單音而變爲複音了。

（Ⅱ）凡語言中的山川鳥獸草木……等的固有名稱，重音疊韻雙聲等的形容語，以及助語之詞、感歎之聲，既不便用第二法描寫形象，又不能用第三法表示意義，倘若一一配了偏旁，造成半音符字，又覺得不勝其煩；所以這一類的説話，有一部分是借用現成的字來比方他的聲音，例如"空桐""科斗""旁皇""容與""而""焉""雖""夫""夥頤"之類，鄭玄所謂"其始書之也，倉卒無其字，或以音類比方假借爲之，趣於近之而已"，就是這個道理。

（Ⅲ）大凡耳治的直接記憶語言的聲音，和目治的間接記憶代表語言的文字，當然是前者比較的易於後者，所以一方面儘管造字，一方面借字表音之法，仍是盛行，例如"勾聚"，不用"勾"，而用"鳩"來表"勾"的音；"仁誼"，不用"誼"，而用"義"來表"誼"的音，簡直就是拿"鳩""義"兩個字，當作注音字母而把他獨立的用了。焦循《周易用假借論》云："如'麓''録'二字本皆有者也，何必借'録'爲'麓'？'壺''瓠'二字本皆有者也，何必借'瓠'爲'壺'？疑之最久，叩諸深通六書之人，説之皆不能了。"陳澧謂"實因無分部之字書故爾，不必疑也"。
實在這就是字形比語音難於記憶的證據。陳氏以古無字書爲理由，
但是到了後世，字書盛行，而借字表音之法，何以仍舊流行不衰呢？
可見陳氏所説的不能算是唯一的原因。加之語言之變遷，時間方面
有"古今語"的差異，空間方面有"方言"的不同，例如"無賴"的"賴"
字，由雙聲變爲"聊"，爲"俚"；"奘大"的"奘"字，由疊韻變爲"京"爲
"將"，《爾雅》《方言》兩部書裏面同義異字的道理，大都可以拿這個定
理來解釋。最初的那個字，已經是"約定俗成"固定而不可變的了，倘
是另外再造意符或半音符的字來對付這些"古今語""方言"，又覺得
太麻煩了，所以只好拿"借字表音"的方法來敷衍應用而已。

以上所説的純音符的字，大概只是拿來表示語音，和字形語義是
沒有關係的。

照上面所説的中國文字之創造和變遷看起來，最初是用形象來
表示，進而用意義表示，更進而用聲音來表示，其由意符的區域渡到
音符的區域的軌迹，是很明顯的了。可惜到了半音符階級，却走錯了
歧路，遂致終於不能完全脱離意符的束縛而造成一種有規律的字母
文字。所謂歧路是甚麼呢？就是"借字表音"這個方法了。這個方法
的弊病：(1)拿一個字的聲音來比擬他一語的聲音，當然不能絕對的
確切。(2)無限制的借用一切固有文字，以爲表音的符號，手段太不
經濟。(3)所表示之語言的意義和被借爲音符的文字之本身的意義，
日久往往發生一種糾葛不清的疑惑。(4)有了這個以不造字爲造字
之消極方法，救濟半音符之窮，於是可以苟安一時，而不積極的去想
法造那以簡御繁的正式音符文字，這更是大失著了。總之中國人是
把意符的方法太看重了，所以到了第四級，雖名爲"表音"，却仍擺脱

不了意符的形式，倒累得語言亦受了這個形式的牽制不能應社會組織之複雜而自由發展。所以外國學者嘗嘗批評説"中國文字構造雖精密，而應用却煩難"。這個批評，頗爲精當。中國語言到今日仍徘徊於語根語階級而不能完全達到語尾語階級的原故，實在和文字有重大的關係啊！

以上是説文字的源流變遷和他與語言的關係，下面再説在這個情形之下自然發生的幾種弊病和應該怎樣補救的方法：

一、文字本身之分裂。意符文字，重在形象，但是社會的組織一天複雜似一天，文字因爲適應環境的需要，却一天要簡便似一天，於是由繁冗的篆體，變而爲隸，爲草，爲楷，爲行書，他的意符作用，早已消失無餘，只是拿一群亂雜無章的點畫鈎捺之集合體，當作表音的符號罷了。既然是符號，人心當然有唯簡是圖的趨向，雖有一輩學士文人極力保存《説文》派的古體（學士文人承認古人的假借字，却不承認今人的假借字），和《字學舉隅》的功令體於古典文章之中，但是社會日用文字，仍是日趨簡易，這的確是不可掩的事實；自古代的鐘鼎款識，漢魏以來的碑碣，宋元的刻本書籍，省體簡字，層出不窮，直到清代中葉頒行《字學舉隅》之後，功令文字，才禁止簡筆，至於社會日用文字一般的趨勢，還是沒有變動，現在姑且舉兩個眼前的例來看看：北京東安市場天津造胰公司的廣告上，"銅元"寫作"同元"，沙灘西口羊肉麭鋪的招牌上，"麭"寫作"面"，這都是拿同音的簡筆字來代繁寫的固有字。偶爾也有借繁筆畫字來代簡筆畫字的，比方北京的上鞋鋪的"上"字多有寫作"尚"字的，但是據此更可以明了社會上久已把這些意符文字當作音符用了。此外的例尚多，大家倘能處處留心看去，便可以得到許多的例。像這種文字本身分裂的病態，第一不可不想法來救濟的。

補救的方法，意符文字借來作爲表音的符號，不但不便利，而且生出許多的葛蔓，實在不如老實改用拼音文字的好（在中國的現在，注音字母似也可以將就當作拼音字母用），即使有一部分不能驟改，亦須減省其筆畫以趨便利。現在應當規定，凡原來屬於表音字中純音符的字（就是單拿來表示語音，與字形語義都没有關係的假借字），都改用注音字母，不須更寫漢字，這就是把亂七八糟的借字表音法，改作有系統的拼音法，不能不認爲是當然的。其餘固有之"象形字""表意字""表音字"中之"半音符字"，亦當規定一種有規則的簡筆寫法。因爲不能一旦把固有的文字廢却而純用拼音文字，那麼只有因勢利導，用這個過渡的辦法了。日本世界文庫刊行會新譯的《世界國民讀本叢書》，所用漢字，就是拿簡筆鉛字排印的，這也是一個先例。（我從前對於國民小學《國文讀本》第一册上的用字，起了一種感想：比方因爲"鼻"字筆畫太多了，便不用他，因爲"足"字比"脚"字的筆畫簡單，便拿"足"來代"脚"之類，"鼻"字固然太難寫了，"足"字雖比"脚"字容易寫些，聲音却與口語不合，當時以爲何妨把"鼻"字換作"自"字（"自"字就是古鼻字），旁邊却注了"ㄅㄧ"的聲音，"足"字還可省作"止"，旁邊注了"ㄐㄩㄛ"的聲音，庶幾既便於寫，又和口語相合。至於其他"自己""自作自受"等詞，則仍注"ㄗ"音，"停止""不止"等詞，則仍注"ㄓ"音。以此類推，"眼"字便可用"目"字來代，"嘴"字便可用"口"字來代，"牙齒"便可只寫一個"牙"字，而注"ㄧㄚˊ"的複音於旁。今字無簡筆者，則取古字代之，如上面所説的"辨""乖""稽""迅"便可用"米""ㄚ""ㄩ""ㄐ"來代他，如此活用簡筆的漢字，也是形式補救之一法。這個意思，曾和錢玄同先生討論過，後來錢先生做了一篇《減省漢字筆畫的提議》，他的計畫更爲精密了。）

二、語言文字之紛歧，這個題目現在分作兩項來説明：

（Ⅰ）揚雄《絕代語釋别國方言》裏面解釋"古今語"一段説道：

> 初别國不相往來之言也，今或同，而舊書雅記故俗語不失其
> 方，而後人不知，故爲之作釋也。

鄭玄也曾説：

> 其始書之也，倉卒無其字，或以音類比方假借爲之，趣於近
> 之而已。受之者非一邦之人，人用其鄉，同言異字，同字異言，於
> 兹遂生矣。

顔之推《家訓》上也説：

> 夫九州之人，言語不同，生民以來，固常然矣。自《春秋》標
> 齊言之傳，《離騷》目楚辭之經，此蓋其較明之初也。後有揚雄著
> 《方言》，其書大備，然皆考名物之同異，不顯聲讀之是非也。逮
> 鄭玄注《六經》，高誘解《吕覽》《淮南》，許慎造《説文》，劉熙制《釋
> 名》，始有譬況假借以證字音耳。而古語與今殊别，其間輕重清
> 濁，猶未可曉；加以外言内言、急言徐言、讀若之類，益使人疑。

以上都是説語言隨著時和地的變遷而生差異，因之代表語言的文字，
也漫漫的和語言不相符合起來了。假使在拼音文字，聲音的一部分

雖然變了,還有原來音符的遺形留存,可以考查,至於中國方塊頭的意符文字,可就糟了,語言或字音一變,固有的表音作用就完全失掉而不易捉摸了,於是不得不隨時隨地又另借其他的字來表示活的語言,這實在是語言文字紛紜不一的一個重要原因。這種情形,我們可以試把揚雄《方言》參考一下,便明白了。《方言》裏面所收的語言,共有:

(a) 通語,凡語,凡通語,通名。

這一類是没有地域性的普通話。

(b) 某地某地之間通語,四方之通語,四方異語而通者。

這一類是通行區域較廣的方言。

(c) 古今語,古雅之別語。

這一類是縱方面言語生滅之際所殘留的古今異語。

(d) 某地語,某地某地之間語。

這一類是橫方面言語因地域關係而發生變異的各地方言。

(e) 轉語(或云"語之轉"),代語。

這一類是兼包縱橫兩方面因聲音轉變而發生的語言,例如"庸謂之俗"是疊韻相轉,"鋌,空也"是雙聲相轉。其實前面的(2)(3)(4)裏面,轉語很多,這不過是古人舉一反三的一種互見的例。

五類。這雖然説的大致是漢朝以前的情形,但是現在也還逃不出這個範圍,不過内容越更複雜些罷了。所以我把他統計起來,姑且當做現代語言文字紛紜的雛型來看,或者也未始不可。這種情形我們認爲是中國教育不能普及,文化不能增高的主要原因。

　　補救的方法,根據上面所說的情形看來,唯一的補救方法,就是趕緊規定一種國語。所謂國語,究竟是怎麼樣的性質呢?原來國語的界說是:同一政治團體之中有勢力的多數人民所使用之語言,就是國語。倘是單就統計的國民多數所用的語言,叫做國語,那麼遇著本國人數比屬地人數少的國家,例如西班牙,就沒有法子可以解說了。所以"有勢力的多數",是國語的唯一要件。我們再看劉復先生的《國語問題中一個大爭點》文中曾説道:

　　　　……我們並不能使無數種的方言,歸合而成一種的國語;我們所能做的,我們所要做的,只是在無數種方言之上,造出一種超乎方言的國語來。我的意思,必須把國語這樣解釋了,然後一切討論才能有個依據。

　　他對於國語的這個解釋,固然很對,但是我以爲所謂"造出一種超乎方言的國語",仍須取之於自然的語言之中,就是在許多語言的裏面,選擇一種"通語",來作一種標準語。"通語"是怎樣一種性質呢?我們還須把《方言》裏面所謂"通語"("凡語"和"凡通語"都和"通語"的性質一樣)的字統計起來,研究一下:

　　　　通語……好;憐;傷(依丁杰校補);于(大也);擾,撫(取也);詐;知(愈也);絞(郭注,履中絞);柸;罷;逮;熟;逗(郭注,即今住字);央亡,噎屎,姑,猾(繪也);矲(短也);頤;麴。
　　　　凡語……往。
　　　　凡通語……好。

以上所列許多通語除"于""知""絞""央亡，嚃尿，姡""孋"數語之外，其餘都和普通文言或現代官話是一致的。从漢代到現在，古今語和方言又不知添了多少，但是這亂七八糟的許多語言中間，仍自有一種"通語"存在。這種"通語"，就是歷代小説家所用的白話，和現代智識階級通行的語言相去不遠，天然具有"有勢力的多數人所用之語言"的資格。我們現在應選取這種"通語"來做國語的標準，不足，再取文言或通行較廣的方言補助之。至於選取的方法，第一步須詳細的調查材料，第二步須精密的比較性質，第三步才能選取一個比較自然的標準。這種七分因襲三分改造的國語，或者有人疑心不能通行於勞動階級，我以爲可以不必多慮，原來一種語言流行區域的廣狹，決不是偶然的，乃和交通便利的程度，文化傳播的遠近成一個正比例，將來全國强迫教育實行之後，這種國語，一方固然可以幫助教育的普及，一方面也自隨了教育之普及而普及，這是可以無疑問的了。

（II）凡一個字的聲音，因人的出詞吐氣的不同，可以有緩急輕重的區别，所以《韓非子·外儲説右上》篇説：

　　　　疾呼中宫，徐呼中徵。

《淮南子·墜形訓》説：

　　　　輕土多利，重土多遲，清水音小，濁水音大。

陸法言《切韻序》説：

吳楚則時傷輕淺，燕趙則多傷重濁，秦隴則去聲爲入，梁益
則平聲似去。

中國古語多係單音，不能拿語尾的變化來表示詞性的不同，於是古人
想了一個方法，就利用這種語音的緩急輕重來分別詞性，所以《公羊》
莊公二十八年傳說：

《春秋》伐者爲客，伐者爲主。

何休注於"伐者爲客"下說：

伐人者爲客，讀伐，長言之，齊人語也。

於"伐者爲主"下說：

見伐者爲主，讀伐，短言之，齊人語也。

後來一般學士文人因之創爲四聲發圈之例，由耳治的區別，變爲目治
的區別，所以顏之推《家訓》說：

江南學士讀《左傳》，口相傳述，自爲凡例，軍自敗曰敗，打破
人軍曰敗（補敗反），諸記傳未見補敗反，徐仙民讀《左傳》唯一處
有此音，又不言自敗敗人之別，此爲穿鑿耳。

又説：

> 夫物體自有精麤，精麤謂之好惡；人心有所去取，去取謂之好惡(上呼號，下烏故反)；此音見於葛洪、徐邈，而河北學士讀《尚書》云，好(呼號反)生惡(於谷反)殺，是爲一論物體，一就人情，殊不通矣。

又賈昌朝《群經音辨序》裏面説：

> ……二曰，辨字音清濁：夫經典音深作深(式禁切)，音廣作廣(古曠切)，世或笑其儒者迂疏，强爲差別。臣今所論，則固不然，夫輕清爲陽，陽主生物，形用未著，字音常清；重濁爲陰，陰主成物，形用既著，字音常重；信稟自然，非所强別，以昔賢未嘗著論，故後學罔或思之，如衣施諸身曰衣(施既切)，冠加諸首曰冠(古亂切)，此因形而著用也；物所藏曰藏(才浪切)，人所處曰處(尺據切)，此因用而著形也；並參考經故，爲之訓説。三曰，辨彼此異音：謂一字之中，彼此相形，殊聲見義，如求於人曰假，與人曰假(音價)；毀他曰敗(音拜)，自毀曰敗；觸類而求其意趣。

又錢大昕《十駕齋養新録》説：

> 張守節《史記正義發字例》云："古書字少，假借蓋多，字或數音，觀義點發，皆依平上去入，若發平聲，每從寅起。又一字三四音者，同聲異唤，一處共發，恐難辨別，故略舉四十二字。如字初

音者，皆爲正字，不須點發。"蓋自齊梁人分別四聲，而讀經史者，因有點發之例，觀守節所言，知唐初已盛行之矣。

文人學士雖然在紙上人爲的把許多字義，用四聲來强爲區別，但是社會一般人的口語裏面，却並不如此，這一點是應當注意的。我們試看《顏氏家訓》所説："江南學士讀《左傳》，口相傳述，自爲凡例。"賈昌朝所説："世或誚其儒者迂疏，强爲差別。"顧炎武《音論》所説《漢書·高帝紀》："縣給衣衾棺葬具。"如淳曰："棺音貫。"師古曰："不勞改讀爲貫也。"又"項羽背約，王君王於南鄭。"師古曰："上王音於放反。"劉攽曰："予謂王作如字何害。"顧氏又考證古字美惡之惡，可以讀去聲，而愛惡之惡，也可以讀入聲（案："可惡"之惡，今俗語中也有去、入兩種聲音），慨然於"先聖之微言，汩於蒙師之口耳者多矣"。而説的最透闢的是錢大昕《潛研堂集·答問》中的一段，現在不嫌囉嗦，把他的全文抄在下面，給大家看一看：

　　問：古人一字兩讀，出於轉音，是固然矣。又有一音而平側異讀，如"觀瞻""觀示"有平去之分；"好惡""美惡"有去入之別；以至先後、上下、高深、遠近、見聞、視聽之等，並以動靜區爲兩音，不審古人制字之始已有之乎？曰：昔倉頡造字，黃帝正名，各指所之，有條不紊，許氏《説文》分別部居，以形定聲，不聞於聲之中更有輕重異讀。《易·觀卦》六爻"童觀""闚觀""觀我生""觀國之光""觀其生"，皆從卦名取義，人之觀我與我之觀於人，義本相因，而魏晉以後經師强立兩音，千餘年來遵守不易，唯魏華父著論非之，謂："未有四聲反切之前，安知不皆爲平聲"，此可謂先覺者矣。《離騷》"好蔽美而稱惡"，與"固""悟""古"爲韻，"孰云察余之美惡"，與"宇"爲韻，是美惡之惡亦讀去聲；《左傳·隱三年》"周鄭交惡"，陸德明無音，是相惡之惡亦讀入聲；《孝經》"愛親者不敢惡於人""行滿天下無怨惡"，陸德明並云："惡，烏路反，舊如字。"又"示之以好惡而民知禁"，陸云："好，如字，又呼報反，惡如字，又烏路反。"蓋"好""惡"之有兩讀，始於葛洪《字苑》（《顏氏家訓》言之），漢魏諸儒，本無區別。陸氏生於陳隋之世，習聞此說，而亦不能堅守，且稱爲舊，則今之分別非古音之舊審矣。予我之"予"，賜予之"予"，今人分平上兩音，而《詩三百篇》《楚辭》皆讀上聲；當直之"當"，允當之"當"，今人分平去兩音，孔子贊《易》皆讀平聲；漢儒言"讀若"者，正其義不必易其音，如鄭康成注《禮記》"仁者，人也，讀如相人偶之人"，自古訖今，未聞人有別音，可見虛實動靜之分，皆六朝俗師妄生分別，古人未之有也。顏之推譏："江南學士讀《左傳》，口相傳述，自爲凡例，軍自敗曰敗，打破人軍曰敗（補敗反），……此爲穿鑿"，而《廣韻》十七夬部"敗"有薄邁、補敗二切，以自破、破他爲別，即用江南學士穿鑿之例，蓋自韻書興而聲音益戾於古，自謂密於審音，而齟齬而不安者益多矣。

我們再看《廣韻》裏面，數聲兼收的字頗多，但是在口語裏面，大都沒有分別，譬如"比"字，《廣韻》有"毗""妣""鼻"三音，在口語裏面，卻只有"妣"一音；又如"足"字，"趾足""足也""滿也"等義，爲即玉切，"足添物也"之義，爲子句切，在口語裏面，卻只有"即玉切"一音。據上面種種證據看來，我們可以知道一字四聲，雖本於自然之音理，然以四聲來分別字義,確係人爲的而非天然的了。這一點也是文字和語言分歧的一個大原因,因爲文人學士所以要在文字中分別四聲者,其目的在於要叫人明瞭詞性,却不知道社會一般俗人的口語,也自會用不同樣的方法,來達到這個目的,所謂不同樣的方法是什麼呢? 就是把單音的字變爲複音的詞便了。譬如"雨,天澤也,王矩切。雨自上下曰雨,王遇切",這是把上聲的"雨",變爲去聲的"雨",以表明名詞之變爲動詞,口語裏面後邊"雨"字的聲音不變,却在上面加了一個"下"字,成爲"下雨"一個複音詞,詞性就可以因之而明瞭了。文字與語言既各不相謀的背道而馳,其弊不但是兩方面一天比一天愈離愈遠,而文字之形式,尤足以束縛語言,使其不能盡量發展。文人學士既用了"閉戶造車"的方法,拿四聲來規定字義,結果總免不掉"出不合轍"的危險,到了現在,他的病態是完全暴露了。(劉復先生的《四聲實驗錄》,是由音理方面研究四聲。現在我想把經傳文字各家的音訓和《廣韻》所記錄的各種音讀,由詞義上著眼,整理出一個系統來,或者也可以供改造國語音部分的參考。)

補救的方法,急須改以字爲單位的語言,而爲以詞爲單位的語言,儘量采用口語中的複音詞,並規定語尾用法。(口語裏面製造複音詞的方法很是複雜,當另著文討論。)

以上所說的前者一種是形式的獘病和補救法;後者二種是內容的獘病和補救法;現在再把應該采取的補救方法總括的說一下:

> 選取一種"通語"爲國語,而以文言、方言補助之。
>
> 制標準語時,儘量采用成熟的複音詞。
>
> 表示國語的文字,用簡筆漢字及注音字母。

根據上面三項辦法，編定字典、辭書和文法，將來進一步再改爲完全的拼音文字，那就易於反掌了。

我做這篇文章的用意，是要人明白中國語言文字的須要改良，從歷史方面看來，寔在是一種必然的趣勢，我們對於這個潮流，恐怕不容易阻止啊！

一九二二，八，二十二

今後研究方言之新趨勢 *

　　我今天爲《歌謠週刊》作文章，爲什麼提出這個文不對題的方言題目呢？原來歌謠是一種方言的文學，歌謠裏所用的語詞，多少都是帶有地域性的。倘是研究歌謠而忽略方言，歌謠中的意思、情趣、音調至少會有一部分的損失，所以研究方言，可以説是研究歌謠的第一步基礎工夫。照這樣説來，我這篇文章或者可以免掉文不對題之譏。

　　在民國七年的時候我曾經擬過一個調查方言的辦法，提到本校的國語研究所（這個機關早已消滅），當時因爲機會未至，多數人還未注意到這件事情，也就擱起來了。現在因爲調查歌謠的經過，大家都漸漸感覺到方言有急須調查和研究的必要，正如上回周作人先生《歌謠與方言調查》那篇文章裏面之所説，我們應當趁這個機會組織一個會來進行這椿事。我作這篇文章，也就是附議周先生之提議的一個表示。不過爲歌謠而研究方言，只是研究方言的目的裏面一件事。其實方言仍自有他應該被研究之獨立的價值在，所以這篇文章所説的也就不沾沾於歌謠裏面的方言。

---

　　* 編訂者按：原載北京大學研究所國學門歌謠研究會《歌謠紀念增刊》1923 年 12 月 17 日，第 17—20 頁；又連載於《順天時報》1924 年 4 月 23—25 日，第 7721、7722、7723 號第 4 版；補訂後，收入《段硯齋雜文》。本書據《段硯齋雜文》版整理。

我們要決定今後研究方言的新趨勢，第一不能不考察前人研究方言的歷史：三代周秦的時候，"遒人軒車使者以歲八月巡路，求代語、僮謠、歌戲"。到了漢朝，那些藏在"周秦之室"的"奏籍之書"，也就"遺棄無見之者"了。成帝時，揚雄乃就"天下上計孝廉及内郡衞卒會者，把三寸弱翰，齎油素四尺，以問其異語，歸即以鉛摘次之於槧，或交錯相反，方覆論思，詳悉集之，燕其疑"。他用這個方法，經歷二十七年之久，采集了許多方言，編成《輶軒使者絕代語釋別國方言》十五卷（今本十三卷），實在可以算得私人研究方言的一位開山祖師。至於他爲什麼要研究方言？我們可以在他《答劉歆書》中看出是因爲"少不師章句，亦於五經之訓所不解"而研究方言；又在他的釋"古今語"一條中看出是因爲"初別國不相往來之言也，今或同，而舊書雅記故俗語不失其方，而後人不知，故爲之作釋"。據此可以知道他研究方言的目的是因爲古書中所存留已死的語言，不容易懂得，想拿活的方言來比較著尋一個相當的解釋；倒轉來說，就是拿當時各地表示方言的聲音，和方言裏面所包含的意義，來推尋古書裏面相當的文字（找不出相當的字者，但直音之）。這是揚氏方言學的大概。

揚氏之後，研究方言者，約可分爲兩派：

（1）續揚雄《方言》的書。

（2）考證常言熟語的書。

現在先講第一派：戴震説："宋元以來，六書故訓不講，故鮮知揚雄《方言》之精覈，加以譌舛相承，幾不可通，今從《永樂大典》内得善本，因廣搜群籍之引用《方言》及注者，交互參訂"，從此《方言》始有善本。其後除各家所作之疏證外，又有杭世駿、程際盛、徐乃昌輩采輯經史傳注、小學字書、衆經音義等唐宋以前諸書所載的古代方言，以補揚書之遺。次說第二派：自宋代王應麟《困學紀聞》舉"俗語有所本者"若干事，其後明陶宗儀《輟耕録》、楊慎《丹鉛總録》、胡應麟《莊嶽委談》、郎瑛《七修類稿》、方以智《通雅·諺原》、清錢大昕《恒言録》、翟灝《通俗編》、趙翼《陔餘叢考》等書，及考證一地之方言者，亦有數家。或勒爲專書，或略舉數事，或但取經史，或遍及群籍，要皆采輯後世之熟語常言之見於古書中者，筆之於書。這兩派的方法雖各不同，却都是目治的古典方言學，而非耳治的現代方言學。老實說起來，前者只是輯補古書，後者不過考證故實。所以章炳麟先生批評他們道：

> 自揚子雲纂《方言》，近世杭、程二家皆廣其文，撮録字書，勿能爲疏通證明，又不麗於今語。錢曉徵知古今方音不遠，及其作《恒言録》，沾沾獨取史傳爲徵，亡由知聲音文字之本柢。仁和翟灝爲《通俗編》，雖略及訓詁，亦多本唐宋以後傳記雜書，於古訓蔑然亡麗，俄而撮其一二，又梱不理析也。考方言者，在求其難通之語，筆札常文所不能悉，因察其聲音條貫，上稽《爾雅》《方言》《説文》諸書，敥然如析符之復合，斯爲貴也。乃若先儒常語，如"不中用""不了了"諸文，雖亡古籍，其文義自可直解，抑安用博引爲。

這是揚雄以後方言學不振的狀況。

章氏既不滿意於這兩派的書，謂"大共以小學之用，趣於道古而止，微歟！不知其術，雖家人簟席間造次談論，且弗能證其故"。又謂："方今國聞日陵夷，士大夫厭古學弗講，獨語言猶不違其雅素，殊言絕代之語尚有存者。世人學歐羅巴語，多尋其語根，溯之希臘、羅甸。今於國語顧不欲推見本始,此尚不足齒於冠帶之倫,何有於問學乎!"於是創設六例以範圍十類的語詞,作《新方言》十一卷。綜其長處,約有兩點:(1)章氏以爲今與古語,其質本同,今世筆札常文所不能悉的説話,只是聲音有流變耳,倘以古今聲韻通轉之定律推之,皆可於《爾雅》《説文》之中得其本字。較之揚雄《方言》之但列同訓,不辨本字爲澈底,其他諸家更無論矣。(2)章氏以爲小學不但可以考古,亦可以通俗致用。向來只用之以考證死文字,現在却拿他來整理活語言。經學附庸之小學,一躍而爲一種有獨立精神之語言文字學,這是文字學史上的一個重要關鍵。乾嘉時代的小學家所以不及他者,也就在這一點,有了這一部著作,然後文字學的效用才能全而不偏,而於方言學可以算得有起衰繼絕之功。但是他的短處我們也應該知道:

(1) 中國文字之起原,蓋出於二元,所謂二元是什麼呢?就是繪畫和語言。六書之中,前三者出於繪畫,是謂意符的;後三者出於語言,是謂音符的。所謂音符者,即是借了固有的意符文字,作爲表示語音的符號,或添加偏旁,或不加偏旁,其作用是一樣的。據此可知表示語言的文字,本不一定都用本字,如"小乖乖"必謂"乖"爲"佳"之假借,"老火"必謂"火"當作"苛",似可不必。

(2) 凡音理相近之字,其意義多有可通之點,如器物磨損可作"勯",亦何嘗不可作"鉛";以藥毒人可作"燒",亦何嘗不可作"癆"。

(3) 言語是隨著時代孳生愈多的,所以後起的語言,不必古書中都有本字。如今人謂什器曰"傢伙",不必是"化居"倒易;袂端接袖爲"爪袖",不必取《釋名》爪紹之訓。

(4)語言往往因種族交通而發生混雜的狀態,倘一切以漢字當之,恐反昧其來源。譬如"你們""我們"("們"本作"每"),盛行於蒙古人入主中夏之後,謂爲"顥"之聲轉,恐未得其真相。

(5)中國的語言由單音漸變爲多綴音,而文字學家仍拘守著"字",不注意到"詞",對於複音詞往往喜歡把他拆開來,一個一個替他找本字,如"兩下"之"下",謂當作"叙";"胡子"必改作"髭",殊爲無謂。

(6)中國語無何等語法的形式,只看各個單語在句中排列之次序,以辨別其詞性。據此可以知道一個單語,倘是不舉出應用於句中的種種例子,只是孤立的解釋,是很難確當的。這也是《新方言》所不曾注意到的一點。

以上所敘述的是歷史的觀察。倘是單據這些已往的陳迹,來決定現在應該取的新趨勢,却還是汗漫無歸的;所以下面還須把方言何以發生的原因,推尋出來,作個取擇新趨勢的標準。我以爲方言之所以發生,大概有三個重要的原因:

(1)言語是生滅不絕的,當其新舊交替之際所殘留的一部分,便成爲一種方言。如揚雄《方言》中所謂"古今語""古雅之別語"是也。

(2)言語因地理的差異而發生變化,成爲一種方言。如揚雄《方言》所謂"某地語""某地某地之間語"是也。

  (3) 原來出於兩種不同的語言,揚雄《方言》中所引之"朝鮮語",是其顯明之例。

上面所說的(1)是縱方面的變化,(2)(3)是橫方面的變化,縱橫兩方面綜合起來,就是方言的全體。然則我們今後對於方言的新趨勢,也不能不分縱橫兩方面來調查和研究。

  先說縱方面歷史的研究:

  (1) 各代記載中方言之調查和比較:

  如《公羊》多齊言,《淮南》多楚語,就是絕好的材料。但對於現代方言分佈的狀況倘没有調查清楚,則此等材料亦不容易研究出一個系統。

  (2) 單綴語漸變爲多綴語之歷史的研究:

  中國北部自塞外民族侵入之後,本來的語言,受了烏拉爾、阿爾泰語系的語言之影響,漸漸脱離單綴音的狀態,而與多綴音的語言混化,我們可以在史書和小説裏面探討此等變遷的軌迹。

  (3) 語言與文字之分合的研究:

  我曾經在《國語問題歷史的研究》那篇文章裏面敍説過一個大概(見《國學季刊》第一卷第一號)。

  (4) 語根的研究:

  因方言的聲音和意義,以追尋其根源,考證本字的形體,固然也是方法①之一種,但是不能認爲是唯一的辦法。比方《新方

———————

① 編訂者按:"法",沈文原寫作"言",誤,今正。

言》以爲古來謂人爲"大",方言中之"奮子"之"奮",本字當作"大",這是與孫星衍的《釋人》同一錯誤。其實"大"之象人形,是象形文字中之"借象法",乃造字時之取象,非古語之本義。

再説横方面比較的研究:

(1) 語彙之調查:

這是一切研究之基礎。

(2) 同一意義之各地方言的比較研究:

意義同而方言不同的比較,和同一方言之流行區域的統計,都是研究方言之最切要的工作,《新方言》不注意及此(固然私人的能力很難辦到),所以沒有多大的結果。

(3) 各地單語之詞性變化法的比較研究:

不作這一番工夫,語法和辭典的編纂,都是很難著手的。

(4) 與異族語之關係的研究:

方言的界説,固然是指同一國民所用的語言,甲地與乙地不同者而言。但這不過是一個便利的粗疏的解釋,其實言語是不能完全拿政治區域來範圍的,比方廣東、福建,雖然是中國的行省,語言却與中國本部相遠;南滿洲本屬烏拉爾、阿爾泰語系,現在却爲中國語所侵入,而新疆一部分,又爲烏拉爾、阿爾泰語系之土耳其語所同化;其他雲、貴、廣西之苗蠻語,緬甸、暹羅之泰語,均與中國本部的語言有須比較的必要。

以上是比較的研究。

上面所提出的幾個題目,是這兩個研究中之比較重要的事項。至於每項問題的研究之進行方法,當然非集思廣益的仔細討論不可,不是這一篇短文裏面所能詳盡的。不過其中最重要的是"調查語彙",從前我曾經擬過一個辦法,現在又覺得不適用了。再調查方言不但是要用科學的方法,還要應用科學的工具——如發音學上所需用的儀器,才能得到精密的結果,這也是我們急須注意準備的一件事。總之我們今後研究方言之新趨勢,與舊日之不同者,綜有三點:

(1)向來的研究是目治的注重文字,現在的研究是耳治的注重言語。

(2)向來只是片斷的考證,現在須用有系統的方法實行歷史的研究和比較的研究,以求得古今方言流變之派別,分佈之狀況。

(3)向來只是孤立的研究,現在須利用與之有直接或間接關係之發音學、言語學、文字學、心理學、人類學、歷史學、民俗學等,以爲建設新研究的基礎。

最後還有一句話,據語言學家的統計,印度支那語系的語言,約略支配全世界人口四分之一,而中國人實爲此種語族之主體。據此可以明瞭這個研究,是我們大家義不容辭而應該合力去作的一件大事業。

从古器款識上推尋六書以前之文字畫[*]

關於中國文字創造之傳説,《易·繫辭》云:"上古結繩而治,後世聖人易之以書契。"結繩之制,於今無徵,頗難按證。或謂"八卦"即文字之濫觴,昔人雖有此説,而"八卦"之形與象形文字系統不同,故《易》敘"八卦"與"結繩""書契"分列而不相貫屬,許慎《説文敘》雖牽連及之,未可遽信,清王筠《説文句讀》已論之矣。其他歷史上對於此問題之學説,約述之可分二派:

中國創造文字之法則,最初記載者爲《漢書·藝文志》,"六書"之中,首標"象形""指事"二例。其後許慎因之,搜集古典及壁經中之篆字,成《説文解字》一書。所謂"文"者,即指"象形""指事"字中之"獨體"者而言。並揭舉其例曰:象形者,"日""月"是也;指事者,"上""下"是也。自此以後,治小學者莫不遵之。如唐李騰之《説文字原》,五代時後唐林罕之《字原偏旁小説》,清蔣和之《説文字原表》,吳照之《説文字原考略》,及近人章炳麟氏之《文始》,皆認《説文》中"象形""指事"字之"獨體"者即中國之原始文字,此一派也。

---

* 原注:民國十六年三月,在日本東京帝國大學,開東方考古學協會年會時講演,原文曾載《輔仁學誌》第一卷第一期。編訂者按:原載《輔仁學誌》1928 年第 1 卷第 1 期,第 94—98 頁;又收入《段硯齋雜文》。本書據《段硯齋雜文》版整理。

宋郭忠恕雜取六朝以來七十一家流傳之古文，作《汗簡》以補充《説文》所載古文之不備。於時吕大臨、王球、薛尚功、王厚之諸家之書皆未出，故鐘鼎闕焉。夏竦因之作《古文四聲韻》，其取材皆燕濫，不足據爲典要。元戴侗以鐘鼎文編《六書故》，鐘鼎偏旁不能全有，則以小篆足之，此爲以金文參校《説文》之始。楊桓因之作《六書統》，其自序曰：

> 凡序一文一字，必先置古文大篆於首，以見文字之正。次序鐘鼎文於下，以見文字之省。次序小篆於其下，以見文字之變。文簡意足者，莫善於古大篆①，惜其磨滅數少而不足於用。文字備用者莫過於小篆，而其間譌謬於後人之傳寫者亦所不免。今以古文證之，悉復其故。

《四庫全書總目提要》評之曰：

> 變亂古文，始於戴侗而成於桓。侗則小有出入，桓乃至於橫決而不顧。後來魏校諸人隨心造字，其弊實濫於此。

其後周伯琦之《六書正譌》，明魏校之《六書精藴》，王應電之《同文備考》，變本加厲，名爲復古，實則師心，甚至杜撰偏旁，臆造字體，貽學者譏。逮於清代金文之學漸漸成熟，於是有莊述祖之《説文古籀疏證》，龔橙之《説文理董》，然其説猶多專輒之弊。及至王筠作《説文釋例補正》，吴大澂作《説文古籀補》及《字説》，本客觀的精神，用考證

---

① 編訂者按："古"後疑脱一"文"字。

之規矩，取傳世可信之鐘鼎款識，爬梳整理，訂正《説文》，於是二者相得而其用乃彰。孫詒讓因之爲《名原》，始明標"象形原始"一章，以金文中之象形字爲"原始象形字"，而以《説文》中之象形字爲"後定象形字"，此又一派也。

綜上所述兩派觀之，後者固較前者爲近於事實。然按孫氏之所考訂，仍多爲鐘鼎中可以比附《説文》之各"象形""指事"字，故名爲訂正《説文》，實際依然爲《説文》所圍耳。就余之所研究，不但《説文》中之獨體象形指事字非原始文字，即金文中之獨體象形指事字，亦不得認爲即原始文字之真相。蓋於六書文字時期之前，應尚有一階級，爲六書文字之導源，今姑定名爲"文字畫時期"。"文字畫"之可考見於今者，即鐘鼎學家所謂殷商鐘鼎中之"圖形"是也。

自來鐘鼎學家對於此種"文字畫"，或以爲即文字，而皮傅形似，強安音義，如宋薛尚功以後諸家之釋""爲"言"，釋""爲"對"，釋""爲"亞中召夫"，釋""爲"析子孫"之類是也。或以爲非文字，如清吳大澂《説文古籀補·凡例》云"古器中象形字如犧形、兕形、雞形、立戈形、立旂形、子執刀形、子荷貝形之類，概不采入"是也。二者皆不憭然於文字畫實爲六書文字之導源，故致此弊耳。

余以爲文字之起原，實由於紀事之繪畫。而初民社會所最需要者，厥維三事：曰祭祀，曰戰爭，曰田獵，故文字畫中亦以此三類爲較著。如""""之爲祭祀，""""之爲戰爭，""""之爲田獵。此等文字畫固可認爲《説文》中象形指事字之祖先，而不得即目之爲有音之文字。考其嬗變之迹，蓋先有""""""""等文字畫，祗表示執旅之意義，後乃蜕化而爲""字、""字。先有""""""""等文字畫，祗表示立戈之意義，後乃蜕化而爲""字、""字。

先有"🅰""🅰""🅱""🅱"等文字畫,祇表示宗廟宮室之意義,後乃蛻化而爲"宮"字,再誤挐爲"宫"字。先有"🅰""🅰""🅰""🅰"等文字畫,祇表示道路與步趨之意義,後乃蛻化而爲"🅰"字,再誤省爲"🅰""🅰"字。由是可知文字畫與六書象形指事字之區別,前者爲繪畫的,複雜而流動不居,後者爲符號的,單簡而結構固定。前人所云獨體之文先生,合體之字後起,蓋尚未足爲探原之論也。兹本鄙説列一中國文字發達統系表於下,藉以明文字畫與六書文字之關係。

中國文字發達統系表			
第一期	第二期		第三期
文字畫	意符文字		音符文字
	象形字	義字	半音符字	純音符字
	象形	會意	形聲	假借
	指事		轉注	

(表中除文字畫外,當別作專文以説明之。)

所可惜者,此等文字畫之見於古器者不多,尚不易爲充分之研究。竊意傳世殷商彝器中之文字畫,殆爲其遺形而已,恰如隸楷流行以後之偶用古篆者然。試觀傳世商器文字畫之下,往往綴以"🅰🅰""🅰🅰"等六書文字,其證一。甲骨卜辭之爲殷代遺物,已爲學者之所公認,然其用文字畫之處甚少,其證二。其他周器中亦間有畫"水藻形""子荷負形""旅車形"於銘勒之末者,或亦其遺風歟?至於文字畫流行之時代,則頗難徵實。《虞書·皋陶謨》云:

予欲觀古人之象,日月星辰山龍華蟲作會,宗彝藻火粉米黼黻絺繡,以五采彰施於五色,作服。

《春秋》宣公三年左氏傳王孫滿云：

> 昔夏之方有德也，遠方圖物，貢金九牧，鑄鼎象物，百物而爲之備，使民知神姦。

或虞夏之世尚爲通用文字畫之時期歟？而我輩今後之所切望者，尤在考古學上能發見關於此問題之新材料，以供文字學家之研究焉。

右文說在訓詁學上之沿革及其推闡 *

目　錄

一、引　論

　　近二十年來文字學頗見發展，研究古韻者多能應用發音學之理論以解決聲紐與韻部之疑難，研究字形者多能利用古器遺文以推尋

---

　　* 編訂者按：原載《蔡元培先生六十五歲慶祝論文集》（抽印本），1933 年。

原始象形文之真相，其成績均大有可觀。獨於訓詁方面似尚少論列者。余不自揣淺陋，輒欲有所窺測，以拾遺補闕。

自來學者對於許慎《說文》之態度，約分兩派：尊之者謂其得頡、誦真傳，其字，本字也；其義，本義也。懸之國門，殆若勿能一字增減。斯說之不當，今已知之矣（《說文》非原始象形文字，孫詒讓《名原》始張目言之，至指斥其說解非盡本義，余別有文論之）。毁之者謂其爲"鄉壁虚造"。如欲"觀古人之象"，則有傳世之甲骨卜辭、鼎彝刻銘在，此直以之覆醬瓶可耳。余謂爲此說者，其不知《說文》之真價值，不能利用其材料以研究文字訓詁變遷之消息，亦與前說等耳。

蓋中國文字演進之程序，有二階段：先爲意符字——象形、指事、會意，後爲音符字——形聲、轉注、假借。《說文》所敘，前者僅少數，後者乃得十之七八。換言之即三代之意符文字雖少，而晚周秦漢以來之音符文字，獨以之爲總龜。曩者過尊《說文》謂其獨傳倉、史之文固非，今乃矯枉過正，並其可信者而亦敝屣棄之，豈非至可惜之事耶！斯編所論，即將利用《說文》中多數音符字及宋代學者所倡之右文說（形聲字不僅聲母在右，謂之右文，本不甚洽，今姑仍之，取其爲熟語易曉耳），以試探中國文字孳乳及語言分化之形式。至於字義之本借、聲訓之利弊，得此亦足以定其從違，決其是非。

或謂宋人之說小學至無足取，此清代漢學家家法門户之見耳。其實宋代政治家之於經濟制度、社會政策，學者之於形而上之哲學、形而下之科學，均有相當的創獲與貢獻，兹第論其與小學有關者如吳棫之《韻補》、王俅之《嘯堂集古録》、薛尚功之《歷代鐘鼎彝器款識法帖》、王子韶之右文説，於古韻學、古文字學、訓詁學皆有開山之功。

109

即如郭忠恕之《汗簡》，其材料方法雖無可取，然其動機蓋欲補《説文》中古文之不足，固不能不目爲《説文古籀補》之濫觴。故余謂以學術史的眼光視宋人學説，固亦有其價值，未可厚非也。

又古代聲訓之書，首推《白虎通》《釋名》而《説文》次之。其他①經典注疏之中亦往往而有。至於右文，則自宋人始倡其説。清儒之論訓詁者雖屢屢經道及，然尚無專著討論之者。此余本編之所由作也。雖然，猶有三事，亦爲急務：（1）段注《説文》關於右文諸條塵發其凡，不遑舉證。王疏《廣雅》，較詳於段，然亦拘於當書體裁，未能徧徵諸例，貫串證發。今當彙選清儒經解小學諸書材料，爲之排比系聯，充類至盡，泐成專書，用以示右文學説之實例，此一事也。（2）清錢塘欲“取《説文》離析合併，重立部首，系之以聲。而采經傳訓詁及九流百氏之語以證焉”，惜其書未成。他家如《説文聲系》等書，其目的祇在分别古韻部居。即朱氏之《通訓定聲》，亦與右文無直接之關係。今當略師錢氏之意，自《説文》以降《玉篇》《廣韻》《類篇》《集韻》之字，概依右文之定律，據聲系字，逐字標義，諸義引申，又須考訂時代，次列先後，以爲右文史料之長編，此又一事也。（3）古代聲訓，條件太簡，故其流弊，易涉傅會。矯正之方，端在右文。其例於本編中已略爲舉證。蓋比較字形之學，自王筠、吳大澂以來已導夫先路。而比較訓詁之學竊謂亦宜急起爲之。顧比較之先，必須豫立標準。今當廣采訓詁之異説歧出者，以右文之律，衡其優劣長短，庶幾衆議紛紜，有所折斷，此又一事也。之三事者，論體雖裁制各異，言用則消息互通。於考訂中國語言之發展，文字之孳乳，訓詁之流變，均有極重要之關係。

---

① 編訂者按：沈文“其它”“其他”並用，今統一爲“其他”。

換言之，即異日之中國大字典必須建設於此基礎之上，而後於事有濟。然其事艱且鉅，未能咄嗟急就。兹姑先述右文説之導源及歷史，次采輯近代各家學説之合於右文者，間加批評，終申鄙見，略推闡其理論與應用，以示隄栝之意云爾。

二、聲訓與右文

文字爲語言之符，語言不能無變化，斯文字不能無訓詁。語言之變化約有二端：（一）由語根生出分化語，（二）因時間或空間的變動發生之轉語。二者多依雙聲疊韻爲其變化之軌迹，故訓詁之道亦應以音爲樞紐，此訓詁家之所以重聲訓也。其例蓋有三：

> 《易·序卦》："蒙者，蒙也；比者，比也。"孟子言賦制曰："徹者，徹也。"此以本字釋本字者也。
>
> 《易·説卦》："乾，健也；坤，順也。"《小戴記》："仁者，人也；義者，宜也。"此以音近字釋之者也。
>
> 《易·象傳》："咸，感也""夬，決也""兑，説也"。《論語·顏淵》："政者，正也。"此以聲母與形聲字互釋者也。

三者形式雖各不同，其爲以音爲樞紐之訓詁法則一也。

以本字釋本字之法，有違於以已知推未知之訓詁原則（雖釋者與被釋者詞性有動靜之別），故雖遠見於古籍而其後漸廢。其他二法漢代訓詁家屢用之，班固《白虎通義》幾全用此法以釋禮制。劉師培《中國文學教科書》論之曰：

《白虎通》雖爲釋典禮之書，然一字必窮其義。其例有三：一曰以他字釋本字，非係聲同，即係聲近。如"公者，通也""侯者，候也""伯者，白也""子者，孳也""男者，任也"是。一曰既以他字釋本字，復據他字之義以伸之，以明本字所含之義。如"卿之爲言章也，章善明理也""大夫之爲言大扶，扶進人者也"是。一曰捨字義而釋微言，以明其所以然之故，如"爵人於朝者，示不私人也""封諸侯於廟者，示不自專也"是。以上三例，咸可援類而求。蓋一字而深窮其義，漢代之書未有若《白虎通》之甚者也。雖間流於穿鑿，然保存古訓之功，豈可没歟！

後許慎《説文解字》亦雜用此法，舉例如下：

（一）"天，顛也""旁，溥也""馬，怒也，武也""户，護也"之類：此以音近字訓釋之例也。

（二）"帝，諦也""古，故也""臤，堅也""門，聞也"之類：此以形聲字釋聲母之例也。

（三）"禷，以事類祭天神也""政，正也"之類：此以聲母釋形聲字之例也。

（四）"帳，張也""姑，枯也""捡，急持衣袶也""馴，馬順也"之類：此以同从一聲母之諧聲字相訓釋之例也。

以上三例（二）—（四），析言則别，統言之均得謂之同聲母字相訓釋。清鄧廷楨曾集之爲《説文雙聲疊韻譜》。其中同聲母字相訓釋者，約有百事。

迨劉熙作《釋名》，乃純用此法。顧廣圻爲之作《略例》，其言略曰：

> 《釋名》之例有二焉：曰本字，曰易字是也。雖然，猶有十焉：曰本字，則"冬曰上天，其氣上騰與地絕也"，以"上"釋"上"，如此之屬一也。曰疊本字，則"春曰蒼天，陽氣始發色蒼蒼也"，以"蒼蒼"釋"蒼"①，如此之屬二也。曰本字而易字，則"宿，宿也，星各止宿其處也"，以"止宿"之"宿"釋"星宿"之"宿"，如此之屬三也。曰易字，則"天，顯也，在上高顯也"，以"顯"釋"天"，如此之屬四也。曰疊易字，則"雲猶云云，衆盛意也"，以"云云"釋"雲"，如此之屬五也。曰再易字，則"腹，複也，富也"，以"複也""富也"再釋"腹"，如此之屬六也。曰轉易字，則"兄，荒也，荒，大也"，以"荒"釋"兄"，而以"大"轉釋"荒"，如此之屬七也。曰省易字，則"綠似蝶蟲之色綠而澤也"，以"蝶"釋"綠"而省"蝶也"之云，如此之屬八也。曰省疊易字，則"夏曰昊天，其氣布散皓皓也"，以"皓皓"釋"昊"，而省"猶皓皓"之云，如此之屬九也。曰易雙字，則"摩娑猶末殺也"，以"末殺"雙字釋"摩娑"雙字，如此之屬十也。

所謂易字七例，即以音近之字相訓釋。其中如以"複"釋"腹"，以"蝶"釋"綠"，則又同聲母之形聲字也。蓋其書以音近之字相訓釋爲原則。間亦以本字釋本字。至於同聲母相訓釋者，約計得四百事。（錢大昕《聲類》則專取古訓之用雙聲者。）

---

① 編訂者按：沈文原寫作"以'蒼蒼'釋'蒼蒼'"，衍一"蒼"字，今刪。

　　夫訓詁之法有客觀的與主觀的區別。前者爲以凡通語釋古語或方言,如《爾雅》《方言》之屬是也。後者爲訓詁家本個人之觀察,用聲訓之法,以一音近之字紬繹某一事物之義象,如《白虎通》《釋名》之屬是也(《説文》則二法並用)。觀乎《釋名》之《自序》曰:

> 夫名之於實,各有義類,百姓日稱而不知所以然之意。故譔天地、陰陽、四時、邦國、都鄙、車服、喪紀,下及民庶應用之器,即物名以釋義,論敘指歸,謂之《釋名》。

知其應用聲訓之法,獨能闡明理論之爲難能可貴。但惜其拘於事物之類別,枝枝葉葉而爲之,不能盡得語勢流衍縱橫變化之狀態。且聲訓之法任取一字之音,傅會説明一音近字之義,則事有出於偶合,而理難期於必然,此其法之有未盡善者。故《四庫全書總目提要》評之曰:

> 其書以同聲相諧推論稱名辯物之意,中間頗傷穿鑿。然可因以考見古音。

今姑舉一例以明之。《釋名·釋書契》:

> 璽,徙也,封物使可轉徙而不可發也。

以"徙"釋"璽",祇取音諧(漢代音),别無證驗,未足以爲確詁也。兹試就"璽"字之聲系研究之:"璽"從"爾"聲,綜計《説文》與"璽"同以

"爾"爲音符之字,如:

  邇,近也,从辵,爾聲。

按:"近"有止義。"邇"之从"爾",亦猶"此"之从"止"。

  簭,箈也,从竹,爾聲。

字亦作"鑈"。《方言》《廣雅》並云:"鑈,正也。"按:簭,今俗作"鑈",鑈子所以止物。"正"从"止",亦有止義。

  檷,絡絲檷,从木,爾聲。讀若柅。

徐鍇《繫傳》:"按:《字書》:'絡絲柎也;柎,足也。'"段氏本《説文》作:"檷,絡絲柎也。从木,爾聲。讀若昵。《易》曰:'繫於金檷。'"注:"柎,各本作檷,今依《易·釋文》《玉篇》《廣韻》正。《釋文》作柎[①],柎柎古今字。柎,咢足也。"據此,檷即柎,柎即足,足猶止也。

  瀰,滿也,从水,爾聲。

按:滿則止矣。

  又以"壐"爲音符之字,《説文》有:

----

  ① 編訂者按:"柎",沈文原寫作"柎",誤,今據段玉裁《説文解字注》(上海古籍出版社,2008年)改,下同。

彊，弛弓也。从弓，璽聲。

字亦作"彌"。《爾雅・釋言》《毛詩・卷阿》傳，皆訓"彌"爲"終"。按："弛弓"即所以止射。

纗，粗緒也。从糸，璽聲。

字亦作"繝"。《急就篇》："絳緹繝紬絲絮縣。"《説文》："紬，大絲繒。"《廣韻》："纗，繒似布。"然則纗者，異乎黃潤纖美撫不留手者矣。

綜上所述，从"爾"得聲者，有釋爲止義之可能性。但考"爾"字，《説文》："麗爾，猶靡麗也。"並無止義。然則"爾"猶爲借音，追溯其語根，殆出於"尒"（"爾"从"尒"聲）：

尒，《説文》"詞之必然也"。《玉篇》"詞之畢也"。

亦通於"尼"：

尼，《説文》"从後近之"。《爾雅・釋詁》"止也"，又"定也"。《孟子》："止或尼之。"朱駿聲《説文通訓定聲》"柅"下云："《易・姤》：'繫於金柅。'《子夏傳》作'欏'。又爲'尼'，實爲'疑'。《易》馬注：'在車之下，所以止輪令不動也。'按：謂軔也。蜀才本作'尼'。王肅本作'柅'（按：王云制動之主）。《廣雅・釋詁》：'柅，止也。'"

按:《説文》:"柅,木也,實如棃。"殆爲託名標識之别一假借語。

又《爾雅·釋言》:"翻,膠也。"《釋文》:"翻,字又作'䵒'同。"《方言二》:"翻、𣪠,黏也。"《説文》:"䵒,黏也。从黍,日聲。《春秋傳》曰:'不義不䵒。'尼質切。翻,䵒或从刃。"段氏《注》云:"今《左傳》作'暱'。昵或暱字,日近也。"徐灝《箋》云:"《繫傳》部末多'䵑'篆,云'从黍尼聲',不著其義,蓋亦'䵒'之或體。"

然則,䵒、翻、昵爲一語,有膠黏之義,此並可作"尼"聲字訓止之證。

據此,从"爾"聲諸字之得訓止,其原因亦可以瞭然矣。然則《釋名》之以"徙"訓"壐",實嫌於傅會。即《説文》訓"壐"爲"王者印也,所以主土"(籀文从玉),亦是據後起之制度立説,而"不知所以然之意"也。余謂:壐之得名,緣於古代封物之制,以壐抑埴(《淮南子·齊俗訓》云:"若壐之抑埴。"),制止之使不得輒開露耳(故其字从土)。今以所見之古代封泥證之,便可釋然。蓋"泥"之所以得名,亦由於有尼止之性,故《釋獸》云"威夷長脊而泥"也。

从上文"壐"意字義之考證觀之,欲匡救一般泛聲訓之流弊,而增加其可信之力量,則不得不補充其條件。條件爲何?即須以同聲母字爲聲訓對象之範圍(當然包括聲母與形聲字相訓釋在内),如取聲轉,亦必音證、義證兩者兼具而後可(如"尼"之與"爾")。昔者畢沅《釋名疏證》有云:

《説文》:"錦,从帛,金聲。"凡爲聲者皆無義,而此云"錦,金也。作之用功,其價如金,故其制字从帛與金。"是以諧聲字爲會意。

爲是評者,其殆根本未明形聲字及聲訓之原理耳。善夫段玉裁《説文》"禛"下注云:

> 聲與義同原,故龤聲之偏旁多與字義相近,此會意形聲兩兼之字致多也。《説文》或稱其會意略其形聲,或稱其形聲略其會意。雖則渻文,實欲互見。不知此則聲與義隔。又或如宋人《字説》,祇有會意,別無形聲,其失均誣矣。

兹再以公式表明上文所述古代聲訓之類別,及其與右文之比較。

古之所謂聲訓,按其性質,約可分爲兩類:

(1)泛聲訓,泛用一切同音或音近(雙聲或疊韻)之字相訓釋。

(2)同聲母字相訓釋,其中又分三項。今假設 x 爲聲母,ax、bx……等爲同从一聲母之形聲字,":"爲表示訓釋之符號,則可得下列三式:

(甲)ax:x……以聲母釋形聲字。

(乙)x:ax……以形聲字釋聲母。

(丙)ax:bx……以兩同聲母之形聲字相釋。

注意:甲式亦可表形聲兼會意字。

至於右文之公式則如下:

$$(ax, bx, cx, dx\cdots\cdots) : x$$

蓋泛聲訓之範圍最廣,祇取音近,別無條件。同聲母字相訓,已有限制,然於若干同聲母之形聲字中僅隨意取二字以相比較,條件猶覺過寬。唯右文須綜合一組同聲母字,而抽繹其具有最大公約數性之意義，以爲諸字之共訓，即諸語含有一共同之主要概念，其法較前二者爲謹嚴。若以式表示之，如下：

泛聲訓＞同聲母字相訓＞右文

又世人多誤以形聲兼會意與右文混爲一談，亦嫌失之觕纇。根據上說，則 ax：x（形聲兼會意）之與（ax，bx，cx，……）：x（右文），固自不同。例如宋王安石《字說》屬於前者，不得竟目之爲右文也。

三、右文說之略史一

《藝文類聚·人部》引晉楊泉《物理論》："在金曰堅，在草木曰緊，在人曰賢。"世謂是說爲開右文之端緒。宋史《文苑傳》載吳淑取《說文》有字義者千八百餘條，著《說文五義》三卷。其書不傳，不知所謂"有字義者"，作何解釋？其後王安石著《字說》二十四卷，頗流行於一時。現其書雖佚，然其說多散見於宋人載記中。陸佃《埤雅》《爾雅新義》尤多宗之。大抵其書僅零星取形聲字，一切說之以會意之法，蹈空憑臆，捨實證而尚獨斷，故學者多非之。以云其組織，固亦非以聲母爲綱，統說一般同聲母之形聲字者也。鄭樵《六書略·諧聲》中雖有"聲兼意"一例，然亦與右文之說異趣。唯與荆公同時之王子韶，獨倡右文之說。沈括《夢溪筆談》十四：

> 王聖美治字學，演其義以爲右文。古之字書，皆从左文。凡字，其類在左，其義在右。如木類，其左皆从木。所謂右文者，如戔，小也。水之小者曰"淺"，金之小者曰"錢"，歹而小者曰"殘"，貝之小者曰"賤"，如此之類，皆以"戔"爲義也。

右文説之異與前人者:(一)右文説爲研究一組同从一聲母之形聲字與其聲母在訓詁學上之關係,較但説形聲兼會意者爲有系統。(二)所用以解釋同聲系字之共訓,乃歸納聲母及形聲字中含有最大公約數性的意義而成者,較之僅據聲母,望形生訓者爲近於真實。惜其説僅存片羽,未有成書。案《宣和書譜·正書四》載:"方王安石以字書行於天下,而子韶亦作《字解》二十卷,大抵與王安石之書相違背,故其《解》藏於家而不傳。"不知《字解》中亦主張右文之説否?要之子韶治字學之根本精神與安石殊異,上文固已言之矣。迨王觀國(宋高宗時人)《學林》又有字母之説。《學林》五:

> 盧者,字母也。加"金"則爲"鑪",加"火"則爲"爐",加"瓦"則爲"瓿",加"黑"則爲"黸"。凡省文者,省其所加之偏旁,但用字母,則衆義該矣。亦如田者,字母也。或爲畋獵之"畋",或爲佃田之"佃"。若用省文,唯以田字該之。他皆類此。

張世南(宋寧宗時人)《游宦紀聞》九亦云:

> 自《説文》以字畫左旁爲類,而《玉篇》从之。不知右旁亦多以類相从。如"戔"爲淺小之義,故水之可涉者爲"淺",疾而有所不足者爲"殘",貨而不足貴者爲"賤",木而輕薄者爲"棧"。青字有精明之義,故日之無障蔽者爲"晴",水之無渾濁者爲"清",目之能明見者爲"睛",米之去粗皮者爲"精"。凡此皆可類求,聊述兩端,以見其凡。

宋末戴侗(理宗時人)《六書故·六書通釋》云：

> 六書推類而用之，其義最精。"昏"本爲日之昏，心目之昏猶
> 日之昏也，或加"心"與"目"焉。嫁取者必以昏時，故因謂之昏，
> 或加"女"焉。"熏"本爲烟火之熏，日之將入，其色亦然，故謂之
> 熏黃。《楚辭》猶作"纁黃"，或加"日"焉。帛色之赤黑者亦然，故
> 謂之熏，或加"糸"與"衣"焉。飲酒者酒氣酣而上行，亦謂之熏，
> 或加"酉"焉。夫豈不欲人之易知也哉，然而反使學者昧於本義。
> 故言婚者不知其爲用昏時，言日曛者不知其爲熏黃，言纁帛者不
> 知其爲赤黑。它如厲疾之"厲"別作"癘"，則無以知其爲危厲之
> 疾；厲鬼之"厲"別作"禲"，則無以知其爲凶厲之鬼。夢厭之"厭"
> 別作"魘"，則無以知其由於氣之厭塞；邕且之"邕"別作"癰"，則
> 無以知其由於氣之邕底；永歌之"永"別作"詠"，則無以知其聲猶
> 水之衍永；璀粲之"粲"別作"璨"，則無以知其色猶米之精粲。唯
> 《國語》《史記》《漢書》傳寫者希，故古字猶有不改者，後人類聚爲
> 《班馬字類》《漢韻》等書，不過以資奇字，初未得其要領也，所謂
> 多學而識之，非冊之道也。

所謂"六書推類"之説，即是右文。文之後段特反言之耳。

宋人各家主張略如上來所説，其弊在略舉一二例而不明言其理。
迨及清代學者始論及音聲詁訓相通之理，今擇其主要者著於篇。

四、右文説之略史二

明末黃生著《字詁》，於"疋疻狅疏梳"條云：

疋，鳥足之疏也。䟽、𥦵，並窗戶之交疏也。梳、疏，並理髮器也。鳥足開而不歛，故作疋字象之。疋有稀義，故窗戶之稀者曰"䟽"，櫛器之稀者曰"疏"，並从疋會意兼諧聲。

《字詁》又於"紛雺鳶衯棼"條云：

> 物分則亂，故諸字从分者皆有亂義：紛，絲亂也；雺，雨雪之亂也；衯，衣亂也；鳶，鳥聚而亂也；棼棼，亂貌也。

案：黃承吉《字詁義府合按》本於此條下注云：

> 承吉按：凡諧聲字以所从之聲爲綱義，而偏旁其逐事逐物形迹之目，此則公已先見及之。

錢塘《溉亭述古錄·與王無言書》：

> 文者，所以飾聲也。聲者，所以達意也。聲在文之先，意在聲之先，至制爲文，則聲具而意顯。以形加之爲字，字百而意一也。意一則聲一，聲不變者，以意之不可變也。此所謂文字之本音也。今試取《說文》所載九千餘文，就其聲以考之，其意大抵可通。其不可遽通者，反之而即得矣。今取許氏之書，離析合併，重立部首，系之以聲，而采經傳訓詁及九流百氏之語以證焉。

錢氏詮發聲同則義得相通之理，造微獨到，惜其所著之書未見傳本。

段玉裁注《説文》，倡"以聲爲義"之説，以爲古人先有聲音而後有文字，是故九千字之中從某爲聲必同是某義。今將其全書中關於説此義者表而出之，以便研究：

聲母	形聲字	段注擇要	部首	篇數
晶	瓃，玉器也。	"櫑"字下曰："刻木作雲靁，象施不窮。揚雄賦曰：'櫑轤不絶。'凡從晶字皆形聲兼會意。"	玉	1
	蘦，一曰秬鬯。	凡字從晶聲者，皆有鬱積之意，是以神名鬱壘，《上林賦》云："隱轔鬱嶺。"秬鬯得名"蘦"者，義在乎是。	艸	1
幾	璣，珠不圜也。	凡經傳沂鄂謂之"幾"，門橜謂之"機"，故珠不圜之字從"幾"。兼士案：玄應《音義》引《字林》："璣，小珠也。"程瑤田《字林考逸書後》云："璣從幾，幾微之義，小之説也，《説文》但有'珠不圜'之一解，……得《字林》然後小珠之璣，……其義皆見矣。"案："璣"之右文有"沂鄂"與"小"兩義，《説文》《字林》均可通。	玉	1
于	芋，大葉實根駭人，故謂之芋也。	《口部》："吁，驚也。"《毛詩》："訏，大也。"凡"于"聲字多訓大。芋之爲物，葉大、根實，二者皆堪駭人，故謂之"芋"。	艸	1
	吁，驚語也。	按："于"有大義，故从于之字多訓大者。	于	5
票	藨，一曰末也。	《金部》之"鏢"，《木部》之"標"，皆訓末，"藨"當訓"艸末"。兼士按：龔自珍《段注札記》云"以聲爲義，發凡此字"，非是。又《十篇·火部》"票"下注"凡從票爲聲者，多取會意"。	艸	1
爾	薾，華盛。	此於形聲見會意。"薾"爲華盛，"濔"爲水盛兒。	艸	1
廌	犣，牛黃白色。	黃馬發白色曰"驃"。票廌同聲，然則"犣"者，黃牛發白色也。《内則》"鳥廌色"，亦謂發白①色也。	牛	2
隺	㸿，白牛也。	《白部》曰："確，鳥之白也。"此同聲同義。	牛	2
	驩，一曰馬白領。	鳥之白曰"確"，白牛曰"㸿"。	馬	10

---

① 編訂者按："白"，沈文原寫作"黃"，誤，今正。

聲母	形聲字	段注擇要	部首	篇數
與	趖,安行也。	按:《欠部》:"歟,安气也。"《心部》:"愈,趣步愈愈也。"《馬部》:"騭,馬行徐而疾也。"《論語》曰:"與與如也。"《漢書》:"長倩懇懇。"	走	2
	歟,安气也。	如"趖"爲"安行","騭"爲"馬行疾而徐",音同義相近也。今用爲語末之辭,亦取安舒之意。通作"與","與與如也"。	欠	8
同	迵,迵迭也。	"迭"當作"达",《玉篇》云"迵,通達也",是也。《水部》:"洞,疾流也。"《馬部》:"駧,馳馬洞去也。"義皆相同。	辵	2
奇	齮,齧也。	按:凡从奇之字多訓偏:如"掎"訓偏引,"齮"訓側齧,《索隱》注《高紀》云:"許慎以爲'側齧'。"	齒	2
吉	齘,齧堅聲。	"齧"各本作"齒",今依《玉篇》訂。《石部》曰:"硈,石堅也",皆於吉聲知之。兼士按:以"石堅"例之,作"齒"正無不合。	齒	2
	黠,堅黑也。	黑之堅者也。《石部》曰:"硈,石堅也。"亦吉聲也。	黑	10
豈	齤,齫牙也。	引申爲磨器之名。《刀部》曰:"剴,一曰磨也",皆於豈聲知之。	齒	2
辰	踬,動也。	與《口部》"唇"、《雨部》"震"、《手部》"振"音義略同。	足	2
	娠,女妊身動。	凡从辰之字皆有動意,"震""振"是也。	女	12
皮	詖,辨論也。	皮,剝取獸革也;柀,析也。凡从皮之字皆有分析之意,故"詖"爲"辨論"也。	言	3
斯	誓,悲聲也。	斯,析也;漸,水索也。凡同聲多同義。	言	3
	瘫,散聲。	按:與"斯""漸",字義相通。	疒	7
非	奜,賦事也。从奜从八,八,分之也。八亦聲。讀若須。一曰讀若非。	《周禮》:"匪頒之式。"先鄭云:"匪,分也。"凡从非之字皆有分背之意。	奜	3

聲母	形聲字	段注擇要	部首	篇數
	斐,分別文也。	許云"分別"者,渾言之則爲文,析言之則爲分別文,以字从"非"知之也。非,違也。凡从非之屬:辈,別也;韡,相違也。 兼士按:此爲从非會意。	文	9
句	翑,羽曲也。	凡从句者皆訓曲。	羽	4
	胸,膊挺也。	凡从句之字皆曲物,故皆入《句部》。"胸"不入《句部》何也?胸之直多曲少,故釋爲"膊挺",但云"句聲也"。云"句聲",則亦形聲包會意也。	肉	4
	狗,孔子曰:"狗,叩也。叩气吠以守。"	按:《釋獸》云:"未成豪,狗",與"馬二歲曰駒""熊虎之子曰豿"同義,皆謂稚也。	犬	10
賁分	鼖,大鼓謂之鼖。	凡賁聲字多訓大:如《毛傳》云"墳,大防也""頒大首兒""汾,大也"皆是。	鼓	5
夗宛	盌,小盂也。	"于""夗"皆坳曲意,皆形聲包會意。又《七篇·夕部》"夗"下注:"凡夗聲、宛聲字皆取委曲意。"	皿	5
侖,思也。		凡人之思必依其理,"倫""論"字皆以侖會意。	人	5
力	朸,木之理也。	以形聲包會意也。"阞"下曰"地理","朸"下曰"木理","泐"下云"水理",皆从力,力者,筋也,人身之理也。 又《十三篇·力部》"力"下注:"象其條理也。人之理曰'力',故木之理曰'朸',地之理曰'阞',水之理曰'泐'。"	木	6
	阞,地理也。	按:力者,筋也。筋有脈絡可尋,故凡有理之字皆从"力"。阞者,地理也;朸者,木理也;泐者,水理也。《手部》有"扐",亦同意。	阜	14
	泐,水石之理也。从水,阞聲。	形聲包會意,大徐無聲字。	水	11
枼,楄也。枼,薄也。		凡木片之薄者謂之"枼"。故"葉""牒""鍱""箑""偞"等字皆用以會意。	木	6

聲母	形聲字	段注擇要	部首	篇數
云	圓,回也。	"雲"字下曰:"象雲回轉形。""沄"字下曰:"轉流也。"凡从云之字皆有回轉之義。	口	6
吾	晤,明也。	晤者,啓之明也。《心部》之"悟",《寱部》之"寤",皆訓覺,覺亦明也。同聲之義必相近。	日	7
甬,草木華甬甬然也。		小徐曰:"甬之言涌也,若水涌出也。"《周禮》:"鐘柄爲甬。"按:凡从甬之字皆興起之意。	马	7
辝	糵,牙米也。	牙米謂之"糵",猶伐木餘謂之"櫱",庶子謂之"孽"也。	米	7
單	癉,勞病也。	《大雅》"下民卒癉",《釋詁》《毛傳》皆云"癉,病也"。《小雅》"哀我癉人",《釋詁》《毛傳》曰"癉,勞也"。許合云"勞病"者,如"嘽"訓"喘息兒","僤"訓"車敝兒",皆單聲字也。	疒	7
贊	儹,冣也。	《木部》"欑",《竹部》"籫",義皆相通。	人	8
光	侊,小兒。	"小"當作"大",字之誤也。凡光聲之字多訓光大,無訓小者。	人	8
真,僊人變形而登天也。		引申爲真誠。凡積鎮瞋謓膩填寘闐嗔滇鬒瑱稹慎字皆以真聲,取充實之意。其顛槙字以頂爲義者,亦充實上升之意也。	匕	8
卓,高也。		按:《稽部》:"稬,特止也。"《辵部》:"逴,遠也。"《人部》:"倬,著大也。"皆一義之引申。	匕	8
参	裗,玄服。	兼士按:段改爲"禪衣也",又增"一曰盛服"四字於下,而注之曰"'参'本訓稠髮,凡参聲字多爲濃重"。	衣	8
今金	裣,交衽也。	凡金聲、今聲之字皆有禁制之義。	衣	8
農	襛,衣厚兒。	凡農聲之字皆訓厚:醲,酒厚也;濃,露多也。	衣	8
	濃,露多也。	按:《酉部》曰:"醲,厚酒也。"《衣部》曰:"襛,衣厚兒。"凡農聲字皆訓厚。	水	11
袁,長衣兒。		"遠""轅"等字以袁爲聲,亦取其義也。	衣	8

聲母	形聲字	段注擇要	部首	篇數
兀,高而上平也。		"一"在"儿"上,高而平之意也。凡從兀聲之字多取孤高之意。	儿	8
冥	覭,小見也。	如"溟"之爲小雨,皆於"冥"取意,《釋言》曰:"冥,幼也。"	見	8
康	歉,飢虛也。	溓者,水之虛;康者,屋之虛;歉者,餓腹之虛。	欠	8
	溓,水虛也。	康者,穀皮中空之謂。故從康之字皆訓爲虛:"歉"下曰"飢虛也";"康"下曰"屋康㝢也";《詩》"酌彼康爵",箋曰"康,虛也"……《急就篇》顏注曰:"轅謂輿中空處,所用載物也。"水之空,謂水之中心有空處。 兼士按:"水之中心有空處",理不可通。蓋水性就下,地之坎陷處常濕,故"溓"字從水。許氏望形生訓,説爲"水虛",已不可解。段氏申之,愈見其支離矣。	水	11
多	夛,有大度也。	凡從多之字訓大,《釋言》曰"庶,侈也",是其義。	卩	9
	㢘,盛火也。	凡言盛之字從多。	火	10
假	騢,馬赤白雜毛,謂色似鰕魚也。	凡假聲多有紅義,是以"瑕"爲玉小赤色。	馬	10
	鰕,魵也。	兼士按:段改注爲"鰕魚也",注云"凡假聲如'瑕''鰕''蝦'等皆有赤色,古亦用'鰕'爲雲鰕字"。	魚	11
龙,犬之多毛者。		引申爲雜亂之稱,《小戎》箋曰"蒙,龙"是也,牛白黑雜毛曰"牻",雜語曰"哤",皆取以會意。	犬	10
邑	悒,不安也。	邑者,人所聚也,故凡鬱積之義从之。	心	10
圭	娃,圜深目皃也。	洼,深池也;窐,甋空也。凡圭聲字義略相似。	女	12
辰	紙,散絲也。	水之衺流別曰"辰";別水曰"派";血理之分曰"衈";散絲曰"紙"。	糸	13
曾	增,益也。		土	13

聲母	形聲字	段注擇要	部首	篇數
曾	增,增也。	此與《會部》"矰",《衣部》"襘",音義皆同。凡从曾之字皆取加高之意。《會部》曰"曾者,益也",是其意也。凡从曾之字皆取自曾加高之意,所謂天道虧盈益謙,君子捊多益寡。凡形聲中有會意者例此。	土	13
臤	堅①,剛也。	此形聲中有會意。堅者,土之臤;緊者,絲之臤;鏗者,金之臤,彼二字入《臤部》,會意中有形聲也。	金	14
柬	鍊,治金也。	"治"大徐作"冶",今正。涷,治絲也;練,治繒也;鍊,治金也,皆謂瀧涷欲其精,非第冶之而已。	金	14
皇	鍠,鐘聲也。詩曰"鐘鼓鍠鍠"。	按:皇,大也。故聲之大,字多从皇,《詩》曰"其泣喤喤""鍠鍠厥聲";《玉部》曰"瑝,玉聲也"。	金	14
悤	鏓,鎗鏓也。一曰,大鑿平木者。	段氏依李善《文選注》引改"平木"爲"中木",注云"囪者多孔,蔥者空中,聰者耳順,義皆相類。凡字之義必得諸字之聲者如此"。	金	14
軍,圜圍也。		於字形得圍義,於字音得圍義。凡"渾""輝""煇"等軍聲字皆兼取其義。	車	14
坙	陘,山絶坎也。	凡坙聲之字皆訓直而長者。	阜	14

以上所輯僅祇六十八條,雖不能盡《説文》所載形聲字聲義貫串之情形,但段氏對於右文之發凡起例,即此已可觀其梗概。今將其説明語之形式不同者分類評之如次:

(1)"鏓"下注云"凡字之義必得諸字之聲"。

此謂一切形聲字皆兼會意。

(2)"晤"下注云"同聲之義必相近"。

---

① 編訂者按:"堅",沈文原寫作"鑒",誤,今據《説文》原文改。

此謂形聲字聲母同者義必通。

(3)"斫鄂謂之幾,故珠不圜之字从幾。""凡木之薄者謂之某,故'葉''牒''鍱''箑''偞'等字皆用以會意。"

此推本諸形聲字有此義者,由於聲母之有此義。

(4)"凡从辰之字皆有動意。""凡農聲之字皆訓厚。"

此謂从某聲者皆有相類之義而不推本其是否出於聲母之義。

(5)"凡言盛之字从多。""凡聲之大字多从皇。"

此謂表示某義之形聲字大抵从某聲,逆言之也。

(6)"誓"下注云"凡同聲多同義"。

此言"多"不云"皆""必"等全稱肯定之辭,意謂亦有例外也。

第(1)類、第(2)類、第(4)類、第(5)類均濫用全稱肯定之辭,似與實際不盡相符。不如第(6)類云"多"爲較妥。第(3)類探原立論,斯爲正軌。段氏於"以聲爲義"各字,頗有所發明。如於"犦"下云:"麃票同聲。"於"蘱"下兼說"賁""分",蓋同訓之字,祇取聲通,不拘形異,段氏深明此理。更從票聲字有末義又有發白色義觀之,而得一同聲母字其義不必盡同之啓示,惜段氏未暢言之。蓋其缺點在於僅隨意舉例,往往以偏該全,尚少歸納之精神耳。至於因"齮"之从奇,知其爲側齧;"侊"之从光,知其爲大皃,"鎺"从恩而得大鑿中木之義,"鈐"从金而得禁制於領之義,由是知右文之裨益於校勘古籍、考訂名物,亦非淺尟也。

王念孫之說,見於《廣雅疏證》中。如《釋詁》"大也"條下云:

　　夸者，《説文》：“夸，奢也，从大于聲。”《方言》：“于，大也。”
夸、訏、芌並从于聲，其義同也。

又云：

　　般者，《方言》：“般，大也。”……《士冠禮》注云：“弁名出於
槃，槃，大也，言所以自光大也。”……《説文》：“幋，覆衣大巾也。”
“鞶①，大帶也。”……《文選·嘯賦》注引《聲類》云：“磐，大石
也。”義並與“般”同。

雖不明言右文，而深合於以聲爲義之理。惜其説散漫，未具系統。兹
特再取《高郵王氏遺書·釋大》一節以爲代表：

　　岡，山脊也。亢，人頸也。二者皆有大義。故山脊謂之岡，
亦謂之嶺。人頸謂之領，亦謂之亢。彊謂之剛，大繩謂之綱，特
牛謂之犅。大貝謂之魧，大瓮謂之瓨，其義一也。岡、頸、勁，聲
之轉，故彊謂之剛，亦謂之勁；領謂之頸，亦謂之亢。大索謂之
縆。岡、縆、亙，聲之轉，故大繩謂之綱，亦謂之縆；道謂之緪，亦
謂之晖。

王氏之論，可謂觸類旁通，中邊皆澈。清代學者之疏證小學各書，如
王氏之於《廣雅》，郝氏懿行之於《爾雅》，錢氏繹之於《方言》，均能“以

---

① 　編訂者按：“鞶”，沈文原寫作“幋”，誤，今正。

精義古音貫串證發"。然究拘於體裁，祇能隨文釋義，不能別具訓詁學之系統，由今視之，要是長編性質之訓詁材料而已。有識之學者大抵先藉疏證古書之機會以搜集材料；材料具備，然後綜合之以成一有系統之學說。王氏《釋大》殆即欲綜合《廣雅疏證》之材料，以說明古代訓詁之範疇，惜乎不及待其完成也。

郝懿行《爾雅義疏·釋詁》"訏、宇，大也"條下云：

> 訏者，《詩》中《毛傳》並訓爲"大"。通作"芋"，《方言》"訏""芋"並云"大也"，郭注"芋猶訏也"，又云"訏，亦作芋"，故《詩》云"君子攸芋"，《毛傳》"芋，大也"。又通作"盱"與"吁"，《詩·溱洧》釋文"訏，《韓詩》作'盱'"，《斯干》釋文"芋或作'吁'"，《爾雅》釋文"訏本作'盱'"，是皆以聲爲義也。凡從于之字多訓大，"于"亦訓大，故《方言》云"于，大也"，《檀弓》云"于則于"，說者亦以爲廣大是矣。宇者，亦從于，與"訏"同。《說文》云"宇，屋邊也"，蓋屋檐四垂爲屋之四邊，天形象屋四垂，故曰天宇，亦曰大宇，……《莊子·齊物論》釋文引《尸子》云"天地四方曰宇"，然則宇之爲大可知矣。

焦循《易餘籥録》卷四：

> ……肴饌中有以"讓"爲名者，皆以他物實之於此物之中。如以肉入海參中則名"讓海參"。凡"讓雞""讓鴨""讓藕"無非以物實其中。或笑曰："'讓'當與'瓤'通，謂以物入其中，如瓜之有瓤也。"說者固以爲戲言，而不知古者聲音假借之義正如此也。

瓜之内何以稱"瓤"？瓤，從襄者也。"瓤"從襄猶"釀"。《説文》："釀，醞也。""醞"與"緼"通。《穀梁傳》"地緼於晋"，謂地入於晋也。《論語》"衣敝緼袍"，謂絮入於袍也。"醞"爲包裹於内之義，而"釀"同之，此所以名"瓤"名"釀"也。《説文》"纕，作型中腸也"，《釋名》云"中央曰纕"，皆以在中者爲義。囊，裹物者也，從襄省聲，即亦與"讓"同聲。然則"讓"取包裹緼入之義明矣。夫讓，猶容也，容即包也。爭則分，讓則合矣。故四馬駕車兩服在兩驂之中而《詩》曰"上襄"，水圍於陵而書曰"懷山襄陵"，俱包裹之義也。不爭則退遜，退遜則却，故"讓"有却義。能讓則附合者衆，故"穰"之訓衆，"瀼"之訓盛，衆則盛也。

緼入其中則相因，故馬氏注《皋陶謨》云："襄，因也。"《爾雅·釋詁》云："儴，因也。"鄭氏注《吕刑》云："有因而盜曰攘。""攘"取義於因，即取之於因也。《史記·趙世家》正義云："襄，上也，舉也。"鄭氏注《堯典》云："推賢尚善曰讓。""尚"與"上"通，上善，即舉善也。《廣雅》云："尚，舉也，高也。"高誘注《吕氏春秋》云："尚，襄也。"又："尚，久也。"《爾雅·釋詁》云："襄，久也。""讓"爲尚善，則通於"襄"；爲推賢，則通於"攘"。《説文》云："攘，推也。""推"之義近"却"，《曲禮》"左右攘辟"，注云"攘，却也"。《風俗通義》："攘，却也。""却之"即"所以謝之"，亦"所以除之"。故《廣雅》云："攘，除也。"王逸《離騷章句》云："攘，除也；讓，謝也。"皆引申之義也。

紬繹原文所叙各字意義引申之次第，先考與"讓"同聲系之"瓤""釀""纕""囊"等字均有在内或緼入之義，因以定"讓"字之亦有包裹、容入之義。引申之而有"禳""攘"除謝推却之義。又引申而有"穰""瀼"眾盛之義，及儴因之義。又引申而有曩久之義。再列表以明之：

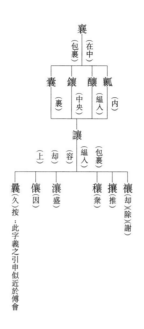

案：眾盛義之"穰""瀼"殆爲"襛""濃"諸字之轉語。又不久爲曩，音略轉而遂以"曩"爲久矣，三字之義皆屬借音，無與於"襄"字之訓也。

焦氏考求一"讓"字之義，展轉引申，極蹤迹推闡之能事，較宋人所舉"戔""盧"諸例，僅證以直接之字義者，迴不侔矣。《易餘籥錄》卷四又曰：

《説文》："周，密也。"故字之从周者，"稠"訓"多也"；"䯧"訓"髮多也"。《賈子·道術》篇云："合得密周謂之調。"《毛詩·鹿鳴》傳云："周，至也。"《考工記·函人》注云："周，密致也。""至"

同"致"。稠密則聚,故《王制》注云:"州,聚也。""州"通於"周"。襄二十三年《左傳》"華周",《古今人表》作"華州"。《風俗通》云:"州,周也,州有長,使之相周足也。""周"亦通"舟"。《説文》云:"匎,帀徧也。"《檀弓》注云:"周,帀也。"《詩·崧高》箋云:"周,徧也。"《鄉飲酒義》注云:"酬之言周也。"《釋名》云:"船又曰舟,言周流也。"《楚辭·九辨》注云:"裯,帷帳也,帳周帀於四面,故名裯。""帳"稱"裯",於是"悵"亦稱"惆"(《廣雅》),是則相因而爲轉注也。

因"周"訓密而得"稠""鬔""調""裯"諸字同訓之故,更本聲母同音其用亦同之理,貫串證發"州""酬""舟""匎"等字義亦與上列諸字之義相通,此王念孫疏證《廣雅》之所以多舉聲近義通之例,較之段玉裁注《説文》之動輒標榜本字者爲長矣。

阮元《揅經室集》卷一《釋且》《釋門》諸篇亦可與之互相證發。兹舉《釋門》之説以見其概:

凡事物有間可進,進而靡已者,其音皆讀若"門",或轉若"免"、若"每"、若"敏"、若"孟"而其義皆同。其字則展轉相假,或假之於同部之疊韻,或假之於同紐之雙聲。試論之,凡物中有間隙可進者莫首於門矣,古人特造二户象形之字而未顯其聲音。其聲音爲何?則與"璺"同也。"璺"从釁得音,"釁""門"同部也。因而"釁"又隸變爲"璺"、爲"疊"、爲"釁",皆非《説文》所有之字,而實皆漢以前隸古字。《周禮·太卜》注:"釁,玉之坼也。"《方言》亦云:"器破而未離謂之璺。"《釋文》注"疊本作璺",是"璺"與

"衉"同音義也。玉中破未有不赤者，故"衉"爲以血塗物之間隙。音轉爲"盟"，盟誓者亦塗血也，其音亦同也。由是推之，《爾雅》"虋"爲赤苗，《説文》"璊"爲赤玉，"㲠"爲赤毿，《莊子》"樠"爲門液，皆此音此義也。若夫"進而靡已"之義之音則爲"勉"。"勉"轉音爲"每"，"亹亹文王"當讀若"每每文王"。"亹"字或作"斖"。再轉爲"敏"，爲"黽"。雙其聲則爲"黽勉"，收其聲則"蠠没"，又爲"密勿"。"没"乃"門"之入聲，"密"乃"敏"之入聲。……

據阮氏所論，則從虋聲之"虋""璺"，與從㒼聲之"㲠""樠"，形與聲雖均轉變，而語仍同原，較之焦氏"周""州""舟"同音通用之論又有進矣。斯篇舉例，泛濫及於複音之辭，以盡語言分化之致，實與右文亦有關係，未可等閑視之也。

宋保著《諧聲補逸》，其《自序》云：

> 夫字有定形，義豈一端，而皆統之於聲。聲則無方無盡而文字以之相益，詁訓以之相依，以無方無盡之聲，又確有其至當不易之路，路自一達以至九達，合之則有徑可通，分之則如道路自爲道路，歧旁自爲歧旁，劇旁自爲劇旁，不能一致也。古人以聲載義，隨感而應，變動不居。……凡聲同則雖形不同，而其義不甚相遠。

又阮元與之書云：

> 大著因聲求義，而得古人制字之本。其間孳乳之由，關通之

迹，甚爲分明。發覆正譌，新義疊出。觀於此而猶昧於形聲者真
麤材矣。

茲將其説之關於右文者摘録於次：

　　“逐”……今本譌作从豕作“逐”，係隸書相承，寫《説文》者，
缺筆故也。……从豕得聲之字有“琢”“啄”“逐”“毅”“豥”“椓”
“瘃”“冢”“涿”等字：“琢，治玉也”“啄，鳥食也”“毅，椎毄物也”
“豥，擊也”“椓，擊也”“逐，追也”“涿，流下滴也”，並皆征逐之義，
“豕絆足行豕豕”，義並相等也，故皆从其聲。（卷二）

　　諡，重文作“誌”，忘聲。……《説文》之訓多取諸同聲者同
義。《黑部》“黜”字訓云“黜者，忘而息也”，與“諡”字重文作“誌”
相關合矣。（卷三）

　　胐，出聲。《廣雅・釋親》“膕胐，曲脚也”，《疏證》云：“胐之
言詘也，其體詘曲也。”保謹案：“胐”字出聲，猶“詘”字出聲、“屈”
字出聲矣。（卷七）

　　辯，从言辡聲。……按：“辡”“辯”同部。辬，小兒白眼，辡
聲；瓣，判也，辡聲；瓣，瓜中實，辡聲；辮，駁文也，辡聲；辨，憂也，
一曰急也，辡聲；辮，交也，辡聲，皆寓分辨之誼。“辯”訓治，从言
在辡之間，亦分辨意也，故从其聲。（卷十四）

　　按：自來多以形聲字考訂右文之現象。宋氏逆之，利用右文之軌
迹，以證明《説文》形聲字之譌奪，亦右文實用之例也；唯改“逐”爲①

――――――――――

① 　編訂者按：沈文“爲”後原衍一“爲”字，今刪。

"逐",終不若解作从豕會意,其義較勝。

陳詩庭《讀説文證疑》,其説亦多與右文相合,兹選録數條於次:

(1)"圭"有畫義,故"絓"可劃麥。《手部》:"挂,畫也。"《釋名》:"畫,挂也,以五色挂物上也。""卦"字从"圭",亦取畫意。

(2)从芻者有小義。《釋名·釋書契》:"奏,鄒也,鄒者狹小之言也。"《釋兵》篇"陷虜之盾約脅而鄒",亦此義。《説文》"縐,絺之細者",細有小義。"雛,雞子也",雞子亦小。《玉篇》:"偢偢,小人。《廣韻》十八尤:"諏諑,陰私小言。"三十一洽:"喢喢,小人言薄相。"……从芻之字又與从取字通。《儀禮·既夕記》"御以蒲芻",注:"古文'芻'作'騶'。"《玉篇》"聚"之重文作"𦈡","廄"之古文作"𢊍",故从取之字亦有小義。《史記》"鮒生",服虔以爲"小人兒"。《貨殖傳》正義:"鮒,雜小魚。"《爾雅》:"苬,小葉",《釋文》有"阻留"一切,字宜从取不从耴。"最"亦从取,《左傳》"蕞爾國",杜注:"小兒。"《廣韻》十四泰:"碝,小石。""曝,小春。"《中庸》"一撮土",亦言小也。《一切經音義》卷十五引《通俗文》:"縮小曰瘷;皴,律文作皴。"《爾雅》"鮪""鮸","小者曰鮛"。皆依聲爲義也。

(3)"昏,日冥也,从日氐省,氐者下也,一曰民聲。"戴侗《六書故》曰:"唐本《説文》从民省,徐本《説文》从氐省,晁説之曰:'因唐諱"民",改爲"氐"也。'"案:从民聲爲是。(案:戴書作"晁説得之"。)《賈子·大政》篇下:"夫民之爲言萌也;萌之爲言盲也。"《説文》:"民,衆萌也。"《書·多士序》"遷頑民",鄭注:"民無知之稱。"《荀子·禮論》"外是,民也",楊倞注:"民泯無知者。"

（兼士案：原作"民氓無所知者"。）皆是昏昧之意。義存乎聲，是"昏"字宜从民聲矣。《論語·泰伯》"民可使由之"；《書·呂刑》"苗民弗用命"，鄭注直訓"民"爲"冥矣"。"昏"字从日从民，故曰日冥。董子《春秋繁露·深察名號》篇："民者，冥也，民之號取之瞑也。"古人訓詁，以聲爲義，从氏之説，聲義均無所取。《攴部》"敯"、《歺部》"殙"皆从昏聲而字从民，《蚰部》"蟁"字直从民，又云或从昏，以昏時出也，是"昏"之从民，即許書可證矣。張參《五經文字》"愍"字注"緣廟諱偏旁準式省从氏，凡泯昏之類皆从氏"，則可知唐時《説文》改从氏，曰"从氏省，氏者下也"，後人亂之也。

（4）"不，鳥飛上翔不下來也，从一，一猶天也，象形。"然凡从"不"皆物始生未成之名，是以未成而謂之"不"也，義正了當。案："肧，婦孕一月也。"《爾雅》："山一成曰坯。"許君作"丘再成者也；一曰瓦未燒"，是明有未成義也。《一切經音義》卷十五引《字林》"坯"亦作"瓦未燒"，"芣苢"連文猶"肧胎"連文，皆物始生未成之名。故《韓詩章句》："直曰車前，瞿曰芣苢。""瞿"即"句"字，謂句萌始生者也。……字當从不从一。不，古文萌蘖字，一者不有形从而生也。

按：陳氏説"不"字"當从不，从一。不，古文萌蘖字，一者不有形从而生也"。其説似不及鄭樵《六書略》、周伯琦《説文字原》、黃生《義府》、程瑤田《解字小記》，解作象華蕚柎足之形爲長。它如謂"从攴者皆有歧出之意""从今者皆有舌義""凡物之有门形者皆謂之门""凡字从吉者皆有曲義"，其説離合參半。陳氏尚有《説文聲義》八卷，惜未見傳本。

吳夌雲嘗與陳詩庭同校《說文》，故所著《經說》《小學說》《廣韻說》多與陳氏之說共鳴相應，茲略舉數端於次：

《經說·春秋左氏傳》桓三年"驂絓而止"，注"驂騑馬"條云："非，古飛字，鳥翼有兩謂之'非'，凡物之兩相對者亦謂之'非'。如腓，脛腨也。（兼士按：'腓'恐是借爲'肥'字，說詳後。）菲，草屨也。扉，門扇也。兩服、兩驂皆相對，故均曰'騑'。"

《小學說》"突①""覃"條云："《說文》：'突，深也。一曰竈突②。''覃，長味也。'深、長義本相近。'突'加'水'爲'深'，'覃'加'水'爲'潭'，皆宊下之義。'突'加'手'爲'探'，'覃'加'手'爲'撢'。《說文》'探，遠取之也'，他含切；'撢，探也'，他紺切，二文相承，義亦相近。……《說文》'瞫，深視也。一曰下視也'，一曰'竊見也'，式荏切。下與深義同，'竊見'則義同'探'。又'眈，視近而志遠'；'瞫，內視也'，皆丁含切。夌雲案：此皆與'瞫'同意。……"

《廣韻說·十五灰》"隈，水曲也；椳，户樞；𩨹，角曲中也"條下云："案：以上三字並取曲意。'樞'從區，《禮》'區萌達'，注：'屈曰區。'《左傳》桓十二年《春秋》'曲池'，《公羊》作'毆蛇'。蓋'曲'亦有'區'音。"

黃承吉《夢陔堂文集》卷二《字義起於右旁之聲說》，其文繁冗，長

---

① 編訂者按："突"，沈文原寫作"突"，誤，今正。
② 編訂者按："突"，沈文原寫作"突"，誤，今正。

至四千餘言,今要刪之如下:

六書之中諧聲之字爲多。諧聲之字,其右旁之聲必兼有義,而義皆起於聲。凡字之以某爲聲者皆起原於右旁之聲義以制字。是爲諸字所起之綱。其在左之偏旁部分,則即由綱之聲義而分爲某事某物之目,綱同而目異,目異而綱實同。

古書凡同聲之字,但舉其右旁之綱之聲,不必拘於左旁之目之迹而皆可通用。並有不必舉其右旁爲聲之本字,而任舉其同聲之字即可用爲同義者。蓋凡字之同聲者皆爲同義。聲在是則義在是,是以義起於聲。後人見古人使字之殊形,輒意以爲假借。其實古人原非假借,據字直書,必故爲假借何爲者?蓋古者原用其綱,而目則可别可别,古人初不料後人之不喻乎綱也。

蓋自秦坑火後而古人制字之精意有傳有不傳。若右旁因聲起義之説,則至漢而已失其傳者。……觀於漢儒所解一切經義小學,從無一二略舉其凡,而反形其漠不相入,即可見其皆不知也。唯余觀近人三十年所著之書,漸有研及於右旁之義與全字之義相體合者。然亦不過一二人略見端倪,三數字稍循迹象。即有窺見左旁之義繫於右旁之聲者,乃其所謂聲者,仍不過右旁之義,謂其全字之義關合於右旁爲聲之半邊耳,雖曰聲,猶是義也。若夫制字之源由於右旁聲義之所以然,暨乎凡爲此聲皆爲此義之精義,則尚絶無幾微之呈見。固不得以彼混此,謂是其説已有發明。

是故凡讀書研字者不可不明制字之綱。苟能隨字逐明其綱,則即聲義了然於心。既爲此聲,必爲此義。既知此字右旁之聲義如此,即知彼字同於此字之右旁,其聲義亦必如此,不過異於隨事隨物之目之小別。若是則凡所遇古人注釋訓詁之字，即可知其所訓爲其字之初義，爲繼起之義，爲旁通之義。甚至有由初義引申而逐爲遷轉，以至於相反之義，皆可洞徹而無不明。至於誤解之義，亦即可燭見而無所遁。更不至隨波逐流，見先儒訓釋異同，輒貿貿然是非莫辨，以至兩存其説而無所宰制。……然則綱之所繫者大矣。

顧欲知一字之聲義，又不徒求之於本字。字者孳乳而生，凡制一字，必先有一字爲其所起之鼻祖，爲其制字之所以然。如予曩以著《正揚論》而窮溯"招""標""杓"三字之源："招"字則起於刀之上指，"標"字則起於火之上飛，"杓"字則起於勺①之曲出。"刀""火""勺②"三字乃"招""標""杓"三字之鼻祖；而上指、上飛、曲出乃三字從出之所以然。是以召字、票字、勺字，以及凡從"召""票""勺"之字，其訓義無不究竟歸於爲末、爲鋭、爲纖，總不離乎上指、上飛、曲出之義。而"招""標""杓"三字皆爲同聲，是以同義。且凡同一韻之字，其義皆不甚相遠，不必一讀而後爲同聲。是故古人聞聲即已知義。所以然者，人之生也，凡一聲皆爲一情，則即是一義。是以凡同聲之字皆爲一義。試取每韻之字精而繹之，無不然者。

黄氏此文殆爲《字詁》所啓發，其説理獨爲詳盡透闢。唯反覆申論，辭嫌支蔓，是其短處（黄氏它文亦多有與此説可相印證者，兹略不舉），所云"不必舉其右旁爲聲之本字，而任舉其同聲之字即可用爲同

---

① ②　編訂者按："勺"，沈文原寫作"勺"，今據後文改。

義”，即是段、王、焦、阮各家所舉諸例之理論，爲宋人未言及者。黃氏既主以聲爲綱，復謂“刀”“火”“勺①”三字爲“招”“標”“杓”三字之鼻祖，則又捨聲言形，離本題矣。至謂“凡同一韻之字，其義皆不甚相遠”，亦似傷於過濫。

外此錢繹《方言箋疏》中散見之材料亦不少。其他如姚文田《説文聲系》、嚴可均《説文聲類》、戚學標《漢學諧聲》、張惠言《説文諧聲譜》、江沅《説文解字音韻表》、江有誥《諧聲表》、苗夔《説文聲讀表》諸書，其用意在利用同聲系之字考定古音，而不及字義之通轉。唯陳澧《説文聲表》亦以此事爲職志，其《序》曰：

> 上古之世，未有文字，人之言語，以聲達意。聲者肖乎意而生者也。文字既作，義與聲皆附聲焉。象形、指事、會意之字，由意而作者也。形聲之字，由聲而作者也。聲肖乎意，故形聲之字，其意即在所諧之聲。同諧一聲，則數字同出一意。孳乳而生，至再至三，而不離其宗焉。澧少時讀《説文》窺見此意，乃以暇日，爲之編次，以爲聲部首，而形聲之字屬之。其屬字之次第，則以形之相益爲等級，以意之相引爲先後。部首之音相近者，其部亦以類聚。依段氏古韻定爲十七卷。聞姚文僖公及張臯文、錢溉亭皆嘗爲此，求其書讀之。錢氏書不可得，姚氏書改篆爲隸，張氏書則爲古韻而作，與澧所編之意不同，遂存此編，弗忍棄也。澧嘗欲爲箋，附於許君解説之下，以暢諧聲同意之旨。其後更涉他學，不暇爲此，始俟異日。

---

① 編訂者按：“勺”，沈文原寫作“勹”，今據前文改。

陳氏書今日衹見傳寫本(北京大學研究所國學門藏),惜其箋終未成,無以見陳氏所"暢諸聲同意之旨"。

朱駿聲《說文通訓定聲》雖以訓詁爲主,然於右文亦未嘗顧及。王筠於《說文釋例・形聲敘》中曾云:

> 釋經之例,以孔子十翼爲鼻祖。乾,健也;坤,順也;坎,陷也;離,麗也;兑,說也,皆兼以音訓者也。漢儒口授,故重耳學。鄭君而外鮮不偏主音者,而劉熙《釋名》爲最。宋儒競心得,故重眼學。朱子而外鮮不偏主義者,而王安石《字說》爲最。泥孔子釋經之一端,欲其四通六闢,難已。然《字說》爲世詬病,而《釋名》不至同罰者,非謂其時近古也,非惡荊公之治術波及其學術也。義寄於聲,誠爲造字之本,亦爲用字之權,故偏於聲者從未減也。

其意似偏重音訓,而於右文之說仍未加以贊助。由是知歷來學者關於右文之學說真能得其肌理者,殊不數數覯也。

五、右文說之略史三

清末小學家之注意及此者,端推章太炎、劉師培二氏。吾師章先生《國故論衡・語言緣起說》:

> 語言之初,當先緣天官,然則表德之名最夙矣。然文字可見者,上世先有表實之名,以次枝充,而表德之名因之。後世先有表德、表業之名,以次枝充,而表實之名因之。是故同一聲類,其

義往往相似。如阮元説：从古聲者有枯槀、苦窳、沽薄諸義，此已發其端矣。今復博徵諸説：

如立一"爲"字以爲根，爲者，母猴也。猴喜模效人舉止，故引申爲作爲，其字則變作"僞"。凡作爲者異自然，故引申爲詐僞。凡詐僞異真實，故引申爲譌誤，其字則變作"譌"。爲之對轉爲蝯，僞之對轉復爲譌矣。

如立"禺"字以爲根，禺亦母猴也。猴喜模效人舉止，故引申之凡模擬者稱"禺"，《史記·封禪書》云"木禺龍欒車一駟，木禺車馬一駟"是也。其後木禺之字又變爲"偶"，《説文》云"偶，桐人也"。偶非真物，而物形寄焉，故引申爲寄義，其字則變作"寓"。凡寄寓者非常在，顧適然逢會耳，故引申爲逢義，其字則變作"遇"。凡相遇者必有對待，故引申爲對待義，其字則變作"耦"矣。

如立"乍"字以爲根，乍者，止亡詞也。倉卒遇之則謂之乍，故引申爲最始之義，字變爲"作"。《毛詩·魯頌》傳曰"作，始也"；《書》言"萬邦作乂""萊夷作牧"，"作"皆始也。凡最始者必有創造，故引申爲造作之義。凡造作者異於自然，故引申爲僞義，其字則變爲"詐"。又自最始之義引申爲今日之稱往日，其字則變作"昨"。

如立"羊"字以爲根，羊者，撒也；撒者，刺也；其字从干，干从倒入，入一爲干，犯也；入二爲羊，言稍甚也，其音如飪。羊訓爲刺，又言稍甚，其實今之"甚"字，由羊而變，《説文》云"甚，尤安樂也，从甘匹。匹，耦也"。男女之欲，安樂尤甚，亦有直刺之義。後人改作，凡殊尤之義，則專作"甚"字。凡直刺之義，則變爲"撳"字，《史記·刺客傳》曰"左手把其袖，右手撳其匈"是也。由刺之義引申爲勝，字變作"戡"，"西伯戡黎"是也。亦借用"堪"，《墨子·非攻》篇云"往攻之，予必使女大堪之"是也。由勝之義引申復爲勝任。由勝任義引申復爲支載，於是字變作"堪"，《説文》云"堪，地突也"，今言堪輿是也。然由甚字有尤安樂義，其字或借作"湛"，《毛詩·小雅》傳曰"湛，樂之久也"。其後有專樂飲酒之義，則又變爲"酖"字。樂極無厭，還以自害，故曰"宴安酖毒"，於是鳥可以毒人者亦得是名，字則變爲"鴆"矣。羊之聲本同"任"，《太宰》"以九職任萬民"，注曰"任猶傮也"，"傮"即傮刃之傮，與"羊"同訓刺。耕稼發土者命之爲"男"，舊皆以"任"訓"男"，即"羊"之變也。侵冬自轉，"男"之字又變爲"農"矣。

如立"辡"字以爲根，辡者，"罪人相與訟也"。引申則爲治訟者，字變作"辯"。治訟務能言，引申則爲辯論、辯析。由辯析義引申則爲以刀判物，於是字變作"辨"。由刀判義引申則有文理可以分析者亦得是名，其字則變作"辬"。由刀判義引申則瓜實可分者亦得是名，其字則變作"瓣"矣。

如上所説爲字、禺字、乍字、羊字、辡字，一字遞衍，變爲數名。（廣説此類，其義無邊，今姑舉五事以明之。）《説文·句部》有"拘""鉤"，《臤部》有"緊""堅"，已發斯例，此其塗則在轉注假借之間。"轉注者，建類一首，同意相受。"今所言類，與戴、段諸君小異，彼則與形，此則與聲，考老聲類皆在幽部，故曰"建類"。若夫"同意相受"，兩字之訓不異毫氂。今以數字之意成於遞衍，固與轉注少殊矣。又亦近於假借。何者？最初聲首未有遞衍之文，則以聲首兼該餘義。自今日言，既有遞衍，還觀古人之用聲首，則謂之"本無其字，依聲託事"。故曰"在轉注假借間也"。

茲將上文五例中所舉各字，依其引申義之次第，表列於次：

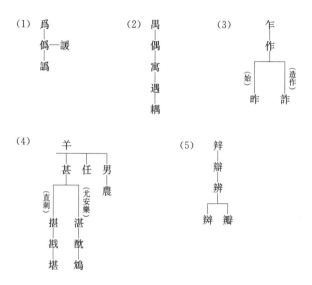

觀此知所舉引申義各字十九皆與表示語根之字爲聲母與形聲字之關係。是雖不明言右文，而右文之説得此益增有力之憑證。不但此也，章先生之論更有進於前人者：（一）自來訓詁家尠注意及語根者，章氏首先標舉語根以爲研究之出發點，由此而得中國語言分化之形式，可謂獨具隻眼。（二）根據引申之説，系統的臚舉形聲字孳乳之次第，亦屬創舉。章先生以後作《文始》，殆即動機於此。唯捨八千餘形聲字自然之途逕，從廿三部成均圖假定之學説，其方法復改弦更張矣。今再引《文始》之言於次，以資比較：

略例庚曰：昔王子韶創作右文，以爲字從某聲，便得某義。若《句部》有"鉤""笱"，《臤部》有"緊""堅"，《丩部》有"糾""蟉"，《辰部》有"衉""屒"，及諸會意形聲相兼之字，信多合者。然以一致相衡,即令形聲攝於會意。夫同音之字,非止一二,取義於彼見形於此者,往往而有。若農聲之字多訓厚大,然"農"無厚大義。支聲之字多訓傾衰,然"支"無傾衰義。蓋同韻同紐者別有所受,非可望形爲譣。況復旁轉對轉,音理多涂,雙聲馳驟,其流無限,而欲於形內牽之,斯子韶所以爲荊舒之徒,張有沾沾,猶能破其疑滯。今者小學大明,豈可隨流波蕩。《文始》所説亦有摶取本聲者,無過十之一二。深懼學者或有錮駈,復衍右文之緒,則六書殘而爲五,特詮同異,以譆方來。

文中批評右文説之弊,謂"取義於彼見形於此者往往而有,非可望形爲譣",的是中肯之語。然此種紛亂之情形並非無法整理。蓋推究其理,不外二涂,或緣音近,用代本字;或本無字,祇表音素。前者即通借法,可依其右文之義以求本字(如《文始》以農聲之字訓厚大,蓋出於"乳");後者依聲托事,歸本於音可耳。宋人固不知此,然清儒諸家於此已略得其緒理,第尚未充類至盡耳。誠能以右文爲主,再輔之以章先生之説,縱橫旁達,以求其流衍之勢則語言文字之變雖多歧路,庶亦可以無亡羊之慮。今《文始》全書取本聲者,才及十一,將謂二十三部之通轉,勝於聲母與形聲字自然分化之爲可信邪?

其次則有劉氏,《左盦集》卷四《字義起於字音説》上篇之言曰:

古人觀察事物,以義象區,不以質體別,復援義象制名。故數物義象相同,命名亦同,及本語言制文字,即以名物之音爲字音,故義象既同,所從之聲亦同。所從之聲既同,在偏旁未益以前僅爲一字,即假所從得聲之字以爲用。

此篇謂古者以聲母代形聲字，所舉之例爲"祖"古作"且"，"作"古作"乍"，"惟"古作"隹"，"貨"古作"化"等，即俞樾《湖樓筆談》所謂古文假借有文省之例也。又《字義起於字音說》中篇曰：

造字之始，既以聲寄義，故兩字所從之聲同，則字義亦同。即匪相同，亦可互用。如《太師虘豆》"邵洛"即"昭格"，《盂鼎》"妹辰"即"昧晨"是也。六藝舊文，周秦古籍，同聲之字，互相通用，以"佑"代"祐"，以"維"代"惟"，"委佗"猶之"委蛇"，"橫被"猶之"廣被"，均其例也。……此例既明，則知文字之義象均屬於聲，而六書諧聲之字必兼有義。唯彙舉諧聲之字，以聲爲綱。即所從之聲，以窮造字最先之誼，則凡姚、朱諸家所未言，不難悉窺其蘊也。

此篇謂兩形聲字所從之聲母若同，則其義亦通。而關於右文之重要理論，則在《字義起於字音說》下篇中：

試觀古人名物，凡義象相同，所從之聲亦同，則造字之初，重義略形，故數字同從一聲者，即該於所從得聲之字，不必物各一字也。及增益偏旁，物各一字，其義仍寄於字聲，故所從之聲同，則所取之義亦同。如從假、從开、從勞、從戎、從京之字均有大義；從叕、從屈之字均有短義；從少、從令、從刀、從宛、從蔑之字均有小義，具見於錢氏《方言疏證》，而王氏《廣雅疏證》詮發尤詳。彙而觀之，則知古人制字，字義即寄於所從之聲，就聲求義，而隱誼畢呈。……

　　若所從之聲與所取之義不符，則所從得聲之字，必與所從得義之字聲近義同。如：……"繫"字下云："門內祭，先祖所以旁皇也，從示彭聲。""彭""旁"音義相同，從彭得聲，猶之從"旁"也，故或體作"祊"。由是而推："驚"訓爲駭，"警""儆"訓爲戒，均從敬聲，則以"敬""亟"雙聲，古文"敬""亟"爲一字，字從敬聲，猶之從亟得聲也。"厴"訓一指按，"懕"訓爲安，均從厭聲，則以"安""厭"雙聲，"安"音轉"厭"，從厭得聲，仍取安義也。"阞"爲地理，從阜力聲；"泐"爲水石之理；"朸"爲木之理，均從力聲，則以"理""力"雙聲，"理"音轉"力"，從力得聲，仍取理義也。"斐"爲分別文，從文非聲；"𣎴"爲大目，從目非聲；"腓"爲脛腨，從月非聲，則以"非"與"分""肥"及"方"，均一聲之轉。"斐"從非聲，猶之從"分"，"𣎴""腓"從非聲，猶之"肥"從"旁"也。蓋一物數名，一義數字，均由轉音而生，故字可通用。《說文》一書亦恒假轉音之字爲本字；即諧聲之字所從之聲亦不必皆本字；其與訓釋之詞同字者，其本字也；其與訓釋之詞異字而音義相符者，則假用轉音之字，或同韻之字也。近儒於古字音訓之例詮發至詳，然諧聲之字音所由起，由於所從之聲，則本字與訓詞音近者，由於所從得聲之字與訓詞音近也。故字從與訓詞音近之字得聲，猶之以訓詞之字爲聲，此則近儒言音訓者所未晰也。即此而類求之，則諧聲之字所從之音不復兼意者鮮矣。

　　此篇主要之點，在闡明右文諸形聲字所衍之義與聲母之義若不相符時，則當觀其訓詞（即指許書當字之說解），以求其本字。蓋以此類現象爲右文之流變，論右文者不得不注意及之。設於此無法解決，則右文學說終難於訓詁學上達到圓滿應用之目的。故劉氏特闡明其原理與推求其本字之法,用以補救舊說之闕陷,蓋即章先生所謂"取義於彼見形於此者"。唯章氏因此而推翻右文之說,劉氏因此而補充右文之說,見仁見智,各有不同耳;唯劉氏推求本字,一依許書之說解,又似嫌其偏執。

此外學者論及斯說者,尚有梁啓超之《從發音上研究中國文字之源》(見《飲冰室文集》卷六十七)其略云:

> 自來言六書者,每謂形聲爲易解,忽而不講,……吾嘗略爲探索,謂宜從音原以求字原,輒擬爲兩公例:
>
> (一)凡形聲之字,不唯其形有義,即其聲亦有義。質言之,則凡形聲字什九皆兼會意也。
>
> (二)凡轉注假借字,其遞嬗孳乳,皆用雙聲。
>
> 試舉最顯著之數音以爲例:
>
> 戔,小也。此以聲函義者也。絲縷之小者爲"綫",竹簡之小者爲"箋",木簡之小者爲"牋",農器及貨幣之小者爲"錢",價值之小者爲"賤",竹木散材之小者爲"棧"(見《說文》),車之小者亦爲"棧"(見《周禮》注),鐘之小者亦爲"棧"(見《爾雅·釋樂》),酒器之小者爲"盞"、爲"琖"、爲"醆",水之少者爲"淺",水所揚之細沫爲"濺",小巧之言爲"諓"(見《鹽鐵論》及《越語》注),物不堅密爲"俴"(見《管子·參患》篇),小飲爲"餞",輕踏爲"踐",薄削爲"剗",傷毀所餘之小部爲"殘"。右凡戔聲之字十有七,而皆含有小意,《說文》皆以此爲純形聲之字,例如"綫"下云"从糸戔聲"。以吾觀之,則皆形聲兼會意也,當云"从糸,从戔,戔亦聲"。舊說

謂其形有義，其聲無義，實乃大誤，其聲所表之義，蓋較其形爲尤
重也。⋯⋯

　　假使吾國如用字母，則其字體之結構當何如？試以"戔"字爲
例，如凡戔聲之字皆用 Ch'ien 之一音符號以表之，而其所謂从偏旁，
則以其字之首一音母添附語尾，則前舉之十七字者當一如下寫：

Ch'ien

Ch'ien——戔

Chiens——綫

Thinj——箋

Thinp——牋

Thinch——錢

Thinb——賤

Thinm——棧

Thinm——盞

Thiny——瑧

Thints——醆

Thins——淺

Thins——濺

Thiny——諓

Thinj——俴

Thinsh——餞

Thints——踐

Thind——剗

Thind——殘

（按：梁氏注音頗有可商，茲姑依原寫。至於"殘"字从歺，篆作ㅅ，音蘖[ŋ̩]，梁氏以爲蒙古文"歹"字[d]，大誤。）

此種寫法，與吾國舊文之寫法，孰爲便利，此屬別問題，要之此十七字者，同一語根，同一音符，而因以同得一極相似之概念，則章章然也。……若能將全部《説文》之形聲字，一一按其聲系以求其義，或能於我文字起原得一大發明，未可知也。

又不必其聲之偏旁同一寫法者爲然也。凡音同者，雖形不同而義往往同。如"地"字並不从"氏"而含低、底等義，"弟"字亦因其身材視兄低小而得名，"帝"字有上接下之義，故下視亦稱"諦視"，"摘"字、"譎"字、"滴"字，皆以表由上而下之動作。從可知凡用 Dee 之一音符所表示者，總含有在下之義，或含有由上而下之意，無論其寫法爲氏、爲低、爲底……爲地、爲弟、爲帝、爲滴……而其爲同一語原，即含有相同之意味，則歷歷可睹也。

不寧唯是，同一發音之語，其展轉引申而成之字可以無窮。《爾雅·釋天》云："天氣下地不應曰霧，地氣發天不應曰霧，霧謂之晦。"王國維曰："'霧''霧''晦'一聲之轉也，'晦'本明母字，後世轉入曉母，與'徽''徽'諸字同。"蓋"霧"音當讀如慕，"晦"音當讀如每，皆用 M 母發音，而含有模糊不明的意味。……以上所舉八十三語，皆以 M 字發音者，其所含意味，可以兩原則概括之：其一，客觀方面凡物體或物態之微細闇昧難察見者或竟不可察見者；其二，主觀方面生理上或心理上有觀察不明之狀態者。諸字中孰爲本義，孰爲引申義，今不能確指，要之用同一語原，即含有相同或相受之意味而已。

不寧唯是，有一字而其義分寄於形與聲，後起孳乳之字，衍其形兼衍其聲，而即以並衍其義者。例如"八"字，《説文》云："八，別也，象分別相背之形。""八"字發音，與"別"與"背"同，既一聽而可察其義矣，其形亦一望而得之。於是凡从八之字非徒衍八形也，亦衍八聲。《説文》"公"字下云："公，分也，从重八，八，別也，亦聲。"此明其形聲並衍，至確密矣。然於其他从八之字，則多忘却其衍聲之部分，今舉其應是正之數聲如下：

《説文》原文	擬改正
分，別，从八从刀，分別物也。	分，別也，从八，从刀，八亦聲。
必，分極也，从八弋，弋亦聲。	必，分極也，从八弋，八亦聲。
采，辨別也，象獸指爪分別也。讀若辨。	采，辨別也，……从重八，八亦聲。
半，物中分也，从八从牛。	半，物中分也，从八从牛，……八亦聲。
平，語平舒也，从于，从八，八分也。	平，分均也，从于，从八，……八亦聲。

欲釋此數字，當先承認錢大昕所發明"古無輕唇音"之一公例。知……皆用 B 母發音，與"八"正同。由是知凡衍"分聲""北聲""番聲""半聲""平聲"之字，一面既从"八"衍形，一面又从"八"衍聲。形聲合而其義乃益著。如北聲即古"別"字，衍而爲"背"，"必"字表分別確定之意，此皆蒙"八"形"八"聲而衍其義也。其从"分"字衍出者：如平均分配爲"頒"，亦爲"攽"，文質相半爲"份"，財分而少爲"貧"，研米使分散爲"粉"，目黑白分爲"盼"，草初生其香分布爲"芬"，氣候不純良爲"氛"，鳥所化鼠爲"鼢"，分

而不理爲"棼"、爲"紛"，此亦蒙"八"形"八"聲而衍其義也。其從"半"字衍出者：如物之解剖分析爲"判"，冰之溶解爲"泮"，田之界分爲"畔"，男女好合爲"胖"，相結偶爲"伴"，半體肉爲"胖"，背分爲"叛"，此亦蒙"八"形"八"聲而衍其義也。其從"番"字衍出者：如分布種子爲"播"，迻譯異文爲"繙"，改其舊態爲"翻"、爲"幡"，髮有二色爲"皤"，草分布茂盛爲"蕃"，肉由生而熟爲"燔"，二水洄漩爲"潘"，此亦蒙"八"形"八"聲而衍其義也。其從"平"字衍出者：如野之分界爲"坪"，棋局界田者爲"枰"，水藻旋分旋合者爲"萍"，此亦蒙"八"形"八"聲而衍其義者也。其僅蒙其聲而不蒙形者：如"北"亦爲"別"；"分"亦爲"彬"，爲"賁"；頒賜之"頒"亦爲"班"，頒白之"頒"亦爲"斑"，皆或引申或假借而僅留其聲略去其所從之形者也。如人相與訟爲"辡"，判其是非得失爲"辨"，以言相辨爲"辯"，文之駁雜者爲"辬"，髮之交結爲"辮"，蕊之分開者爲"瓣"，判事已了爲"辦"（兼士按："辦"即"辨"之俗寫不必別列），此雖不从"八"而仍从"八"聲以遞衍成義者也。以上所舉四十四字，皆用 P 母發音者，所含義不外兩種：（一）事物之分析、分配、分散，（二）事物之交互錯雜，而其語原皆同出於一。

梁氏"同一發音之語，其展轉引申可以無窮"之説，大氐同於程瑤田《果臝轉語考》、王念孫《釋大》、朱士端《彊識編》《方言補義·説雙聲疊韻字展轉相通條》、張行孚《説文發疑·釋蠢》、劉師培《左盦集·釋蒲盧》《釋毲》、王國維《爾雅草木蟲魚鳥獸釋例》諸説，唯梁氏換用羅馬字母拼寫，自然罕譬而喻矣。又標舉《説文》誤以形聲爲會意（"采"字原爲象形，不誤，似不應闌入），各字而窮其分衍之語，其説甚辨。唯不知同從一聲者亦往往有不同派之意義，如從番聲之皤，老人白也；䌠，《廣雅》"白䌠"；蟠，鼠婦也，似白魚，皆有白義。其他，幡，書兒拭觚布；潘，淅米汁；蓋亦均因白色得名，不必強爲歸納一律釋爲"分"也。逆之，又不知同一意義之諸字亦正不必同從一聲母。如從釆字者多有分義，正不必改"釆"之象形爲從"八"聲，而後可根據"釆，古文辨字"，以說明"辨""辯"諸字仍從"八"聲以遞衍成義也。至於改從平舒得義之"坪""枰""萍"等字爲均取分義，捨淺顯而趣艱深，未見其然。

六、諸家學說之批評與右文之一般公式

茲將自宋以來諸家右文之說下一總評，藉以說明余之意見：

（1）自來諸家所論，多不知從此種學說之歷史上著眼觀察其作者何代，述者何人。徒憑一己一時之見到，騰諸口說，詡爲發明。實即古人陳說，第有詳略之不同，絕少實質之差別。此爲學說不易進步之最要原因。

（2）諸家所論，或偏重理論，或僅述現象，或執偏以該全，或捨本而逐末，若夫具歷史的眼光，用科學的方法，以爲綜合歸納之研究者，殊不多覯。

（3）夫右文之字，變衍多途，有同聲之字而所衍之義頗歧別者，如非聲字多有分背義，而"菲""翡""痱"等字又有赤義；吾聲字多有明義，而"齬""語（論難）""敔""圄""唔"等字又有逆止義，其故蓋由於單音之語，一音素孕含之義不一而足，諸家於此輒謂"凡從某聲，皆有某義"，不加分析，率爾牽合，執其一而忽其餘矣。

（4）上文所舉聲母"非"訓"違"，其形爲"從飛下翅，取其相背"，故其右文爲分背義，此聲母與形聲字意義相應者。至"非"之右文又

得赤義，則僅借"非"以之表音，非本字也。又"吾"之右文爲"逆止"義，或借爲"午"字，至又有明義，則其本字復不可得而碻知矣（章先生《小學答問》"蘇"字條云："魚之爲言瘇也，《釋名》言魚目不閉是也，孳乳爲瘇。"說亦可通），諸家於此又多胡嚨言之，莫爲別白。

（5）又有義本同源，衍爲別派。如"皮"之右文有：（一）分析義：如"詖""簸""破"諸字，（二）加被義：如"彼""鞁""貱""帔""被"諸字，（三）傾衺義：如"頗""尵""跛""波""披""陂""坡"諸字。求其引申之迹，則"加被""分析"應先由"皮"得義，再由分析而又得傾衺義矣。又如"支"之右文先由"支"得歧別義，如"芰""跂""敊""翅""枝""岐"諸字；再由歧別義引申而得傾衺義，如"庋""頍""攱"諸字，諸家於此率多未能求其原委。

（6）復有同一義象之語，而所用之聲母頗歧別者。蓋文字孳乳，多由音衍，形體異同，未可執著。故音素同而音符雖異亦得相通，如"與""余""予"之右文均有寬緩義，"今""禁"之右文均有含蘊義。豈徒同音，聲轉亦然，尼聲字有止義，刃聲字亦有止義（"刃"字古亦在泥母），如"伬""訒""忍""牣""軔"是也。釁聲字有赤義（"釁"古音如"門"），萬聲字亦有赤義，如"璊""樠""虋"是也。如此之類，爲右文中最繁複困難之點，儻忽諸不顧，非離其宗，即絕其派，而語勢流衍之經界慢矣。諸家多取同聲母字以爲之說，未爲澈底之論也。

（7）訓詁家利用右文以求語言之分化，訓詁之系統，固爲必要。然形聲字不盡屬右文，其理至明，其事至顯。而自來傾信右文之說者，每喜抹殺聲母無義之形聲字，一切以右文說之，過猶不及，此章氏之所以發"六書殘而爲五"之嘆也。

（8）《說文》本爲一家之言，其說字形字義，未必盡與古契（漢魏六朝《蒼》《雅》字學爲派不一）。自宋以來，小學漸定一尊於《説文》。及清而還，訓詁家更尊其説解以爲皆是本義，殊爲偏見。今肇右文，固不能不本諸《説文》，然亦宜旁參古訓，鈎通音理，以求其從橫旁達之勢。諸家多囿於《説文》，其所得似未爲圓滿。

準此以觀，治右文之説者：

（一）於音符字須先審明其音素，不應拘泥於字形；

（二）於音素須先分析其含義，不當牽合於一説。

兹本此定義，定爲表式如下：

表式凡例

凡字之古讀，依今日古聲韻學之智識，祇能粗得阡陌，而難確定其音值。且聲母與形聲字每多異讀，如"非"之與"排""輩"，"皮"之與"波""頗"，"真"之與"闐""顛"，"吉"之與"壹"，"音"之與"潜"，"林"之與"禁"，"兼"之與"溓"，"僉"之與"歛""險"，"鹹"之與"覃"，其音之古今，有可審定者，有難斷言者。在古音系統尚無定論之時，注音實爲一大難點。故表中不用拼音字母表示音素，但於每一聲母下注明反切（依《廣韻》）及"紐""韻"，學者自可據此以測古音演變之軌迹。唯字音之古今與字形之先後並非一致相應，此種現象亦須注意也。

凡常訓達詁，多依許書説解（不一一注明）。其有《説文》不可信者，則旁求古訓以釋之。間亦辨明《説文》之誤處。

《説文》泥於據形分部之例，往往一語偏旁異字而區爲二部。又拘於一字一訓之法，往往一義表裏相成而分屬兩字。或以爲《凡將》《訓纂》相承別爲二文，故許君不竟説爲一字。余謂此等字直目之爲"重文"可耳，故於"跂""尳""筬""鍼"之類，皆併書於一格。

《説文》爲字書,以字爲單位,故於複音辭亦分析之爲字。唯説解中別具公式:如"甲乙"一語爲辭,則"甲"下云"甲乙,△△也";"乙"下云"甲乙也"(亦有變例),以表示其原爲聯緜之辭。表中遇此等辭中之字,亦即連書之,使讀者得以考察語辭連綴變演之迹。

表一　右文之一般公式

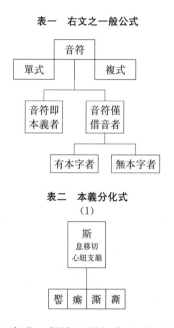

表二　本義分化式
(1)

注:斯,析也。《廣雅·釋詁》:"斯,分也。"王念孫《疏證》云"今俗語猶呼手裂物爲斯"是也。又《廣雅·釋詁》:"𥑐,磨也。"《集韻》引《字林》:"甎,甕破也。"皆即"斯"也。誓,悲聲也。癖,散聲。古籍多用"癖",或作"嘶",悲慟則聲散,"誓""癖"實一語而異字耳。澌,水索也。漸,流汆也。案:齒音字多有分散破碎之義。又《莊子·至樂》:"乾餘骨之末爲斯彌","斯彌"爲養醯。斯彌,李注:"蟲也。"食醯,司馬本作"蝕醯",云"若酒上蠛蠓也"。案:"斯彌"爲小蟲,亦爲"斯"之分化語,分析之則小矣。

（2）

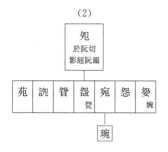

注：夗，轉臥也，故有屈曲義。苑，《說文》：“所以養禽獸也。”又：
“囿，苑有垣也。”段注：“高注《淮南》（《本經訓》）曰：‘有牆曰苑，無牆
曰囿。’與許互異，蓋有無互譌耳。”案：玄應《音義》引《字林》：“苑，有
垣也。”又云：“有垣曰苑。”程瑤田《字林考逸書後》曰：“有垣曰苑，無
垣曰囿，《字林》之精義也。文王之囿七十里，齊宣之囿四十里，安得
築垣以限之？而《說文》乃以囿爲苑之有垣者，《玉篇》捨《字林》而從
《說文》，亦辨之不審者。”今以右文之律推之，高、呂合而《說文》違，從
可知矣。蓋“苑”者謂其四圍高，中央宛宛然有容也，段說未諦。訹，
慰也。人之受屈者以善言安其心謂之“訹”，物之不平者以火斗按之
使平謂之“熨”，其意一也。眢，目無明也。《左傳》宣十二年《釋文》引
《字林》：“眢，井無水。”盌、㼌，小盂也。宛，屈艸自覆也。《內則》“兔
爲宛脾”，注：“宛或作鬱。”又《史記·律書》：“陽氣冬則宛藏於虛心。”
《正義》云：“宛音蘊。”是宛也，鬱也，蘊也，一語之轉耳。怨，恚也。謂
不㪠於心也。婠、婉，順女也。琬，圭有琬者。段玉裁謂“圭首圜剡”
是也。此與《爾雅·釋山》“宛中隆”同解。蓋“宛中宛丘”，謂丘之四
方高中央下者形如⌣，而山之中隆者亦得曰宛，形如⌢，形似相反，義
實相成也。徐鍇《繫傳》“琬謂婉然宛也”，未得其解。又《釋名·釋形
體》：“腕，宛也，言可宛屈也。”皆其義也。

表三　引申義分化式

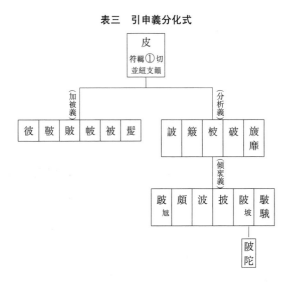

注：皮，剝取獸革者謂之皮。《釋名·釋形體》："皮，被也，被覆體也。"《廣雅·釋詁》："皮，離也。"《釋言》："皮，剝也。"段玉裁《說文》"皮"字注"引申凡物之表皆曰皮，凡去物之表亦皆曰皮"是也。準之以分析皮聲之字，得下列三義：

加被義：彼，往有所加也。桂馥《義證》謂"加"當爲"如"，蓋桂氏昧於"皮"有加義，故不得其解而議改耳。鞁，車駕具也。貱，迻予也。帔，帬帔也。被，寢衣也。髲，益髮也。

分析義：詖，辨論也。簸，揚米去穅也。柀，一曰析也。破，石碎也。旇靡，旌旗披靡也。《繫傳》云："披靡，四散皃。"戴侗《六書故》云："風之所吹，披散偃靡也。"段玉裁注則謂"'披靡'當是'指摩'之誤"，王紹蘭《訂補》駁之，是也。茲據右文之律判之，段說之不足信更顯然矣。

―――――――

① 　編訂者按：沈文原脱"羈"字，今據《廣韻》反切補。

傾衺義:分析則斜欹矣。跛、尯,行不正也。頗,頭偏也。波,水涌流也。披,从旁持,《方言》:"披,散也。""坡、陂,阪也。"《方言》六:"陂,邪也。"又《玉篇》:"陂,彼皮切,澤鄣也,池也;又碑偽切,傾也,衺也;又普何切,陂陀,靡迆也。"案:別義異聲,於古不爾。而普何之切,獨近古讀,蓋複音聯緜之詞中每易保留古音也。駊騀,馬搖頭也。

表四　借音分化式

(1)

注:農,耕也。無濃厚義,故《文始》謂其"蓋出於乳","乳"於古亦爲泥紐音,故"農"借爲"乳"而得濃厚之義。盥,腫血也。襛,衣厚皃。獞,《字林》"多毛犬也"。濃,露多也。醲,厚酒也。又《方言》十:"翹、纀,多也。南楚凡大而多謂之翹,或謂之纀。"按:凡泥紐字多含重滯不流利之義。

(2)

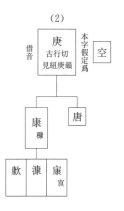

注：庚，位西方，象秋時萬物庚庚有實也。無空義。考《説文》以外之古訓及卜辭、金文之形體，亦均無空義之朕兆可尋。蓋與"空"爲雙聲而借諸耳。康，穀之皮也。《詩·賓之初筵》"酌彼康爵"，箋："康，空也。"穅宲，屋穅宲也。按：今俗尚謂大而無當曰"宲康"。歉，飢虛也。澉，水虛也，《爾雅·釋詁》"虛也"。

又：唐，大言也。《莊子·天下》篇"荒唐之言"，其義爲不實，引申爲陂唐，俗作"塘"。又《爾雅·釋宫》："廟中路謂之唐。"郭注：《詩》曰：'中唐有甓。'"按："唐"之引申爲道路，猶"康"之引申爲道路，"五達謂之康"是也。

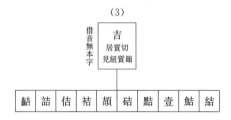

注：吉，善也。無堅義。而《釋名·釋言語》："吉，實也。"吉之訓實，殆借音耳。黠，齒堅聲（從右文之理觀之，正不必依段氏從《玉篇》訂爲"齧堅"也）。詰，問也。《書·立政》注："詰，實也。""詰"訓問，又訓實，猶"貞"訓問，又訓當（《書·洛誥》注），訓定（《釋名·釋言語》）之例。佶，《詩·六月》"四牡既佶"，箋："壯健之兒。"袺，執衽也。頡，直頸也。硈，石堅也。《爾雅·釋言》："硈，鞏也。"黠，黑堅也。壹，專壹也。鮚，蚌也。蓋以殼之堅實得名。結，締也。案：今俗尚有結實語。"吉"有堅意，當於音理求之。陳詩庭《讀説文證疑》謂"凡字從吉者皆有曲義"，恐未必然，蓋吉聲之字取義於堅固，故直挺不撓可謂之

"頡",聲戩不伸亦可謂之"結"。陳氏一切以曲義説之,未能得其魁理。

吳承仕云:"'吉'訓堅實,恐非借音,'賢'从臤聲而訓爲多才,猶'吉'訓善而自有堅義,蓋堅實與完善,義自相成,故吉人、善人、賢人,得通稱也。以'賢'有善義,可比知'吉'有堅義。"其説亦通。

（4）

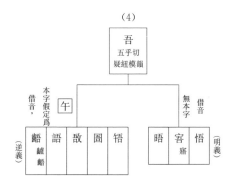

注:吾,我自稱也。無逆義。"午,啎也,五月陰气午逆陽冒地而出也,此與矢同意。"許説"午"字形雖不足信,然逆義要是古訓,殆即"杵"之初文,"杵"有啎逆義,"吾"其借字耳(石鼓文"吾"字作"䎑")。明義之本字則未可定。

逆義:齬,齒不相值也。紊言之爲"齟齬"。語,論也。(論難曰語。)敔,禁也。圄,守之也。啎,逆也。蓋自"午"借爲干支專名,然後造半音符之"啎"以代之。

明義:晤,明也。宧,寤也。寤,寐覺而有信曰寤。("信"字段改爲"言"。)按:"宧""寤"殆重文。悟,覺也。

表五　本義與借音混合分化式

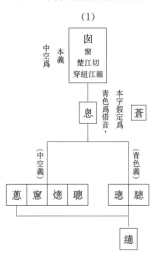

注：囱，在牆曰牖，在屋曰囱。恖，多遽恖恖也。按：此殆爲聰察字之初文，故《漢書·郊祀志》"恖明上通"，顏師古注："恖與聰同。""多遽恖恖"，借音之疊字連語耳。段玉裁注謂"孔隙既多而心亂"，語殊牽強。

本義中空：蔥，菜也。蓋因其中空而得名。窗，通孔也。案："囱""窗"古今字，"窗"又爲其別寫（《廣韻》"窗""窗"同字），《説文》以"通孔"釋"窗"，義似別於在屋之囱，其實恐未必然。在屋之囱原以上通出烟，兼納光氣，讀音爲倉紅切，其後竈突仍在屋上，而取明通氣之孔則移施於牆壁，以便其用，此宮室制度之進化也。其音，烟囱仍呼倉紅切（東），窗牖則變爲楚江切（江），此語言之轉變也。其字，竈突用"囱"，取明用"窗"，此文字之流別也。溯厥本始，原爲一物一語耳。後人不察歷史之變遷，徒泥於《説文》《廣韻》之區別音義而曲爲之説，字形字義分之愈晰，而語言之原離之愈遠，語云"大道以多歧亡羊"，此之謂也。熄，然麻蒸也。麻稭質鬆易然，故得"熄"名。聰，察也。耳以中空而聰。

借爲"蒼"，青色。瑲，石之似玉者。驄，馬青白雜毛也。綜，帛青色也。

(2)

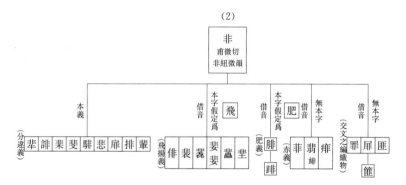

注：非，違也，从飛下翅，取其相背也。戴侗《六書故》、周伯琦《説文字原》皆謂與"飛"爲一字。蓋其後"非""飛"異用，乃加"虫"爲"蜚"。《史記・周本紀》"蜚鴻滿野"，《正義》云"蜚，古飛字"是也。故"非"字得有分違與飛揚二義。

分違義：韭，兩壁耕也（从段注）。誹，謗也。棐，輔也。《荀子・性惡》："繁弱鉅黍，古之良弓也，然而不得排（即"棐"）檠，則不能自正。"楊倞注："排檠，輔正弓弩之器。"故徐鍇《繫傳》云："棐即弓檠也。"蓋所以隱栝矯正之，是輔義即从違義出也。斐，分別文也。騑，驂旁馬也。案：駕三馬曰"驂"，在中曰"服"，在邊曰"騑"。悲，痛也。徐鍇《繫傳》云："心之所非則悲矣"，是"悲"有違失義。段注："悲者痛之上騰者也，从其聲而得之"，謂"悲"取飛揚義，未爲得之。扉，戶扇也。案：扇，扉也。徐鍇云："象鳥之翅。"排，擠也。《釋名・釋言語》：

"非，排也，人所惡排也。""輩，若軍發車百兩爲一輩。"段注云："非者，兩翅形，聲中有會意。"

飛揚義：俳，戲也。蓋取其長袖飛舞之意。裵，長衣皃。氃，毛紛紛也。斐，往來斐斐也。蜚，臭蟲，負蠜也。蓋因其輕小能飛而得名。辈，蠶也。

肥義：腓，脛腨也。《易》"咸其腓"，荀爽作"肥"。即今俗所謂腿肚。跰，跰也。跰其脛腨，故亦名"跰"。（《毛詩・衛風・泉水》："我思肥泉。"傳："所出同，所歸異，爲肥。"《爾雅・釋水》："歸異出同流，肥。"案："肥""非"同音通借，故"蜚"亦作"蜚"，"非"有別違義，故泉以"所歸異"而得"肥"名。《釋名》釋"肥泉"曰"本同出時所浸潤少，所歸各枝散而多似肥者也"，直以肥義釋之，説殊牽強。）

赤義：菲，芴也。《爾雅》"菲，蒠菜"，郭注："菲草生下溼地，似蕪菁，華紫赤色，可食。"翡，赤羽雀也。緋，其後起字也。痱，風病也。今人夏日膚生瘖癗謂之"痱子"，其色赤。

交文之編織物：罪，捕魚竹網。屝，履屬。《儀禮・喪服傳》"繩菲"，"菲"即"屝"。《方言》四："屝、屨、麤，履也。"《玉篇》："屝，草屨也。"古蓋以草繩編之。《釋名・釋衣服》："屝，皮也。"以"皮"音傅會釋之，誤矣。用皮爲之，殆後起之制。（吳夌雲《廣韻説・十二霽》云："屝，古只作'菲'，其義只在'非'字，猶言履必稱兩也。"如吳説則"屝"字宜列於分違義下。）匪，器似竹篋。篚，車笭也。物雖不同而其爲交文編織之器則一也，故其語根相同。

表六　複式音符分化式

（1）

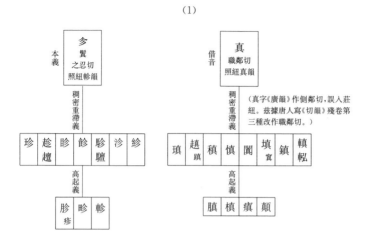

注：㐱，稠髮也。或从真聲，作"鬒"。

稠密重滯義：珍，寶也。趁，趨也。《集韻》："趁趨，行不進皃。"案："趁趨"即"駗驙"之重文，複音語也，《説文》以互訓式注之非也。眕，目有所恨而止也。《爾雅·釋言》："眕，重也。"《左傳·隱公三年》："憾而能眕。"飰，貪也。駗驙，馬載重難也。沴，水不利也。（今音郎計切，非本音也。）紾，轉也。

或借用"真"：《周禮·典瑞》："珍圭以徵守。"杜子春云："'珍'當爲'鎮'，《書》亦或爲'鎮'。"是"㐱""真"可通之證。瑱，以玉充耳也。《釋名》："瑱，鎮也，懸當耳旁，不欲使人妄聽，自鎮重也。"趀，走頓也。蹎，跋也。按："趀""蹎"重文。積，穜概也。《周禮》曰："積理而堅。"《詩·鴇羽》傳"苞，稹也"，箋："稹者，根相迫迮梱致也。"《釋言》郭注："今人呼物叢緻者爲稹。"慎，謹也。闐，盛皃。填、寘，塞也。鎮，壓也。轐軙，車轐軙聲也。

"㐱"之引申爲高起義：胗，脣瘍也。《玄應音義·三》引《三蒼》：

"疹,腫也。"《玉篇》:"疹,癮疹,皮外小起也。"畛,井田間佰也。軫,車後橫木也。

或借用"真":膜,起也。槙,木頂也。瞋,腹張。顛,頂也。

（2）

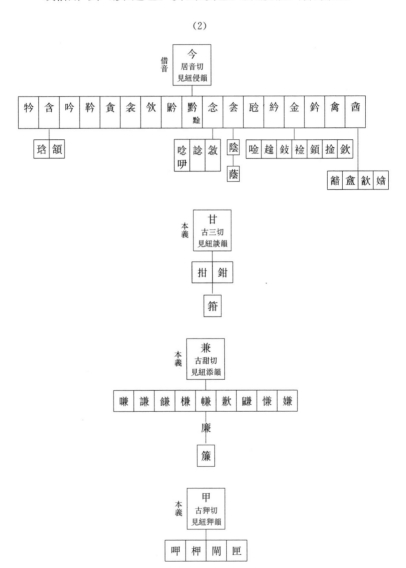

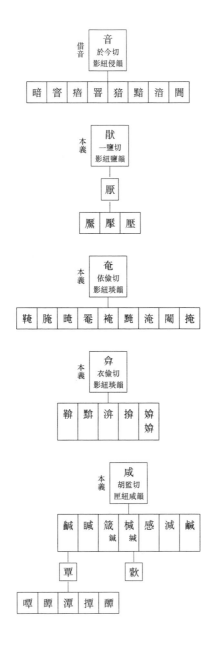

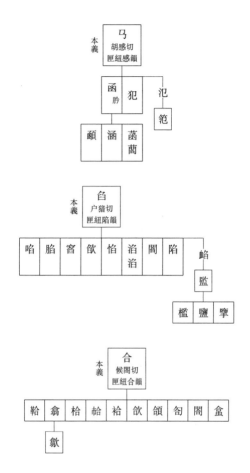

注：凡从今聲、金聲者，多有禁持蘊含之義。（陳詩庭《讀說文證疑》云"从'今'者皆有舌義"，又引錢侗說"从'今'字有交接之義"。吴夌雲《經說》："凡物有口可含容者，字每从'今'得聲。"說雖各異，義實相通。）然"今"，《文選·南都賦》注引《蒼頡篇》："時辭也"；《詩·摽有梅》傳："急辭也"；《說文》："是時也"，皆無此義。蓋以聲通借爲"金"。金，《說文》："五色金也，黄爲之長，久薶不生衣，百鍊不輕，从革不違，西方之行，生於土，从土，左右注，象金在土中形，今聲。"《白虎通·五

行》及《釋名‧釋天》均訓"金"爲"禁",是"金"之得名,由於薀蘊於土中之故也。牞,牛舌病也。唅,嗛也。吟,呻也。《藝文類聚》及《御覽》引《説文》作"吟,歎也"。按:《説文》:"嘆,吞歎也。""歎,吟也。"而《毛詩》中"嘆""歎"兩體錯出,蓋係重文。"吟"即吞嘆也。段注申許,謂"歎近於喜,嘆近於哀",似未足信。紟,《儀禮‧士喪禮》"繫用紟"。《廣雅‧釋器》:"鞮,履也,其紟謂之綦。"以"紟"爲"紟"。《類篇》:"紟,鞶帶也,束物韋也。"《説文》:"紟,鞶也。"或是傳寫奪"帶"字耳。故"紟"字系諸"鞂""鞄"之後,不與"靪""鞙""鞍"等爲伍。若以右文之例("紟"爲衣系)推之,亦當以鞶帶之義爲長。貪,欲物也。衾,大被。欽,含笑也。黔,鼠屬,《廣韻》謂之黔鼠,即"鼸"也①。黔,黎(俗作"黧")也。案:黑色含幽深薀藏之象徵。黔,黃黑也。殆同字。念,常思也。《釋名‧釋言語》:"念,黏也,意相親愛,心黏不能忘也。"霒,雲覆日也。唫,冶橐榦也。案:取其兩榦相含開合吹風以爲用也。紟,衣系也。《釋名‧釋衣服》:"紟,亦禁也,禁使不得解散也。"鈐,《玉篇》"車轄也"。《説文》"鈐鏅,大犂"之訓,恐是託名標識之別義,説詳後。禽,走獸總名,謂擒來也。酓,酒味苦也。琀,送死口中玉也。頷,《方言》十:"頷、頤,領也。南楚謂之頷,秦晉謂之頷。頤,其通語也。"《釋名‧釋形體》:"頤,……或曰頷,頷,含也,口含物之車也。"《説文》:"頷,顄也。""顄,頤也。"是"頷""顄""頷"三字一語之轉。而《説文》"頷"下獨訓"面黃"也。蓋因《離騷》"長顑頷其何傷",假"頷"爲"顄"("顑頷"爲不飽面黃之義),遂誤以借義爲本義耳。段注及王氏《句讀》均泥於許書,又不得其説。王氏至謂"頷"訓"面黃,蓋

---

① 編訂者按:《廣韻》疑當爲《廣雅》之誤。《廣韻》有"黔"無"黔",《廣雅》載"黔鼠"一詞。

是生質，'䫞'之面黃，乃由餓病"，語甚可笑。畢沅《釋名疏證》亦謂
"領，含也"之"領"："當作'頷'，或作'䫞'亦可。"皆由於過信《説文》，
遂致動成窒礙。今律以右文之理，則"頷""䫞""領"三字聲義正是一
貫。至於"顱顁"，乃別一複音之辭。以"領"爲"顁"，固無不可。蓋複
音辭多以聲狀意，初無一定之字。黃生《義府》之論"猶豫""儶僂"，已
詳言其故。吳玉搢作《別雅》，益暢其流。訓詁家不應忽之也。唵呷，
呻也。諗，深諫也。欱，塞也。陰，闇也。蔭，草陰地。唫，口急也。
趌，低頭疾行也。鈒，持也。袷，交衽也。經傳通用"衿""襟"。頷，低
頭也。按："趌""頷"實一語耳。許君望形生訓，故以從頁者訓"低
頭"，以從走者訓"疾行"也。捦，急持衣袷也。欽，欠皃。按：與低頭
之"頷"，亦爲一語，"欠皃"即"低頭"，所以爲敬容也，故"欽"通訓爲
敬。窨，下徹聲。《周禮·春官·典同》："微聲窨。"注："窨，聲小不成
也。"徐鍇《説文繫傳》："謂聲不能越揚也。"盦，覆蓋也。歙，歠也。
《釋名·釋飲食》："飲，奄也，以口奄而引咽之也。"嬐，含怒也。

甘，美也。从口含一。《釋名·釋言語》："甘，含也，人所含也。"
故从甘聲者亦有禁持蘊含之義：拑，脅持也。鉗，以鐵有所劫束也。
箝，籋也。

兼，并也。从又持秝。"兼"持二禾，"秉"持一禾。故从兼聲者，
亦有禁持蘊含之義：嗛，口有所銜也。謙，敬也。案：从兼聲者有兼併
之義，而"謙""歉"則有虛受之義，亦猶从襄聲之"讓""攘"有侵犯與却
謝二義相反適相成也。稴，《韓詩外傳》："穀不收謂之稴。"《説文》
"稴，穊也"，疑當作"饑也"。槏，户也。幒，帷也。歉，食不滿也。鼸，
鼩也。《爾雅》郭注："以頰裹藏食者。"慊，《禮記·坊記》"貴不慊於
上"，注："慊，恨不滿之皃。"《説文》："慊，疑也。"不滿故疑。嫌，不平

於心也。簾，堂簾也。《聲類》："簾，户蔽也。"與"嗛"音同義近。案：從兼聲者如"穎""廉""碌""爐""鐮""隒"等字，又有稜利之義，此則別一系統也。

"甲"爲從木戴孚甲之象。《釋名·釋天》："甲，孚也，萬物解孚甲而生也。"案：《易·象傳》"甲坼"乃"甲"之本義。卜辭作"⊞"者象甲，金文作"十"者象坼。竊疑⿱田木字上作⊞形殆亦同意。故從甲聲者亦有禁制蘊藏之義：呷，吸呷也。柙，檻也，所以藏虎兕也。閘，開閉門也。匣，匱也。

或借用"音"：暗，日無光也。窨，地室也。瘖，不能言也。罯，覆也。《廣韻》云"魚網"。疑與"罨"爲重文。猶，竇中犬聲。黯，深黑也。潿，幽溼也。（《五經文字》謂"潿"："潿，從泣下日，幽深也。"似誤。）闇，閉門也。

猒，飽也。《漢書·高帝紀》"因東游以猒之"，注："塞也。"案：自内言之曰"飽"，自外言之曰"塞"，其義一也（載籍多以"厭"爲之）。故從猒聲者亦有禁制蘊藏之義：厭，筓也。一曰合也。黡，中黑也。《大學》注："厭，讀爲黡。黡者，閉藏皃也。"案："黡"之訓黑，殆與"黔"同。《書·禹貢》"厥篚厭"，《史記·夏本紀》作"酓絲"，是厭聲、今聲古可通之證。擪，一指按也。壓，壞也。一曰塞補。案："壓"即"厭"之重文，段玉裁云"此與《厂部》'厭'義絶不同，而學者多不能辨"，實爲拘墟之見，《蒼頡解詁》"壓，筓也"，即"厭""壓"同訓之證。

奄，覆也。故從奄聲者亦有蘊藏之義：鞥，車具也。徐鍇曰："有所掩覆處也。"案：此字古籍多不用，而《説文》"車具"之訓又欠明白，疑即"鞙"之重文，蓋古者"奄""弇"多通用。《説文》："鞙，䡅鞙，從革，弇聲，讀若鬜。一曰，龍頭繞者。"王筠《説文句讀》："䡅鞙者，謂䡅上之鞥也。許時呼爲鑾鞥，後人則不知所謂，故申説之。鑾以樽衡，必有籠頭以繫屬其衡，而又申之以繞者，鞥之爲言罨也，罨以覆鳥，鞥以絡馬頭，其意相似，故又以聲解之。若曰，唯其爲繚繞者，故名之鞥也。弇，蓋也，亦未始不兼意也。"其説甚是。準之以右文之律，則"鞥""鞥"之訓"龍頭繞者"，正是合義。腌，漬肉也。晻，不明也。案："晻""暗"重文，故《漢書》多以"晻"爲"暗"。罨，罕也。徐鍇云："網從上掩之也。"《風土記》："罨如罾而小，歙口，從水上掩而取之也。"袘，褶謂之袘。褶，禍領也。徐鍇曰："謂衣領偃曲。"《玉篇》："褶，隱被也。"黤，青黑色也，蓋與"黶"同。淹，《禮記·儒行》"淹之以樂好"，注："謂浸漬之。"按：水浸曰"淹"，自是本義，《説文》"淹，水"之訓，託名標識之語耳。閹，豎也。宮中奄昏閉門者。黃生《字詁》"奄弇掩揜閹"條云："宮者謂之奄人，言其精氣斂閉於内，故以'奄'爲名。鄭注《周禮·酒人》注引《月令》'其器閎以奄'，得其旨矣。奄人之'奄'一作'閹'，以司閹故。掩，歙也。小上曰掩。黃生《字詁》"奄弇掩揜閹"條云："……按：小上義當歸'奄'，器之小口大腹者其下寬展而上斂束，故曰'奄'，《月令·孟冬》'其器閎以奄'是也。《周禮·考工記·㐀氏》'弇聲鬱'，作'弇'，'弇''奄'即一字。《虞書·大禹謨》'奄有四海'，此即賈誼所云囊括四海之意（並喻詞），孔傳'同也'，蔡傳'盡也'，皆以意爲説，義未盡也。……覆義當歸'掩'，從上覆之，從後取之，並曰'掩'。本掩取禽獸之義，掩揜即一字。"今以右文之觀點論之，黃説極精。唯"奄""掩"二字之訓似亦不必強分。

弇，蓋也。段玉裁云："此與'奄，覆也'音義同。"《釋器》："圜弇上謂之鬴。"《周禮·典同》："弇聲鬱。"徐灝《説文段注箋》謂"'弇'蓋有深邃義，故凡口狹而中寬者謂之'弇'"。故從弇聲者亦有蘊藏之義：

鞥，轡鞥。一曰龍頭繞者。按：即“鞥”之重文（説見“鞥”下）。黤，果實黤黯黑也。按：與“黶”“黭”殆同。渰，雲雨皃。《毛詩·大田》“有渰淒淒”，傳：“雲興皃。”《吕氏春秋·務本》篇引作“有晻淒淒”，高誘注：“晻，陰雲也。”揜，自關以東取曰揜。一曰覆也。媕，女有心媕媕也。按：謂密意深情，含而不露，故云“有心”。朱駿聲云“眉語目成之意”，失右文之恉矣。

咸，《易》：“山上有澤，咸，君子以虚受人。”又昭公二十一年《左傳》：“鍾，小者不窕，大者不槬，窕則不咸，槬則不容。”杜注：“窕，細不滿也。槬，横大不入也。不咸，不充滿人心也。不容，不堪容也。”蓋“咸”之古訓有虚而能受之義，故其字从口。《爾雅》《説文》均訓“皆”，殆其轉義耳。以此从咸聲者亦有禁制蘊含之義。鹹，銜也。瞰，目陷也。箴，綴衣箴。鍼，所以縫也。二字蓋重文。椷，篋也。緘，束篋也。感，動人心也。《管子·小稱》“匠人有以感斤欘”注：“謂深得其妙有應於心也。”減，損也。鹹，銜也。王筠《説文句讀》：“鹹味長，故銜而咀味之。”歛，監持意，口閉也。覃，長味也。嘾，含深也。瞫，深視也。潭，《廣雅·釋水》：“淵也。自三仞以上二億三萬三千五百五十有九。”《楚辭·抽思》注：“潭，淵也，楚人名淵曰潭。”《文選·述祖德詩》注：“楚人謂深水爲潭。”案：“潭”蓋爲楚地水深之通稱，武陵潭水最深，遂亦以之爲名。《説文》但訓水名，荒右文之指矣。撢，探也。醰，酒味長也。

马，嘾也，艸木之華未發函然，象形，讀若含。函，舌也。象形，从马，马亦聲。俗作“肣”。故从“马”“函”聲者亦有禁制蘊含之義：顄，頤也。《釋名·釋形體》：“頤，……或曰頷，……或曰鼸車，鼸鼠之食積於頰，人食似之，故取名也。”涵，水澤多也。菡萏，“马”之疊韻連語。犯,侵也。笵,法也。案:法禁謂之"笵";干陵違逆之,則謂之"犯"矣。

臽,小阱也。从人在臼上。按:"臼"即象阱陷形,非杵臼字。故亦有禁持蘊藏之義:啗,食也,讀與含同。肣,食肉不厭也。窞,坎中小坎也。殆即"臽"之重文。欲,欲得也。悇,憂困也。淊淊,泥水淊淊也。閻,里中門也。陷,高下也,一曰,陊也。監,臨下也,从卧䧟省聲。檻,櫳也,一曰圈。鹽,鹹也。擥,撮持也,即"攬"字。

合,合口也。"合"有閉義,故从合聲者亦有蘊藏之義:韐,防汗也。《鹽鐵論》謂"弇汗"。蓋防馬汗汗,以韐蔽之。弇,《詩·般》"允猶弇河",傳:"合也。"《易·繫辭傳》"其靜也弇",宋注:"猶閉也。"均與右文之恉合,較《說文》訓"蓋"為長。柙,劍柙也。韐,士無市有韐。按:"市"以蔽前,"韐"亦同物也。袷,《曲禮》"天子視不上於袷"、《玉藻》"視帶以及袷"、《深衣》"曲袷如矩以應方",注皆訓"交領"。《玉藻》"袷二寸",注:"曲領也。"邵瑛《說文群經正字》云:"今經典多以'袷'為交領、曲領義,而衣無絮義作'裌',《禮記·玉藻》'帛為褶',《釋文》:'褶,裌也',是也。"案:以右文之義推之,《說文》"袷"訓"衣無絮",恐非本訓。而"裌""袷"實為一語之轉,故段玉裁云:"禁制於領(袷,交領)與禁制前後之不相屬(裌,交衽),不妨同用一字。"(《釋器》用"襟",《毛詩》用"衿",皆訓"交領","襟""衿"均為"裌"之別體。)欲,歠也。《東都賦》"欲野歠山",反對成文。頜,頤也(詳前"頜"字注中)。匌,帀也。按:即"合"之別寫。閤,門旁戶也。後人多譌作"閣",閣者所以止扉。故"門旁戶"字从"合"作,"止扉"字从"各"作,右文之恉,居然可識(說詳下"'絡'當訓'角有枝'"條)。盒,蠯屬。《爾雅·釋魚》"魁陸",郭注云:"《本草》云:'魁狀如海盒,圓而厚,外有理縱橫，即今之蚶也。'"《釋文》云："字書云：'蚶，盒也'……"按：從合從甘，聲義一也。歙，縮鼻也。

按：上表爲複式音符分化之最繁雜者，共計音符十二。其韻皆屬侵覃部收 m 之音，故有收斂之義。其聲則"今""甘""兼""甲"皆在見紐，"音""猒""奄""弇"皆在影紐，"咸""马""臽""合"皆在匣紐。而今聲之"崟"（於金切）、"嗛"（於琰切），甲聲之"闸"（烏甲切）又在影紐。今聲之"含""黔"（胡男切），兼聲之"鼸"（胡添切）、"嫌"（戶兼切），甲聲之"匣"（胡甲切）又在匣紐。咸聲之"緘"（古咸切）、"感"（古禫切）、"減"（古斬切），臽聲之"監"（古銜切），合聲之"鞈""帢""袷"（古洽切）、"匌""閤""盒"（古沓切）又在見紐。然則見匣兩紐交流，見紐又入於影，聲轉之理，未始不可循其軌道以蹤迹之，雖至賾而不可亂也。

表七　相反義分化式

注：亢，人頸也。從大，象頸脈形。蓋象人胡脈高處，故"亢"有高義。炕，乾也。江沅曰："北方書坐，夜以火置下而寢，謂之炕。"蓋古者席地，故設高亢之處以亢物，《小戴記·明堂位》"崇坫康圭"，"康"即"亢"，今江南人尚謂庋閣物事爲"亢"，故《爾雅》訓"康"爲安也。其後更高大之以寢處人，遂成今之炕矣。肮，《說文》："竟也，一曰百也，趙魏謂'百'爲'肮'。"阬，《說文》"閬也"。《詩》曰"高門有伉"是也。然

亢聲字同時又有窪下義。远，獸迹也。汎，《廣雅》"池也"。阬，《爾雅》"虛也"，《蒼頡篇》"壑也"，《莊子·天運》"在坑滿坑"是也。蓋高起之與窪下，方向雖異，而其容積則一也。如中央下與中央高同得云"宛"，阪與池同得云"陂"，从襄聲字有退却與侵奪二義，皆是字義相反相成之理。《爾雅·釋詁》"徂、在，存也"條下郭注："以徂爲存，以亂爲治，以曩爲曏，以故爲今，此皆詁訓義有反覆旁通，美惡不嫌同名。"王念孫《廣雅疏證·釋詁》"鬱、悠，思也"下云："凡一字兩訓而反覆旁通者，若亂之爲治，故之爲今，擾之爲安，臭之爲香，不可悉數。《爾雅》云'鬱陶、繇，喜也'，又云'繇，憂也'，則'繇'字即有憂、喜二義，鬱陶亦猶是也。"閻若璩《尚書古文疏證》必欲解"鬱陶"爲喜，因悉數諸書以"鬱陶"爲憂思之誤，王氏於《廣雅疏證》詳駁之，是也。王鳴盛《蛾術篇》三十三主申閻說，至謂摯虞《思游賦》"戚溽暑之陶鬱"及夏侯湛《大暑賦》"乃鬱陶以興熱"，爲"喜近燠，憂近寒，亦《洪範》之理"，殊覺穿鑿可笑。戴震亦不明乎此，故致疑於《爾雅》"豫""射"不應同訓爲"厭"（見《答江慎修先生論小學書》）。又如段玉裁《說文注》之謂"欵近於喜，嘆近於哀"，馬瑞辰《毛詩傳箋通釋》之謂"嘯爲悲聲，歗爲樂聲"，皆是執著偏旁，妄生區別，有昧於心理循環，語義周流之消息，此殆亦乾嘉時代之小學異乎現代語言文字學之一端歟？章先生《轉注假借說》論相反爲義，謂"特之訓匹，讀爲等；介之爲單數，讀爲孑"。竊以爲相反爲義者，正不必悉制殊文，或旁求通借，蓋言語之體勢爲流動的，多面的，一語得含有反正兩義，自是言語之天然作用。儻執著固定之字形與夫片面之字義刻舟膠柱以求之，則語言文字之道戢矣。

據右方各表知右文有由本義分化及由借音分化兩派。前者，其義有本義與引申義之別；後者，其本字有可知及不可知之分，此就單音符而言也。若夫複式音符，則排比歸納，更爲繁雜。且右文之字，非作於一時一人之手，應具有縱橫兩面之演化，故既須明了古音，而又不可過拘。經之以訓詁，緯之以聲音，古音之轉變或可轉因右文之軌迹而益明其綫索也。竊謂研究右文，不宜僅限於《説文》，當依上文所説取《説文》《玉篇》《廣韻》①諸字，統以聲系，又考諸舊書雅記今俗方言，準右文之原則，排比時代，分別義類。本此材料，（一）可以分訓詁之系統，（二）可以察古音之變遷，（三）可以窮語根之起源，（四）可以溯語詞之分化，蓋一舉而四用備焉。兹再將利用右文以考訂古訓探求語根之説分敘於後。

七、應用右文以比較字義

上文所引黄承吉論右文之功用有云：“凡所遇古文注釋訓詁之字，……於誤解之義，亦即可燭見而無所遁。更不至見先儒訓釋異同，輒貿貿然是非莫辨，以至兩存其説而無所宰制。”於此可見右文法之應用，裨益於校勘古書審定字義者匪尟。唯黄氏徒騰理論，未舉例證，慮不足以徵信。兹特發數事以實之：

（1）《説文》：“睞，目財視也。”“財”當作“衺”。

《説文·目部》：“睞，目財視也。”段注：“‘財’當依《廣韻》作‘邪’，‘邪’當作‘衺’。此與《夵部》‘覢’音義皆同。‘財視’非其訓也。衺者，水之衺流別也。”

又《系部》：“𢇻，散絲也。”段注：“水之衺流別曰‘夵’，別水曰

'派',血理之分曰'衇',散絲曰'紙'。"

桂馥《説文義證》:"《釋詁》:'覛,相也。'郭注:'覛謂相視也。'馥疑'財'爲'相'之誤。"兼士按:桂説不及段説得以聲爲義之理。

(2)《説文》:"侊,小兒。""小"當作"大"。

《説文·人部》:"侊,小兒。"段玉裁注:"'小'當作'大',字之誤也。凡光聲之字多訓大,無訓小者。《越語》:'句踐曰:"諺有之曰:觥飯不及壺飧。"'韋云:'觥,大也。'……《韓詩》云:'觥,廓也。'許所據《國語》作'侊','侊'與'觥'音義同。《廣韻》十一唐曰'侊,盛兒',用韋注。十二庚曰"侊,小兒",用《説文》。蓋《説文》之譌久矣。"

(3)《月令》"乘輇路","輇"不必改作"袗"。

臧庸《拜經堂集·與段若膺明府書》:"《月令·孟冬》'乘玄路',注:'今《月令》曰"乘輇路",似當爲"袗"字之誤也。'疏云:'輇是車之後材,路皆有輇,此字當"衣"旁著"㐱"。袗是玄色,以此經云"乘玄路","玄""輇"義同。'鏞堂按:《毛詩》'鬒髮如雲',《説文·㐱部》引作'㐱髮如雲'。又著'鬒'字,云'或从髟真聲'。是'㐱''鬒'一字。《毛詩》謂'鬒'爲黑髮,則'㐱'之本義爲黑。故'㐱'从'衣'爲黑衣,'㐱'从'車'爲玄路,今《月令》'輇'字非誤,不當以車後木爲嫌。'袗'非其義矣。聞尊説以《説文》訓'㐱'爲稠髮而非黑義,此據《説文》以駁《毛詩》也。鏞堂以毛、許之説本通,且必相兼而義始備。蓋髮之黑者必稠,且因稠而益形其黑,故'鬒'之本字从'㐱'而許以爲稠。昭二十八年《左傳》曰:'昔有仍氏生女黰黑。'黰既與'黑'連文,故毛以爲黑。杜預云:'美髮爲黰。'《春秋疏》引賈逵同。《詩疏》及《釋文》引服虔云:'髮美爲鬒。'是髮以稠密爲美,其稠密而美者色必黑,《左傳》《毛傳》及賈、許、服、杜之義無不同也。"

（4）《説文》：“岵，山有草木也。”“屺，山無草木也。”“有”“無”字當互換。

段玉裁《説文注》“岵”字下曰：“‘有’當作‘無’，《釋山》曰：‘多草木，岵；無草木，屺。’《釋名》曰：‘山有草木曰岵。岵，怙也，人所怙取以爲事用也。’‘山無草木曰屺。屺，圮也，無所求生也。’許書同《爾雅》《釋名》。《吳都賦》‘岡岵童’，用字亦宗《爾雅》。而《毛詩·魏風》傳曰‘山無草木曰岵，山有草木曰屺’，與《爾雅》互異。竊謂《毛詩》所據爲長，岵之言瓠落也，屺之言荄滋也。……許宗毛者也，疑‘有’‘無’字本同毛，後人易之。”臧庸《拜經日記》“岵兮屺兮”條下曰：“《釋文》陟岵‘此傳及解屺與《爾雅》不同。王肅依《爾雅》’。《正義》曰：‘傳言“無草木曰岵”，下云“有草木曰屺”，與《爾雅》正反，當是傳寫誤也。定本亦然。’《爾雅·釋山》‘多草木，岵；無草木，屺’（兼士按：《藝文類聚》七引《爾雅》“多草木曰屺，無草木曰岵”），注：‘皆見詩。’《釋文》：‘屹，《三蒼》《字林》《聲類》並云“猶屺字”。’《説文》：‘岵，山有草木也。’‘屺，山無草木也。’庸案：此當從《毛傳》，《爾雅》誤也。‘屺’‘屹’不同，是今古文之異。《爾雅》傳於漢世，爲今文之學，與《毛詩》古文不同。蓋韓、魯之經必有作‘陟彼屹兮’者，故注云‘皆見《詩》’。《三蒼》《聲類》並有‘屹’字，知漢魏以來相傳舊本如是，與‘屺’字聲亦相近。……《説文》‘亥，荄也’。有草木爲‘屹’，義取諸此。（兼士按：從亥聲者如“荄”“咳”“骸”“核”“眩”“侅”“頦”“駭”“垓”“陔”諸字，皆有荄滋生長之義。）金壇段若膺云‘岵之言瓠落也，屺之言荄滋也’，得之。……戴東原《毛鄭詩考正》取《釋名》之説，而疑《詩》《傳》轉寫互譌。”

兼士按：《釋名》以“怙”“圮”釋“岵”“屺”，雖亦取於同聲母字，然

尚有三事當注意者：（一）以二同音符字互訓，固勝於濫用雙聲疊韻之
泛音訓，然單文比附，尚難證明其必然。不如用右文之法，類聚若干
同音符字，以觀察其意義離合遠近之爲得。如从古聲者有枯槁、苦
窳、沽薄諸義，此阮元所說，徵之於“苦”“故”“砧”“枯”“固”“痼”“罟”
“沽”“鹽”“姑”“辜”“酤”諸字義之見於《說文》及其他經傳者，大氐皆
然，此固較勝於但舉怙恃以爲說者。（二）我國文字類皆單音，故同音
之字，義容有異，而同音符字，有兼含義者，有僅取聲者；其含義字所
含之義，又復多途，未可以其同一音符，輒意必其定爲一義。（三）“同
音之字非止一二，取義於彼見形於此者，往往而有。”故“己”聲字，容
受諸“亥”。固未可强執偏旁，望形爲讞也。上述三事，爲講聲訓者所
須知。益以其他證據，庶幾守經達權，而免“拘”“妄”之譏矣。戴震、
王引之宗《釋名》，鈕樹玉、徐承慶之駁段注，要亦未注意及此耳。

（5）《爾雅》“榮桐木”之“桐”讀爲“童”。

陳瑑《六九齋饌述稿》卷下：“《說文》：‘榮，桐木也。’‘桐，榮木
也。’此轉注字，許直以‘榮’爲梧桐矣。《爾雅》‘榮，桐木’，與《說文》
同。而上下文灌木、叢木、瘣木、遒木、棧木、干木一例皆泛言木之形
狀，非實指一木。案：桐木之‘桐’，與‘童’通，童木，小木也。《淮南·
兵略訓》曰‘夫以巨斧擊桐薪’，巨斧，斧之大者，桐薪，薪之小者，此桐
木義當爲小木之明證也。又以《說文》證《說文》：‘榮，絶小水也。’
‘嫈，小聲也。’‘熒，小瓜也。’諸字皆从熒省聲，‘榮’亦从熒省聲，‘榮’
爲桐木，即‘榮’爲小木矣，以知桐木之當爲童木而非梧桐也。郭璞
《爾雅注》云‘即梧桐’，此郭璞承許君之誤也。”

（6）“美目盼兮”之“盼”當訓“白黑分”。

馬瑞辰《毛詩傳箋通釋》六：“‘美目盼兮’，傳：‘白黑分。’瑞辰按：

《說文》：'盼，白黑分也。'（兼士按：二徐本作《詩》曰："美目盼兮。"'玄應引作'白黑分也'。）'盼'從分聲，兼從分會意。'白黑分'謂之'盼'，猶'文質備'謂之'份'也。《說文》'頒，須髮半白也'，字借作'頒'。又'辬，駁文也'。皆與'盼'爲'白黑分'者取義正同。《韓詩》云'黑色'，馬融云'動目皃'（《論語注》），並非。"

（7）"宛丘"之"宛"當訓爲"四方高中央下"。

馬瑞辰《毛詩傳箋通釋》十三："'宛丘之上兮'，傳：'四方高中央下曰宛丘。'《釋丘》云'宛中宛丘'，言其中央宛宛然，是爲四方高中央下也。郭璞曰：'宛丘謂中央隆峻狀如一丘矣。'爲丘之宛中，中央高峻，與此傳正反。案：《爾雅》上文備說丘形，有左高、右高、前高、後高。若此宛丘中央隆峻，言中央高矣，何以變言宛中，明《毛傳》是也。故李巡、孫炎皆云'中央下'，取此傳爲說。……《釋名》：'中央下曰宛丘，有丘宛宛如偃器也。'案：宛宛言椀，其形如仰盂然，故《釋名》謂'如偃器'。'偃'即'仰'也。既如仰器，則其形爲四方高中央下矣。又《說文》：'宛，屈草自覆也。''屈''曲'義近。焦循曰：'凡从宛之字皆有曲義：馬屈足曰"踠"，貌委曲爲"婉"，"腕"爲深目，謂目上下高中深，正與宛丘同。'今按《說文》'曲'篆作🄐，象器曲受物之形，爲外高而中下。……郭璞謂宛丘'中央高'，又以《爾雅》'丘背有丘爲負丘'即宛丘，俱誤。"

兼士按：《爾雅·釋山》"宛中隆"，及《釋丘》"丘上有丘爲宛丘"，自與琬圭其首圓剡同義。段玉裁於"琬"下注云"二義相反，俱得云'宛'，《爾雅》兼采異說"，最爲得之。亦猶亢聲之"阬"，《爾雅》訓"虛"，《說文》訓"閬"；阡，《說文》訓"境"、訓"陌"，《廣雅》訓"池"；馬氏昧於訓詁相反相成之理，一切以"中央下"釋"宛"，殆亦未合。

上來所舉爲古人成説。兹再就管見所及,補充數例:

(1)"𦵖"當訓"艸木不生"。

《説文》:"𦵖,艸木不生也,从艸執聲。"段注:"𦵖之言蟄也,與蒲反對成文。《玉篇》云'艸木生皃',未知孰是。"按:从執聲者,如"縶,縶足也""窫,屋傾下也""褺,重衣也""𩆚,寒也""蟄,臧也""墊,下也""馽,絆馬足也",皆有攝臧之意,似《説文》"艸木不生"之義爲長。

(2)采,古文辨字。

《説文》:"采,辨別也,象獸指爪分別也。讀若辨。""𢿸,捋飯也,从廾,采聲。采,古文辨字,讀若書卷。"朱駿聲《説文通訓定聲》曰:"按:'采'非古文'辨'字,是古文'番'字,古多借'采'爲'辨'耳。"

兼士按:《説文》讀若,多兼明古今字。張行孚《説文發疑》曾詳舉例證。所謂古今字者,大氐爲意符字與音符字之別。今"采"下云"讀若辨","𢿸"下云"采,古文辨字",正可互證。又"采"之與"番",實爲異文,从番聲字有訓白色者,如"皤,老人白""鼳,鼳鼠",即《廣雅·釋獸》"白鼳"。"蟠,鼠婦也。"《詩》陸疏:"伊威一名鼠婦,在壁根下甕底土中生似白魚者。"其他"璠"爲寶玉,"幡"爲拭觚布,"潘"爲淅米汁,蓋均以白色得名。白之與辨,義相因依,亦其證也。

(3)"獴"當訓"犬多毛"。

《説文》:"獴,犬惡毛也,从犬農聲。"徐鍇曰:"濃而亂也。"江沅《説文音均表》云:"言其狀可惡也。"然《爾雅·釋文》引《字林》云"多毛犬也"。《玉篇》亦云"多毛犬"。《廣韻》三收此字:二冬:"獴,多毛犬也。"五肴:"獴,犬多毛。"六豪:"獴,長毛犬。"張參《五經文字·犬部》獴,"犬多毛"。今以从農聲者多訓濃厚之義律之,則"惡毛"雖亦可通,究不若"多毛"之義爲長也。

（4）"觡"當訓"角有枝"。

《説文》："觡，骨角之名也，从角，各聲。"《玉篇》："麋角有枝曰觡，無枝曰角。"《樂記》"角觡生"，鄭注："無鰓曰觡。"司馬相如《封禪文》"犧雙觡共柢之獸"，服虔曰："觡，角也。"《淮南·主術訓》"桀之力制觡伸鉤"，又《原道訓》高注："觡，麋角也。"《方言》五："鉤，宋楚陳魏之間謂之鹿觡，或謂之鉤格。"錢繹《箋疏》云："《説文》：'挌，格也。'《玉篇》：'挌，枝柯也。'義與觡通，亦取枝格之意也。"郭璞《山海經·東山經注》："麋鹿屬角爲觡。"

段注《説文》"觡"字下云："骨角，角之如骨者，猶言玉石也。……無鰓者，其中無肉，其外無理，郭氏《山海經①》傳云'麋鹿角曰觡'是也。牛羊角有肉有理。《玉篇》云'無枝曰角，有枝曰觡'，此取枝格之意，唯麋鹿角有枝，則其説非異也。"

徐灝《説文段注箋》曰："相如云'雙觡共柢'，蓋謂角有歧。故郭璞曰'麋鹿角曰觡'，《玉篇》云'有枝曰觡'是也。《樂記》'角觡生'，正謂角生歧枝。若鄭説'無鰓曰觡'，則謂角中無脆骨者耳，何以云'角觡生'乎？許云'骨角之名'，疑有誤字。"

兼士按：《説文》"各"訓"異詞"，故从各聲字得有歧別之義（[𦥯]，據卜辭、金文雖爲來格字之初文，其字象足[A]出於履[Ц或作Ʊ]之形，與屮字象足[𠂣]納於履[Ʊ或作Ц]之形[吳大澂説]正相反。蓋古者席地而處，故入必脱履，出必著履，《曲禮》所謂"户外有二履"是也。Ц非口舌字，猶"履""般"之从"舟"而非舟車字。雖然，"各"之音素，含有歧別之義，則亦爲事實，固不必拘拘於爲本字或借字也）。如

---

①　編訂者按：沈文原脱"經"字，今補。

“路”因歧出而得名。(《釋名·釋道》：“路，露也，人所踐蹈而露見也。”未爲得之。)論訟紛紜謂之“詻”；“鞈”，生革可以爲縷束也；“格”，枝挌也；“笿”，栖笿也，與“鞈”同意，“絡”亦如之。由此推之，“骼”，《説文》訓爲“禽獸之骨”，不如《月令·孟春》“掩骼薶骴”，鄭玄云“骨枯曰骼”，蔡邕云“露骨曰骼”；《吕覽·孟春紀》“掩骼霾髊”，高誘注“白骨曰骼”，諸説爲長。蓋骨無肉而露於外，則見其肢體槎枒，異於有肉者。“骼”本無肉，故《淮南·時則訓》高注云“骼，骨有肉”也。“骼”之从各，殆與“脈”之从辰同意。又“挌”，《説文》云“枝挌也”。段注：“枝挌者，遮禦之意。《玉篇》曰：‘挌，枝柯也。’《釋名》：‘戟，格也，旁有枝格①也。’庾信《賦》：‘草樹溷淆，枝格相交。’格行而挌廢矣。”余謂段意以爲《説文》“格”訓“木長皃”，“挌”乃枝格本字。若以右文之説衡之，从各聲字，因歧別義得枝格義，形旁之爲“木”爲“扌”，祇是重文，初非二字。許君“木長”之訓，已是相皮。段氏本字之分，尤爲添足。非唯“格”“挌”，即“閣”亦然：嚴元照《爾雅匡名》卷五《釋宫》：“所以止扉謂之閎。《釋文》云：‘閎音宏，本亦作閣。’郭注本無此字。案：《説文·門部》：‘閣，所以止扉者，从門，各聲。’正用此訓。當定作‘閣’。《廣雅·釋詁》‘閣’訓爲‘止’，止扉之物，名之曰‘閣’，蓋取閣止之義也。郭本誤‘閎’，故其注引《左傳》‘高其閈閎’。不知‘閈閎’皆謂門也，故可云高。止扉之物，何高之有？”案：“閣”亦因从各聲而得止義。然則“骼”字之義，本諸《樂記》《封禪》之文，徵以郭璞、野王之訓，復參證於右文，許慎、鄭玄諸説之誤可知矣。(吴夌雲《經説》亦謂“諸家皆不能證明‘骼’从‘各’之義”。)

---

① 編訂者按：“格”，沈文原寫作“梧”，誤，今正。

（5）"鈐"當訓"車轄"。

"鈐"之古訓有二說：

《急就篇》："鈐鑼鈎鉦斧鑿鉏。"顔注："鈐鑼，大犂之鐵。"

《説文》："鈐鑼，大犂也。一曰類枱。从金，今聲。"

《廣雅·釋器》："鉻鑼謂之鑘。"

此以"鈐鑼"爲大犂之名。"鈐"同"鉻"。"鑼"同"鑼"。"鈰"同
"鑘"。《説文》："鈰，耜屬也。"

《急就篇》："鐧釭鍵鐯（依宋太宗御書本）冶錮鐈。"

《方言》九："輨、軑，鍊鑼也。關之東西曰輨，南楚曰軑，趙魏之間
曰鍊鑼。"

《衆經音義》卷一引《方言》："輨，軑，鍊鑼也。關之東西曰輨，亦
曰轄。"

又卷七引《方言》："輨亦轄也；轄，軸頭鐵也；鐈，鍵也。"

《廣雅·釋器》："鍊鑼、釱，輨也。"

《玉篇》："鈐，耕類也。車轄也。""鑼，犂鐈也。"

此以"鈐鑼"爲車轄之名。"鍵""鍊"，蓋皆爲"鈐"之後起借字（鈐
m，鍵、鍊 n），實皆爲一語。單言之爲"鈐"、爲"鍵"、爲"輨（錧）"、爲
"轄"，絫言之爲"鍊鑼"耳。

今試以右文之定律判斷二説之短長。案："今"古音收 m，與"禁"
同音，故从今聲之字多取義於禁制，如牸，牛舌病也；含，嗛也；吟，呻
也；貪，慾物也；衾，大被；欽，含笑；黔，鼠屬，以頰裏藏食；念，常思也；
霒，雲覆日也；紟，衣系也；禽，鳥獸之總名，明爲人所禽制也（《白虎
通》）；金，从土，左右注，象金在土中形；肣，"函"之重文；……等字皆
然。又案：《説文》："鍵，鉉也，一曰車轄也。""軤，車軸耑鍵也。"（"軤"

與"轄"同字)《釋名·釋車》:"轄,害也,車之禁害也。"顏注《急就篇》:"轄,豎貫軸所制轂之鐵也。"故漢陳遵取客車轄投井中,令不得去。準是,則"釣"當以"車轄"爲其固有之訓釋,"釣鐥"殆爲"大犂"之託名標識字耳。《玉篇》特兩存之。《説文》既以"釣"爲"釣鐥"本字,於是不得不以"車轄"之訓系之於"鍵",因之而致此二誤:(一)"釣"字以今聲表現之意義爲之埋没;(二)以"釣"之本義歸之於後起之"鍵"字。由是知許書説解,容有違古者,世之沾沾株守《説文》謂是唯一之本字本訓者,其亦可以已乎。

(6)"醰"當訓"長味"。

醰,《説文繫傳》:"甜長味也。"《玉篇》:"酒味不長。"《廣韻》二十二覃:"醰,徒含切,長味,又徒紺切。"四十八感:"醰,長味。"五十三勘:"醰,酒味不長。"(按:王仁昫《切韻》卄九覃:徒含切下有"醰"字,注:"長味,又徒紺反,亦醰字。"鈕氏樹玉當日未見《王韻》,故《説文校録》云《廣韻》有"醰"無"醰"。)段玉裁、鈕樹玉諸家均以爲應作"酒味長",今以右文之説衡之,"覃"訓長味,"嘾"訓含深,"瞫"訓深視,"潭"訓淵(《廣雅》),"撢"訓探。是从覃聲字應訓"深長",不當訓"不長"明矣。

(7)"罃"謂之"瓶"。

馮桂芬《説文解字韻譜補正序》"'瓶,䍀謂之瓶',《方言》作'罃謂之瓶',《譜》正作'罃',是作'罃'是也。"徐灝《説文段注箋》:"按:'甂'云'大口而卑',是'卑'謂其體扁,而'罃'爲'長頸瓶'則非其類。'䍀''罃'同聲相混,當从許説'䍀謂之瓶'爲是。"按:《説文》:"罃,備火長頸瓶也。""䍀,缶也。"今試以右文説斷之:"䍀"从賏聲。賏,頸飾也;癭,頸瘤也,是从賏聲字得與頸有關。至於熒聲字含有小義,陳氏琭已言之矣。又考《方言》五"罃，陳魏宋楚之間曰瓵，或曰瓶"，又"罃謂之瓵"。案："瓶""瓵"，即侏儒，與"卑"同義，而卑與小義亦相通。是"罃"應訓"長頸瓶"，"罃"應與"瓵"同器，《説文》互誤，《方言》爲長矣。

（8）"權輿"應有句曲之義。

王國維《爾雅草木蟲魚鳥獸釋例》："雅俗古今之名，凡同類之異名與異類之同名，往往於其音義相關"條中云：

 權，黄華（《草》） 權，黄英（《木》）
 其萌虇蕍（《草》） 虇輿父，守瓜（《蟲》） 權輿，始也（《釋詁》）

 案："權"及"權輿"皆黄色之意。黄華、黄英，《雅》有明文。《蟲》之"虇輿父"，注以爲"瓜中黄甲小蟲"，是凡色黄者謂之"權"，長言之則爲"權輿"矣。余疑"權"即"黬"之初字，《説文》："黬，黄黑色也。"《廣雅》："黬，黄也。"今驗草木之萌芽無不黄黑者，故蒹葭之萌謂之"虇蕍"。引申之則爲凡草木之始，《逸周書·文酌解》"一幹勝權輿"，《大戴禮記·誥志》篇"百草權輿"是也。又引申爲凡物之始，《詩·秦風》"不承權輿"，《逸周書·日月解》"日月權輿"是也。始之義行而黄之義廢矣。

兼士案：《爾雅·釋詁》之"權輿"即《釋草》之"虇蕍"，郭璞不知，故誤以"其萌虇"爲句，"蕍"屬下讀。《逸周書》孔晁注"言有權無不輿"亦析"權輿"爲二。陸佃《爾雅新義》謂"權，衡之始；輿，車之始"，孫星衍駁之。王念孫亦謂"權輿"即"虇蕍"，草木之始萌也。王國維更以其音義通之於"黄華""黄英"及守瓜之蟲，誠足當阮元所云治《爾

189

雅》須以音義貫串證發之説矣。雖然，猶有賸義，未盡發也。請試論之：按之《爾雅》《説文》，"權輿（蘆蓲）"即"萌（夢）"。《禮記·月令》"孟春之月……其神句芒"，崔靈恩《三禮義宗》"木正曰句芒者，物始生皆句曲而芒角"，又《月令》"季春之月，……句者畢出，萌者盡達"，注："句，曲生者；芒而直曰萌。"又《樂記》："草木茂，區萌達。"《莊子·天道》篇："萌區有狀。"是"句芒""句萌""區萌""萌區"異字同語，析言則"句（區）"者曲，"芒（萌）"者直，通言則自曲而直統謂之"句芒（區萌）"，或單言"萌（夢）"。"區萌"既即"權輿"，故"權輿"亦可云"蘆蓲"；《吳都賦》"異荂蘆蓲"，劉逵注"敷蓲，華開貌"，李善注謂"蘆蓲"與"敷蓲"同。又《玉篇》《廣韻》皆云"菛蕕，花兒"。按："蘆""菛"即"區"之別寫；"蓲""蕕"爲"輿""蓲"之異文；"華開貌"者，自马苞漸次舒伸之謂。準此，"權輿"亦自有曲義。揚雄《羽獵賦》"萬物權輿於內"，謂踡曲於內也，證以《説文》"乚（乙）"字、"屮（屯）"字之形義，自得其解。郭璞注《雅》云："今江東呼蘆筍爲蓲，然則崔葦之類其初生者皆名蓲。"蓋蘆葦之萌，其初苗卷然層層包裹，故得是名，朱駿聲所謂"始生屈曲抽引屯然難出之意"是也。再進而以右文證之：《説文》："趯，行趯赻也。一曰行曲脊兒。"玄應《音義》二十三"踡跼"云"踡"，"《説文》作'趯'"。彄，弓曲也。《爾雅》"其萌蓲"，《釋文》："本或作彄，非。"按：或本作"彄"猶得"句萌"之意，陸氏不知而以爲非也。其音義蓋通於从弄聲諸字：《説文》："弄，摶飯也。讀若書卷。"蕎，曲齒。讀若權。""觠，曲角也。""鞏，革中辨（王念孫謂當作'辟'）謂之鞏。""桊，牛鼻環也。""卷，厀曲也。""拳，手也。"申爲手，卷爲拳。竊以爲"權"之音素含有多角之意義：句曲，一也；始，二也；黄色，三也。昔人祇知其一，王氏國維乃得其二，至於"權"即"句萌"之義，諸家皆不得其解，王氏輒以黄爲本義，“黼”爲本字説之，可謂未達一間也。

綜觀前例，知用此法可以（一）訂正古書之違誤，（二）判斷異訓之得失，（三）發見許書説解非盡爲語言本來之意義。三者於訓詁學之貢獻極大。而以第三點爲最有價值，賴此以知訓詁之蕃衍，雖至賾而不可亂，所謂“超以象外，得其環中”者也。蓋欲求文字之孳乳，必先探語言之分化，若徒執著形體，斷不能得語言多面變動之勢也。

八、應用右文以探尋語根

語言必有根。語根者，最初表示概念之音，爲語言形式之基礎。换言之，語根係構成語詞之要素，語詞係由語根漸次分化而成者，此一般言語之現象也。然言語學家恒謂中國語爲單綴語——語根語，不能於語詞中剖出構成之要素（語根），不能見由語根所引出之語詞。换言之，即凡語詞皆爲語根，無形式變化之附添語，故有語根語之目。其實世人以中國語之語根與語詞外表似無區别，遂謂其尚留滯於最初狀態而未分化者，固由比較而知其然，但亦不免有皮相之弊。蓋中國語言分化之現象，具有其特異之點，未可遽以恒律繩之也。然則果如何以研究之乎？歷代字書有可藉以參考者乎？請試論之：

歷代字書中，《史篇》《三蒼》，書闕有間，姑不論矣。《爾雅》《廣雅》之屬，亦止隨文釋義，使人知其然而不能知其所以然之故。外此以象形、指事、會意、形聲爲本，而説明意符與音符文字發生之狀態者，則有許慎《説文》。以轉注、假借爲本，而説明通語與方言聲音之轉變者，則有揚雄《方言》。以其事物之性質或作用解釋其得名表稱之所由來者，則有劉熙《釋名》。之三書者，雖皆可利用之以研究語根，然其材料均有缺點。先言《説文》：清代《説文》之學大昌，而戴震、段玉裁之倡明本義,尤爲其中重要學説之一。戴説見於《東原集・論韻書中字義答秦蕙田》、《與王鳳喈書》論《尚書》"光"字、《答江慎修論小學》三篇文中。段説則散見於其《説文解字注》中,馬壽齡《説文段注撰要》列爲九類之一。大氏謂《説文》所釋字義,皆爲其字之最初本訓,《爾雅》《方言》,則爲其後起轉注假借之義。其説頗爲一般學者所宗尚。今按其説,似是而實不然。譬如《説文》解"大"字曰:

　　　天大地大人亦大,象人形。

孫星衍《釋人》因之有"人謂之大"之語。其後孫馮翼《釋人注》、葉德輝《釋人疏證》均仍其説。其實古者並無以"大"稱人之證,故羅振玉《面城精舍文稿・釋人證誤》駁之曰:

　　　言凡"大",在上者莫如天,在下者莫如地,在天地之間者莫
　　如人。天地無可象,故以人爲"大"之象。其義則不訓人。

其理至通。又如陳澧《東塾讀書記》駁邢昺疏《爾雅》"初"字云:

　　　近人之説,多與邢氏同,以《説文》爲本義,《爾雅》爲引申義,
　　其實不盡然也。造"初"字者,無形可畫,無聲可諧,故从衣从刀
　　會意耳。(《説文》"初"訓"裁衣之始"。)

準此知許書説解,祇是據形立義,假定古人造此字時所以取象之由耳。若云《説文》之訓釋,即語言之本根,言語之初,含義本當如是,則

差以毫釐，繆以千里矣。揚雄《方言》之異於《說文》者，不以文字爲對象，而以言語爲對象。其卷一釋"古今語"曰：

> 初別國不相往來之言也，今或同，而舊書雅記故俗語不失其方，而後人不知，故爲之作釋也。

其書之組織在以"通語"證明"轉語"。雖其說明語言變衍之現象，較《爾雅》爲具體，然其材料，似亦甚淩亂。如卷一第一條：

> 黨、曉、哲，知也。……

亦祇以通語"知"疏證《方言》"黨""曉""哲"三語而已。若用研究語根之眼光觀之，"黨""哲""知"三語，古爲雙聲，殆同一語根。"知""哲"轉注字，"黨"假借字。近世音又變而造"懂"，亦成轉注字矣。"曉"則別出一源矣。至於劉熙《釋名》之批評，即上文所云：

> 任取一字之音，傅會說明一音近字之義，則事有出於偶合，而理難期於必然。由是知吾儕如欲探求中國之語根，不得不別尋一途逕。其途逕爲何？余謂即"右文"是也。

近世學者推尋中國文字之原，約得三說：一於《說文》中取若干獨體之文，定爲初文，由是孳乳而成諸合體字，此章氏《文始》之說也。一於古文字中（包含卜辭、金文）分析若干簡單之形，如·一丨×……等體，紬繹其各個體所表示之意象，而含有此等象形體之字，其義往往相近,是此等象形體即可目之爲原始文字,余曩曾主張此説(説見《北京大學月刊》第一卷第二號《文字學之革新研究》),近魏建功君更有進一步之研究。一即余近所主張之"文字畫"。然三者所論皆是字原而非語根。且前二説近於演繹法,其弊易流於傅會。余以爲審形以考誼,似不若右文就各形聲字之義歸納之以推測古代之字形(表)與語義(裹)爲較合理,此余所以推闡右文之故也。

或謂右文所據之對象,多爲晚周以來之字,奚足以語古?余以爲形聲字固爲後起之音符字,然研尋古代語言之源流反較前期之意符字爲重要,蓋意符字爲記載事迹之文字畫之變形,直接固無與於語言也(余擬別作《从〈説文〉本字本義説到文字與語言的分野》一文闡明此旨),若以圖式表之,當如下:

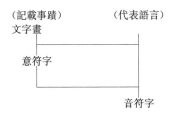

且形聲字之聲母,泰半借意符之象形指事字爲之,即欲研究意符字,則綜合各形聲字之音義,以探溯其聲母之所表象,不猶愈於但取獨體文或剖析象形體而假定其孳乳字之爲自然有系統乎?且右文所表示之古義,本非如清代古音學家據《詩》三百篇韻脚研究所得之結果,輒目之爲三代古音盡在於是者然。雖然,欲憑古文字以考古語言,則捨形聲字外,實無從窺察古代文字語言形音義三者一貫之迹。故右文之推闡,至少足以爲研究周代以來語言源流變衍之一種有效方法,此固爲吾人所不能漫加否認者也。兹將鄙見分敘於次：

（1）中國文字雖已由意符變爲音符，然所謂音符者，別無拼音字母，祇以固有之意符字借來比擬聲音，音托於是，義亦寄於是。故求中國之語根，不能不在此等音符中求之。

（2）中國語語根之形式，既如上所說，則其語詞分化，自亦有其特別之方法，於音方面：或仍爲單音綴，而有雙聲疊韻之轉變；或加爲複音綴，非附加語詞，即增一語尾。於形方面：或加一區別語詞意義之偏旁（即形旁），或連書二字爲一語辭。其類別約可分爲四：

A. 語根之外增加形旁而音不變者，如"于"與"竽"、"非"與"扉"之類是也。

B. 語根之外增加形旁而音由雙聲疊韻轉迤者，如"禺"與"偶"、"林"與"禁"之類是也。

C. 由一語根分化他義而以另一雙聲或疊韻之字表之者，如"天""頂""題"是也。

D. 由單音語根變爲複音語詞者，如"天"變爲"天然"，"支"變爲"支離"之類是也。

（3）語根之分化語詞，與本義之與引申義不同。後者以形不變爲原則（包括"四聲別義"法在内），前者則以形變爲原則。

（4）語根之分化語詞，與轉注字不同。後者因音變而後變其形，義固相同也。前者則以意義之轉變爲前提。

（5）語根之分化語詞，雖與形聲有關，而不能謂即是一事。形聲爲演繹的，而推尋語根爲歸納的。此外：

A. 音符不盡皆爲語根，即主諧字不皆爲語根，被諧字不皆爲語詞。

B. 同一主諧之音符，有在此形聲字爲語根而在彼形聲字非語根者。

C. 本音符非語根，別有一與此音符同音之字爲此語詞之語根者。

D. 同一語根，有時用多數音符表之者。

E. 語根之與語詞，有不取音符與形聲字之關係，而別以一音近字爲之者。

以上所標諸例，大氐參考前節右文各表，即可瞭然，不煩辭費矣。

上來兩節，一以示右文説在訓詁學上之應用，一以發右文説與言語學之關係，而爲中國訓詁學闢一革新研究之途徑焉。

九、附　録

魏建功先生來書

兼師函丈：

承示尊著，繹誦至再。矩矱既度，周行可遵。發讀開宗，若有深感。敢陳一得，皆素聞之緒餘，伏乞誨正！

按古文字自鐘鼎、甲骨繼出，六書條例已有不足用，"右文"之名於舊形聲例中似更爲狹隘。推右文之説，其真價又應一貫形音義三者而言。文字未有之先，音聲已含其義。方有文字之初，形體實兼表其義。既有文字之後，則形或兼音義，或不兼音義，或兼音而不兼義，或兼義而不兼音。其兼義而不兼音，或即本初有文字之舊，相沿而下者。其並兼音義，或更承未有文字之先之舊，相沿而下者。如是以論語根，其字或晚出，音乃承朔；而音不存初況，字反爲初文者，自必不少。於是欲論音義，必先就形聲字中求形義、形音二者，以觀其先後演變孳乳，則聲訓之例似有助於音義，而無與於形義、形音。蓋聲訓之起，去形義之初已遠，時代生活思想不能無影響，而形音之間又不能無變遷。此劉成國書所以可備考漢代音，而不能據爲探語根之典要也。嘗見古文字中从"×"之形，往往有"交""隔""牴""穿""空""疏""厚""滿"諸誼，而與諸誼相關之聲類屬舊喉牙音，展轉變化亦不出與喉牙可以相通者也。如"癸""五""刈""爻"，隔牴誼多；"凶""匄""果""甲"，空滿誼多；"焱""延""楙""网"，交織穿疏之誼多；"叕""盤""戎""爾"，細膩叢厚之誼多；賦形相通，往往諧音亦得相轉，其軌迹大抵不出生列《音軌》"同位異勢""異位同勢"兩軌，東原《轉語》"同位""位同"之說是也。先生所舉"壐"字，从爾聲，字形从焱，所从義爲穿空廔麗，而得通於交凝滯厚。其音之轉，猶"叕"之於"讓""孃"，"凶"之於"嶓""儂"；"爻"之於"學"（日本音之ガク）"覺"，"躯"之於"戎"，"延"之於"雅"，皆所謂"鼻通相轉"。然則經緯形音，訓義綺錯，其有不可偏倚者尚矣。故生嘗以爲形聲字之沿流，當假設其初爲純聲符性質之同音假借；繼則加形以爲別，乃可謂之形符諧聲；右文說之所賅，二者具備。而六書條例所指形聲，大半爲半音符諧聲，其音符不必兼義，多後起變化之音；所謂"音不存初況，字反爲初文"者，此之類也。注形作用之諧聲，聲義相兼；"字或晚出，音乃承朔"，此之謂也。

且，古語連綿之詞，聲首聲隨複合之迹於焉可尋，而蕩析離居，泯爲單字。例如先生所舉公式表例二之（2）"夗"之有"夗轉"；三"皮"之有"旎靡"；四之（2）"庚"之有"康庚"，（3）"吾"之有"齬齬"，許叔重說解雖多存舊，而字从形體，亦皆分割，若此之類，有關審音；論其單字，固在右文，顧名考實，尚須申論。蓋"右文"之說，與謂字學，寧稱語學。國內言語學至不發達，歷來學者徘徊瞻徇於文字音韻之間，而不肯由語言著眼者有以致之。先生其亦許可生說乎？

　　許書所收，不僅舊文，漢代語言，亦復不少。今欲取論根源，年代先後，奚以據限？如公式表六之(1)"乡"或從真聲，是漢時字也。(2)"肣"爲"函"之俗，亦漢時後起字也。則"乡""真"二聲及"兼""马""今""林""咸""音""僉""甘""臽"九聲，含義或皆自漢以來始相和同，或本各相通。是又審誼考音易，而考音論世難也。以諸諧聲系統既亂之音讀（《切韻》以降音）推求諧聲系統之音讀，又其難之尤者也。例如禁持義九諧聲聲母與其諧聲字之音讀比觀之，有可視爲古初複聲者若：

　　　　"兼""禁""僉"皆 kl 複聲。

有聲母音晚而諧聲字音較古者，若：

　　　　從"今"之會聲爲古濁母 g 母消失所餘之 j，是今聲亦當有自濁音演變之可能；

　　　　從"覃"之字皆當爲濁 d 母，而"覃"從鹹省聲，自覃姓之"覃"與"蕈"之爲"菌"論之，是咸聲原當爲 g，與 d 乃得相轉，故今聲有"貪"讀 t' 聲也，從"咸"之"感"尚讀 k 聲也；

　　　　從"马"之"函"爲濁 ɤ，而與從"今"清 k 聲之"肣"相通，是"马""今"皆當有讀 ɤ、g 濁音之階段；

　　　　從"臽"有"閻""監""啗"，猶從"今"有"會"，從"咸"有"感"，"覃"，"臽"當爲 ɤ 聲也；

　　　　甘聲之"箝"爲 gj，是"甘"原爲 g 也；

　　　　"音"聲聲母多與喉牙音他聲通，或初本分屬喉牙音之他聲。

大抵聲紐可按其今音(《切韻》以降)上推。至於韻類,唯音尾陰陽入之大齊可別,主韻音值極難估定。古音系尚無定論,注音莫若取《廣韻》聲紐韻部爲標準兼記等第,要不失爲音史上之記述,學者可以共喻。

是故"形符""音準"兩事,竊以爲最關重要,固皆先生夙所啓發;至於審形考誼,察音論世,如何以定其源流孳乳,則猶待先生進而誨之也。

　　　　　受業魏建功敬上　　二十二年六月二十一日

附:

上兼士師論右文研究書①

兼師函丈:

承示尊著(先生著《右文說在訓詁學之沿革及其推闡》一文,爲蔡先生週甲紀念論文。授余,讀其稿本),繹誦至再,矩矱既度,周行可遵,發讀開宗,若有深感。蓋曠觀儕輩,擅專精詣,每有論列,無不勝生:卓識警闢,生不如丁丁山;沉思緻密,生不如羅莘田;精鑒定而有工力,生不如容希白;善探索而有膽氣,生不如董彥堂。年來學術風尚,趨重語言文字。諸子之外,亦頗多士。研究方法,與時俱進。而目的態度,多難饜望。守舊之徒,姑置不論;新進之士,不外二失:或

---

① 　編訂者按:沈文附錄中的《魏建功先生來書》有刪改,故在其後附《魏建功文集》第四卷(江蘇教育出版社,2001年)所載《上兼士師論右文研究書》,標點有改動。

拘墟局部，不求會通；或滅裂牽强，不知務實。前者尚不失實事求是，功倍效緩而已；後者則但圖嘩衆取寵，浮光掠影，命暫價賤，重可惜也。此時代之所豢養，生活之所驅迫，早熟之果，聊以充飢，轉相標引，蔚成風氣。是故顓蒙隅伏，竊尚沾喜，以爲幸者。昔在中學，受南通孫伯龍先生、徐亦軒先生業，即志趣文字之學。及入大學，沃聞語根、探源之教，參循疑古先生音韻之説，並承兼受頑劣，獨守誇愚自擎，漸窺其兆也。

前年寫《音軌條例》，冀以音韻原則羅列文字，示其孳乳緜索，一以貫穿故書訓詁，一以探求原始語況。在母校講義名曰《古音系研究》，實旨可謂古語探求方法論。吾師既已披閲其内容矣。今讀師著，敢陳一得，伏乞誨正。

按：古文字自鐘鼎、甲骨繼出，六書條例，已有不足用。右文之名，於舊形聲例中，似更爲狹隘。推右文之説真價，又應一貫形音義三者而言。文字未有之先，音聲已含其義；方有文字之初，形體實兼表其義；既有文字之後，則形或兼音義，或不兼音義，或兼音而不兼義，或兼義而不兼音。其兼義而不兼音，或即本初有文字之舊相沿而下者；其並兼音義，或更承未有文字之先之舊相沿而下者。如是以論語根，其字或晚出，音乃承朔而音不存初況，字反爲初文者，自必不少於是。欲論音義，必先就形聲字中求形義、形音二者，以觀其先後演變孳乳，則聲訓之例，似有助於音義，而無與於形義、形音。蓋聲訓之起，去形義之初已遠，時代生活思想不能無影響，而形音之間，又不能無變遷，此劉成國書所以可備考漢代音而不能據爲探語根之典要也。

嘗見古文字從"×"之形，往往有交、隔、牴、穿、空、疏、厚、滿諸誼，而與諸誼相關之聲類，屬舊喉牙音。展轉變化，亦不出與喉牙可以相通者也。如"癸""五""爻""刈"，隔牴誼多；"凵""匃""果""甲"，空滿誼多；"叕""延""网""枺"，交織、穿疏之誼多；"毀""盥""戎""爾"，細膩、緻厚之誼多。賦形相通，往往諧音，亦得相轉。其軌迹大抵不出生列《音軌》"同位異勢""異位同勢"兩軌、東原《轉語》"同位""位同"之説是也。先生所舉"璽"字從爾聲，字形從叕。所從義爲穿空廔麗，而得通於交凝滯厚，其音之轉，猶"毀"之於"讓""孃"、"凵"之於"嘔""嚲"、"爻"之於"學"（日本音之ガク）"覺"、"躾"之於"戎"、"延"之於"雅"，皆所謂鼻通相轉。然則經緯形音、訓義綺錯，其有不可偏倚者尚矣。故生嘗以爲形聲字之沿流，當假設其初爲純聲符性質之同音假借，繼則加形以爲別，乃可謂之形符諧聲。右文説之所賅二者具備，而六書條例所指形聲，太半爲半音符諧聲，其音符不必兼義，多後起變化之音，所謂"音不存初況，字反爲初文"者，此之類也。注形作用之諧聲，聲義相兼，字或晚出，音乃承朔，此之謂也。

且古語連綿之詞，聲首聲隨複合之迹，於焉可尋。而蕩析離居，泯爲單字。例如先生所舉公式表例二之(2)"夗"之有"夗轉"；三"皮"之有"旖靡"；四之(2)"庚"之有"康食"、(3)"吾"之有"齟齬"。許叔重説解，雖多存舊，而字從形體，亦皆分割。若此之類，有關審音；論其單字，固在右文。顧名考實，尚須申論。蓋右文之説，與謂字學，寧稱語學。國內言語學至不發達，歷來學者瞻徇徘徊於文字音韻之間，而不肯由語言著眼者，有以致之。先生其亦許可生説乎？

許書所收，不僅舊文，漢代語言，亦復不少。今欲取論，根源年代先後，奚以據限？如公式表六之(1)"參"或從真聲，是漢時字也。(2)"肨"爲"函"之俗，亦漢時後起字也。則"參""真"二聲及"兼""马"

"今""林""咸""音""僉""甘""臽"九聲，含①義或皆自漢以來始相和同，或本各相通。是又審誼考音易，而考音論世難也。以諸諧聲系統既亂之音讀（《切韻》以降音）推求諧聲系統之音讀，又其難之尤者也。

　　例如禁持義九諧聲聲母自諧聲聲母與其諧聲字之音讀觀之，有可視爲古初複聲者，若"兼""禁""僉"皆 kl 複聲。有聲母音晚而諧聲字音較古者，若从"今"之舍聲爲古濁 g 母消失所餘之 j，是今聲亦當有自濁音演變之可能；从"覃"之字皆當爲濁 d 母，而"覃"从鹹省聲。自覃姓之"覃"與"蕈"之爲菌論之，是咸聲原當爲 g，與 d 乃得相轉。故今聲有"貪"讀 t'聲；从"咸"之"感"尚讀 k 聲也。从"马"之"函"爲濁 g，而與从"今"清 k 聲之"肣"相通，是"马""今"皆當有讀 g、g 濁音之階段。从"臽"有"閻""監""啗"，猶从"今"有"舍"，从"咸"有"感""覃"，"臽"當爲 g 聲也。甘聲之"箝"爲 gj，是"甘"原爲 g 也。"音"聲聲母多與喉牙音他聲通，或初本分屬喉牙音之他聲，大抵聲紐可按其今音（《切韻》以降）上推。至於韻類，唯音尾陰陽入之大齊可別，主韻音值極難估定。如公示表中皮聲注 o。近來學者論列，多主入歌部者爲 ɑ，入支部者爲 iɑ 也。而斯聲注 ǔ，亦應是 iɑ，故"誓""癡""漸""嘶"音義正合。今言聲嘎之"嘎"及沙沙之"沙"，先生所注音，蓋最近世威妥瑪式拼音，未足以資論古探源。"夗"之聲爲 ŋ，u 其變音。"吉""兼""今"，較古之音皆爲 k，是則注音之音準，至難定奪。若梁任公所注音，至堪發噱。其以形聲偏旁音首注爲語尾，雖殫竭思慮，惜猶未照。蓋諧聲字之聲母以口治，而偏旁以目治，是生所說注形作用也。若使偏旁亦括有音，何取與諧聲聲母？合書而爲形聲字，則綫、箋、

---

① 　編訂者按："含"，《上兼士師論右文研究書》寫作"合"，誤，今正。

牋、錢、賤、棧、盞、琖、醆、淺、濺、諓、俴、餞、踐、刬、殘連書，"戔"系戔
竹……戔刀、戔歺，直讀其音可也。如是，會意字"信""武"之類，何不
聞其有合於此例者邪？況依梁氏例，亦復重疊繚繞，如"琖""諓"皆爲
y 尾，"淺""濺"同是收 s，"棧""盞"均附 m 聲。展轉所從聲母，又不及
分析，如"濺"從賤聲，"賤"從戔聲，則第一次偏旁爲 S、PS 或 SP 相
綴，巧合爲複聲隨矣。古音系統，尚無定論，注音莫若取《廣韻》聲紐
韻部爲標準，兼記等第，要不失爲音史上之記述，學者可以共喻。否
則恐反爲影響不實也。

是故形符、音準兩事，竊以爲最關重要，固皆先生夙所啓發。至於
審形考誼、察音論世，如何以定其源流孳乳，則猶待先生進而誨之也。

謹肅敬請

鈞安

學生魏建功謹上　一九三二年六月十九日

李方桂先生來書

兼士先生：

在北平與先生暢談一次，至今不忘。您又許我把大著帶走以便
我細讀，更是感激！到了上海之後，一切零碎雜事非常之多，一直耽
誤到現在，纔有空兒把大著讀完。

您在這篇著作裏蒐集材料之豐富，與用心的精密，自使我非常的
佩服，尤其是您拿字作音符看，然後再用他來求音與義間的關係，不
爲許君的因形取義所累，這是先生的卓見，也就是右文對於古代語言
上的一大供獻。

我曾對您談過，中國文字最古也不過有五六千年的歷史，而中國

語言要比文字古遠的多。從文字上的研究我們可以得到古時語言的大概，但是想要知道文字未發生以前的語言如何引申演變成文字中的語言，以及語根上的各種研究，我們就非拋開字形，而用語音作根據不可。語音的研究，固然有借重字形的地方，但是一旦我們得了一個較可意的周秦音系，我們就可以算上了正軌，一步一步的以音作根據向上進展。現在對於周秦音系我們知道的太少，可是這是向前推溯必經的要道，日後必須有人打破此一關，然後中國語言歷史的研究纔有進境。我覺得現在要注重的是"字既然是音符，從音符的構造上雖然可以知道當時語音的系統的大概，但是字形的分化演變，與語音語義的分化演變，是沒有直接並行的關係的"。大著有許多借音的解釋，就是字形與音義没有並行關係的證據，先生看清此點，乃前人所不及處。

關於字義的引申分化，我們現在闕少一部重要的著作，就是一部大辭典，把每一字在古書中的用法和出處都寫出來。靠字典的字義，如許氏之因形取義，劉氏的音訓都是不足爲憑的。此事亟宜進行，以先生之學識，必能促成此舉。

此類研究，不患其材料之不多，但患其材料之不精確可靠，如果一字一字的音義的引申變化，從古到今，清清楚楚的明了之後，有數十字，就可粗得條例矣。材料多而雜，則有掩没條例之虞。先生取材精審，必定是同意於此的。

字義的引申變化敝意可分爲兩類，一類是純粹的字義的變更與音無涉的，如"聞"古義爲耳聞，而今語則變爲鼻聞（方言更有以"聽"當作嗅講的）。第二類字義的變跟著音變來的，如"量"（平聲）、"度"（入聲）爲動詞，"量""度"（去聲）爲名詞（聲調的變化亦屬音變）等，這是最單簡的。這種變化可以很複雜，與古代文法極有關係。不能只拿章氏

《成均圖》的音轉條例來衡之。換言之，古音部分極不相同之字，可以同從一語根演化出來，此中別有條例，我們現在毫未得其門徑而已。

先生在這篇文裏，注重字音，免去了許多從字形立論的弊病，這是我最贊成的。如章氏之立"爲"爲根，"爲，母猴也"，於是就認"猴"是最初義，這是很武斷的。"爲"字的形，就算他最初是猴，但是"爲"字的音是最初有作爲義還是有猴義，實在是不能定，從作爲義不易造音符，於是從猴義得形，這是很可能的。從語根上立論，猴義之"爲"與作爲之"爲"是否有關，還不敢説。即使有關，猴義也可以從作爲義引申出來，先生以爲然否？

草草寫了這幾句話而丁梧梓君代先生囑我作序，以我的學淺識陋，實不敢出醜，僅就我所知以報先生，還請先生指正其謬誤是幸。專此即頌撰安。

弟方桂頓首

林語堂先生來書

兼士先生：

月前由丁先生交下大著手稿，拜誦之下，欣喜無量！蓋此文將啓後人研究漢語語根之源而爲語原學打定一基礎規模。右文説之歷史總評及所定表式，皆與弟所見契合，而對太炎《文始》之評語，尤弟所久欲吐之爲快者，如《成均圖》對轉、旁轉則無所不轉矣，若不另立統系，語根之研究，永脱不離支離散漫之弊，先生所定表式既甚好，則此項右文表之著作又不能不急求其實現，唯亦有數點意見，可供參考者。（一）所謂語根係構定的非確知的。西歐語言學初亦以爲確可尋求出來，後始知其爲一種"公式"而已，而在此種構定之語根字前，每加一小星號，以示與確見之字別。先生文中謂"形聲爲演繹的，而推尋語根爲歸納的"，當係此意。將來推尋之語根亦難免用小星號。

(二)字原之學，最爲謹嚴，若不科以精細音理及嚴格的客觀的比附爲法則①，又②易爲貌似而實異之字所誤，而與劉熙、班固同病。在現此音韻史工夫未做完之時，表中不妨多用問題號，以示存疑之意。

(三)"語根之分化詞""字義引申"及"轉注"三事之異同，似可討論。大著第八節(3)謂引申義"以形不變爲原則"(包括"四聲別義法"在內)，而分化詞"則以形變爲原則"，似有未當。"語根"應以語言爲主，非與文字(字形)切開不可，不應以變形爲原則。弟意凡音變義變或音變義同皆語根分化詞，包括四聲別義。如此方能盡語言分化之義，而脫離字形，純立乎語言學立場。引申義純然以義變爲主，亦與形無涉。音不變而義牽連遞變者爲引申。但分化詞之義亦多引申而出者。故引申有由本字本音引申者，有在分化詞引申者。再"孳乳"二字，不知應如何限定用法，若限於字形，則形聲會意字皆孳乳字；若在語言學立場，"分化詞"亦可稱爲孳乳字也。又第(4)條謂轉注"因音變而後形變，義固相同也"，而分化語詞"則以意義之轉變爲前提"。弟意"轉注"解說太多，原因叔重所用"考、老"字音形義三者皆有關係，因二字音近、訓近、形亦近也。故向來轉注之說或以形或以義或以音，莫衷一是。若謂"六書"專言造字原則，則轉注當以形的轉變爲第一。若言語言自身之演化，不妨謂"轉注"即係分化詞也。弟向來解釋轉注如此。分化詞"以意義之轉變爲前提"似太狹。弟意必欲分

---

① 編訂者按："比附爲法則"，《磐石雜誌》所載《林語堂致沈兼士書》作"方法"(《磐石雜志》1933年第1卷第4期，第43—44頁)。

② 編訂者按："又"前，《磐石雜誌》所載《林語堂致沈兼士書》多一"則"字。

別轉注及分化語詞之用法，則應謂轉注係因音變而形變（義變不必說，因同一語根分化音變而來，意義自亦有關連也），分化詞則音變義或變或不變。（不變者當然係極少數）。（四）右文誠然爲研究語根之終南捷徑，然此種工作，必然走上純粹語根研究之路上。先生右文說歷史總評第六，既已詳言"復有同一義象之語，而所用之聲母頗歧別"之理，而引"今、禁"同有含義，"刃、尼"同有止義等爲例。將來表中，必須將同語根不同聲母之字聯成一表，如"欠"與"慊"、"地"與"底""低""祇"及"廣""橫"與"光"是也。（《孟子》言"降水"即"洪水"，與"光（光被四表）""橫"同一音變，弟意即 k 變 g 在《書經》至《孟子》期間）。推而至於近代語言"添、填""窘、窮、困""絶、截"聲母雖皆不同，實即"一語之轉"，至若"憤、忿"則音尚未變，只可算他一"語"，並非一語之轉也。"口袋"之"袋"，亦與"攜帶"之"帶"同源，擴而充之，當有許多發見。此一項極需要之工作，必如先生所言列表出來，始能盡量比較也。王疏《廣雅》，郝疏《爾疋》已發明此理，所要者(1)將此材料列表出來，(2)以音爲表之統系。①

弟語堂　八月十八日

吳檢齋先生來書

兼士兄鑑：

大著籀讀一過，探求語原，得其條理，所立各例，皆足以開發頭角，誠希有之創作也。弟近撰六書條例，象形、指事、會意三部，大體已具。近方探討形聲條理，唯支節而爲之，未能一貫，故略以所見錄

---

① 編訂者按：《磐石雜誌》所載《林語堂致沈兼士書》最後有"表成後必大有可觀也"一句。

於大著上方，恐不能有所補益也。總括鄙見，亦有數事可言：从一聲母之字，不必即从聲母之本形：如"濔"訓滿，蓋即"滿"之音轉，大著以爲"爾"本於"尼"，尼止則滿，義雖可通，翻成迂曲；又如"諽，飭也。一曰更也。讀若戒"，訓更者即用"革"之本形本聲，訓飭者，形雖作"革"而聲實爲"戒"，即與"誡"同字矣，此類似多有之，一也。以本字釋本字者，實即以動詞、狀詞釋名詞，蓋名詞本由動詞、狀詞來也。如蒙卦之名，由蒙昧來；蓋徹之名，由通徹來（"徹"亦爲"抽"），乃聲訓之最明顯者，不得以爲非例，二也。番聲之訓白，非聲之訓赤，非聲之訓肥，庚聲之訓大，皆須从連語得義。如云"番番""菲菲""腓腓""庚庚"始能形容白、赤、肥、大之意，止用單字，或文不成義。如屬連語，即不必別求本字，以其本無假字、本字之別也。《說文》僅出單字，不錄連詞，故不得从"番"求白義，从"庚"求大義也。又如"譽，聲也""謦，欬也"，明是摹聲，即與"句舟""格桀"同比，不須再从與聲、殸聲求義，明矣，三也。此外尚思得多義，亦有爲昔人所未言者，悤悤不得具說，不審有當與否，聊貢一得，以俟裁正。

弟吳承仕上　二十二年九月五日夜

　　本書編輯時承丁梧梓、魏建功二君有所商訂，並辱李方桂、林語堂、吳檢齋、魏建功諸君專函討論，極爲感謝。李先生謂"字形的分化演變與語音語義的分化演變是沒有直接並行的關係的"；林先生謂"語根應以語言爲主，非與文字（字形）切開不可"；魏先生謂"審義考音易，而考音論世難"。諸說均足訂補鄙見之不及，贊佩贊佩！唯拙著所述仍爲訓詁的研究，而非言語的研究，故不能拋開文字，專論聲音。且鄙意以爲即欲研究言語，亦非先將文字訓詁之體系研究清楚，殆無从著手。蓋中國字之偏旁，音義交錯，頗具微眇之消息，故雖至頤而不可亂。我輩正當於此中參悟語言文字之三昧，譬如彼釣，必待"得魚"，乃可"忘筌"。至於"考音論世"，的是研究右文之難關。以後材料漸多，古音日明，亦未始無一旦豁然希望也。本書付印時重勞魏建功、趙憩之、劉詩孫、陳祥春諸君代爲校稿，謹此聲謝。兼士附識。

拙著抽印本出版後，復得楊遇夫、陳寅恪、蔡子民三先生來函批評，雅意可感！特附錄焉。

兼士又識　二十三年九月二十八日

楊遇夫先生來書

兼士吾兄左右：

大著印本，再一籀讀，搜采之富，條理之密，佩服佩服！弟亦略有獻疑之處，不審當否？仍希教之爲幸！（一）第七節《應用右文比較字義》，如"屺岵"，兩方兼證，自爲可據，若係單文，頗有危險，以有相反得義，從中爲祟故也。（二）非聲有交織文一義，兄存疑不知是何本字，弟意即違義之反。弟前爲清華撰一文，亦論聲訓，月內可出版，出版當呈求教。文中似有一二條，足補兄公式者：弟論"赤"字，依舌音雙聲轉，則爲"赭""楮""杜""紬""銅""彤""丹"，又依"郝""捇""赫"諸字讀音，則"赤"有喉音，雙聲轉則爲"瑕""鰕""霞""瑚""紅"，皆赤義也。是爲一字，由音別分兩類孳乳。又弟覺字得義於聲，故義近之字，析其聲類，往往亦相近，竟是一通則，拙稿亦頗詳言之。茲附上近印拙作二篇，無非説明此通則，尚希督教其當否爲幸！語源之事，重要萬分，環顧海内，談及此事者，尚未有聞。弟與兄趣向相同，又幸同居一地，切磋必可相益，弟固極願受教耳。此頌道安。

弟楊樹達頓首　二十三年三月五日

陳寅恪先生來書

兼士先生道鑒：

奉示，惶悚！近日家君舊病復發，故在城内。今夕返清華，始得讀手書，遲緩之罪，乞宥原是幸。

大作宗旨及方法皆極精確，實獲我心。大約中國語言文字之學以後只有此一條路可走也。"右文"之學即西洋語根之學，但中國因有文字特異之點，較西洋尤複雜，西洋人《蒼》《雅》之學不能通，故其將來研究亦不能有完全滿意之結果可期，此事終不能不由中國人自辦，則無疑也。然語根之學實一比較語言之學，讀大著所列舉諸方法外，必須再詳考與中國語同系諸語言，如：西藏、緬甸語之類，則其推測之途徑及證據，更爲完備。此事今日殊不易辦，但如德人西門，據高本漢字典以考西藏語，便略有發明。西門中國學至淺，而所以能有少少成績者，其人素治印歐比較語言學，故於推測語根分化之問題，較有經驗故耳。總之，公之宗旨、方法，實足樹立將來治中國語言文字學之新基礎，若能再取同系之語言以爲參證之資料，則庶幾可臻於完備之境域也。匆此奉復，即求教正，並頌撰祺。

弟寅恪　三月六日

蔡子民先生來書

兼士先生大鑒：

大著《右文説在訓詁學上之沿革及其推闡》抽印本兩册收到，謝謝！弟已拜讀一過，甚有興趣。弟曾别清代治《説文解字》之書爲兩類：（一）專治許氏本書者，如王菉友《句讀》《釋例》之屬是也。（二）以

《説文解字》爲根據，而注重引申假借之例，以釋經子者，如朱允倩《説文通訓定聲》之屬是也。段氏《注》則在兩者之間。平日檢索，常覺朱氏之書，據聲系聯，實較許氏原書之據形系聯者爲方便。然對於朱氏之書，尚有不滿意之點：其説文也，雖大體本之叔重，而時有改變，不如全録許氏原文，而有時加以訂正也。其通訓也，於引申（朱氏謂之轉注）假借，分析極清，而任意指目，不能據爲典要。弟常欲據一聲系之本，先記《説文解字》原文，而後系以較新之解説。又廣搜讀若、讀爲，及其他經傳中之異文釋，及王氏、郝氏等所舉"聲近義同"諸例以附之，以備校讀古書者之參考，當較朱書爲優也。然人事倥偬，雖屢思著手，而無此決心。今讀先生之作，雖尚爲發凡舉例時代，然鍥而不捨，必將有以應弟之希望矣。大著於前人據聲綜義之説，舉例甚周，而所列"本義分化"等七表，及"探尋語根"之五例，均甚縝密，吾無間然！唯"右文"之名，弟尚懷疑，因此名唯王子韶一用之，而此後主張循聲詮義諸家從無襲用之者，以其僅言"右文"，並不足以表示聲義相關之理；而且"右文"實不足以包舉形聲字之全體也。賈公彦説："書有六體，形聲實多。若'江''河'之類，是左形右聲。'鳩''鴿'之類，是右形左聲。'草''藻'之類，是上形下聲。'婆''娑'之類，是上聲下形。'圉''圃'之類，是外形內聲。'闌''闈''衡''衙'之類，是外聲內形。"其所舉"草""衙""闌""闈"四字雖稍有不當，如王西莊所説。然形聲字有六種分別，不能認爲止有左形右聲之一式，則甚確也。鄙意先生他日成書時，似可別選一名，不必襲用"右文"成語，尊意如何？敬此奉布，並祝著綏。

弟蔡元培敬啓　二十三年四月二十日

"鬼"字原始意義之試探 *

一、人死爲鬼,雖爲一般的傳統解釋,似非其原始意義。

二、鬼之原始意義疑爲古代一種類人之動物,其後鬼神妖怪之義,均由此概念引申發展。

三、鬼字之字族分化系統。

一

古代所謂訓詁,祇是隨文解義,略無系統,及清代小學家興,始知分別之以《説文解字》爲本義,以其他訓詁書爲引申、假借之義,於是訓詁之學乃粗具體系。輓近學者復知《説文》所説尚不足以代表文字之原始意義,且每字之原始意義亦不盡具於一般訓詁書中。蓋語言之歷史較文字之歷史爲悠久,載籍所用之文字,儘有已經多次變化之語義故也。文字意義之溯源,恰如考古學家之探檢遺迹、遺物然,重要之目的物,往往深藏於地層之下,非實行科學的發掘,不易覓得。故探檢字義之原,亦須於古文獻及古文字中披沙檢金,細心搜討。文獻方面應直接觀察其歷史情形,玩味其文句解釋,文字方面應从形音

---

* 原注:本文有英文譯文載輔仁大學《華裔學志》,此爲中文原稿。編訂者按:中文原稿,載北京大學《國學季刊》1935 年 5 卷 3 號,第 45—60 頁。

義三面貫串證發其當然之義類。苟意圖省事，蔽於後世訓詁家之所説，將不易達到比較圓滿之結果。

人死爲鬼，固爲中國之常語。古往今來，對於此説絕少異議。如《墨子‧明鬼下》云：

> 今執無鬼者言曰："夫天下之爲聞見鬼神之物者不可勝計也，亦孰爲聞見鬼神有無之物哉?"子墨子言曰："若以衆之所同見與衆之所同聞，則若昔者杜伯是也。……此吾所以知《周書》之鬼也。且《周書》獨鬼而《商書》不鬼，則未足以爲法也。然則姑嘗上觀乎《商書》曰，……此吾所以知商周之鬼也。且《商書》獨鬼而《夏書》不鬼，則未足以爲法也。然則姑嘗上觀乎《夏書‧禹誓》曰，……此吾所以知《夏書》之鬼也。……則鬼神之有，豈可疑哉。"

《小戴記‧祭法》：

> 大凡生於天地之間者皆曰命，其萬物死皆曰折，人死曰鬼，此五代之所不變也。（鄭注："五代謂黃帝、堯、舜、禹、湯。"）

又《表記》：

> 子曰："夏道尊命，事鬼敬神而遠之。……殷人尊神，率民以事神，先鬼而後禮。……周人尊禮尚施，事鬼敬神而遠之。……"

皆言三代甚至於黃帝以來，人信鬼神，流傳載籍，似信而有徵矣。然殷周以前之書不盡可信。殷周以來之文，又多後世語言之變義，即如卜辭中"鬼"字雖亦屢見不鮮，所謂鬼者，果爲鬼神歟？抑爲異類怪物歟？尚有討論之餘地。近日本《東洋學報》第二十二卷第二號載有出石誠彥（Izushi）氏《鬼神考》一文，研究上代漢民族間所有關於鬼及鬼神之思想，就中尤以鬼之由來及其發展，爲其考察之主力點。據出石氏從文獻及文字兩方面檢討之結果，認爲古代所謂鬼者，是以死者或死者之靈爲對象，其他關於鬼之一切思想皆發源於是，而妖怪變化亦得稱爲鬼。關於古代宗教史上迷信鬼神之由來一層，非余文之範圍，不欲妄加論斷。若从語言文字學著眼研究鬼字之語根，則出石氏之説恐不盡合。

歷代學者對於鬼之觀察，大要如上所述。獨漢王充之説頗與衆異，其《論衡·訂鬼》篇列舉鬼之類別有七。其所云：

　　凡天地之間有鬼，非人死精神爲之也，皆人思念存想之所致也。

及：

　　一曰，鬼者，物也，與人無異。天地之間有鬼之物，常在四邊之外，往來中國，與人雜，則凶惡之類也。故人病且死者乃見之。天地生物也，有人如鳥獸，及其生凶物，亦有似人象鳥獸者，……或謂之鬼，或謂之凶，或謂之魅，或謂之魑，皆生存實有，非虛無象類之也。

此二節頗有心理學及人種學上可討論之價值。其他諸説，於鬼之對象似能分析，實仍荒誕，不得謂其真能認識也。

近人章炳麟先生對於鬼字解釋，頗有創獲。《小學答問》"夔，神魖也"條云：

> 古言鬼者，其初非死人神靈之稱。鬼宜即夔。《説文》言鬼頭爲"由"，禺頭與鬼頭同。禺是母猴，何由象鬼？且鬼頭何因可見？明鬼即是夔。……魖爲耗鬼，亦是獸屬，非神靈也。韋昭説夔爲山繅，後世變作山魈，魈亦獸屬，非神靈。……故鬼即夔字，引申爲死人神靈之稱。然古文"鬼"作𩳁，從古文示，則鬼神之字或當別作"𩲡"耳。……

又《文始》陰聲隊部甲初文"由"下云：

> 《説文》："由，鬼頭也，象形。"《廣韻》作敷勿切，聲與"髟"近。髟，老精物也。然"禺"及"虞"中猛獸頭悉作"由"，疑本獸頭之通名。……鬼疑亦是怪獸。由聲入喉，即孳乳爲鬼，鬼夔同音，當本一物，夔即魖也。（古怪獸與人鬼不甚分別，故离髟蝄蜽，則鬼神禽獸通言之矣。）……鬼又孳乳爲畏，惡也，鬼頭而虎爪，可畏也；爲傀，偉也。變易爲怪，異也；爲𡤸，大也，近轉脂爲偉，奇也。鬼又轉脂孳乳爲魖，鬼俗也。

章説言之成理，持之有故，遠勝王説，兹再從古文字及古文獻兩方面加以檢討，爲之補證如左。

二

許慎《說文解字·鬼部》云：

> 鬼，人所歸爲鬼，从人，象鬼頭，鬼陰氣賊害，从厶。魂，古文
> 从示。（《爾雅》訓同。）

又《由部》云：

> 由，鬼頭也，象形。
> 畏，惡也，从由，虎省，鬼頭而虎爪，可畏也。畏，古文省。
> 禺，母猴屬，頭似鬼，从由，从内。

按：鬼字據卜辭及金文其形原應作𢇍，象其全身，非从人也。从厶者，乃後變之體。許說字義固不免蔽於後起之訓，然其解"鬼""畏""禺"三字之形，猶能注意於三者間固有之連鎖性，而指示後來研究者一綫光明之途徑，上文所引章氏之說已略道及，玆再就鄙見申論之。

先論"鬼""畏""禺"三字之連鎖性。按：此三字，原指一物。許氏就已分化之語辭，別爲數解，以"禺"爲似鬼之動物；"畏"爲其物鬼頭虎爪（卜辭、金文皆从卜，《說文》誤爲㲋，或㲋），形態醜惡，人皆畏惡之也；"鬼"字其形雖是，却以後起分化之鬼神義歸之。一物而區爲三事，獸頭乃變爲死人之頭，遂使《中庸》所謂"視之而弗見，聽之而弗聞"者，竟能白晝現形。雖王筠《說文釋例》爲許氏辨護之曰："鬼字當是全體象形，其物人所不見之物，聖人知鬼神之情狀（《易·繫辭》文），故造

爲此形,不必分析説之。"然吾人終不能不嘆之爲"活見鬼"也。

《爾雅·釋獸》有"寓屬"(《周禮·春官·司尊彝》注及疏引《爾雅》,均作"禺屬"),邵瑛《説文群經正字》云:

> 《後漢書·馬融傳》"木産盡,寓屬單",章懷注:"木産,謂巢栖之類也;寓屬,謂穴居之屬也。"……"寓屬"正字作"禺屬"。……據制字之義,大抵其形狀傀奇不常,故曰"禺屬"。《説文·虫部》所謂"蝯,善援,禺屬""蠗,禺屬",亦此意。核之《爾雅》"寓屬"所列諸獸,亦未嘗不合。

又《山海經·南山經》:

> 招摇之山……有獸焉,其狀如禺而白耳(郭注:"禺似獼猴而大,赤目長尾,今江南山中多有,説者不了此物名禺,作牛字,圖亦作牛形,或作猴,皆失之也。"),伏行人走,其名曰狌狌,食之善走。(郭注:"狌狌,禺獸,狀如猿,伏行交足,亦此類也,見《京房易》。")

徐灝《説文段注箋》"禺"字下引《山海經》此文,並云:

> 此言狌狌狀如禺,而郭云禺似獼猴,則禺非猴明矣。蓋人形之獸通名曰禺,猴亦似人形,故或謂之禺。以其通名也,故"禽""离""𧱿""离"皆从之;以其似人也,故木偶謂之"木禺",《史記·封禪書》"木禺龍"是也。

據此，"禺"爲人形之獸之通名，从可知矣。然則"禺""鬼""畏"三字音義之關係究何如乎，請分條述之。

1. 禺與鬼

《孟子·梁惠王》："始作俑者，其無後乎，爲其象人而用之也。"趙注："俑，偶人也，用之送死。"《史記·殷本紀》："帝武乙無道，爲偶人，謂之天神。"《索隱》："偶音寓，亦如字。"《正義》云："偶，對也，以土木爲人，對象於人形也。"《説文》："偶，桐人也。"《廣韻》平聲一東："俑，偶人。"上聲二腫："俑，木人送葬，設關而能跳踊，故名之，出《埤蒼》。"《史記·封禪書》："木禺龍車一駟。"《索隱》："禺音偶，謂偶其形於木。"《漢書·郊祀志》"禺"作"寓"，李奇注："寓，寄也，寄生龍形於木也。"（《後漢书·劉表傳論》，其猶木禺之於人也。）按："偶""寓"均受義於"禺"。禺本爲類人之獸，繼乃引申其義而以此象彼或寄彼於此亦均謂之禺，於字則分化孳乳爲"偶"、爲"寓"矣。其語又爲"傀儡"，傀儡亦作"魁檑"，或"窟礧"，即"鬼"之複音連語。蓋"鬼""禺"同類，鬼爲似人之異獸，傀儡爲象人之木偶，鬼之引申爲傀儡，亦猶禺之引申爲偶也。《續漢書·五行志》注引《風俗通》："靈帝時京師賓婚嘉會，皆作魁檑。酒酣之後，續以挽歌。魁檑，喪家之樂；挽歌，執紼相偶和之者。"又《通典》一百四十六《樂六》："窟礧子，亦曰魁礧子，作偶人以戲，善歌舞，本喪樂也，漢末始用之於嘉禮。"《廣韻》："傀，俗作傀儡字也。""儡，傀儡戲。"按：其制蓋沿於木人送葬設關而能跳踊之偶。然則偶也，禺也，傀儡也，鬼也，蓋皆同一義類之異語耳。

2. 鬼與畏

《莊子·天地》篇"門無鬼"，《釋文》司馬本"鬼"作"畏"。《毛詩·卷耳》"我馬虺隤"，三家"虺"作"瘣"，《釋文》引《説文》作"痕"。金文

《小盂鼎》"王□孟以□□伐畏方",《梁伯戈》"畏方蠻（即蠻字）",皆以"畏"爲"鬼"。（從王國維釋。）張衡《東京賦》"況魃蜮與畢方",薛綜注："魃,小兒鬼。"按："魃"殆"魃"之譌,"魃蜮"即用《小雅》之"爲鬼爲蜮"語,薛注恐誤。

3. 畏與禺

《廣雅·釋丘》："隈,限也。"《魏都賦》"考之四隈",注："限猶隈也。"而"隈"亦可作"禺",《列子·湯問》"隈谷",《山海經·大荒北經》作"禺谷"（疑與"鬼谷"同意）。"限"亦可作"畏",《考工記》"夫角之中,恒當弓之畏",鄭玄注："畏讀如秦師入限之限。"

次從與鬼字有關之諸形聲字觀察其主要之意義。

1. 从"鬼"形之字：

魁　《山海經·西山經》："剛山是多神魃（郭注："魃"亦魑魅之類也,或作"魃"）,其狀人面獸身,一足一手,其音如欽。"《説文》："魃,厲鬼也。"

魖　揚雄《甘泉賦》："捎夔魖而抶獝狂。"張衡《東京賦》："殘夔魖與罔象。"《説文》："夔,神魖也,如龍,一足,从夂,象有角。"按：魖即夔也。韋昭《國語·魯語》注："越人謂之山繅,或作獟,富陽有之,人面猴身,能言。"章炳麟《小學答問》云："其字上象有角,下即夔字,夔亦母猴,則夔特猴之有角者爾。"

魑　《左傳·文公十八年》："投諸四裔,以禦魑魅。"服虔注："魅,人面獸身而四足,好惑人,山林異氣所生,爲人害。"（《春官》"神仕"疏引。）又《宣公三年》楚子問鼎,王孫滿對曰："昔夏之方有德也,遠方圖物,貢金九牧,鑄鼎象物,百物而爲之備,使民知神姦。故民入川澤山林,不逢不若,魑魅罔兩莫能逢之。"蓋上古異類怪物爲害於人者甚夥，夏禹鑄鼎以象其形，使人之入山林川澤者知所防禦。彼時殆尚無文字，故祇以圖象示衆，咸使聞知。（所謂"象"，即是文字畫。）《山海經·海内北經》："袜，其爲物人身黑首从目。"郭注："袜即魅也。"《説文》："鬽，老精物也，从鬼彡，彡，鬼毛。魅，或从未聲。𩴽，古文。𩵥，籀文，从彖首，从尾省聲。"驗諸"魅"之重文之形，亦可知其爲獸類無疑。王筠《説文句讀》云"鬽有定形，非幻化所爲"，是也。

醜　《説文》："可惡也，从鬼酉聲。"段玉裁注："非真鬼也，以可惡，故从鬼。"按：鬼爲禺屬之獸，其狀醜惡，故"醜"从鬼，義本易解，自"鬼"之本義隱晦不明，學者乃不得不曲爲之説矣。又《爾雅·釋詁》"醜，衆也"，《廣雅·釋詁》"醜，類也"，是其引申義，故《詩·緜》云"戎醜攸行"，《常武》云"仍執醜虜"，《小戴記·曲禮》云"在醜夷不爭"，皆訓爲衆而與"虜""戎""夷"等字連用亦可以參其與鬼義有相通之消息矣（今人亦常呼異族外國人爲"鬼子"）。《小戴記·樂記》"獶雜子女"，鄭注："獶，獼猴也。"王引之《經義述聞》云："'獶'當爲'擾'，字之誤也，'擾'與'粈'古字通，《楚語》'民神雜糅'，《史記·曆書》作'雜擾'，是其證。"其實"獶"以獼猴引申爲雜義，亦猶"醜"由鬼貌引申爲衆義，不煩改字也。又按：卜辭有𢇝字，爲邑名，郭沫若釋爲"魃"。《卜辭通纂·考釋·征伐》第四九八片下云："葉玉森釋'鬼'，案係象人戴面具之形，當是'魃'之初文。《周官·夏官》方相氏'掌蒙熊皮，黄金四目'，鄭注云：'如今魃頭也。'……《説文》：'頯，醜也，今逐疫有顓頭。'……魖、顓均爲後起之形聲字,得此知魖頭之俗,實自殷代以來矣。"按:皮魖之制,其始必有所仿相,疑古代𠈋人至醜,後世仿其形爲面具以逐疫耳。魖之與鬼,疑亦轉語也。得此亦可明"醜"字从鬼,其義有由來矣。

《説文‧鬼部》尚有"魖,神也",爲神字或體,"魖""魖"均訓"鬼兒","魖,鬼𩰚聲""魖,見鬼驚詞",均爲後起不經見之字,至於"魂""魄""魖"(據《山海經‧大荒北經》記黃帝女魖止雨殺蚩尤事,則"魖"亦似是人類)"魖""魖""魄"等字,則屬於"鬼"之引申義——鬼神義矣。

2. 从"鬼"聲之字:

瘣 《説文》:"病也,《詩》曰:'譬彼瘣木。'"(《小弁》文)一曰,腫旁出也。"瘣,今本《毛詩》作"壞"。連語則爲魁瘣,《爾雅》:"枹,遒木魁瘣。"郭注:"謂樹木叢生,根枝節目,盤結磈磊。"(《釋文》:磈磊,或作傀儡。)

傀 《説文》"偉也",亦借"魁"爲之。《説文》:"魁,羹斗也。"《廣雅》:"大也。"《大戴禮‧官人》篇:"畸鬼者不仁。"按:"畸鬼"即《荀子‧脩身》篇之"倚魁",楊注:"倚,奇也;魁,大也,謂偏僻狂怪。""傀偉""魁梧"並其連語也。

頄 《説文》:"頭不正也。"《廣雅》:"大也。"

嵬 《説文》:"高不平也。"連語爲"崔嵬",與"陮隗"同,《説文》:"隗,陮隗也。"與"巍"亦爲一字,《説文》別而爲三,非也。又《荀子‧正論》"夫是之謂嵬説",注:"狂妄之説。"是又與"怪"通矣。

綜合以上各字觀之,概有高大奇譎之義,亦猶"醜"之从鬼,皆由異類怪獸之概念引申而來之形容語也。

媿　《說文》："慙也。愧，媿或从恥省。"《廣雅》："恥也。"按：恥義與"畏"字有關，蓋人以怪獸之狀奇詭，望之生畏，而"愧"之與"畏"，對待成詞，凡對外畏懼者，內省必慙愧，猶"威"之與"畏"，亦相互爲用，施者爲"威"，受者爲"畏"。（《釋名》："威，畏也，可畏懼也。"）"愧""畏""威"實皆一語之轉。漢以前古籍多"畏""威"通用，金文亦"畏""威""愧"互言，如《皋陶謨》"天明畏，自我民明畏"，高融本"畏"作"威"（《釋文》）。《地官》"鄉大夫"鄭玄注引同，《考工記·弓人》"畏"，《故書》作"威"。金文中如《毛公鼎》"敬念王畏"以"畏"爲"威"，《齊侯鎛鐘》"少心畏忌"又以"愧"爲"畏"。（或釋爲"愧"，拘於字形，失之。）語本同根，義相表裏，不煩屑屑以形體區別之也。

又隗姓，金文中皆作"媿"。王國維《鬼方昆夷玁狁考》云："……宗周之末，尚有隗國，春秋諸狄，皆爲隗姓，……原其國姓之名，皆出於古之畏方。……《春秋左傳》凡狄女稱'隗氏'，而見於古金文中則皆作'媿'，凡女姓之字，金文皆从'女'作，而先秦以後所寫經傳，往往省去女旁，……然則'媿'字依晚周省字之例，自當作'鬼'。其所以作'隗'者，當因古文'畏'作畏，'隗'作隗，所差甚微，故又誤爲'隗'。然則'媿''隗'二字之於'畏'字，聲既相同，形亦極近，其出於古之畏方無疑。畏方之畏，本種族之名，後以名其國，且以爲姓，理或然也。"王氏此說，證以《世本》"陸終取鬼方氏之妹，謂之女嬇"（"媿""嬇"古通，可證"媿""嬇"同字），自爲可信，唯改"鬼方"爲"畏方"，大可不必，辨詳下文。

3. 鬼之引申義及其轉語：

揚雄《方言》一："虔、儇，慧也，⋯⋯楚或謂之譎，自關而東趙魏之間謂之黠，或謂之鬼。"按：皆轉語也。其語又轉爲詭，爲譎，爲怪，今俗通謂之壞，或謂之乖。複音連語則爲"詭隨"（"隨"即譎字）。《詩·民勞》："無縱詭隨。"王引之《經義述聞》云"詭隨謂譎詐謾欺之人也"，《毛傳》分訓爲"詭人之善，隨人之惡"，誤矣。按："鬼"本爲禺屬之獸，獼猴猩猩，性靈敏，善效人動作，故其後用爲凡便健之稱。蓋自其形狀之奇特引申之，則爲傀，爲偉；自其性質之黠巧引申之，則爲詭，爲譎。本此概念，推而廣之，於是諸夏之外，異種別族，形色容有異於中國者，遂亦呼之爲"鬼"矣。古代有鬼方、鬼國，近人猶謂外國人爲"鬼子"，殆猶是舊習古語也。朱駿聲《説文通訓定聲》謂鬼之訓慧，爲假借發聲之詞，謂鬼方爲託名幖識之字，皆非也。

次再就載籍中所用"鬼"字之意義觀之。

《易·既濟》爻辭："高宗伐鬼方，三年克之。"《未濟》爻辭："震用伐鬼方，三年有賞於大國。"《詩·大雅·蕩》："内奰於中國，覃及鬼方。"按：鬼方究在何處，異説甚多。干寶《易注》："鬼方，北國也。"（李鼎祚《周易集解》引。）宋衷《世本》注："鬼方，於漢則先零戎也。"（《文選·揚雄〈趙充國頌〉》引。）是西方也。《僞竹書紀年》："武丁三十二年伐鬼方，次於荆。"（《國粹學報》第三年丁未第二册劉師培《古代要服荒服建國考》云："鬼方南境，本達今滇黔邊徼。《竹書紀年》言高宗伐鬼方次於荆，即由荆楚達黔滇也。其遺裔散居黔蜀間，則名曰'夔'。《左傳》：'楚人滅夔。'服注以爲楚後，在巫山之陽秭歸舊鄉。而《漢志》夔國作'歸'，《公羊》又作'隗'。"）是南方也。《毛傳》："鬼方，遠方也。"（《後漢書·班彪傳·班固〈典引篇〉》"威靈行乎鬼區"，章懷注："鬼區，遠方也。"）是無定處。王國維《鬼方昆夷玁狁考》據《後漢書‧西羌傳》及章懷注所引《竹書紀年》稱王伐西落鬼戎，及大小盂鼎、梁伯戈銘文，謂其一部落在汧隴之間，其全境當環周之西北二垂而控其東北。王氏又謂：

> 鬼方，《易》《詩》作"鬼"，然《盂鼎》"𢼊方"从鬼从戈，《梁伯戈》"魃方"从鬼从攴，二字不同，皆爲古文"畏"字，……鬼方之名當作"畏方"。《毛詩》傳："鬼方，遠方也。""畏""遠"雙聲，故以聲爲訓。漢人始以"魃"爲鬼字（引《東京賦》"魃蜮"爲證），故《莊子》"門無畏"，郭象本作"門無鬼"，《雜篇》之"徐無鬼"，亦當爲"徐無畏"之誤也。由是觀之，漢人以隸書字寫定經籍時改"畏方"爲"鬼方"，固不足怪。……

按：王氏考證鬼方之地域，頗爲翔實近理。殷虛卜辭中近亦發見鬼方之名，商代之鬼方，其地或當在今山西境內。蓋古代鬼方之地廣袤頗大，部落星散，亦猶地名鬼谷者之不僅一處也。至王氏謂"鬼方"本應作"畏方"，則未必合於字義孳乳先後之迹。按："鬼"本與"禺"同爲古人呼類人怪獸之名，繼而移用爲異族人種之稱，故鬼方之姓，从鬼加旁，爲媿，爲隗。又《山海經‧海外北經》："北方禺彊，人面鳥身。"《大荒北經》同。《莊子‧大宗師》："禺強得之，立乎北極。"疑"禺彊"與"鬼方"異名同實，"彊"即"疆"，"强"爲借音字。又《海內北經》："鬼國，在貳負之尸北，爲物人面而一目。"《魏志‧東夷傳》："女王國北有鬼國。"按：鬼國亦猶鬼方，爲異族之稱號。且殷虛卜辭中鬼方字正作"鬼"，不作"畏"。至於畏字之義，本由"鬼"出，上文已詳言之。鬼者實也，畏者業也，語本一元，形自可通，安能因金文中偶書作"畏"，遂謂一切載籍之鬼方皆爲漢人所改，是以不狂爲狂矣。推其致誤之因，正由於不明鬼方得名之原有以使之然也。

《楚辭・九歌》有"山鬼"，王逸注引《莊子・達生》"山有夔"爲證，其所謂"鬼"，猶是初義。又《易・睽卦》爻辭"見豕負塗，載鬼一車"，《詩・小雅・何人斯》"爲鬼爲蜮，則不可得"，此二處所用"鬼"字，恐仍指實物，以其上下文之"豕"與"蜮"，固皆王充所謂"生存實有，非虛無象類之也"。*Bulletin of Museum of Far eastern Antiquities* 第五期，曾載 Waley 氏所撰 *The Book of Changes* 一文，關於"載鬼一車"之解釋，亦不主張用鬼神義，與余見同。

殷虛卜辭中亦往往有"鬼"字，茲選其文句差可讀者，述之於後：

1. 己酉卜，鬼方囻。五月。（圖一）

此片爲中央研究院在安陽殷虛發掘所得，董作賓謂係武丁或祖甲時代之卜辭。

2. 鬼亦得疾。（圖二）

𣎴，丁山釋作"疾"。

《殷虛書契菁華》五頁。

3. 今夕鬼罘。（圖三）

《董作賓釋作"夕"，𠂤葉玉森釋作"寧"。

《殷虛書契前編》四卷十八頁四。

4. 貞亞多鬼夢，亡疾。四月。（圖四）

按：𠄔疑是"亞"字，"惡"之初文也。𣎴丁山釋爲"夢"；鬼夢，郭沫若謂當釋爲"畏夢"，即《周禮》之"懼夢"也。

《前編》四卷十八頁三。

5. 庚辰卜，貞多鬼夢，不至囚。（圖五）

《殷虚書契後編》下三頁十八。

6. 庚辰卜，貞多鬼夢，叀①疾見。（圖六）

7. 貞多鬼夢，叀②言見。（圖七）

《簠室殷契徵文雜事》六十五。

按：卜辭1之"鬼方"與古籍同義。2、3之"鬼"，疑仍指爲害於人之異類怪物，如夏鼎所象者，4、5、6、7之"鬼夢"，是"鬼"之引申義。此外《殷虚書契前編》四卷十八頁六尚有加示旁之𥜽字（圖八），《殷契卜辭》六五五亦有𥜽字（圖九），疑爲鬼神義之專字，即《説文》鬼字古文𥜽之來源，惜其文闕有間，不能通讀。據此可知商代（一）"鬼""畏"二義尚同用一字，（二）"鬼"亦用爲異族之稱，（三）已造鬼神專字。

根據以上所列各證，歸納之得結論如左：

1. "鬼"與"禺"同爲類人異獸之稱。

2. 由類人之獸引申爲異族人種之名。

3. 由具體的"鬼"，引申爲抽象的"畏"，及其他奇偉譎怪諸形容詞。

4. 由實物之名借以形容人死後所想像之靈魂。

三

兹爲使讀者易於明了起見，綜合上節所説諸例證，將鬼字字形之演變，字義之引申，語辭之分化，特列表作一系統的説明，以爲總結。

---

①② 編訂者按：叀，沈文原作"𢔛"，今據當前考釋結論，改爲"叀"。

1."鬼"字字體演變表

《説文》:"甶,鬼頭也。""鬼"字从之。按:許書部首多有本不成字,而許君强分析之定爲象形字者,如"甶""虍"之類是也,今不从。

2.鬼字字義及語辭分化表

A 禺屬之獸

鬼

　　他如 夒 魃 魖皆轉語也。

B 異種之人

鬼方 媿隗

C 偶相之名

傀偶魁槐

D 鬼神之義

鬼禝

E 奇偉之形

畸鬼倚魁　傀　傀偉魁梧　嵬"隗""巍"　崔嵬"陮隗""畏壘"　魖瘣痕　魁痕

　　他如奇 怪 偉等皆轉語也。

F 畏懼之情

畏 愧媿

　　他如威 懼等皆轉語也。

G 詭黠之性

鬼

他如詭　恑詭　詭譎詭隨　譎　怪　黠　儇　慧等皆轉語也。

觀上表，於"鬼"字字族繁衍之形勢，約可知其大略矣。

民國二十五年二月二十一日打鬼節沈兼士寫成於北平

作此文時承董作賓先生寄示中央研究院所藏卜辭拓本，附此志謝。

附錄

郭沫若先生來函

兼士先生：

由知堂先生轉致大作《鬼字原始意義之試探》已拜讀，新穎翔實，可爲定論。余嘗疑"网兩""罔象"爲馬來語猩猩 Oransutan（此語今歐人通用）之對譯。此意曾質之尹默先生，頗以爲可信。又疑"螭魅"實 Chacma 之對譯，乃南非洲所産狒狒古代蓋由中央亞細亞而入中國者。今得讀大文知"鬼""巍"爲一，則三者均禺屬，甚感深厚之趣味。原始人捨具象的組織之外不能作抽象之懸想，"鬼"必由"巍"而"魂"者，斷無可疑。

郭沫若再拜　四月二十九日

陳寅恪先生來函

大著讀訖，歡喜敬佩之至，依照今日訓詁學之標準，凡解釋一字即是作一部文化史。中國近日著作能適合此定義者以寅恪所見，唯公此文足以當之無愧也。專此奉覆，敬頌

著祺。

弟陳寅恪拜覆　四月十八日

中央研究院在安陽殷虛發掘所得

圖一

《殷虛書契菁華》五頁

圖二①

《殷虛書契前編》四卷十八頁四

圖三②

① 編訂者按:沈文圖片爲摹寫,今改從《甲骨文合集》137 正截取。
② 編訂者按:沈文圖片爲摹寫,今改從《甲骨文合集》第 24987 片截取。

《殷虛書契前編》四卷十八頁三

圖四①

《殷虛書契後編》下三頁十八

圖五②

《簠室殷契徵文雜事》六十五

圖六、七③

---

①　編訂者按：沈文圖片爲摹寫，今改從《甲骨文合集》第 17448 片截取。
②　編訂者按：沈文圖片爲摹寫，今改從《甲骨文合集》第 17451 片截取。
③　編訂者按：沈文圖片爲摹寫，今改從《甲骨文合集》第 17450 片截取。

《殷虛書契前編》四卷十八頁六

圖八①

《殷契卜辭》六五五

圖九②

①② 　編訂者按：沈文圖片爲摹寫，今改从《甲骨文合集》第 14271 片截取。

與丁聲樹論《釋名》“潏”字之義類書*

余春間爲諸生講《釋名·釋水》“人所爲之曰潏。潏，術也，偃水使鬱術也，魚梁水碓之謂也”，覺劉氏所解，較《爾雅》《說文》爲詳，而畢、王諸家均於“術也”之訓區蓋不釋，殊爲缺失。余意水碓之制，乃藉水之回力以爲用，故謂之“鬱術”。術者，《說文》訓爲“邑中道”。城中道路，周轉互通，亦取義於“回”。《說文》“述，循也”“遹，回避也”，其異文耳。又《說文》：“潏，涌出也。”“湀，湀辟，深水處也。”段氏依小徐本作“流水處”。按：“潏”實兼該深與流二義，故《說文》“矞”之一曰義爲“滿有所出”。深即滿，流即有所出也。《爾雅·釋水》：“湀闢流川，過辨回川。”名雖各異，事實相成，水回旋處必深滿，及其盈科而出，勢更汹涌，《爾雅》特析其本末爲旋流與通流，以注“湀闢”“過辨”之轉語耳，解者若認旋流、通流爲截然兩事則泥矣。它如《莊子·達生》“與汩俱出”之“汩”，《說文》“水从孔穴疾出”之“泬”，《周禮》“田間水道”之“遂”(《月令》作“術”)與“洫”，以及複辭之“回穴”“回遹”，皆一語也。繼思《三百篇》中“遹”“聿”“曰”三字往往互用，黄生《字詁》

---

* 编訂者按：原名《致丁梧梓書》，發表於《益世報·人文週刊》1937年5月28日，第12版；修訂擴充後，改名爲《與丁聲樹論〈釋名〉“潏”字之義類書》，收入《段硯齋雜文》。本書據《段硯齋雜文》版整理。

"欥"下云："許慎注'詮詞也'，引《詩》'欥求厥寗'（今《詩》作'遹'）。"愚按：'詮詞'，謂自解說其上文語意之詞，《詩》'遹駿有聲'以下四句，皆發明'文王有聲'之義，注但以'遹'爲發語詞，是不知《說文》'詮詞'之訓。"戴震《毛鄭詩考正》本之，謂皆上承上文所發端詮而繹之之詞，是矣。唯云《詩》鄭箋往往釋之爲遂、爲述，乃緣辭生訓，則殊不然。故王氏《經傳釋詞》①云："遹訓爲述，又訓爲循（見《釋詁》），自是古訓如此，非《爾雅》之緣辭生訓也。"余按：《詩》"歲聿其暮"，《正義》云："歲實未暮而云聿暮，故知聿爲遂，遂者，從始嚮末之言"，甚爲得之。嚴元照《娛親雅言》駁《正義》"不得其解而曲爲之說"，蓋亦未達"遂""述""遹""聿""曰"五字義均互通，而皆取義於循回也。又聿者，筆之初文，爲記事述意之具，故《釋名》云"筆，述也，述事而書之也"，蓋口述爲"曰"（《說文》"欥""𥏾"二字均應爲"曰"之或作，許云"𠃬象气出形"，余以爲當是與"回"同意，"說"爲其後起字)，筆述爲"聿"，"聿"又孳乳爲法律，猶"術"之孳乳爲技術，蓋習貫成俗，法之所生，箕裘紹業，術之所出，亦皆取義於循回也。

又思《詩》"鴥彼晨風"，傳："鴥，疾飛皃。"鴥，《詩》②引作"鷸"。《說文》："鴥，鸇飛皃。"沈濤《說文古本考》云："《詩》釋文引'鷸飛'作'疾飛'，古本如是，凡鳥之疾飛皆爲'鴥'，不必晨風也。"余謂沈說殊欠精審。按：晨風即"隼"，故《詩》又云"鴥彼飛隼"。《爾雅·釋鳥》"鷹隼醜，其飛也翬"，郭注："鼓翅翬翬然疾。"又《說文》："翬，大飛也。"余謂均覺欠妥。蓋"鴥""翬"聲轉，從軍聲者，又脂諄對轉也，鷹鸇之屬，其飛喜盤空作回旋之勢，故云"鴥"、云"翬"，《詩·斯干》"如

---

① 編訂者按：《經傳釋詞》，誤，經查當爲《經義述聞》。
② 編訂者按："《詩》"，據《致丁梧梓書》，當爲《韓詩》。

翬斯飛"，亦是以雉飛之勢得名。《爾雅·釋鳥》："雉絕有力，奮。"郝疏云："奮者，《説文》云'翬也'。'翬，大飛也。'按：雉屬云'絕有力，奮'，羊屬亦同。《淮南·時則訓》云'鳴鳩奮其羽'，高誘注：'奮迅其羽直刺上飛也'，然則凡有力者通謂之奮。"余謂郝説與沈同病，從羊屬亦同觀之，知"奮"絕非指鳥羽之直刺上飛而言，蓋鳥獸之有力者均喜作勢而善還，因之同得此名，故《釋魚》亦云："魚有力者徽。"又《北山經》言有獸名𤜵，善還。"𣨼""翬""奮""徽""𤜵"，殆均脂諄對轉，異名同實，而皆取義於回旋，若泛訓爲大爲疾，音義蕩析，失之疏矣。

又思《説文》："飅，大風也，從風日聲。"（于筆切）段氏改爲"日聲"，極是。按：《藝文類聚》引庾闡《海賦》"回飅泱濘，聳散穹隆"，下句"聳散"用雙聲，上句"回飅"亦當是雙聲（匣、于兩類古通）。"回飅"應與"回沇"同，蓋亦取義於回旋。《説文》又有"猋""飆"二字，"猋，有所吹起也，讀若忽"，謂風吹塵起，從地上旋轉而上；"飆"訓"疾風"。傅毅《舞賦》"雲轉飄忽"，殆皆異文或作，亦均以回爲義也。

上來所述各辭，分之爲四類，合之爲一族，雖塵略事舉證，尚未窮搜冥討，充類研究。然於古義之不易明者，舊説譌誤或含胡未了者，隨文解義偏而不全者，已能多所舉發匡正，然則字族研究之有益於實用訓詁，蓋猶工匠之必須利賴鼺栝準繩，豈可忽乎哉！

上列諸字之聲母，多爲脂灰部字（唯"軍"在諄部）。穴聲、血聲，段氏《六書音韻表》列於真部，王氏念孫別入至部不與脂通，未必然也。且含有循回旋轉義之字族，多爲合口呼與撮口呼，上舉諸例，莫不皆然。準此，則王氏由脂部分歸至部之"血""穴"、及祭部之"歲""衛""兒""夬""月""厥""戉""粵"諸字，恐亦未必能恝然與平聲"回""褱""歸""晶"等字絕緣也。鄙意頗欲利用字族之義類，以輔助審定古音之部居遠近，不知有一嘗試之值否。

又余意以爲研究中國語中之字族，須先从事一種筆路襤褸之豫備工夫，因我國語言與文字之紛亂糾擾，實含有三種情形：一語數字，所謂"重文""變易"，如上例之"曰"與"欥"、"欸"與"颭"之類，一也。一語數音，所謂"方言""轉語"，如上例之"聿"與"筆"、"欨"與"翬"之類，二也。語異而義可通，字別而音猶近，詞類無間於事物，音讀不拘於單複，所謂"孳乳""字族"者，如上例之"潏""術""曰""筆""徽""驒""溪辟""回颭"之類，三也。學者須先从第一、第二兩項下一番工夫，然後方能進行第三項漢語字族之研究。余之作《廣韻聲系》，復令諸生研究《廣韻》《集韻》中之重文，並將古籍中之聲訓材料彙集成書，皆是爲搜討字族張本。又王氏《廣雅疏證》之材料既豐富，去取復精審，亦令其以上列三法分別整理，小作試驗，尚未知效果如何耳。高本漢君之《漢語詞類》，欲以讀音之形式定語辭之義類，而其取字說義似均可商，余不自揣，欲別闢一途逕以研究漢語之歷史，故寫此乞教。暇當廣徵例證，推衍成篇，以爲余字族研究之導言。

民國二十六年四月

初期意符字之特性[*]

　　自來學者之研究我國古文字，應畫分爲兩大階段：第一時期以六書部首爲本。自漢[①]許慎創造《說文解字》，迄於清代乾嘉學者之提倡本字、本義、本音，爲此派之中心研究。至章太炎《文始》揭櫫初文、準初文而集其大成。第二時期以金文、卜辭爲本。自宋人搜集鐘鼎款識，彙爲法帖，迨清王筠《說文釋例補正》，吳大澂《說文古籀補》，然後與小學合流，辨真僞，重比較。孫詒讓作《名原》，推尋原始象形之體，其後學者演闡其緒，研究金文、卜辭，資料增新，創獲益富，大有芻狗六書、敝屣《說文》之勢。唯余之主張於此復頗有所修正，以文字畫爲原始象形體，以初期意符字爲文字畫與六書象形字中間之過程。其意以爲不但《說文》之初文非原始象形字，即甲骨、金文亦不盡然。文字畫爲摹寫事物之圖象，而非代表言語之符號。雖爲象形字之母型，而不得逕目爲六書象形、指事之文。由文字畫蛻化爲六書文字，中間應有一過渡時期，逐漸將各直接表示事物之圖形，變爲間接代表

---

　　[*]　編訂者按：初名《初期意符字發微》，發表於《大公報·文史週刊》1946 年 10 月 16 日，第 6 版；後改名爲《初期意符字之特性》，收入《段硯齋雜文》。本書據《段硯齋雜文》版整理。

　　[①]　編訂者按：《初期意符字發微》無"漢"字。

言語之符號。其形音義或由游離變爲固定，或由複合變爲獨立，今姑名之爲初期意符字，而試探其異於後期六書意符字之特殊性。或謂文字畫尚間見於鐘鼎款識之圖象及卜辭中，若初期意符字，果亦有可考乎？余以爲學者倘能放棄漢魏以來音義家傳統之眼光，試就余所舉之例證，慎思明辨，即知先秦兩漢載記中仍不乏此類初期意符字之遺型。唯多爲後世音義校釋家所誤解，字典韻書中所漏略。語曰"知今而不知古，是謂聾瞽"，此之謂也。斯義之闡明，頗有益於考釋古文，辨析疑義，校訂誤書，或亦研究古代語文學者之所樂聞歟。

文字畫既如上文所述，非直接爲代表語音之符，故羅振玉《殷虛書契考釋》所謂"其形義可知而聲不可知者"，本來未必有讀音。即羅氏所釋如󰀀之爲"羅"，󰀁之爲"沈"，亦衹望形爲訓耳。蓋初期象形字僅可謂指其事，不得云表其語。大抵古者象形初起，隨物寫生，不尚定型，不避繁複。其後逐漸簡化，或綜該事類，留一廢多，或分化語詞，形各專義。於是游離者變爲固定，繁複者變爲單純，而初期意符字異於六書象形、指事、會意字之特性幾乎失矣。初期意符字形音義之不固定，在形非字書所云重文、或體之謂，在義非訓詁家所云引申、假借之謂，在音非古音家所云聲韻通轉之謂。而其形、其音、其義率皆後世認爲斷斷乎不相干者。今略舉二三例，於舊說之不可通者，參以新解，庶幾證明上述①假設之不誣耳。

󰀂 夕　󰀃 月　朔

卜辭"今󰀃其雨"。郭沫若《卜辭通纂·天象》云："'夕'字作

'月'，古文往往如是。羅振玉竟釋作'月'，非是。"《曆鼎》"用夙
籲言"，"夕"作"月"，《毛公鼎》及《靜簋》從"月"，亦其例
也。董作賓謂"契文武丁時爲前期，月作夕，夕作月；帝乙以後則
月作，夕作。容氏云：甲骨文字月、夕通用，猶未詳考耳"。是
之形，均象初月，原可換用。義可表月，亦可表月初生①之
時。不僅此也，"月"於古亦可作月朔字。《春秋·文公六年》：
"閏月不告月，猶朝於廟。"《釋文》云："不告月，月或作朔，誤也。"
徐灝《通介堂經說》云："'朔'字不誤。下'月'字乃'夕'之譌，即
古'朔'字也。'夕'古篆作，象月初生形，古音讀與朔同。篆文
形近，因譌作'月'。左氏述經直云'閏月不告朔'，不爲月字
作解，則非譌字明矣。"《公羊傳》亦曰"不告月者，不告朔也"。兼
士案：徐謂朔字不誤，良然，謂"月"乃"夕"之譌，則未免多事。蓋
"朔"從屰聲，古方音容與"月"同讀。陰曆朔望本以月霸之顯晦
定名，故"朔"古亦作月形，《集韻》"霸，月始生，古作屰"，亦其旁
證也。又《論語·鄉黨》："吉月必朝服而朝。"王引之《經義述
聞》："'吉月'當爲'告月'之譌。'告月'與'齊'對舉，皆古禮
也。……《論語注》當云'告月，月朔告廟也'，乃得經義。而孔注
曰'吉月，月朔也'，則所據之本已誤作'吉'，古無稱朔日爲'吉
月'者。"兼士案：王氏正"吉"爲"告"，極是。唯尚未悟"月"即古
朔字耳。"告月"即"告朔"，孔注不誤，固不煩增字釋之。此又
"月"可爲"朔"之有力證據也。蓋古者"夕""月"同型互用，其義
則一表月，二表月出之時(夕)，三表朔望之朔。至於"夕""朔"音

---

① 編訂者按：《初期意符字發微》無"生"字。

近，其語義蓋通於"邪"。《吕氏春秋·明理》："是正坐於夕室也。"高注："言其室邪夕不正，徒正其坐也。"後世三字異體各用，畫若鴻溝，不相冒矣。

兔　免　毚

《論衡·道虚》："所謂尸解者何等也，⋯⋯謂身不死得免皮膚也。"錢大昕《十駕齋養新録》云："免與脱同義，《説文》無'免'字，兔即免也。兔善逃失，借爲脱免。字有兩音而非兩字，漢隸偶省一筆，世人遂區而二之，失其義矣。漢人猶知古音，故讀'免'如'兔'。"兼士案：錢説極是。《廣雅·釋詁》："免，脱也。"《釋言》："免，隤也。"蓋皆聲訓。《漢書·陳勝傳贊》："免起阡陌之中。"如淳曰："僻屈在阡陌。"師古曰："免脱徭役。"兼士案：二説皆非。"免起"即"兔起"。語曰"兔起鶻落"，言陳涉揭竿而起，如兔之突躍而出於阡陌之間也。即《説文》"毚"字，訓"似兔，青色而大"，丑略切，亦即兔之聲轉，非異物也。（本章先生《文始》説。）又漢武梁祠畫象王陵母云："臣伏劍死，以免其子。"鈕樹玉《説文校録》云："是以'免'當'勉'。"以是知反之"免"亦可讀"免"。《説文》："鞔，從革，免聲。（二徐本篆體均從'兔'，段玉裁注本改從'免'）"母官切。亦僅存之例也。後世學者以"兔""免"二音絶不相通，遂不得不以"免"爲佚字而補《説文》矣。

月舟

舟，人皆知其爲舟車字，不知於古亦可以表示履形，故"履""前"二字從之。許書"不行而進"之説，殊不合理。古禮入則解履，出則納履。"前"從"止""舟"，殆爲納履之象（吴大澂《字説》

云：金文"出"字亦象納屨。余著《右文説之沿革及其推闡》，謂各字、去字亦均象①履形，故格至字金文祇作"各"。然則 ∪⊔ 等形，即舟之略形也），亦可以表示器皿，故"般""服""受""艁"諸字从之。"般"即古盤字。《周禮·司尊彝》"皆有舟"，鄭司農注："尊下臺，若今時承盤。"卜辭般庚字有作Ⴙ形者，即舟也。受，《説文》从舟省聲，實即象以手受器之狀。金文从舟不省。案：∩爲∪之倒文，亦器形之別構。艁，古文"造"字，从舟者，亦謂造器耳。"朕"之从舟，羅振玉亦云象承盤。"服"之與"般"，古可通用。《爾雅·釋詁》："服，事也。"《釋文》又作"般"。《荀子·賦》篇："忠臣危殆，讒臣服矣。""服"本或作"般"。《方言·揚雄〈答劉歆書〉》："否則爲衹糞棄之於道矣，而雄般之。"案："般"有服習義，古言服牛，今云般馬，意亦相類。《詩·公劉》："何以舟之，維玉及瑶。"汪中《經義知新記》："'舟'無佩義，必是'服'字，傳寫者脱其半耳。"馬瑞辰《毛詩傳箋通釋》从之。兼士案："舟"即"服"，猶"舟"即"般"耳。"般""服"皆有使用服習之義。"舟之"猶"佩之"，故傳云"帶也"。佩，金文作佡，上即Ħ"舟"之或寫。如是解《詩》，不煩破字而文从字順矣。大抵舟之形邊高中下，故可爲一切器皿之共型。皿字②及器之从口，亦殆舟之變相也。世俗狃於形義音固定之傳統見解，而古文从此絶矣。

上文所述各例，若本初期意符字假定之原則以求之，則左右逢原，頭

---

① 編訂者按：《初期意符字發微》"象"後有"著"字。
② 編訂者按："字"，《初期意符字發微》作"形"。

頭是道，而舊説之不可通者，莫不怡然理解。惜爲篇幅所限，未能多舉證據。復因印刷不便，應用篆書之例儘量省略，閲者諒之。

三十五年十月五日録八年前舊講義付《大公報‧文史週刊》

希、殺、祭古語同原考[*]

一

《説文》：“希，脩豪獸。一曰，河内名豕也。从互，下象毛足。讀若弟。（羊至切）……𢑎古文。”又《互部》：“彖，豕也。从互从豕。讀若弛。”式視切。嚴可均《説文校議》、王筠《説文句讀》均謂“希”“彖”同字。王氏《説文釋例》更疑“彖”“希”音義皆同，實是重文，殊爲卓識。蓋“豕”“希”“彖”三體皆別構或作，“豕”“希”既爲一字，而“豕”“彖”亦祇頭部畫法詳略有別耳。（“豕”與“彖”形音義及其字族之研究，別詳余所著《初期意符字之形態及其性質》文中，兹不贅。）

---

[*] 編訂者按：原載《輔仁學誌》1939 年 12 月第 8 卷第 2 期，第 5—17 頁。

《説文》"殺"，古文或作 🔲，與"㸚"之古文 🔲 形同。古彜器中蔡大師鼎、蔡子□匜之 🔲 字，舊釋作"尨"。容庚據魏三體石經古文定爲"蔡"字。章太炎《新出三體石經考》(《春秋》僖公二十八年、二十九年)云：

> 蔡侯，"蔡"作 🔲，"蔡人"同。此古文"殺"字。"殺""蔡"聲通相借，如"殺三苗""蔡蔡叔"，並借爲"粲"是也。孔沖遠説"蔡蔡叔"云："隸書改作'粲'字，全類'蔡'字。"此則不然。正以古文重寫 🔲 字，上 🔲 借爲"殺"，下 🔲 借爲"蔡"，隸寫者遂亦重寫"蔡"字而於音義分別之爾。《禹貢》"二百里蔡"，馬云："蔡，法也。受王者刑法而已。"亦即"蔡蔡叔"義。恐古文本亦作 🔲，師讀蔡也。

郭鼎堂《卜辭通纂》謂"蔡""殺"字古本通用。蔡人以 🔲 爲其族名，蓋以豺爲圖騰也。唐蘭《古文字學導論》謂甲骨習見 🔲 字，即"㸚"。"㸚"可借作"殺"，亦可借作"蔡"。《石經》之 🔲，即是"㸚"字。容庚重訂《金文編》謂意蔡叔被殺，而"蔡"遂演變爲殺意。郭氏之説，雖善無徵。容説頗與《説文》"禿"字下所引王育説"蒼頡出見禿人伏禾中，因以制字"相類。蓋皆以偶然之事，爲億必之辭，未足取信。然"㸚""殺""蔡"三字於古同文，固不誣也。

王引之《經義述聞·國語·晉語》"惠慈二蔡"條云：

> "蔡"讀爲"祭公謀父"之"祭"。……"祭"與"蔡"古字通。《吕氏春秋·音初》篇"周昭王及蔡公扢於漢中"，僖四年《左傳正義》引此作"祭公"，《古今人表》亦作"祭公"。《墨子·所染》篇

"幽王染於蔡公穀",《吕氏春秋·當染》篇作"祭公敦"。《春秋》鄭祭仲,《易林·既濟之鼎》作"蔡仲",漢安平相孫根碑"祭足"作"蔡足"。皆其證也。《逸周書·祭公》篇、《禮記·緇衣》引作"葉公",亦是借"蔡"爲"祭",因譌而爲"葉"也。……二蔡,蓋二人皆食邑於蔡者。

案:《説文》:"鄒,周邑也。"《春秋》經傳則凡周邑字作"祭",凡陳蔡字作"蔡"。然據上説,周邑字古可作"蔡",容陳蔡字古亦互用"祭"字,其後乃以"祭""蔡"二字分别爲之。故三體石經[字]爲"蔡"之古文,亦即"祭"之古文也。

二

錢大昕《説文答問》説"殺"字曰:

"杀"不成字,當從古文作[字]。[字]本古文"肆"字。《尚書》"肆類於上帝",古文作[字],從二[字],與[字]通。"肆"與"殺"聲相轉,故《論語》《檀弓》皆有"肆諸市朝"之文。"殺"從殳[字]聲,古文又作[字],即借"肆"爲"殺"耳。隸楷變[字]爲"杀",非别有"杀"字。徐氏謂相傳音察,蓋因佛刹字本"刻"之譌,與殺無涉。今本從木之杀,後人妄作,非許祭酒之旨也。

又章太炎《小學答問》曰:

古文"殺"作[字],亦即"豨"之古文。豨者,脩豪獸,讀若弟。

《釋獸》作"貄"，説爲貍子。二希爲"絠"，古文作絠，《虞書》"絠類
於上帝"。《夏小正》"貍子肇肆"，《傳》以"肆"爲"殺"。蓋貍本搏
殺之獸，故引申之"貍"亦訓殺，《論語讖》云"伐子自貍"是
也。……絠亦訓殺，假借作"肆"，"肆""殺"本同聲。"希"雖音
弟，亦得與"肆"同聲。《詩》《禮》皆謂祭牲體解爲"肆"，以"肆"爲
"剔"。徐鉉云："剔，解骨也。""肆"讀佗歷反，與"剔"同音。"剔"
"弟"古本同部同音，則"肆"弟亦同音，以此證知"希""絠"非二
字也。是故以"希"爲"殺"，與以"絠"爲"殺"同。……故絠爲古文
"希"，亦爲古文"殺"。（《文始》略同。）

錢氏謂非別有"杀"字，誠是。唯於"肆""殺"相通之理，尚未能宣究。
至"杀"之音"察"，亦猶"蔡"之爲"殺"耳。《禮記・鄉飲酒義》"愁之以
時，察守義者也"，注："察猶察察，嚴殺之貌也。察或作殺。"即其證
也。章氏謂"希"即是貍，貍善搏殺，故"希""殺"之古文相同，可謂進
一步之解釋，今試爲之更暢其隱。

竊疑"希""絠"與"絠""肆"，殆皆重文變易之體，而"殺"亦爲其孳
乳字。《説文》"極陳"之"肆"與肆習之"絠"，雖分別部居，然形音既相
近，且古多互用，爲例不一。《毛詩》"伐其條肆"，傳："肆，餘也。斬而
復生曰肆。"（《方言》："烈、梿，餘也。秦晋之間曰肆。"）《論語・憲問》
篇皇疏："肆，殺而陳尸也。"《説文》"絠習"之訓，恐非本義。（王筠《説
文釋例》云："'絠'本同'希'，借爲肆習之義，借義奪之，遂分爲二。字
本从希肀聲，《爾雅》用之。""蓋本作'貄'，因譌'貄'也。"）"肆"訓"極
陳"，"極""殛"古通，殛，殊也。蓋"絠"之有殘餘義與"肆"之有體解尸
陳義相應。吳大澂《説文古籀補》云："絠，《説文》'習也'。篆文作絠，

或讀隸。《毛公鼎》'緖皇天亡斁'，讀如《詩》'肆皇天弗尚'。"王國維《史籀篇疏證》謂假"肆"爲"隸"，與篆文略同。其實"隸""緖"之爲一字，猶"希""絼"之爲一字耳。故《說文》"希""緖"同音羊至切，"絼""隸"同音息利切也。而"殺"字亦復同原。"殺"有殺戮、褻散二義，猶"隸"有隸殺、肆解二義也。又經傳多以"殺"爲"弑"。《左傳》釋文："殺"字或音試，或音申志反。是"殺"字本具二音。去聲之音，與"絼""隸"皆相近（古音心審二紐相通）。後世以聲別義，凡以下殺上皆讀去聲，而字形不變。故《廣韻》《集韻》"弑"均或亦作"殺"。厥後乃造"弑"字，形音俱異，儼然兩語矣。段玉裁《說文》"弑"字注謂："經傳'殺''弑'二字轉寫既多譌亂，音家又或拘泥，中無定見，多有'殺'讀'弑'者。……'殺'在古音十五部，'弑'在一部，本不相通也。"蓋段氏先襄一之脂兩部於古絶不許通之成見，故爲此說以牽就之，不必信也。

蓋上古野豕，桀性未馴，脩豪貫殺。《春秋》昭公二十八年《左傳》叔向曰："伯封實有豕心，貪惏無饜，忿纇無期，謂之封豕。"定公六年《左傳》申包胥曰："吳爲封豕長蛇，以薦食上國。"又《說文》："豨，豕走豨豨，古有封豨脩虵之害。"皆因封豕剛突殘害，故世多引以喻貪暴之人。又《說文》："豙，豕怒毛豎。一曰，殘艾也。从豕辛。"二徐皆云："从辛未詳。"各家於此亦多不得其解。余以爲从"辛"與殘艾義相因，殘艾即殺也。故辟字、宰字从"辛"，皆有殺義。"毅"訓"妄怒"，"毅"增加偏旁之後起字也。然則豕之嗜殺，古有明訓。造字者即以希形象徵殺義。初不勞旁假他證，而"希""殺"古文同字之故已昭然若揭矣。

三

《禮記·月令》：

"孟春之月，獺祭魚。"注："此時魚肥美，獺將食之，先以祭也。"

"孟秋之月，鷹乃祭鳥，用始行戮。"注："鷹祭鳥者，將食之，示有先之。既祭之後，不必盡食，若人君之行刑，戮之而已。"

"季秋之月，豺乃祭獸戮禽。"注："戮猶殺也。"疏："禽獸皆殺之，但殺獸而又陳，戮禽則殺之而已，不以爲祭，故直云'戮禽'，亦互文也。禽獸初得皆殺而祭之，後得者殺而不祭也。"（《王制》亦有"獺祭魚，豺祭獸"之文）

《大戴記·夏小正》：

"正月，獺獸祭魚。"傳："其必與之獸，何也？曰：非其類也。祭也者，得多也。美其祭而後食之。十月豺祭獸謂之祭，獺祭魚謂之獸祭，何也？豺祭其類，獺祭非其類，故謂之獸，大之也。"（从孔廣森、洪震煊校本）

"十月，豺祭獸。"傳："美其祭而後食之也。"

《呂氏春秋》：

"孟春之月……獺祭魚。"高誘注："獺獱，水禽也。取鯉魚置水邊四面陳之，世謂之祭魚。"

"孟秋之月，鷹乃祭鳥，始用行戮。"注："是月鷹摯殺鳥於大澤之中，四面陳之，世謂之祭鳥。於是時乃行戮，刑罰順秋氣。"

"季秋之月，豺乃祭獸戮禽。"注："於是月殺獸四圍陳之，世所謂祭獸。戮者，殺也。"

《淮南子·時則訓》高注與之同。清洪震煊《夏小正疏義》於"祭也者，得多也，美其祭而後食之"下云：

> 得多，謂獺獲魚多也。每獲一魚而輒食之，雖多獲不見其多矣。獲魚不即食而陳之，再獲一魚而又陳之，積以至於多而後食之，不亟亟於食之也。以是爲祭而後食之，如人之將食，先種種出少許置在豆間之地，以報先代造食之人，示不忘本也。

綜觀上列諸說，高注最爲客觀合理。夫以禽獸之冥蚩，安知追遠之義。體物準情，殆不盡然。考《周官·大宗伯》大祝"辨九祭"，鄭玄謂皆祭食。又"膳夫授祭"注："禮，飲食必祭，示有所先。"故孔疏云與人之祭食相似。相似云者，非真之謂，殆如今貓之捕鼠，先搏而噬殺之，置不即食，必徐徐待其氣絶然後食之也。蓋古代血食，祭之事必資於殺，故祭之語亦當原於殺。卜辭、《説文》"祭"字均从又持肉，即告殺之義。此處"祭"字有殺義，兼有肄義。肄之與殺，通言則一：《廣雅·釋詁》"肄"訓"殺"，《釋言》"肄"訓"噬"，《夏小正》"貍子肇肄"，《淮南·脩務》"奮翼攫肄"是也。別言有殊：《周官·司寇》"士師受中，協日刑殺，肄之三日"，疏云："殺訖陳尸也。"又宗伯"以肄獻祼享先王"，注云："進所解牲體也。"（段玉裁、朱駿聲本鄭玄注《禮》謂訓殺者借爲

"鬻"，猶未爲探原之論。）高誘以圍陳之説解祭魚、祭鳥，實爲得之。注家狃於常詁，又涉二月祭鮪之文，一切以祭祀之狹義釋之，似是而實非。或謂祭獸戮禽爲初得皆殺而祭之，後得者殺而不祭。或謂獸祭爲祭非其類，大之也。以《春秋》内外褒貶之辭，施於禽獸自然無所謂之舉。竟若古者禮教，居然化及豺鷹，恐爲夸飾，無當事理。實則祭獸與戮禽對言，祭戮即是殺戮，特上下文錯易其語以修辭耳。獸祭云者，狩而殺之也。"獸""狩"古字通。《詩·車攻》"搏獸於敖"，箋："獸，田獵搏獸也。"《後漢書·安帝紀》注引作"薄狩於敖"。《公羊》桓公四年傳注："狩猶獸也。"獸之猶狩，如禽之猶擒。獸祭即狩殺，何大之有哉！

四

《説文》："祭，祭祀也。从示，以手持肉。"血祭之義，視而可識。《春秋繁露·祭義》篇："祭者，察也，以善逮鬼神之謂也。善乃逮不可聞見者，故謂之察。"《廣雅·釋言》"祭，際也"，又"薦也"。《廣韻》："祭，至也，察也。"雖皆以音理推求古訓，要不得謂之原始意義。桂馥《説文義證》竟欲改許書"祭祀"之訓爲"督祀"，引"子入太廟每事問"爲之説，尤爲顛倒傅會之談。竊謂祭之語出於肆殺，其義上文已言之矣。且古者"祭"之音讀，亦通於"殺"。《左傳·昭公元年》"蔡蔡叔"，《釋文》："上蔡字音素葛反。（定公四年《釋文》素達反。）《説文》作'𣪠'，'𣪠𣪠，散之也'。下蔡叔如字。"案：𣪠散猶肆解也。《説苑·權謀》篇："祭之言索也。"《水經注·渠水》篇："新溝又東北注渠，即沙水也。音蔡，許慎正作沙音，言水散石也。"《廣韻》去聲祭韻，"𢽟"與"鎩""𣀮"同屬所例切（𢽟，《説文》"殘帛也"，《廣雅》"餘也"，亦"殺"之

孳乳語）；入聲黠韻初八切，"魕"亦作"魅"，从杀，杀即殺省。此皆从
讀音方面補充"祭""殺"可通之證也。

　　兹請更就古代之禮俗考之。邃古祭祀之法，書闕無徵。禮經所
載，雖多爲周代以來之制度，然其所述因革損益，則固淵源有自。它
若殷虛卜辭所著，於祭禮用牲獨詳。《詩》《書》則古稱先：往往亦涉及
祀典。凡此未始不可藉以推尋其本原。至於禮書所謂"尚氣""尚臭"
"報陰""報陽"諸説，要皆秦漢學者文飾之辭。朝踐之禮，實即上古血
祭之遺型耳。《禮記・禮運》篇云：

　　　　夫禮之初，始諸飲食。其燔黍捭豚，污尊而抔飲，蕢桴而土
　　鼓，猶若可以致其敬於鬼神。

又《祭統》篇云：

　　　　凡治人之道，莫急於禮。禮有五經，莫重於祭。

故《説文》"禮"字从豐从示，豐者祭器。然則古者禮出於祭祀，而祭祀
緣於飲食，從可知矣。上古鮮食，但資田獵，故其祭法，重在殺以取
鮮。降及殷周，質文咸備，然於祀典，猶重反古復始。《禮記・禮器》
篇云：

　　　　子曰："禮之近人情，非其至者也。郊血，大饗腥，三獻爓，一
　　獻孰。是故君子之於禮也，非作而致其情也，此有由始也。"

注謂"血、腥、爓、孰，遠近備古今也"。疏謂"血爲遠，腥次之，爓稍近，孰最近。遠者爲古，近者爲今。一祭之中，兼有此事，故云'備古今也'"。《禮運》篇注謂"薦其血毛，腥其俎"，爲法大古；"孰其殽"，體解而爓之，爲法中古。與此同意。凡禮，用牲之序，分六節：一曰毛，二曰血，三曰腥，四曰肆，五曰爓，六曰腍。"腥"爲未肆之肉，"肆"爲已解之腥，瀹其肉於湯中謂之"爓"，又從而孰之謂之"腍"。即此可睹飲食進化之歷史矣。祭重追遠，不忘其初，故不以近人情爲至也。然則古者祭主於殺牲，毛血之薦，有由來矣。

《禮記·郊特牲》曰："有虞氏之祭尚氣，殷人尚聲，周人尚臭。"有虞氏尚矣，《虞書》"肆類於上帝，禋於六宗"，殆《周禮》之所本，其詳不可得而聞。殷周損益，文獻猶存，試徵之如下。王國維《祼禮榷》云：

> 觀殷虛卜辭所紀祀先王禮，大抵先尞，次卯，次薶沈。或先尞後沈，或先尞後卯。《周禮》之"取膟膋燔燎"與"炳蕭合羶薌"，商尞禮之具體而微者。其次雖異，其用則同。

《周禮·春官·大祝》"隋釁"，鄭玄注："謂薦血也。凡血祭曰釁。"《説文》："釁，血祭也。""血，祭所薦牲血也。"《國語·楚語》："毛以示物，血以告殺。"《禮記·禮器》："血毛詔於室。"卜辭中屢言"血室"，亦周祭禮用殺之因於殷代者也。又《尚書·洛誥》曰："王賓殺禋咸格，王入於大室裸。"王國維《〈洛誥〉解》云：

> 殺，殺牲；禋，禋祀也。《周禮·大宗伯》"以禋祀昊天上帝，以實柴祀日月星辰，以槱燎祀司中、司命、風師、雨師。"三者互

言，皆實牲於柴而燎之，使烟徹於上，禋之言烟也。殷人祀人鬼亦用此禮。

它如《詩·小雅·楚茨》之"絜爾牛羊，以往烝嘗，或剥或亨，或肆或將"。《信南山》之"執其鸞刀，以啓其毛，取其血膋"。《大雅·生民》之"取蕭祭脂，取羝以軷，載燔載烈"。所記皆血祭之事。《國語·楚語》觀射父云："天子郊禘之事必自射其牲，諸侯宗廟之事必自射其牛，刉羊，擊豕。"《山海經·中山經》"刉一牝羊，獻血"，注："以血祭也。刉猶刲也。"《穀梁》桓公四年傳："四時之田，皆爲宗廟之事也。"《周禮·射人》鄭注引《逸禮》："烝嘗之禮有射豕者。"《説文》："獮，秋田也。或从豕作'猭'，宗廟之田也，故从豕、示①。"《尚書大傳》："已有三牲必田狩者，孝子之意，以爲己之所養，不如天地自然之性逸豫肥美。"《白虎通》："王者祭宗廟親自取禽者何？事重先祖，必欲自射加功力也。"案：此自是法古取鮮之遺制，逸豫加功之説，禮家緣飾之辭耳。

《穀梁》桓公八年"己卯烝"，范甯《集解》本《公羊》何休之説，謂"無牲而祭曰薦，薦而加牲曰祭，禮各異也"。此爲祭之古義僅存者。蓋"祭"與"薦"有散言、對言之殊。散言則通，對言則別。《左傳》襄公三十年傳：鄭豐卷將祭，請田，子産不許。曰："唯君用鮮，衆給而已。"孟子曰："唯士無田，則亦不祭。牲殺器皿衣服不備，不敢以祭。"《禮記·曲禮》："無田禄者不設祭器，有田禄者先爲祭服。"《大戴禮·天圓》篇："無禄者，稷饋。"皆足以證明此義。《王制》云："天子社稷皆大

---

① 編訂者按："示"，沈文原寫作"田"，疑蒙上而誤，故據《説文》原文改。

牢,諸侯社稷皆少牢,大夫士宗廟之祭,有田則祭,無田則薦。庶人春薦韭,夏薦麥,秋薦黍,冬薦稻。韭以卵,麥以魚,黍以豚,稻以鴈。”(王引之謂“鴈”爲鵝。)金鶚《求古録禮説·薦考》謂:“《國語》云:‘庶人有魚炙之薦。’(《楚語》觀射父語)又云:‘庶人食菜,祀以魚。’(子木引《祭典》)是庶人之薦,並無羔豚之牲。《王制》云‘黍以豚’,非也。《王制》出於漢儒,多有不可信者。”又曰:“天子薦新用羔彘犬(本《月令》),似亦有牲矣。然天子祭以太牢,牛羊豕三牲具備,而薦新僅用一牲,且羔異於羊,彘異於豕,犬非宗廟正祭所用,則亦可謂無牲也。”又曰:“大夫薦以特羔,士薦以特豚,孟子所謂‘犧牲不成’也。”案:羔豚後世或不須取諸田狩,故云然。《禮器》所謂“羔豚而祭,百官皆足,大牢而祭,不必有餘,此之謂稱也”。上“祭”字指薦,雖羔豚已爲多矣,明其本不用牲也。凡此皆足以證明古者祭必用殺,不殺牲不當云祭。然則“祭”之與“殺”,考諸字形音義之源流既如彼,徵諸歷史制度之沿革復如此,“祭”之語根權輿於“殺”,又何疑乎?

五

卜辭中[illegible]字屢見,孫詒讓《契文舉例》謂爲古“㣇”字之略文,是矣。郭鼎堂《卜辭通纂·天象》云:

> [illegible]字羅、王等誤釋爲“求”。孫詒讓釋“㣇”,得之,而未能通其讀。余謂乃假爲“祟”。《尚書》“竄三苗”,《説文》“𥻍”字下引作“𥻍三苗”。《左傳·昭元年》“周公殺管叔而蔡蔡叔”,《釋文》:“上蔡字,《説文》作‘𥻍’。”今《説文》雖無“𥻍”字(案:《説文·米部》有“𥻍”字),而“殺”之古文或作[illegible],與“㣇”之古文作[illegible]者,其實

一字。而近出魏石經《春秋》"蔡人"字古文作█。蓋"蔡""殺"
"竄""寂"古音相近,互相通假,而同以"希"作之。"寂"從祟聲,
是知卜辭之"希"字又假爲"祟"矣。卜辭每言"貞囮𣥂王""貞父乙
不𣥂王""貞妣癸允𣥂",與"貞祖辛亗我,貞祖辛不亗我"……同例,
均言人鬼爲"祟"。《莊子·天道》篇"其鬼不祟",即其義。

案:郭說頗有見地,唯祇言"蔡""殺""竄""寂"以音近同用"希"字,又
假爲"祟"字,而未宣究其故。今試爲證發之。《國語·晉語》:"平公
有疾。韓宣子曰:'寡君之疾久矣,上下神祇無不徧諭而無除。今夢
黃熊入於寢門,不知人殺乎? 抑厲鬼乎?'"韋注:"人殺,主殺人;厲
鬼,惡鬼也。"汪遠孫《國語考異》引《說苑》"'殺'作'鬼'"。余以爲此
"殺"字即後世殃煞之"煞",是名詞,爲"殺"之引申義。韋注似仍以
"殺"字動詞之本義釋之,欠審。《說苑》作"鬼",與下文無別,亦非。
蓋殺主人,爲凶死者之殃煞,鬼主妖物,性質不同。下文子產占其夢,
謂未舉夏郊,指鯀而言,是爲人殺,非厲鬼也。祟,《說文》訓"神禍
也"。疑古者祇用"希",字爲"殺"之古文,義爲"殺"之引申。至於音
讀,"殺"之轉爲"祟",猶"殺"之轉爲"肆"也。("肆"與"遂"古相通假,
《小爾雅·廣言》"肆,遂也",而"遂"與"祟"古同音。)後世學者忽於
《國語》"人殺"之語,致使"殺"失其引申義,"祟"失其語根,"殺""祟"
之間失其連絡。一旦豁然,發蒙起廢,郭君聞之,當亦稱快也。

六

據上文各節之論證,於前人成說外所得之新結果如次:(1)"肆"
與"䩱"爲變易之體。(2)"殺"與"弑"爲音義小變之轉語。(3)"殺"之

語根爲"希"。(4)"豪"从辛得義而有殘殺之訓。(5)《月令》"祭魚"
"祭鳥""祭獸"之"祭"有殺肆之義。(6)獸祭之"獸"義同"狩"。
(7)"祭"之語根爲"殺"。(8)《國語》"人殺"之"殺"即後世殃煞之
"煞"。兹更將"希"之字族表譜於下,以便省覽。

希字字族表

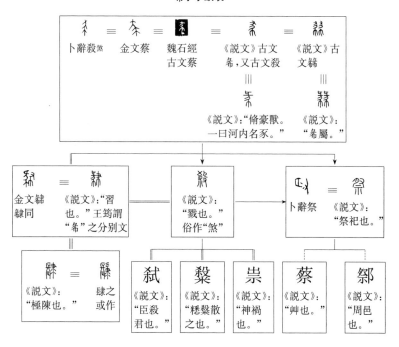

符號説明:

≡爲相同符號,用以表示變易之重文。

＝爲相等符號,用以表示音義小變之轉語。

→爲相通符號,用以表示義類相通之孳乳字。

⋯爲相借符號,用以表示音近義異之字。

右表旁行觀之，可明字族蕃衍扶疏之勢。上下省之，可窺語根權輿未袪之幾。《易》曰"至動而不可亂"，其斯之謂歟。

草此文竟，頗有所感，要而言之，得四事焉：初期之意符字，其音與義恒游離而趍凝固性。執著《說文》本字本義者，固不足以語是。即研究卜辭、金文，苟不明此定例，亦往往有間介難通之弊。此一事也。經傳之字，注釋家多緣辭爲訓。偶有古音古義存乎其間，反被目爲變例，強以後起之說律之，遂使精義薶沉，失其眞相。此二事也。考證之事，時期愈早，材料愈稀，吉光片羽，彌足珍貴。學者儻拘於單文孤證不足取信之說，而棄置不顧，致使通篇失其重心。譬猶匠人之制器然，闕一小槩，是以大杌，莫之能固。此三事也。考證文字之作，多流於破碎支離。即能以精義古音貫串證發之，猶嫌未足。必也於當字形音義演變之原委，語文表裏交流分化之形勢，及其與古代文化史之關係，三者具有綜合一貫之見解，方爲合作。此四事也。莊周有言曰："臭腐化爲神奇，神奇復化爲臭腐。"科學之任務，正欲將世人所視爲神奇者，闡明其固有之平凡性耳。余於古語文之考證，亦猶是也。

二十八年除日寫於北平寓廬之識小齋

吴著《經籍舊音辨證》發墨 *

　　故友吳檢齋著《經籍舊音辨證》,《自敘》言"畢、孫、盧、顧以下慮未足以與語此",其自視之高若是。本師章太炎先生亦謂視臧氏《經義雜記》,有過之,無不及也。雖然,六朝以上人之作音義,其例固自有異於隋唐之韻書,近世小學家習於聲韻通轉之說,一切以此繩墨舊書雅記,強古從今,恐亦未爲盡得。余茲所論,端在摘發古書音義中向來學人目爲不合慣例者,推本其原,要皆具有特殊之故,既不應武斷爲譌誤,復不宜勉強牽合音轉之說以相文飾。若夫六書轉借之條,七音通變之軌,論者夥矣,非余文之指歸也。今要刪其例,分三類舉正之如次。

一、兩字義通,音雖睽隔,亦可換讀例

　　爲黔喙之屬　況廢反,徐丁邁反。(《周易音義·說卦》)

　　吳云:"徐音'丁邁反'者,字應作'啄',咮、注、噣、啄,聲近義同,喙則義近而聲遠矣。《集韻》噣、喙、咮、注四字同列,失之。"

　　* 編訂者按:原名《讀〈經籍舊音辨證〉發墨》,載《輔仁大學語文學會講演集》第一輯,1940 年(9 月)。又載《讀書通訊》1940 年 12 月 16 日第 16 期,第 1—5 頁。又載《圖書季刊》1943 年新 3 第 1—2 期,第 6—13 頁。後改名《吳著〈經籍舊音辨證〉發墨》,收入《段硯齋雜文》。本書據《吳著〈經籍舊音辨證〉發墨》整理。

味喙也　虚穢反，又尺稅反，又陟角反。鳥口也。(《毛詩音義·曹風·候人》)

吳云："'又陟角反'，字應作'啄'，與'喙'形近而音義並異。《釋文》作音每多相混。"

兼士案：吳氏拘於《説文》"喙，口也""啄，鳥食也"之訓，又以其音絕不相近，故云爾。實則喙者啄之體，啄者喙之用，亦猶舌之與呬，語雖各異，義可互通。他如《周禮·司徒》"揎扑"，《釋文》："揎，一音初洽反"；《莊子·外物》"揚而奮髻"，李音"須"，亦其比也。推其換讀之由，蓋欲以通行之"插""須"，換讀罕見之"揎""髻"，既非若讀如之擬其音，亦有異讀爲之易其字。"《集韻》喝、喙、味、注四字同列"，正是宋人保存舊書音義之珍蹟。吳氏反譏之，復疑"揎"有"插"音爲德明之疏，於"髻"字則據《篇》《韻》均無他音以證《釋文》之誤，此皆似是而非，疑誤後學之談，不可不正之也。

以擾萬民　而小反。鄭而昭反，徐、李尋倫反。(《周禮音義·天官·冢宰》)

吳云："音'擾'爲'馴'，韻部雖亦可通，而聲類不近，字書、韻書亦不收此音，疑昔人並以徐邈、李軌爲異讀，不謂'擾'字兼有'馴'音也。"

兼士案：讀"擾"爲"馴"，亦如上例，與聲韻之遠近固無涉也。黃侃云"'擾'亦可有齒音"，亦不免穿鑿。如《詩·大雅·文王》之"無遏爾躬"，"躬"讀"身"音，與"天"爲韻；《廣韻》侵韻"鵤"，"鵤"之別名，餘針切，又音弋照切，即讀“鷂”音；霽韻“懦”，奴計切，即讀“詈”音，疑均爲古書中義通换讀之遺迹，無關於聲母偏旁也。

鳥皫色而沙鳴貍　音鬱，徐於弗反。（《周禮音義·天官·冢宰》）

吴云：“貍、鬱異字，苟爲《周禮》故書，則子春、二鄭諸君當有訓説，疑漢人所見《周禮》字或作‘縕’，蓋縕、鬱義同，聲類亦同，又爲諄隊對轉，本可視爲一文，故注解作音諸師直讀‘縕’作‘鬱’，不必更下訓釋也。其後‘縕’字以形近譌作‘貍’，又譌作‘貍’，而本字遂不可識矣。《類篇》《集韻》並列‘紆勿’一切，王安石《周官新義》云‘“貍”與“鬱”文雖異，其義一也’，則北宋人所見固與今本同矣。”

兼士案：《周禮》凡“蘊”字均以“貍”爲之。蘊、鬱二字義通，故《禮記·内則》異文作“鬱”。苟明於義通换讀之例，則不煩易字作“縕”，而後强以聲通之也。

壘塹爲之　古狄反，劉薄歷反。（《儀禮音義·喪服經傳》）

吴云：“《説文》‘塹，令適也’‘甓，令甓也’，疑昌宗讀‘塹’爲‘甓’，故音薄歷反，非‘塹’字本有‘薄歷’之音。即字書、韻書亦無與劉音相應者。”

兼士案：此亦上例也。蓋古書音義以文義爲主，故義通之字不妨换讀；後世字書以偏旁爲主，故形音偶違，便成乖剌。（韻書亦間有采古書音義中此類材料者,如"嘡""㖞"同列,"鶡"音"弋照"之比,但不多耳。)二者體例不同,自難相提並論。吳氏以字書、韻書無與劉音相應者,證明"墼"字非本有"薄歷"之音,而黃侃云:"此疊韻互音之理,劉未爲失。"又云:"辟聲字有喉音,何嫌墼聲字有唇音乎?"要皆未嘗留意於未有韻書以前古字音義變遷之歷史,所謂未達一間者也。

二、本字兼有此音而後人不知例

其視我如毒螫　矢石反,何呼洛反。(《毛詩音義·邶風》"習習谷風,比予於毒")

玄應《音義》:"螫,舒赤反,《説文》'蟲行毒也',關西行此音。又呼各反,山東行此音。"吳云:"矢石反,《釋文》當時之音;呼各反,則舊音也。"

兼士案:吳氏以爲"螫"從赦聲,"赦"從赤聲,故以"呼洛反"爲異,實則"赤"亦有"郝"音。何以明之?《説文》"郝""捇"均從赤聲,而讀呼格切,音與"赫"同。《周禮·秋官·序官》"赤犮氏",注:"赤犮猶言捇拔也。"而"赫"字蓋即"赤"之重疊文,《爾雅·釋詁》"赫赫",舍人本作"奭奭",《説文》奭,從大從皕,皕亦聲,而讀若郝,頗疑從"皕"爲從兩"火"之譌。《説文》訓"盛",《毛傳》訓"赤皃",《集韻》訓"怒也",三義本爲一語之枝別,然則赤、赫、奭三字古本重文變易,其後乃分別爲音義不同之數字耳。《集韻》赫、爀、赤、烾同列爲重文,嚇、𧹞、奭亦同列爲重文,正可窺見此中消息。段玉裁《説文注》云:"《常武》毛傳:'赫赫然盛也。''奭'是正字,'赫'是假借字。'路車有奭',毛傳:'奭,赤皃’，此當作‘赫’，‘奭’是假借字。”强分本借，恐非古義。又《史記·魏其武安侯傳》“有如兩宫螫將軍”，《集解》：“螫，怒也。”《漢書》作“奭”。（奭，《説文》讀若郝。）《漢書·古今人表》“高赫”，《吕覽》作“高赦”，而赦免之“赦”，方俗語多作“豁”音，是赤、赦二字均本有“呼洛”之音。迨後世字書於赤、赫、奭三字之形音義截然畫分，而古語變化無方之迹，幾乎熄矣。兹再以表譜其變易孳乳之式如次：

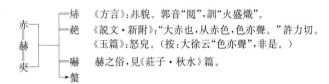

注：《文始》曰：“音義相讎，謂之變易；義自音衍，謂之孳乳。”今定＝爲變易之符號，→爲孳乳之符號。

抔飲，手掬之也　九六反。本亦作“臼”，音蒲侯反。（《禮記音義·禮運》）

盧文弨云：“‘臼’即掬字，舊作杵臼之‘臼’，譌，今依宋本改正，但不當音蒲侯反。上‘抔’步侯反，此音與之同，疑當有‘又作抔’三字，脱耳。”吴云：“《類篇》《集韻》並云：臼‘又蒲侯切，聚也’，即本此爲説。盧云脱‘又作抔’三字，尤無明證。”

兼士案：吴之駁盧甚是。唯於“臼”有“蒲侯”之音，終未敢質言者，蓋狃於《説文》“臼”大徐音居玉切，而無它讀故也。考《集韻·尤韻》“裒”或作“襃臼”。據此，知“臼”又爲“裒”之初文，“蒲侯反”正是

"衷"音,《釋文》何嘗有奪誤。盧氏校訂,以不狂爲狂,其説支離可笑;或謂"衷"字爲"褒"之譌變,亦非。蓋"臼"形代表之語辭有二,其義則均爲聚斂。試以表明之如次:

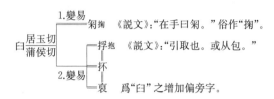

又"臼"之分爲匊、衷二語,亦猶"瓾"與"坏"爲同字。《説文》:"瓾,未燒瓦器,讀若筩莩。""坏,一曰瓦未燒。"案:筩莩之"莩",即爲"坏"音,故《廣韻》"瓾"入尤候屋三韻:一爲甫鳩切,一爲苦候切,一爲空谷切。《集韻》尤韻"瓾",拔尤切,"或作坏"。是"瓾"之通"坏",猶"臼"之通"抔";瓾、坏同字,猶臼、坏同字。然則"臼"有"蒲侯"之音,又何疑乎?

　　欲獻其璲耳　　服虔曰:"璲音衛。"蘇林曰:"劍鼻也。"師古曰:"璲字本作'瓗',从玉巂聲,後轉寫者譌也,璲自雕璲字耳,音篆。"(《漢書》顏注《王莽傳》)

　　吳云:"按:'巂'在脂部,對轉入寒,故《漢書》假'璲'爲之,非轉寫之譌。服音衛,衛、巂同音。漢魏間人亦即以'衛'爲'瓗'。匈奴備玉具劍,孟康曰:'標首鐔衛盡用玉爲之也。'師古曰:'衛字本作"瓗",其音同耳。'此古人同音假用之通例。此文服虔音'璲'爲'衛',亦即訓'璲'爲'瓗'。"

　　兼士案:《説文》"彖"字本有式視切與通貫切二音,小徐分彖、彖爲二字,王筠駁之極爲宏通。(嚴可均亦略同王説。)段、桂諸家不知古本無"彖"字,妄改喙、蠡等字之偏旁爲"彖",沿小徐之誤,殊爲非古。考《説文》"彖"字表示之語音原有二組,《説文》"遯"之或體作"遂",《禮記·玉藻》"圈豚",《釋文》:"豚,本又作腞。"諸聲字瑑、篆、椽、緣等字皆從彖聲,此"通貫切"之系統也。《説文》彖、希雖別爲二字,"希"讀若弟,羊至切;"彖"讀若弛,式視切,於古文則爲一字異體。其省文爲"彑",讀若罽;其繁文爲"靏",亦讀若罽。"罽"從剡聲,剡,籀文"銳"也。《禮記·玉藻》"士祿衣",《釋文》"吐亂反,注作税,音同"。此皆"彖"有"衛"音之證。諸聲字喙、瘃、彖、蠡等字亦皆從彖聲,此"式視切"及"羊至切"之系統也。據此知"彖"字本有"衛"音。顏云"瑑"爲"璏"之譌,吳云假"瑑"爲"璏",要皆不知瑑、璏古本相同,故爲此皮相之談耳。劍鼻玉字《説文》作"璏",古亦用"瑑",義寓於音,故《風俗通》云:"衛者,衛也。所以衛劍身也。"(今云護手,亦有衛義。)今將"彖"字變易孳乳系統列表明之[①]如次:

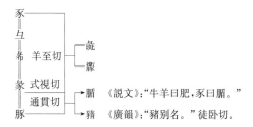

注:《文始》二"隊部"曰:"最初彑、豕蓋一文,'彑'讀若罽,而'靏'爲豚屬,讀亦若罽。彖聲之'璏',服虔音'衛',而'靏'亦衛聲,以此知其不異。豕之力唯在頭,故古者以'彑'表豕。"

三、音義相依之理後世失傳例

哭不僾　於豈反。俗作"哀"，非。《説文》作"懀"，云"痛聲
也"，音同。(《孝經音義》)

臧庸云："《説文》無'僾'字。哀，从口衣聲；依，从人衣聲。
依、僾聲形皆相近，故誤。陸本作'依'，今'依'既誤'僾'，因改
'僾'爲'哀'。然必不當有作'哭不哀'者，是可證'哀'爲'僾'之
改，'僾'爲'依'之譌矣。"吳云："依、懀、僾、哀皆脂部字，聲紐亦
同。《説文》作'懀'，《孝經》及《間傳》不妨作'僾'，此類異同，經
傳所常有，臧謂'陸本作"依"'，殊無明證。"

兼士案：臧説非是，吳説亦胡嚨其辭，未爲中肯之論。蓋"哀"有
痛惜義，兼有依僾、隱蔽之義。其字或增旁作"僾"，論音則僾、依聲
同，僅分洪細，故《説文》別以"懀"字爲之耳。考"哀"之有哀閔及哀依
二義，"依"之有懀痛及隱依二義，亦猶"隱"之有隱憂及隱依二義，
"愛"之有愛惜及愛僾二義也。《孝經》"孝子之喪親也，哭不僾"，注：
"氣竭而息，聲不委曲。"《禮記·間傳》"大功之哭，三曲而僾"，注：
"僾，聲餘从容。"曰委曲，曰从容，均有依僾不去之意，此用"哀"之第
二義也。世俗昧於哀義内容之分析，遂使文从字順之舊書雅記失其
精義，亦可哀矣。今試將哀、依、隱、愛四辭之分化義列表比較，以便
省覽。

```
             1. 哀閔義
哀                    《説文》："閔也。"《釋名》："愛也。"              僾
             2. 哀依義  《釋名》："來，哀也。"俗字作"挨"，或"捱"。
```

注：白居易詩"醉依桃葉妓""醉依香枕坐""牕間睡足依①高枕"，自注："依，烏皆切。"王仁裕《題劍門》詩"李杜常挨托"，挨音依。②

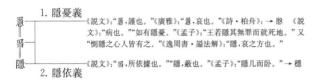

注：《文始》陽聲諄部丙："'乚'有迟曲之象，……其於聲在脂，孳乳爲'惢'，痛聲也。《孝經》曰'哭不惢'，今字作'偯'。……然則'惢'訓曲，亦訓痛聲。'惢'又孳乳爲'哀'。'哀'還諄變易爲'慇'，痛也。言惻隱者，'慇'之聲借。"先生以痛與曲義並舉，亦極有理。

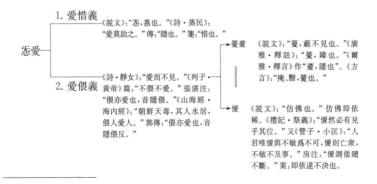

---

① 編訂者按："依"，當作"休"，沈氏引誤。

② 編訂者按：《輔仁大學語文學會講演集》《讀書通訊》《圖書季刊》所載《讀〈經籍舊音辨證〉發墨》，均無此段，疑收入《段硯齋雜文》時補充。

注：《禮記·樂記》：“肆直而慈愛者宜歌商。”鄭注：“愛或爲哀。”

觀上表知古者用哀、依、隱、愛諸詞，義恒雙關，形可互攝。今人習於哀痛、依倚截然異訓之説，遂不得不妄施竄改。盧、臧諸家於此等處不免拘牽之見。甚矣校書之難，殆有過於段茂堂之所論者。求其不誣古人，不誤今人，談何易哉！

　　隆準而龍顏　服虔曰：“準音拙。”應劭曰：“準，頰權準也。”李斐曰：“準，鼻也。”文穎曰：“音準的之‘準’。”師古曰：“‘頰權頰’字，是當借‘準’字當之，服音應説皆失之。”（《漢書》顏注《高帝本紀》）

　　吳云：“段注《説文》以‘準’爲‘肫’之借，非也。鼻之爲準，猶兩頰爲權，上頜爲輔，眉上爲揚，目上爲名，皆比物象類之稱，本無正字，服不言借‘準’爲‘頣’，顏説亦非。”

兼士案：應劭、段玉裁之説是，顏注及吳氏辨證於字義語音通轉之理均未能明徹無間。考《説文》：“肫，面頯也。”章倫切。“頯，權也。”古書恒假“準”爲之。《戰國策·中山策》“準頯權衡”，“準”與“權”，“頯”與“衡”，兩兩對稱，其義甚明。徐灝《段注箋》曰：“兩頰謂之權，言如權衡兩高相平也。謂之準者，取平準之義。鼻亦謂之準者，與兩權相準也。”（如《始皇本紀》“爲人蜂準”是。）竊意“肫”與“準”相通，亦猶“屍”與“脾”爲重文。《説文》：“屍，髀也。”或作脾、臗（俗作“臀”）。“尻，脾也。”又“脽，屍也。”示佳切。《釋名》：“臀，殿也，高厚有殿遟也。”《廣雅》：“尻，臀也。”又臀謂之脽。《漢書·武帝紀》“立后土祠於汾陰脽上”，顏注：“以其形高起如人尻脽，故以名云。”蓋人之權頰與尻臀，均隆高對聳，骨格相類，故其名可迤用互稱。今俗謂面頰爲臉蛋，與殿音近，亦即"肫"之轉語也。試再以比例式示之如下：

肫：準：頯：煩＝尻：脾：脽：尻

注：《廣雅》："顅、頯、頵也。"頵，曹憲音求。(《玉篇》："頵，之劣切，漢高隆頵龍顔。")

又"尻"字之訓，《釋名》與《說文》有別。《釋名·釋形體》："尻，廖也，尻所在廖牢深也。"段玉裁云："《釋名》以'尻'與'臀'別爲二，《漢書》'結股脚，連脽尻'，每句皆合二物也。尻，今俗云'溝子'是也。脽，今俗云'屁股'是也。析言是二，統言是一。"蓋兩旁高起處曰"尻"，迤用之則中央窪下處亦可曰"尻"。推之於"準"，亦猶是也。兩顴高處謂之準，迤用之則鼻莖頯處亦可謂之準耳。

據上所述，漢魏人作音之例，殆有非段玉裁《周禮漢讀考》"讀如""讀爲""當爲"三例所能賅括者。蓋古注中注音之字，往往示義，而釋義之文，亦往往示音，不如後世字書中音義分界之嚴，故其注音不僅言通用，且以明同用，不如後世韻書反切之但識讀音而已。通用者義異而音通，即假借之一種，人習知之。同用者，辭異而義同，音雖各別，亦可換讀，此例自來學者均未注意及之。緣初期注音，往往隨文義之便而設，多含有不固定性，後世韻書概目爲一成不變之讀法，古意寖失矣。又以言語爲本位而言：未有韻書以前，文字僅注重表示某種語意，而非必代表某個語辭之音。換言之，即同一文字，常能表示數個同意異音之語辭，故其音切往往紛歧，不必僅①合於後世所謂音軌者（此種情形，與和文一字而具有音訓兩讀者頗相類）。推衍此義，可以假定古代初期文字之形音義，多屬游離而尠凝固性。意符字固無論矣，即形聲字中偶亦尚存有此類遺迹，清代學者墨守本字本義之説，不足與之語古也。近人考訂古文字之通用，於音讀之不可通者，必强辭以解之，亦未足與之語古也。蓋於古文字之形本無聲音拘束者，多濫用後世所定之音軌以繁化之，如上來之所述。反之，於古語辭之音隨義變者，却喜固執於一種讀法以簡化之，如謂"古本音作某""古無四聲"之類是也。二者均爲闕乏歷史的眼光所致。余著此文，雖僅就吳書所辨證者，略事舉正，爲例寥寥。然由此得發見未有韻書以前古人注音之特例，更進而推測初期文字與語言表裏對照之關係，其於古語文學之研究，庶幾啓一新途邏乎。（關於初期文字之形態及其性質，余別有專篇論之。）

民國二十九年四月四日寫於北平寓廬之抗志齋

---

① 編訂者按："僅"，《輔仁大學語文學會講演集》《讀書通訊》《圖書季刊》所載《讀〈經籍舊音辨證〉發墨》作"盡"。

漢字義讀法之一例

——《説文》重文之新定義*

余往者爲大學諸生講中國古文字史，特倡二説：一爲文字畫，一爲意符字之初期形音義均不固定。繼持此論以讀經籍舊音，遂明漢魏以來學者注音有義通換讀之特例，作《〈經籍舊音辨證〉發墨》，爲研究訓詁學、校勘學者闢一新途徑。推而廣之，經典異文中此例亦復不尟。間有爲讀者所忽而誤釋者，如王引之《經義述聞》云："貳"與"貳"相似而誤爲"貳"。其實，"貳"是不一，"貳"訓差爽。《説文》："差，貳也。"《廣雅》："貳，差也。"義既相通，自可互用。故《毛詩》"其儀不貳"，《釋文》："不貳，他得反，本或作貳。"是"貳""貳"義通互用之證，不必如王氏所云"士貳其行"，"貳"當爲"貳"，强定"貳"是本字，"貳"是借字，"貳"是譌字，以通其説。蓋王氏偏重於形似之譌、音近之借，不知義通者音異亦可互用，固爲古書異文之習例也。

邇來讀《説文》重文，於其形音扞格難通者，輒試以此法衡之，往往焕然理解。於是知重文之定義，昔人以爲"音義悉同，改易殊體"者之未爲愜當。清代《説文》之學雖稱極盛，然於研究重文尚尟佳篇。

* 編訂者按：原載華北文教協會編《辛巳文録初集》，1941年。

錢侗之書，祇著存目；楊大堉所作，刻而不傳；段玉裁《注》於重文往往區蓋不言；王筠《釋例》時有精義，惜非專攻；其他曾紀澤、蕭道管或僅便通檢，或妄事穿鑿，不足論矣。至若莊述祖《說文古籀疏證》、葉德輝《說文籀文考證》、王國維《史籀篇疏證》，雖精粗有別，要皆非綜核《說文》重文體例之通論也。又昔人之論《說文》重文，約分二派：尊之者謂三代古文之傳世，賴有此耳。唐宋以來保守派多主是說，晚清鄭知同之《說文本經答問》，即此派中之主極端論者也。卑之者謂重文中之古文，率爲譌體僞作。其中又別爲二說：經學家之今文派，因壁中經真僞問題而疑及重文之古文；鐘鼎學者又以金文校訂《說文》重文傳寫之譌變，王筠、吳大澂發之於前，孫詒讓、羅振玉、王國維承之於後，分析偏旁，平章點畫，僞體別裁，誠爲有中，然淺學者流遂鄙夷重文不值一顧。過猶不及，又烏乎可？余以爲挈治《說文》重文，須當注意者有二事：

一、《說文》重文之定義及其在本書體裁上之性質。

二、《說文》重文在文字史、訓詁史上之作用。

本此二題，索得四答：

一、許書重文包括形體變易、同音通借、義通換用三種性質，非僅如往者所謂"音義悉同，形體變易"是爲重文。

二、許書重文之說解，十九從闕。以全書體裁言之，頗類後世之附錄或待問編。語云："與其過而廢之，毋寧過而存之。"其《說文》重文之謂歟？蓋所以廣異聞、備多識耳，後人或尊而譽之，或抑而毀之，其昧於許君作書之神恉則一也。

三、段注《說文敘》"今敘篆文，合以古籀"，本酈道元《水經注》之說，謂許君法後王，遵漢制，以小篆爲本。準此，則正文是小篆，重文是古籀，爲全書之通例，間有參差，率加臆訂。鄭知同《說文本經答問》矯之，以爲許君之著錄篆文，皆取其合於古籀者，不謂重文方是古籀也。張行孚《說文發疑》通考全書，折中論斷，持小篆多古籀之説。驗之本書偏旁、金文形體，均無隔閡，的是通人之論。案：許書分正文、重文者，蓋欲以是別裁偽體，而非所以示古籀、篆文之分。其於重文下注"古文""籀文"者，若曰"此亦古文、籀文之別構"耳。古人例簡故云爾，不當據此反證正文之非古文、籀文也。故曰重文者，《說文》之附錄也。夫許君志在聞疑載疑，而後人反訾其嚮壁虛造，豈不誣哉！

四、《説文》重文於音義相讎、形體變易之正例外，復有同音通借及義通換用二例。一爲音同而義異，一爲義同而音異，皆非字形之別構，而爲用字之法式。緣許君取材，字書而外，多采自經傳解詁，其中古今異文、師傳別説，悉加甄錄，取其奇異或可疑者，別爲重文，此同音通借、義通換用二例之所由來也。自來文字學家無論及此者，故爲發之。

茲欲證明上來所述，先將《説文》重文分析爲左列三類：

一、形體變易。此類復分四目，爲重文之正例，所謂"改易殊體"者也。

1. 篆變。例如 ⊥ ⊥ 篆文、王 ⻦ 古文、屮 ⻦ 古文、番 ⻙ 古文之類。

亦有取形不同者，例如 ⻎ 從尹從口 ⻏ 古文象坐形、⻒⻒ 揚雄説從兩手、⻝ ⻕ 古文、⻘ ⻠ 古文之類。

復有形誤者，如 ⻍ ⻎ 籀文迹從束，以諧聲定律衡之，正文蓋爲後起譌體，故李陽冰云："李丞相持束作亦也。"他如 ⻒ ⻒ 赦或從亦、⻕ ⻕ 霠或從雨、⻏ ⻐ 古文之 ⻒、⻕、⻏ 各字，恐亦譌體耳。

271

2. 增省。例如 ✳ 𣑽 籀文 ✳ 从三 ✳、𦰩 𦰩 籀文从 𡴭、𥛒 𥛐 或省。此疊形
之例。

—— ㆜ 古文、檮 𣡞 籀文檮、祉 𥙅 古文社、鬲 𪔛 鬲或从瓦，此增形之例。

𧄔 𧄔 籀文薇省、𧩙 从言匀省聲 𧩙 籀文不省、䚇 从言虤①省聲 𧮻 籀文不省、𣀷 𢾷
篆文𢾷省，此省寫之例。

3. 意符字變音符字。例如 玨 𤤄 玨或从㱿、𥄫 𥄢 古文、畨 𪉂 或从足从煩、
𥂖 𥂖 籀文、𥞥 𥞣 古文、𢪙 𢪙 或从手从樊、鬲 𪔛 漢令鬲从瓦𪎮聲、雗 雈 或从隹一、凵
𥬔 或从竹去聲、麤 从鹿从牝省 𪊜 或从幽聲、𠂹 柴 古文从㞢之類，即張行孚《説文
發疑》所謂重文中之古今文。其中變化方式雖各不同，要皆爲意符與
音符之别耳。

4. 換形聲偏旁。例如 𡩡 𡩡 籀文、瑱 𤥨 瑱或从耳、靈 靈 靈或从巫，此換
形者。

禮 𥘲 古文、裖 禋 祀或从異、𥝩 𥝩 古文从隋省、絲 𥿇 絲或从方，此換聲者。
重文例言从某而略"聲"字，實即諧聲也。

褫 𩥤 或从馬壽省聲、瓻 𤭯《夏書》㽰从虫賓、𦱠 𦱐 𦱰 或从麻賣、𩰆 𩰆 古文、𧤤
𧤢 或从虫爲，此形聲並換者。

二、音近通借。此類爲同聲通用，即漢儒注經之易字讀爲，小學
家所謂通借者也。許君雖以重文出之，實非重文所有事，故其例
絶少。

𦯃 𤲃 古文莊。

段注："'𤲃'恐後人所加，且其形本非'莊'字，當是'奘'字之
譌。"嚴可均《説文校議》云："疑校者所加，从歹在丌上，卝聲，當是

殤、傷、戕等字。"案："牂"本是"葬"字之或體，魏正始石經"葬"古文作"⿰⿱⿱⿱"，與此形極近。許君或以經典讀爲字爲重文，抑或誤認，未知其審矣。

⿰ 迻也。⿰古文徙。

桂馥《説文義證》云："《詩·板》'民之方殿屎'，'屎'即'屎'之省文，借'徙'字也。"

⿰ 滑也。⿱古文。

段注："後世凡言'大'而以爲形容未盡則作'太'，如'大宰'俗作'太宰'、'大子'俗作'太子'、'周大王'俗作'太王'是也。謂'太'即《説文》'夳'字，'夳'即'泰'，則又用'泰'爲'太'，展轉訑繆，莫能諟正。"案：《玉篇》"夳"收《ㄔ部》，故段氏據以爲當"从夊"。然考之經傳異體及隸變，知"泰"之古文"夳"，即"大"之別寫"太"，而"大""泰"往往通借，故許君列爲重文耳。此亦重文言假借之一例也。

⿰ 蟲動也。⿰古文蠢，从𢆉。《周書》曰："我有䵎於西。"

案：《廣雅·釋詁》："䵎，出也。"與《尚書大傳》"春，出也"同訓。疑"䵎"本爲"春"字之別構，借爲"蠢"耳。从𢆉者，取其與年載之"載"从𢆉形相配耳。《考工記·梓人》"則春以功"，鄭注："春讀爲蠢。"亦其例也。

原夫《説文》重文出處不一，容有因古書傳本不同，或轉引有異而采諸異文者。此第二類及第三類之所由生也。清儒自戴震、段玉裁以來之講《説文》者，恒謂許書盡載本字本義，《爾雅》《方言》乃有轉注假借之法。鄙意竊未敢苟同其説。唯重文中通借之例至少，兹編主恉專爲闡明第三類特例而作，故於此類僅略著數例，以見《説文》兼存古書用字之法，非如段氏之所云也。

三、義通換用。此亦重文之變例也。考《經籍舊音》中之義通換讀，爲以注音方式表示兩字義通可以換讀。如《周禮音義》"擾"，音尋倫反，示"擾""馴"義通；又"揎"，音初洽反，示"揎""插"義通。此則以重文方式表示兩字義通可以換用。如羑，或作誘；續，古文賡，以示兩字雖異而義互通。前者形同注音，實爲詁訓；後者形同或作，實爲異文。向來學者重其形式，忽其內容，遂致差豪釐而繆千里。今臚舉其例，辨之如左：

![字形]謀誕也。![字形]俗从忘。

宋保《諧聲補逸》云："古陽唐與覃談每多出入。"朱駿聲《説文通訓定聲》云："忘者，妄也。會意。"徐灝《説文段注箋》云："諡从忘聲，與敢聲大異。疑有誤。"案：各家習於重文之定義爲"音義相讎，改易殊體"，遂不得不强爲之辭。考《集韻·漾韻》："諙，詆也。通作'妄'。""諙""諡"蓋同字。"諕"與"諡"語雖異而義實同。古書必有兩字互用爲異文者，許君聯系之爲重文耳。

![字形]逮也。![字形]亦古文。

《繫傳》作"![字形]"，《汗簡》作"![字形]"，以爲"逮"字。朱駿聲云"疑逮字異體"。案：《方言》："迨、逮，及也。"此亦義通換用之異文。

![字形] ![字形]古文。

錢大昕《潛研堂集》、王筠《説文釋例》、章太炎《小學答問》均以爲即"希"之古文，是也。案：古文以"希"爲"殺"之象徵符號，説詳拙著《希、殺、祭古語同原考》。其後乃分別造字。《説文》中留得此等古文字相通之珍貴遺蹟，極耐尋味。惜學者玩其所習，蔽所希聞，致使古誼沉薶，群相疑怪矣。

![字形]母猴也。其爲禽好爪，爪，母猴象也，下腹爲母猴形。王育曰："爪，象形也。"

𤏡古文爲，象兩母猴相對形。

案：許君説"爲"字有誤，近人已據卜辭、金文駁正之。爲，卜辭作𤔔，金文作象，均象手牽象之形。古者使象以助勞役，猶服牛乘馬也。至古文𤏡，許説尤屬牽強。鄙意以爲蓋象兩手勤作之形：殆即从𦥑 ㄢ之"臼"（居玉切），世人祇知"臼"之變易爲"匊"（俗作"掬"），不知其又爲"抔""裒"之初文。《禮記·禮運》"抔飲"，《釋文》："本亦作'臼'，音蒲侯反。"又《集韻·尤韻》"裒或作臼"，均其明證。（詳見《〈經籍舊音辨證〉發墨》）更不知"臼"又可爲"爲"之義通換用字。作𤏡者，篆稍變耳。許君或亦數典而忘其祖矣。

𪐗灼龜坼也。𪐗古文兆省，治小切。

《説文·八部》："𪐗，分也。从重八。八，別也，亦聲。《孝經》曰'故上下有別'。"（兵列切）小徐云："或本音兆。"而《卜部》又有𪐗字，其重文𪐗，即𪐗之變寫耳。故《集韻·小韻》"𪐗、兆、八"下云："古省或作𪐗。"別無𪐗字，是𪐗𪐗本同之明證。《玉篇》則分"八"與"兆、𪐗"爲二字二音，與《説文》同。《廣韻》又云"𪐗"出《文字指歸》。於是段注根據陸説，謂"𪐗"字後出。𪐗即今治小切之"兆"，不當爲分別字，今本《説文》乃後人所竄改。余以爲"𪐗"是後起字，固不待言；至謂𪐗不當爲分別字，則又蔽於所習，不知古者一象形字不嫌代表二語，此二語義雖可通，而其音又往往絕異也。（詳見拙著《初期意符字之形態及其性質》）蓋𪐗之形象火灼龜坼；𪐗之音象灼之其聲卜然而裂，故有"兵列"之讀（略本吳夌雲《小學説》）。其用曰"卜"，其象曰"兆"（治小切），辭雖異而事則一也。古蓋祇有一𪐗字（隸變爲"兆"），動辭之"別"，名辭之"兆"，均用之以爲符識。降及後世，習於一字表一語音之説，故許君以𪐗𪐗爲古今體，以𪐗及𪐗爲龜兆字，且變𪐗作𪐗，用示區別。然則以兵列切之 川 爲治小切"𠬝"之重文,殆亦準義通換用之例耳。若溯其原,於古祇一 川 字,增形爲 巛,篆變爲 川,隸變爲"兆",其後乃形各賦音,音各賦義,區以別矣。自來學者昧於初期意符字讀音不定及《説文》重文有義通換用之例,故致自生紛擾耳。

睘 張目也。 睂 祕書説从戌。

此字各家無説。友人周祖謨云:"疑'睂'即許書之'睳'。'睳'訓'視高皃',與睘目義合。'睂'从戌,'睳'从戍,戌戍古爲一字。"《萬象名義》"睳,呼達反",正訓"瞋視"。足證"睂"即"睳"矣。"睳"已見前,此處重出者,即義通換用,與"丹""肜"例同。

𦨶 盡也。 𠂤 古文如此。

王筠《説文釋例》云:"蓋从到人以會靡有孑遺之意。"案:𠤎 到之,即 𠂤 也。𠤎 亦从到人者,以 𠤎 字反之而復到之也。古不甚論反正,故 𠤎 从反人,而部中 𠦄 𦥎 𦥑 三字直取人義。章太炎《文始》云:"尸、𠂤 一聲對轉,𠂤、尸同文,古以'尸'爲'殄'也。"案:王氏之説近是。蓋古者到人之字,可表變化,而殄盡與變化義近,容古有互用之例。許君采之以爲重文歟?

籅 收絲者也,从竹夒聲。 𥳀 籅或从角从閒。

《太平御覽》八二五引作"从角閒聲"。案:閒聲字祇能讀爲入聲黠鎋韻,如"鬝"是,不當讀爲葉韻之王縛切。或亦義通換用之異文歟? 唯乏確證耳。

丹 巴越之赤石也。 肜 亦古文丹。

嚴可均《説文校議》云:"當是《説文》續添。案:下文'肜,丹飾也'。肜即'肜'字,而以爲'丹',錯識耳。"段注云:"似是古'肜'。"王筠《釋例》云:"抑何與下文'肜'篆相似邪?"朱駿聲云:"即'肜'字,音讀異耳。"諸説皆迷離惝恍，以不誤爲誤。蓋古者意符字形與音尚未固定之時，"丹"字容有彡、月、彤三形互用之例。《𤰈侯鼎》"𠬝𠬝"即"彤弓彤矢"，則"彡"亦可爲"彤"。又《左氏》莊公二十三年傳"丹桓公之楹"，服虔注"彤也"，是讀"丹"爲"彤"。皆其例也。迨後乃分赤石爲"丹"，丹飾爲"彤"。許君遵修舊文，故麗"彤"於月。世人不見遠流，遂大共非咠之耳。

𤖫合也。𨒂古文會如此。

嚴氏《校議》云："𨒂，此从彳从合，即《辵部》'迨'字。'會'以'合'爲義，故得借'迨'爲'會'而非即'會'字也。疑後人所加。"王筠《句讀》云："玄應引作𨒂，是从彡也，不甚可解，故不言从。竹君本作𨒂，則从彳。"朱駿聲云："古文从合从彡，'彡'亦衆多意。"案：《汗簡·彡部》有𨒂，注云："會，石經。"今考魏石經古文作𨒂，从彳，非从彡，是竹君本及嚴氏所説爲長。學者辨僞之心過盛，或謂郭書不足信，恐後人本之以增竄《説文》，其實不然。考《説文》："迨，遝也。""遝，迨也。""眔，目相及也。"然則"遝"爲行相及，即會合之意，會合義通，自可互用。嚴氏不明許書重文之例，故致疑耳。

𣎺譯也，讀若譌。𦏰或从繇(大徐本云："又音由。")

錢坫《説文斠詮》云："𣎺、𦏰二形聲不相近，本爲兩字，後人誤合之耳。但《玉篇》已不復分。"段注云："本二字，一化聲，一繇聲(段改)。其義則同。《廣雅·釋言》曰：'𣎺，𦏰也。'是可證爲二字轉注矣。"徐灝《段注箋》云："許以'𦏰'爲或體，則音義並同，从'繇'不必爲聲也。後人因'繇'有'由'音，故又讀爲'由'耳。"王筠《説文釋例》云："'𣎺'爲古語，字从化，故音訛。後人語曰'由'，故字作'繇'。《字林》以與'𣎺'同義，遂附之'𣎺'下而冒'訛'音，不悟从繇聲者不得音'訛'

也。"案："圙"之音"由"，出於《字林》及《廣雅音》，徐灝"从'繇'不必爲聲"之説非也。此爲義通換用最顯明之一例，諸家狃於積習，迷誤不諭，遂使鑿枘相牾，豈不惜哉！

⿱宀克 肩也，象屋下刻木之形。㐁亦古文克。

王筠《釋例》云："古文作㐁，與'刻木录录'字相似，故'录'承之。知屋下刻木非誤矣。"《句讀》云："《説文》部首以形相聯系，唯《叀部》之𢆶與'玄'形似，'录'與㐁形似。此例不甚多，治《説文》者往往忽之。"（案："叀""玄"亦爲同字。説詳拙著《初期意符字之形態及其性質》。）朱駿聲云："㐁疑當爲'录'之古文，許所云'刻木录录也'。"章氏《文始》云：㐁"純象刻木，初文本有殊體也"。案："克""录"二字古義蓋本通，故可換用也。《汗簡》引顏黄門《説文》"克"字作⿰克刂，正始三字石經古文"克"作⿳，是其篆變耳。

⿰衤龍 綺踦。⿰衤賣 或从賣。

鈕樹玉《説文校録》云："《玉篇》《廣韻》'襱'下重文作'袦'，而'襩'爲'襠'之重文。《方言》：'袴，齊魯之間謂之襱，或謂之襱。'又：'無桐之袴謂之襣。'郭注：'袴無踦者，即今犢鼻褌也。''袦'亦'襱'，字異耳，則'襱'下重文要非'襩'字。疑'襩'爲'犢'之俗體，後人誤仞而增。"桂馥、王筠均謂"襩"爲"襠"之重文，朱駿聲云："'賣'之聲母爲'㒸'，'龍'急言之即'㒸'也。"諸家之説似皆不足以明"襱""襩"相爲重文之理。"綺踦"爲袴脚管，即"桐"也。故《廣雅》云："袴，其褄謂之襱。"（依王校）有桐之袴曰"襱"，無桐之袴曰"襣"，或曰"襩"，"襩襣"即"犢鼻"之轉注字。犢鼻褌，今俗謂短袴义者。此別言也。蓋"襱"與"襩"之別，不在褄之有無，而在桐之長短，故若渾言，亦可不分。或許君曾見古有"襱""襩"互用之例，故系聯爲重文歟？

㒸 相詶呼也。誘 或从言秀。誧 或如此。

段注："从盾者，蓋取自隱藏以招人之意。"朱駿聲云："或从言、遁省會意。"案：段、朱皆嫌於从盾爲聲之無法解釋，故設此遁辭耳。竊意"誧"即循循善誘之專字，單用之有揗摩順撫之意，古籍容有"誘""誧"換用者，故許君采爲重文。小學家謂重文讀音必須相同，此拘墟之見也。

賡 連也。賡 古文賡从庚貝。徐鉉曰："今俗作古行切。"

鈕樹玉《説文校録》云："竊疑古讀聲或相通。"嚴可均《説文校議》云："賡續聲之轉。"嚴章福《校議議》云："《大東》傳：'庚，續也。'按：'庚'即'賡'，'賡'可訓續，非即'續'字，疑《説文》別有'賡'篆。解云：古文以爲續字，與'中'下、'叕'下一例，校者不達，遂移之'續'下爲古文續，其誤當如此者。《益稷》釋文：'賡，《説文》以爲古續字。'按言以爲，知六朝舊本尚不誤。"段注云："許謂會意字，故从庚貝會意。庚貝者，貝更迭相聯屬也。《唐韻》以下皆謂形聲字，从貝庚聲，故當皆行反也，不知此字果从貝庚聲，許必入之《貝部》《庚部》矣。其誤起於孔傳以'續'釋'賡'，故遂不用許説。抑知以今字釋古文，古人自有此例，即如許云'舄，鵲也'，非以今字釋古文乎？《毛詩》'西有長庚'，傳曰：'庚，續也。'此正謂'庚'與'賡'同義。'庚'有續義，故古文'續'字取以會意也。刣會意爲形聲，其瞀亂有如此者。"徐灝《段注箋》駁之曰："毛傳'庚'訓爲'續'，而讀如更，則'賡'亦用'庚'爲聲可知。孔傳以'續'釋'賡'，豈讀'賡'爲'續'乎？《釋名》：'賡，猶更也。'蓋'賡'从庚聲，有更端之義，歌者更唱迭和，故賡歌訓爲'續'，此古義也。賡至以爲'續'字，斯繆矣。此由後人因傳記有以'賡'代'續'者，遂誤刣爲'續'字，而妄改許書耳。"他如邵瑛《説文群經正字》云："今經典用其義而變其音。"王筠《釋例》云:"許君以爲一字,蓋誤。"朱駿聲云:"古文从庚賣省聲。"又《爾雅·釋詁》:"賡,續也。"郝懿行《義疏》云:"《爾雅》之賡,借爲庚,因讀爲庚,不當如《説文》以'賡'爲古續字。"案:各家之説雖有出入,然其以今本《説文》爲可疑而後枝葉其辭則一也。考《爾雅》"賡,續也",爲以訓詁式表示經典異文;《説文》"賡,古文續",爲以重文式表示經典異文。其例略同於引經説假借。如"蠢,古文載",下引《周書》曰:"我有載於西。"疑"載"本"春"之別構,而借爲"蠢"字。唯假借主音,此則主義,爲其不同之處。又義通換用之重文往往闕載出處,學者復蔽於所習,不見遠流,遂致顯然之例證,橫被曲解,豈不悖哉!

墉 城垣也。 𩫖 古文墉。《繫傳》作"古文墉如此"。

嚴可均《説文校議》云:"案:《五下》已有'𩫕'字,爲城郭之'郭'。今此必'𩫖'之爛文。"段注云:"蓋古讀如'庸',秦以後讀如郭。如豕、亥同①𢇛字,訓順訓篆同'變'字之比。"鈕樹玉《段注訂》云:"當从𩫖省,𩫖讀如庸,非古今字異讀也。"案:王國維以爲"𩫖"本是古垣墉字。古者先有宮室之垣墉,而後有城郭之垣墉,則凡从𩫖之字,非取象於城郭,而取象於宮室也必矣。若然,則《説文》之以爲"郭"字,古匋文之或用爲"城"字,當皆是義通換用之例。蓋古象形字含義寬緩,亦猶𦧝形既爲舟楫字,又表般、履、牏、窬等物之形,初不必以後世之音讀異軌爲嫌也。(《説文》"𦨶"之从舟,即納屨之意。《詩》"何以舟之,維玉及瑶","舟"即"般"或"服"之古字。而"佩"之金文作𦘔,𦨶亦即"舟"之篆變也。)若就形體而言,一形可表衆意,亦初期意符字音義不

---

① 編訂者按:"同",沈文原寫作"用",誤,今據《説文解字注》原文改。

固定之一例也。

銛 芒也。𠛱 籀文銳，从厂剡。

段注云：“从剡厂聲。”朱駿聲《說文通訓定聲》云：“从厂从剡，會意。”案：《廣雅‧釋詁》二“銳，利也”，四“剡，傷也”，王疏：“剡者，銳傷也，《說文》以爲籀文‘銳’字，《廣韻》又此芮切，‘小割也’，皆傷之意也。”是《廣雅》以“銳”“剡”爲二字。又《集韻‧琰韻》：“瘌，傷也。”竊疑“瘌”爲“剡”之增形字，而“剡”又爲“瘌”之譌變。訓傷者，剡利者能傷人，故引申訓爲傷而增疒旁。亦猶“殳，殊也”“斨，戕也”，創傷之義由於“槍”，戕削之義由於“戈”，古者戕、戈同字也。《說文》以“剡”爲“銳”，蓋亦義通換用之例，各家皆不得其解。

鑘 矛也。䤼 或从象。

段注：“非聲也，未詳。玄應曰：‘《字詁》云：“古文‘鑘’‘𪓐’二形今作‘欀’，同。龐亂切。”《字林》云：“𪓐，小矛也。”’案：‘鑘’與‘鏦’當是各字而同義，从金象聲。今《說文》轉寫有誤。”王筠《句讀》云：“象聲之字可爲從聲字之重文乎？《說文》此處蓋有脫誤。《廣韻》四江：‘鏦，短矛也。欀同上。’則‘𪓐’之重文當作‘䁥’；而‘鑘’自爲一字，其重文當作‘𪓐’，乃自《玉篇‧金部》，與今《說文》同。《集韻》三鍾‘鏦’‘鑘’‘鐭’爲一字，四江‘鏦’‘鑘’‘䁥’‘鍧’爲一字，皆廁‘鑘’字於其間，而緩、換諸韻並不收‘鑘’字，蓋其沿誤久矣。”案：段云“鑘”“鏦”當是各字而同義，甚是；唯謂“《說文》轉寫有誤”，則非。王氏臚舉《篇》《韻》，正是《說文》不誤之證，第不審《說文》重文之定義，遂以不狂爲狂耳。朱駿聲《說文通訓定聲》竟分“鑘”爲正篆，附於《乾部》，而擬刪“鏦”下重文，自謂復古，實則重紕貤繆矣。

〇長也。从子皿聲。〇古文孟。《繫傳》作"古文孟如此"。

嚴可均《說文校議》云："《人部》以'宷'爲古保字，疑彼校者所加。漢碑'孟'作'孟'，似'宷'即子字，孟者子之長，故古文以'宷'爲'孟'。"王氏《句讀》云："'宷'从'子'會意，'八'則指事，兩手抱子狀也。《說文》重文多在兩部，校者增'宷'於《人部》，而此部未删，其字在'孟'下，即以爲古文孟。尚不如增'歔'於《口部》而《欠部》未删，猶以'吟也'說之也。"《釋例》云：鐘鼎文"孟"字皆同小篆，"唯積古齋《孟申鼎》作〇"。似可爲"宷，古文孟"證。然《番君鬲》云"〇〇〇〇"，"子孫永用"之反文也。是知〇又爲"子"字繁文，《孟申鼎》所从者此也。《孟姬鼎》作〇亦然，豈可謂〇亦"孟"之古文乎？又云："當删《人部》者而正《子部》'宷'下之古文'孟'爲古文'保'，《玉篇》是也。或謂以'孟'爲是，則'宗''宷'可从孟聲乎？"案：學者不明許書重文之特例，故生如許枝節。"保"訓養，"孟"訓長，長、養義通，古者容有換用之例。許君采之爲重文，後人以"保""孟"讀音縣隔，故皆懷疑莫決。實則"保""孟"之初文，均以赤子在褓象徵其義，語辭雖異而字形不嫌相同。即"子"之作〇亦然，就其形言，"子"作〇，又作〇，是形不固定；就其義言，〇爲保養，又爲孟長，爲子姓，是義不固定；就其音言，〇既讀保，又讀孟、讀子，是音不固定。此意符字初期之特性，亦未有字書以前文字畫應有之現象也。許書之重文亦往往與之息息相通，苟忽於此種歷史性，一切以後世字典韻書之成規律之，尟有不治絲而愈棼者也。《釋例》又云："《說文》重別，果古文'保''孟'二字同形，則'炏，古文旅，古文以爲魯衛之魯'當用此例。"案："炏""魯"是音近通借，"保""孟"是義通換用，捆二例而爲一，未見其然也。

畍 神也。㲱 古文申。

王筠《説文釋例》云：“‘申’之古文作㲱，大徐本《四篇》‘玄’之古文亦然，誤也。《五音韻譜》本，朱竹君、顧千里兩小徐本，‘玄’之古文作㲱；《玉篇》㲱㲱作㲱，亦可證。”又云：“㲱，唯與‘糸’之古文㲱相似，鐘鼎又作㲱，又與‘幺’之篆文相似。”案：王氏用比較法證明“玄”之古文與㲱不同。其實古者幺小之“幺”（《説文》云：“象子初生之形。”蓋誤），絲微之“丝”，㲱小之“㲱”（“㬪”之古文），㲱幽之“玄”及“㲱”（古文），糸細之“糸”及“㲱”（古文），㲱繫之“系”，以及“弥”“松”（古文“綱”）之从㲱，牽、畜（《説文》“㲱”下云：㬪者爲“㬪馬之鼻，从冂”，“與牽同意”。《説文》“畜”从玄田，與“牽”之从玄亦同意也）、“率”之从“玄”，並此“申”之古文㲱，蓋均象絲形。其訓則由“絲”之幺小義引申爲隱幽義、黝玄義，又由絲之縣系義引申爲牽率義、申直義，故金文“玄”多通於幺、㲱、㲱、㲱諸體。由是推之，“玄”之古文於古容有換用爲“申”者。世人習知玄黑之訓，罕見玄縣（見《釋名》）、玄牽之説，於《説文》重文義通換用之例復未之前聞，此“申”“玄”古文相通之義所以湮没終古也。

上來所述綜二十條，皆可假定爲義通換用之例。苟不作如是觀，殊難求合理之解釋。顧重文中亦有疑莫能決者，如“遂”之古文㲱，朱駿聲謂：“形似隸書之‘逋’。”正始三字石經“遂”古文作㲱，其形頗相似，恐是借“述”字爲之耳。又“杶”之古文㲱，小徐曰：“杶，丑旁紐也。”然究以段注《汗簡》所載近是，即屯字側書之耳，《集韻》徑作‘杻’，非也”之説爲較長。凡此之類，未敢輒闌入也。又有本爲改易殊體，而《説文》區爲二字，隸於二部。如“舌”“丙”二字二讀，“栝”“銛”从舌聲而讀如“丙”。“凶”“㲱”二字二讀，“㲱”从凶聲而音近“㲱”。上述各字偏旁中之“舌”“凶”與“丙”“㲱”頗似義通換用，唯

"舌"之與"丙"、"凶"之與"𩵋"原本一字，後乃變爲二形，歧爲二語，未可逕據許書謂之義通換用也。凡此之類，具詳余所著《初期意符字之形態及其性質》文中，兹不覼縷。本文之恉，要在以義通換用之原則，解釋《說文》重文之疑問，一以廣漢人義讀之法，一以闡許君重文之例。所本之材料，雖爲人所習知，然因見解之不同，遂致結論有差異。自來學者遇許說之不可通者，輒歸罪於淺人妄改。竊謂觀過知仁，正當利用以體察言語文字自然演變之史迹，不應師心自用，强古人以從己也。又義讀之說夙所未聞，自我作古似嫌獨斷。然驗諸《經典釋文》各家音義，義通換讀信而有徵。（詳《〈經籍舊音辨證〉發墨》。）蓋此法爲漢人訓詁之一要例，言其體可以推初期文字與語言表裏離合之消息，論其用可以明文字畫及意符字初期形音義三者游離不定之現象。竊以此原則之說明，有益於語文學史研究者甚鉅。好學深思之士，當能心知其意也。又日本和文每字有音讀及訓讀二種，世人習知其音讀本於中國，不知訓讀亦多原於漢字義讀之法。例如"紙"之訓讀 Kami，爲"簡"音之換讀；"船"之訓讀 fune，爲"盆"音之換讀，因古今音略有轉變，世人多不審諦耳！儻由此以推溯文物制度之演變，其亦考古之一法歟！居嘗以爲清代學者之於《說文》，家弦户誦，然研窮之者，率流於飣餖贅碎，求其如段玉裁、章太炎二君之張皇幽眇、達恉發微而具有體系者，殊不多覯。余不敏，誠不足演贊前修，斯文之作，祇求心之所安，自爲怡悦。若以誣妄相加，唯有與許君遥質之耳！

三十年七夕沈兼士艸於裒旵室

聲訓論 *

一、聲訓之原理及諸家學説

余近年來研究語言文字學有二傾向:一爲意符之研究,一爲音符之研究。意符之問題有三:曰文字畫,曰意符字初期之形音義未嘗固定,曰義通換讀。音符之問題亦有三:曰右文説之推闡,曰聲訓,曰一字異讀辨。二者要皆爲建設漢語字族學之張本。顧上述各題之材料,率多零亂散漫,自來學者未曾有貫串綜合統籌全局之計畫,如欲其運用有效,非先假設若干規律以理董之不爲功。斯篇蓋專爲闡明聲訓之理論及檢討聲訓之類例而作。余對於古代聲訓之見解,曩於《右文説之沿革及其推闡》文中曾略述及,特語焉不詳耳。兹更博稽衆説,尋繹義例,次列條目,施諸櫽栝,用示範疇焉。

聲訓之興,由來尚矣,自經緯傳注至於《爾雅》《説文》,往往而有,王先謙《釋名疏證補序》曾述聲訓之原云:

> 流求俟貳,例啓於周公,乾健坤順,説暢於孔子。仁者人也,

---

* 編訂者按:原擬載華北文教協會《辛巳文録續集》,因日寇破壞,終未能印行。本書據民國抽印本《聲訓論》整理。

誼者宜也，偏旁依聲以起訓；刑者俐也，俐者成也，展轉積聲以求通。此聲教之大凡也。侵尋乎漢世，間見於緯書，韓嬰解《詩》，班固輯論，率用斯體，宏闡經術，許、鄭、高、張之倫，彌廣厥怡，逮劉成國之《釋名》出，以聲爲書，遂爲經説之歸墟，實亦儒門之奧鍵已。

其敘述古來聲訓之盛，略可概見，而劉熙《釋名》自敘其撰著之由云：

> 名之於實，各有義類，百姓日稱而不知其所以之意，故撰天地、陰陽、四時、邦國、都鄙、車服、喪記，下及民庶應用之器，論敘指歸，謂之《釋名》。

語有義類，實爲聲訓成立之主要原因，劉氏特爲拈出，可謂卓識。惜其標舉事類，設例雖似紛紜，論敘指歸，繹理尚嫌簡略。爰更取《荀子·正名》及近代諸家學説之足以發揮聲訓學理者，臚敘於次，以爲參驗。《荀子·正名》篇云：

> 若有王者起，必將有循於舊名，有作於新名。然則所爲有名與所緣以同異與制名之樞要，不可不察也。……然則何緣而以同異，曰緣天官。凡同類同情者，其天官之意物也同，故比方之，疑似而通，是所以共其約名以相期也。形體色理以目異，聲音清濁調竽奇聲以耳異，甘苦鹹淡辛酸奇味以口異，香臭芬鬱腥臊洒酸奇臭以鼻異，疾養凔熱滑鈹輕重以形體異，説故喜怒哀樂愛惡欲以心異，心有徵知，徵知，則緣耳而知聲可也，緣目而知形可也。然而徵知必將待天官之當簿其類然後可也。五官簿之而不

知,心徵之而無説,則人莫不(然)謂之不知,此所緣而以同異也。
然後隨而命之,同則同之,異則異之。

自漢以來,解荀者衆矣,獨章太炎得其神恉。其《原名》篇云:

> 凡領録散名者,論名之所成,與其所以存長者與所以爲辯者
> 也。名之成,始於受,中於想,終於思。領納之謂受,受非愛憎不
> 著。取像之謂想,想非評召不徵。造作之謂思,思非動變不形。
> 名言者自取像生,故孫卿子曰'緣天官(云云)',此謂想隨於受,
> 名役於想矣。又曰'心有徵知(云云)',接於五官者曰受,受者謂
> 之當簿,傳於心曰想,想者謂之徵知,一接焉,一傳焉曰緣。

案:《荀子》所謂"意物也同"者,意猶億也,言億度各物而領受之印象
相同也。"比方之,疑似而通"者,疑猶儗也,言當簿其類而造作之概
念相似也。凡"同類同情者共其約名以相期"者,即劉氏"名之於實,
各有義類"之説也。蓋領受之印象既相同,造作之概念自相似,其命
名之稱呼必同類也宜矣。凡是皆緣天官感觸之異同而定,即《墨子·
經上》所云"故所得而後成"。墨之故,猶荀之緣,此聲訓成立之基本
原理也。章氏又於《語言①緣起説》申論之曰:

> 語言之初,當先緣天官,然則表德之名最夙矣。然文字可見
> 者,上世先有表實之名,以次枪充而表德、表業之名因之,後世先

---

① 編訂者按:言,沈文原寫作"音",誤,今正。

　　有表德、表業之名，以次梳充而表實之名因之，是故同一聲類，其
　　義往往相似。如阮元説从古聲有枯槀、苦窳、沽薄諸義，此已發
　　其端矣。

此以實德業三者相因之理，説明義類相通、聲類相同者。繼而章君作
《文始》，又變其例，立變易、孳乳二原則，以敘列文字族類之蕃衍，一
以二十三部通轉爲規範。其意謂轉注唯有同義，假借唯有引申之義，
一字變爲數字而音義同者，當求何字在先，何字在後。一字變爲數義
而字體亦異者，當知本是一字，後乃乖分。此《文始》之要義也。章君
論治小學分爲五級：一本形本義，二音韻，三正借相求法，四轉注假借
法，五文字孳乳法，第五級之條貫最精，大要以獨體之文爲本。尋檢
合體諸文義有相同相受者，音有相轉相迤者，則次第較然可辨。此其
學説之大較也。溯自清儒王念孫、段玉裁以還諸小學家，標榜聲訓，
主張聲近義通之説者頗多，更有進一步以音義相關爲先天的必然性
者，如張行孚《説文發疑》之字音每象物聲，陳澧《東塾讀書記》之聲象
乎意説，劉師培《原字音篇》之象意制音説，《小學發微》補論聲音之起
原，謂聲起於形，聲起於義，以字音象物音諸説皆是，證以事之瑣細
者，多用心紐之聲呼之，物之廣大者，多用陽唐之韻讀之，其言亦自成
理，唯按諸實際，殊難得一普徧適應之定律。余謂凡義之寓於音，其
始也約定俗成，率由自然，繼而聲義相依，展轉孳乳，先天後天，交錯
參互，殊未可一概而論，作如是觀，庶幾近於真實歟。諸家所説，大都
散言其用，而尟綜論其體，今僅要刪近人劉師培、高本漢、王力三家之
言，用資考較，餘無取焉。
　　劉氏祖述黃承吉以曲直通區分字類之説，作《正名隅論》及《古韻

同部之字義多相近說》，其略曰：

> 古人名物，以一意一象爲綱，若意象相符，則寄以同一之音，
> 雖審音造字形不必同，然字形雖殊，聲類同者義必近。試以古韻
> 同部之字言之，如之、耕二部之字，其義恒取於挺生；支、脂二部
> 之字，其義恒取於平陳；歌、魚二部之字，其義多近於侈張；侯、
> 幽、宵三部之字，其義多符於斂曲。推之、蒸部之字，象取凌踰；
> 談類之字，義鄰隱狹；真、元之字，象含聯引；其有屬於陽、侵、東
> 三部者，又以美大高明爲義，則同部之字義恒相符。

劉之“意象”，即《釋名敘》之所謂“義類”也。後來高本漢之《漢語詞
類》（Word families in Chinese，BMFEA No.5）頗有與其類似之處，高
氏將一切語詞所含音之成分區之爲：K—NG、T—NG、N—NG、P—
NG、K—N、T—N、N—N、P—N、K—M、T—M、N—M、P—M十
二類，以爲語音上親屬詞類之範圍，凡語言中意義相近之語詞皆依此
列出，其言曰：

> 列表的用意，切不可誤會，要説各類裏的語詞一定都是親屬
> 的，我現在還做不到。我的意思只是説：牠們是可以臆測爲親屬
> 的罷了。……所以每一小範圍之語族，只可認爲是一種框子，其
> 中雖包含著許多，將來還要重行選擇的材料。而且語音上的符
> 合有時是似是而非的，要想得到確切的結果，非根據比較印支語
> 的研究不爲功。……所以這種編排，充其量只有一部分可以説
> 是真正的語族，其他的應當是偶然的符合。可是所以我毫不遲

疑的做構成這些框子,正是因爲一種初步的工作是必須要做的,
而且我認爲再沒有別的方法可以對付這個問題了。(原書 p.59)

其説遠勝於劉氏。唯高氏爲外國學者,故其選字注義,於古今正俗之
分,變易孳乳之例,尚嫌未能得其慗理,而乏歷史的認識。最近王力
作《上古韻母系統研究》,論語音與字義之關係云:

> 章太炎先生的《文始》,高本漢《漢語詞類》,都从語音去研究
> 字義的關係。他們對於字義的解釋,儘多可議之處。然而他們
> 的原則是可以成立的。語音相近者,其字義往往相近,字義相近
> 者,其語音亦往往相近。由語音的系統去尋求字族,不受字形的
> 束縛。這是語史學的坦途,同時我們也可以把這個原則反過來
> 應用,就是从字義的關連去説明古音的部居,如"改"之與"革",
> "晦"之與"黑","子"之與"息",都是之咍、職德同部的證據,我們
> 雖不能單憑這個去證明古音,但若有了別的重要證據之後,再加
> 上這個做旁證,原有的理論就可以藉此增加不少的力量。此外,
> 相反的字,有時也可以證明語音之相近,如"否"之與"福","禮"
> 之與"戾","氐"之與"顛","明"之與"暮"等,都是同部或對轉
> 的字。

王氏分上古音爲:之蒸、幽、宵、侯東、魚陽、歌曷寒、支耕、脂質真、微
術諄、侵緝、談盍等十一系,每系又分開合等呼,各附以同部聲訓證數
例,其陰陽入三聲具備者,並舉訓詁對轉證數則。其意僅欲藉此以爲
古音分部之旁證,故於各字之義類指歸,未能充類至盡,然所舉之例

證較高氏爲謹嚴有法度。竊謂古代聲訓義類之説，既可藉此證明古音之部居（余曩於《與丁聲樹論〈釋名〉"濟"字義類書》中即主張此説，兹附録於文末，以資參考），而現代研究漢語字族者，更須從漢語本身之聲訓義類及右文説著手，因而綜合歸納之，以定字族詞類之範疇。儻僅依印支語之比較爲依據，恐仍是皮相之論、枝葉之詞耳。

二、聲訓之分類及其一般公式

黄侃《訓詁述略》曰：

> 古人制字，義本於聲，即聲是義，聲音訓詁，同出一原，文字孳生，聲從其類，故今曰"文字、聲音、訓詁"，古曰"字讀"，"讀"即兼孕聲音、訓詁二事，蓋聲音即訓詁也。詳考吾國文字，多以聲相訓，其不以聲音相訓者，百分之中不及五六。故凡以聲音相訓者爲真正之訓詁，反是即非真正之訓詁。（《制言》第七期，潘重規記）

黄氏此説，雖似偏激，實具特識。唯自來學者於聲訓總彙之《釋名》，從未作合理之研究，清儒恒謂《説文》爲體，《爾雅》《方言》《釋名》爲用，視《釋名》與《爾雅》《方言》同爲講轉注假借之書，而不知其不同科也。故余於《右文説之沿革及其推闡》文中論之曰：

> 夫訓詁之法，有客觀的與主觀的區別，前者爲以凡通語釋古語及方言，如《爾雅》《方言》之屬是也。後者爲訓詁家本個人之觀察，用聲訓之法，以一音近之字紬繹某一事物之義象，如《白虎

通》《釋名》之屬是也。《說文》則二法兼用。

清人不明乎此，故自畢沅、江聲，逮及王先謙輩之疏證《釋名》，皆多事校讎，而於音義相依之理，尚無系統的說明。他如畢沅之《釋名補遺》《續釋名》，張金吾之《廣釋名》，以及鄧廷楨之《說文雙聲疊韻譜》，俞樾之《聲雅》，旁搜遠紹，拾遺補闕，固有足多，而於聲訓之義例亦無所闡發。唯顧廣圻《釋名略例》，綜攬全書，隳栝爲例曰：

> 《釋名》有二例：曰本字，曰易字。本字分三例：曰本字，曰疊本字，曰本字而易字。易字分七例：曰易字，曰疊易字，曰再易字，曰轉易字，曰省易字，曰省疊易字，曰易雙字。

張金吾復引申其說而廣之：

> 於本字、易字外增一例：曰借字，又分借字爲五例：曰借字，曰借本字，曰借易字，曰借雙字，曰省借字。又於易字下增一例：曰易字兼本字。省疊易字增一例：曰省再易字。（見《言舊錄》）

都爲十七例。吾友楊樹達《釋名新略例》評之曰：

> 顧氏此文，能於劉氏書義訓繁複中，紬繹端緒，使其秩然不紊，信足爲美矣。顧《釋名》乃以音爲訓之書，治之者宜於聲音求其條貫，不當全以字形爲說。顧氏以本字、易字爲大例，而以十凡括之，蓋猶不免泥於迹象也。

楊氏仿顧法，復爲《新略例》，雖未能盡捨字形，要以聲音爲主，其說曰：

> 音訓之大例有三：一曰同音，二曰雙聲，三曰疊韻。其凡則有九：一曰以本字爲訓，二曰以同音字爲訓，三曰以同音符字爲訓，四曰以音符之字爲訓，五曰以本字所孳乳之字爲訓，此屬於同音者也。六曰以雙聲字爲訓，七曰以近紐雙聲字爲訓，八曰以旁紐雙聲字爲訓，此屬於雙聲者也。九曰以疊韻字爲訓，此屬於疊韻者也。

此誠爲進一步之研究矣。黃侃於其《訓詁述略》中，亦主張分聲訓爲二類四例，舉《爾雅》以爲證：

> 一　與所釋之字生同聲同類之關係者：
> 甲、同聲：公君見　戲謔曉　粵於爰曰爲
> 乙、同類：皇后侯君　迥遐遠　台予余我
> 二　與所釋之字雖無聲之關係，然常有同聲同類之字與之同義者：
> 甲、同聲：妃匹合　纂績繼　騖務强
> 乙、同類：帝烝君　篝事勤　寧柔安

楊、黃之說，可謂知聲訓之本矣。余曩於《右文説之沿革及其推闡》文中"聲訓與右文"章，亦曾爲聲訓擬定各種公式。惜乎於義類之內蘊，皆未嘗分析檢討。兹不揣檮昧，特爲補之，作聲訓義類分例：一曰相

同，二曰相等，三曰相通，四曰相近，五曰相連，六曰相借，一、二兩類，略當於章先生《文始》之變易，三、四、五三類，略當於《文始》之孳乳，第六類則音近通借之比，貌似聲訓而實非者也。上述六類，所有聲訓，大氐不能逾其範圍。今爲舉例之便，雜取《說文》《釋名》及他載籍以明諭焉。

一、相同之例：音義相讎，改易殊體，《說文》謂之"重文"，《文始》謂之"變易"，顧氏《略例》有"本字"一例，此則貌異而實同，今命之曰"相同"，謂字雖異而語則同也。例如：

> 舄，鵲也。《說文》
> 未，味也，六月滋味也。五行老於木，象木重枝葉也。《說文》
> 災，烖也。《釋名》
> 腊，乾昔也。《釋名》
> 酒，酉也。《釋名》
> 簪，兓也。《釋名》

案：《說文》"鵲"爲"舄"之篆文。"未""味"雖非重文，然"樆"下云："厂之性坼，果孰有味亦坼，故謂之樆①，从未聲。"又"制"下云"从刀从未""物成有滋味可裁斷"，是"未""味"同字之證。《說文》"災"爲"烖"之籀文，"腊"爲"昔"之籀文，至"酒"與"酉"，"簪"與"兓"，《說文》雖別爲二字，然考諸音義偏旁，於古"酉""兓"（"兓"爲"旡"之疊文，"簪"爲俗字）固爲"酒""簪"之初文也。又：

---

① 編訂者按："樆"，沈文原寫作"坼"，疑蒙上而誤，今據《說文》原文改。

祘，明視以算之。

趯，躍也。从小徐本。

僻，避也。

攺，撫也，讀與撫同。《玉篇》：“攺，或作撫。”

寉，寉也。《韻會》“寉”：“《说文》或作寉。”

錫，傷也。与①，賜予也。以上皆《说文》

以上皆王筠《说文釋例》“異部重文”章中所謂以重文爲説解者。蓋諸字許君雖不以爲重文，然王氏據本書説解，參以《玉篇》諸書，證其無以異於重文者也。又：

丩，相糾繚也。

迋，往也。

諆，欺也。

竄，亡也。以上皆《说文》

案：“丩”“糾”爲增形字，“竄”“亡”爲增聲字，“諆”“欺”爲換形字，“迋”“往”爲換聲字，《说文》雖分列別屬，然皆音義相讎之字也。又：

蒪，莒也。方布切　　　莒，蒪也。方六切

莪，薊也。楚革切　　　薊，莪也。七賜切

---

① 編訂者按：沈文原寫作“與”，誤，今據《说文》原文改。

　　梡，梱木薪也。胡本切　　　　　　梱，梡木未析也。胡昆切

以上皆《説文》

以上互訓諸字，今音雖小有差別，於古則爲一字，章太炎所謂《凡將》《訓纂》，相承別爲二文，故雖同義同音，不竟説爲同字者也。吾人儻能準此展轉推求合乎重文性質之字，其所得當更有超於王筠、許瀚之外者，綜上四類，皆字異而語同之例也。

　　二、相等之例：孟子曰："涔水者，洪水也。"揚雄《方言》所謂"轉語""代語"，章太炎《轉注假借説》謂之"形雖枝別，語同本株"之轉注字，今命之曰"相等"，謂字異音轉而語義仍相等也。例如：

　　　莒，齊謂芋爲莒。

　　　爨，齊謂炊爨。

　　　逆，迎也。關東曰逆，關西曰迎。

　　　訧，燕、代、東齊謂信曰訧。

　　　雅，楚烏也。秦謂之雅。

　　　餉，周人謂餉曰饟。

　　　舂，齊謂舂曰舂。

　　　豨，一曰河內名豕也。

　　　惏，河內之北謂貪曰惏。

　　　埂，秦謂坑爲埂。以上皆《説文》

是皆以轉語爲聲訓者也。又：

哲，知也。

永，長也。

踊，跳也。

屨，履也。

狶，豕走狶狶也。

焜，火也。《詩》曰："王室如焜。"

頜，頤也。 皆見《說文》

案：以上各條之訓詞與被訓詞，《說文》雖未注明方言，然考諸揚雄《方言》，"哲"爲齊魯之間語；"永"爲施於衆長者；"踊"爲陳鄭之間語；"屨"爲關西語；"狶"爲南楚語，"焜"爲齊語；"頤"，南楚謂之頜，晋秦謂之頜，頜即頤也，是亦轉語之類也。又：

訝，相迎也。《說文》

逆，迎也。《釋名》

火，燬也。《說文》

羕，水長也。《說文》

霽，霽謂之霽。《說文》

準諸前例，迎、逆、迎、火、焜、燬、霽、霽皆語之轉，"羕"則《毛詩》"江之永矣"，《韓詩》作"羕"，亦代語也。其他雖無方言之明證，而以音理度之可知其爲轉語者，皆此類也。綜上三類：皆字異音轉而語義相等之例也。

三、相通之例：語詞分化，其音或變或不變。章太炎《文始》云

"義自音衍，謂之孳乳"者是矣。今命之曰"相通"，謂其語根本同，義相引申而通也。例如：

教，上所施下所效也。《説文》	教，傚也，下所法傚也。《釋名》
入，内也。《説文》	入，納也，納使還也。《釋名》
	案：内、納爲本借字。
威，畏也。《説文》	威，畏也，可畏懼也。《釋名》

子，十一月陽气動萬物滋。《説文》

子，孳也，陽氣始萌孳生於下也。《釋名・釋天》

子，孳也，相生蕃孳也。《釋名・釋親》

案：教與效，入與内，威與畏，子與滋、孳，《説文》所説、《釋名》所釋均同。蓋以詞義互相引申之分化語爲聲訓者也。又：

振，社肉盛以蜃，故謂之振。

古，故也。

誼，人所宜也。

景，光也。皆見《説文》

載，戴也，戴在其上也。據畢校本。

耦，遇也，二人相遇也。

哀，愛也，愛乃思念之也。

袴，跨也，兩股各跨別也。皆見《釋名》

皆義自音衍之分化語也。大氐義類相通之語，於義爲引申，故其指示事物之範圍輒相表裏（亦有相反爲義者），於形爲孳乳，故其構成形體之偏旁多相類似也。

四、相近之例：語雖別而義類相近，古來聲訓，此類最多，而訓詞與被訓詞之關係則較疏，今命之曰相近，謂其語根未必同，而其義類則有相近之點也。例如：

天，顛也。《説文》	天，顯也，在上高顯也。坦也，坦然高而遠也。《釋名》
王，天下所歸往也。《説文》	祖，又謂之王父，王，睢也，家中所歸睢也。《釋名》
春，推也。《説文》	春，蠢也，萬物蠢然而生也。《釋名》
詩，志也。《説文》	詩，之也，志之所之也。《釋名》
父，矩也。《説文》	父，甫也，始生己也。《釋名》
山，宣也，宣氣散，生萬物。《説文》	山，産也，産生物也。《釋名》
母，牧也。《説文》	母，冒也，含生己也。《釋名》

又如：

水，準也。《説文》。《白虎通》同。

水之爲言演也，陰化淖濡流施潛行也。《春秋元命苞》。案：从寅聲之"瞋"爲舒問切，是"演"與"水"有讀爲雙聲之可能。

火之言化也，陽氣用事萬物變化也。又，火之爲言委隨也。《白虎通》

火，化也，消化物也。亦言毀也，物入中皆毀壞也。《釋名》

禰，春祭曰禰，品物少多文辭也。《説文》

禰，猶食也，猶繼嗣也，春物始生，孝子思親，繼嗣而食之故曰禰。何休《公羊傳》注

禬，會福祭也。《説文》

除災害曰禬，猶刮去也。《周禮·大祝》鄭注

又如：

吏，治人者也。

跣，足親地也。

鼓，郭也，春分之音，萬物郭皮甲而出，故謂之鼓。以上《説文》

洲，聚也，人及鳥物所聚息之處也。

漏，術也，偃水使鬱術也。

骨，滑也，骨堅而滑也。

宇，羽也，如鳥羽翼自覆蔽也。以上《釋名》

案：以上諸例，被訓詞與訓詞之意義，其間均有若干距離，非單詞聲訓足以瞭解，必也增字以釋之，庶幾彼此義類接近之點乃明。且同一被訓詞，而諸家所用訓詞之意義彼此亦往往互異，故學者之研究《釋名》，當羅列衆説，評騭短長，不應如注《爾雅》，箋《方言》，僅疏通證明即爲能事畢矣。

第三類相通與第四類相近，頗有疑其不必分別者，余以爲二者形固類似，然前者爲天然之分化語，後者乃訓詁家假設之訓釋語。唯其

爲假設,故往往各隨其所從觀察之點不同,而與以差異之訓釋。茲試將第一類至第四類被訓詞與訓詞間語義變動範圍廣狹之差,比之可如下式:

相同＝相等＜相通＜相近

即相同及相等二類訓詞與被訓詞之語義均無變動,相通則少有變動,相近則變動更大矣。

五、相連之例:此謂訓詞與被訓詞之爲複音連語者,蓋漢語每一音必以一字形表之。於是聯緜詞往往遂被分析爲二字,且有以之互爲聲訓者,今命之曰"相連"。《說文》中此例最夥,唯其形式頗不一致,茲分二類述之如左:

A式:

(一) 甲,甲乙,△△也。　乙,甲乙也。或

　　甲,△△甲乙也。　乙,甲乙也。或

　　甲,甲乙也。　乙,甲乙也。

　　例:玓,玓瓅,明珠色。　瓅,玓瓅。

　　玟,火齊玟瑰也。　瑰,玟瑰。

　　蕛,蕛英也。　英,蕛英也。

(二) 甲,乙也。　乙,甲乙,△△也。

　　例:峙,踷也。　踷,峙踷,不前也。

　　忼,慨也。　慨,忼慨,壯士不得志也。

（三）甲,甲乙,△△也。　乙,△△也。或

　　甲,乙也。　乙,△△也。或

　　甲乙,△也。　乙,△△也。或

　　甲,△△也。　乙,甲乙也。

　　例:逶,逶迤,衺去之貌。　迤,衺行也。

　　委,委隨也。　隨,從也。

　　傀,偉也。　偉,奇也。

　　絲聯,微也。　聯,連也。

　　坎,陷也。　坷,坎坷也。

　　倚,依也。　移,禾相倚移也。

（四）甲,甲乙也。　乙別一義。

　　甲別一義。　乙,甲乙也。

　　例:蔗,蔗蕪也。　蕪,薉也。

　　萎,食牛也。　荽,艸萎荽。

　　詰,問也。　詘,詰詘也。

　　悉,詳盡也。　蟋,悉蟀也。

第一二兩例,聯綿見於兩字注中。第二例之一方訓詞須連被訓詞讀之,即錢大昕所謂"說解須連篆文讀之",亦即段玉裁"複寫隸字"之説也。第三例一方注明聯綿詞,一方爲聲訓,或普通義訓。第四例一方注明聯綿詞,一方爲單音語之別一義,二者不相關涉也。

B式：

（一）甲，乙也。　乙，甲也。

　　例：介，畫也。　　畫，界也。案：界爲介之增形字。

　　完，全也。　　全，完也。案：仝、全重文。

　　歔，欷也。　　欷，歔也。

　　氾，濫也。　　濫，氾也。

（二）甲，乙也。　乙別一義。

　　例：祈，求福也。　求，古文裘，皮衣也。

　　滂，沛也。　　沛，水。出遼東番汗塞外，西南入海。

　　艱，土難治也。難，鳥也。

第一例形似泛聲訓（段玉裁所謂互訓者）而實爲聯緜詞，第二例一方連被訓詞讀之爲聯緜詞，一方爲其單字之義，無與於聯緜詞也。換言之，即聯緜詞其中之一字爲借音耳。又如"葑"訓"須從"，"椎"云"終葵"，訓詞爲被訓詞之合音，則非正式之聯緜詞矣。

　　《釋名》絕少出聯緜詞者，且於複音語往往分釋之，如"艱，根也""難，憚也""消，削也""息，塞也""霢霂，霢歷霑漬如人沐頭"之類，未足爲訓也。

　　六、相借之例：此以本借字爲聲訓，漢儒注經有以音近之字易之者，謂之"讀爲"，亦言"讀曰"，即破字之一例也。章太炎《轉注假借說》謂之同聲通借，此則以訓詁式出之，雖亦自冒於聲訓之例，實則似是而非者也。今命之曰"相借"，蓋語異而音同，因之借以比況耳，茲分爲二類如下：

（一）以借字釋本字者：

> 于，於也。象气之舒。（案："於"爲"烏"之或體。）
>
> 可，肎也。（案："肎，骨間肉肎肎著也。"）
>
> 誃，離別也。（案："離，黄倉庚也。"）以上《説文》
>
> 需，須也。《易·需》象傳（案：《説文》："需，䭓也，遇雨不進止䭓也。""須，面毛也。"）

（二）以本字釋借字者：

> 須，需也。《易》"歸妹以須"虞注
>
> 湘，亨也。《詩·采蘋》"于以湘之"毛傳
>
> 壺，瓠也。《詩·七月》"八月斷壺"毛傳
>
> 瓠，壺也。《爾雅·釋器》"康瓠，謂之甄"注
>
> 養，長也。《夏小正》"時有養日"傳

段玉裁《説文注》曰："凡言'讀若'者，皆擬其音也；凡傳注言'讀爲'者，皆易其字也，注經必兼兹二者，故有'讀爲'，有'讀若'，字書但言其本字本音，故有'讀若'，無'讀爲'也。"相借之例，《説文》但有以借字釋本字，至於以本字釋借字，則傳注中隨處多有，不勝舉也。

以上所述聲訓義類六例：較之僅以字形、字音爲説者似略有進矣，兹爲便於比較起見，再規定六種符號以表示之：

一、(≡)表相同。

二、(＝)表相等。

三、(≐)表相通。

四、(⇋)表相近。

五、(——)表相連。

六、(……)表相借。

例：

孝≡效《玉篇》　　教≐效《說文》

逞≡往《說文》　　王⇋往《說文》

履＝履《說文》　　禮⇋履《說文》

哀≐愛《釋名》　　來……哀《釋名》

風⇋汜《釋名》　　汜——濫《說文》

永＝長《說文》　　養……長《夏小正》傳

六例之中，以相等、相通、相近、相連四例有關於詞類分化蕃衍者甚鉅，學者儻能準此以理董自來之聲訓，進而總彙之，編纂成書，以爲研究漢語字族者之參考，其功用當不在推闡右文之下也。

顧聲訓之例亦頗有不易知者，今併附述之於後：

一爲讀音似不相近而實爲聲訓者。如《易·繫辭》："是故易者，象也；象也者，像也。象者，材也；爻也者，效天下之動者也。""易"與"象"，"象"與"材"，似非聲訓，然"象""像"、"爻""效"爲聲訓，自修辭之法言之，則"易""象"、"象""材"自亦當爲聲訓，考"象"爲"像"之古

字,而"像"爲式樣之本字("樣"爲借字,"樣"爲俗字),故"像",《説文》
"讀若養",然則"易"之與"象",雙聲語也。(《説文》餳,徐盈切;《玉
篇》餳,徒當切,諸家皆謂《説文》"餳"爲"餳"之誤,竊疑易聲亦可讀入
陽韻,唯未敢必言耳。)象,王筠謂與"希"本是一字,自部首作"希",小
徐改"象"爲"象",遂化一爲二,大徐又增"象"於部末,遂化二爲三。
案:王説實較他家爲長,蓋"象"本有羊至切、式視切、通貫切三讀。故
從象聲者,有"篆""鷁""橡""擦"諸字爲通貫切之系統,又有"喙""㐱"
"蠡"諸字爲羊至切及式視切之系統,段氏欲改後者所從之"象"爲
"象",誤矣。《禮記·玉藻》"士褖衣",鄭注:"褖,或作稅。"《深衣》"純
袂緣純邊,廣各寸半",注:"緣,緆也。"孔氏《正義》云:"鄭解經'緣'字
讀爲'緆'。"(緆,以豉切。)《説文》"璏",《漢書·王莽傳》作"璲",服虔
音衛。(顔師古以下均不明"象"音"衛"之理,故段玉裁《説文注》引
《漢書》竟改"璲"爲"璏",意謂復古,實則盲从耳。)準上諸證,是"象"
可讀入脂部益明。然則"象"之與"材",亦脂之二部之合韻字也。又
如《廣雅·釋詁》"免,脱也",《釋言》"免,隤也"。"免"與"脱""隤"似
非聲訓,然錢大昕《十駕齋養新録》據《論衡·道虚》篇"所謂尸解者何
等也,謂身不死得免皮膚也",謂"免與脱同義""《説文》無'免'字,
'兔'即'免'也,兔善逃失,借爲脱免字,有兩音而非兩字,漢隸偶省一
筆,世人遂區而二之,失其義矣。漢人猶知古音,故讀'免'如'兔'"。
案:錢説極是,"免"與"兔"本是一字兩寫,"免"可讀"兔","兔"亦可讀
"免",漢武氏石室畫像王陵母云:"臣伏劍死,以兔其子。"鈕樹玉云:
是以"兔"當"勉",是也。然則"免"與"脱""隤",亦可視爲雙聲字矣。
此讀音似不相近而實爲聲訓之例也。

　　二爲貌似聲訓而義類未必相近者,如《論語》"哀公問社於宰我,

宰我對曰：‘夏后氏以松，殷人以柏，周人以栗，曰使民戰栗。’”《白虎通》：“宗廟栗者，所以自戰慄。”以“戰慄”釋“栗”，頗類聲訓。然揆之人情物性，“栗”之與“慄”，殊無義類之關涉，雖《說文》“㮚”之古文作𣘗，从西，徐巡說“木至西方戰㮚”，疑𣘗乃𣘗之譌變耳。證以《說文》“㮚”，籀文作𣘗，《集韻》㮚、𣘗、重文並列，知徐巡說未可信也。猶之《史記·陳餘傳》：“柏人者，迫於人也。”《白虎通》：“松者，所以自辣動。”“柏者，所以自迫促。”恐皆爲同音語之心理的聯想作用，無與於先天性之義類者也。又如《爾雅·釋訓》：“萲、諼，忘也。”郭注：“義見《伯兮》《考槃》詩。”“萲”“諼”似爲聲訓，然考《伯兮》“焉得諼草”，毛傳：“諼草令人忘憂”；《考槃》“永矢弗諼”，毛傳：“諼，忘也”。艸名之字，《說文》作“蕙”，或作“萱”；《爾雅》作“萲”，是本字；《毛詩》作“諼”，是同音通借。竊以爲萲艸之名，諧於忘憂之語，故詩人詠之，以示寄託，正徐勉《萱草花賦》所謂“覽詩人之比興，寄卉木以命詞，唯平章之萱草，欲忘憂而樹之”者也。至《說文》“蕙”注“令人忘憂艸也”。《本草圖經》稱萱艸“主安五臟，利心志，令人好歡樂無憂”。逕以詩人讀音所得心理之反應，認爲醫者瘵疾所施藥性之實效，恐無當於事理也。他如《毛詩》《周書》，均謂“芣苢”，婦人食之宜懷妊，疑“芣苢”之古音或近於“肧胎”，故有此附會耳。《韓詩傳》：“直曰車前，瞿曰芣苢。”醫家祇云車前利溲便，未聞其宜子也。又《廣韻·魂韻》：“合楉，木名，朝舒夕斂。”實即“合昏”，加“木”爲“楉”，“昏”“歡”聲轉，遂又譌爲“合歡”。嵇康《養生論》：“合歡蠲忿，萱草忘憂。”皆是諧聲寓意，不宜認爲植物之性能有如此者。又《說文》：“螟，蟲食穀葉者，吏冥冥犯法即生螟。”“蟘，蟲食苗葉者，吏乞貸則生蟘。”“蟊，蟲食艸根者，吏抵冒取民財則生。”蟘貸、蟊冒、螟冥，頗似有義類之聲訓，然以近代科學眼光視之，實皆爲古人神道設教之因果律，非真理也。原夫物之得名，固有由於德業，如劉師培《物名溯原》，王國維《爾雅艸木蟲魚鳥獸釋例》之所考者，然上來所述，率爲鑿空之說，不可不辨也。又《釋名·釋宮室》：“罘罳在門外。罘，復也。罳，思也。臣將入請事，於此復重思之也。”說本於《漢書·王莽傳》：莽“遣使壞渭陵、延陵園門罘罳①，曰：‘毋使民復思也。’”不審先有復思之意，而後立罘罳之制歟？抑因罘罳之音，乃附會復思之說歟？章太炎《小學答問》云：罘罳“猶言羃爾，《釋名》以爲‘復重思之’，依聲爲訓，於本誼無當也”。此皆貌似聲訓而義類未必相近之例，亦即聲訓之變例也。此類頗有關於習俗風尚，學者儻能旁搜博討，著爲專篇，其於古代社會民俗之研究或可得一新啓示乎！

又清焦循《周易用假借論》，其說亦有關於聲訓，今節引之於下，以爲參考：

> 近者學《易》十餘年，悟得比例引申之妙，乃知彼此相借，全爲《易》辭而設。假此以就彼處之辭，亦假彼以就此處之辭，如“豹”“礿”爲同聲，與“虎”連類而言，則借“礿”爲“豹”；與“祭”連類而言，則借“豹”爲“礿”，各隨其文以相貫，而聲近則以借而通。……古者命名辨物，近其聲即通其義，如天之爲顛，日之爲實（《說文》），春之爲蠢，秋之爲愁（《鄉飲酒義》），嶽之爲恔，岱之爲代，華之爲穫（《白虎通》），子之爲滋，丑之爲紐（《律書》），卯之爲冒，辰之爲振（《律志》），仁之爲人，義之爲我（《春秋繁露》），禮

---

① 編訂者按：“罳”，沈文原寫作“思”，誤，今正。

之爲體(《禮器》),富之爲福(《郊特牲》),銘之爲名(《祭統》),及之爲汲(《公羊傳》),桑之爲喪(《士喪禮》注),栗之爲傈(《白虎通》),踟躕之爲蜘蛛(《嘯賦》),汍瀾之爲芄蘭(息夫躬《絶命辭》),無不以聲義之通而爲字形之借。故聞其名即知其實,用其物即思其義。欲其夷也,則以雉名官;欲其聚也,則以鳩名官;欲其戶止也,則以扈名官,以曲文其直,以隱蕴其顯,其用至精。是故柏人之過,警於迫人,秭歸之地,原於姊歸(《後漢書·和帝紀》注),髮忽蒜而知算盡(慕容紹宗事),屧露卬而識陰謀(《晋·五行志》),即"楊"之通於"揚","娣"之通於"稊"也……樽酒爲尊卑之尊,蒺藜爲遲疾之疾,即子夜之雙關也。……其辭借,其義則質,知其借而通之,瞭乎明、確乎實也。或以比《莊》《列》之寓言,則彼幻而此誠也。或以比説士之引喻,則彼詭而此直也。即以比風詩之起興,亦彼會於言辭之外,而此按於字句之中也。

余案:焦氏所謂假借,實包含一部分聲訓在内。若就其性質而言,除可目爲有義類相關之聲訓,如"日""實"、"春""蠢"、"仁""人"、"義""我"諸條外,其他"礿"之與"豹","蒺"之與"疾",聲同而義絶異,此通借之例也。"桑"之與"喪","栗"之與"傈","夷"之與"雉","户"之與"扈"(鳩性善聚故得"鳩"名,此與"夷""雉"、"户""扈"不同例),假物名之音以象徵其語義,此即上文所述"萱""諼"、"昏""歡"之比也。"蒜"之與"算","卬"之與"謀",據耳目所接觸之事物,皮傅其音以占驗吉凶禍福,古代之卜繇,後世之鏡聽,與之同意,此即上文所述"螟""冥"、"蠈""貸"之比也。焦氏於斯統目之爲假借,似嫌菛胡,故附辨之。

三、審辨聲訓義類法

聲訓之不易知,既有如上所述者。加以相通、相近二例,諸家訓詞往往紛紜,是非莫辨。余於《右文說之沿革及其推闡》文中曾評聲訓之失曰:

> 《釋名》應用聲訓之法,獨能闡明理論,爲難能可貴。但惜其拘於事物之類別,枝枝葉葉而爲之,不能盡得語勢流衍從橫變化之狀態。且聲訓之法,任取一字之音,傅會説明一音近字之義,則事有出於偶合,而理難期於必然,此其法之有未盡善者。

又曰:

> 欲匡救一般聲訓之流弊,而增加其可信之力,則不得不補充其條件。條件爲何,即須以同聲母字爲聲訓對象之範圍,如取聲轉,亦必音證義證兼具而後可。

曩之所述,猶嫌未備,兹試將審辨聲訓義類之法,據體驗所得,別之爲七:

一、用卜辭、金文校正篆體以明其形義相依之理。

二、本初期意符字形音義不固定之原則以溯義類之源。

三、用右文法歸納同諸聲字之義類。

四、藉聲母互換之法以索義類之隱。

五、據經典異文以證其義類之通。

六、由音讀之聲類韻部以斷定義類表示之傾向。

七、藉聯緜詞輔助推測詞義之引申。

本上七法，設例證之如左：

《釋名·釋天》："年，進也，進而前也。"案：《說文》："年，穀熟也。從禾千聲。《春秋傳》曰：'大有年。'"（奴顛切）卜辭作〈字〉，金文作〈字〉，皆不從"千"而與"秀"之篆體〈字〉類似。蓋"年""秀"於古取象相同。（法一）"秀"字許君因上諱，不著說解。段玉裁補之曰："不榮而實曰秀。從禾人。人者，米也。出於秝謂之米，結於秝內謂之人。禾秝內有人是曰秀。《玉篇》《集韻》《類篇》皆有'禾'字，欲結米也，而鄰切。本'秀'字也。隸書'秀'從'乃'，而'禾'別讀矣。"段氏之說，極有見地，惜乎猶未達一間耳。竊以爲"禾"亦即古文〈字〉之隸變。"禾"切而鄰，"年"切奴顛，古讀亦可通。苗秀而結米曰禾，即《穀梁傳》"五穀皆熟"曰"有年（有禾）"，"大熟"曰"大有年（大有禾）"也。溯意符字之初期，"年（〈字〉）""秀（〈字〉）"蓋爲一形而表二語，語詞雖異，語意則通。亦猶〈川〉爲朕兆字，又爲古文分別字，不嫌一字而有二讀也。（法二）段氏不明意符字初期形音義具有不固定之性質，故不敢質言"年"與"秀""禾"，"兆"與"別"於古同字，而必强爲之辭矣（段氏於〈川〉下刪"八，別也，八亦聲"）。由是言之，《釋名》之以"進"訓"年"，《白虎通》之以"仍"釋"年"，尚未能得"年"字語義之本也。

《說文》："戌，滅也。"《釋名·釋天》："戌，恤也，物當收斂矜恤之也。亦言脫也。"案：羅振玉云："卜辭中'戌'字象戌形，與'戉'殆是一字。古金文'戌'亦多作'戉'，仍未失戌形。《說文》作'戌'，云'從戊含一'，於是與'戉'乃離爲二矣。"（法一）"戉"爲兵器，用以傷人，故"戌"亦有刻削之義。《史記·司馬相如傳》"揚袘卹削"，《文選》作"戌削”。又“眇闟易以戍削”，《文選》作“卹削”。《集解》引裴駰《漢書音義》曰：“卹削，裁制皃。”《正義》引張揖曰：“卹削，刻除皃。”蓋單語曰“削”，複詞曰“戍削”，其義一也。（法七）以是知“戍”之訓滅，訓恤，不爲無理，但未若言削之更深切著明耳。由卹削之“卹”引申爲憂傷之“恤”（《説文》：“卹，憂也。一曰，鮮少也。”“恤，憂也，收也。”），亦猶創傷之“傷”引申爲愒痛之“愒”。《文始》謂“戍”字“與‘劌’爲‘利傷’亦相近，蓋‘劌’之古文”，其説亦足以證明此理。

《説文》：“甲，从木戴孚甲之象。”《釋名・釋天》：“甲，孚甲也，萬物解孚甲而生也。”又《釋形體》：“甲，闔也。”案：卜辭、金文“甲”字作十，或作田，口象外之孚甲，十，其坼也。“果”字之上亦作田，《説文》“摩”下云：“厂之性坼，果孰有味亦坼”，是其義矣。（法一）田之中直引而下行，篆變作甲。引而上行，字變爲“由”，即古文“由枏”字，小篆亦作“曳㭗”。《禹貢》“取草惟繇”，《漢書・地理志》“中繇木條”，“繇”即“由”也。吳夌雲《經説》云“‘由’象牙从核出形”，朱駿聲謂“上出者芽蘗初抽之象”，均得其恉。蓋“甲”爲權輿其内之孚甲（《釋名・釋言語》：“覆，孚也，如孚甲在物外也。”又“浮，孚也，孚甲在上稱也。”），“由”爲條達於外之由蘗，二字本出於一原。（法二）《説文》音符字之从甲聲者：“呷”訓“吸呷”，“押”訓“檻”，“閘”訓“開閉門”（金文“甲”作十，“才”作十，形頗類似，故有疑“閉”與“閘”於古或爲一形者），“匣”訓“匱”，諸字同具蓋藏禁閉之義。（法三）據音義相依之理，凡平聲陽聲收 m 及入聲收 p 之字，亦多具有此義。（法六）得此數證，則“甲”之義類爲闔，無可疑矣。

《釋名・釋天》：“雪，綏也，水下遇寒氣而凝，綏綏然也。”案：以“綏”釋“雪”，義嫌未切。《晏子春秋・諫》篇景公“刷涕而顧晏子”，

《列子·力命》篇作“雪涕”。《史記·貨殖傳》“雪會稽之恥”,《漢書》作“㓨恥”。又《吕覽·不苟》篇“雪殽之恥”,高注:“雪,除也。”雪之言刷也。《漢書·文三王傳》:“爲宗官刷汙亂之恥。”(法五)由是知“雪”“刷”二語,義類可通。且《説文》“雪”字从彗聲,聲亦兼義。陸佃《埤雅》云:雪“从彗,蓋雪,雨之可埽者也”。“埽”與“刷”皆除去之謂,故《廣雅》云“雪,除也”。且據音義相依之理而言,凡心紐字多含細末散析之義,亦其旁證也。(法六)然則許書云“雪,凝雨説物者”,劉氏云“雪,綏也”。皆不若刷之義爲切近,較然明矣。

《釋名·釋山》:“山上有水曰埒(據畢氏校本),埒,脱也,脱而下流也。”案:“埒”从寽聲,《説文》“寽,五指持也”,《玉篇》作“五指也”。又《説文》“捋,取易也”,余意“易”當是“物”之譌。(“易”“物”互譌之例,詳友人于省吾《論語新證》。)《易·繫辭》:“歸奇於扐以象閏,五歲再閏,故扐而後掛。”《釋文》馬融云:“扐,指間也。”“寽”“扐”聲義俱近,疑是一字。五指駢列歧出謂之“寽”,或作“扐”。亦猶“脟,脅肉也”“肋,脅骨也”,亦本一語耳。引申之以五指取物亦曰“寽”,其字增“手”,孳乳爲“捋”。許書尚别,故皆分部異處耳。然則寽聲、力聲,可以互用,於古爲然。(法四)《文始》云:“《説文》:‘力,筋也,象人筋之形。’人筋有理,故凡有䚏理者皆言力。孳乳爲肋,脅骨也;爲朸[1],木之理也;爲阞,地理也;爲泐,水石之理也。”又爲扐,指間也。(《説文》但引《易經》文而無訓。)是力聲字之義類當爲分理。(法三)“寽”亦宜然。故“寽”爲五指,“脟”爲脅肉,“埒”爲牛白脊,“埒”爲山上有水,古人詠瀑布詩有云“一條界破青山色”,即其意也。“埒”又爲伯用之玉,

[1] 編訂者按:“朸”,沈文原寫作“扐”,誤,今據其後《説文》“木之理”之訓改。

"玉石半相埒也"(《玉部》"瓚"字説解),"鋝"爲十鉄二十五分之十三。又力聲之"扮",字亦作"仂",《禮記·王制》"祭用數之仂""喪用三年之仂",鄭注:"數之什一也。"(引申反之十倍亦曰"仂"。)《考工記·輪人》:"以其圍之仂捎其藪。"鄭注:"三分之一也。"蓋由分理之義引申爲等分之義,凡等分其數均謂之"仂",孔穎達《禮記正義》謂"仂者,分數之言,數亦不定"是也。故"埒"爲疇等之名。然則以"脱"訓"埒",未若以"仂"訓"埒"之爲善,從可知矣。

上來所述,略可概見審辨義類之法,凡衆説紛紜莫決者,舊訓穿鑿譌謬者,古義湮微待發者,持此以理董之,雖不中不遠矣。居嘗欲繼畢、王二家,補苴闕遺,作《釋名》新疏,兼爲研究字族之長編,困吝餘生,精神遐漂,不知尚能了此宿願否。

中華民國三十年冬耶穌聖誕節寫於北平寄寓之老學齋

聯緜詞音變略例 *

聯緜詞大別之可分三類，一爲兩字異音者，一爲雙聲疊韻語，一爲疊字連語。其中又有變例存焉，茲藉演講之便，略舉變例數則，釋之如次，用以引起學者研究之興趣云爾。

一、異音複詞中一字韻變而爲疊韻連語

設有一聯緜詞，兩字異音，今以 a、b 表示異紐，以 x、y 表示異韻，其式爲 ax＋by，然因讀音之便，發生同化作用，往往涉上文或下文而變爲疊韻連語，其式如下：

ax＋by→ax＋bx 或 ax＋by→ay＋by

例 1.

薨趜，《説文》無"薨"字，《走部》："趜，行也，从走臭聲。"（香仲切）《廣韻》去聲一送"薨，薨趜，疲行皃"，莫鳳切；"趜，薨趜"，香仲切。段玉裁《説文注》云："《大人賦》説螭蚪'沛艾赳螑仡以佁儗兮'，張揖曰：'赳螑，申頸低卬也。'按：'赳螑'猶'薨趜'。"朱駿聲《説文通訓定聲》云："趜，《唐韻》香仲切。按：仲者，侑之誤字，因而誤收送韻。"

---

* 編訂者按：1941 年 12 月在輔仁大學語文學會講，初載 1942 年 9 月《輔仁大學語文學會講演集》第三輯，修改後收入《段硯齋雜文》。本書據《段硯齋雜文》版整理。

兼士案：段説是，朱説非，"赳""蝀"連用，則讀幽部，此"蝀"之本音也，故張揖音許救反；"蔓""趥"連用，則"趥"涉上文"蔓"而轉讀入送韻（夢聲本在登部，變音轉入東部），其變如下式：

明送＋曉宥→明送＋曉送

例 2.

饐餲，《説文》："饐，秦人謂相謁而食麥曰饐餲，从食壹聲。"（烏困切）"餲，饐餲也，从食曷聲。"（五困切）《説文》蓋本諸揚雄《方言》。《方言》郭音饐，惡恨反；餲，五恨反。曹憲《博雅音》與大徐引《唐韻》同。孔廣居《説文疑疑》云："餲諧曷聲，乃亦音五困切，疑有誤。"朱駿聲《説文通訓定聲》云"饐餲雙聲連語"，言其非疊韻也。

兼士案："饐""餲"本爲諄脂對轉，"餲"涉上字而轉音耳，其變蓋如下式：

影恨＋ 疑尾 →影恨＋疑恨

（注：□符號表示據諧聲偏旁①假定之音，下仿此。）

例 3.

唠呶，《説文》："唠，唠呶，讙也，从口勞聲。"（敕交切）"呶，讙聲也，从口奴聲。《詩》曰：'載號載呶。'"（女交切）

兼士案："呶"諧奴聲，本音在模韻，涉上文"唠"字轉入肴韻。《小雅》之"號呶"，亦疊韻語也，其變如下式：

徹肴＋ 泥模 →徹肴＋娘肴

---

① 編訂者按："諧聲偏旁"，《輔仁大學語文學會講演集》所載《聯緜詞音變略例》作"聲母"。

例 4.

涊涊，《廣雅‧釋詁》："涊涊，濁也。"曹憲音涊，他典反；涊，那典反。《玉篇》："涊，他殄切，涊涊，姤濁也。""涊，乃殄切，涊涊，醉皃。"《廣韻》上聲二十七銑："涊，涊涊，熱風。"他典切。"涊，涊涊。"乃殄切。而上聲十六軫："涊，水名，在上黨。"而軫切。蓋"涊"本音"而軫"，涊涊之涊，則涉上文"涊"而轉入銑韻耳，其變如下式：

透銑＋日軫→透銑＋泥銑

例 5.

玫瑰，《說文》："玫，火齊玫瑰也。一曰，石之美者，从玉文聲。"（莫桮切）"瑰，玫瑰，从玉鬼聲。"（公回切）"玫"下段玉裁注云："二義古皆讀如文，在十三部，今音則前義讀如枚，入十五部；後義讀如罠，入十二部。"朱駿聲《說文通訓定聲》云："玫字疑从枚省聲，當作'玫'。玫瑰，疊韻連語。"苗夔《說文聲訂》云："玫當从牧省聲。"

兼士案：朱、苗二家皆不明聯縣詞音變之例，故改訂聲母以牽就字音，非也。蓋"玫""瑰"本諄脂對轉，"玫"復涉下文"瑰"而變入灰韻，其變式如下：

明文＋見灰→明灰＋見灰

二、異音複詞中一字聲變而爲雙聲連語

設有兩字異音之聯縣詞 ax＋by，因讀音之便，發生同化作用，其中下一字隨上字聲變而雙聲連語，其式如下：

$ax＋by→ax＋ay$

例 1.

磊砢，《說文》：“磊，衆石也。”（落猥切）“砢，磊砢也，从石可聲。”（來可切）

兼士案：可聲字不應讀來紐，此蓋涉上文“磊”字而變其聲紐耳。今假定“砢”音本在溪紐，其變如下式：

$$\text{來賄}+\boxed{\text{溪哿}}\rightarrow\text{來賄}+\text{來哿}$$

例 2.

屢空，《論語》：“回也其庶乎，屢空。”《釋文》：“空，力從反。”岳珂《九經三傳沿革例》曰“有反切難而韻亦不收者”，如《論語》“屢空”，“空”音力從反是也。錢大昕據《詩》釋文謂“力從”爲“力住”之譌，陸氏爲“屢”作音，非爲“空”音也。吳承仕《經籍舊音辨證》云：“使德明讀‘空’爲空乏，則‘力從’或爲‘口縱’‘苦縱’之譌。”

兼士案：《集解》於“空”有二解，一爲空匱，一爲虛中。俞樾《群經平議》謂“屢”古“止作婁”，《說文》：“婁，空也，从毋中女，婁空之意也。”“婁空”二字即本此經，蓋古語有如此而許君猶及知之也。凡物空者無不明，故以人言則曰“離婁”，《孟子》“離婁之明”是也；以屋言則曰“麗廔”，《說文·囧部》曰“窗牖麗廔闓明”是也。“離”與“麗”皆“婁”字之雙聲，長言之曰“離婁”，曰“麗廔”，實即婁空之義而已。孔子以“婁空”稱顔子，蓋顔子之心通達無滯，亦若窗牖之麗廔闓明也。竊以爲俞氏本何氏虛中之說解“屢空”爲連縣詞，甚是。“屢空”殆猶今人謂聰慧爲“玲瓏”耳。或曰“空”不當有“龍”音，案：《漢書·司馬相如傳》：“嚴嚴深山之嵱嵷兮，通谷豁乎谽谺。”晉灼曰：“嵱音籠，古籠字也。”徐廣曰：“嵷音力工反。”此空聲字讀來紐之例，其音變之式如下：

$$來遇＋溪東→來遇＋來鍾$$

三、異音複詞或疊韻連語中一字韻變或聲變而爲疊字連語①

異音複詞之變式爲 ax＋by→ax＋bx→ax＋ax，即一變而爲疊韻語，再變而爲疊語矣。

疊韻連語之變式爲 ax＋bx→ax＋ax。

例 1.

䁂䁊，《玉篇》："䁂，口侯切，又音歐。""䁊，烏侯、口侯二切，深目皃。"《廣韻》十九侯"䁊"字兩見：一烏侯切，"深目皃。䁂，上同"；一恪侯切，"目深䁂䁊"，而"䁂"字不別出。捄其演變，蓋如下式：

即由異音複詞一變而爲疊韻語，再變而爲疊字語，今山陝方言形容目眶深陷曰"䁂䁊"，讀如ㄎㄡ　ㄌㄡ，尚爲疊韻連語。

例 2.

剅劋，《玉篇》："剅，丁侯切，小裂也。""劋，盧兜切，穿也。"而《廣韻·侯韻》：剅，落侯切，"小穿，又音兜"；劋，落侯切，"剅劋，小穿"。其變蓋如下式：

$$端侯＋來侯→來侯＋來侯$$

---

① 編訂者按："疊字連語"，《輔仁大學語文學會講演集》所載《聯緜詞音變略例》作"疊語"。

他如醟鬵之"鬵",大徐本《説文》引《唐韻》而琰切;鈘鈘之"鈘",《玉篇》牛召切;硠硞之"硞",《廣韻》入聲十九鐸"盧穫切";弸彋之"彋",《漢書·揚雄傳》蘇林音宏;蹩踢之"踢",《漢書·揚雄傳》服虔音石臭反;崔嵬之"嵬",《漢書·司馬相如傳》蘇林音卒鄙反;歛陷之"歛",《吕氏春秋·審應覽》高誘讀曰脅;危崛之"崛",《集韻》入聲九迄魚屈切(《説文》大徐本衢勿切),皆音變之疊韻雙聲語也。他①如委蛇、威夷之與施施,猶豫、容與之與與與,阢隉、虺尵之與蘖孽、兀兀,旁皇、仿佯之與皇皇,或本異字而同化,或本同字而異化,要皆原於音變②。自來學者習知聯緜詞不可單釋、聯緜詞無定字、聯緜詞顛倒互用諸例,而於上述各例則以罕見尟有言者,聊爲發之如此,若夫博討詳説,請竢異日。

---

① 編訂者按:"他",《輔仁大學語文學會講演集》所載《聯緜詞音變略例》作"又"。
② 編訂者按:"或本異字而同化,或本同字而異化,要皆原於音變",《輔仁大學語文學會講演集》所載《聯緜詞音變略例》作"皆音變之疊字連語也"。

袒裼、但馬、劉襪 *

《説文》：“但，裼也。”“膻，肉膻也。”（經典作“襢”）“袒，衣縫解
也。”（俗作“綻”）“組，補縫也。”

段玉裁《説文敘注》云：“許書每依字形説其本義，其説解中
必自用其本義之字，乃不至矛盾自陷。而今日有絶不可解者，如
‘但’爲‘裼’，‘袒’爲‘衣縫解’，既畫然矣。而‘裼’下不云‘但
也’，云‘袒也’。如此之類，在他書可以託言假借，在許書則爲轉
寫譌字。”

又於“但”字下注云：“古但裼字如此，‘袒’訓‘衣縫解’，今之
綻裂字也，引申爲徒也。凡曰但、曰徒、曰唐，皆一聲之轉，空也。
今人‘但’謂爲語辭，而愍知其本義，因以‘袒’爲其本義之字，古
今字之不同類如此。”

案：“本字”“本義”之説，倡於戴震、段玉裁，爲清代小學家之中
學説。二百年來研究《説文》者，莫不以此爲鵠的。其中立論弘通而

能不流於固執者，唯王念孫一人而已。段氏謂《説文》"但""袒"二字其義畫然；又謂《説文》"裼，袒也"及經典中袒裼字皆後人所改。其説似是而實未必然。後來學者變本加厲，往往點竄許書及群經，而自詡爲復古者，比比皆是。始作俑者，其段氏乎。竊以爲但裼者人，所袒者衣，人與衣容可互作。許君尚别，遂分部而故異其訓耳。未必經典之"袒"皆誤，《説文》作"但"爲獨得也。至《詩》"襢裼暴虎"，《爾雅》"襢裼，肉袒也"，"襢"亦其或作。《説文·肉部》"膻，肉膻也"，"膻"即"襢"也。從肉者，章先生《文始》曰"深追古始，恐但、裼皆爲露肉"是也。蓋人是但者，肉是被膻者，衣是用以袒者，其所從言雖異，而事則一也。聲符旦、亶，自可换用。《廣韻》獮韻又别作"襢"，訓"裸形無可蔽"。"衣縫解"及"補縫"，則其引申之分化語也。考"但"之字族，孳乳緐多，極縱横曼衍之致。兹試貫串證發之，述於下方。

《説文》："䭹，畜牲也。"（從小徐本）案：今北俗謂生駒之未施鞍勒者爲䭹馬，實古語也。其字亦作"倓"，《詩·小戎》："倓駟孔群。"《釋文》引《韓詩》曰："駟馬不著甲曰倓駟。"又《管子·參患》篇："甲不堅密，與倓者同實。"注："倓謂無甲單衣者。"又《宋書》有"但馬"；《唐書·儀衛志》一品鹵簿作"誕馬"；《遼史》作"騗馬"，《國語解》"馬不施鞍轡曰騗"，字異而語實同。宋程大昌《演繁露》釋之頗詳，特録於次：

《宣和鹵簿》有"誕馬"，其制用色帛周裹一方氈，蓋覆馬脊，更不施鞍。此其爲制，必有古傳，非意創矣。然名以爲"誕"，則其義莫見也。蔡攸輩雖加辨釋，終不協當。案：《通典》宋江夏王義恭爲孝武所忌，憂懼，故奏革諸侯國制，但馬不得過二。其字則書爲"但"，不書爲"誕"也。但者，徒也。徒馬者，有馬無鞍，如人袒裼之袒①也。迹其義類，則古謂徒歌曰謠，是其比也。其所謂徒者，但有歌聲而無鐘鼓以將之也。然則謂之"但馬"，蓋散馬備用而不施鞍轡者也(《通典》三十一)。又王瓊每見道俗，乞丐無已，道逢太保廣平王懷，遽自言馬瘦，懷即以誕馬並乘具與之。案：此書"但"爲"誕"，誤也。所與者但馬而無鞍勒，故以乘具與之，其理相貫也。又案：《酉陽雜俎》一卷：北齊迎南使"使主副各乘車，但馬在車後，鐵甲百餘人"。其所書曰"但馬"，而不曰"誕馬"。在車後而名"但"，知無乘具以備闕也。(案：今《宋書·江夏王義恭傳》作"誕馬"，蓋據《南史》所改。)

案："但"與"挻""倓"(《説文》訓"淺")，義類相通。"誕"亦爲孳乳字，"挻"其後起之俗字耳。其義亦可隨事活用。《説文》："跣，足親地也。"段注："古者坐必脱屨，燕坐必襪韤，皆謂之跣。《喪大記》主人徒跣，亦謂襪韤。"疑"跣"語亦由"但"出。又如唐人詞："門外猧兒吠，知是蕭郎至；剗襪下香階，冤家今夜醉。"及南唐後主詞："花明月暗籠輕霧，今宵好向郎邊去。剗襪步香階，手提金縷鞋。"詳其詞意，知"剗襪"即徒跣而不納屨之謂。今北平人謂不襯而著衣履猶曰"剗穿"。溯其語原，由來尚矣。

其義亦通於"展"(《説文》作"襄")。《詩·君子偕老》："其之展也。"鄭箋："后妃六服之次，展衣宜白。"馬瑞辰《毛詩傳箋通釋》云：

展衣，《玉藻》《雜記》作"襢衣"。襢之言亶。亶，誠也，與"單""旦"聲義相近。《玉藻》"櫛用樿櫛"，孔疏："樿，白理木也。"《說文》："黬，白而有黑也。"《廣雅》："白馬黑脊，驙。"古字從單、旦、亶聲者，多有白義。"襢"之色白，取義正同。《釋名》："襢，坦也，坦然正白無文彩也。"

案：展衣色白，疑似肉膻，因以得名（《說文》"襄"訓"丹縠衣"，與鄭說異，竊以爲鄭說較長）。蓋白有二解：一爲無色之白，一爲徒然之白。前者即展衣之義，後者即但馬之義。古語曰但、曰徒（《說文》"步行也"，漢人或借"弟"及"地"爲之），今語曰空、曰光（"旦"亦有光義）、曰白（東坡三白飯之謔，謂但啖飯無菜以將之也），詞雖異而義則一。即語法中轉捩字之"但"，亦有除上文所述，轉進一層，而表襮其底裏之意。雖語有虛實，理仍一貫也。

溯"但"之聲母爲"旦"，《說文》："明也，從日見一上。一，地也。"案："旦"爲太陽初出赤裸無遮蔽之象。故其含義有三：一，初生義。其字變爲"産"（俗亦以"誕"爲之）。凡人之初生皆裸，故曰赤子。又《說文》："鷇，卵不孚也。"今俗謂未孚之卵曰"蛋"，其語並由"旦"出，而"犙"亦其孳乳字也。二，徒義。"旦"有光義，而徒空亦謂之光。其字則孳乳爲"但"。《漢書·食貨志》："民欲祭祀喪紀而無用者，錢府以所入工商之貢但賖之。"顏注："但賖之，不取息也。"或以"亶"爲之。《漢書·王莽傳》云："莽憂懣不能食，亶飲酒，啗鰒魚。"又云："及事迫急，亶爲厭勝。"即"但飲酒""但爲厭勝"也。上述"但褐""但馬"及語辭之"但"，跣足之"跣"，皆其比也。三，白義。"旦"訓明，《詩·氓》"信誓旦旦"，猶言明明也。毛傳云"信誓旦旦然"，是矣。

鄭箋云："言其懇惻款誠。"《説文》引作"忌"。案：誠猶言坦白，亦即明義之引申。明亦謂之白。《莊子‧人間世》："虛室生白。"崔注："白者，日光所照也。"上文展衣、樿木、驒馬諸名，皆自此出。《管子‧乘馬》篇："白徒三十人。"友人于省吾云："係指戎卒未被鎧冑者言之。"又戲劇中扮演女子面傅粉者謂之"旦"，或亦取義於斯歟？三義綜互而爲由"旦"孳乳之字族。兹再將上來所述，以表譜之，用便省覽：

旦字字族表

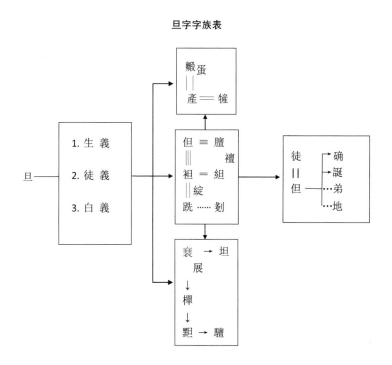

案：表中諸字，雖形聲偏旁，古今音讀，間有不同，實用之義，亦各差池，然溯其義類之脈絡，音轉之軌迹，未嘗不息息相通。目之爲同一血統之語族，雖不中不遠矣。居嘗讀《文始》"但裼"條，覺其於語義之分化，字形之孳乳，未遑徧徵，故爲補考之如此。

　　　　　　　　　　中華民國三十一年五月四日

表中所用符號解：

≡爲相同號　表示變易之重文。

＝爲相等號　表示音義小變之轉語。

→爲相通號　表示義類相通之孳乳字。

…爲相借號　表示音近義異之通借字。

石鼓文研究三事質疑*

歷代討論石鼓文者夥矣，而以郭沫若君《石鼓文研究》爲能總集大成。其於作者之時代，拓本之比較，文字之考訂，辭意之注釋，石次之排列，均有嶄新獨到之見解。譬彼積薪，後來居上矣。甲申夏日自西安復偕返渝，閑居石田小築，酷暑逼人，既不耐讀書，行篋中亦無書可讀，爰从家兄假閱郭書，欲將所附影印安氏先鋒本臨摹數通以消永晝，偶覺郭君所釋《汧沔石》“可目橐之，隹楊及柳”，《車工石》“牸牸角弓”“弓兹目寺”諸句中之“橐”“牸”“兹”三字未愜鄙懷，聊就管見商之如左：

可目橐之

郭云：“橐之言罩也，‘之’指汧水，言汧之兩岸有楊柳垂罩也。宋人多誤‘橐’爲‘貫’。又均从捕魚上著想，如梅聖俞詩‘何以貫之維柳楊’，蘇軾詩‘其魚維鱮貫之柳’，於字形、詩意兩失。元潘迪更解爲‘包裹承藉之義’，尤屬大殺風景。”

* 編訂者按：原載《輔仁學誌》1945年第13卷第1—2期，第66—73頁。

兼士案：郭訓"橐"爲罩，於形音義三者均乏證據，未足徵信，遠不逮潘說及段玉裁《説文注》謂"橐讀如苞苴之苞"，其義爲長。《説文》："橐，囊張大皃，从橐省，匋省聲。"符宵切。段氏改爲"缶聲"。據許説則匋"从缶包省聲"，又"鬵"或體从包作"鉋"，是"橐"之音義均與"包"通。據段説則从缶聲有"寶"，又《大射禮》鄭注"炮鼈"，《釋文》"炮或作炰、缹"，以此證明，亦無滯礙。梅、蘇詩句蓋引《易·剝卦》"貫魚"之詞，以適合楊枝柳條之用。然據《孟子》"以杞柳爲桮棬"，則揉之以作筐筥，自古已然矣，況包魚之説亦見於《易·姤卦》乎？至云狩獸之詩涉及漁魚，便是大殺風景，此純是主觀之見，未足爲考證之據，況本章固已有"君子漁之"之語乎！

牿牿角弓

郭云："即《詩·小雅·角弓》之'騂騂角弓'也。《説文》引作'觲'，甲骨文及金文作'羍'，此从'羊'，蓋即'羍'之省，而以'辛'爲聲也。"

又云："今案此'騂'字異文，先鋒本最爲明晰，其字乃从'牛'作，蓋从羍省辛聲也。"

兼士案：古代意符字之初期，隨事異狀，殆無定型。如卜辭之"逐""逸""达""遮"①各體，皆象人追獸之形，其後乃漸規定，凡追者之辭概以"逐"表之，凡亡者之辭概以"逸"表之，"达""遮"諸體均歸删汰。當其尚未約定成俗之際，"逐""逸""达""遮"，僅爲象事之圖形，

---

① 編訂者按：甲骨文無从辵(辶)之"遮"字，疑沈氏據从止之"塵"隸定，因从止與从辵皆可表追逐意，故寫作"遮"。

而非表語之符號,其音讀若何,固未可以漢後字典韻書之音義齦栝之也。又如"牧""敉"二文,《説文》訓"牧"爲"養牛";"敉"爲"養"之古文,"供養也"。此文字學家所據以定本字、本義者。然推原其溯,"攴"旁作"牛"或"羊",要以不離乎豢畜之象者爲準。"牧"呼"莫卜","敉"呼"余兩",乃其後分別代表語音之辭,於古不必爾也。它如"牡""羘""犺""麈"與"牝""羒""牝""牝""馳""麀"諸形,表示性別,隨物異狀。繼而嫌其紛紜緐複,有違文字易書易記之原則,乃僅以"牛"旁統一之,庶幾易簡之理得。"羳"字郭辨从"牛"作,極是。蓋此字或意符作"羘"作"羴",或半音符作"羳"作"騂",从牛从馬,無施不可(《廣韻》清韻"騂""羳"同),皆所以表牲畜衆多之貌。《詩·周南·螽斯》:"螽斯羽,詵詵兮。"毛傳:"詵詵,衆多也。"《釋文》云:"《説文》作'莘莘'。"《小雅·皇皇者華》:"駪駪征夫。"毛傳:"駪駪,衆多之貌。"《説文·焱部》引《詩》作"莘莘征夫"。詵詵、駪駪、莘莘、莘莘、騂騂、羳羳,聲近義同。《角弓》毛傳以"騂騂"爲弓之調利,似失其旨。《廣韻》"辬"訓"羽多",亦其後起字,从羽與从角同例。《説文》"羴"訓"用角低仰便",蓋本毛傳立説,未必盡符初義。由是言之,此字从馬、从牛、从羊、从角或从羊並(卜辭之"羊"恐亦未必是"羴"字),其義一也。"羳"不必謂从羊省,从可知矣。蓋"羳羳"形容衆多之詞,隨物而施。此詩乃言弓之多也。杜甫《遣興詩》:"騂弓金爪鏑,白馬蹴微雲。"拆"騂"字單用,似覺未妥。

弓茲𦥑寺

郭云:"'𦥑'讀爲'已','寺'讀爲'持',下'秀弓寺射'同。"又云:"'寺'當讀爲'待'。下'秀弓寺射',馬敍倫讀爲'挔弓待射'。"

兼士案：此處"寺"字仍以讀"持"爲長，郭於"兹"字不釋，蓋以
"兹"爲兹此字耳。愚意"兹已"連用，"弓"字讀斷，於辭氣似覺欠順。
竊謂"兹"即"弦"字，"弓兹目寺"，即"弓弦已持"，如云扣弦持滿也。
請試論之：

宋本《説文・艸部》："茲，艸木多益，从艸，絲省聲。"段玉裁本、小
徐本作"絲省聲"（汲古閣剜改本亦然），並以唐石經"兹"作"茲"爲誤。
又《玄部》："茲，黑也，从二玄。《春秋傳》曰：'何故使吾水兹。'"子之
切。段玉裁注："今本'子之切'，非也（段本改"胡涓切"）。案：《左傳》
釋文（哀公八年）曰：'兹（案：《釋文》原作"滋"）音玄'，此相傳之古音，
在十二部也。又曰：'本亦作"滋"（案：《釋文》原作"茲"），子絲反'，此
俗加'水'作'滋'，因誤爲滋益字而入之之韻也。……今本《説文》
'滋''孳''鷀'篆體皆誤从'兹'。"又曰："《釋文》曰：'兹音玄，本亦作
"滋"，子絲反，濁也。《字林》云"黑也"。'按：宋本如是，今本'兹''滋'
互易，非也。且'本亦作"滋"'，則仍胡涓切，不同《水部》滋水字子絲
反也，陸氏誤合二字爲一。"段氏又於《子部》"孳"字下注云："按：此篆
从'艸木多益'之'茲'，猶《水部》之'滋'也，形聲中有會意。《五經文
字》云从'兹'，非也。'茲'本在先韻耳。凡許書'茲''滋''鷀''孳'
'鎡'各本篆體皆謬，今皆更正。"

兼士案：段氏狃於習俗，校改古籍，其要點：(1)茲與兹爲二字，形
音義根本不同。(2)宋本《説文》"兹"从"兹省聲"及从兹之字皆作茲
爲誤。宋本《説文》"茲"下"子之切"，亦爲"胡涓切"之譌。(3)《左傳》
釋文"滋音玄，本亦作'茲'，子絲反"，"滋""茲"二字應互易，唐石經
"茲"皆誤作"兹"，《五經文字》云"孳"从"兹"，非也。然據余研究之結
果，與之殊異其趣。(1)"茲""兹"於古實爲一文之小變，上述段氏以

爲誤者,殆古文真相僅存之遺迹。(2)⿰字《説文》篆作⿰下⿰,實分析之誤。(3)玄,《説文》云"象幽而入覆之",殊爲費解。蓋⿰象束絲之形,"兹"爲其疊文,故均有絲義。單之爲⿰,重之爲⿰,倒之爲⿰("叀"之古文),稍變爲⿰,或⿰(玄),略省爲⿰("玄"之古文,小徐作⿰,大徐作⿰,"弦"字从之。《説文》謂"象絲軫之形"),或⿰,⿰倒之爲⿰(兹),稍變爲⿰,或⿰(兹),要皆不離乎束絲紾轉之形。請更詳證之:

一、"兹"與"玄""兹"同字

金文"兹",《录伯敦》"子孫其帥刑受兹休"作⿰,而《毛公鼎》"錫女⿰弁","玄"亦作⿰。正始三體石經《尚書·無逸》"兹"字古文作⿰,篆文作⿰,《多士》亦同。《集韻》上平七之:"兹、丝,津之切。《説文》'黑也',引《春秋傳》曰'何故使吾水兹'。一曰蓐也,此也。……古作'丝'。"又"兹,《説文》'艸木多益'。"下平一先亦收"兹",胡涓切,"黑也"。重以石鼓文之作⿰,由是知段氏改宋本《説文》及駁唐石經、《五經文字》,頗有强古人以从己之嫌。

二、"玄""兹(兹)"於古兼有牽引之義

《説文》:"玄,幽遠也。象幽而入覆之也,黑而有赤色者爲玄。"案:"玄"既取象於絲,絲之形微紗,故引申有隱幽義,又由隱幽引申有玄黑義,凡此皆發生於絲象之抽繹,許君著其義而誤解其形故云爾。"玄"既取象於絲,故弦絲字"弓"旁著⿰,《説文》云"象絲軫之形",實即"玄"之古文。段注云:"弓弦以絲爲之,張於弓,因之張於琴瑟者亦曰弦,俗别作'絃',非也。"案:"弦"蓋即"玄"之孳乳字(《説文》"彎"从"幺",許謂"从弦省"),又牲牽之"牽"亦从"玄",《説文》第云"玄聲",

其實聲固兼義也。又《説文》"畜"下引淮南王曰"玄田爲畜";又於重文"蓄"下引《魯郊禮》"畜从田从兹,兹,益也"。段注云:"古文本从兹,小篆乃省其半,而淮南王乃認爲'玄'字矣,小篆省改之失也。今本上从'兹',則與兹益之云不貫矣。"許君臚其説而不明其故,段氏竟肆改作,以不狂爲狂矣。章太炎先生駁之曰:"蓋'玄'即'牽'之省(亦或古文無'牽',祇有'玄'字),《周禮》有'牲牽'之文,漢詔有'農桑縠畜'之語(案:此景帝詔語,'縠'爲古'繫'字),'縠'亦'牽'也。道其自體爲'畠',人所豢養爲'畜',其實一物一名,特所從言之異耳。《魯郊禮》从並'玄'者,亦猶籀文緐重之例,非訓黑之'兹'也。"(此爲先生授《説文》時之講義,較《文始·真部》"玄"字條爲詳。)謹案:先生斯説,誠足破惑祛妄,唯云"从並'玄'""非訓黑之'兹'",仍區"玄""兹"而二之,似猶未達一間耳。又《説文》![字],从&省,古文作![字],亦即"玄"也,故![字]下云"从叀,引而止之也。叀者,爲叀馬之鼻,从冂①,此與牽同意"。案:《漢書·陳遵傳》,揚雄《酒箴》:"一旦叀礙,爲甕所轠。"師古注:"叀,縣也。言瓶縣礙不得下,而爲井甕所擊則破碎也。叀音上絹反。"《廣韻》"挗"訓"縣繩望","縳"訓"緂繞"。考今俗以繩縛物猶言"叀",正作上絹之音,許君"叀"訓"小謹",未若師古之訓"縣"之得古義。段氏臆增"田象謹形"四字,尤爲不經之談。由是知卜辭屢言"![字]用叀羊",殆即"牲牽"之義矣。又《説文》:"率,捕鳥畢也,象絲網,上下其竿柄也。"案:![字]形象絲網,即"玄"字。率,《毛公鼎》作![字],《孟鼎》作![字],則又从![字]作矣。(《釋名·釋天》:"玄,縣也。"《釋姿容》:"牽,弦也。"亦其旁證。)

---

① 編訂者按:沈文原引脱"冂"字,今補。

三、"玆(兹)"有玄、緇兩讀

陳詩庭《讀書證疑》云："案:《周禮·鐘氏》:'染羽,五入爲緅,七入爲緇。'鄭司農云:'玄色在緅緇之間,其六入者與。'康成《士冠禮》注亦云'玄則六入與'。據此是玄再入爲緇也,故重'玄'爲'玆'而有'緇'聲。'緇''玆'同訓爲黑。'緇'古文作'紂',《説文》'庸'從'才'而重文作'镃',是'玆'聲同'緇',不爲無證。"(《山海經》:駁"白身黑尾",故謂之"玆"。白,字或作"淄"。又《素問》:"色如草玆者死。"亦可相印證。《廣韻》七之:緇,側持切。爲照母二等字,考照母二等古音與精母爲一類,是"玆""緇"音同。)又劉師培《中國哲學起源考》(《國粹學報》二卷二十三期)曰:"玆、兹、滋三字即一字,滋、兹均從玆得聲,則'玆'字之音亦當如'緇'。隋唐人不解此義,妄分'兹'與'玆'爲二音,後儒遂歧二字爲兩義,夫亦不達之甚。"案:陳、劉二君之説,遠較段氏爲長,參以上述各證,益信《左傳》釋文所云對於古代語文之真相得其近似,固未可厚非也。唯劉君仍以"兹"從玆得聲,不敢逕目爲同字,猶未免拘墟之見。綜上所述,知"玄""玆"同字,"玆""兹"別體,"玆"可讀"緇","兹"亦可讀"玄"。"玆(兹)"讀"玄"易曉,讀子之切,則"絲"音之小變耳。

蓋古者意符字之初期,於數形可表一義,一形可表數義之常例外,且有用一形以代表同義異音兩語辭,或異義異音兩語辭者。所云"異音",即兩讀於聲韻絕不能通轉之謂。此例前人多忽視,故特鄭重言之。例如取象於絲之形者,其義由一原而分爲四派:

(一)幺小義:⅄ ⅄ 㬎 — ⅄ 絲之屬。

《集韻》"糸""幺"同字,"絲""糸"亦同字。《釋言》:"冥,幼也。"

案:"幼"與"幺"同語,"冥"從冖聲,冖猶糸,"糸""冥"亦同語也。然則"冥,幼也"者,猶"糸,幺也"。

(二)滋益義:▨ ▨—▨—▨之屬。

絲之用在於積少成多,故有增益義。▨即絲之到形,"滋""孳"則▨之孳乳字也。

(三)玄系義:▨ ▨—▨ ▨—▨—▨—▨之屬。

金文有▨▨而無"系"。(系,卜辭作▨,金文作▨或▨,而無▨形。)《漢書・嚴助傳》"越人緜力薄材",孟康:"緜音滅。"《説文》"糸"下段注:"糸之言蔑也,蔑之言無也。""糸""蔑"聲轉。"緜"之從系,即"糸"字,義兼聲也。又"叀"爲"玄"之變易,故其古文▨與之同,"縣""弦""牽"其孳乳字耳。《説文》大徐音"弦,胡田切""玄,胡涓切",雖有開合之别,然從弦省聲之"伭""胘",《廣韻》有"胡涓"之音,又《廣韻》"舷""蚿""剈""痃"等字從玄而音胡田切,是"玄""弦"之音於古不嫌其可通也。

(四)幽玄義:▨—▨ ▨ ▨—▨—▨—▨—▨之屬。

金文"玄"作▨,或作▨。羅振玉釋"幽"爲以火爥絲之形,即古"黝"字也。《詩・小雅》"隰桑有幽",毛傳:"幽,黑色也。"《周禮・牧人》"陰祀用黝牲毛之",鄭司農云:"黝讀爲幽。"《玉藻》"一命縕韍幽衡,再命赤韍幽衡",鄭注:"幽讀爲黝黑之黝。"(卜辭有"幽牛",郭沫若云:"幽通黝。")"兹"爲"玄"之重疊文,即"緇""淄""黰"之初文。

閱上表可見數形一義及一形數義之概。至於一形代表同義異音之詞,則如黑義之▨,可讀"幽",亦可讀"玄";又如黑義之▨,可讀"玄",亦可讀"緇"。

一形代表異義異音之詞,如ᄋ代表小詞則讀"幺",代表黑詞則讀"玄"
或讀"幽"。ᄋ代表小詞則讀"覭",代表繫詞則讀"繫",後世字學家加
筆作ᄋ以別之。ᄋᄋ代表益詞則讀"孳",代表黑詞則讀"玄",或讀
"緇",後世字學家別爲ᄋᄋ、ᄋᄋ二體。

本此證驗而推衍之,可以發見古代意符字初期有一與後期六書
意符字不同之通則,即形音義未嘗執著固定是也。究其原因,即由於
古代文字畫之作用,僅寫事物之形態,而不爲語言之符號,其後漸演
變爲代表語言之文字,乃从而整齊畫一之。迨及字書音義之學興,往
往數典忘祖,任意取捨。然故書雅記中古文之真相,吉光片羽,猶有
存者。近代經學家、校勘家推波助瀾,是甲非乙,自設義例,斷於一
切,而古義幾乎熄矣。

烏乎,賊勢猶張,蔡州之消息久斷,士心未振,冀北之收復何期。
孤憤之懷,莫之或寫,乃復尋行數墨,故事雕蟲,不亦大可哀哉!唯一
得之愚,頗願爲治我國古語文學者闢一合理之新途徑。上來所述,不
過藉題説法,以小喻大耳。若夫宏演斯義,當俟專篇。

民國三十三年八月沈兼士作於重慶曾家岩石田小築雙寂寞齋

"不""坯""茉苢""栖卷"諸詞義類説 *

不

　　鄭樵《六書略》云："不，象華之不尊敷披於地上之形。"周伯琦《説文字原》云："不，鄂足也，象形。"均捨《説文》"鳥飛上翔不下來"之訓，而用《詩》鄭箋"鄂不"即"鄂柎"之義。黄生《義府》云："《詩·小雅》：'鄂不韡韡。''不'篆作禾，象花蒂形，即古'柎'字。《韻會》云：'柎或作不'，引《詩》'鄂不韡韡'，鄭云：'承華者柎，"不"當作"柎"，柎，鄂足也。'古聲'不''柎'同。按：鄭止知'不'音古同'柎'，不知'不'即本古柎字。顏公《送劉太沖序》云：'鄂不照乎棣華？ 龍驥驤乎雲路。'此以'不'作'柎'字用也。《吳越春秋·采葛歌》：'葛不連蔓紛台台。'古柎字又一證。"程瑤田《解字小記》説"不"字義尤詳，其言曰："《小雅·常棣》篇：'鄂不韡韡。'鄭氏箋云：'承華者曰鄂。"不"當作"柎"，柎，鄂足也。''不'字義人鮮知者，鄭氏以'柎'曉人，非謂'柎'譌爲'不'而欲改其字也。故《左氏傳》曰：三周華不注山。酈氏《水經注》言'華不注

----

　　* 編訂者按：原載《大公報·文史週刊》(上海)1946 年 11 月 6 日，第 4 期第 10 版；又載《大公報·文史週刊》(天津)1946 年 11 月 10 日，第 4 期第 7 版；整理後收入《段硯齋雜文》。本文據《段硯齋雜文》版整理。

山，單椒秀澤，不連陵以自高'，而説者以爲山如華跗之著於水。又《爾雅·釋山》曰：'再成英，一成坯。'蓋亦以華狀之。'坯'即'不'，一成者，如華之有鄂足。華英在不上，故山再成如鄂不之承華英也。此皆'不'字本義見於經傳可考者。不字象形，'一'下'丷'，象鄂足著於枝莖；三垂，象其承華之鄂蕤蕤也。"其義較王引之《經傳釋詞》"'不'乃語詞"之説爲勝。陳詩庭《讀説文證疑》亦云："凡從'不'皆物始生未成之名，是以未成而謂之'不'也。義正了當。案：'肧，婦孕一月也。'《爾雅》山一成曰'坯'，許君作'丘再成者也。一曰瓦未燒'。是明有未成義也。《一切經音義》卷十五引《字林》，'坯'亦作'瓦未燒'。'芣苢'連文猶'肧胎'連文，皆物始生未成之名。故《韓詩》章句'直曰車前，瞿曰芣苢'。'瞿'即'句'字，謂句萌始生者也。"

坯

《説文》："坯，丘再成者也。一曰瓦未燒。从土不聲。"《書·禹貢》："至於大伾。"傳："山再成曰伾。"李巡曰："山再重曰英，一重曰岯。《傳》曰'再成曰岯'，與《爾雅》不同，蓋所見異也。"臧琳《經義雜記》"一成曰坯"條云："《水經注·五·河水》云：'《爾雅》曰：'山一成謂之伾。'許慎、呂忱並以爲"丘一成"也。孔安國以爲"再成曰伾"，亦或以爲地名，非也。'……據酈善長引許、呂並以爲'一成'，孔安國以爲'再成'者非是。可知今本《説文》作'再成'者，乃俗人依孔傳所改。"參以程瑶田"不"字説①，益②足證《説文》與《書傳》之誤矣。

芣苢

張金吾《言舊録》:"《齊詩·芣苢》傳(王應麟輯):'直曰車前,瞿曰芣苢。''瞿'未詳何解。"汪之昌《青學齋集·五·毛詩陸疏證》:"《詩》釋文引《韓詩》云:'直曰車前,瞿曰芣苢。''瞿'謂生於兩旁。"兼士案:汪之釋"瞿",蓋本郭注《爾雅》車前草好生道旁之說而傅會之耳。不及陳詩庭"不"字說以"瞿"即句萌之義爲長。考《説文》:"朋,左右視也。""瞿,鷹隼之視也。"《爾雅》:"四達謂之衢。"《釋名》:"齊魯間謂四齒杷爲欋。"皆謂其屈折旁出①而不徑直。又《説文》"朋,讀若拘""瞿,讀若章句之句"。許君"讀若",兼示義同。《左傳·昭公二十五年》"有鸜鵒來巢","鸜"本又作"鴝"。《公羊》作"鸜"(音權)。《穀梁》作"鸜",亦作"鷒"。《考工記》"鷒",亦作"鸜"。是"瞿""句"音義相同,其義亦通於"欋"。欋者,卷也。《爾雅·釋草》"其萌虇蕍",亦謂句萌也。鳥名鸜鵒者,或以其鳴聲善於句轉歟?由此可知"瞿曰芣苢"之"瞿",猶句萌之"句"。蓋初生卷曲者曰"芣苢",芣苢之言猶肧胎也,畢出盡達者曰"車前",實爲一物而二名,毛統言、韓析言耳。"胎"從台聲,"台"從目聲,故芣苢、肧胎,語可相通。至於傳記所云"芣苢食之宜懷妊",或云"治婦人難産",恐爲同音語之心理聯想作用,與萱草令人忘憂之傳説相類(《詩》"焉得諼草",借"諼"爲"萱"。《爾雅》:"諼,忘也。"②),慮非由藥性實驗所得者也。醫家止言車前子利溲便耳。(萱草忘憂之説見拙著《聲訓論》。)

---

① 編訂者按:"出",《大公報·文史週刊》版作"轉"。
② 編訂者按:《大公報·文史週刊》版無此句。

栝棬

《孟子·告子》："性，猶杞柳也；義，猶栝棬也，以人性爲仁義，猶以杞柳爲栝棬。"趙注："栝棬，桮素也。"張金吾《言舊録·販骨質疑》："案：《方言》'豆筥'，'自關東以西謂之栝落'。《禮記·玉藻》注：'圈，屈木所爲，謂卮匜之屬。'未有訓作'素'者。且趙氏所謂'栝棬'者，以'素'訓'栝'歟？抑以'素'訓'棬'歟？敢以質諸善讀書者。"案：焦循《孟子正義》："栝素者，《爾雅·釋木》'樸，落'，郭注亦云'可以爲栝素'。《詩》正義引某氏云：'可作栝圈。''圈'即'棬'也。邢氏疏云：'素謂樸也。'段氏《説文注》云：'樸，木素也。素猶質也，以木爲質，未彫飾如瓦器之坯然。《士喪禮》《周禮·槀人》皆云"獻素獻成"，注云"形法定爲素，飾治畢爲成"是也。'蓋栝醆之類，飾以彫漆，華以金玉，未飾未彫之先，以杞柳等木爲之質，故爲素也。《禮記·玉藻》云：'母歿而栝圈不能飲焉。'注云：'圈，屈木所爲，謂卮匜之屬。'已可用爲飲，則非未成之樸矣。《方言》云：'栝，其通語也。'《大戴記·曾子事父母》篇盧辨注云：'桮，盤盎盆盞之總名也。'其未彫未飾時名其質爲'棬'，因而栝器之不彫不飾者即通名爲'棬'也。翟氏灝《考異》云：'趙氏訓"栝棬"爲"栝素"，孫氏音"栝"爲"桮"。蓋"素"與"塐"，"栝"與"坏"，唯以"木"作"土"，爲別字體，音義則並同也。'"

綜上所述，承華之鄂柎，華之所從出者曰"不"，山一成之始基曰"坏"，瓦之未燒者亦曰"坏"，車前草初生之句萌曰"芣苢"，器之形法定而未成之坯素曰"栝棬"。之數名者，語雖異指而義類實同，皆具始基之義。且芣苢、栝棬，兼含曲義。亦猶《爾雅·釋詁》之權輿（始），《釋草》之蘱薡（萌）、藬（黃華），《釋木》之權（黃英），《釋蟲》之蠰輿父

（守瓜），有始義、黃色義，而亦並有屈曲義者，比類正復相似。由是以推，一名之設，容涵多義，清儒本字本義之論，意在探原，反昧真諦。如是解字，不知足當張金吾所謂善讀書者否？

三十五年十月二十二

"盧"之字族與義類[*]

《釋名·釋地》："土黑曰盧，盧然解散也。"劉氏所用聲訓有以本字釋本字之例，此其一也。唯訓詁之法，在以已知推未知，今用本字釋本字，違此原則，殊覺費解。案：《説文》："膚，籀也，讀若盧同。鑪，篆文；鑪，籀文。""盧，飯器也。""膚""盧"殆同字異體，許君"讀若"，亦示通用，不僅注音而已。又《説文》："壚，剛土也。"即《釋名》"土黑曰盧"之"盧"。《禹貢》："下土墳壚。"《釋文》引《説文》"黑剛土也"。而《通典·食貨門》引《尚書注》"壚，疎也"，殆即《釋名》解散義之所本。今以其右文聲系考之，可知盧聲字多有黑義。朱駿聲《説文通訓定聲》云：

> "盧"假借爲"黸"：《書·文侯之命》："盧弓一。"傳："黑也。"
> 《詩》："盧令令。"傳："田犬。"《漢書·王莽傳》："是猶紲韓盧而責
> 之獲也。"注："黑色曰盧。"字亦作"玈"。《荀子·性惡》："鉅闕辟
> 閭。"注："盧，黑色也。"（案：楊注原作"或曰'辟閭'即'湛盧'也。
> '閭''盧'聲相近。盧，黑色也，湛盧言湛然如水而黑也"。）《上林

---

* 編訂者按：原載《大公報·文史週刊》（天津）1947年1月1日，第12期13版；補訂後，收入《段硯齋雜文》。本書據《段硯齋雜文》版整理。

賦》："盧橘夏熟。"注："黑也。"又簙蔡勝采，有雉有盧。又《漢書·揚雄傳》："玉女無所眺其清盧。"服注："目童子也。"字亦作"矑"。

朱氏謂"黸"爲訓黑之本字，以其从"黑"也，不重音而泥於形，此本字說之太拘牽處。似不如王念孫《廣雅疏證》之宏通。①《說文新附》又本《左傳·僖公二十八年》"玈弓矢千"之文，別作"玈"字，訓"黑色也"。阮元《春秋左傳注疏校勘記》云：

> 《釋文》："玈音盧，本或作旅字，非也。"段玉裁云："古音'旅''盧'無魚模斂侈之別，如'旅'即盧聲可證。古字假'旅'爲'黸'。魏三體石經遺字之存於洪氏者，《文侯之命》篇有'旅荒寧'等字，而誤系之《春秋傳》。其旛旅二文，一篆一隸，即盧弓、盧矢之'盧'字也。魏時邯鄲淳、衛敬侯諸家去漢未遠，根據尚精。蓋左氏最多古文意義，云'玈本或作旅'，此正古本之善。《小雅·彤弓》音義亦云：'玈或作旅字者，非。'此皆陸之疏爾。魏人石經隸體不用，則起於魏以後昧於假借之旨，而改从玄旁也。"

考之金文《鼄侯白鼎》"旅弓旅矢"，則段氏之說益足信矣。其他增加偏旁字如黑水謂之瀘水，又鸕鷀②，《字林》云"似鷁而黑，水鳥也"。杜甫《戲作俳諧體遣悶詩》："家家養烏鬼，頓頓食黃魚。"或謂"烏鬼"即"鸕鷀"，以其色黑，謂之烏鬼，蜀人畜之以捕魚，故下句云云。（"鷀"亦有黑義，故水黑曰"滋"，亦通於"淄""緇"，皆訓黑色。）又如

---

① 編訂者按：《大公報·文史週刊》版無"似不如王念孫《廣雅疏證》之宏通"一句。
② 編訂者按：《大公報·文史週刊》版無"黑水謂之瀘水，又"諸字。

驢，似馬而色黑，故得"驢"名。又臚，《説文》"皮也"，籀文从膚作
"膚"。（古音膚聲爲P-，臚聲爲L-，疑古讀爲複輔音PL-?）王引之《經
義述聞》云：

> 人之顔色，見於皮膚，故古人以"膚""色"並言。《管子·内
> 業》篇"和於膚色"，《列子·湯問》篇"膚色脂澤"，枚乘《七發》"今
> 太子膚色靡曼"是也。"膚""色"相連，故"色"亦可謂之"膚"。
> 《孟子·公孫丑》："不膚撓，不目逃。"膚撓，色撓也。《魏策》："唐
> 且挺劍而起，秦王色撓。"《韓子·顯學》篇"不色撓，不目逃"，正
> 與《孟子》同義，知"膚"即"色"也。撓，弱也，面有懼色，則示人以
> 弱，故謂之色撓。不膚撓者，無懼色也。趙注謂"刺其肌膚，不爲
> 撓却"，失之。

余意王氏"膚""色"同義之説極是。蓋上古衣服宫室之制度未備，人
類身體受風日之侵虐者甚劇，故其皮膚呈黧黑之色。於是"膚"爲有
色之稱，轉而謂色爲膚矣。其他如頭顱之"顱"，鑪鬣之"鬣"，皆指毛
髮之色而言。又劉師培《論小學與社會學之關係》"鐵"字條云：

> 《考工記》以矛爲廬器，掌於廬人。"廬""盧"古通，於訓爲黑
> （如"盧令令"爲黑犬，"盧橘夏熟"爲黑橘），而"鐵"字亦訓爲黑金
> （古書如"駣驖""鐵驪"，皆假"鐵"爲黑字之訓），足證廬人之名由
> 制鐵而起。

以鐵制器，發明較晚，飲器之"盧"及方鑪之"鑪"（俗作"鑪"。《聲類》：

"鑪，火所居也。"），即不因鐵制，亦爲火所熏灼，其色黝然而黑，故得斯稱歟？

"盧"聲又轉爲"黎"：《漢書·鮑宣傳》："蒼頭盧兒。"孟康注："黎民黔首，'黎''黔'皆黑也。"而王引之《經義述聞》《詩》'民靡有黎'"條云：

> 案：黎民之"黎"，古人但訓衆，訓齊，至孟康注《漢書·鮑宣傳》始云"黎民黔首，'黎''黔'皆黑也。下民陰類，故以黑爲號"。不知古人謂民曰"黔首"，不聞但謂之"黔"，漢名奴曰"蒼頭"矣，使省"頭"字而但謂之"蒼"，其可通乎？……更以文義求之，衆民謂之黎民，猶衆賢謂之黎獻，《皋陶謨》"萬邦黎獻"，《傳》訓爲"衆賢"，是其例也。

案：王氏謂"黎"當訓衆，不當訓黑。不知衆與黑義，亦相引申。如《詩》"鬒髮如雲"，毛謂"黑髮"。《說文》引作"㐱"，而訓"稠髮"。段玉裁是許非毛，臧庸《拜經堂集·與段若膺書》駁之曰：

> 鏞堂以毛、許之説本通，且必相兼而義始備。蓋髮之黑者必稠，且因稠而益形其黑，故"鬒"之本字從㐱而許以爲稠。

案：臧說較段爲長。由是知衆義與黑義，不相違而實相成。又《說文》："者，老人面凍黎若垢。"《方言》："老，燕代之北鄙曰梨。"郭注："面色似凍梨。"《釋名》："者，垢也，皮色驪顦恒如有垢也。或曰凍梨，皮有班點如凍梨色也。"段玉裁《說文注》："凍黎謂凍而黑色。或假

'梨'爲之。《尚書》'黎老'作'犁老',亦假借也。"案:段氏以"黎"爲本字,"梨""犁"爲借字,似嫌執著。其實"梨""犁"(《說文》作"犁"),亦均因其色黄黑而得名。《荀子·堯問》:"顔色梨黑而不失其所。"字亦作"黧",《字林》云"黄黑也"。又《論語》:"犁牛之子騂且角。"犁者,黄黑相雜之名也。《史記·南越列傳》:"犁旦城中皆降伏波。"《索隱》:"犁,黑也,天未明而尚黑也。"(《廣雅·釋草》:"犁如,桔梗也。"《本草》又名"盧"。)又䅮,《說文》:"䅮黄也,其色黎黑而黄。"《爾雅》作"鷜",《方言》作"䵥"。又驪,《說文》"馬深黑色也"。又纚,《禮記·檀弓》釋文:"黑繒韜。"皆其轉語也。據上所述,"盧"之字族及其義類大齊可知矣。

三六,一,一

漢魏注音中義同換讀例發凡 *

余曩於《〈經籍舊音辨證〉發墨》中曾論及漢魏音義家注音之例有云：

> 漢人注音，不僅言同音通用，且以明異音同用。非如後世反切之但識讀音而已。通用者，義異而音通，即假借之一種，人習知之；同用者，辭異而義同；音雖各別，亦可換讀。此例自來學者均未注意及之。

緣初期注音，多含有不固定性，隨文義之便而設。所注之音，往往示義；釋義之訓，亦往往示音。後世纂輯字書者別裁去取，然後音義之界始嚴。間嘗瀏覽載籍舊音，其音理睽隔爲音義家、校勘家所不易解者，若執前說衡之，輒能不煩辭費，焉然冰釋，益足徵余所假定之可信矣。下舉數例，以發其凡：

沴 戾

《漢書·五行志》："唯金沴木。"如淳曰："沴音拂戾之戾，義亦

---

　　* 編訂者按：原載天津《益世報·人文週刊》1947 年 5 月 12 日，新 1 期第 3 版；補訂後收入《段硯齋雜文》。本書據《段硯齋雜文》版整理。

同。"又《孔光傳》引《洪範·五行傳》："六沴之作。"顏注："沴,惡氣也,音戾。"《說文》："沴,水不利也。从水,参聲。《五行傳》曰:'若其沴作。'"大徐本郎計切。《廣韻》祇收霽韻。《集韻》收先、霽兩韻。徐鍇《說文繫傳》云:"参非聲,傳寫誤也。"段玉裁《說文注》:"按:参聲本音當在十二部,鄭訓'参'爲'珍'是也。今音郎計切者,依如淳'音拂戾之戾'也。"孔廣居《說文疑疑》云:"若音郎計切便與之忍切之'参'不諧。"吳承仕《辨證》以爲真脂對轉。按:諸家皆以参聲不合音"戾"而致疑。不知此爲漢人義同換讀之特例,故如淳云爾。蓋如淳之"沴音戾",爲以注音示義;鄭玄之"沴,珍也"爲以訓詞示音。乃漢魏音義家注音之貫習。若論"沴"字本音,固以段説在十二部爲當。《莊子·大宗師》:"陰陽之氣有沴。"《釋文》李音麗,徐音待顯反,郭音奴結反。按:"麗"爲"戾"之音;待顯乃"沴"之音;奴結反者,誤書参旁爲"尒"耳。《玉篇》:"沴,閭計切。""涂,同上,俗。"是其證也。《廣韻》本如淳而不收待顯切之音,疎矣。

訶 偵

《漢書·淮南王安傳》:"有女陵,慧有口,王愛陵,多予金錢,爲中訶長安。"孟康曰:"訶音偵,西方人以反間爲訶,王使其女爲偵於中也。"如淳曰:"訶音朾政反。"師古曰:"訶,有所候伺也。如淳音是矣。偵者,義與'訶'同,然音則異,音丑政反。"按:此亦漢人以注音方式表示兩字同義換讀之例。《集韻》映韻恥慶切:"訶,伺也。"又勁韻丑正切:"訶,知處告言之。"均與"偵"字同紐,即本孟説。又勁韻虛政切亦有"訶"字,乃爲訶字之音。師古不明漢人注音之特例,故云爾也。

龜 皸

《莊子·逍遥游》："宋人有善爲不龜手之藥者。"司馬彪云："手坼如龜文也。"徐仙民音舉倫反。李楨《説文逸字辨證》："蓋以'龜'爲'皸'之假借。《衆經音義》十一：'皸，居雲、去雲二反。'《通俗文》：'手足坼裂曰皸。'經文或作'龜坼'，下引《莊》此文及郭注爲證。是玄應以'龜''皸'文義互通，不龜手，猶言不皸手耳。皸，《説文》作'踗'。"吴承仕《辨證》云："'龜'本之部字，韻書相承入脂部，脂諄對轉，故得相假。司馬訓爲'龜文'，望文生義，失之。俞樾讀'龜'爲'拘'，聲類不近，亦非也。"按：諸家祇知從聲韻上求解釋，故不得不枝葉其辭。李楨假"龜"爲"皸"之説近是。唯不知古人固自有義讀之法，司馬之訓，仙民之音，何嘗誤乎。

他如《禮記·禮器》："大圭不琢。"《釋文》："琢音篆，本作瑑。"《禮記·投壺》："二筭爲純。"《釋文》："純音全。"（《説文》"仝""全"重文，而《廣韻》云："仝，古文同字，出道書。"蓋因"全"與"同"義通，故亦可換讀也。）①《莊子·在宥》："地氣鬱結。"《釋文》："崔本作'縮'，音結。"吴承仕《辨證》謂"縮字不得音結，疑《釋文》以'結'訓'縮'，今作'音結'者，傳寫之譌。"《史記·貨殖傳》："人民矜懁忮。"晋灼曰："忮音堅。"《漢書·地理志》："趙地民俗懁忮。"顔注："懁，堅也。"案：琢音篆，純音全，縮音結，忮音堅，殆皆義同換讀之例也。亦有不出換讀之字僅用切音表之者：《易·鼎》："黄耳金鉉。"《釋文》："徐又古冥反。一音古螢反。"按：《士冠禮》注："今文扃爲鉉。"是古冥、古螢反者，猶

---

① 編訂者按：《益世報·人文週刊》版無"《説文》'仝''全'重文，而《廣韻》云：'仝，古文同字，出道書。'蓋因'全'與'同'義通，故亦可換讀也"一句。

音肩也。《史記·晉世家》:"輅秦穆公。"服虔曰:"輅,迎也。"《索隱》:"輅音五嫁反。"按:"輅"本車軒前橫木,引申訓迎。"五嫁"爲迎迓字之切音(《說文》作"訝"),是五嫁反者,猶音迓也。《玉篇》:"滷,昌石切,苦地也。《書》曰:'海濱廣滷。'字亦作'斥'。又音虜。"案:《說文》:"鹵,西方鹹地也。東方謂之斥,西方謂之鹵。"顧氏蓋曾見或本作"滷",故音昌石切而與"斥"換讀耳。《玉篇》《廣韻》於此等例以其與諧聲不合,多所刊落。斯其僅存者也。校勘家恒喜本字書以訂正古書音義,未盡合理。又有因協韻而知其亦爲換讀者:《易·剝》象傳以"用"韻"載",《豐》象傳以"用"韻"事"。顧炎武《易音》以爲不可曉,盧文弨謂"'用'爲'害'之誤",王念孫云"'用'讀爲'以'"。實則"用""以"義同,故可換讀耳。《詩》:"子之還兮。"《漢書·地理志》引作"營",與下文"間""肩"爲韻。按:《韓非子》"自環爲私",《說文》引作"營"。《說文》"營"訓"帀居",即闤闠義。是"環""營"同義,故"營"可換讀爲"還"也。

上述諸例,雖形似段玉裁《周禮漢讀考》所謂"讀爲"而實不同。傳注之言"讀爲"者,必易其字。此則字義本同,無分本借,斯其異也。蓋中國文字孳乳,雖爲衍形,而語言運用,仍輕形重音。故同一字體,不妨有時用以表示同意義之兩語辭。大抵以恒言換讀異語者爲多。其法類似日本文字之"訓讀",余曩著《漢字義讀法之一例》謂和文訓讀殆即取法中土,或不盡無稽歟①!

三六,三,五

---

① 編訂者按:"歟",《益世報·人文週刊》版作"也"。

揚雄《方言》中有切音[*]

《方言》十"憐也"條："凡言相憐哀，……九疑、湘潭之間謂之人
兮。"郭於"人兮"無注，錢繹《方言箋疏》引《中庸》："仁者人也。"鄭注：
"'人也'讀如'相人偶'之'人'，以人意相存問之言。"意謂人有仁愛之
義。案："人兮"或爲揚雄假擬某一語詞之反語注音。《爾雅・釋器》：
"肉謂之醢，有骨者謂之臡。"《釋文》："《字林》作'腝'，音人兮反。"
（《説文》"腝"，或作"臡"，大徐音人移切。）又《釋名・釋飲食》："臡，昵
也，骨肉相傅昵無汁也。""臡""昵"以聲爲訓，而"臡"音人兮反，適與
湘潭表示憐哀之語音脗合，竊意"昵"之古讀蓋或似之。（《廣韻》"昵"
在質韻，尼質切。）親昵義與憐愛義相近，揚雄會孝廉、衛卒問其異語
之時，殆以"人兮"擬"昵"之方音歟？

《方言》十："食閻，慫㥛，勸也。南楚凡己不欲喜而旁人説之，不
欲怒而旁人怒之，謂之食閻，或謂之慫㥛。"各家於"食閻"均未注，王
念孫疏《廣雅》亦僅引《方言》而無説。案："食閻"亦揚雄假擬之反語
注音。同書十二："吹、扇，助也。"郭注："吹噓、扇拂，皆佐助也。"《集
韻》去聲三十三綫："諯，以言惑人。"又《毛詩・十月之交》"豔妻煽方

---

* 編訂者按：原載《經世日報・讀書週刊》1947 年 5 月 29 日，第 41 期；後收入《段
硯齋雜文》。本書據《段硯齋雜文》版整理。

處”，《説文》引作“煽”，訓“熾盛也”。皆爲“扇”之增旁字。《廣韻》平聲二仙：“扇，式連切，扇涼。”引申之爲“扇助”及“以言惑人”，即《方言》所謂“勸”與“慫慂”也。竊意子雲以鉛摘次槧之時，殆以“食閻”切“扇”之方音，故今俗尚謂鼓惑人爲扇動。唯“扇”在仙韻收 n，“閻”在鹽韻收 m，不能相通，當時方音容亦有例外歟？

據上所述，知矜者音韻學家考定東漢應劭及漢末孫炎始用反語，其説未爲實録。遠在西漢末年揚雄已知以此法記録方音，雖無反語之名，而有反語之實。且下一字“兮”“閻”，一在匣母，一在喻母，適合切音原理，尤爲可貴。假使此説可以成立，則揚雄作《方言》在成帝元延年間，爲公曆紀元前數年，早於應劭者將近二百年，實音韻學史上一值得注意之事也。至顧炎武《音論》云：“反切之語，自漢以上即已有之。”此乃沈括所謂“不可爲叵，何不爲盍”，鄭樵所謂“慢聲爲‘者馬’，急聲爲‘旆’”，皆言語自然①之勢，而非音義家應用之以注音，二者固未可並爲一談也。

三六，四，二十六

---

① 編訂者按：《經世日報·讀書週刊》版“自然”後還有“緩急自然”四字。

序　跋

《文論集要》敘*

　　《文論集要》是本校國文教授會選集古來講究著作詩文巧拙利病的文章。原選本來把這一部分抱括在學術文（現在改稱《國故論著集要》）裏邊。我當時有一點意見，曾於去年夏天寫信給尹默說："我的意見，想把選文的部目和內容，從學理上改變一下，把他分做三篇：第一篇選錄關於學術思想的文章；第二篇選錄關於講求公式利病的文章，就是作文章的基本方法；第三篇選錄可以學的文章，就是應用作文基本方法的最佳作品。"去年冬天我又寫一封信給玄同說："我從前對於學術文和模範文的編輯方法上，有一點意見，曾在西山向兄說過。現在國文教授會諸君已采取鄙說，把學術文中關於講作文公式利病的東西抽出，另取一個名目，叫作《文論集要》。我以爲《文論集要》應當和《模範文選》合印成一本，並且須把講作文基本方法的放在前面，把合乎這些基本方法的作品放在後面；教者講授時應該以前者爲主，後者爲左證，教學生去互相印證參考。而《模範文選》實在不如改名爲《參考用的文章》。"有人說爲甚麼不把古來各家討論文章利弊的學說，別裁去取，編成講義呢？我以爲對於這一層，也有幾點必須

---

　　* 編訂者按：原載《北京大學月刊》1921年第1卷第8號，第71—72頁；後收入《段硯齋雜文》。本書據《段硯齋雜文》版整理。

說明的理由：一，就體裁上說，《文論集要》仍爲選文的一部分。二，直陳古說，不加評論，留學生自動研究的餘地。三，預科擔任講授國文的人數甚多，勢必不能以一己的學說，齊一衆人的意趣。由上面所舉的三種理由看來，還是不編講義，比較上容易引起師生間活動研究的興味。現在《文論集要》的初稿已經編成付印，我把向來所抱的見解，寫在這裏，當作一篇敘文。

民國九年雙十節於北京大學

《廣韻聲系》敘及凡例 *

　　自來研究古代聲韻之學，約可分爲三級：第一級但取證於《詩》《易》《離騷》。第二級進而知从《説文》聲母中尋得條例。唯此二級均據《廣韻》以外之例證以支配《廣韻》，不免有支離牴牾之弊。第三級更進而就《廣韻》中"聲類""韻部"以爲研究之標準，若網在綱，信後來之加詳矣；然未嘗與《説文》聲母貫通討治，故於三代至宋聲韻嬗變之狀況，猶嫌其不能作探源之論。

　　今草此編，就《廣韻》每韻中取其聲母以爲綱，凡从之爲聲者依次件系於下。其流衍之勢，出入之數，務使別白詳晰，一覽無遺。庶幾縱可以洄溯千餘聲母遞次轉變之軌迹，橫可以鈎稽二百六韻分合相互之關係；至二徐以來所訂《説文》形聲之是非，以及古音中上去入三聲有無及分酌之説，皆不假外證，秩然就理。

　　大凡整理一種學問，欲得真實圓滿之效果，首在以精密之方法，搜集可供研究之確實材料。此書編纂時頗感乾枯繁瑣之苦，然他日考聲韻者得此，或足以助之而得意外之效果，亦未可知。

　　此編經始於民國三年之冬，時黄季剛君古本韻即在《廣韻》二百六韻中之説尚未出。其明年余病，遂輟稿焉。今擬續成前作，出而與

---

　　* 編訂者按：原載《北京大學日刊》1920 年 11 月 16 日，第 744 號第 4 版；又轉載於《北京大學月刊》1921 年第 1 卷第 8 號，第 73—74 頁。本書據《北京大學月刊》版整理。

大學同學諸人共商榷之，因序其編纂大旨如此。

時民國九年十一月十一日

凡 例

1. 凡本韻中字之爲聲母者首記之，並記其反切，而列記其所孳乳之字於其下。

2. 子復爲母者，依次列系於最初聲母之後，提行低一格記之，並列記其孳乳之字於其下。如次孳乳之字又有爲母者，再低一格，記於其後。如此展轉，至畢乃止。

3. 凡從一聲母之字而音不同者，各於首字下注明其反切。

4. 凡字無從之以爲聲者（即非聲母之字），第記其字及其反切。

5. 凡字不明其所從之聲者，第記其字及其反切。

6. 或體字無從之以爲聲者（即不爲聲母者），第記其字於正體之下，注明某字之或。

7. 或體而爲聲母者，系於正體之後，提行低一格記之，並記其孳乳之字於其下。

8. 一字而“正”“或”兩體所從之聲母不同者，分系於其所從聲母之下，注明某爲某之或。

9. 聲母之不在本韻者，加“聲”字以別之，並注明其在何韻。

10. 所從之聲不在本韻，而其聲之聲母出於本韻者，先記最初聲母而系其聲於最初聲母之次，加“聲”字以別之，並記明其在何韻。

11. 字有音義兩異，或義同音異而重見於一韻者，分系於各所從之聲母之下，並各注明其音義。

12. 每韻之末，列記其韻中所有之聲母，並統計其數若干。不在本韻之聲母，各記其所在韻名於其下。

《歌謡週刊》緣起 *

　　北京大學從事於歌謡的徵集，已經好幾年了。最初是劉半農先生管理這件事情。後來劉先生赴歐留學，便把這件事交給周作人先生，不幸周先生中間病了年餘，歌謡研究會裏面又沒有負責料理的人，遂致中斷了些日子。及至今年研究所國學門成立以後，便把歌謡研究會重新整頓起來，仍請周作人先生主持其事。曾經開了一次會，大家決議發行一種歌謡刊物，其命意在於把已經收到的材料，編成一個有系統的報告，以爲將來做"彙編"和"選錄"的長編，一方面也可藉此引起社會的注意和投稿者的興趣。現在《歌謡週刊》第一期定於本校二十五年成立紀念日出版，編輯者爲周作人先生、常惠先生，至於關於聲音和文字的審查，則錢玄同先生和兼士與聞其事，深願喜歡研究的人，多多賜教！

　　　　　　　　　北京大學二十五年成立紀念之前一日

---

* 編訂者按：原載北大歌謡研究會《歌謡》1922 年 12 月 17 日，第 1 號。

《説文通俗》序 *

　　凡學名一家，必各具有歷史，其遞變演進之迹之表現於外者易知，至於受他種潮流之影響，潛移默化以成此遞變之迹之故則難曉。學者於此苟不覃思深索其所以然之故，則於時代之精神，與夫今日對之所應取之態度，未有不矇然者。唯小學亦然，明以前之小學，異於清代，清代乾嘉時期之小學，又異於清之末葉，其所以異之故果何在邪？古韻學者，自宋吴棫以降迄於明陳第，但欲以明古詩無叶音耳？原無與於小學。自段玉裁利用之以注《説文》，於是形體、聲音、訓詁三者一貫之理乃明，而小學之内容大變。鐘鼎款識者，宋人謂之法帖，目爲法書之一種，亦無與於小學，自吴大澂、孫詒讓參取之以考古文，於是原始文字之真相乃明，而小學之内容又大變。由是知此遞變演進之非偶然，非受他種潮流之影響莫能使之然也。今之治小學者約有二派：戀舊者株守《説文》，既蹈拘攣不通之弊；騖新者盲從刻辭，復涉傅會無稽之嫌，封域自畫，莫肯溝通。斯皆未明夫小學史之内容，而矇然於其時代之精神，與夫今日對之所應取之態度者也。余竊以爲今日之研究小學，應以《説文》始，以金文、卜辭終，其間貫串證發

---

　　* 編訂者按：原載《段硯齋雜文》。

之事,則仍當本段氏《説文注》三者一貫之法以求之,開來繼往,捨此莫由。顧段氏《説文注》博大精深,學者對之每興望洋之歎,清道光間馬壽齡曾爲撰要,於段氏之注分類撮鈔,頗便初學,或猶嫌其過繁。顧君頡剛近出其大父廉軍先生遺著《説文通俗》二卷,其書殆爲先生讀段注時之札記,中間於段氏所説本義、借義、本字、假字、正體、俗體各事,鈎玄提要,隨字揭櫫,言簡而意賅,可爲讀段注者之津筏,亦即攀究小學之入門書也。余聞先生曩時與錢唐諸可寶、常州史恩綿兩先生相友善,兩先生於小學造詣頗深,則先生之以小學名家,固其宜矣。頡剛頃以其書付印,公諸同好,而問序於余,爰略敘近代小學變遷之史,以見先生此書裨益學者之匪淺尟也。

民國十三年八月五日

《金文編》序 *

　　鐘鼎之學，由來尚矣。其源流變遷，略可得而言焉。自宋夏竦祖述《汗簡》著《古文四聲韻》，雖曰參考古器文字，所錄金文，才數字耳。元祐之後，古器倍出，乃有專門之作，語其方法，可分二派：王楚之《鐘鼎篆韻》，杜從古之《集篆古文韻海》，薛尚功之《廣鐘鼎篆韻》，党懷英之《鐘鼎集韻》，楊鉤之《增廣鐘鼎篆韻》，吾丘衍之《續古篆韻》，朱雲之《金石韻府》，汪立名之《鐘鼎字源》之屬，以韻隸字，取便檢尋，此一派也。呂大臨之《考古圖》《宣和博古圖》，王俅之《嘯堂集古錄》，薛尚功之《歷代鐘鼎彝器款識》，王厚之之《鐘鼎款識》，摹寫器款，考釋全文，此又一派也。前者爲摹印家之所宗尚，後者亦不過備法帖之一格，雖編帙已有佚亡，今就其存者而觀之，別擇去取，踳譌複沓，殆皆無與於文字學。及清代乾嘉以還，《説文》之學大昌。阮（元）、吳（式芬）、徐（同柏）、劉（心源）諸家取其緒餘，考釋款識，率能原本六書，辨正形體，較諸呂、薛之書，此善於彼矣。吳氏大澂復更張王、杜分韻之體，一以許書五百四十部首爲綱，羅列鼎彝之銘文，用補《説文》之古籀，取材既嚴，考訂亦謹，卓爾成一家言。孫氏詒讓繼之作《名原》，以窮文字之本。金文之學乃與文字學相得而其用益顯，乾嘉以來定一

---

　　* 編訂者按：原載《北京大學日刊》1925 年 8 月 22 日，第 1748 期；又收入《段硯齋雜文》。本書據《段硯齋雜文》版整理。

尊於《説文》之學風於焉丕變，推原其始，要不能不歸功於吳氏《説文古籀補》。顧近數十年鼎彝之出愈夥，而吳書所載，學者每慊其未備（清黄士陵著《續説文古籀補》，其書未見）。容君希白爰仿其例以補之，體裁考釋，益加精詳。而余尤善其附録中增收畫文字一類，爲能識文字制作之原。蓋《説文》所載之象形文字，去古既遠，殆已由圖畫演進而爲符號。故不睹🔲🔲🔲，不能知🔲🔲及🔲🔲🔲🔲🔲形雖變而本爲一物；不睹🔲🔲🔲🔲，不能知🔲🔲🔲🔲義雖歧而同出一原。其他🔲🔲🔲🔲孳而爲🔲🔲，🔲🔲🔲🔲演而爲🔲🔲。凡此之類，例證頗多。苟能循兹以求，則六書制作之消息不難意會。較之曩昔姝姝以《説文》部首當字原者，其得失爲何如乎？

居嘗謂現代治文字學者之先務有二事：一以卜辭、金文參驗《説文》以索形體之原始，斯學吳（大澂）、孫（詒讓）、羅（振玉）、王（國維）四家已引其端緒；一以古代字書傳注所載之音訓參驗《説文》以探語言之根株，此則唯陳鱣自序其《説文解字正義》有云：“鱣著此書，思盡讀《倉》《雅》字書，每於古訓遺文，單詞片語，零行依附，獲則取之，以資左證。”似用此法，惜其書未傳於世。合斯二者以究古代文字語言之系統，庶幾得所憑藉，可免摘埴冥行之虞矣。

抑更有進者，治金文學者，自宋迄清雖不下數十家，大抵皮傅形似，望文生訓，求其如王引之所謂“揆之本文而協，驗之他卷而通”者，猶不多覯。欲矯其弊，莫善於每一器款之下，彙録各家釋文，錯綜參較，辨其句度，考其辭例，引而申之，以盡其義類。如是，則此編中不能盡識之字未必終不可識，即古書辭句之難解者，與夫真僞混殽者，或亦可因之而有所闡明，容君其亦有意於此乎？

中華民國十四年七月二十日

《説文段注摘例》序 *

　　余於大學教授文字學，每詔諸生以入門之法，在於熟讀段茂堂《説文注》。其書龐觀之，似汗漫無歸宿，讀者僅能以其散見於全書中發凡啓例之論，最而録之，參互以求，綱領亦自易得。竊謂段氏注中所舉之例，約可分爲四端：

　　一、説明許書之例。如"纍"下之釋"讀若"，"祝"下、"蘿"下之釋"一曰"，"段"下、"裁"下之釋"某屬"，"蘸"下之釋"引經"，"靈"下説"複舉隸字"之例，"湔"字揭《説文》"屬辭之法"是也。

　　二、論古來造字命名之例。如以聲爲義之理，注於"瑠""璣""芋""蘗"之下，"凡物之小者謂之子，或謂之女""艸類之大者多曰牛、曰馬"，見於"蒻""菩"之條。"統言不分，析言有別"，因"珧""蘇"以著其説。二字爲名，不可删一，舉"苓耳"以例其餘是也。

　　三、兼明他書訓詁之例。如"衹"下之言"讀爲""當爲"，"余"下之言"古今字"，"窺"下舉《廣韻》先今後古之例，"㦸"下明《釋文》"本又作"之條是也。

　　四、段氏自明作注之例。如"一"下標明古韻分部，"璱"注詳考古今原流,其他說音則有"同部""合韻",釋義則有"本訓""引申義",皆其作注之例也。

　綜上四端,或引申之,貫串證發,以盡他書訓詁之類例;或櫽栝之,參互錯綜,以訂本書詞意之傺歧;如此則不僅古籍之字義可以盡明,即文字與語言之構造及變遷,亦可藉此以溯尋其端委。清代乾嘉以來,文字學之能脫離經學附庸,一躍而蔚然成大國者,其關鍵端在乎是,學者所宜知也。昔馬壽齡著《說文段注撰要》,標目雖分九類,舉例未盡四端,余嘗慊焉!閔子元召學既卒業,以其所爲《段注摘例》見示,采錄頗爲精詳,校讀一過,輒弁數語而歸之。

　　　　　　　　　　民國十四年七月二十三日

《吳歌》序 *

頡剛編的《吳歌》，四年前我曾於《晨報副鐫》上讀過一小部分，並
因研究《男孤孀》裏"如今在黄泉路上步黄房"的"黄房"，《哭七七》裏
"叫安童担掃靈前座"的"担"字，與頡剛、建功寫過兩封信討論考證歌
謠中方言的方法，其時研究所國學門還没有成立，現在我們的歌謠研
究會出版各地專集，《吳歌》就是其中的第一種，編者因我是他的老朋
友，叫我在卷頭寫幾行字，雖然我對於歌謠，尤其是蘇州的歌謠没有
一點研究，却不能不在這裏説幾句外行話，聊盡老友之誼。

"國語的文學"和"文學的國語"，固然是我們大家熱心要提倡的。
但是這個决不是單靠著少數新文學家做幾首白話詩文可以奏凱；也
不是國語統一會規定幾句標準話就算成功的，我以爲最需要的參考
材料，就是有歷史性和民族性而與文學和國語本身都有關係的歌謠，
歌謠之中尤以江蘇的爲能以優美之文辭，表現豐富之情緒。《漢書·
地理志》論吳地風俗的一段説：

> 始楚賢臣屈原被讒放流，作《離騷》諸賦以自傷悼，後有宋
> 玉、唐勒之屬慕而述之，皆以顯名。漢興，高祖王兄子濞於吳，招

---

* 編訂者按：原載《北京大學研究所國學門週刊》1925 年第 1 卷第 11 期，第 12—
13 頁；又收入《段硯齋雜文》。本書據《段硯齋雜文》版整理。

致天下之娛遊子弟，枚乘、鄒陽、嚴夫子之徒興於文景之際，而淮南王安亦都壽春，招致賓客著書，而吳有嚴助、朱買臣貴顯漢朝，文辭並發，故世傳"楚辭"。其失巧而少信，……本吳粵與楚接比，數相並兼，故民俗略同。

而《藝文志》載地方歌詩，吳楚、汝南歌詩十五篇實居其首。這是江蘇歌謠在歷史上的價值，現在頡剛搜集的吳歌，雖不能說盡是有精彩的技巧和思想，但是那種旖旎溫柔、情文兼至的風調，總不能不推牠爲南方歌謠中的巨擘，這一點就足以值得研究文學和國語的人的注意。

　　這裏還有一點要附帶聲明的，就是此書的命名問題。從前我雖曾反對過用"吳歈""吳歌"等名稱，以爲不應該以廣狹異域、界限不清的古代國名範圍現代的歌謠，如今我却幡然改途，不反對而贊成了。你看揚雄《絕代語釋別國方言》裏所注明的方言，通行至狹的是楚、秦、晉、宋……等國；稍廣則注燕代、荆吳、周鄭、雍梁、南楚江湘之間……等名；更廣則注自關而西秦晉梁益之間、晉宋衛魯之間、汝穎梁宋之間、陳齊海岱之間等名，却沒有一處用漢代當時郡縣名稱的。有人疑此爲古人著書體例疏略，或是拘泥好古之弊，其實不然，要知道方言因交通的關係而仍是變動不居的，倘是要把牠分布的形勢、通行的區域劃分得很清楚，那非經過一番實地精密的調查，委實難於確定，所以與其失之於狹，毋寧失之於廣，這或者是揚雄用較廣的國界和山脈河流來範圍一種方言的用意，歌謠的性質也和方言仿佛，所以我終於同意於頡剛之命此書曰《吳歌》。

　　　　　　　　　　　　　民國十四年十二月十一日

文字學書目提要敘録 *

一、編輯要指

國學浩瀚，津逮之法，在於采取各家簿録之長，作一指導研究書目。往者劉向之著《別録》，史稱“條其篇目，撮其指意，録而奏之”，惜其書久佚。厥後史志藝文，第記書名而已，自宋以降，目録專書寖盛，綜其義例，可分三類：

（一）加提要者，《崇文總目》，祇傳節本，晁、陳二家，始具解題，馬氏《通考》，更載序跋，及清代《四庫全書總目提要》，總其大成，增加平議，頗便學者；然去取欠審，版刻不詳，是其所短。

（二）載版本者，昉於尤氏《遂初堂書目》。清代自錢氏《讀書敏求記》以後，官私藏書家目録，大抵趨重於是；其中如張氏之《愛日精廬》，陸氏之《皕宋樓》，擴其體制，兼涉提要；唯取材僅限於其所收藏之舊槧，習見之書，雖要不録，故未足以供學者系統的研究。

（三）指示治學門徑者，此類於古無之，唯清末張之洞《書目答問》以是爲職志。其書自謂“分別條流，慎擇約舉，使學者視其性之所

＊ 編訂者按：原載《段硯齋雜文》。

近，各就其部求之"，意誠善矣；然其弊在囿於家法，限於時代；且無解題，以輔助説明，於各家學術之流變，仍不能明示以歷史的趨勢，讀者歉焉！

同人爰欲編一學術史的參考書目，期於《七略》四部分類之沿革，學術派別嬗變之形勢，討原納流，執要説詳，擴而充之爲學術史之長編，精以求之即參考書之總鍵；顧斯事體大，斷非棉薄之力所克成就，現擬分部从事，先著手纂輯《文字學書目提要》，意在兼擇衆長，補拾前失，以爲謝啓昆《小學考》編次淩亂，存佚雜糅，不足盡取法焉。兹將編制大綱，約舉三端於次：

1. 注重史觀不偏拘於家法。

2. 板本、提要二者兼顧。

3. 與文字學史有關之單篇札記亦加甄録。

至於例目別具下方。

二、例

本編所取之材料，專著以外，旁及他書中與文字學史有關之篇章。其無條理無創見之作，雖成書不録。

每類編次，以書之時代先後爲敍。一類之中，義例相近者使相比附，於其末加」以別之；兩類相關者，互見其目。

凡校訂疏釋及補續之作，附於原書之後，低格書之。

凡性質相同相類之書擇其尤要者以〇識之。

每書之下，首注版本，次述作者時代、姓名及其成書之歷史，終列重要序跋及諸家評論。

凡版本注其古刻本、古寫本之傳於今者，清代以來覆刊之精者、校勘本之善者，通行本僅舉其可用者；各本有異同處擇要注明之，其不可讀之坊刻劣本，亦附注於末。

近代發見之古籍殘本，亦加選録；其已佚而有輯本者，録其輯本，無輯本者，别列一佚書表，附每類之後。

凡近代成而未刊，或刊而未見之書，擇要列一存目表，附每類之後。

據本編著録之書，别編一文字學家著述年表，附於卷末，以爲讀者知人論世之助。

本編所用之重要名詞，别編一索引，附於卷末，俾便檢查。

歷代史書之志藝文者，其著録小學書，範圍廣狹，各有不同，兹爲學者明憭歷史沿革起見，特編一歷代藝文志及各家目録中小學分類異同比較表，附於卷末，俾資參考。

三、目

第一部

一、雜字解詁，如《倉頡》《急就》之屬

二、依據字義分類訓釋，如《爾雅》《小爾雅》之屬

三、依據語音以求形義，如《方言》《釋名》之屬

第二部

一、《説文》及研究《説文》諸書

二、分部字書，如《玉篇》《類篇》之屬（《隸辨》《隸篇》等論隸體者附之）

三、《説文》以外之古文，如《汗簡》《古文四聲韻》及其他鐘鼎、甲骨文字之屬

第三部

一、分部韻書，如《切韻》《廣韻》之屬

二、論等韻者，如《韻鏡》《七音略》之屬

三、論古音，如《韻補》《毛詩古音考》之屬

附録

音義類　《經典釋文》《一切經音義》之屬

文字學書之分類，自以清《四庫全書總目》之分訓詁、字書、韻書三類爲最謹嚴。然其標目，仍覺有不妥之處，如字書類之《玉篇》《類篇》，固亦重在網羅詁訓，韻書類之《廣韻》《集韻》，同爲字書之別體，非僅有關音韻已也。兹擬略變其法，區爲三部，每部之中，各分三類，而不楬櫫名目，俾便伸縮。第一部爲《説文》以前之古字書，其第一類爲雜字歌括，乃一切字書之祖。第二、第三兩類相當於《四庫》之訓詁，以其字義語音各有偏重，故特别爲二類。第二部爲《説文》以降之字書及他古文字之屬，第一、第二兩類，相當於《四庫》之字書，以關於《説文》之書過夥，故獨立一類，第三類爲研究宋代以來所發見之古者。第三部相當於《四庫》之韻書，而以分韻字書及論等韻與古音者區爲三類。又謝啓昆《小學考》，於《四庫》三類之外別增音義一門，竊謂《經典釋文》《一切經音義》諸書，固爲覃討古代文字音訓之淵藪；然究非文字學專書，今擬附録於三部之後，用備參考。

民國十五年一月二十日

附：

系統的文字學參考書目舉要 *

第一類

（1）雜字解詁之屬

（2）考證文字分類訓詁之屬

（3）依據語言即音求義之屬

第二類

（4）《説文》之屬

（5）《説文》以外古文字之屬

（6）分部字書之屬

第三類

（7）分韻字書之屬

（8）等韻之屬

（9）考訂古音之屬

第一類

（1）雜字解詁之屬

史籀篇　清章宗源輯，馬國翰刻在《玉函山房輯佚書》中

史籀篇疏證　王國維　《廣倉學宭叢書》本

---

* 編訂者按：原載《北京大學研究所國學門月刊》1927 年第 1 卷第 5 號，第 494—503 頁。本書整理時將其附入《文字學書目提要敘録》後。

倉頡篇　秦李斯等撰，清孫星衍輯　《岱南閣叢書》本　石印《小學彙函續》附十種覆孫本　諸可寶校刻蘇州局附陶方琦補輯本

　　倉頡篇校證及補遺　清梁章鉅校補　蘇州寶華山房刻本

　　倉頡篇補本　清陶方琦補輯　諸可寶編校合刻蘇局本

　　增訂倉頡篇　清陳其策　《觀自得齋叢書》本

　　倉頡篇補本續　曹元忠續輯　江陰刻《南菁札記》本

　　倉頡篇輯補斠證　王仁俊補證

倉頡篇　清任大椿輯在《小學鉤沉》中　汪廷珍刻本　龍氏重刻本　黃奭《漢學堂叢書》本

　　倉頡篇　顧震福輯補，在《小學鉤沉續編》中

倉頡篇　清章宗源輯，馬國翰刻在《玉函山房輯佚書》中

重輯倉頡篇　王國維代姬覺彌輯，廣倉學宭排印本

　　倉頡篇殘簡考釋　羅振玉　《廣倉學宭叢書》本

急就篇　漢史游撰　松江府學明揚政石刻宋葉夢得摹明宋克補摹皇象章草碑本《吉石盦叢書》三集　影印松江碑本　明陳氏《玉烟堂法帖》章草本　《三希堂法帖》趙子昂章草本　《古佚叢書》日本小島知足仿唐石經正書本　《流沙墜簡》影印漢人隸書殘簡本

　　急就篇注　唐顏師古注，宋王應麟補注　《玉海》本　《津逮祕書》本　《學津討原》本

急就訓纂　清李賡芸　《李氏遺書》本

急就章考異　清莊士驥原書，鄭知同訂補　廣雅書局刻本　此
書於字之正俗、義之本借多所案證

急就章考異　清孫星衍　《岱南閣巾箱本叢書》本　《小學彙函》
覆孫本　清楊以增重校孫本

校定皇象本急就章　清鈕樹玉　《靈鶼閣叢書》本　《功順堂叢
書》本題名爲《急就篇考證》

急就篇校正　王國維　廣倉學宭印本

急就篇直音　清王祖源　《天壤閣叢書》本

玉烟堂帖本急就章草法考　李濱　石印本

小學鈎沉　清任大椿輯　汪刻本　龍氏重刻本

小學鈎沉續編　顧震福輯

玉函山房輯佚書經編小學類　清章宗源輯，馬國翰刻

漢學堂叢書經部小學類　清黃奭輯

以上四種爲清人輯古代雜字解詁佚文之最豐富者。

（2）考證文字分類訓詁之屬

爾雅　唐石經本

爾雅石經考文提要　清彭元瑞撰在《石經考文提要》中

爾雅注　晋郭璞　明郎奎金《五雅糾譌》本　明畢效欽《五雅》本　明
《永懷堂十三經古注》本　清臧庸覆元雪窗書院本　又巴陵

方功志翻臧本　清顧廣圻覆明吳元恭本　清張敦仁覆明馬

諒本　清曾燠覆宋繪圖本　《古逸叢書》影宋蜀大字本

《四部叢刊》影印鐵琴銅劍樓藏影宋本

爾雅補郭　清翟灝撰　《續經解》本　《思進齋叢書》三集本

爾雅郭注補正　清戴鋆撰

爾雅正郭　清潘衍桐撰

爾雅郭注佚存補訂　王樹枏　《文莫室叢書》本

書爾雅郭注後　王國維著　見《觀堂集林》

爾雅音義　唐陸德明撰在《經典釋文》中　清盧文弨《抱經堂叢書》本

《四部叢刊》影印涵芬樓藏校本　清王祖源《天壤閣叢書》

有《爾雅直音》二卷

爾雅釋文考證　清盧文弨　《抱經堂叢書》本　湖北崇文書局翻

盧本附《經典釋文》後　邵晉涵《正義》後附《釋

文》亦多所是正

爾雅釋文補　清錢大昭　《可廬著述》本

爾雅注疏　晉郭璞注，宋邢昺疏　清江西刻阮元《十三經注疏附校勘

記》本（四川翻本不善）　清陸心源十萬卷樓刻單疏本

《續古逸叢書》單疏本

爾雅注疏校勘記　清臧庸代阮元校　《十三經注疏校勘記》中

原刊本《經解》本　蘇局本

爾雅注疏本正誤　清張宗泰　《積學齋叢書》本　廣雅書局本

爾雅新義 宋陸佃 《粵雅堂叢書》本 蕭山陸氏刊本

爾雅注 宋鄭樵 《津逮祕書》本 《學津討原》本

爾雅正義 清邵晋涵 通行本 《學海堂經解》本

爾雅義疏 清郝懿行 蘇州校刊足本 《經解》本不全

  爾雅答問 清錢大昕撰在《潛研堂文集》中

  爾雅古義 清錢坫撰 《續經解》本

  爾雅釋地以下四篇注 清錢坫撰 《續經解》本 《錢氏四種》本

  釋宮小記、釋草小記、釋蟲小記 清程瑤田撰 《經解》本 《通
        藝錄》本

  爾雅小箋 清江藩撰 《許齋叢書》本

  爾雅經注集證 清龍啓瑞撰 《續經解》本

  爾雅補注殘本 清劉玉麐撰 廣雅局本

  爾雅詁 清徐孚吉撰 《南菁書院叢書》本

  爾雅稗疏 清繆楷撰 《南菁札記》本

  爾雅匡名 清嚴元照撰 《續經解》本 廣雅局本 陸氏刊本

  古經解鈎沉爾雅 清余蕭客輯 原刊本 魯氏重刊本 竹簡齋
        石印本

  玉函山房輯佚書經編爾雅類 清章宗源輯

  漢學堂叢書爾雅古篆 清黄奭輯

  爾雅漢注 清臧庸輯 《問經堂叢書》本

  爾雅一切注音 清嚴可均輯 《木犀軒叢書》本

爾雅古注斠　清葉蕙心　《小學類編》本

爾雅釋例　清陳玉澍撰　排印本

爾雅草木蟲魚鳥獸釋例　王國維撰　《廣倉學宭叢書》本

雅學考　清胡元玉　《胡氏雜著》本

小爾雅　晋李軌《略解》已佚　宋有宋咸注　《古今逸史》本　《漢魏叢書》本　《格致叢書》本　郎刻《五種糾謬》本　《龍威祕書》本

　　小爾雅訓纂　清宋翔鳳　《續經解》本　《鮓溪精舍叢書》本　廣雅書局本

　　小爾雅義證　清胡承珙　《聚學軒叢書》本　《墨莊遺書》本

　　小爾雅疏　隋王煦　《邵武徐氏叢書》本　鬐翠山房本

　　小爾雅疏證　清葛其仁　《咫進齋叢書》本

　　小爾雅約注　清朱駿聲　《朱氏群書》本

　　補小爾雅釋度量衡　清鄒伯奇　《鄒氏遺書》本

廣雅　魏張揖撰，隋曹憲音釋，一名《博雅》《漢魏叢書》本　明畢效欽《五雅》本佳　明郎奎金《五雅糾謬》本　明胡文焕《格致叢書》本　《小學彙涵》覆胡本用王氏《疏證》本補正本　《益雅堂叢書》本

廣雅疏證　清王念孫　原刻本　淮南局本　《經解》本

　　廣雅釋詁疏證拾遺　清俞樾　《春在堂全書》本

廣雅疏證補　王樹柟　《文莫室叢書》本

埤雅　宋陸佃　明顧械校刻本　明畢氏《五雅》本　明郎氏《五
　　雅糾謬》本　《格致叢書》本　《益雅堂叢書》本

爾雅翼　宋羅願　畢刻《五雅》本　《格致叢書》本　《學津討原》
　　本　清嘉慶間重刻明本

駢雅　明朱謀㙔　借月山房彙鈔本

　駢雅調纂　清魏茂林訓纂　道光年刻本

　駢字分箋　清程際盛　《蓺海珠塵》本

　疊雅　清史夢蘭　同治年止園刻本

別雅　清吳玉搢　耆經堂刻本　《益雅堂叢書》本

　別雅訂　清許瀚　《滂喜齋叢書》本

比雅　清洪亮吉　《北江全集》本　《益雅堂叢書》本

説雅　清朱駿聲　附《説文通訓定聲》後

拾雅注　清夏味堂撰，夏紀堂注　自刊本　《青照堂叢書》本

韻雅　清俞樾　《春在堂全書·曲園雜纂》之三十七

釋祀　清董蟲舟

釋服　清宋翔鳳　《鮮溪精舍叢書》本

釋骨　清沈彤　《果堂集》本

釋繒　清任大椿　《經解》本　燕禧堂《五雅》本

釋人　清孫星衍　見《問字堂集》

　釋人注　清孫馮翼　自刻本

　　釋人疏證　　葉德輝　《觀古堂所著書》本

　　釋人證誤　　羅振玉　見《面城精舍雜文》中

　釋大　清王念孫　《王氏遺書》本

　釋穀　清劉寶楠　《續經解》本　廣雅局本

　廣釋親　張慎儀　《箋園叢書》本

經傳釋詞　清王引之　家刻本　揚州刻本　《經解》本　《守山閣叢
　　書》本

　助字辨略　清劉淇　聊城楊氏刻本　金粟齋石印楊氏本　思賢
　　書局本

　　　　　(3) 依據語言即音求義之屬

輶軒使者絕代語釋別國方言　漢揚雄撰，晋郭璞注　《漢魏叢
　　　　　　　　　　　　　　　　書》本　《格致叢書》本　《古今
　　　　　　　　　　　　　　　　逸史》本　《百名家書》本　《四
　　　　　　　　　　　　　　　　部叢刊》影傅增湘藏宋本　傅氏
　　　　　　　　　　　　　　　　覆刊本附王秉恩校勘記

　方言疏證　清戴震用《永樂大典》本校勘疏證　聚珍板本　閩覆
　　本　微波榭刻《戴氏遺書》本　汗青簃本

　重校方言　清盧文弨　丁杰校　《抱經堂叢書》本　盧氏本　進
　　郭注爲大字，音仍爲小字

　補校方言　清劉台拱校　《劉氏遺書》本

　詳校合刊本　清郭慶藩合戴、盧二本校刊　思賢書局本　郭本
　　刻郭注依盧氏式

書郭注方言後 一、二、三 王國維著見《觀堂集林》

方言箋疏 清錢繹 紅蝠山房本 《積學齋叢書》本 廣雅書局
　　本附何瀚章校勘記 錢本依盧氏進郭注爲大字,而
　　歸併其每句下之音切別立音義之目,總附於每條
　　之後

方言義證 清王念孫未成稿 《王氏遺書》本

　方言類聚 明陳與郊編

續方言 清杭世駿 《杭氏七種》本 《藝海珠塵》本 《昭代叢
　　書》本 思賢書局本附郭校《方言》後

　續方言疏證 清沈齡 《木犀軒叢書》本

續方言補 清程際盛 《藝海珠塵》本 思賢書局本附郭校《方
　　言》後

續方言又補 清徐乃昌 《許齋叢書》本

廣續方言 清程先甲 光緒二十三年排印本 《千一齋叢書》本

續方言新校補 張慎儀 《籑園叢書》本

　方言別錄 張慎儀 《籑園叢書》本

公羊方言疏箋 清淳于鴻恩 光緒戊申金泉精舍刻本

屈宋方言考 李翹 民國十四年芬熏館刻本

方言據 明岳元聲 《學海類編》本

俗言 明楊慎 《函海》本

恒言録　清錢大昕　《潛研堂全集》本　文選樓刻本

異語　清錢坫　《玉簡齋叢書》本

通俗編　清翟灝　無不宜齋刻本　《指海》本

俗語字考　清丁筠

俗説　羅振玉

通俗常言疏證　孫錦標

蜀語　明李實　《函海》本

蜀方言　張慎儀　《箋園叢書》本

越語肯綮録　清毛奇齡　《西河合集》本

吳下方言考　清胡文英

南通方言疏證　孫錦標

直語補證　清梁同書

畿輔方言　王樹枏　《畿輔通志》

操風瑣録　清劉家謀　《廣倉學宭叢書》本

　　其他方志中亦間有著録方言者。

新方言　章炳麟　日本排印本　《章氏叢書》本

　　宋王應麟《困學紀聞》、元陶宗儀《輟耕録》、明楊慎《丹鉛總録》、胡應麟《莊嶽委談》、郎瑛《七修類稿》、方以智《通雅》、清趙翼《陔餘叢考》諸書中亦多譔輯方言俚語之見於載籍者。

釋名　漢劉熙　《漢魏叢書》本　《格致叢書》本　《古今逸史》本　《百名家書》本　郎刻《五雅》本改名《逸雅》　畢效欽刻本　吳

志忠璜川書屋本　《小學彙函》覆吳本　畢沅《經訓堂叢書疏

證》本　王先謙《釋名疏證補》本　《四部叢刊》影印江南圖書

館藏明翻陳道人本

釋名補遺　清畢沅、江聲　畢氏《疏證》本附後　王氏《疏證

補》本

續釋名　清畢沅、江聲　畢氏《疏證》本附後　王氏《疏證補》本

廣釋名　清張金吾　《知不足齋叢書①》本　《粵雅堂叢書》本

釋名疏證　清畢沅、江聲　《經訓堂叢書》本　又《經訓堂叢書》江聲

寫篆字本　《融經館叢書》本　廣雅局本

釋名補證　清成蓉鏡　《南菁書院叢書》本

釋名疏證補　清王先謙　思賢局本

釋名疏證補附　胡玉搢、許克勤　附王氏《疏證補》後

釋名釋例　清顧廣圻著　見《思適齋文集》　《小學彙函》附《釋

名》後　王本載於卷首

釋名釋例補　清張金吾著　見張氏《言舊錄》

---

①　編訂者按:沈文原脫"書"字,今補。

《西行日記》序[*]

　　方前年，美國敦煌考古隊之邀請本校派人參加也，余以敦煌近廿年來外人已屢至其地，顧我國學者以考古爲目的而往者，此殆爲嚆矢，苟非得智力卓絕之士，慮弗克負荷。適陳君萬里奮發欲往，余與叔平亦審諦，微陳君莫能當其事者。既行，六閱月而返。雖於敦煌未遑作从容精密之探檢，然如記中所載，其成績固已足驚歎。至其愛護國寶，維持校譽，孤詣苦心，尚有爲楮墨所不暇及者。然則陳君此行，於國人及本校之光榮爲何如乎！陳君固多才蓺，故記中議論旁涉，莫不精澈。即其寫景抒情之筆，亦皆妙造自然，使讀者得臥遊之趣。往昔載籍，録金石者，多乏山水之清音；寫景物者，每略史蹟之考訂。兩勝兼擅，厥維酈注《水經》；陳君兹記，殆足嗣響。惜全書現尚未印畢，未得快讀一過，而陳君索序甚急，聊書數語，用志感佩之意云爾。

　　中華民國十五年七月九日沈兼士敘於北京大學研究所國學門

---

　　[*]　編訂者按：原載《北京大學研究所國學門實地調查報告　西行日記》，樸社出版，1926 年。

方編《清内閣庫貯舊檔輯刊》序 *

　　故宫博物院文獻館所藏之檔案，約可分爲四類：一曰宫中檔案；二曰内務府檔案；三曰内閣大庫檔案；四曰軍機處檔案。四類之中，以内閣之歷史爲最悠久、最複雜，王静安《庫書樓記》猶未能説其詳也。閣庫文物，自清末即有一部分散佚，諸家記載慮能言之，兹第述余之所親歷者。當民國十一年余方主持北京大學研究所國學門，聞羅叔言斥賣贖内閣大庫檔案，有慨於心，因與馬叔平、陳援庵、朱逿先諸君共謀以其劫餘歸於研究所，此爲學術機關整理檔案之嚆矢。溯民國二十餘年間，北京大學之於研究國學，風氣凡三變：其始承清季餘習，崇尚古文辭；三四年之後，則倡樸學；十年之際，漸漬於科學，駸駸乎進而用實證方法矣。以爲向來文士盡信書之弊，當有以矯之。故研究所國學門於古代研究，則提倡考古學，注意古器物之采集；於近代研究，則側重公家檔案及民間風俗。持此縱横兩界之大宗新資料，以佐證書籍之研究，爲學者闢一新途徑。良以檔案爲未加造作之珍貴近代史料，固等於考古家之重視遺物遺迹也。當時復念彼八千餘袋贖歸羅氏之庫檔，固慶得所，然大庫中果尚有鐍閉

* 編訂者按：原載方甦生編《清内閣庫貯舊檔輯刊（一）》，國立故宫博物院文獻館，1935 年；又收入《段硯齋雜文》。本書據《段硯齋雜文》版整理。

殘餘之文物乎？終莫能明。訪諸故老，亦皆未能道其詳。十三年之
冬，辦理清室善後委員會接管故宮，其權力不能及乾清宮以南，故庫
藏仍未能檢點也。迨北伐告成，余倡从速清理大庫之議，中復幾經
波折，迨二十年一月，此深閉錮扃二百餘年之古文書乃得公諸世界。
曩余在大學時，祇知庫檔以紅本黃册爲兩大宗，其他統目之曰雜件，
就中被甄選爲名貴之品，如明兵部題行稿之類，亦姑名之爲要件而
已，其流别固不了了也。既得遍覽庫藏，始知東西兩庫貯藏之富，品
類之多；然於其流别仍未盡了了也。嗣後於亂檔中發見典籍廳滿本
堂書檔舊目數種，藉此乃得略窺庫藏之源流變遷。因念文獻館之職
司，在於整理檔案，分類編目，尤須於檔案之歷史沿革詳加探討。曩
者雖亦發表若干有價值之史料，率皆零星掇拾，里一扁萬，不足數
也。爰與同人矢志以普徧整理爲基本原則，不避繁賾，不求速效，務
使珍奇者不因破碎而見遺，平凡者可賴統計而有用。顧欲作詳密之
分類編目，其前提必須明憭職官之隸屬及司掌，公文之程式及演變，
爰屬館員方甦生君憑藉舊檔目録之輪廓，以探溯庫藏之歷史，經歲
脱稿，綱舉目張，有倫有脊，雖作者自覺尚不愜心，然吾國研究檔
案學之著述，要不得不以此編爲梯杭。比來邊警日急，尋覽庫檔，
明崇禎十七年兵部議覆盧象昇等題《揭緊急夷情文》中條陳禦敵
三策：

　　……須得急調昌、薊、晋、雲等鎮，就近堪戰壯丁三萬，星速
　　會商，各於間道出口，前後截殺一場，旋即收兵緊守，務使迅雷不
　　及掩耳，此上策也；萬一不能遠出尋奴，則各兵亦必臨邊布置，隨
　　賊進止，或乘瑕出擊，或昏夜襲營，務要正奇相生，斷不可如往年

之望塵却步，尾賊送行故事，倘能堵禦不入，猶中策也；若止靠本鎮之兵，東移西補，直待虜騎闌入而調大兵，策斯下矣。

今日中國之局面，固非明末之比，當時所謂最下策斷不可之"望塵却步，尾賊送行"，似亦無復此等勇氣，遑論"截殺一場"乎？滋可嘆也！余曩於北京大學躬與整理庫檔之役，於故宮獲睹軍機處與内閣大庫檔案合併保存。十載以還，滄桑變亟，猶幸今日及見此編之告成，不禁欣感交並而爲之序。

民國二十四年一月三十日

《古音系研究》序[*]

曩余从唐立厂先生得程瑶田《果臝轉語記》未刊稿，以示建功。建功喜甚，云須附録於其北京大學《古音系研究講義》中。余聞是書之名自爾時始，荏苒已三年餘矣。去歲夏日，建功持四鉅册見示，則其書已告成，且謂書中所主張頗有受余説之影響者，願勻一言以爲序。建功此説余雖不敢承，建功之書則不可不序。

古音之學，發軔於宋，降及現代，可分三期。清初以前爲孤立的古音研究，例如陳第《毛詩古音考》之作，祇以讀《詩》無所齟齬爲目的，初無與於小學也。自段玉裁《六書音韻表》出，本戴震以古韻通小學之説而發揮光大之，實用的古音學乃大顯。有清一代，斯學號稱鼎盛，其弊亦略可得而言。蓋諸家之所謂古者，統三代秦漢之總稱。或以《三百篇》爲本，等而下之，攝及秦漢音，無不同也；或以《廣韻》爲本，等而上之，攝及三代音，無不同也。雖其考訂排比，部類秩如，要皆以一地概四方，以一時概千古，汗漫支離之病又焉能免？況其所論列者，祇爲字與字之間相叶之韻而已，烏足以言音哉！民國以還，西

---

* 編訂者按：原載《国語週刊》1934 年第 7 卷第 182 期；收入魏建功《古音系研究》，國立北京大學出版社，1935 年；又收入《段硯齋雜文》。本書據《段硯齋雜文》版整理。

洋發音學漸傳至中土，於是音韻學乃進而爲理論的研究，脱離小學附庸之地位蔚然獨立，一如曩者小學之於經學焉。此古音研究之沿革大略也。

現代古音學理論的研究之異於前人者果何在乎？余以爲其要點首在於能以歷史的眼光認清所研究之對象。行遠自邇，登山自卑，此至理也；故欲明古代文字之音，必先明現代方言之音。現代方言者，古音之尾閭也；不由乎此，則其所得之結論率難免汗漫支離之病。昔揚子雲因少不師章句，於五經之訓所不解，乃从天下上計孝廉及内郡衛卒會者問其異語而述《方言》，殆亦有援今以證古之意歟？建功此作，於古音之歷史與對象，縱橫搜討，論列詳明，能將前人貴古賤今，重文輕語之積習一掃而空，誠快著也。

大凡一種學問，其理論的研究愈精密，則其應用之效力益廣大。余知此書一出，於音韻訓詁之應用方面，必將推陳出新，更多發明，豈徒古音系本身問題得以解決而已哉？昔人嘗謂"易"含三義：變易、簡易、不易。余謂聲音訓詁之學亦然。語言之聲音，文字之形態，千變萬易，學者貴能歸納之爲簡易之定律，以闡明其不易之定理。《易》曰"至賾而不可亂"，其此之謂歟？

民國二十四年二月十日

影印元至治本鄭樵《六書略》序 *

北京大學將影印元至治本鄭樵《六書略》，徵序於余，余於鄭氏書之研究，不甚感興趣。且至治本之得失短長，亦未遑考校。加之俗冗，因循數月，愧無以應。比以出版在邇，屢被敦促，重違來旨，爰爲序之如次。

竊嘗謂自唐宋以來小學之研究，約可區畫爲三階級：

一、六書分類之《説文》學

後漢許慎創作《説文》，魏晋字學，師承尚異。唐宋而後，始定一尊。陽冰《刊定》，原書已佚。小徐《繫傳》，重在通釋。若以六書隱栝《説文》全書，其法蓋創自鄭氏。自爾戴侗之《六書故》、周伯琦之《六書正譌》、楊桓之《六書統》、魏校之《六書精藴》、趙古則之《六書本義》、趙宧光之《六書長箋》演之，遂成六書分類之學。餘韻流風，迄清猶盛。致令一般治《説文》者，以爲捨六書分類之外，別無他法。而此研究之結果，復不能利用之以治其他學問，是之謂孤立的研究。

---

* 編訂者按：原載《元至治本通志·六書略、七音略》，國立北京大學出版組，1935年；又收入《段硯齋雜文》。本書據《段硯齋雜文》版整理。

二、實用之小學

章太炎先生《國學講習會略説》①云："以古韻讀《説文》，然後知此之本字，即彼引申假借之字。以古韻讀《爾雅》《方言》諸書，然後知此引申假借之字，必以彼爲本字。能解此者，稱爲小學。若專解形體及本義者，如王菉友所作《説文釋例》《説文句讀》，祇可稱爲《説文》之學，不能稱爲小學。若專解訓詁而不知假借引申之條例者，如李巡、孫炎之説《爾雅》，郭璞之注《爾雅》《方言》，祇可稱《爾雅》《方言》之學，不得稱爲小學。若專解音聲而不能應用於引申、假借者，如鄭庠之《古音辨》，顧寧人之《唐韻正》，祇可稱爲古韻、唐韻之學，不得稱爲小學。兼此三者，得其條貫，始於休寧戴東原氏。"戴震主張以古韻爲治小學之工具，以通經爲治小學之目的。其弟子王念孫、段玉裁輩踵之，益宏其業，遂成有清一代之樸學。

三、理論的語言文字學

章氏又曰："自許叔重創作《説文解字》，專以字形爲主而音韻屬焉。前乎此者則有《爾雅》《小爾雅》《方言》，後乎此者，則有《釋名》《廣雅》，皆以訓詁爲主而與字形無涉。《釋名》專以聲音爲訓，其他則否。又自李登作《聲類》，韋昭、孫炎作反切，至陸法言乃有《切韻》之作，凡二百六韻。今之《廣韻》即就《切韻》增潤者。此皆以音爲主而訓詁屬焉，其於字形略不一道。合此三種，乃成語言文字之學，此固非兒童占畢所能盡者。然猶名爲小學，則以襲用古稱，便於指示，其

---

① 編訂者按：指章太炎《論語言文字之學》。

實當名語言文字之學，方爲愜切。"章氏倡此正名之議，頗具時代之精神，足以促小學之進步。其著作有《語言緣起説》《新方言》《文始》等，不愧爲原始要終獨具體系者矣。近三十年來文字學之名已爲學人所習知，更當推廣範圍，於中國舊日小學、現代方言之外，進而涉及東方語言及西方比較語言學，多面綜合，以完成語言文字學之理論的研究，此我輩今日所當取之途徑也。

鄭氏在文字學史上爲第一派之創始者。固自有其時代之價值。今試刺取其書中有關於治《説文》之眼光及方法者，撮要評騭一二，以資隅反。鄭氏曰：

> 臣舊有《象類》之書，極深研幾，盡制作之妙義。奈何小學不傳已久，見者不無疑駭。今取《象類》之義，約而歸於六書，使天下文字無所逃，而有目者可以盡曉。

又曰：

> 臣《六書證篇》，實本《説文》而作。凡許氏是者从之，非者違之。其同乎許氏者，因畫成文，文必有説，因文成字，字必有解；其異乎許氏者，每篇總文字之成，而證以六書之義，故曰《六書證篇》。

顏之推《家訓》推崇《説文》，謂其書"檢以六文，貫以部分，使不得誤，誤則覺之"。其實許君固未嘗以六書部勒全書，六書分類之法，蓋自鄭氏之《六書略》始。鄭氏又曰：

　　許氏多虛言，《證篇》唯實義。許氏所說多滯於死，《證篇》所說獨得其生。蓋許氏之義著於簡書而不能離簡書，故謂之死，《證篇》之義捨簡書之陳述，能飛行走動不滯一隅，故謂之生。今舉"一""二"之義爲《說文》首篇者，可以見矣。《說文》於"一"則曰："惟初太始，道立於一，造分天地，化成萬物。"故於"一"之類則生"元"，生"天"，生"丕"，生"吏"；然"元"從"上"，"丕"從"地"，"吏"從"又"，皆非一也，唯"天"從"一"。《證篇》於"一"則曰："一，數也，又象地之形，又象貫物之狀。在上爲'一'，故生'天'，生'百'；在中爲貫，故生'毌'，生'車'；在下爲地，故生'旦'，生'丕'。爲貫爲地者無音，以無所麗，則復爲'一'矣，是以無音。"《說文》於"丄"則曰："丄，高也，此古文上，指事也。"故於"丄"之類則生"帝"，生"旁"，生"下"。然"帝"本象形，"旁"則形兼聲，"下"非從"上"而與"上"偶。《證篇》於"丄"則曰："二音貳，又音上，殺上者爲上，殺下者爲下，在物之中者，象編連之形，在物之上下，象覆載之位。故於'二'則生'竺'，生'齊'；於'上'則生'元'，生'帝'；於'下'則生'丙'，生'麗'；於中則生'册'，生'再'；於上下則生'亟'，生'亘'。在中在上下者無音，以自不能成體，必有所麗，是以無音。"

鄭氏說象形之體，其音義隨字變動。較之許君之執著形體者，固有生死之別，誠此善於彼矣。雖然，儻以現代學者之眼光視之，上述兩端，皆尚有可議，而尤以六書分類之法爲不合理。請分論之於下：

論六書分類

　　六書爲"字例之條"，殆猶文法之於文章。文法之用，爲便於解釋一切文章之構造，初不必剖析文章使其分隸於各類文法之中，方爲能事。又如幾何學定理之於問題，問題之性質愈複雜，則其應用之定理亦必愈繁多，凡解一題固不應限用一定理也。六書之於文字，何獨不然？蓋造文字時，運用六書之法（此是追述之語，當造字時固無六書之目），少則僅一，多容至四，其排列組合，有式可計。吾人於每一文字可視其用六書之多寡，定造成之後先，大概少者必先，多者必後（此謂取法之多少，不關結體之繁簡）。緣造字者之思想，由簡單漸趨複雜，由具體漸趨抽象，由表意漸趨表音。試觀六書之次第（本班固説）可知演進之勢，大劑如此。然則六書之分，固非絕對有別，判若鴻溝者也。今鄭氏捨本逐末，到果爲因，以六爲書綱，別立細目，而以文字分類件繫於其下。脱有出入，復削足就履，設變例以彌縫之，如象形中有形兼聲、形兼意，指事中有事兼聲、事兼形、事兼意。遂使後之學者變本加厲，爭論紛紜，歧路愈多，真義愈隱，庸人自擾，甚無謂也。今之新學，乃起而倡打破六書之論，是豈六書本身誤人，抑不善於利用六書之過也。余以爲六書本是文字之注脚，不應反以文字爲六書之注脚；六書祇宜藉作造字史觀，從縱面察其遞衍嬗變之迹，不宜橫面强爲切斷，使之失其脈絡，此余對於鄭氏六書分類法之駁議也。

次論"一""二"之所生

鄭氏謂"一"有多面意義，極爲宏通。唯改《説文》之訓爲"數也"，則似是而實非。緣古小學書多爲四字韻語，《史篇》《三蒼》，佚文可按。許書體裁，雖志在革新，然於開宗明義，故仍舊貫，殆亦有暗示直傳小學正統之意歟？即如許書部首之制，亦由《急就章》之"分別部居不雜廁"悟出（《急就》多以偏旁相同之字類聚成文，與《倉頡》僅以義聯者有別），與其如段玉裁所云"此前古未有之書，許君之所獨創"，無寧謂其爲歷史自然的演化爲較有意義也。至於"惟初太始"四句，似覺含胡不了，唯如此方足表示"一"形可以象徵多面之意義（或以爲漢代陰陽五行之説波及小學，故許氏有是説）。易爲"數也"，反成膠柱矣。又於"二"則曰："二音貳，又音上。"其説頗怪誕，然不得謂之毫無見地。古者象形文字之發展，蓋經歷二階段，先有文字畫，而後有六書象形字（詳拙著《從古器款識上推尋六書以前之文字畫》）。前者爲繪畫的，其結體複合流動，義既不固定，音亦或有或無。迨蜕化爲六書象形字，則成單體之符號矣。然其音義，仍未嘗如後世之拘泥也。例如"月"形，在"俞"既爲舟，又象穿木户，又象築牆短版，又象廁牏，受糞函者（其字則孳乳爲"窬""牏""庮"等）。在"般"（即"盤"之初文，《説文》誤爲從舟車字）、"舟"（《説文》從舟省聲，金文作"𣎴"，不省）皆象承盤。（《周禮·司尊彝》：六彝"皆有舟"。鄭司農注："尊下臺，若今之承盤。"按：今俗尚有茶船之語。）且疑"皿"字與"月"原始亦是同形。在"履""前"皆象履（"前"爲納足於履前行之象，《説文》誤爲從舟車字，故下有"不行而進"之訓。）是"月"爲一切物空中之共象，不僅指舟車，自不應皆讀作舟車之音。又如"凵"形在"凷"象地之汙窪，在"冏"象山之洞壑，在"𠺧"象其空中能容（金文、卜辭亦多以"凵"象器形），在"龠"象竹管上見。是"凵"爲上述各物之共象，不僅指口舌，自不應皆讀作口舌之音。大氐文字畫多作象徵母型，以泛象若干事物之共態而非代表其語言。及至所謂六書象形時代，乃漸分別形體，固定音義，而爲文字矣；然其中殘留之遺迹，往往而有，尚可推尋。鄭氏之説，猶覺未達一間，且舉"上""二"爲例，尤爲不倫。其他鄭氏所主張之"子母相生""文字有間"，莫不與此有聯帶之關係，知是可以類推矣。此余補訂推闡鄭氏"《證篇》獨得其生"之説也。

　　鄭氏此書又多刊定許君舊注，上承陽冰，下啓元明諸家之説，雖與近代以金文、卜辭匡正《説文》之意相類，而其法則異，前者憑臆説，尚獨斷；後者重比較，貴證據，區以別矣。是此書之在今日，僅存歷史上之價值，又何貴乎印行？不知學術之能推陳出新，端賴反正兩種潮流之相激相盪。有六朝之靡麗，然後有唐宋八家古文之質實；有明代之空疎，然後有清乾嘉樸學之考據。物極必反，乃至理也。居嘗以爲張之洞《書目答問》太重家法，忽略史觀，是其缺失。然則北京大學之重印此書，豈爲多事哉！

　　　　　　　　　　　民國二十四年雙十節

王譯《故宫俄文史料》序 *

　　内閣大庫之藏書，自清宣統間學部以之設京師圖書館遂見稱於世，至歷朝檔案爲庫藏之正宗，反没落少措意者。民國十一年北京大學請教育部將所存庫檔之一部分移交大學整理時，余適主其事，因得窺梗概；然於庫藏底藴，莫之知也。迨故宫博物院建立，余倡清理大庫之議，蓋欲與分藏於各處者作一聯絡之計畫，且進而與軍機處檔互相參證，以爲綜合研究清代中央政府各種檔案之豫備。顧機緣未熟，惩憑愈力，波折轉多，延至近二年來乃能逐漸了解庫藏之底藴，其中最珍奇者爲老滿文檔及俄羅斯檔。俄檔分三種：一、俄國來文原件。二、鈔本俄文檔，爲往來文書之彙鈔存案者。三、滿文俄檔，爲往來文書之滿文譯本。清初之例，與俄國往來文書，率由理藩院轉遞，字體則往牘用俄文或蒙古文，由俄羅斯館與蒙古堂掌稿，又彼此往還之文書皆須譯成滿文，存案則由滿本堂辦理。故三種中文件容有互複者，而俄文原件尤爲可貴。泰西諸邦之通我固有早於俄者，然具有一般國際性之交涉者，實自俄始。軍機處雖藏有各國使臣漢文照會若干通，其年代皆在道光以後，不如此遠及康熙，且爲其本國之古文字也。

---

　　* 編訂者按：原載《段硯齋雜文》。

夫外交文書爲傳達交涉意旨之要具，薛福成《〈出使四國公牘〉序》有云："昔日達官，不曉外務，動爲西人所欺，西人狃於積習，輒以不敢施之西洋諸國者，施之中國，爲使臣者遂不能不與之爭；爭之稍緩，彼必漠視而不理，其病中於畏事；爭之過亢，彼必借端以相尤，其迹疑於生事。邇者當事願生事者較少，而習於畏事較多，故失之剛者常少，而失之柔者常多。"觀此知中國無自主之外交，其所由來者漸矣。今特浼王叔梅、劉紹周兩先生將俄文原件編譯印行，其他兩種亦當陸續理董發表，以備研習外交史者之考鏡焉。

民國二十五年十月三日

《小學金石論叢》序 *

吾友楊遇夫先生近以其所著小學金石論文衰集成書，徵文於余，且堅之曰："兄主①右文，弟研聲訓，同時同地同好，弟有所著而兄無言，他日學人或以爲異事。"僕②於十年前曾謂今之文字學家，已知用卜辭、金文參驗《説文》以索形體之原始矣，更當用古書音義、現代方言參驗《説文》以探語言之根株，而歎惜後者之寂寞無聞。爰上溯聲訓，推衍右文，略有造述，今讀斯編，深幸吾道之不孤。昔段茂堂作《説文解字注》，云非王懷祖之敍，不足以著其所得，僕③固不敢望懷祖，然先生於詁訓之學，直若茂堂自道其心得，所謂胸中充積既多，觸處逢源，無所窒礙者也。既感同好之不易得，又重違其所屬，謹受教而序之。

夫小學名家，肇始班《志》，然所著録，止於雜字，其餘《爾雅》總離詞，《方言》標殊語，《説文》析字形，《釋名》闡義類，文質份份，莫盛於是。自爾以來，少所創作，迨至清代，段、王勃興，始倡形音義三者貫

---

* 編訂者按：初載楊樹達《積微居小學金石論叢》，商務印書館，1937 年；又收入《段硯齋雜文》。本書據《段硯齋雜文》版整理。

① 編訂者按："主"，《積微居小學金石論叢》版作"治"。

② 編訂者按："僕"，《積微居小學金石論叢》版作"蓋余"。

③ 編訂者按："僕"，《積微居小學金石論叢》版作"余"。

串證發之術，及章太炎師正語言文字學之名，而後文字語言巧初不違之理乃昭然大明。近三十年來學者之犖討形體與聲韻，頗多愜心之作，唯未能利用之以治訓詁，其造詣反瞠乎視清儒不及遠甚，是豈太炎師倡導語言文字學之旨乎？竊以爲訓詁之學，具有實用與理論兩端：乾嘉學者所謂《說文》爲體，《爾雅》《方言》《釋名》爲用，此顧胡之說，未足爲準也。蓋《爾雅》之釋字義，《方言》之辨語音，對象雖異，要皆爲客觀之紀録，此近於實用者也。《釋名》循名責實，論敘指歸，爲主觀之推求，此近於理論者也。《說文》則二者兼之，顧①所說解祇據字形以明取象之由，不謂言語之初含義即爾也。後來字書，率皆本《說文》之部居，襲《爾雅》之記述，雖段氏注疏《說文》，楬櫫本義，朱氏《通訓定聲》，特標聲訓，要②皆未能達於理論訓詁之境界，於文字聲義流轉之體勢，猶不足示諸隰栝也。獨王氏《廣雅疏證》，貫串該洽，賾而不亂，或許之如入桃源仙境，窈窕幽曲，繼則豁然開朗，土地平曠，可謂妙喻，惜乎未嘗紬繹之、絜矩之著爲通論，明諭後學以範疇也。今先生私淑王氏，造此宏著，撮其要旨，約具三綱：形聲字聲中有義一也；聲母通假二也；字義同緣於受名之故同三也。循是以求訓詁之理論，若網在綱，有條不紊矣。兼之舊書雅記，諳熟於胸臆，往往不假字書，能於文辭義例中徑得詁訓之真諦，較之俗儒解字説經誼，釘餖③叀屑者，其高下相形又何如邪？先生猶夫自視欿然，虛懷下問，僕④又安敢自閟其愚，謹爲引申數義於下：

---

① 編訂者按："顧"，《積微居小學金石論叢》版作"其"。
② 編訂者按："要"，《積微居小學金石論叢》版作"然"。
③ 編訂者按："釘餖"，《積微居小學金石論叢》版作"餖飣"。
④ 編訂者按："僕"，《積微居小學金石論叢》版作"余"。

一曰初期象形字音義之不定於一也。竊以爲"少"字，不但因从"小"而有小義①，卜辭小、少同字，金文"小""少"無別，古書中"小""少"仍復互用，方言"尐""小"同義，而"尐"字亦爲"少"之反體，《説文》引譚長説"沙"字从"尐"作可證。②又"幺""絲""糸""８""系""絲"諸字亦同，不僅"幺""絲"之爲複文也，諸字之體，皆象絲形，其義爲幼小、爲幽渺（"玄"亦是糸形），爲聯繫，凡此諸形，統攝衆義，證以古篆偏旁重文，从可知也。其他如"屮""艸""㞢""茻"及"行""彳""亍""夂""辵"等字，莫不皆然。蓋初期象形，祇是事物之象徵，而非語言之符識，繁省向背，其用一也。後世字學家整齊畫一③，乃以餘形分配異語，許書分部別屬，遂令形專一義，離析④割據，近代學者復拘泥於本字本義之説，而不知所以通之，遂致變本加厲，動成隔閡⑤矣。此義不固定之説也。"囟"字古又可以爲"巤"，故"農"从囟聲，而有"獷""巇"。《廣韻》肴韻有"硇"字，重文作"礦"，尤爲"囟"可讀"巤"之碻證。"囟"又有或體"胮"（《廣韻》收去聲六至），《廣韻》"囟"亦作"顖"（"思""細"均从囟聲）。《集韻》"囟"亦作"胴"，《春秋元命苞》："腦之爲言在也，人精在腦。"（《太平御覽》引）"腦"在取其聲訓，蓋讀"巤"爲"囟"，是"囟"又可讀之部音之證也。吳夌雲《廣韻説》謂"囟"當有二音：一音信，一音巤，蓋猶未爲盡

---

① 編訂者按："竊以爲'少'字，不但因从'小'而有小義"，《積微居小學金石論叢》版作"卷中《釋少篇》謂少字从小而有小義，竊以爲'少'字，不但有小義也"。

② 編訂者按："方言'尐''小'同義，而'尐'字亦爲'少'之反體，《説文》引譚長説'沙'字从'尐'作可證"，《積微居小學金石論叢》版作"即'尐'字亦爲'少'之反體，譚長説'沙'字从'尐'作，可證"。

③ 編訂者按："畫一"，《積微居小學金石論叢》版作"釐定"。

④ 編訂者按："離析"，《積微居小學金石論叢》版作"勢同"。

⑤ 編訂者按："隔閡"，《積微居小學金石論叢》版作"跂寋"。

得。①《說文》"嘼，榽也"，段本改爲"獸，牲也"，大著②駁之良是，愚以爲段氏不唯未注意"畜""產"之可連用，且不明"嘼"雖爲古"畜"字，亦即"獸"之初文，故徐仙民音始售反，而《爾雅·釋畜》釋文又作"嘼也"。蓋古者一字得表數語，故"凶"有三音，不分乎頭會及全慆；"嘼"有兩讀，以別③於野獸與家畜，此音不固定之說也。

二曰本字本義之不易斷定也。大著謂"胡"之訓"大"，受義於古。案："胡"又謂之"喉"，複言之爲"喉嚨"，亦曰"胡嚨"，口之官能，齒以分決，喉以總合，故引申之不分析者亦謂之"胡嚨"，轉爲"胡盧"，又爲"囫圇"，"胡"本頷垂，故亦曰"頷胡"，或作"含胡"，其他"漫胡""模胡""胡塗"，皆其轉語耳。"胡"亦名"亢"，《說文》別之爲在牛曰"胡"，在人曰"亢"，"亢"有高義，故"胡"亦有"大"訓，蓋亦自總合之義引申者也。④又《孤兒行》"手爲錯"，大著云此爲"皴皵"⑤，與《小雅》之"爲錯"⑥，貌同而實不同。又云："皵"與錯石之"錯"，同受義於齲錯，語源無二，誠卓見也。請再⑦申論之。《周禮·典瑞》："駔圭璋璧琮琥璜之渠眉。"鄭司農注："駔，外有捷盧也。"疏云："捷盧若鋸牙然。"《說文》："鑢，錯銅鐵也。"《廣雅·釋詁》："錯、鑢，磨也。"又《釋器》："鋁謂之錯。"案："鑢""鋁"皆與"鋸"同，今木工所用鋸之小

①　編訂者按：《積微居小學金石論叢》版無"吳麥雲《廣韻說》謂'凶'當有二音：一音信，一音慆，蓋猶未爲盡得"一句。

②　編訂者按："大著"，《積微居小學金石論叢》版作"卷中"。

③　編訂者按："以別"，《積微居小學金石論叢》版作"無間"。

④　編訂者按：《積微居小學金石論叢》版無"大著謂'胡'之訓'大'……蓋亦自總合之義引申者也"一段。

⑤　編訂者按："又《孤兒行》'手爲錯'，大著云此爲'皴皵'"，《積微居小學金石論叢》版作"卷中《書黃篆孤兒行後》云：手爲錯謂手起皴皵"。

⑥　編訂者按："爲錯"，《積微居小學金石論叢》版作"可以爲錯"。

⑦　編訂者按：《積微居小學金石論叢》版無"再"字。

而齒細者猶曰"錯"，《説文》正篆祇作"厝"，云"厲石也"。①蓋以石爲
之曰"厝"，以金爲之曰"錯"，《釋名·釋山》："石載土曰岨，岨臚然
也。"案："石載土"者，石載於土山之上也，故《爾雅》曰"土載石爲岨"
（《毛傳》"石山戴土曰岨"，疑有誤）。岨臚也者，猶錯落
不平如鋸牙然，今河北人謂天寒手凍皮膚粗皴爲起岨臚，猶古語也。
（《素問·生氣通天論》："寒薄爲皶。"②）是錯也、皴也、捷盧也、岨臚
也，單語複詞，虛實名狀，相互通用，語根一也。又③屬訓爲連，大著④
謂義泛不切，案《文始·侯部》："涿：孳乳爲'屬'，連也，字從尾，謂孳
尾也。"今俗尚謂人之搆精爲"屬"，獸之孳尾爲"連"。（《吕覽·季夏
紀·明理》篇："犬彘乃連。"注："連合皆妖也。"⑤）蓋"涿"以體言，
"屬"以用言，詳略互見，不求備也。由是知古訓本借，難於億必，王氏
疏證《廣雅》，雖盡綜該融會之能事，而於本字本義從不輕加斷定，實
較段注《説文》爲長⑥。

上來所述均就尊説⑦略加推闡，自知淺陋，無當大雅，誠以賞奇
析疑，友朋至樂，聯復存之，以爲大著⑧之箋疏如何？

民國二十五年十二月

---

① 編訂者按："云'厲石也'"後，《積微居小學金石論叢》版有"注中用'錯'"四字。
② 編訂者按：《積微居小學金石論叢》版無"《素問·生氣通天論》：'寒薄爲皶。'"
一句。
③ 編訂者按：《積微居小學金石論叢》版無"又"字。
④ 編訂者按："大著"，《積微居小學金石論叢》版作"卷中《釋屬》篇"。
⑤ 編訂者按：《積微居小學金石論叢》版無"《吕覽·季夏紀·明理》篇：'犬彘乃
連。'注：'連合皆妖也。'"
⑥ 編訂者按："而於本字本義從不輕加斷定，實較段注《説文》爲長"，《積微居小
學金石論叢》版作"而不輕加斷案者，良有以也"。
⑦ 編訂者按："尊説"，《積微居小學金石論叢》版作"卷中所説"。
⑧ 編訂者按："大著"，《積微居小學金石論叢》版作"是編"。

《〈文始〉表解》序 *

　　太炎師於清末違難去國，居東京，困呇之中，作《文始》成，自謂精神遐漂，蓋比於趙邠卿之注《孟子》。顧斯篇體大思精，三十年來學子能卒讀者甚寡。董生維藩从余問字，授以此書，諷籀經年，通其讀，遂成《表解》及《釋例》各一卷，斐然可觀，余既嘉生用力之勤，復悲吾師之不及見也！爰爲之序。

　　　　　　　　　　民國二十六年三月十一日

---

　　*　編訂者按：原載《段硯齋雜文》。

《〈廣韻〉異讀字研究》序[*]

一字數音爲研究中國文字學之一重要題目①，余前著《國語問題之歷史的研究》一文曾論及之。古代異讀字材料之總彙，當首推《經典釋文》及《廣韻》。他如《顏氏家訓》、張守節《史記正義序》、岳珂《刊正九經三傳沿革例》，皆於一字數音反覆推論。宋賈昌朝《群經音辨》條舉例證，著爲專書，惜其闡明理趣，猶嫌未盡。大氏此題之內容，應分三項：一爲音義家自來表示異讀之一般形式；二爲異音所表現紐韻轉變分合之迹；三爲又音字涉及語義、詞性之各種問題。葛生信益於《廣韻》一書，寢饋數載，其論文於前二者鉤稽考訂，細入毫芒。於後者亦頗能探賾索隱，提要發揮，允稱合作。若夫異讀字之現象，以聲調區別者居其多數。从來古韻學者於古代四聲有無之說，議論紛紜，而主張古無四聲者，頗占優勢。余以爲僅云有無，殊嫌含混，分析此因，當別爲二：一就語言發音論，古代應否有聲調變動之現象；二就文字音讀歷史論，每字本音是否有固定之聲調。鄙意四聲之說，雖造自齊梁，而發音本能，具有聲調，則自古已然（非必每字具四聲之數）。

---

[*]　編訂者按：原載天津《益世報·人文週刊》1947年6月23日，新第7期第6版；後收入《段硯齋雜文》。本書據《段硯齋雜文》版整理。

①　編訂者按："題目"，《益世報·人文週刊》版作"問題"。

故何休注《公羊》，高誘注《呂覽》《淮南》，有長言、短言、緩氣、急氣之語。所謂長短緩急，恐即指聲調而言。蓋聲調變動，爲漢語單音字最易發生之必然現象。此發音本能應具聲調，即古有四聲之説也。《離騷》"好蔽美而稱惡"，與"固""瓠""古"爲韻，"孰云察余之善惡"，與"慕""女""宇"爲韻，是"善惡""美惡"字不必讀入聲。而今之蘇州人云"可惡"作烏各切，是"愛惡"字不必讀去聲。顏之推《家訓·音辭》篇謂："河北學士讀《尚書》云好（呼號反）生惡（於谷反）殺，是爲一論物體，一就人情，殊不通矣。"反爲拘墟之見也。又《南史》卷二十二：王筠讀沈約《郊居賦》"'雌霓（五的反）連蜷'，約撫掌欣抃曰：'僕常恐人呼爲霓（五兮反）。'"是虹霓字可讀入聲（《説文》："䖷"讀如虹蜺之蜺。五結切）。故《廣韻》"霓"字平去入聲並收。竊以爲古來字音，聲調輕重，流動不居。至於兩聲各義（或引申語義，或分別詞性），乃後來字學家利用此自然現象而發生之人爲作用，所謂"江南學士自爲凡例"者也，於古固不必爾。此一字本音原無固定聲調，即古無四聲之説也。是二説者，言各有當，自來學者偏執一端，未爲合理。又漢人注經有形似説音而實爲明義者，例如《周禮·家宰》："主以利得民。"注："利，讀如'上思利民'之'利'。"《中庸》："仁者人也。"注："讀如相人偶之'人'。"自古迄今未聞"利""人"二字別有讀音。是蓋以注音方式比類釋義，非有異讀。此亦研究異讀字之所當知者也。

民國三十年六月五日

《〈二進宮〉劇譜》序[*]

　　余於壬子入都，主吾鄉錢丈念劬家，勝友過从，極談讌之樂。一日丈要至西四牌樓慶昇茶園聽劇，大軸爲譚叫天、劉永春、陳石頭合爨《二進宮》。其時風尚於是劇不數數演，尤以三賢聯璧，詫爲奇緣。觀者方凝神屏氣以待，而園主忽以劉病見告，改演《武家坡》，衆皆嗒然。然是日之劇如庫兒之《水淹七軍》，楊小朵之《馬思遠》，亦皆難得幾回之傑作。當時劇才之盛，殆可想見，而劉遂即長夜成廣陵散矣。余於劇學，未之涉獵，至不能辨工尺、別腔調。然每遇戲場作劇，於悲歡離合之節，曼吟高唱之時，未嘗不盪氣迴腸，低徊欣賞，而不知其何以移情至於斯也。去歲避寇入秦，邂逅伯駒於長安市上，相見甚懽。伯駒固實業家而擅場歌劇，西征以還，於經營貨殖之餘，復時親檀板，並搜集名家歌譜，編印流傳，將首以是册問世，而徵序於余。烏乎！亂來歌吹，都失歡聲，惜逝傷春，人間天上，寫此既竟，不禁百感之橫集也。

甲申仲春

---

　　* 編訂者按：原載張伯駒主編《二進宮劇譜》，西京市國劇學會，1944 年；後收入《段硯齋雜文》。本書據《段硯齋雜文》版整理。

《廣韻聲系》編輯旨趣[*]

　　吾人欲建設漢語學，必須先研究漢語之字族；欲作字族之研究，又非先整理形聲字之諧聲系統不可。《廣韻》一書，爲記載中古文字之總匯。其形聲字，比之《説文》，多逾三倍，其語彙亦較《説文》《玉篇》爲完備。《集韻》《類篇》而降，字數雖有增益，然率多變體俗書，增猶不增也。故《廣韻》實爲承前啓後之中心字典，凡漢語語根及語辭之縱橫衍變，均可由其諧聲系統爲出發點以推求之。今即據此書，取其形聲字之主諧字爲綱。凡各韻中屬於某主諧字之諸被諧字，均類聚系屬於同一主諧字下。各主諧字之排列，依四十一聲類，始“見”終“日”之次序爲先後。同聲類者，又以二百六韻之次序爲先後。其被諧字復爲他字之主諧字者，則依其相生之次序，順遞記之。如是則同一主諧字所摰衍之諸聲字，其脈絡相承之迹，一目了然矣。至於反切等呼，均逐字注明，復以瑞典高本漢所擬《切韻》音標並記之，俾便研究讀音問題。此書之主要旨趣，約有下列四點：

　　一、敍列周秦兩漢以來諧聲字發達之史迹。

　　二、提示主諧字與被諧字訓詁上、文法上之各種關係。

---

　　[*]　編訂者按：原載沈兼士編《廣韻聲系》，輔仁大學，1945 年。

三、比較主諧字與被諧字讀音分合之現象。

四、創立以主諧字爲綱之字典模範。

本書編輯時，凡《説文》以下之字典韻書與近世發見之《切韻》《唐韻》寫本及《廣韻》之各種版本，均經參校異同，分加案識。得此一編，不啻兼蓄衆善也。

沈兼士識

《海粟吉金録》跋 *

余兒時侍先大夫僑寓長安城南湘子廟街，與渭南趙詹事元中衡宇相對，詹事好文藝，富收藏，所庋書籍碑帖爲關中巨擘，惜余童稚無知，不獲一窺珍秘，忽忽五十年，癸未歲避寇復入秦，得交李問渠君，君精鑒賞，時與骨董估家相往還，一日有持趙氏《海粟吉金録》三十册求沽者，遂因余之介以法幣六萬圓讎諸柬雲章君，迨余來渝，偶與慰堂語及，慰堂因言中央圖書館搜羅古今金石文字之書殆備，頗欲得此以盡美善，柬君聞之，輒出以相貽，亦藝林一佳話也，家須量兄前跋所謂移贈中央研究院者，蓋傳聞之誤，此帖所載鼎彝之銘，都千餘種，大氐同光間出土之器，雖贋作雜見，然潘、吳諸名家手拓贈遺者率皆精品，唯行篋無書，未能與諸家著録檢斠詳略，爲憾事耳，七十年來變亂相尋，文物淪喪，其中原器尚存於海内者幾希，然則斯編之拾遺補闕，於研究者之裨益，豈淺尠哉！吳興沈兼士記於聯合國受降於日本東京之時，實中華民國三十四年九月二日也。

＊　編訂者按：原載《益世報・人文週刊》1948 年 5 月 3 日，新第 47 期第 6 版。

演講、報告

中學國文之選授方法[*]

八月十九日在基督教直隸山西教育會夏令講習會講

一、敘　論

我自己對於中學國文的教授上，很没有經驗，十年前雖曾在南省教過一晌中學的國文，但是和現在北省中學的情形又不相同。今天既承馬季明先生和馬牧師介紹來會講演，只得説幾句話來引起大家研究之興味，但是時間過於短促，有許多地方不能够仔細説明，僅能粗舉我所主張的大要而已。

關於國語的問題，前天錢玄同先生已經講過，他今天所講的是偏於國文（即古體文）方面，因爲中學很有講習古體文的必要。其理由有三：(1)國語在小學校已經有了六七年的訓練，應該够用了，可以進而學習國文。(2)中國語法比較文法似乎精密一點；但是言語中所用的"詞"頗感缺乏，須藉助於"文"的地方很多，爲完成國語的組織起見，對於國文不得不加一番研究。(3)專門學科中如"文學""哲學"

---

* 編訂者按：原連載於《晨報》1921 年 9 月 11 日—14 日，第 948 號第 7 版、第 949 號第 5 版、第 951 號第 7 版。

"史學"等，都有參考中國古文書籍之必要，中學時代應該作一番預備的工夫。

二、中學選文之範圍及方法

拿文字來代表語言，應用文法的各種原則，連詞成句，綴句成篇，就叫做"文"。因爲所代表的語言性質不同，所以文的性質和體裁也不一樣，大約分起來，可以成爲三類：

（1）描寫情感的，詩、詞、戲曲……等及一部分的駢散文。

（2）記敘事物的，傳記、典志……等。

（3）表示思想的，論著、平議……等。

（1）類的文，屬於文學的。於客觀的事物之中，加以主觀的情感，用有藝術組織的文字表示出來，使閱者自然發生一種同情，凡合於這個條件的文章，可以謂之"文學的文"。（2）類、（3）類的文，屬於實用的。凡姚鼐所分之十三類，曾國藩所分之十一類，都可以歸納在這三類裏邊。

上面所説的是就橫面從性質異同上區別體裁；現在再就縱面從氣體流變上劃分時期；大約可以分：周秦至西漢爲第一期，東漢至六朝爲第二期，唐至清爲第三期，清末至現代爲第四期。時代的劃分，在事實上固然不能使其"斠若畫一"；但是爲了講説時①候的便利上起見，却不能不把他粗粗的立個標準。

---

① 　編訂者按：《晨報》原載，"講"後空了兩个字符，當爲脱漏，今據後載《北京大學日刊》版補"説時"二字。

至於中學選文之範圍，前者——橫方面——應該注重(2)(3)兩種實用的文，文學的文，不必多選，略選數篇足以陶冶性靈、活潑精神就够了。後者——縱方面——除古代文法及字義和現代迥相懸殊者外，其餘於各時期中均應選數家以代表當時的文潮。所選篇數，有三百首左右就够了。（凡出於一派者，只講授其代表作品，其餘附錄於次，以備學生自己參考就是了。）但必須受一番科學的裁判，凡立言不合邏輯，設辯不重分析的文，概不可選。

選文時最須注意的一點，就是要知道文章的潮流有"明潮""暗潮""正流""別流"的區別：自來古文家明了其傳授源流者，叫做"明潮"。雖不明其傳授源流，而彼此直接或間接確有因果之關係者，叫做"暗潮"。自來古文家承認其爲文章正宗者，叫做"正流"。古文家不承認其爲文章正宗，然在當時確能獨立成派，或其影響有關於後世某派文章者，叫做"別流"。

現在試舉幾個例來說明他：譬如第二期中揚雄的《法言》，他彰明較著的那裏模仿《論語》，古文家都承認他爲"摹古派"的正宗，那麼他就可以算是"明潮"和"正流"了。至於王充的《論衡》，古文家向不把他放在眼裏，但是他隱然開一種"自然派"的局面（或者說他是私淑墨子的無意爲文，也未嘗不可）。那麼他就可以算是"暗潮"和"別流"了。又如第二期中《文選》一類的文，可以謂之"明潮""正流"。而《通典》中所載諸文，論理精嚴，開後世疏證文之端緒，實有"暗潮""別流"之價值。又如第三期中，除古文家所承認之"正流"唐宋八家及桐城派外，又有"別流"如佛經、語錄，及戴震、王念孫諸家之"疏證文"等。第四期中，王闓運、章炳麟等之"摹古派"外（王、章所學雖不同，其爲摹古則一），又有梁啓超之"革新派"。而文章氣體之流變，又與思想之流變相應，大抵都爲縱橫兩方面的潮流化合而成爲一種新潮。譬如宋學思想，縱方面承接的是所謂周公、孔子的"道"，橫方面化合的是印度流來的佛學；語録體的文章亦遂與此相應而生。又如清代經學家的疏證方法，縱方面承接的是"漢學家法"，橫方面化合的是歐洲教士所傳來的數學方法；疏證派的文章亦遂與此相應而生。這種因果的關係，是尤其不可不明了的。

我們現在本著上面所説的理論，拿歷代的古文來作個對象，平心靜氣的考查他們的傳授源流（明潮、正流），及其因果影響（暗潮、別流），凡關於"明潮""暗潮""正流""別流"的各派文章，均須起廢鈎沉，平等選取，其於系統關鍵必要説明的地方，略加詮解。如此辦法，可以得到三樣的利益：（1）不致束縛學生性靈及文筆。（2）可以顯出歷代文章之真價值。（3）可以作一部文學史觀。（中學章程本有文學史一科，有此即可不必另設一門。）萬不可拿"論著類的文章以孟、莊、韓、蘇爲宗；敘①記類的文章以《左傳》《通鑑》爲宗"一類桐城派的眼光來抹殺衆流，定於一尊。

三、中學國文之教授方法

（A）選讀。

（1）於開始講授時，先把"訓詁"的條例，如轉注（一義數字）、假借（一字數義）、通假（即同音相借）等定律教給學生，叫他明了於胸中，以後文章中的詁訓，就可以令學生自查字書，不必逐字講解。（2）所教的文章，須令學生自加新式標點符號。（3）由學生自動的質疑問

---

① 編訂者按："敘"，沈文原寫作"叔"，今據後載《北京大學日刊》版改。

難。(4)關於文章之立論、作法以及文法、修辭等,教員可以提出論點,大家解釋討論。

(B) 讀書。

讀書所以補助選讀功課之不足:

(1)預備日後升入專門學校看整部書籍的能力。(2)可藉此機會練作札記。(3)每一部書必須用分析的方法來研究他,譬如看《莊子》,可以分作三種研究:第一次研究他的詁訓詞例;第二次研究他的文章作法;第三次研究他的哲學方法。

(C) 作文。

現在分作形式和內容二部來講:

(甲) 形式。出題目作文,是一般學生最怕的功課;出作文的題目,也是一般教員最討厭的事情。我現在想一個方法來解決這個問題,就是把作文題目的範圍擴張大來,使學生和教員兩方面都不感受枯燥無味的痛苦。方法是:(1)由學生自己命題。(2)教員若出題目,切不可太抽象,太籠統(這一層胡適之先生,也曾經說過),教作者無以下筆。譬如與其出地方自治論,不如令其調查某地方選舉的弊病。與其出富國強兵策,不如令其敘某地方的物產出品及其用途。(3)文語互譯。文語對照,於學習文法上極有幫助。(4)札記。作札記可以增長批評的能力。(5)記錄。古人的文章,或教員的講義,教員拿來口講,令學生筆錄,以為日後入專門學校筆錄講義的預備(中國專門學校的學生,不能抄講義的實居多數,所以中學時代不能不作此種練習工夫)。以上所說各種方法,可由教員斟酌情形,輪迴應用。

(乙) 內容。自來學問的方法,大別之可分三種:(1)獨斷的。(2)懷疑的。(3)批評的。獨斷的方法,有"信他的""信己的"二類:

"信他的"是對於傳言、師説和古典的記載、宗教的信條等,一味盲從而不加以分析研究;"信己的"是信自己的見聞、思想所得之資料即以爲究竟之知識,而不加以分析研究。前者爲模仿之形式;後者爲常識之形式(即過重常識之謂),二者皆是以"學問無用"爲主義,作文立論不可采取此種態度,是決無疑義的。懷疑的方法,是因懷疑智識之存在,進而對於實在之存在與否,亦起疑惑,這種消極的態度,作文立論也是不應該有的。批評的方法,是以實證的手段(推理和觀察),求知支配現象之理法(因果律和同異律)。這種方法是真能夠副求學問之目的之一種科學的方法,也就是作文立論之唯一的方法。

譬如要斷定古代倫理之所謂"忠"的一種道德,是否適用於現代,那麼就要先把"忠"裏面所包含的一些要件,分析清楚,再拿他來比較現代社會的情狀,然後再斷定他是否適用。決不能用"獨斷的"或"懷疑的"方法,下一個鹵莽或胡塗的斷語的。

(D) 改文。从前書院式的改文,動輒塗改一段或全篇,那是吃力不能討好的辦法。現在的批改文章,應該注意的:(1)是文法上的錯誤。(2)是修辭的拙劣——客觀的描寫事物方面和主觀的表示思想方面。(3)是立論不合邏輯。至於思想若有紕繆之處,只可批示理由,不宜抹改。

(E) 演説和辯論。演説和辯論,不但可以補助作文之不及,簡直應該與作文功課並重。這個理由是:

(1) 發展本能。文字原來是救濟言語之不足的一種工具,其作用各有特長,不是説有了文字就可以不要言語。中國文人只知道搖筆弄墨,考究什麼義法筆仗,至於能夠説條理暢達的話的,實難多得。偏廢了口的本能,成就一種畸形的發展,實在是不合教育學原理的辦法。照生理學上講，也應該使口耳的運動與手眼的運動平行發展，以耳治與目治兩種方法來研究學問，那才是真能盡本能之極致哩。青年時代正是爭競本能發現的時候，容易發生一些危險的事情，教育者應該本"化無用爲有用"的主義，引他利用這種本能來研究學問，現在把爭鬥消納於辯論之中，就是一個絕好的方法。

（2）言語對於文章的功用。①文章是言語的代表，若是不懂語言的構造法，說話不講韻律，沒有層次，文章也是斷難做得生動的。②文章雖可以流傳久遠，然欲於會場廣衆之中，喚起群衆的同情，則非有一番沉痛之講演，莫能奏效。這個功用所補於文章者甚大。

（3）言語對於學問的功用。歐美學校很注重演說辯論，其效果足以令人志氣發皇，思想鎮密；研究學問之勇力和興趣，因之增加，所以學問也就成就得多，反觀我國人的志氣消沉，思想和說話往往不合於邏輯，實在是學問向上發展的一個最大阻力，這都是學校不注重演說和辯論的原故。

（F）應用圖畫。古代圖畫的發達，本來在文字之先，敘事記物，先用圖畫，後用文字。六書中以"指事""象形"居首，就是一個證據了。以後文字的勢力逐漸拓張，文人學士把圖畫只當做一種賞玩品，把他的記事作用完全消滅掉了，我以爲這是一件很可惜的事情。譬如《儀禮》的宮室、《考工記》的器物，當初倘是有圖畫，豈不是省了後人許多研究揣測的力量。又如古文家所做的遊記，慣以繚繞的文筆，記敘山水亭臺的方向位置，閱者往往看得頭昏眼花，還是弄不清楚，何妨拿簡明的圖式來幫助說明，豈不是令人一目瞭然，容易明白得多嗎？我以爲實用文之作用最要的條件是簡單與明了，倘是遇著用文字表示，不及用圖式表示來得簡單明了的場合，當然應該捨文字而取圖式。其他科學中所用的各種符號圖式，亦可斟酌采用於文章之中。
這種"泛符號主義"，似乎也很有討論的價值啊。

九月十八日在公共學術講演會講[*]

一、叙　論

這個題目我從前在基督教直隸山西教育會的夏令講習會裏邊曾
經講過，何以今天又把他拿到這個會裏來講演呢？這却有一個理由
可説：因爲暑假後我經見許多新從外省回京的朋友們，衆口一辭的
説："現在各省中學的國文教育頗有破産的現象，從前叫學生死讀四
書五經和古文釋義的舊式教員，都被學生排斥掉了；新近請來號稱新
文學派的教員，却大半只會拿幾篇白話文來迎合學生的心理，而不能
切實指示文章的作法，其對於古體文的學識，尤其缺乏，故往往露出
進退失據的大毛病。"

所以我今天很想趁著這個機會，拿我的意見來再與大學和男女
高等師範學校之專攻國文的諸君討論討論，或者可以引起大家的一
點研究興味；但是時間過於短促，有許多地方不能够子細説明，僅能
粗舉我所主張的大要而已。

今天所講的是偏於國文（即指古體文而言）方面，因爲中學很有
講習古體文的必要，其理由有三：（一）國語在小學校已經有了六七年

---

　　* 編訂者按：原載《北京大學日刊》1921 年 9 月 27、28 日，第 851 號第 2—3 版、第
852 號第 3 版；又載《共進》1921 年 11 月 25 日、12 月 10 日，第 4 號第 1—2 版、第 5 號
3—4 版。本書據《北京大學日刊》版整理。

的訓練,應該够用了,可以進而學習國文。(二)中國語法比較文法似乎精密一點,但是言語中所用的"詞"頗感缺乏,須藉助於"文"的地方很多,爲完成國語的組織起見,對於國文不得不加一番研究。(三)專門學科中如"文學""哲學""史學"等,都有參考中國古文書籍之必要,中學時代應該作一番預備的工夫。(但不是說中學作文須作古體文,幸勿誤會。)

二、中學選文之範圍及方法

拿文字來代表語言,應用文法的各種原則,連詞成句,綴句成篇,就叫做"文",因爲所代表的語言性質不同,所以文的性質和體裁也不一樣,大約分起來,可以成爲三類:

（一）描寫情感的,詩、詞、戲曲……等及一部分的駢散文等。

（二）記敘事物的,傳記、典志……等。

（三）表示思想的,論著、平議……等。

（一）類的文,屬於文學的。(於客觀的事物之中,加以主觀的情感。用有藝術組織的文字表示出來,使閱者自然發生一種同情,凡合於這個條件的文章,可以謂之"文學"的文。)(二)類、(三)類的文,屬於實用的。凡姚鼐所分之十三類,曾國藩所分之十一類,都可以歸納在這三類裏邊。

上面所說的是就橫面从性質異同上區別體裁;現在再就縱面从氣體流變上劃分時期,大約可以分:周秦至西漢爲第一期,東漢至六朝爲第二期，唐至清爲第三期，清末至現代爲第四期。時代的劃分，在事實上固然不能使其"斠若畫一"，但是爲了講說時候的便利上起見，却不能不把他粗粗的立個標準。

至於中學選文之範圍，前者——横方面——應該注重（二）（三）兩類實用的文，文學的文，不必多選，略選數篇足以陶冶性靈、活潑精神就够了。後者——縱方面——除古代文法及字義和現代迥相懸殊者外，其餘於各時期中均應選數家以代表當時的文潮。所選篇數，有三百首左右就够了。——凡出於一派者，只講授其代表作品，其餘附錄於次，以備學生自己參考就是了。但必須受一番科學的裁判，凡立言不合邏輯，設辯不重分析的文，概不可選。

選文時最須注意一點，就是要知道文章的潮流有"明潮""暗潮""正流""別流"的區別：自來古文家明了其傳授源流者，叫做"明潮"；雖不明其傳授源流，而彼此直接或間接確有因果之關係者，叫做"暗潮"；自來古文家承認其爲文章正宗者，叫做"正流"；古文家不承認其爲文章正宗，然在當時確能獨立成派，或其影響有關於後世某派文章者，叫做"別流"。現在試舉幾個例來說明他：譬如第二期中揚雄的《法言》，他彰明較著在那裏模仿《論語》，古文家都承認他爲"摹古派"的正宗，那麽他就可以算是"明潮"了。至於王充的《論衡》，古文家不把他放在眼裏，但是他隱然開一種"自然派"的局面（或者說他是私淑墨子的"不以能文爲本"，也未嘗不可），那麽他就可以算是"暗潮"了。又如第二期中《文選》一類的文，可以謂之"明潮""正流"。而《通典》中所載定淑議禮諸文，論理精嚴，開後世疏證文派之端緒，實有"暗潮""別流"之價值。又如第三期中，除古文家所承認之"正流"——唐宋八家及桐城派外，又有"別流"如佛經、語錄，及戴震、王念孫諸家之

"疏證文"等。第四期中,王闓運、章炳麟等之"摹古派"外(王、章所學雖不同,其爲摹古則一),又有梁啓超之"革新派"。而文章氣體之流變,又與思想之流變相應,大抵都爲縱橫兩方面的潮流化合而成爲一種新潮。譬如宋學思想,縱方面承接的是所謂周公、孔子相傳下來的"道",橫方面化合的是印度流來的佛學,語錄體的文章亦遂與此相應而生;又如清代經學家的疏證方法,縱方面承接的是漢學家法,橫方面化合的是歐洲教士所傳來的數學方法(當是經學大師多通數學),疏證派的文章亦遂與此相應而生。這種因果的關係,是尤其不可不把①他搜討明了的。

我們現在,本著上面所說的理論,拿歷代的古文來作個對象,平心靜氣的考查他們的傳授源流(明潮、正流),及其因果影響(暗潮、別流),凡關於"明潮""暗潮""正流""別流"的各派文章,均須起廢鈎沉,平等選取,其於系統關鍵必要說明的地方,略加詮解。如此辦法,可以得到三樣的利益:(一)不致束縛學生性靈及文筆。(二)可以顯出歷代文章之真價值。(三)可以作一部文學史觀。(中學章程本有文學史一科,有此即可不必另設一門。)萬不可拿"論著類的文章以孟、莊、韓、蘇爲宗;敘記類的文章以《左傳》《通鑑》爲宗"一類桐城派的眼光來抹殺衆流,定於一尊。

三、中學國文之教授方法

(一)選讀。

(1)於開始講授時,先把"訓詁"的條例,如"轉注"(一義數字)、

---

① 編訂者按:沈文原無"把"字,今據文意補。

“假借”(一字數義)、“通假”(即同音相借)等定律教給學生，叫他明了於胸中，以後文章中的詁訓，就可以令學生自查字書，不必逐字講解。(2)所教的文章，須令學生自加新式標點符號。(3)由學生自動的質疑問難。(4)關於文章之立論、作法以及文法、修辭等，教員可以提出論點，大家解釋討論。

(二)讀書。

讀書所以補助選讀功課之不足：

(1)預備日後升入專門學校看整部書籍的能力。(2)可藉此機會練作札記。(3)每一部書必須用分析的方法來研究他，譬如看《莊子》可以分作三種研究：第一次研究他的詁訓詞例；第二次研究他的文章作法；第三次研究他的哲學方法。

(三)作文。

現在分作“形式”“內容”二部來講：

(甲)形式。出題目作文，是一般學生最怕的功課；出作文的題目，也是一般教員最討厭的事情。我現在想一個方法來解決這個問題，就是把作文題目的範圍擴張大來，使學生和教員兩方面都不感受枯燥無味的痛苦，方法是：(1)由學生自己命題。(2)教員若出題目，切不可太抽象，太籠統(這一層胡適之先生也曾經說過)，教作者無以下筆。譬如與其出地方自治論，不如令其調查某地方選舉的弊病。與其出富國強兵策，不如令其敘某地方的物產出品及其用途。(3)文語互譯。文語對照，於學習文法上極有幫助。(4)札記。作札記可以增長批評的力。(5)記錄。古人的文章，或教員的講義①，教員拿來

---

① 編訂者按：“或教員的講義”，《北京大學日刊》版作“員教講或義”；《共進》版作“教員或講義”，今據《晨報》版改正。

口講,令學生筆錄,以爲日後入專門學校筆錄講義的預備(中國專門學校的學生,不能抄講義的,實居多數,所以中學時代不能不作此種練習工夫)。以上所說各種方法,可由教員斟酌情形,輪流應用。

(乙)內容。自來學問的方法,大別之可分三種:(1)獨斷的。(2)懷疑的。(3)批評的。獨斷的方法,有"信他的""信己的"二類:"信他的"是對於傳言、師說和古典的記載、宗教的信條等,一味盲從而不加以分析研究;"信己的"是信自己的見聞、思想所得之資料即以爲究竟之知識,而不加以分析研究。二者皆是以"學問無用"爲主義,作文立論不可采取此種態度,是決無疑義的。懷疑的方法,是因懷疑智識之存在,進而對於實在之存在與否,亦起疑惑,這種消極的態度,作文立論也是不應該有的。批評的方法,是以實證的手段(推理和觀察),求知支配現象之理法(因果律和同異律)。這種方法是真能夠副求學問之目的之一種科學方法,也就是作文立論之唯一的方法。譬如要斷定古代倫理上之所謂"忠"的一種道德,是否適用於現代?那麼就要先把"忠"裏面所包含的一些要件,分析清楚,再拿他來比較現代社會的情狀,然後再斷定他是否適用。決不能用"獨斷的"或"懷疑的"方法,下一鹵莽或胡塗的斷語的。

(四)改文。

從前書院式的改文,動輒塗改一段或全篇,那是吃力不能討好的辦法。現在的批改文章,應該注意的:(1)是文法上的錯誤(但教文法而不注重實地練習,是不會有益處的)。(2)是修辭的拙劣(客觀的描寫事物方面和主觀的表示思想方面)。(3)是持論不合邏輯。至於思想若有紕繆之處,只可批示理由,不宜抹改。或令學生自己講解自己的文章,也是令其自動的覺悟錯誤之一種方法。

（五）演說和辯論。

演說和辯論，不但可以補助作文之不及，簡直應該與作文功課並重才對。這個理由是：

（1）發展本能。文字原來是救濟言語之不足的一種工具，其作用各有特長，不是說有了文字就可以不要言語。中國文人只知道搖筆弄墨，考究什麼義法筆仗，至於能夠說條理暢達的話的，實難多得。偏廢了口的本能，成就一種畸形的發展，實在是不對的辦法。照生理學和教育學的原理來講，應該使口耳的運動與手眼的運動平行發展，以耳治與目治兩種方法來研究學問，那才是真能盡本能之極致哩。再青年時代正是爭競本能發現的時候，容易發生一些危險的事情，教育者應該本"化無用爲有用"的主義，引他利用這種本能來研究學問，使其不致誤入歧途，現在把爭鬥消納於辯論之中，就是一個絕好的方法。

（2）言語對於文章的功用。①文章是言語的代表，若是不懂語言的構造法，說話沒有層次或是不講韻律，文章也是斷難做得生動的。②文章雖可以流傳久遠，然欲於會場廣衆之中，喚起群衆的同情，則非有一番沉痛之講演，莫能奏效。這個功用所補於文章者甚大。

（3）言語對於學問的功用。歐美學校很注重演說辯論，其效果足以令人志氣發皇，思想縝密；研究學問之勇力和興趣，因之增加，所以學問也就成就得多。反觀我國人的志氣消沉，思想和說話往往不合於邏輯，實在是學問向上發展的一個最大阻力，這都是學校不注重演說和辯論的原故。

（六）應用圖畫。

古代圖畫的發達，本來在文字之先。敘事記物，先用圖畫，後用文字。六書中以"指事""象形"居首，就是一個證據了。以後文字的勢力逐漸拓張，文人學士把圖畫只當做一種賞玩品，把他的記事作用完全消滅掉了，我以爲這是一件很可惜的事情。譬如《儀禮》的宮室、《考工記》的器物，當初倘是有圖畫，豈不是省了後人許多研究揣測的力量。又如古文家所做的遊記，慣以繚繞的文筆，記敍山水亭臺的方向位置，閱者往往看得頭昏眼花，還是弄不清楚，何妨拿簡明的圖式來幫助說明，豈不是令人一目瞭然，容易明白得多嗎？我以爲實用文之作用最要的條件是簡單與明瞭，倘是遇著用文字表示，不及用畫圖式表示來得簡單明瞭的場合，當然應該捨文字而取圖式。其他科學中所用的各種符號圖式，亦可斟酌采用於文章之中。這種"泛符號主義"，似乎也很有討論的價值呵。

北京大學研究所國學門第一次懇親會報告 *

魏建功記

諸位先生！今天承大家的高興，來參與這個會，同人實在感激得很。原來我們開這個會，有兩個用意：一來是過去的一年之中同人不曾有過大聚會，所以趁這個很好的秋天擇一個勝地，請大家到此茶會。二來是本學門上學年所辦各種事業經過情形，及本學年之豫定各種計劃，想在這個會裏報告給大家聽聽。現在分作幾部分來報告。

（一）編輯室

現在分作輯、編、譯三層來說：輯的方面，《太平御覽》《藝文類聚》《太平廣記》均已剪輯完畢。現正从事編定引用書目（原有書目者，增訂之）及分書校勘。又慧琳《一切經音義》，雖上海丁福保氏亦有編輯之計劃，但其內容似偏重《說文》一書（書尚未出版，序文則已公佈）。

---

　　* 編訂者按：1923 年 9 月 30 日北京大學研究所國學門假城南龍樹寺抱冰堂開懇親會，沈兼士作爲國學門主任作報告。原載《研究所國學門懇親會記事》，《北京大學日刊》1923 年 11 月 10 日，第 1337 號第 1 版；又以《國立北京大學研究所國學門懇親會記事》之名，載《晨報副刊》1923 年 11 月 16、17 日，第 290、291 號第 4 版。本書據《晨報副刊》版節录，題目爲編訂者擬。

我們的宗旨是重在各種佚書及音義之搜討，固不妨各行其是。此書整理之手續，係用表式抄寫，故稍覺遲緩，然總想一年之內將他趕完。再《文選注》亦已著手抄輯。次講到編的方面，國學門開辦只有年餘，又因限於人力，迫於經濟，所以未能積極進行，然大概也有一個計劃，想於本學年著手次第進行：

（1）分類書目

現在想研究國學的人，大家都苦於沒有一些指示國學系統和內容的門徑書。我以爲指示門徑的第一步，須先要有一部精詳的書目。我們對於抱冰堂的主人張之洞所編的《書目答問》，大家雖然都不很滿意，然而當起頭研究國學的時候，却恐怕沒有一個人不直接或間接得到他不少的益處的，即此可見書目的功用了。張氏書目截至光緒元年爲止，我們須把近五十年來的重要書籍續作一個詳細的著錄。至於體例，當然也得重新改訂，我以爲最要緊的有兩點：一是每目之下須加簡明的提要；二是各家文集筆記中有關於學術之重要論文，亦須擇尤標舉。

（2）學術年表

我國舊有各種年表，如鄭樵《通志·年譜》，則記一朝大事及正閏始末；萬斯同《歷代史表》，則記王侯將相公卿大臣興廢拜罷之由；齊召南《歷代帝王年表》，則記國家治亂興亡之事；至於中國數千年文化演進與夫學術風尚昇降異同之迹，却沒有人搜尋可以表現這些的材料，把他依次排比，作一個以文化學術爲主體的年表。我們現在想做這個工作，換言之，就是豫備作一個文化史的長編（學者生卒年月及重要著作之出版年月亦須並載），這種工作，取材的範圍不可不廣，不但一部《資治通鑑》是不够用，就是各正史中所載關於藝文、儒林、文苑……的材料，也還嫌不足，大約歷代學者文人的專集筆記，均須涉獵采取，方能完成這件工作，這個事業雖然困難，我們却不應該畏難不做。

（3）諸子所用哲學名詞索引

研究學問的要件，材料的方法，尤須精密①，蓋不如此則不能得真確完備的材料；没有真確完備的材料，則研究所得的結果，決計是不能美滿的。研究中國古代哲學，其重要的材料，就是諸子書中所用的各種學術專門名詞，譬如"天""道""性""理"……等名詞，不但諸子各家的解釋互有異同，就是一家的書裏也有前後所説廣狹之義②不同的；也有自己竟和自己衝突的。研究者於此，第一，倘是不觀其全，僅取一端以爲之説，則陷於偏而不全的毛病；第二，雖然通觀其全，然蔽於主觀的成見，或急欲己説之成立，稱舉其同於己者，而棄置其異於己者，則失却研究學問之忠實的道德，而陷於自欺欺人的毛病。現擬仿外國書籍③索引的辦法，搜取周秦以及宋明諸子書中所用學術專門名詞及其解釋，分類彙纂（原文不加删節）。其目的：(a)與後人以分析研究的便利。(b)各家所用以解釋各種學術專門名詞的説話，歸納之便可定其名詞的界説。(c)有此完備真確的客觀材料，後世研究古代哲學者，可以減少許多爲人暗中蒙蔽的苦處，一切學者所慣弄的主觀武斷或斷章取義的毛病，可以一掃而空。戴震所謂"不以人蔽己，不以己自蔽"，非如此辦法，不能達到這個目的。關於實行以上各

---

① 編訂者按："材料的方法尤須精密"，《北京大學日刊》版作"材料與方法，必須并重，而搜集材料的方法"。

② 編訂者按："義"，沈文原作"異"，誤，今據《北京大學日刊》版改。

③ 編訂者按："外國書籍"，沈文原作"國籍"，今據《北京大學日刊》版改。

種計劃，我們已請定顧頡剛先生來校幫忙辦理。

復次講到譯的方面。這一方面在過去一年之中，衹有一點零星的成績，却沒積極進行，其原因也與上面所說編的方面相同。此次蔡孑民先生赴法，途次與李宗侗先生相遇，因談及譯書的事業，李先生建議把中國的各種名著，翻譯成各國文字，並主張以石印的各種叢書①或善本書，交換外國關於東方學者的各種書籍和雜誌。蔡先生囑李先生來京後與我商管，我想以後我們關於譯書的事情，可請李先生幫忙，總須於最短的時期中立求一個基礎才好。

（二）考古學研究室

本學門一年來關於考古學方面雖著力較多，而成績却還不甚佳。中國之考古學向無系統，古物之爲用，僅供骨董家之撫玩而已。我們現在雖然確已逃出這個傳統的惡習範圍之外，知道用科學方法研究。但爲財力所限，未能做到自行發掘，去實地考查的地步。研究室所用的材料，均由市儈轉輾購得，器物之出土地點及其互相聯屬之關係，均不易知，故進步甚難。唯吾人決不因此而遂消極，於是組織一古蹟古物調查會，希望與考古學有關係的各種專門學者多數加入，以便進行考古學上之一切事宜。經濟方面，尤望學校與以格外幫助。今年河南孟津、新鄭掘獲周代古器甚多，爲宋以來最大的發現，於考古學上之貢獻極鉅。前商請蔣代校長撥款派馬叔平先生前往考察，不久當有報告來校。此項地點、時代及共存遺物均能明確知道的古物，實爲考古學上第一等的材料，我們建議移歸中央，交本校保存，尚望諸

---

① 編訂者按："叢書"，沈文原作"著"，今據《北京大學日刊》版改。

先生一致主張,於中外報紙上多多鼓吹。倘此事成功,則大學考古學陳列館之基礎已立,將來繼長增高,發展自易,不但本學門之幸,即大學之地位亦可因之增高。

(三) 歌謠研究會

歌謠研究會自併入國學門後,仍歸周作人先生主持;另闢一歌謠研究室,自去年本校紀念日起,發行週刊,由常惠先生擔任編輯,上學年本附《北大日刊》分送,現爲便於銷行計,已改單行。週刊發行以後,所得材料較前增多,近復得伊鳳閣先生對於研究方法及材料分類等有所指教;將來深望海內外同志共起對於歌謠作各方面種種之研究。再現擬在週刊中另闢一欄,專載古代記錄或研究謠諺之書的目錄及其內容之提要,以爲歌謠歷史的研究。此外蒐集一地方之歌謠已成專書者,擬編成叢刊,自本校二十五週年紀念日起陸續出版,計脫稿者已有三部:一爲常惠先生之《京兆歌謠之一零》,一爲白啓明先生之《豫宛民衆藝術叢錄》,一爲顧頡剛先生之《吳歈集錄》。采集歌謠時,最困難之點爲各地歌謠中之方言標音問題,標音倘不正確,則歌謠中之意思、情趣、音節,至少也有一部分之損失。然此項標音之工具,注音字母和羅馬字母均不夠用;至於新音標之選用,亦非集思廣益,未易遽定。現因各方音言之調查,有急須實行之必要,擬另組織一會,音標問題將來即在此會中解決,不知大家的意思如何?

(四) 風俗調查會

上學年由張競生先生發起調查風俗,遂成立此會。印發表格,分由各同學假中分頭調查,現在陸續繳回者甚多,其中有價值者亦頗不少，我想將來亦須如歌謠的辦法，發行一種刊物，方能引起多數調查人的興味。再關於風俗之實物徵集，應采取朱遏先先生由近及遠之提議，先籌設京兆風俗陳列館，以示模範。

（五）整理檔案會

此外尚有一臨時性質之檔案會。自去年羅叔言先生購得八千餘蔴袋破碎檔案之後，我們才要求教育部把整理內閣大庫檔案的責任交給我們。當時承陳援庵先生的斡旋，此項檔案得歸大學。檔案之歸本校者，以題本、報銷册爲大宗。其雜件中發現之珍貴史料，亦頗不少。自去年暑假整理至今，未嘗間斷，本校同學亦多利用假期幫助整理。助教胡文玉先生於此事尤爲熱心，即假期中間及罷工時期，亦均從事料理，不曾休息。現在第一步分列朝代的手續大致完了。第二步的摘由，已將明季關東①邊事及流寇之題稿千餘件摘錄公佈，現擬再行依年月的先後復編一道，排印單行。此外清題本及報銷册之摘由，自當繼此進行。第三步內容的整理，當由政治、經濟、法律、歷史、風俗各專門學者分類去研究，此層却須藉助於全校同人的力量了。總之，國學門搜集及整理所得之各種材料（當然不限於檔案），完全係公開的供獻於全校②、全國以至於全世界的學者，可以隨意作各種的研究，絕對無畛域之限制，這是應該請大家特別注意的。

（六）《國學季刊》

大學四種季刊中有《國學季刊》，亦由本學門辦理，已出三期。第

---

① 編訂者按："關東"，《北京大學日刊》版作"關於遼東"。

② 編訂者按："全校"，沈文原作"全國"，今據《北京大學日刊》版改。

三期有須特別制版鑄字者，故印刷爲甚遲緩。近以清代學者戴震二百年的紀念（戴氏生於雍正元年十二月二十六日，即公曆一七二四，二，十四），同人擬以第五期《國學季刊》作爲《戴東原專號》，現在在此向大家報告一聲，以代徵文的廣告。我看這個題目尚不算枯窘：戴氏所治學術，方面極多，如小學、經學、算學、哲學、地理、校勘……等，均可就其一門從事論述。此外或泛言其治學方法，或綜考皖學流派，或訂正段著《年譜》之疏失，用新方法再作一部《戴氏年譜》，均未嘗不可。大家倘能多多投稿，不勝歡迎。

以上是國學門一年中之過去情形及將來計劃的大略。不過照現在每月只有很少的經費之研究所國學門看來，縱使有許多計劃，也恐只是徒然。這一年來同人因爲張羅經費和房屋等種種庶務雜事，以致未能專力多做整理學術的事業，以後倘承學校當局及諸位先生的注意和指導，使現在已有之各種事業能夠繼續發展，不遭夭折，這是同人所熱烈希望的。

北京大學研究所國學門第二次懇親會報告[*]

董作賓記

諸位先生：今天研究所國學門開懇親會，蔣夢麐先生本要蒞會，因臨時有事不能前來，故由兄弟在此招待大家。去年秋季，本學門曾開懇親會於龍樹寺之抱冰堂。爾時發出之通知書不足百份，今年則達一百六十餘份，是人數方面已較去年發展。又去年開會時，本學門地址，猶在第一院四層樓上之一角，檔案、古物均不能陳列妥帖，且檔案會辦公地點隔在三院，辦事亦頗感困難。今幸得移至第三院工字樓，局面較大。同人等經營部署，半年以來規模亦已粗具，此皆可爲紀念者。

至於內容方面，歌謠會之成績，有週刊可以考見；檔案會則已將六十餘箱及三千餘蔴袋雜亂之材料，大略整理完畢。現正編纂三部目錄：（一）要件總目，（二）明代題稿題要，（三）清代報銷册分類目錄，

---

    * 編訂者按：1924 年 6 月 15 日北京大學研究所國學門在北京宣武門外達智橋松筠庵開第二次懇親會，沈兼士作報告。原載《國立北京大學研究所國學門第二次懇親會紀事》，《北京大學日刊》1924 年 6 月 27 日，第 1506 號第 1—2 版；又載《順天時報》，1924 年 6 月 28 日、29 日、7 月 1 日，第 7286、7287、7289 號第 4 版；又載《時事新報·學燈》1924 年 7 月 2 日，第 4 版。本書據《順天時報》版整理。

約計暑假後均可出版。其餘新成立之風俗調查會、方言研究會、考古學會，經張競生、林玉堂、馬叔平諸先生極力提倡，均有相當之成績。編輯方面，重要之古代類書，輯纂將次完畢，此後工作，擬趨重於著作方面。我想國學門所以有這一點成績，固然是由於二年來所長、委員的注意提倡和同事諸君的熱心努力，而其間唯一一致的精神，尤在於同人對於國學門的事情，都不當他是公家相迫的工作，而認為自志己願的事業；所以團結愈固，進步亦速，本學門之基礎亦因之而深固，此同人之所共當忻慰者也。上禮拜委員會開會，胡適之先生提議修改獎學金章程，不限於本校畢業生，又為研究生設顧問導師，並擬俟相當之時期，擴充研究所為大學院，均經全體委員可決。加以近來國內外的學者，注意於中國學術的程度，一日甚似一日，我們應當應著這時勢的要求，大家努力為北大建設一偉大之基礎，並以促成研究所其他三個學門之早日實現。

今天此會，總說起來，共有三個目的：(一)在同人前報告一年來的經過；(二)各會同人平時不嘗會面，藉此可以談談以後各會聯絡的方法，及應當進行的事項；(三)對於校內向來幫助我們的各位先生，略表謝忱。再各位先生對於我們如有指教之處，請儘量地發揮高見！

旋將預先印成之學術年表稿紙，向到會各人分散，每人十份，並由沈兼士先生說明：

今有一事奉托諸位先生，去年曾提議編輯學術年表，以為作中國文化史之預備，前人所作年譜、年表等，對於文化事業，多未注意，而僅羅列各種政治事項，今擬作此年表，以彌其缺。唯茲事體大，本所同人，力有未逮；因關於學術紀載、正史通鑑之外，尚須旁求於各家文集、筆記之中，非少數人所能辦到者。故現在請諸位先生於讀書時見到有關學術者,即按年表格式填列,寄交本所顧頡剛先生。雖各人所研究者不同,而涉獵所見,只要有關學術,即可隨時抄出。在諸位不過一舉手之勞,而集腋成裘,貢獻學術界已非淺鮮。將來編輯成書,仍列采錄者姓字,一以酬答雅意,一以表明負責。祈大家隨時填送,並記明本人姓名,以便編列,不勝感盼。

次由顧頡剛先生說明年表填法,用完時可隨時向研究所索取,並云將破數年工夫,從事此案。日內再爲詳細說明,並舉例登《日刊》公佈。

衛禮賢先生提議,謂西國編纂之年表,紀載全世界名人之生卒,遠如希臘、羅馬,亦皆有人,獨中國名人,未曾列入。我對於此事,很爲關念,應如何設法加入,請大家討論。

魏建功先生謂以前中央觀象臺之曆書,列入世界及中國名人生卒,不過較少。

沈兼士先生謂:關於中國名人生卒之考定,本學門曾有此項計畫,由董作賓先生研究整理。刻擬先就疑年錄七種,另行編纂,合爲一書,體例較爲完美,俟出版,即當送請衛先生參考。

林玉堂先生提議仿照英國倫敦圖書館先例,搜羅名人手稿,妥爲保存。前在胡適之先生處得見《四松堂詩鈔》稿本據云:"同時雖由他處又覓來刻本而終在稿本中有所發現。"又如戴東原二百年紀念時,竟發現戴氏手稿。此次《國學季刊》將來發表一文爲王靜安先生所得王念孫之遺稿,謂其中有許多重要材料,可知中國學者,未刊行之稿本猶甚多。此種稿本多不過三二十年,即殘毀漫滅,亟宜設法保存。鄙意應由國學門特設一"名人手稿保存委員會",定立章程,積極進行云。

沈兼士先生謂：林先生之提議我非常贊成。本學門對於此項手稿亦異常注意，如陳澧之《說文聲統》、龔橙之《理董許書》，或已借鈔，或已購買，不過中國人對於名人手稿多作古董看待，價值異常昂貴，自非籌有的款不易收買。現在唯有對於不能收買之物當設法傳鈔或照像，收買一層亦當量力爲之，務望同人多爲介紹。

周作人先生附議：今報告一事：陶方琦先生手稿，其家珍藏猶多，倘能設法與其後人接洽，並非難事。因其家人頗願由北大代爲出版，而以版權歸之。

沈士遠先生附議：浙江孫仲容先生手稿甚富，應設法保存之。前在浙江時曾建議省政府，請其收藏於浙圖書館，迄未辦理。又宋平子先生之著述，當散見於殘簡破紙中，其初不過興之所至，率筆紀錄，非有傳世之意。此種手稿，散失極多。聞《六齋平議》之外，尚有《六齋高議》，惜不得見。兩先生著作爲余生平極注意者，宜設法收輯，以免散遺。先決問題，即組織一"臨時委員會"，專理此事。

沈兼士先生謂：林、周、沈三位先生之意思，我均極贊成，當將三位先生意見，併爲一案，提出於委員會。

北京大學研究所國學門第三次
懇親會報告（概要）*

（1）本所週刊出版，外間稍有誤會，以爲季刊停止，改出週刊。其實季刊編輯會直隸於學校，不在本所系統之内；而本門各部分整理所得之各項材料，僅一《歌謠週刊》不敷作發表之用，乃始有擴大爲本門週刊之計劃，此後各部分材料即在週刊内發表。

（2）歌謠在週刊内所占地位，自不能如《歌謠週刊》時之大，故擬發行專集，由劉半農、周作人、常維鈞、顧頡剛諸先生商酌進行。

（3）研究生著作，擬即分別審查，印行叢書。

（4）研究生證書及學位，已由胡適之先生等擬定大學院章程，唯迄未提出，將來大學院計畫通過實行，自可照章辦理。

（5）方言調查會成立經年，尚未見如何具體之成績，今劉半農先生歸國，此後方言會即由劉半農、林玉堂二先生主持之。

（6）考古學會方面，前由陳萬里先生親往敦煌調查，得照片甚多，日内將開一展覽會。此次馬叔平先生又親往朝鮮樂浪郡①調查漢古塚，旬日即可回國，必有具體報告。

---

* 編訂者按：1925 年 10 月 18 日北京大學研究所國學門在北海濠濮間舉行第三次懇親會，沈兼士作報告。本書所載節選自《本學門第三次懇親會紀事》，載《北京大學研究所國學門週刊》1925 年 10 月 28 日，第 1 卷第 3 期，第 24 頁。

① 原文如此。

國學研究之我見 *

李德榮筆述

（一）引　言

……關於國學的研究，這話説來很長。今天只就個人的經驗，和觀察既往思潮的結果，作一個簡單的談話。……研究國學的方法很多，不過最重要的，當具歷史的眼光，並認清各派學術的背景，方能得到結果。今爲明了起見，將近世五百年來學術發展的歷史，分三期討論如下……

（二）近世五百年學術的三個時期

（A）獨斷研究的時期

明清間的文學，雖不算"道學派"的黄金時代，不過思潮所趨，總不離"道學"彩色，雖然有幾派學者（例如朱、吕）不以談"玄"爲主，然而大勢所歸，却傾於"明心見性"一點。明中葉後，姚江派和佛門的

---

* 　編訂者按：原載《燕京大學校刊》1929 年 3 月 22 日，第 25 期第 1—2 版。

"禪宗"混爲一家，於是勢焰奔騰，奄及全國。及至明末之二三十年間，"道"派學術，雖屬尾聲，然有"東林""復社"等團體，作□①根本台柱，不過這些黨人，雖以講學爲名，骨子裏，却含有政治的意味。這種精神，固堪欽佩，不過事實上，每每以一人之常識，爲論理的標準，因此對於學術的供獻，實屬麟角鳳毛！至於明末的幾年，學者有以"致知格物"爲標語者，但老實説，他們不過以此爲招牌，藉以弄弄筆頭罷了！總之，明清間的文學，成效很少，緣故是：學者以一人的主觀，爲學術的準則，所以自私的地方，實在不少……不過有一點，是我們當注意的，即是姚江派的反應，姚江派反應有三：一是姚江派自身的反應，最重要者，乃以劉蕺山的一派最爲漂亮。他的主旨，不但對龍（溪）、王（畿）諸人所述的王學，痛下砭針，並把王派的空玄成分，改去不少。第二種便是反對空玄的趨勢，清代以前的文學，既然徧重理論，所以沿革下來，漸使學者生厭。於是一種反動思想（尋求自然的趨勢）便應運而生了，試看徐霞客的《霞客遊記》，宋應星的《天工開物》便是此點的左證。第三種便是"經世致用"學説的醫起，這種學説，雖受西學輸入的影響，但爲姚江學派的反應，也是不能否認的事實。以上三點，對於當時的學派，雖然影響很少，但對後世學潮的改變，却有相當的關係……

（B）清代的考古學派

清代的學潮，便是"考古學"的全盛時期，不過從以上的幾種反動看來清初的文學，本有趨於自然科學的可能，但實際上，却成了考據古典的文學，其故安在呢？最大的原因有兩種，一因教意之爭——明

---

① 編訂者按：此處漫漶，故以"□"表之。

末和清初的教士，爲應和信徒的心理起見，曾許中國教徒，崇拜"天""祖"，但羅馬教皇，不明真象，遂於康熙四十三年，下令禁止，致惹中人的反感！結果，公使被囚，教士被逐，而西學之輸入，遂亦油然中止了！二因中國學者，對於"藝成而下"的學問，一向不甚注意，所以結果，便走入"文獻"的路上去了，不過"文獻"的路途很廣，却又趨於"文獻"的考古方面者，不能不歸咎於文字之獄了！

康雍以後，宋學很盛，不過反宋學——漢學，同時也很澎湃，結果，乾嘉間的學潮，便爲漢學佔有了。漢學的學者，共有四派：即惠定宇的吳派，以信古爲重心；戴東原的皖派，以考古爲重心；此外還有焦里堂、汪容甫的揚州派，章學誠、全祖望的浙東派，對於史學方面，全有很大的貢獻。他們的工作很多，最重要的，有史料的鑑別，僞書的辨正，佚事的編輯，經學的箋注，此外對於文學、音韻、地理、算術、金石、方志、叢書、類書等等，也有相當的工作。總之，乾嘉年間的考古學，可爲清代文化的結晶，而主要之兩點，乃爲經學與史學的發展。這種思潮，與前代學術根本不同，因爲此時學者，先有一種考據，並以考據之結果，爲學術的基礎，自能升堂入室，而與獨斷文學，判然不同了。除去以上的考古派之外，龔自珍和魏源兩人的著述，乃以考古學爲背景，但只"經世致用"爲目標，惜乎勢力薄弱，所以成效無幾。

（C）①考古學的落潮時期

因爲洪、楊②之亂，舉國騷然，加以匪患日亟，外侮頻仍，只弄得風聲鶴唳，滿目瘡痍，而考古學風，遂漸成過去，而反漢學之宋學思想，亦於此時醞釀了，同時鴉片戰後，教士重來，更因喪師辱國，國人

---

①　編訂者按：沈文原編號作(a)，誤，今正。
②　編訂者按："楊"，沈文原作"揚"，誤，根據文意，"楊"當指楊秀清，故改。

漸次覺醒，因把二百年來，所蔑棄的"洋貨"——西學，重又研究起來。同治以後，秩序漸復，學術方面，亦漸内榮，雖然根本學術，仍依考古正宗，不過明末①遺老的思想，便於此時復活了，而顧亭林、黄梨洲……等人之經世致用的説法，復爲學者所重視，而"獨求其是"的論調，因此甚囂塵上了……

總之，清代三百年的學術，始終未離考古的彩色，而理論的背景，又以考古爲根據，所以各種論調，不失嚴密的優點。雖然中葉之後，因受"外潮"的影響，學術方面，漸趨蜕化，惜乎學潮起伏，精神終未貫澈，所以"經世致用"之説，雖則昌旺一時，但成功之點，終歸考古——經、史方面……

（三）清代學術的缺點

清代文學的優點，便是根據歷史，而爲考古的學術，不過牠的缺點，亦不能代爲隱瞞，第一就是方法和態度的不健全，譬如漢派學者——惠、戴、焦、汪諸人，對於文字、音韻，以及算學、地理等等，雖有相當研究，惜其研究之目的，非在各該科的本身，但以該科爲媒介，用釋經史之用。因此，他們雖研究了文字學，但爲注釋經文而起；雖研究了歷史，但限於片面的觀察，而非歷史的整個；雖研究……但……。因此，清代的學者對於"藝成而下"的學問，雖有相當研究，但不使其成爲獨立的學科，可算是一大遺憾！第二是關於取材方面的缺點，清代的學潮，雖由主觀的冥想，改爲客觀的考察，不過取材方面，每限於紙片上東西，範圍既狹，材料自不豐富，再因限於經典，故所考之史

---

① 　編訂者按："末"，沈文原寫作"未"，誤，今正。

料,不能充分的應用,因而好多地方,難有圓滿的發揮。此外雖有幾派學者,提倡寔踐學説,不過終未占勢,所以寔際上,也無成績可言。

(四) 研究國學應取的步驟

研究學術應取的步驟很多,不過最重要的,除去考古之外,對於時政方面,尤當加以研究,例如清代學術的板滯,便是偏重經典,弗論時政的結果,因此現代學者,既見覆轍於前,當自慎之於後,庶使祖國文學,漸呈活潑氣象。第二是讀者要明了文學之爲物,並非單純的東西,科學的成分,也是應有的原素。第三是關於小説的研究,古人對於小説,以爲道聽途説,無關宏旨,不過小説之中,實有"歷史""思潮""時間"……等爲背景,不但應當研究,更當加以扶持,使成獨立的學科。第四是當有"風俗"的研究,差不多的學者,全是知古而不知今,所以取材方面,對於古代東西,每很完備,但對現代民風,實欠明了!故清代學術,欠少成效的緣故,便是缺少風俗研究的結局。第五是關於圖書的設備,無論是研究古學或近文,不能無圖書館和陳列館的設備,因爲研究學問,沒有參考是不成功的,不過常人對此,每多不以爲意,就連因考古而著名的清代學者,也多忽視此點,所以清代學術(考古學)雖似登峰造極,然而許多地方,還是不很澈底,近者北平一隅,已有陳列館之設,可惜經濟方面,時感困難,未來發展,尚在期望之中。最後的一點,就是研究國學,當取分工的程序,例如華北一帶,多古帝建都之地,以爲考古中心,當較分外適宜。南方民族繁多,以爲民風言語研究之中心,誰曰不宜? 因此各依地利,分工研究,事半功倍,此理大明……

（五）結　論

總之，清代學術，給我們很大的教訓，第一關於"考古"的研究，是我們當引爲法的；第二對於時政的忽略，是我們當以爲鑑的（雖然清儒的忽略時政，還有其他的緣故［文字獄］）。此外對於科學、民俗、語言等等，亦當加以注意。

（六）附帶的兩點

附帶的兩點：一是現代學者，當注意東洋史的著作，因爲我國自古，從無東洋史之著，日本雖有，但以日本爲中心，這種情形，對於中國之外交，國際之地位，以及建設等問題，全没有切膚的關係。因此，中國學者，對於著作以中國爲中心之東洋史，當加以計劃考慮。第二是關於語言方面，世界之語言，本以歐洲爲中心，不過以中國的人口而論，任何國家，皆難與之匹敵，處此情形之下，雖不望其他國家，概以中文爲中心，但至少亦當立於平衡地位，因此對於這一點，也希望大家加以注意……

輔仁大學始業典禮開學訓詞 *

　　此次是本校立案後的第一次始業典禮。立案的經過是很繁艱難鉅的，由陳校長、劉前教務長及本校各位美國朋友的努力，始有今日的結果。這是很不容易的，由私人創辦的輔仁社，一步一步進到了今日的大學，并且很快地立了案。這立案的成功，并非憑一二人的私情，乃是同人努力協作的結果。

　　最後，再講一點自己個人素來的感想，鄙人常常對朋友説，中國的學術界倘要使世界注意，須要先有兩種貢獻：第一關於東洋史的研究，近年來本校校長陳援庵先生，及本校歷史系主任張星烺先生皆各有極成功的著述，開吾國研究的風氣。東鄰的日人，及遠處西洋的歐洲人，於此種學問，且早有獨到的研究。我國本鄉本土的事情，到遠不如外人知道的詳細，這豈不是大羞辱！且東洋史的研究，自然不能不以中國爲中心，現在叫外人來代庖，立脚點既與中國人不同，其持論恐不免時有偏見，這一層是尤不可不注意的。

　　從前鄙人辦北京大學國學研究所的時候，曾糾合多數學者，共同擔任此種重大的工作，那時陳援庵校長就是中間一個最努力的。當

---

　　* 編訂者按：沈兼士於 1932 年 12 月 1 日致辭，原載劉乃和、周少川等著《陳垣年譜配圖長編》(上)，遼海出版社，2000 年，第 312—313 頁。

時我們見到中國近代史最重要的材料就是清代的內閣檔案，也就請陳先生指導整理。現在一般人都知道檔案之價值，便是那時所開的風氣。後來我們又參加故宮博物院的創立，現在的規模，多是陳先生當時所艱難締造的。至於鄙人之服務本校，是與陳先生在學術界合作的第三次。

故宫博物院文獻館整理檔案之經過[*]

一、中國檔案之略史

《周官》有五史，掌一切政教出納之記載。古者學在王官，史之所掌，爲政與學之總匯。故老子爲柱下史，知成敗存亡禍福古今之道，號稱博學，爲諸子之巨擘。秦亡後，周室所藏遺棄無見者，而揚雄傷之。然蕭何猶能收秦丞相御史律令圖書，使沛公知天下阨塞户口多少强弱民所疾苦，以興漢室。以是知檔案關係一代政治學術之盛衰者極大。

晋荀勗《中經新簿》中之《丙部》有舊事、皇覽薄、雜事等，《隋書·經籍志·史部》有起居注、職官、儀注、刑法、簿録等類，大率皆是當時之檔案文書。古人説"六經皆史"，我們也可以説史皆檔案，精密一點來説，檔案是未摻過水的史料。後代私家著述漸盛，公家之檔案反形没落。唐宋以來目録書中著録之書籍日增，而一切政學來源記載鼻祖之檔案，士大夫反不屑道及，只爲各衙署中録事小吏之徒所掌管，偶備檢查而已。閲清代公私載記，每每見銷燬檔案之事，可知其不重

---

* 編訂者按：此文爲沈兼士在中國博物館協會演講時的稿子，原載《中國博物館協會會報》1935 年第 1 卷第 1 期，第 9—13 頁。

視之程度了。

二、近代檔案之保存

近代檔案,是指清代二百餘年間之公家文書,其類別約可分之爲二:

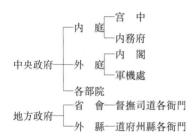

今本院所藏者,只中央政府一部分——內庭及外庭之檔案。各部院唯刑部檔案存在本館。此等檔案雖經過清代及民國以來屢次之損失,然其重要性猶在其他檔案之上。至於保存之經過,近來王靜安、徐中舒、趙泉澄、方甦生諸君均有文發表,北京大學研究所國學門一覽敘述明清檔案整理會之始末尤詳(未刊行)。茲僅將民國以來關於保存檔案之重要事蹟列表於下,繫以年月,以備參考:

民國二年　　教育部設立歷史博物館,貯存清宣統間由內閣大庫移出之一部分檔案。

　十一年五月　　北京大學因羅振玉收買庫檔,請准教育部,以歷史博物館庫檔委託北大研究所國學門整理。

　十一年七月　　北大接收檔案完畢,規定整理計畫。

　十二年三月　　北大史學系學生參加整理檔案,以資實習。其他考古學、風俗學等實地調查之風,同時並起,一洗从前文科徒託空言之弊。

十二年六月　北大史料整理會議決,暑假期間不停止工作。

十二年十一月　北大研究所由第一院遷入第三院工字樓,檔案始有陳列室九間,計分要件題本報銷冊等類。

十三年十一月　辦理清室善後委員會,接收故宮。

十四年十月　故宮博物院成立,設文獻部,集宮中檔案,於外東路闢陳列室。

十五年一月　故宮博物院請准國務院移交清軍機處檔案歸其保管。至是始完成同人倡議之內外庭檔案整個保存,聯合整理之計畫。

十七年六月　故宮博物院文獻館接管舊清史館檔案。

十八年九月　故宮博物院文獻館接收舊刑部檔案。

二十年一月　開始點查整理內閣大庫檔案。

以上所述均係中央政府內外庭的檔案。其中內閣大庫之一部分,現歸中央研究院歷史語言研究所保管。至於舊日各部院之檔案,民國初年,早多散失。十七年曾經一度提議保存,惜已不及。此外地方政府之檔案,則更無法蹤迹了。

三、整理檔案之經過

我們從前在北大初整理檔案的時候,大部分精力和工夫,均耗費在初步的形式整理上面。因為要將數十萬件七亂八糟的東西,一一依據名目,排比時代,這是多麼令人望而生畏的一樁工作。加之整理時的塵垢太多,眯目塞鼻,竟致同人中胡鳴盛君病眼,魏建功君傷肺。

當時辛勞的情形，也就可以想像。但是那時候的經驗太少，所以方法上仍有不少的缺點：

1. 太重形式，祇知區別名稱，排比時代，而忽略檔案的內容。

2. 祇知注意檔案本身，而忽略衙署職司文書手續之研究，遂使各類檔案，均失掉牠們的聯絡性。

3. 過於注重搜求珍奇之史料，以資宣傳，而忽略多數平凡材料之普遍整理。

這些錯誤，都由於沒有把各種檔案綜合的研究、深刻的觀察，所以結果僅知其形式而不知內容，僅知其區別而不知貫通，僅知有若干不相連屬之珍異史料，而不知統計多量平凡之材料，令人得一種整個的概念，以建化腐朽爲神奇之功。這樣做法是不容易將檔案整理出一個系統來的，檔案學更是沒有成立的希望。後來有了機會，將內閣大庫澈底清理一番，再拿宮中、內閣、軍機處三部分檔案，比較綜合的一研究，然後才知道內閣的史書，就是紅本的擇由，也就是實錄的長編；宮中的繳回硃批奏摺，就是軍機處摺包的原件；內閣所藏的明代檔案，就是明史館徵集的參考材料，諸如此類，明白了不少的掌故。由此看來，整理一類檔案，須要弄清楚牠們當其未歸檔以前的作用如何。整理各類檔案，須要弄清楚牠們當時的性質和手續上的連絡性如何。不是祇顧形式的分門別類，或是披沙檢金的搜尋若干珍貴史料，便算盡了整理檔案的責任。那麼應當怎樣才算是合理的方法呢？我且把文獻館二十三年八月分工作報告的弁言中的一段文章，引在這裏：

　　往者本館亦嘗編次若干有關清史之重要材料問諸世矣。大抵皆零星摭拾,故多掛一漏萬,其弊要在不待基本工作——普遍整理之完成而急求表現有以致之,欲速則不達,此之謂也。本館有見於是,自此次改組後,即決定辦法以全力注重普遍之整理。分北平現存史料軍機處之照會、函電,內閣大庫之黃册、檔册,內務府之各種檔案爲若干組,同時整理。先因名以立類,再即類以編目。

　　顧整理檔案較之部勒群籍,難①易迥殊。書籍以整部全帙爲單位,檔案以零件散頁爲單位一也。書籍分類有中西之成規可循,檔案則無定法二也。書籍編目有書名可據,檔案須隨件摘由(原案由多不適用)三也。故以言分類,必先考據職官之隸屬,衙署之司掌。以言編目,必先研究公文之程式,檔案之術語。凡此種種,除於檔案本身中探討外,尚須參證典籍,訪詢者獻,以期及早完成此基本工作(南運檔案它日亦當本此原則整理之)。然後仿記事本末之體例,將關於清代各大事之案件,依事按目,編成索引,藉作重修清史之長編,以供史家之參考。

據此便知道我們前後所用的方法之不相同。下面再將我們現在所用的方法,具體的說明步驟,以供大家參考。

　　甲、整理

　　(1)拂去塵垢,整齊形式。

　　(2)依據機關及名目分別部類。

---

　　①　編訂者按:"難",沈文原寫作"雖",誤,今據《故宮博物院文獻館整理檔案報告》改。

（3）排比朝代年月。

（4）標寫號簽及登記卡片。

乙、編纂

（1）據前記之卡片，依事類及時、地、人……等項，編纂分類目錄。

（2）編檔案中所載各項大事及人名之索引，以替代舊式紀事本末體之史書。

（3）檔案所用術語彙纂。

（4）校勘各種官書與檔案記載之異同詳略。

丙、陳列

（1）普通陳列式

此種陳列爲提倡一般參觀者對於檔案之興趣起見，將不同時地性質之各種文物，繽紛雜陳，避免單調，以期引人注意。

（2）專門陳列室

此種陳列特爲專家研究而設。或以機關爲主，如內閣、軍機處、內務府等室；或以時代爲主，如乾隆時代工藝品、慈禧后御用物品等室；或以事物性質爲主，如地圖、戲劇、清錢等室，均用綜合的系統的方法，表現陳列，務使一代政治文化之實際情形，能於此立體式陳列室中，縱橫多面的反映出來。

上列三項，整理以不失原來之真相爲原則，編纂以普通編目爲原則，陳列以就文物之性質相互連貫照映爲原則。總之，其目的在於充分使學者取材便利而已。至於史學上一切問題之研究及各種史籍之編纂，那自有研究院及各大學的史學家去負責擔任，我們不敢存此奢望了。

故宮博物院文獻館整理檔案報告 *

一、中國檔案之略史

《周官》有五史,掌一切政教出納之記載。古者學在王官,史之所掌,爲政與學之總匯。故老子爲柱下史,知成敗存亡禍福古今之道,號稱博學,爲諸子之巨擘。秦亡後,周室所藏遺棄無見之者,而揚雄傷之。然蕭何猶能收秦丞相御史律令圖書,使沛公知天下阨塞户口多少強弱民所疾苦,以興漢室。以是知檔案關係一代政治學術之盛衰者極大。

晋荀勗《中經新簿》中之《丙部》有舊事、皇覽薄、雜事等,《隋書·經籍志·史部》有起居注、職官、儀注、刑法、簿録等類,大率皆是當時之檔案文書。古人説"六經皆史",我們也可以説史皆檔案,精密一點來説,檔案是未摻過水的史料。後代私家著述漸盛,公家之檔案反形没落。唐宋以來目録書中著録之書籍日增,而一切政學來源記載鼻祖之檔案,士大夫反不屑道及,只爲各衙署中録事小吏之徒所掌管,偶備檢查而已。閲清代公私載記,每每見銷燬檔案之事,可知其不重

---

* 編訂者按:此文是沈兼士在中國博物館協會演講稿《故宮博物院文獻館整理檔案之經過》基礎上整理、擴充而成,收入《段硯齋雜文》。

視之程度了。

二、近代檔案之保存

近代檔案,是指清代二百餘年間之公家文書,其類別約可分之爲二:

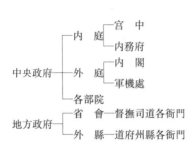

今本院所藏者,只中央政府一部分——內庭及外庭之檔案。各部院唯刑部檔案存在本館。此等檔案雖經過清代及民國以來屢次的損失,然其重要性猶在其他檔案之上。至於保存之經過,近來王靜安、徐中舒、趙泉澄、方甦生諸君均有文發表,北京大學研究所國學門一覽敘述明清檔案整理會之始末尤詳(未刊行)。茲僅將民國以來關於保存檔案之重要事蹟列表於下,繫以年月,以備參考:

民國二年　教育部設立歷史博物館,貯存清宣統間由內閣大庫移出之一部分檔案。

十一年五月　北京大學因羅振玉收買庫檔,請准教育部,以歷史博物館庫檔委託北大研究所國學門整理。

十一年七月　北大接收檔案完畢,規定整理計畫。

十二年三月　北大史學系學生參加整理檔案以資實習,其他考古學、風俗學等實地調查之風,同時並起,一洗從前文科徒託空言之弊。

十二年六月　北大史料整理會議決，暑假期間不停止工作。

十二年十一月　北大研究所由第一院遷入第三院工字樓，檔案始有陳列室九間，計分要件、題本、報銷冊等類。

十三年十一月　辦理清室善後委員會，接收故宮。

十四年十月　故宮博物院成立，設文獻部，集宮中檔案，於外東路闢陳列室。

十四年十二月　故宮博物院接收宗人府檔案。

十五年一月　故宮博物院請准國務院移交軍機處檔案歸其保管。至是始完成同人倡議之內外庭檔案整個保存，聯合整理之計畫。

十六年十月　開放大高殿，展覽軍機處檔案。

十七年六月　故宮博物院文獻館接管舊清史館檔案。

十八年八月　開始整理宮中檔案。

十八年九月　故宮博物院文獻館接收舊刑部檔案。

二十年一月　開始點查整理內閣大庫檔案。

二十一年十月　闢景福宮爲明清史料陳列室。

二十二年六月　開始整理內務府檔案。

二十三年十月　開始增闢各項檔案專門陳列室。

二十三年十二月　開始整理昇平署檔案。

二十五年三月　編訂文獻館整理檔案規則。

二十五年十一月　開始搜集檔案名稱及所用專辭加以考釋以備彙編檔案辭典。

二十六年二月　編訂文獻館所藏檔案分類表。

二十六年四月　開始整理宗人府檔案。

以上所述均係中央政府内外庭的檔案。其中内閣大庫之一部分,現歸中央研究院歷史語言研究所保管。至於舊日各部院之檔案,民國初年,早多散失。十七年曾經一度提議保存,惜已不及。二十五年七月又擴充我們舊日的意見草擬三個提案,提出於中國博物館協會第一屆年會,提案是:

(一)擬請國府令行各省所有市縣各級政府檔案應分別就地保管不得毀棄案。

(二)擬請政府令各部院將北政府時代及前清舊檔案就近撥歸故宮博物院整理案。

(三)擬請政府令駐外各使領將已失時效之舊檔案運繳國内整理保存案。

結果均經一致通過。同年十月,因聞某部檔案保管處有出賣檔案事,爰又草擬了一個提案,提出於故宮博物院院務會議,請院方呈請行政院加以制止,並飭令各部會將在平檔案撥歸本院整理,原案及理由是這樣:

關於某部檔案保管處出賣檔案事擬呈請制止

並飭令各部會將在平檔案撥歸本院整理案

查本年七月間博物館協會年會本院提案中有"擬請國府令各該部院將北政府時代及前清舊檔案就近撥歸本院整理"一案,其理由略謂"各部舊檔在行政方面已無一顧之價值者,在史料方面

457

仍足重視。近聞此種舊檔間有流落外間者，文獻散失，殊爲可惜。查清代刑部舊檔，曾由該管機關，撥交本院保存，其他各部院，似亦可仿照辦理"。業經通過。近據報載某部檔案保管處有出賣檔案之事實，官方認爲廢紙，賤價出售；商方視作利藪，爭相競購，致起糾紛。是項史料豈可坐視其散失毀滅？且檔案聚於一處，則參互考校，其用益宏。若使散在各地，則一鱗片爪，難窺其全。本院現所保存，計有清內廷檔案之一大部分，若得各部院檔案合而整理之，則相得益彰。否則聽其放佚，殊堪惋惜。擬根據前述理由，由院呈請行政院，從速令某部制止出售，並通令各部院，將在平保管之檔案，掃數撥歸本院整理，俾史料藉以保全，文化幸甚。

後來行政院曾有通令著各部會將已失時效之檔案，酌量撥交文化機關整理，這對於我們的主張，總算是有一部分實現了。

三、整理檔案之經過

我們從前在北大初整理檔案的時候，大部分精力和工夫，均耗費在初步的形式整理上面。因爲要將數十萬件七亂八糟的東西，一一依據名目，排比時代，這是多麼令人望而生畏的一椿工作。加之整理時的塵垢太多，眯目塞鼻，竟致同人中胡鳴盛君病眼，魏建功君傷肺。當時辛勞的情形也就可以想像。但是那時候的經驗太少，所以方法上仍有不少的缺點。

1. 太重形式，祇知區別名稱，排比時代，而忽略檔案的內容。
2. 祇知注意檔案本身，而忽略衙署職司文書手續之研究，遂使各類檔案，均失掉牠們的聯絡。

　　3. 過於注重搜求珍奇之史料，以資宣傳，而忽略多數平凡材料之普遍整理。

這些錯誤，都由於沒有把各種檔案綜合的研究，深刻的觀察，所以結果僅知其形式而不知內容，僅知其區別而不知貫通，僅知有若干不相連屬之珍異史料，而不知統計多量平凡之材料，令人得一種整個的概念，以建化腐朽為神奇之功。這樣做法是不容易將檔案整理出一個系統來的，檔案學更是沒有成立的希望。後來有了機會，將內閣大庫澈底清理一番，再拿宮中、內閣、軍機處三部分檔案，比較綜合的一研究，然後才知道內閣的史書，就是紅本的擇由，也就是實錄的長編；宮中的繳回硃批奏摺，就是軍機處摺包的原件；內閣所藏的明代檔案，就是明史館徵集的參考材料。諸如此類，明白了不少的掌故。由此看來，整理一類檔案，須要弄清楚牠當其未歸檔以前的作用如何。整理各類檔案，須要弄清楚牠們當時的性質和手續上的連絡性如何。不是衹顧形式的分門別類，或是披沙檢金的搜尋若干珍貴史料，便算盡了整理檔案的責任。那麼應當怎樣才算是合理的方法呢？我且把文獻館二十三年八月分工作報告的弁言中的一段文章，引在這裏：

　　往者本館亦嘗編次若干有關清史之重要材料問諸世矣。大抵皆零星摭拾，故多掛一漏萬，其弊要在不待基本工作普遍整理之完成而急求表現有以致之，欲速則不達，此之謂也。本館有見於是，自此次改組後，即決定辦法以全力注重普遍之整理。分北平現存史料軍機處之照會、函電，內閣大庫之黃冊、檔冊，內務府之各種檔案爲若干組,同時整理,先因名以立類,再即類以編目。

　　顧整理檔案較之部勒群籍,難易迥殊。書籍以整部全帙爲單位,檔案以零件散頁爲單位一也。書籍分類有中西之成規可循,檔案則無定法二也。書籍編目有書名可據,檔案須隨件摘由(原案由多不適用)三也。故以言分類,必先考據職官之隸屬,衙署之司掌。以言編目,必先研究公文之程式,檔案之術語。凡此種種,除於檔案本身中探討外,尚須參證典籍,訪詢耆獻,以期及早完成此基本工作(南運檔案他日亦當本此原則整理之)。然後仿記事本末之體例,將關於清代各大事之案件,依事按目,編成索引。藉作重修清史之長編,以供史家之參考。

據此便知道我們前後所用的方法之不相同。

　　爲著貫澈我們所主張的普遍整理,齊一進行的步驟,增進工作的效率,我們擬訂了一篇整理檔案規則,曾經加說附圖刊成專册,提出於中國博物館協會第一屆年會加以討論。其內容如下:

　　第一章總則　明定規則的範圍及整理的原則。

　　第二章整理　根據歷年工作的經驗及研究的結果,明白規定整理的步驟,約分爲以下三項:

　　1. 清釐　拂塵垢,整齊形式,區別部門,是爲初步的整理。

　　2. 登記　將清釐後之檔案,逐一編號,登記卡片,並記入登記簿。

　　3. 分類　區分其機關、名稱、時、地、人,按檔案分類法,分別編號。

第三章編目　以卡片目録爲主,規定著録項目及其方法,分編必要的各款目録或較爲簡明的索引。在每種檔案編目完竣時,並編書册式的目録,擇要刊行。

文獻館現在的整理檔案方法,就是根據此規則逐步進行。其中"分類"一項,並已捨去平列式的因名立類的舊分類法,而別編一種系統的綱舉目張的十進分類法,與此規則相輔而行。今將文獻館所藏最主要的幾處檔案分類綱要,列舉在下面,各繫以十進號碼,以示我們的分類法之一斑:

内閣檔案

内閣承宣之官文書
100 制辭
101 詔書
102 誥書
103 册命
104 誥命
105 敕命
106 敕諭
107 諭旨

内閣進呈之官文書
110 紅本
111 奏啓
112 表箋
113 圖
114 黄册
115 試録題名録
116 曆書
117 夾單

史官記載
120 起居注
121 六曹章奏

122 六曹録疏
123 六科史書

各館處檔案
130 實録館檔
131 會典館檔
132—138 其他各館檔
139 紅檔房檔案

因修書而徵集之檔案
140 明代檔案
141 硃批奏摺
142 廷寄
143 部院鈔送題奏本
144 軍前將軍府文檔
145 應入會典案件

各房日行公事檔案
150 内三院檔案
151 典籍南北廳檔案
152 滿本堂檔案
153 漢本堂檔案
154 蒙古堂檔案

155 滿票籤處檔案
156 漢票籤處檔案
157 稽察房檔案
158 收本房檔案

盛京舊檔
160 滿文老檔
161 滿文檔簿
162 滿文文件
163 漢文檔簿
164 漢文文件
165 滿文木牌

接收裁併機關及内閣改組後之檔案
170 通政司檔案
171 吏部檔案
175 承宣廳檔案
176 制誥局檔案
177 敘官局檔案
178 統計局檔案
179 印鑄局檔案

軍機處檔案

軍機處彙編關於國家庶政之檔案

200 目錄檔
201 諭旨檔
202 奏事檔
203 專案檔
204 電報檔
205 記事檔

軍機處進呈之文書

210 奏摺
211 表章
212 國書
213 地圖
214 黃冊
215 戰利品及查抄品

軍機處日行公事檔案

220 目錄檔
221 奏稿
222 行移文檔
223 考銓檔
224 經費檔
225 記事檔
226 代擬文稿

京內外致軍機處之文書

230 來文
231 清冊
232 函札
233 電報
234 照會
235 各國約章
235 出使報告

內閣會議政務處檔案

240 目錄檔
241 奏事文檔
242 電報及電報檔
243 行移檔
244 經費檔
245 記事檔

責任內閣檔案

250 目錄檔
251 奏稿
252 電報及電報檔
253 行移檔
254 考績檔
255 經費檔
256 記事檔
257 函札

方略館檔案

260 目錄檔
261 奏稿
262 行移文檔
263 考績檔
264 經費檔
265 記事檔

弼德院檔案

270 目錄檔
271 奏稿
272 行移文檔

內務府檔案

關於承辦或進呈之文書

300 上諭
301 冊文
302 題本
303 奏摺
304 圖
305 黃冊
306 單

分類彙編之檔案

310 號簿
311 上傳檔案
312 紅本檔案
313 奏銷檔案
314 奏摺檔案
315 堂諭檔案
316 呈文檔案
317 行文檔案
318 來文檔案
319 雜錄檔案

日行公事檔案

320 目錄檔
321 諭旨檔
322 題奏稿檔
323 專案檔
324 行移稿檔
325 記事檔
326 事簡
327 略節
328 函電
329 雜單

各處來文及附件

330 來文

331 清册　　　342 堂稿　　　　　各處檔案(370—479)
332 藍册　　　343 來文　　　　　　昇平署檔案
333 圖　　　　344 清册　　　　380 目録檔
334 單　　　　345 護照　　　　381 記事檔
　織造繳存之檔案　346 批迴　　　382 奏摺
340 諭　　　　　七司檔案(350—359)　383 單
341 奏稿　　　　三院檔案(360—369)　384 戲摺

宮中各處檔案

　臣工進呈之摺單　412 硃筆圈單　　423 景運門檔房檔
　圖册等件　　　413 引見履歷單　424 侍衛處檔
400 摺單　　　　宮中各處日行　425 銀庫檔
401 圖　　　　　公事檔案　　　426 膳房檔
402 册籍　　　420 敬事房檔　　　御制詩文等項
　臣工繳回之硃筆　421 奏事處檔　430 御制
410 諭旨　　　422 批本處檔　431 御筆
411 硃批

清史館檔案

　抄録之檔案　　各處咨送之檔案　日行公事檔案
500 目録檔　　510 各部咨送檔　520 目録檔
501 諭旨檔　　511 各旗咨送檔　521 題奏檔
502 奏事檔　　512 其他各處咨送檔　522 報銷檔
503 專案檔

　　此外，與整理編目互有關係而幾乎同一重要的工作，尚有兩種（編纂、陳列）也應附帶報告於此：

　甲、編纂

1. 編刊各項史料，以資流傳，供遠方學者之研究參考。

2. 編制檔案中所載各項大事的索引，以替代舊式紀事本末體的史書。

3. 彙集檔案的名稱及所用專辭，加以考釋。

4. 以檔案校訂官書及私家的著作。

乙、陳列

1. 普通陳列室

此種陳列爲提倡一般參觀者對於檔案之興趣起見，將不同時地性質之各種文物，繽紛雜陳，避免單調，以期引人注意。

2. 專門陳列室

此種陳列特爲專家研究而設。或以機關爲主，如內閣、軍機處、內務府等室。或以時代爲主，如乾隆時代工藝品、慈禧后御用物品等室。或以事物性質爲主，如地圖、戲劇、清錢等室。均用綜合的系統的方法，表現陳列。務使一代政治文化之實際情形，能於此立體式陳列室中，縱橫多面的反映出來。

總之，我們的目的，在求克盡保存整理流傳檔案的職責，充分使學者取材便利，使一般人增加認識與興趣而已。至於史學上一切問題之研究及各種史籍之編纂，那自有研究院及各大學的史學家去負責擔任，我們未敢存此奢望。

民国二十四年十月

近三十年來中國史學之趨勢 *

　　首先要聲明的，我是以外行人來談此問題。外行人而談個中問題，自然免不了發生錯誤，尚請方家不吝指正。

　　我覺得人類因爲有追憶過去的本能，才有所謂歷史，換言之，歷史就是有價值的回憶記錄。憶古念舊，從不好方面講，是頑固的，不進化的。從好的方面講，能借鏡已往的利弊，計畫將來的改革，才是有根據的、合於實際的改革，才是有步驟的進化。所以史學可以稱爲促進人類文化進步的一種科學。

　　在未談本題之前，我先追溯一下一百五十年前一段歷史，來作一個引子。我們平常很懷疑清代學術史上一個問題，就是乾嘉時代學者如江永、程瑤田、錢大昕、戴震諸家，於金石、地理、曆象、數學、博物、工藝等學，均以絕大的天才，成就驚人的造詣。然而繼之者都不能把上述各種學問擴大成爲獨立的科學（乾隆二十七年、西曆一七六二年盧梭著《民約論》。乾隆三十四年、西曆一七六九年瓦特蒸汽機改良。乾隆四十八年、西曆一七八三年法人發明輕氣球），這是甚麼原故呢？現在找一個故事來說明他。當戴東原倡天下學問有義理、

　　* 編訂者按：1941 年 6 月在輔仁大學史學會講，載《經世日報・讀書週刊》1947 年 8 月 14 日，第 1 期；又收入《段硯齋雜文》。本書據《段硯齋雜文》版整理。

考據、文章三事的時候，袁子才以文詞推爲海内祭酒，他曾寄書與孫淵如，惜其以"驚采絶艷之才"，从事於考據，奇才竟至不奇，有可惜一枝筆之語。又謂著作（即指文章而言）爲形上之道，考據爲形下之器。孫氏復書駁之，謂袁以鈔撮故實爲考據，抒寫性靈爲著作，非經之所謂道與器也。又自謂欲由訓詁、文字、曆象、明堂、井田等，以明九經三史及聖人制作之意，因器以求道，乃由下而上達之學，道與器不可分之爲二（《問字堂集》卷四）。當時焦里堂又與孫書以論考據與著作。略謂："古者專家，各以學名，別無所謂考據，漢後一切學問莫不通之於經，至唐宋以後，古學幾亡，於是爲詞章者徒以空衍爲事。王伯厚之徒習而惡之，稍稍尋究古説，撮拾舊聞。此風既起，轉相仿效，而天下乃有補苴掇拾之學。後人强以考據名之，以爲不如著作之抒寫性靈，可謂不揣其本而齊其末矣。近世如惠、江、戴、程、段、王、錢諸家直當以經學名之，不當以'不典'之稱所謂考據者混目於其間。"（《雕菰樓集》卷十三）。揣焦氏之意，以爲我們考曆象、地理是爲讀《堯典》《禹貢》，考音韻、博物是爲讀《三百篇》《爾雅》，考宮室、衣服是爲讀《三禮》，一切皆歸於經，則爭者自然息喉了。其實拿經來統制一切學問，是利，也就是弊，我認爲這就是一切學問不能獨立自由發展的一個重要原因。還有一點是我們所知道的，大凡學術思想之發生變動，都由於兩種潮流的相激相盪，不然就不容易發生推陳出新之劇烈變化的。百餘年前歐洲文化尚未東漸（只有天算參用西法），所以清代學術是以樸學始，以樸學終。終清之世，其學不出乎兩部《經解》，而法人之《百科全書》已於乾隆十六年（一七五一）就出版了。

到了民國時代，就大不相同了。歐西文化隨著政治的力量而加速東漸，科舉既廢，經學也式微了。於是新舊兩種潮流激戰的結果，是舊的敗北了。首先革新的是文學，北大新文學運動，那是人所共曉的。至於史學的革新，却爲一般人所忽視，民初蔡元培長北大，初設史學系，大家都不大重視，凡學生考不上國文學系的才入史學系，但這不能不算打定了史學獨立的基礎。至於材料和方法方面倘若不革新，仍同先前一樣呆板板地從紙堆中鑽研，那是不能滿足新時代求真的希望的。所以北京大學於十一年設研究所國學門，首先創考古學研究室，其旨趣是要把自來所謂供文人賞玩的古董，用考古學的方法去發掘搜集，作綜合比較的研究。史學方面憑空添加了一支強有力機械化的生力軍，古代史上許多問題，或者得了解決，或者起了疑問，這都是研究古代遺迹、遺物之收穫，予史學界以極大的衝動。其次即爲該所十二年五月風俗調查會之成立。我平常喜歡讀《漢書・地理志》論域分風俗那一段文章，以爲從地理上考民俗，從民俗裏觀文學，那是最有趣味而又合理的方法，近代史學之新發展，多借助於考古學及民俗學（前者是靜的，後者是動的），縱橫經緯，合起來便成一種新的史學。現在各地各民族間的風俗，倘加以探本溯原的研究，相信可以解決史學上不少的問題。再其次即爲內閣大庫檔案整理會，這是我和陳援庵先生（那時正任教育部代部長）努力，遂毅然把教部堆存的一大批內閣大庫明清檔案撥交北大研究所整理，內容包括大量的題本、報銷冊及明代兵部題行稿、明清實錄聖訓史稿等件。檔案是修史取材的大宗來源，可以説是沒有滲過水的史料。關於某一問題的檔案（如明末邊事、清代文字獄），搜聚起來，固然可貴。即是平凡普通的材料（如題本中之各省債務案及爭產案）統計起來，也可以解決許多歷史上重要的問題。作史者有了這些原料，加上專家判斷的識力、組織的技術，便可成爲一篇佳構。向來修官書者往往嫌惡檔案繁重，除直接可用者外，大半棄置不顧，那是很可惜的。

上面所述的三項，不能不說是三十年來史學研究的新趨勢。加之西洋治史新法傳入中國，方法上又發生了若干變化。譬如最近出版的李玄伯《中國古代社會新研》之取法古朗士，便是一個好例。

我國號稱有五千年的文化，而舊史記載多令人不敢置信，若一味疑古，鑿空立說，亦爲缺陷。吾人倘能利用上述之新材料、新方法，重新證實我們民族光輝燦爛之信史，豈不是空前的一大收穫嗎！

抗建雜談*

今天貴行約我來講演，兄弟本不敢應命，因爲講演本是一件難事，作學術講演更難，唯既承貴行一再殷殷相約，誼難固却，但須預先聲明，這不能算是講演，不過與諸位拉雜一談，作爲互相研究的資料而已。兄弟去歲從淪陷區來，願將幾年來淪陷區的情形，作一個簡單報告，同時我回到大後方後，所見所聞，不無一點感想，也一並向諸位談談。

大凡一個人説話，對他自己研究的某一種學問或專門的事務，往往是不敢多説的，因爲他愈是研究，愈覺自己所知太少，不敢多開口。至於沒有研究過的事情，反而可以縱談無忌，因爲雖然講的是外行話，人家多少是能夠原諒的。兄弟今天所要講的，也都是外行話，希望諸位多多原諒。

我國全民抗戰，已整整六個年頭，這六年來堅苦卓越的精神，是非常令人興奮的，只是在此勝利的前夕，國人對於戰後問題，注意研究的還很不多。美國人對於戰後問題，早已有各種組織作專門研究，並與政府取得連繫，將研究所得提供政府參考。我國似亦應發動廣

---

* 編訂者按：原署"沈兼士先生講，潤記"，載《雍言》1944年第3卷第12期，第2—5頁。

泛的研究，將研究結果供給政府采擇，這是兄弟所深切希望的，甚願大家一致努力。

兄弟今天所講的約可分爲五點：

第一先講敵人對佔領區統制的情形：我在淪陷區六年，眼見敵人所施各種統制政策，約可分做三個步驟，第一步是軍事的統制，到處以武力壓迫，盡量製造漢奸，此時一般民衆和知識份子，都感覺到精神的痛苦。第二步是思想的統制，敵人用武力壓迫我民衆到相當程度後，即實行所謂"思想的調查"，凡大中小學校的教授、教師，都須填具思想調查表，各學校並加添日語課程，每個小學生都須背誦"新秩序"（?）的標語等，學生不能背誦者，嚴懲其校長、教師，同時更發動學生到街頭講演，宣傳所謂東亞新秩序等等，這樣一來，知識份子便直接受到生命的威脅，不僅是精神的痛苦而已。第三步便是經濟的統制，這可直接威脅到所有的民衆身上了，其最重要的是食糧的統制，以前民間食用的白麵，現在只有日本人才能享受得到，普通民衆所食用的麵粉，據分析共有五十多種雜質，其中有麩皮、花生皮等等，簡直是無法下咽。最近曾有人從那邊帶過來一點，諸位可以看看，便知道那邊民衆的痛苦爲何如了！現在自由區的糧食，只是貴賤問題，並没有買不到的現象，而淪陷區却是有無的問題，縱有錢也買不到。因之民衆痛苦日深，抗敵情緒一天天高漲，所以在精神上説，我們是已經勝利了。不過這次回到後方，看到後方許多情形，與在淪陷區時所想的不盡相同，這是我們的宣傳工作，還不够周到的原故，敵人在淪陷區利用無綫電廣播做宣傳工具，差不多家家都有收音機，我們也應該利用廣播來宣傳。我看見後方一部分民衆表現精神麻痺，如果能讓淪陷區來的青年將淪陷區民衆的痛苦等情形，用適當的方式，作廣泛的宣傳，我想一定能夠振奮人心，鼓舞抗建精神。至於鄰近戰區的宣傳教育工作，應特別注重加強軍民合作，同時邊區文化如何提高，也是值得我們注意的地方。

第二點我覺得如果要敵人澈底潰敗，非靠我國陸軍不可，我國陸軍雖然強大，可是裝備尚不完整，因之輿論界應強調加強陸軍的力量，實是今日當務之急。這話並不是說我國不要海空軍，只是說對陸軍應再充實其力量。日本的北進，全靠陸軍作戰，天皇和陸軍，有著不可分的關係，如不能把日本的陸軍澈底摧毀，日本縱然屈服，也是暫時的。這個摧毀日本陸軍的重任，不用說應由中國的陸軍來負擔，此點，中國朝野均甚明白，還望盟邦友人作進一步的認識與援助。

第三點是關於目前勝利前夕的外交和將來和平會議席上的外交政策，應該即時加以研究。目下作戰情況，盟方頗佔優勢。前曾一度謠傳某國將與德國單獨構和，某國與日本關係轉好，自中英美開羅會議和英美蘇德黑蘭會議後，這種謠言已掃除盡淨了。所以此時要運用外交的地方很多，必須同盟國間更堅強的合作，更增強海陸空軍力量，並調整作戰機構，統一作戰指揮，果能如此，戰事也許會急轉直下，這是我們應該努力促成的。至於我國的戰後的外交問題，如收復失地，歸還領土主權，已有莫斯科四強宣言，及開羅會議宣言明白保證。唯香港、泰國等問題，則仍待研究，凡我國人均可將研究所得，貢獻政府作為參考。

第四點是關於今後國際和平的問題，這點我認為應該合理解決，應當有堅強的制裁機構，上次歐戰後所產生的國際聯盟，所用制裁方法，僅限於法律方面，經濟軍事方面完全談不到，侵略國家遂得乘機而起，終於造成今日之世界大戰。所以我以為今後國際的制裁機構，應以武力爲後援，由愛好和平的國家來主持。美國當然應居於領導地位，東南亞委任統治的島嶼及加羅林、馬塞耳諸群島，應委託美國代管，西南馬來亞應有國際軍隊駐屯，或者比較可以安全……

第五點是關於我國戰後建設復興的問題，這問題最爲複雜，應加以切實之研究，建設問題之最重要者，第一是交通，首先應將隴海路延長，一直經新疆到阿富汗以達波斯灣。此路成功，不特西北邊防，可資利賴，且可利用波斯灣之海航以聯英美。其次是工業的建設，國防工業固屬重要，民生工業，尤應切實促其發展，要做到農村工業化，然後纔算是名副其實以農立國，有了農村工業作基礎，則農民的組織與訓練，自然事半功倍。所謂"寓兵於農""舉國皆兵"皆可以做到矣。

以上所說，是我個人的一點感想，希望諸位對於建國問題，多加研究，以貢獻於政府，造福於人群！

講義、筆記

文字形義學 *

總目①

---

* 編訂者按："成立時期"前的内容,據編訂者收藏民國時期印行的《文字形義學》整理;"成立時期"的内容,據葛信益、啓功整理《沈兼士學術論文集》(中華書局,1986年)整理。

① 編訂者按:這是一部没有寫完的講義。爲了使讀者了解沈兼士先生編寫計劃的全貌,特將原書前的《文字形義學·總目》附在上面。

4. 國語及方言學

5. 文字形義學上之中國古代社會進化觀

6. 字體論

敘　説

我於開始講授文字形義學之先，先提出三個必須先決的問題：

一、文字形義學是什麼？

二、爲什麼要研究文字形義學？

三、文字形義學應該怎麼樣研究？

現在分作三層在下邊回答：

一、文字形義學的定義

研究中國文字的形體訓詁之所由起，及其作用與變遷，而爲之規定各種通則以説明之，這種學問，就叫做文字形義學。

二、研究文字形義學的目的

研究文字形義學有三種目的：

（一）研究中國古代哲學、文學等書，不能不通文字形義學。

孫詒讓《札迻·序》裏面有一段説：

　　嘗謂秦漢文籍，誼恉奥博，字例文例，多與後世殊異，如荀卿書之“案”，墨翟書之“唯”“毋”，公孫龍書之“正舉”“狂舉”，淮南書之以“士”爲“武”，劉向書之以“能”爲“而”，驟讀之幾不能通其語復以竹帛梨棗，鈔刊婁易，有三代文字之通假，有秦漢篆隸之變遷，有魏晉真草之輥淆，有六朝唐人俗書之流失，有宋元明校槧之屢改，遠逕百出，多歧亡羊，非覃思精勘，深究本原，未易得其正也。

我們看了這一段文章，可以知道讀古書之難了。大約今人所以不易懂得古人文章的緣故有四：古人文字多用初文古義，如《老子》的以"佳"爲"唯"，《墨子》的以"也"爲"他"（"也"爲"它"之隸譌）、以"亓"爲"其"之類，這是第一個緣故；古代的文章都係口授筆錄的，所以往往倉卒之間記不起應該寫的那個字，便以聲音相同，或聲音相近的某字來代替他（簡直是當作注音字母用），因此一個字可以兼攝幾個意思，一個意思可以通用幾個字，於是添了訓詁上許多的麻煩，這是第二個緣故；漢代以前的文人多通小學，好用奇字古語，劉勰所謂"前漢小學，率多瑋字，非獨制異，乃共難曉"，這是第三個緣故；古書年代久遠，輾轉傳寫，不免有脫譌損壞的地方，加以後人不識古字，以意妄改，往往失其本真，這是第四個緣故。我們對於這些地方想要"覃思精勘，深究本原"，那就非深通文字形義學，便不能推尋出那些字形、字義的真相來，至於文章的内容，自然也就不能明白了。（此節應參考王念孫《讀書雜志》中《史記索隱本異文》節、《漢書·連語》節、《墨子·雜志序》、《淮南内篇·雜志後序》，王引之《經義述聞·通說》中《經文假借》節、《形譌》節，俞樾《古書疑義舉例·不識古字而誤改例》節，孫詒讓《墨子閒詁·後序》。）

（二）研究中國考古學、歷史學，不能不通文字形義學。

我們研究造字原則（六書）發生的先後，可以明了古代思想進化的程敘（詳講義中《造字論》）。我們研究意符的文字之造形命意，可以得到許多關於古代歷史的參考材料。我以爲考古學家所憑藉以爲探溯有史以前及載籍以外之事蹟的材料，約有四類：(1)地質，(2)古器物，(3)古民族語言，(4)古代畫文字及意符文字。這些都是考古學上可寶貴的材料，其中尤以意符文字所表示的原人思想，邃古風化，特深切著明。現在再把我的舊作《研究文字學"形"和"義"的幾個方法》文裏面的一段引來，補足説明這個意思：

> 現在研究古、籀、篆文的形體，可以説是和文學(指新文學而言)没有什麼關係。至於他對於史學的關係，却反覺的重要得很。你看應用"象形""會意"兩原則的文字，大都直接的或間接的傳示古代道德、風俗、服飾、器物……等的印象，到現在人的心目中，簡直説他是最古的史，也不爲錯。
>
> 史貴徵實，但是自古及今有意做的史書，那一種不犯著主觀的、偏見的、文飾的毛病呢？獨有文字裏面無意中表現的事實，可以算得有客觀的、直寫的、真面目的價值，可以算得没有參過水的古史材料，你看這是何等可貴！

(三) 研究中國國語、文法等學，不能不通文字形義學。

統一國語的辦法，照理論上講起來，必須經過一番精密的調查和分析的研究，然後可以尋出一個比較自然的標準來，如此才可以算得不是顢頇的統一。現在對於國語問題大家應該注意的是："古今語""方言""通語"之調查和選擇，"六書""四聲"關於詞性之研究，複音詞和語尾之規定，文法與語法之比較和編制，新語之補充，漢字之改造等問題。這些事業，都須具有文字形義學的相當程度，才能動手去做，倘是不明瞭文字和語言的關係，沒有歷史的知識，斷不能做到澈底的研究，斷不能得到根本的解決的。（我新近做了一編論文，題目叫做《國語問題之歷史的研究》，在北大《國學季刊》上發表，可以參看。）

照這樣看來，可以說得文字形義學是研究中國哲學、文學、考古學、歷史學以及國語、文法等學的基礎學科了。

三、研究文字形義學的方法

現在分作四層來說：

（一）聲韻學之預備

戴震說得好："六書之學，訓詁聲音，未始相離。"唐宋以來治小學者，不懂聲韻，而侈口空談形義，遂致無一是處。自清戴震兼此三者，得其條貫，研究者繼起，於小學上得了許多發明，於是小學乃脫離經學之附庸而蔚爲大國，即此可以知道聲韻與形義關係的密切了。關於這一層的理由，在講義中《文字形義學》"大成時期"裏面尚須詳說，這裏便不多敘了。

（二）文字形義學材料之選定

凡研究一種學問，第一要緊的就是材料，倘是沒有精確完備的材料，就是有好方法，也是研究不出圓滿的結果來的。譬如許慎《說文解字》網羅"古""籀""篆"三體文字以集古文之大成，固然是後世講小學者不祧之祖，但是他的缺點和錯處也是很多的：（1）形體錯誤。《說文》所說古文形體，多不確當，今日以金文、卜辭參驗之，其錯謬者不少，如誤"火"爲"山"、誤人形爲"卪"，分"止"之反正顛倒爲"止""少""夂""夊""屮"之類。（2）文字遺漏。《說文》雖說是采取"壁中經"及鼎彝刻辭，但是他那個時候鼎彝出土的很少，有許多古文都未曾收錄，又經、傳、《爾雅》《方言》中字，許君遺漏未采者，亦復不少，後世文人過於崇拜《説文》，甚而至於不敢用不見於《説文》之字，豈不太拘。

(3)説解迂繆。《説文》的説解，有許多迂妄的地方，即如"干支""數字"諸文的注子，拿很迂曲的漢儒心目中之哲理，來説明上古文字的形義，乃荒繆之尤甚者。此外如唐李陽冰因懷疑《説文》，時標新義，然徒憑臆説，不求證據；又如宋王安石《字説》抛棄聲音，附會形義，全是强古人以從己，要皆不可以爲典要。至如郭忠恕的《汗簡》雜集古文之僞體、譌形以彌縫《説文》，於材料上更没有可采的價值了。及至清朝末年，鐘鼎、甲骨出土漸多，阮元、吳大澂、孫詒讓、羅振玉、王國維諸家鋭志精研，以其刻辭校勘《説文》，參驗古書，用實證的方法發明許多文字的形義(參看講義中以《鐘鼎、甲骨爲中心的造字説》)。於是學者才恍然知道墨守《説文》，或徒憑臆測之不能探得古文的奧妙了。大概研究文字形義學當以《説文》《爾雅》《方言》等書爲正材料，以鐘鼎、甲骨刻辭及經傳所載記之文字形義爲副材料，而副材料之選擇，尤比正材料爲緊要，這也是研究者不可不知道的。

（三）整理材料的方法

就比較正確的材料之中，類集一切同樣的例，分析比較，以假定各種通則，或直接的考定造字之定律(參看講義中《造字論》)；或間接的考定文字形義與他種學問之關係(參看講義中《文字形義上之中國古代社會進化觀》)；或縱面的考定訓詁之公式(參看講義中《訓詁論》)；或橫面的考定方言流變之軌迹(參看講義中之《國語及方言學》)。至於具體的説明，當散見於講義之中，這裏就不贅述了。

（四）研究的精神

努力以求真實，這是凡研究一切學問者所必須共具之唯一的精神，即如研究文字形義學，只是於比較正確的客觀材料之中，施以合理的推論，以尋出他的一個本來面目就對了。一切輕蔑古人和崇拜古人之主觀的成見，是萬萬不可以有的，有了，便是對於研究學問失却忠實的道德，不是忠實的研究，其所得結果，亦不過自欺欺人而已，決没有貢獻於學問界的價值了。至於忠實的研究，其要件如何？現在試分三層來説明：

（1）獨立

自來中國學者最喜盲從古人，或囿於一家之成説，這是學問不易進步的一大阻力。醫治這個毛病，在於抱定超然獨立之精神平心靜氣的來平等觀察各家學説，而究其異同變遷之所以然，譬如許慎《説文》，今日只應把他看作考釋古文之起點，倘視之若天經地義不敢懷疑，而謂近代發見之金文、卜辭，毫不足信，這就是拘墟之見了。我們現在不但以爲許書可以懷疑，就是六書也可以姑且把他攔在一邊（六書本也不過是後人假設的幾個造字通則，不是先有六書造字之例，然後去造文字），應該本著古代文化發達的一般形式來直接探尋古代造字之方式及其過程。（此節應參考羅振玉《殷商貞卜文字考・正名》篇。）

（2）袪妄

凡研究一種學問，必須明了此種學問發生之時代的背景，譬如研究文字的形義，決不可忘却古代社會之狀況及原人之思想，許慎以漢時學説説解古文；王安石以釋老之説傅會以成《字説》；近人更有以自命能以西洋科學、哲學之理講解文字者；要皆不外强古人以從己，故其持論非迂即妄。整理文字形義學，儘管可以應用科學的方法，却不能説這種學問中即包含某某科學在内，這也是學者不可不注意的。

（3）實驗

上面第一段是説研究學問不可囿於古人的成説，自己應該跳出古人所説的範圍以外來看一看，才能彀見得真確；第二段是説囿於古人的成説固然不好，但是處處務棄陳言，思標新義，又恐陷於穿鑿傅會的毛病。所以倘是不抱定實驗的宗旨，仍舊達不到求真實之目的的。實驗的態度是怎麼樣呢？即如王念孫、王引之參驗訓詁學的定律，以證明文字意義之本假，非同類之例證確實充分，不敢憑單文孤證下一斷語；又如章炳麟參驗聲韻的條貫，以定文字之孳乳，求方言之通轉；王國維參驗金文、卜辭以求明堂廟寢及古禮器之制度，這都是實驗的精神之表現，斷非臆説空談無徵不信者所能企及得到的。如此然後可以算得忠實的研究學問，然後可以達到求真實的目的。（此節應參考王念孫《讀書雜志》、王引之《經義述聞》、章炳麟《文始》《新方言》、王國維《明堂廟寢通考》《古禮器略説》。）

以上是説研究文字形義學的方法。

最後，關於編輯講義的上面還有幾句説話：大凡做一種學問，歷史的研究和理論的研究，在科學的研究之基礎上，如鳥之雙翼，車之兩輪，是缺一不可的。現在編輯講義，分爲上下兩篇，上篇敘述歷史的系統，下篇討論理論的方法，意在使讀者先有了文字形義學觀念，然後再進而研究各種理論，如此辦法，比較的爲有系統、有根據一點。

我對於舊學説有些地方頗爲懷疑，甚而至於已經有了想破壞的動機，但是我之新的建設，却還在試驗研究之中，所以講義中於不得已之時，往往新舊並陳，希望同志本研究的態度以批評之。

我以爲講義只是研究學問之引導者，決不能以讀講義爲研究學問的究竟，仰高鑽深，端在多看參考書，所以講義中除較爲重要的幾家學説之外，其餘即不盡行臚列。至於應當參考的書籍和文章，則隨處注出，以便讀者自動的研究。

文字之起原及其形式和作用

人類迫於社會生活上種種之必要，而後創造語言，關於語言之起原，自來有二種原則説：

(1) 擬聲説。
(2) 感聲説。

擬聲説屬於感覺的，謂人類之語言，起原於摹擬天然之音響，如鳥獸之鳴、風雷之聲等，其後漸漸發達，遂成爲語言；感聲説屬於感情的，謂人類之語言起原於快苦恐怒之際由刺激而自然發出的聲音，其後漸漸發達，遂成爲語言。綜此二説，可以謂人類之語言的出發點起於擬聲和感歎。

但人類之所以異於其他動物者，其界綫却不在於人類之有此等語言之聲音，而在於人類具有語言之内的力，即依語言以表示思想之官能。因此可知思想之與語言，有密切之關係，無思想則語言只是死的聲音，無語言則思想等於不存在，故語言之定義爲以聲音表示思想的一種符號，其組織當如下式：

語言＝思想＋聲音

雖然，人類倘是單有語言，仍無進化的歷史之可言。因爲語言在時間方面，不能傳久；在空間方面，不能播遠；十口相傳，遂多異詞。

所以爲補救這種不便起見，乃有文字發生，以有形的標識，來表示無形的聲音。

照上面所説，表示人類思想的聲音，叫做語言，描寫語言的符號，叫做文字，似乎文字是純由語言所産出的。但是仔細研究起來，這個説話未必盡對，何以故呢？

（1）繪畫之發生，與語言之發生，係並行的而非相生的。文字之形式，直接與繪畫成爲一個系統，證之於埃及文字畫、巴比倫亞敘利亞楔形文字、中國古代鐘鼎款識中留存之圖案化的文字畫，及六書中之象形文字，莫不皆然，這是文字不純由語言所産出的一個證據。

（2）倘使文字僅爲描寫語言的聲音而作，則音符的文字，應該發生於意符的文字之先。然考諸世界文字，音字都是由意字變化成功的，這也是語言不純由語言所産出的一個證據。

我們據此以追溯文字之起原，知道他初不是單爲語言之符號而發生的，寔際上可以説是和語言同爲直接傳示思想的方法，而別成一源。就是一方面用聲音來表示思想，由口以傳於耳；一方面用形象來表示思想，由手以傳於眼。然則文字之組織，當如下式：

文字＝語言＋繪畫＝思想＋聲音＋繪畫。

綜考今日世界所用之文字，種類雖甚繁多，我們把他大別起來，可以總括爲兩類：

（1）意符的文字，亦謂之意字。

（2）音符的文字，亦謂之音字。

意字的性質，不以聲音爲主，而以表示形象爲主，用文字來具體的或抽象的形容事物之狀態，如前面所説的文字畫、楔形文字，中國的象形、指事、會意各字皆是；音字的性質以表示聲音爲主，大都是由意字轉變來的，如歐美各國通用的拼音文字、中國的形聲字皆是。現在試單把中國文字之起源、系統、形式及其內容發達進化的狀態，在下面大概敍説一下：

中國古代文字的創造和組織，相傳有六種原則（就是指事、象形、會意、形聲、轉注、假借六書）。前三者可以叫做意符的原則；後三者可以叫做音符的原則。現在進一步不墨守六書舊説，重新拿世界一般文字發達的次序和思想進化的歷程，比照著來研究中國文字的源流變遷，大致可分爲四級：

（1）文字畫。

在文字還沒有發明以前，用一種粗笨的圖畫來表現事物的狀態、行動並數量的觀念，就叫做文字畫。我們研究人類文化史，追溯到文化最初的起源，莫不經過用文字畫的一個階級的。中國在石器時代有沒有文字畫，現在雖然還沒有證據可以判明。倘是根據有史以來的記載，如《虞書》上所説的"日月"至"黼黻"十二章，《春秋左氏傳》王孫滿所説的夏禹"貢金九牧，鑄鼎象物，百物而爲之備，使民知神姦"，大約所用的都是一種文字畫，據此知銅器時代已經有文字畫了。但是古代純粹用文字畫紀事的古蹟，迄今尚未爲考古家所發見，至於他的起源是否在於石器時代，那就不知道了。到了銅器時代之後期，文字畫的形式似乎漸漸的蛻化成爲象形文字，我們試看商代彝器的刻辭，不是已經有了直接而且顯明的表示語言之文字嗎？其中雖然夾雜些 ■、■、■……等文字畫的遺形，但其作用，似已消失，不過當作一種裝飾的圖案而已。（甲骨卜辭，雖然也是商代的東西，但是因爲不像鐘鼎彝器那麼有裝飾的必要，所以就不用圖案化的文字畫了。）這種文字畫，其簡單者，後來也有逐變作象形文字用的。但是鐘鼎家往往喜歡把一切文字畫的遺形，都要牽强附會認爲某字某字，這却是强作解人了。

（2）象形文字。

這一級裏面，可以分做兩類：

① 寫實的方法。這一類的形式和文字畫有密接的關係，其不同之點，即筆畫漸變簡單，結構漸成定形而已。例如 二 ⌒ ⊙ ☽ 井 門 ■ 之類，形式雖有繁簡的分別，其爲實寫事物之狀態則一。

② 象徵的方法。寫實的方法未免麻煩而且太呆板了，表示思想的力量和範圍過於狹小，比方"大""凶"這兩種抽象的意思，用寫實的方法是很不容易造成一個字的，想像力薄弱的古人，你叫他不依形象而憑空構造，又是絕對不可能的事實。於是想出一種法子，借了人的形狀、地的坎險，以爲"大""凶"的象徵，造成"大""凶"兩個象形文字（《說文》："大，天大地大人亦大，象人形。""凶，惡也，象地穿交陷其中也。"），這麼一來，就可以把不容易表示的意思都能舉重若輕的表示出來了。這個方法又可以叫做借象法。現在我把我的舊作《文字學講義》（民國三年的）裏面所說"借象"原理的一段抄在下邊，作一個參考：

夫意内言外，詞隨義起，欲傳久遠，乃著竹帛。譬如"𣥺""丫""𠧪""十"四文，寫狀微末，義殊陋隘，特爲制字，似嫌迂曲。不知書契之初，依類象形，先有獨體，形聲相益，後乃滋繁。當時欲本"𣥺別""丫戾""𠧪留""十速"之語以制文字，其義既屬虛泛，其形又難執著，勢非寓意於有形可象之物體不可。爰乃取假於"獸爪""羊角""木曲""鳥飛"之形，以爲一切"𣥺別""丫戾""𠧪留""十速"之標識，其意固不僅區區摹狀鳥獸草木之狀態而已。逮其後更孳乳"辨""乖""稽""迅"等形聲字，而"𣥺""丫""𠧪""十"之用遂替。許注逕釋之爲"獸爪""羊角""木曲頭""鳥疾飛"者，其書以辨析本形爲主，適當爾也。準此以觀，許書中獨體之文，慮皆言近旨遠、形局義通，若但於物之表象求之，則失之矣。

這裏有須注意的一點，就是這些字形所描寫的事物和内容所包含的意義，其專泛狹廣，確有不同。陳澧所謂"文義不專屬一物，而字形則畫一物"就是這個意思。後人往往誤以許慎《説文》解釋本形之語謂之"本義"，未必盡合於古人造字之旨。

(3) 義字。

前面所説象徵的象形文字，已經在客觀的物象之中攙了一點主觀的意象，但是仍舊脱離不了實物標本的束縛。到了這一級，作者才能夠自由併合各象形文字以表現其意趣，所以叫做義字。據言語學者的研究，語意的緣起，本於表示"德""業"，而象形文字却重在表"實"。倘是對於表德和表業的語言，一一都要取一種固有而且簡單的物象來表現這些抽象的意思，這實在是一椿困難的事情。於是想出一個法子，利用現成的象形文字，人爲的拼合起來，成一種具體的形象,用以表示一種抽象的意思。譬如一個"初"字,《説文》注"裁衣之始也";《爾雅》注"始也"。陳澧解説道:"近人多以《説文》爲本義、《爾雅》爲引申義,實不盡然也。造'初'字者,無形可畫,無聲可諧,故從衣從刀會意耳。"這就是用具體的方法表示抽象的意義的一個好例。其他如"盥""盜""間""仁""武""信"等字皆是。這種字的作法,漸漸超乎迹象,主觀的作用漸盛,而所包含的意義也更曲折了。後來因爲"事變綦繁",人心所造之意象無窮,而事物可比擬之現象有限,於是覺得象形文字,反不如義字之易造,所以表實的字如"男""或""沙"等,也就應用這個方法來造了。

這裏要注意的,也同前段一樣,須知道"盥""盜"……等字,並不是專爲"以皿食囚""垂次皿中"……造的,不過扼要的舉出一個顯著之例罷了。

(4) 表音字。

上面所説意符文字的區域,算是擴張到極大的限度了。後來人文進化,儘管憑藉著客觀的物象和主觀的意象去制造文字,終於難以應付下去。物窮必變,於是慢慢的渡到音符的區域來了,這也是必然的趨勢啊。所謂表音字,大都是借了象形文字或義字來表示同一發音而不容易應用(2)(3)兩種法子造字的他種説言。其體裁可分爲兩類:

① 半音符的。這一類的方法,是一字之中,半體表示聲音,半體表示形義(就是六書的形聲)。現在把他分兩部分來説:

(Ⅰ)音符兼義者。沈括《夢溪筆談》卷十四説:

王聖美治字學,演其義爲右文。古之字書皆从左文,凡字,其類在左,其義在右,如木類其左皆从木。所謂右文者,如戔,小也，水之小者曰淺，金之小者曰錢，歺而小者曰殘，貝之小者曰賤，如此之類，皆以戔爲義也。

又龔自珍述段玉裁論《説文》"以聲爲義"一條云：

> 古者先有聲音，而後有文字，是故九千字之中，從某爲聲者，必同是某義，如從非聲者定是赤義，從番聲者定是白義，從于聲者定是大義，從酉聲者定是臭義，從力聲者定是文理之義，從矞聲者定是和義，全書八九十端，此可以窺上古之語言，於《矞部》發其凡焉。

以上所説的"音符兼義"諸例中，又當分別觀之，區爲兩派，一派是音符非其語根者；一派是音符即其語根者。現在在下面分別來説明：

（a）音符兼義而非其語根者。章炳麟先生《文始敍例》説：

> 昔王子韶創作右文，以爲字從某聲，便得某義，若《句部》有"鉤""筍"，《臤部》有"緊""堅"，《丩部》有"糾""樛"，《辰部》有"蜄""顅"，及諸會意形聲相兼之字，信多合者，然以一致相衡，即令形聲攝於會意。夫同音之字，非止一二，取義於彼，見形於此者，往往而有，若農聲之字，多訓厚大，然"農"無厚大義；支聲之字，多訓傾衺，然"支"無傾衺義。蓋同韻同紐者，別有所受（兼士案：其語根亦有求不可得者），非可望形爲論。（兼士案：《文始》説"醲""濃""襛"等從農聲的字，均含厚義，其語源不出於"農"，乃出於"乳"，是不錯的。至謂"馶""攱"等從支聲的字，多訓傾

裹,是由"氐""丂"孳乳出來的,那却不對。大概"支"字之形爲
"手持半竹",其義即由不全引申而有傾裹之意,於形添加偏旁則
爲"攲""攱";於音變成連語則爲"支離",與"頗"字由頭偏之義引
申而爲不全之詞,正復相同。然則"支"就是"攲""攱"的語根,並
非別有所受。)

這一派的半音符字,雖説同一聲類,其義往往相似,但其語根却不在
此音符而別有來源,如與聲之字多有安徐之義,而"與"字本身無此
義,其義蓋受於"余","余,語之舒也"(《論語》:"與與如也。"爲假借的
連字形況詞);又从今聲之字,多有禁制蘊藏之義,而"今"字無此義,
其義蓋受於"禁","禁,吉凶之忌也"。這個可以説因爲"與""今"等發
音,與安徐之義的"余"、禁制之義的"禁"有關,所以把他拿來(就是假
借的濫觴)加上各種類屬的偏旁,即成爲一組含有此等意義的半音符
字。("與"字加"走""欠""馬""心"等偏旁而爲"趣""歟""驉""悆"等
含有安徐之義的半音符字,"今"字加"牛""口""衣""鼠""心""云"
"糸""离""土"等偏旁,而爲"牮""含""吟""衿""黔""念""紟""紟"
"禽""金"等含有禁藏之義的半音符字。)

（b）音符兼義且即其語根者。如以"斯"爲音符的字多有析散的
意義,以"夗"爲音符的字多有委曲的意義,以"多"爲音符的字多有豐
盛的意義;以"囪"爲音符的字多有中空的意義,這一種字的音符,不
僅是爲了語音的關係假借來用的,實在就是這些半音符字的語根,這
是怎樣説法呢? 例如《説文》"斯,析也""澌,散聲""漸,水索也""漸,
流久也""嘶,悲聲也",後邊四個意義,都是由"析也"一個意義裏邊滋
生變化出來的。大約起初只有一個"斯"的"通語",後來爲了目治的

易於分別類屬起見，於是在"斯"字上加了各種偏旁，成爲一組"別語"。其他以"夗""多""囪"爲音符的字準此。章炳麟先生《語言緣起說》謂"一字遞衍，變爲數名，……最初聲首，未有遞衍之文，則以聲音兼該餘義"，就是這個道理。這一類的字，形式上雖和前項相似，而性質却和自來小學家所謂"會意兼聲"的原理相通（如"襯""瑄""政""化"等字），這是我們應該注意的。

（Ⅱ）音符無義者。如江、河等字，右旁的"工""可"，只是表示聲音，絲毫不關意義，這是純粹的半音符字。現在試拿一個比較的方法來說明他，譬如前面所引段氏論《說文》"以聲爲義"一條中所說"從非聲者，定是赤義"，我們倘加以精密的研究，覺得段氏所說的不足以概括從非聲之字的意義。按：從非聲的半音符字，有音符兼義與音符無義的兩種，現在爲了便利起見，試在下面列表來說明：

非，《說文》："違也。從飛下翅，取其相背也。"

> 音符兼義而非其語根者：
> （1）菲、翡（緋）、痱……含有赤義者。
> （2）罪、扉、匪……器物雖異而做法相類者。
> 音符兼義且即爲其語根者：
> （1）輩、誹、棐、斐、騑、悲（悱）、扉、排、輩……由違背之義孳乳出者。
> （2）俳、裴、霏、蜚、翡……由飛義孳乳出者。
> 音符無義者：
> 腓（脛腨也）、跳（跀也）、餥（餕也）、郮（地名）、扉（陫，隱也）、斐（醜皃）……均與"非"義無關者。

我們拿表中的前二項與後一項比較著一看，就可以知道音符無義的性質了。

　　大概古來造字，由意符的區域過渡到音符的區域的時候，第一步須先經過音符兼義的階級，仍舊利用會意的方法，使一切"通語"加了一個分別部居的偏旁，便成爲一個或一組之"別語"。第二步然後變到音符無義的階級，而純粹的半音符文字乃成立。

　　② 純音符的。半音符的方法，仍須受形旁的拘束，還是覺得不十分方便，於是又用純音符的方法以濟其窮。這個方法的作用，在於消極的以不造字爲造字（古人謂假借不關造字，乃是用字，實係隔膜之論），又可叫做"借字表音法"。現在把他分爲三部份來講：

　　（Ⅰ）原來語言中的單音詞，其後漸因便利起見，進化而爲疊韻或雙聲的複音詞了。（也有另加語尾的。）但是後來附加上去的音，只是借一個同音的字來表示他，却沒有去另外造字，比方"處所"的"所"、"果敢"的"敢"、"悉蟀"的"悉"之類，只借了異義同音的"所""果""悉"來比擬他的聲音就是了。章炳麟先生謂之"一字重音"，就語言上説，就是單音變而爲複音了。

　　（Ⅱ）凡語言中的山川鳥獸草木……等的固有名稱，重音、疊韻、雙聲等的形容語，以及助語之詞、感歎之聲，既不便用第二法描寫形象；又不能用第三法表示意義，倘若一一配了偏旁，造成半音符字，又覺得不勝其煩。所以這一類的説話，有一部分是借用現成的字來比方他的聲音，例如"空桐""流離""旁皇""容與""而""焉""雖""夫""夥頤"之類，鄭玄所謂："其始書之也，倉卒無其字，或以音類比方假借爲之，趣於近之而已。"就是這個道理。

　　（Ⅲ）大凡耳治的直接記語言的聲音，和目治的間接記憶代表語言的文字，當然是前者比較的易於後者，所以一方面儘管造字，一方面借字表音之法，仍是盛行，例如"勼聚"，不用"勼"而用"鳩"來表

"勾"的音；"仁誼"，不用"誼"而用"義"來表"誼"的音，簡直就是拿"鳩""義"兩個字，當作注音字母而把他獨立的用了。（焦循《周易假借論》云："如'麓''錄'二字本皆有者也，何必借'錄'爲'麓'？'壺''瓠'二字本皆有者也，何必借'瓠'爲'壺'？疑之最久，叩諸深通六書之人，説之皆不能了。"陳澧謂"實因無分部之字書故爾，不必疑也"。實在這就是字形比語音難於記憶的證據。陳氏以古無字書爲理由，然則後世字書盛行，而借字表音之法，何以仍流行不衰呢？可見陳氏所説的不能算是唯一的理由。）

加之語言之變遷，時間方面有"古今語"的差異，空間方面有方言的不同（例如無賴的"賴"字，由雙聲變爲"聊"，爲"俚"；奬大的"奬"字，由疊韻變爲"京"，爲"將"。《爾雅》《方言》兩部書裏面同義異字的道理，大都可以拿這個定理來解釋），最初的那個字，已經是"約定俗成"固定而不可變，倘是另外再造意符或半音符的字來對付這些古今語、方言，又覺得太麻煩了，所以只好拿借字表音的方法來敷衍應用而已。

以上所説的純音符的字，大概只是拿來表示語音，和字形語義是沒有關係的。

照上面所説的中國文字之創造和變遷看起來，最初是用形象來表示，進而用意義來表示，更進而用聲音來表示，其由意符的區域渡到音符的區域的軌跡，是很明顯的。可惜到了半音符階級，卻走錯了歧路，遂致終於不能完全脱離意符的束縛而造成一種有規律的字母文字，所謂歧路是什麼呢？就是"借字表音"這個方法了。這個方法的弊病：（1）拿一個字的聲音來比擬他一語的聲音，當然不能絶對的確切；（2）無限制的借用一切固有文字，以爲表音的符號，手段太不經濟；（3）所表示之語言的意義和被借爲音符的文字之本身的意義，日久往往發生一種糾葛不清的疑惑；(4)有了這個以不造字爲造字之消極方法，救濟半音符之窮，於是可以苟安一時，而不積極的去想法造那以簡御繁的正式音符文字，這更是大失著了。總之中國人是太把意符的方法看重了，所以到了第四級，雖名爲"表音"，却仍擺脫不了意符的形式，倒累得語言亦受了這個形式的牽制，不能應社會組織之複雜而自由發展，Wells 的《世界文化史大系》謂："中國文字構造雖精密，而應用却繁難。"這個批評，頗爲精當。(篆體變隸之後，指事、象形、會意各種造字之精義，頓然消失。各個文字都成煩雜而無意識的點畫鉤捺之集合體，認識記憶，均極困難。)中國語言到今日仍徘徊於語根語階級而不能完全達到語尾語階級的原故，實在和文字之形式有重大的關係啊！

文字形義學之沿革一——導源時期

（西曆紀元前八二七～七八二年至紀元一〇〇年，周宣王朝至東漢和帝永元十二年）

前章所說的是文字形義學的對象，即所謂文字，我們已經知道他的大概了。現在要敘述的是以文字爲研究之對象的這種學問，在歷史上的造詣與其沿革如何，爲了講說的便利起見，姑且把他分作四個時期來說明：

第一個時期，叫做文字形義學的導源時期，這個時期從何時算起呢？我以爲不但上古之結繩、庖犧之八卦(《易·繫辭》："上古結繩而治，後世聖人易之以書契。"中間不插敘八卦，可見其非文字之濫觴。王筠《說文句讀》亦云："孔子贊《易》，序列聖所作，首以八卦，而別言書契，明非一事。"），不與文字成爲一個系統的，不能算是原始的文字。就是倉頡的造字、《爾雅》的詁訓，也不能算是文字形義學的導源，何以故呢？

我們現在先說倉頡：《世本·作篇》言"倉頡作書"，宋劉恕《資治通鑑外紀》說："崔瑗、曹植、蔡邕、索靖曰'蒼頡古之王者'；張揖曰'蒼頡爲帝王，生於禪通紀'；慎到曰'在包犧前'；衛氏曰'在包犧、蒼帝之世'；譙周曰'在炎帝世'；徐整曰'在神農、黃帝之間'；或云'蒼頡作書，天雨粟，鬼夜哭'。"這些紀載大都惝恍迷離，不能憑信他來證實倉頡是真有其人的。有人說倉頡的字音近於"創契"，所謂倉頡者，就是把創造書契的時代來擬人化罷了，也同庖犧、神農之爲"游牧時代""農耕時代"的象徵一樣，並不是真有倉頡其人，這個話頗有道理。我們再參考《淮南子》所說的"世俗之人，多尊古而賤今，故爲道者必託之於神農、黃帝，而後能入說"，及古人說話動輒就要"則古昔，稱先王"，更可以知道"託古"這個毛病，是我們祖宗的傳統性了。即使倉頡真有其人，也只是創造文字者，不是研究文字者，所以不能謂爲文字形義學的導源。

至於《爾雅》，也有須斟酌的地方：(1)作者及時代不明，據傳說，《釋詁》一篇，蓋周公所作。《釋言》以下，或言仲尼所增，子夏所足，叔孫通所益，梁文所補。張揖謂"皆解家所說，先師口傳，既無正驗聖人所言，是故疑不能明也"。(2)詁訓多說《詩》義，邢昺《爾雅疏》謂"《爾雅》所釋，徧解《六經》，而獨云'敘詩人之興詠者'，以《爾雅》之作，多爲釋《詩》，故毛公傳《詩》，皆據《爾雅》，謂之'詁訓傳'"，故《漢書·藝文志》歸《爾雅》於《孝經》家，《隋書·經籍志》列《爾雅》於《論語》類，注明《爾雅》諸書，解古今之意，所以與"五經總義"，歸在一起，而不把他放入小學家内。蓋《爾雅》本是一種隨文解義的書，所以也不能謂爲文字形義學的導源。

然則我們現在追溯文字形義學的淵源，究竟應該斷自於什麼時候呢？我以爲可以託始於《漢書·藝文志》所云："古者八歲入小學，故《周官》保氏掌養國子，教之'六書'，謂象形、象事、象意、象聲、轉注、假借，造字之本也。"《周禮》這部書，雖然指不出真正作者的主名，但是他的内容，也不能完全絕對不承認他是周代的事實和傳説；大約"六書"是周代掌教學童書的史官把古文通盤研究了一番，替古人追定了六條造字的原則，以説明文字的構造。後來班固本劉歆《七略》作《漢書·藝文志》，於《六藝略》之末，附録小學十家四十五篇，所以名爲小學者，就因爲《史籀篇》是古者八歲入小學認識文字的書，小學之名，蓋從此起，而文字形義學的導源，也就在這個時代了。現在先根據《漢志》"小學家"所列各書，來説明文字形義學導源時期的現象：

《漢書·藝文志》小學十家四十五篇目録

《史籀》十五篇原注：周宣王太史作大篆十五篇，建武時亡六篇矣。

《八體六技》

《蒼頡》一篇原注：上七章秦丞相李斯作，《爰歷》六章車府令趙高作，《博學》七章太史令胡母敬作。

《凡將》一篇原注：司馬相如作。

《急就》一篇原注：元帝時黄門令史游作。

《元尚》一篇原注：成帝時將作大匠李長作。

《訓纂》一篇原注：揚雄作。

《别字》十三篇

《蒼頡傳》一篇

揚雄《蒼頡訓纂》一篇

杜林《蒼頡訓纂》一篇

杜林《蒼頡故》一篇

其他《說文》以前的字書而在《漢志》目錄之外者，現在也把他列在下面：

班固《十三章》隋、唐《志》班固《太甲篇》《在昔篇》，各一卷。

賈魴《滂喜篇》

以上諸書，唯有《急就篇》尚存，其餘都已經佚亡了。現在只有從他種書籍所說這些書的體制和引用這些書的文句裏面，考證他們的大略。

《史籀》十五篇

一、作者姓名及其時代

《漢志》"《史籀》十五篇"下注云："周宣王太史作大篆十五篇，與孔氏壁中古文異體。"又云："《史籀篇》者，周時史官教學童書也。"只說是周宣王時代的太史所作，而不言其人爲誰何。

許慎《說文敘》云："宣王太史籀著大篆十五篇，與古文或異。"衛恒《四體書勢》："昔周宣王時史籀始著大篆十五篇，或與古同，或與古異，世謂之'籀書'者也。"這便以"籀"爲周宣王太史之名，段玉裁《說文敘注》謂："記傳中凡史官多言史某。"

應劭《漢書注》："周宣王太史史籀所作大篆。"《魏書·江式傳》："及宣王太史史籀著大篆十五篇，與古文或同或異，時人即謂之籀書。"張懷瓘《書斷》："按大篆者，周宣王太史史籀所作也。"此外封演《聞見記》、郭忠恕《汗簡》引《說文》皆作"太史史籀"，是以"史"爲周宣王太史籀之姓，段玉裁以爲恐未足據。

王國維《史籀篇疏證敍録》："'史籀'爲人名之疑問？自班《志》著録，以史籀爲周宣王大史，許書从之，二千年來，世無異論。顧獨有疑者，《說文》云'籀，讀也'，又云'讀，籀書也'，古'籀''讀'二字同聲同義。又古者讀書皆史事，《周禮·春官》大史職：'大祭祀，戒及宿之日，與群執事讀禮書而協事'，'大喪，遣之日讀誄'。小史職：'大祭祀，讀禮灋，史以書敘昭穆之俎簋'，'卿大夫之喪，賜謚讀誄'。內史職：'凡命諸侯及孤卿大夫，則策命之'，'凡四方之事書，內史讀之'。《聘禮》：'夕幣，史讀書展幣。'《士喪禮》：'主人之史讀賵，公史讀遣。'是古之書，皆史讀之。《逸周書·世俘解》'乃俾史佚繇書於天號'，《嘗麥解》'作筴許諾，乃北向繇書於兩楹之間'，'繇'即'籀'字。《左傳》之'卜繇'，《說文解字》引作'卜籀'，知《左氏》古文'繇'本作'籀'。《逸周書》之'繇書'亦當作'籀書'矣。籀書爲史之專職，昔人作字書者，其首句蓋云'大史籀書'，以目下文，後人因取句中'史籀'二字以名其篇（古字書皆以首二字名篇，存者有《急就篇》可證。推之《倉頡篇》，首句當云'倉頡作書'，《爰歷》《博學》諸篇，當無不然。觀《詩》《書》及周秦諸子，大抵以首二字名篇，此古代名書之通例也）。大史籀書，猶言'大史讀書'，漢人不審，乃以史籀爲著此書①之人，其官爲大史，其生當宣王之世，是亦不

---

① 編訂者按：沈文原引，"書"後衍"者"字，今删。

足怪。李斯作《倉頡篇》，其時去漢甚近，學士大夫猶能言之，然俗儒猶以爲古帝之所作，以《倉頡篇》爲倉頡所作，無惑乎以《史籀篇》爲史籀所作矣。不知‘大史籀書’，乃周世之成語；以首句名篇，又古書之通例；而猥云有大史名籀者作此書，此可疑者一也。”

“《史籀篇》時代之疑問？史籀之爲人名既可疑，則其時代亦愈可疑，《史篇》文字，就其見於許書者觀之，固有與殷周古文同者，然其作法大抵左右均一，稍涉繁複，象形象事之意少，而規旋矩折之意多，推其體勢，實上承石鼓文，下啓秦刻石，與篆文極近。至其文字出於《說文》者，僅二百二十餘，然班固謂《倉頡》《爰歷》《博學》三篇，文字多取諸《史籀篇》，許慎亦謂其‘皆取《史籀》大篆，或頗省改’，‘或’之者，疑之；‘頗’之者，少之也。《史籀》十五篇，文成數千，而《說文》僅出二百二十餘字，其不出者，必與篆文同者也。考戰國時秦之文字，如傳世秦大良造鞅銅量，乃孝公十六年作，其文字全同篆文；《詛楚文》摹刻本，文字亦多同篆文，而‘殿’‘多’‘𩵩’‘意’四字則同籀文，篆文固取諸籀文，則李斯以前秦之文字謂之用篆文可也，謂之用籀文亦可也，則《史篇》之文字，秦之文字，即周秦間西土之文字也；至許書所出古文，即孔子‘壁中書’，其體與籀文、篆文頗不相近，六國遺器亦然，‘壁中書’者，周秦間東土之文字也。《史籀》一書，殆出宗周文勝之[①]後，春秋戰國之間，秦人作之以教學童，而不傳於東方諸國，故齊魯間文字作法體勢，與之殊異，諸儒著書口說，亦未有及之者，唯秦人作字書乃獨取其文字，用其體例，是《史篇》獨行於秦之一證。若謂字頗同殷周古文，當爲古書，則篆文之同於殷周古文者亦多矣，秦處宗周故地，

---

① 編訂者按：沈文原引，“之”后衍一“之”字，今刪。

其文字自當多仍周舊,未可因此遽定爲宗周時之書,此可疑者二也。"

綜覽上面所述對於《史籀篇》之作者及時代的説解,可分四種:

1. 周宣王時太史。

2. 周宣王太史籀。

3. 周宣王太史史籀。

4. 春秋戰國之間秦人所作。

第3種以"史籀"爲人之姓名,已經段玉裁駁過了。第4種王氏之説,不但否認史籀爲作此書之人,並以爲《史篇》非周宣王太史所作,可謂勇於疑古的了。(本書仍从舊説。)至於分《史篇》與壁中書,爲周秦間西土與東土的文字,其説亦頗新奇。

二、名稱及其體例

1. 史籀篇

《漢志》"《史籀》十五篇",又云"《史籀篇》者,周時史官教學童書也"。

2. 史篇

許慎《説文》於"奭""匋""姚"三字之下,均引"史篇",蓋即"史籀篇"之略稱。("史篇"亦可爲一切字書之通稱。《漢書·平帝紀》:徵天下通知小學、"史篇"者;《王莽傳》:徵天下"史篇"文字。〔孟康云:"史籀所作十五篇古文書也",然證之以《揚雄傳》,則孟説恐未必是。〕《揚雄傳》:"史篇莫善於《倉頡》,作《訓纂》。")又唐玄度《十體書》云:"秦焚《詩》《書》,唯《易》與《史篇》得全。"

3. 史書

張懷瓘《書斷》:"案大篆者,周宣王太史史籀所作也,……以史官制之,用以教授,謂之'史書'。"段玉裁駁之曰:"凡《漢書·元帝紀》《王尊傳》《嚴延年傳》《西域傳》之馮嫽,《後漢·皇后紀》之和熹鄧皇后、順烈梁皇后，或云善‘史書’，或云能‘史書’，皆謂便習‘隸書’，適於時用，猶今人之工楷書耳，而自應仲遠注《漢》已云‘史書，周宣王大史籀所作大篆十五篇也’，殊爲繆解。”我現在再舉一個顯明的例，來證明段説之不錯。《貢禹傳》：“郡國擇便巧史書，習於計簿能欺上府者，以爲右職。”這更可以明瞭漢人之所謂“史書”，就是隸書而非古篆了。

4. 籀文、籀書

《説文》重文中所謂“籀文”者，皆《史籀篇》中之與古文、小篆相異者。又衛恒《四體書勢》：“昔周宣王時史籀始著大篆十五篇，或與古同，或與古異，世謂之‘籀書’者也。”《江式傳》中亦有同樣的説話，但是“籀書”這個名稱，漢人並未稱用，《説文敘》所引漢《尉律》“諷籀書九千字”，“諷籀”即諷讀，並非謂諷誦《史篇》文字，我們看《漢書·藝文志》所引無“籀”字，便可證明。張懷瓘因此誤以爲《史籀篇》有九千字，段玉裁已經駁過他了。

5. 大篆

《漢志》“《史籀》十五篇”，自注：“周宣王時大史作‘大篆’十五篇。”許慎《説文解字敘》上也是這麼説，又説：《倉頡篇》“皆取史籀‘大篆’，或頗省改”。衛恒《四體書勢》及《魏書·江式傳》説：“史籀著‘大篆’十五篇。”張懷瓘《書斷》也説：“‘大篆’者，周宣王太史史籀所作也。”以上所説，都是以“大篆”爲《史籀篇》的別稱。又《説文敘》：“自爾秦書有八體，一曰大篆。”這個“大篆”，是指《史籀篇》中的字體，蓋上以別七十二代的古文，下以別秦李斯《倉頡篇》的小篆。

綜看上面所舉各種名稱，除“史書”“籀書”爲漢魏以來所誤用外，蓋舉其書則謂之“史籀篇”“史篇”；存其字則謂之“籀文”“大篆”。“大篆”雖有時用作書名，然其所以得名，則仍由於字體。（徐鍇《説文繫傳》"奭"下注云"《史篇》,史籀所作《倉頡》十五篇也",其說蓋誤。)

至於體例,現在在下面分條來説明:

(1)字體

《漢書·藝文志》説:

> 《史籀篇》者,周時史官教學童書也,與孔壁中古文異體。

許慎《説文解字敘》説:

> 宣王太史籀著大篆十五篇,與古文或異。

又説:

> 秦始皇帝初兼天下,丞相李斯乃奏同文字,罷其不與秦文合者,斯作《倉頡篇》,中車府令趙高作《爰歷篇》,太史胡毋敬作《博學篇》,皆取史籀大篆,或頗省改,所謂"小篆"者也。

據上文所説,《史籀篇》的文字,上與古文或異,而下與小篆亦頗不同,"或"者,疑之之詞;"頗"者,少之之詞;是大篆之於古文,小篆之於大篆,因仍者多,改變者少,所以段玉裁《説文敘注》裏面説:

> 大篆既或改古文,小篆復或改古文、大篆,"或"之云者,不盡省改也,不改者多,則許所列小篆固皆古文、大篆。其不云古文作某、籀文作某者,古籀同小篆也;其既出小篆,又云古文作某、

籀文作某者,則所謂或頗省改者也。

王國維《史籀篇疏證》亦以爲籀文非書體之名,其説曰:

> 世莫不以"古""籀""篆"爲三體,謂籀文變古文,篆文又變籀文。不知自其變者而觀之,則文字不獨因時地而異,即同時同地亦復不同,故有一篇之書而前後異文,一人之作而器、蓋殊字;自其不變者而觀之,則文字之形與勢皆以漸變,凡既有文字之國,未有能以一人之力創造一體者;許氏謂《史籀》大篆與古文或異,則不異者固多,且所謂異者,亦由後人觀之,在作書時亦祇用當世通行之字,有所取捨,而無所謂創作及增省也。

魏酈道元《水經注·穀水》云"大篆出於周宣王之時,史籀創著",謂之"創著",未免就有語病了。

(2)文例

段玉裁《説文敘注》説:

> 許稱《史篇》者三:"奭"下云"此燕召公名,《史篇》名醜";"匋"下云"《史篇》讀與缶同";"姚"下云"《史篇》以爲姚易"。知《史篇》不徒載篆形,亦有説解。班《志》云"建武時亡六篇",唐玄度云"建武中獲九篇,章帝時王育爲作解説,所不通者,十有二三",許蓋取王育説與?

段氏於《説文》"匋"字下又説:

　　"讀與缶同"者，謂《史篇》以"匋"爲"缶"，古文假借也。……
據此，可知《史篇》四言成文，如後世《倉頡》《爰歷》之體。

於《説文》"姚"字下又説：

　　許三稱《史篇》，皆説《史篇》者之辭。

按：段氏前後的説話很有不同之點，大概先以爲《説文》所引的是《史
籀篇》的原文，所以説"有説解"及"四言成文"，後來才看出非《史篇》
的原文，而爲"説《史篇》者之辭"，鄭知同批評段氏《説文注》"前後説
無定見，每相乖舛"，這也是其中的一例。

　　現在再把王國維《史籀篇疏證敍録》中關於考證體例的一段拿來
參考一下：

　　《史篇》文體，段氏玉裁據《説文》所引三事，以爲亦有説解，
又疑王育解説中語。然據此三事，不能定其即有説解。如燕召
公名，亦得由文義知之，苟篇中有"周旦""召奭"語，便可知召公
之名；苟假"匋"爲"缶"，便可知"匋"字之讀；苟"姚易"二字連用，
便可知以"姚"爲"姚易"字，不爲女姓矣。若以此三事爲《史篇》
説解中語，則《説文》引《倉頡訓纂》《倉頡故》等書，但稱"揚雄説"
"杜林説"，不稱《倉頡》，則其引解説中語亦當如"爲""秃""无"諸
字下徑稱"王育説"，不得云"《史篇》"。故《史篇》文體決非如《爾
雅》《説文》，而當如秦之《倉頡篇》。《倉頡篇》據許氏《説文敍》、
郭璞《爾雅注》所引皆四字爲句；又據近時敦煌所出木簡，又知四

字爲句，二句一韻；《倉頡》文字既取諸《史篇》，文體亦當仿之。又觀"其"（《説文》：箕，籀文作𠀠，又作𦥯）"牆"（《説文》：牆，籀文作牆，又作牆）二文，知篇中之有複字；觀"雱"（《説文》"旁，溥也"，籀文作"雱"，小徐本《説文·魚部》"魴"下云"籀文魴从旁"，然則籀文固有"旁"字，而以"雱"爲"旁"者，假借字也，"雱"之本義爲雨盛，《詩》曰："雨雪其雱。"）"姚"（《説文》"姚"字下云"《史篇》以爲姚易也"，"姚易"蓋"佻傷"之假借字。）諸字，知用字之多假借，皆與《倉頡》諸篇同。

（3）字數

唐張懷瓘《書斷》説：

> 《史篇》凡九千字。案：許慎《説文》十五卷九千餘字，適與此合，故先民以爲慎即取此而説其文義。

清孫星衍《重刊宋本説文敘》：

> 許叔重不妄作，其九千三百五十三字，即史籀大篆九千字，故云敘篆文，合以古籀。

桂馥《説文義證·説文敘注》中也説：

> 案：大篆十五篇，斷六百字爲一篇，共得九千字。

至段玉裁始闢其説，其《説文敍注》中言：

籀文字數不可知，"《尉律》諷籀書九千字，乃得爲史"。此"籀"字訓讀書，與宣王太史籀非可牽合，或因之謂籀文有九千字，誤矣。

又説：

自秦至司馬相如以前，小篆祇有三千三百字耳，淺人云《倉頡》大篆有九千字，大篆之多，三倍於小篆，其説之妄，不辨而可知矣。

周壽昌《漢書注校補》亦謂：

後儒敍《説文》者謂許不妄作，其《説文》九千三百五十三字，即《史籀》九千字。不知籀文本無字數，張懷瓘取《志》所云"學童諷書九千字"以定籀文，並謂籀文爲史書，皆不可據也。育在章帝時，籀文已亡過半，許在安帝時，又取諸育，安能得其全耶？

王國維《史籀篇疏證》亦主張《史篇》字之不可考，其説曰：

《史篇》字數。張懷瓘《書斷》所謂"籀文凡九千字，《説文》字數與此適合，先民謂即取此而釋之"，近世孫氏星衍序所刊《説文》，猶用其説，此蓋誤讀《説文敍》也。《説文敍》引漢《尉律》"諷籀書九千字","諷籀"即諷讀,《漢書‧藝文志》所引無"籀"字可證;且《倉頡》三篇僅三千三百字,加以揚雄《訓纂》亦僅五千三百四十字,不應《史籀篇》反有九千字。

以上兩說,後說較爲近理。

張懷瓘曰:"秦焚《詩》《書》,唯《易》與《史篇》得全,王莽之亂,此篇亡失,建武中獲九篇(西曆紀元二五~五五年之間)。章帝時王育爲作解說(西曆紀元七六~八八年之間)。所不通者,十有二三。晉世此篇廢,今略傳字體而已。"故隋、唐《志》皆不著錄此書,許慎以後,學者亦未嘗徵引,至清道光間歷城馬國翰《玉函房輯佚書》中始有輯本(此書爲清乾隆間山陰章宗源編輯,至道光間馬國翰得其稿本,改序授雕,據爲己有),其書采取《說文》重文中之"籀文"二百十九字,又《玉篇》所引"籀文"而爲《說文》所遺者十三字,共二百三十二字,錄爲一卷。今人王國維以馬氏輯本頗多違失,而莊述祖《說文古籀疏證》,自爲一家言,專輒尤甚,此外孫詒讓之《古籀拾遺》,吳大澂之《說文古籀補》,則但記古器異文,不以銓釋籀文爲主,於是取《說文》重文中之"籀文",與《說文》所引《史篇》"𢍰"(王書云"《說文》'奭'下云:'此燕召公名,《史篇》名"𢍰"'",是《史篇》有'𢍰'字。案:'奭'與'𢍰',形聲迴異,無由得其歧出之由,然《𥄕部》'𢍰'下云:'目圍也,从𥄕厂。讀若書卷之卷。古文以爲醜字';又《亣部》:'奰,大兒,从大𢍰聲。或曰拳勇,一曰讀若傿';蓋《史篇》'醜'字本以'𢍰'爲之,與古文同,他書亦然,一譌爲'奰',再譌爲'奭',經典相承,遂爲'奭'字矣。許君於'𢍰'下云'古文以爲醜字',不云籀文,因籀文同於古文故。'奭'下云'《史篇》名醜',不云'名𢍰'者,以今字易古字也。其所以知'𢍰'即

'醜'字者,蓋由其韻得之。")"訇""姚""易"四字,共計二百二十三字,重文二字,參驗之以金文、卜辭,以明其變化正誤之迹,作《史籀篇疏證》一卷。其於《説文·艸部》末"大篆"五十三字,以爲非取自《史籀篇》,不復著録,其理由是:

> 許書於《艸①部》末"芥""蒽"等五十三字目之曰:"左文五十三,重二,大篆从艸。"(出大徐本,小徐本無此十一字。)案:《敘》云"周宣王太史籀著大篆十五篇",是許君固以籀文爲大篆也;然説解中皆云籀文,不云大篆,唯《艸部》末獨言大篆,蓋此五十三字,不出《史籀篇》,而采自他書。《漢書·藝文志》"小學類"有《八體六技》一書,其次在《史籀》之後,《倉頡》之前,八體謂秦之八體,六技殆謂亡新之六書,此書當有大篆,其體例當與魏三字石經同,"芥""蒽"以下五十三字从艸作者,蓋出此書。以其不出於《史籀篇》,故不謂之籀文;以其體係秦之大篆,故謂之大篆;以《史篇》中字有與之異者,故重以籀文。雖其中諸字容或在《史籀》已佚六篇中,然許君時固無以證之,故變文而言大篆,余所以不列此五十三文於《史篇》佚字中者,亦許君之志也。然此五十三文,雖不能確知其爲《史篇》遺字,中亦有甚古之字,如"𦯔"見於殷虛卜辭,但卜辭从四木,此从四屮,然从木从屮,其義一也;"𦼫"字見於《散氏盤》;"𦸣"字見於《北征簠》;"𦳕"字見於《克鼎》及《石鼓文》;然則雖謂《八體六技》書中之大篆出於《史籀篇》,而《史篇》之已佚者得據此存之,亦無不可也。

---

① 編訂者按:沈文原寫作"草",今據下文《艸部》改。

王氏之説，是推測許書"重文"裏面所以要分別"籀文"和"大篆"的緣
故，這個推測是否是對的，我們無法可以確實的證明，但是於此須注
意的有一點，就是這個推測即使是真實的，也只是説許慎作書時有這
們一種一時的規定罷了，並不是"籀文""大篆"的本質上根本有甚麼
區別，這是不可因此而誤會的。其實輯《史籀篇》的遺文，只采取《説
文》重文中的籀文，也是一種不得已的辦法，實際上説起來，籀文固然
可以説是《史篇》的遺文，然《史籀》的遺文卻不盡在於籀文之中；你看
王氏所輯的"𣆪"字注云"不云籀文，因籀文同於古文故"，"匋""姚"
"易"下注云"不云籀文者，與篆文同字也"，然則那些與"古文""小篆"
相同，而又不須加以特別解釋的"籀文"，許氏當然把他混在一般的
"正文"（對於"重文"而言）之內，我們是無法可以分別出來的了。末
了再引張行孚《説文發疑》裏面的"小篆多古籀文"一節，以明《説文》
中之"籀文"不僅此二百餘字：

《説文》九千三百五十三字，桂氏馥、孫氏星衍謂即《史籀》大
篆九千字，段氏玉裁謂自秦至司馬相如以前，篆文止有三千三百
字，《説文》不皆本於古籀，然二説皆無證據，愚以《説文》本書證
之，竊謂桂、孫之説爲近。蓋《説文》之字有已廢爲古籀而見於小
篆偏旁者；有仍作爲小篆而見於古籀偏旁者：如"於"古文"烏"，
而"菸""淤"等字從"於"；"癸"籀文"𤼈"，而"暌""揆"等字從
"癸"；"圀"籀文"囿"，而"齒"字從"圅"……"𠗉"古文"鳳"，而
"宿"字從"佰"；"𨦷"籀文"鋭"，而"𠟭"字從"剰"，凡此皆已廢爲
古籀而見於小篆偏旁者也。如"雱"籀文"旁"，而"雨""方"爲小
篆；"䯽"籀文"禱"，而"靈"籀文"齋"，而"真""夂""齋""示"皆爲小

篆，……“成”古文“成”，“醽”籀文“醉”，而“午”“鬲”爲小篆；“酸”
籀文“酸”，“牆”籀文“牆”，“蘸”古文“醢”，而“酉”“晙”“皿”“鹵”
“有”皆爲小篆，凡此皆仍爲小篆而見於古籀偏旁者也；古籀之偏
旁既爲小篆，則此小篆之即爲古籀，明矣。況其餘“蕭”“射”“戲”
“全”“隸”“爽”“糞”“與”“亯”“章”“市”“樴”“樴”“鬭”“臣”等字之有
篆文者，據段氏説，其本字亦莫非古文（古籀不盡於此，然即此可
見其多）。然則小篆之爲古籀者，如此其多矣。段氏謂小篆之於
古籀，或存之，或省改之，其説固然，而又謂凡有古籀者，其小篆皆
李斯所省改，豈篤論哉？信如段氏説，則凡有古籀者，必其小篆皆
非古籀可也，然今即《説文》考之，如“玉”“周”“言”……“示”“養”
“頁”等字，其小篆下皆有古籀，而考諸古籀偏旁，則此“玉”“周”
“言”……等二十二字，其小篆亦莫非古籀：如“玉”爲古文“玉”，而
“璿”古文作“瓊”；“玗”古文作“玕”，即从玉；“周”爲古文“周”，而
“雕”籀文作“鵰”，即从周；“言”爲古文“言”，而“譙”古文作“誚”，
即从言……“川”爲古文“示”，而“禱”籀文作“禱”，“社”古文作
“社”，即从“示”；“羍”爲古文“養”，而“漾”古文作“漾”，即从養；“貝”
爲古文“頁”，而“頌”古文作“頌”，即从頁，凡此有古籀者，其小篆即
皆古籀，證據並在本書，可覆按也。然則謂有古籀者，其小篆皆李
斯所省改，豈其然乎？……夫小篆已爲古籀，而小篆外復有古籀
者，蓋歷代文字各有增易，其古籀相同者，李斯既録之爲小篆矣；
而其不同者，録古文則遺籀文，録籀文則遺古文，此今之《説文》
所以既有小篆復有古籀也……（按：桂氏《説文義證》只説《史籀
篇》是九千字，却没有説《説文》所録就是《史籀篇》的九千字，張
行孚這篇文章裏面説桂氏的主張和孫氏相同，那是錯的。）

據張氏所説，很可以知道《説文》中所引籒文二百餘字之外，還有許多《史篇》的文字，混雜在"古文""小篆"之中，我們却没有方法把他弄得清楚。至於《説文》"爲""禿""女""无"（"無"字重文）等字注中許君皆引"王育説"以解釋字形，我以爲這些字或者是王育作解之九篇中的文字，也未可知？

八體六技

一、八體（西曆前二四六年，秦始皇帝元年）

班固《漢志》：

> 漢興，蕭何草《律》，亦著其法曰："太史試學童，能諷書九千字，乃得爲史；又以八體試之，課最者以爲尚書御史、史書令史，吏民上書，字或不正，輒舉劾。"

"八體"，《志》原作"六體"，清李賡芸據《説文敘》以爲"六"乃"八"之誤。段玉裁《説文敘注》亦云："八體，《漢志》作'六體'，考'六體'乃亡新時所立，漢蕭何艸律當沿秦八體耳。"《隋志》沿《漢志》之誤，亦作"六體"。

許慎《説文敘》：

> 自爾秦書有八體：一曰大篆，二曰小篆，三曰刻符，四曰蟲書，五曰摹印，六曰署書，七曰殳書，八曰隸書。漢興有艸書。《尉律》："學僮十七已上，始試，諷籒書九千字，乃得爲吏；又以八體試之，郡移太史并課，最者以爲尚書史，書或不正，輒舉劾之。"

漢韋昭注班《志》，晋衛恒《四體書勢》，元魏江式《求撰集古今文字表》皆本許説。

唐徐堅《初學記》：

> 秦焚燒先典，乃廢古文，更用八體：一曰大篆，周宣王史籀所作也；二曰小篆，始皇時李斯、趙高、胡毋敬所作也，大小篆並簡策所用也；三曰刻符，施於符傳也；四曰摹印，施於印璽也；五曰蟲書，爲蟲鳥之形，施於幡信也；六曰署書，門題所用也；七曰殳書，銘於戈戟也；八曰隸書，始皇時程邈所定，以行公府也。

以下再把"八體"分開來一一説明一下：

1. 大篆

段玉裁説：

> 不言古文者，古文在大篆中也。……古文大篆雖不行（謂秦時），而其體固在，刻符、蟲書等未嘗不用之也。

2. 小篆

《漢志》：

> 《倉頡》七章者，秦丞相李斯所作也；《爰歷》六章者，車府令趙高所作也；《博學》七章者，太史令胡毋敬所作也；文字多取《史籀篇》，而篆體復頗異，所謂秦篆者也。

許慎《説文敍》：

> 其後諸侯力政（謂孔子没後），不統於王，惡禮樂之害己，而皆去其典籍，分爲七國，田疇異晦，車涂異軌，律令異法，衣冠異制，言語異聲，文字異形。秦始皇帝初兼天下，丞相李斯乃奏同之，罷其不與秦文合者（按：始皇二十六年書同文字），斯作《倉頡篇》，中車府令趙高作《爰歷篇》，太史胡毋敬作《博學篇》，皆取史籀大篆，或頗省改，所謂小篆者也。

又説：

> 篆書，即小篆，秦始皇帝使下杜人程邈所作也。

按：許氏前後兩説不同，衛恒《四體書勢》用許氏後説，而又疑不能定，乃言"或曰邈所定乃隸字也"；唐章懷太子《後漢書注》也説"小篆亦程邈作"；徐鍇《繫傳》則謂：

> 按：《漢書》，李斯等作《倉頡》《爰歷》，多取《史籀篇》，而篆體復頗異，所謂秦篆，然則斯等雖改《史篇》，而程邈復同作也。

我以爲徐氏的解釋大致不錯，大約程邈也是參與整齊文字的一人，所以許君於兩處互文以見意，段玉裁、桂馥均謂《説文敍》"秦始皇帝使下杜人程邈所作也"十三字，當在下文"隸書"之下，但是據上文所引衛恒之言看起來，則晋以前之《説文》固已如是矣。

3. 刻符

江式《表》作"刻符書"。徐鍇《説文繫傳·通釋》謂:

> 符者,竹而中剖之,字形半分。

段玉裁《説文敍注》:

> 符者,周制六節之一,漢制以竹,長六寸,分而相合。

近人華學涑《秦書八體原委》:

> 徐鍇謂"符者,竹而中剖之,字形半分,别爲一體",其説似當。但自漢而後之符,字皆半分,若秦符及秦前符節則不然,蓋以全文分書左右,或前後,或書一面,字形無半分者。

按:徐鍇據漢制,以爲符書"字形半分,理應别爲一體",似未足以定秦符書之制。今考之傳世秦甲兵虎符,其字形大致即係小篆,亦不見有何别異之體,然則符書者,只言其用而已。

4. 蟲書

徐鍇《説文繫傳·通釋》:

> 按:《漢書注》(謂師古注)"蟲書"即鳥書,以書幡,首象鳥形,即下云"鳥蟲"是也(謂新莽之鳥蟲書)。

5. 摹印

徐鍇《説文繫傳・通釋》：

> 按：蕭子良（《古今篆隸文體》）以"刻符""摹印"合爲一體，臣（鍇自謂）以爲符者内外之信，若晋鄙奪魏王兵符（當云魏公子奪魏王兵符）；又云借符以罵宋。然則符者，竹而中剖之，字形半分，理應别爲一體。"摹印"屈曲填密，秦璽文是，子良誤合之。

段玉裁、桂馥均謂"摹印"即新莽之"繆篆"。蓋因其屈曲填密，故謂之"繆篆"，一言其用，一言其體。

6. 署書

徐鍇《説文繫傳・通釋》：

> 按：蕭子良云："署書"，高祖六年蕭何所定，以題"蒼龍""白虎"二闕。

段玉裁説：

> 《木部》曰："檢者，書署也。"凡一切封檢題字皆曰"署"，題榜亦曰"署"。《册部》曰："扁者，署也，从户册。"

按：《釋名》："書文書檢曰署。署，予也，題所予者官號也。"《急就篇》："簡札檢署槧牘家。"顔師古注："檢之言禁也，削木施於物上，所以禁閉之使不得輒開露也；署謂題書其檢上也。"蓋"署"本爲題榜之名,其後逐稱一切封檢上之題字,至其字之體勢如何,則莫由實驗。近人華學涑謂署書即押書,恐未必然?

7. 殳書

徐鍇説:

> 按:蕭子良云:"殳書,伯氏之職。古者文既記笏,或亦書殳。"臣以爲古盤盂有銘,几杖有誡,故殳有題。殳體八觚,隨其勢而書之也。

段玉裁説:

> 按:言殳以包兵器題識,不必專謂殳,漢之"剛卯",亦殳書之類。

8. 隸書

《漢書·藝文志》:

> (秦時)始造隸書,起於官獄多事,苟趨省易,施之於徒隸也。

蔡邕《聖皇篇》:

> 程邈刪古立隸文。(唐張彥遠《法書要錄》七引。)

衛恒《四體書勢》:

秦既用篆，奏事繁多，篆字難成，即令隸人佐書，曰隸字。漢因行之，獨符、印璽、幡信、題署用篆。隸書者，篆之捷也。（**按**：衛氏對於程邈造隸之説，疑而未定。）

江式《表》：

隸書者，始皇使下邽人（下邽，《説文敍》作“下杜”。庾肩吾《書品》作“下邳”）程邈附於小篆所作也，以邀徒隸，即謂之隸書。

徐鍇《説文繫傳·通釋》：

王僧虔云：“秦獄吏程邈善大篆，得罪始皇，囚於雲陽，增減大篆體，去其繁複，始皇善之，出爲御史，名其書曰隸書。”

據上文所言，是隸書之起有兩説：

（1）隸書非由於一人所創作，以其施之於徒隸，所以叫做隸書。

（2）徒隸程邈所作，所以叫做隸書。

至唐張懷瓘《書斷》，乃將兩説合而爲一：

隸書者，秦下邽人程邈所作也。邈字元岑，始爲縣獄吏，得罪始皇，幽繫雲陽獄中，覃思十年，益小篆方圓而爲隸書三千字奏之，始皇善之，用爲御史。以奏事煩多，篆字難成，乃用隸書，爲隸人佐書，故曰隸書。

段玉裁曰：

> 按：漢之取人，蕭何初制用"律"及"八體書"，迄乎孝武，依丞相御史言，用通一藝以上補卒史，乃後吏多文學之士，合《說文》《藝文志》及《儒林傳》參觀可見。蓋始用律，後用經，而文學由之盛；始試八體，後不試，第聽閭里書師習之，而小學衰矣。

據此可以知道漢初功令猶以秦"八體"爲課試的標準，直到西曆前一二四年（漢武帝元朔五年），武帝用丞公孫弘之言，用通一藝以上補卒史，於是"雖有尉律，不課"，終西漢之世，八體書不過僅閭里書師相傳習而已。

《八體六技》一書，《隋志》不載，其佚亡蓋已久。我們根據晉衛恒所說漢時"符、印璽、幡信、題署用篆"，則秦八體中之"刻符""蟲書"（即用以書幡信者）、"摹印""署書"皆是篆體可知。此外古器遺文的參驗，則"刻符""摹印""殳書"尚可於傳世之秦"新郪符"（各家均未著錄）、"陽陵符"（羅振玉《歷代符牌圖錄·秦金石刻辭》）、"呂不韋戈"（劉心源《奇觚室吉金文述》、羅振玉《秦金石刻辭》）及秦代印文中（陳介祺《十鐘山房印舉》、羅振玉《赫連泉館古印存》及《續存》）考見其概略。比如秦印，據羅振玉之考證，謂："其書體與傳世權量銘同。許祭酒謂秦書有八體，五曰'摹印'，今以秦印傳世者證之，未見有殊體如有周官私璽者也（周璽書體與古文或異）。此爲周秦璽印之別。"（《赫連泉館古印存敘》）據此，秦之"摹印"用篆，且非殊體可知。其他"刻符""殳書"亦皆準此，雖字形間有莊嚴與率易之不同，要其別蓋在於所施之體而不在文字本身，除"蟲書""署書"無從實證外，餘固可得而論定矣。又王國維《史籀篇疏證》謂《説文·艸部》末所舉之大篆五十三字，即取之於《八體六技》，其説雖言之成理，然證據缺乏，未敢遽信。其他專門敘述秦書的書，則有華學涑的《秦書八體原委》《秦書集存》，亦可一供參考。

二、六技（西曆九年，王莽始建國元年。）

班固《漢志》：

> 六體者，古文、奇字、篆書、隸書、繆篆、蟲書也，皆所以通知古今文字，摹印章，書幡信也。

段玉裁謂：秦書八體"自刻符而下，其《漢志》所謂'六技'與？刻符、幡信、摹印、署書、殳書，皆不離大篆小篆，而詭變各自爲體，故與左書稱'六技'"。宋王應麟《〈漢書·藝文志〉考證》則謂："'六技'者，疑即亡新'六書'。"今從王説。

許慎《説文敘》：

> 及亡新居攝，使大司空甄豐等校定文書之部，自以爲應制作，頗改定古文。時有六書：一曰古文，孔子壁中書也；二曰奇字，即古文而異者也；三曰篆書，即小篆，秦始皇帝使①下杜人程邈所作也；四曰左書，即秦隸書；五曰繆篆，所以摹印也；六曰鳥蟲書，所以書幡信也。

---

① 編訂者按：沈文原引脱"使"字，今補。

以下再把新莽"六書"分開來——的説明一下：

1. 古文

許慎《説文解字敘》釋新莽六書之"古文"曰：

孔子壁中書也。

又釋"壁中書"曰：

壁中書者，魯恭王壞孔子宅而得《禮》《記》《尚書》《春秋》《論語》《孝經》。

劉歆《移讓太常博士書》：

魯恭王壞孔子宅，欲以爲宫，得古文於壞壁中，逸《禮》三十有九、《書》十六篇。

班固《漢書·藝文志》：

武帝末（按：《魯恭王傳》以孝景前三年[西曆前一五四年]徙王魯，好治宫室，二十八年[武帝元朔元年，西曆前一二八年]薨，不得至武帝末，《論衡》以爲孝景時爲是。）魯恭王壞孔子宅，欲以廣宫室，而得古文《尚書》及《禮》《記》《論語》《孝經》，凡數十篇，皆古字也。

顏師古注："《家語》云：'孔騰，字子襄，畏秦法峻急，藏《尚書》《孝經》《論語》於夫子舊堂壁中。'而《漢記‧尹敏傳》云：'孔鮒所藏。'二說不同，未知孰是。"

漢王充《論衡‧正說》篇：

孝景帝時魯共王壞孔子教授堂以爲殿，得百篇《尚書》於牆壁中。武帝使使者取視，莫能讀者，遂秘於中，外不得見。

又《案書》篇：

《春秋左氏傳》者，蓋出孔子壁中。孝武皇帝時，魯共王壞孔子教授堂以爲宮，得佚《春秋》三十篇，《左氏傳》也。

段玉裁於《說文敘》"又北平侯張蒼獻《春秋左氏傳》"下注云："《論衡》說《左傳》三十篇出恭王壁中，恐非事實。"

《晋書‧衛恒傳》：

漢武時魯恭王壞孔子宅，得《尚書》《春秋》《論語》《孝經》，時人以不復知有古文，謂之"科斗書"，漢世秘藏，希得見之。

現在再把《說文敘》裏面所說的"古文"，臚列在下面，作個參考：

(1) 宣王太史籀著大篆十五篇，與**古文**或異。
(2) 孔子書六經，左丘明述《春秋傳》，皆以**古文**。

（3）秦燒詩書，滌除舊典，……初有隸書，以趣約易，而**古文**由此絶矣。

（4）亡新居攝，使大司空甄豐等校文書之部，自以爲應制作，頗改定**古文**。

（5）（亡新）時有六書，一曰**古文**，孔子壁中書也。

（6）二曰奇字，即**古文**而異者也。

（7）郡國往往於山川得鼎彝，其銘即前代之**古文**，皆自相似。

（8）諸生競逐説字解經誼，稱秦之隸書爲倉頡時書，……乃猥曰："馬頭人爲長，人持十爲斗。"……若此者甚衆，皆不合孔氏**古文**，謬於史籀。

（9）今敘篆文，合以**古籀**。

（10）其稱《易》孟氏、《書》孔氏、《詩》毛氏、《禮》《周官》《春秋左氏》《論語》《孝經》，皆**古文**也。

以上所敘第（1）節的"古文"，係指倉頡以迄五帝三王之世改易殊體的文字，即"殷周古文"。故此處所説"大篆十五篇，與古文或異"，和班《志》所説的"《史籀篇》與孔氏壁中古文異體"不同，蓋許以"殷周古文"比較籀文，其同者多，故云"或異"（段注："或之云者，不必盡異，蓋多不改古文者矣。"）；班以"壁中古文"比較籀文，不同者多，故云"異體"；措辭各異，亦固有由。緣籀文本之於殷周古文，故同者多而異者少，至於"壁中書"，則多係戰國以來之別體，而非古文之正宗，故與籀文不同者多耳，試觀傳世周器遺文多與《説文》所著録之"壁中古文"不合，即其明證。第（2）節"古文"，係承上文而言。第（3）節所説"秦燒詩書，古文由此絶矣"，是總結"殷周古文"之辭。第（4）節"亡新居攝，改定古文"，則是更端另説漢代之"壁中古文"，以下第(5)、第(6)、第(8)諸節所説，皆係指"壁中古文"。第(7)節所説"鼎彝之銘，即前代古文，皆自相似"，"古文"之上，加以"前代"，蓋以別於"壁中古文"；又云"皆自相似"，則足以反證其與"壁中古文"之不相似；然則自漢時山川所出的鼎彝之銘，即與"壁中古文"異體可知。第(9)節許氏自述作書之例云："今敍篆文，合以古籀。"這個"古"字，則係總結上文"壁中古文"及"鼎彝之銘"兩項而言。第(10)節所云："其稱《易》孟氏、《書》孔氏，……皆古文也。"段玉裁注謂："古書之言'古文'者有二：一謂壁中經籍；一謂倉頡所制文字；雖命名出相因，而學士當區別，如古文《尚書》，古文《禮》，此等猶言'古本'，非必古本字字皆古籀，今本則絕無古籀字也。且如許書未嘗不用《魯詩》《公羊傳》、今文《禮》，然則云'皆古文'者，謂其中所説字形、字音、字義，皆合《倉頡》《史籀》，非謂皆用壁中古本明矣。"我以爲末了這一個"古文"，倘當作"壁中古文"解釋，則《易》《詩》《周官》《左氏傳》之非出自壁中，上文已明言之；倘當作"古文學派"解釋，則《易》孟氏不是古文學家，又當何説；許氏之意，蓋謂書中所采取諸經傳之説，皆合於"古文"造字之誼者，就是説明上文"厥誼不昭，爰明以諭"兩句的意思。

近時學者王國維著《漢代古文考》中有《〈説文〉中所用古文二字説》[1]一篇，其主張與余略有出入，茲録於下，以備參考：

　　許叔重《説文解字敍》言"古文"者凡十，皆指漢時所存先秦文字言之：其一曰"周宣王太史籀著大篆十五篇，與古文或異"，

───────────

[1]　編訂者按：今題名爲《〈説文〉所謂古文説》。

此"古文"似指倉頡以來迄五帝三王之世改易殊體之文字,即余前所謂殷周古文,以別於戰國古文者。實則不然,叔重但見戰國古文,未嘗多見殷周古文。《敘》云:"郡國往往於山川得鼎彝,其銘即前代之古文,皆自相似。"潘文勤公《攀古樓彝器款識序》遂謂"《說文》中古文本於經文者,必言其所出,其不引經者,皆憑古器銘識也。"吳清卿中丞則謂:"《說文》中古文皆不似今之古鐘鼎,亦不言某爲某鐘,某爲某鼎字,必響拓以前古器無氈墨傳布,許君未能足徵。"余案:吳說是也。拓墨之法,始於南北朝之拓石經,浸假而用以拓秦刻石,至拓彝器文字,趙宋以前未之前聞,則郡國所出鼎彝,許君固不能一一目驗,又無拓本可致,自難據以入書,全書中所有重文、古文五百字許,皆出壁中書及張蒼所獻《春秋左氏傳》,其在正字中者亦然。故其所謂"籀文與古文或異"者,非謂史籀大篆與史籀以前之古文或異,而實謂許君所見《史籀》九篇與其所見"壁中書"時或不同;以其所見《史籀篇》爲周宣王時書,所見"壁中古文"爲殷周古文乃許君一時之疏失也。其二曰"至孔子書六經,左丘明述《春秋》,皆以古文",此亦似謂殷周古文,然無論壁中所出與張蒼所獻未必爲孔子及丘明手書,即其文字亦當爲戰國文字,而非孔子及丘明時之文字,何則?許君此語實根據所見壁中諸經,及《春秋左氏傳》言之,彼見其與《史籀篇》文字不類,遂以爲即殷周古文,不知壁中書與《史籀篇》之殊,乃戰國時東西二土文字之殊,許君既以壁中書爲孔子所書,又以爲即用殷周古文,蓋兩失之。故此二條所云"古文",雖似謂殷周古文,實皆據"壁中古文"以爲說。唯《敘》末云:"其稱《易》孟氏、《書》孔氏、《詩》毛氏、《禮》《周官》《春秋》左氏、《論語》

《孝經》，皆古文也。"此"古文"二字，乃以學派言之，而不以文字言之，與《漢書·地理志》所用"古文"二字同意，謂說解中所稱多用孟、孔、毛、左諸家說，皆古文家而非今文家也。（《易》孟氏非古文學家，特牽率書之。）其餘所云"古文"者六，皆指先秦古文，其尤顯明者，曰"古文者，孔子壁中書也"；曰"皆不合孔氏古文"；又申之曰："壁中書者，魯恭王壞孔子宅而得《禮》《記》《尚書》《春秋》《論語》，又北平侯張蒼獻《春秋左氏傳》。"其示《說文》中所收古文之淵源，最爲明白矣。至其述山川鼎彝，又分別言之曰："其銘即前代之古文，皆自相似。"云"前代之古文"者，所以別於孔壁之古文；云"皆自相似"者，以明與孔壁古文不甚相似也。漢代鼎彝所出無多，《說文》古文又自成一系，與殷周古文截然有別，其全書中正字及重文中之古文，當無出"壁中書"及《春秋左氏傳》以外者；即有數字不見於今經文，亦當在逸經中，或因古今經字有異之故，學者苟持此說以讀《說文》，則無所凝滯矣。

2. 奇字

許慎解釋"奇字"道：

> 即古文而異者也。

段玉裁注："分古文爲二。'儿'下云：'古文奇字人也。''无'下云：'奇字無也。'許書二見，蓋其所記古文中時有之，不獨此①

---

① 編訂者按："此"，沈文原寫作"屯"，誤，今正。

二字矣。按不言大篆者，大篆即包於古文、奇字二者中矣。”

衛恒《四體書①勢》、江式《表》所説均與許同。

　　《漢書·揚雄傳》：“劉棻嘗从雄作奇字。”
　　顏師古注：“古文之異者。”

《吴志·虞翻傳》注：

　　《會稽典録》曰：“孫登時有山陰朱育，好奇字，凡所特達，依體像類，造作異字千名以上。”

《隋書·經籍志》：

　　《異字》二卷，朱育撰，亡。

　　周郭忠恕《汗簡》引用書裏面有朱育《集奇字》，或稱《集古字》，亦稱《字略》。（卷上之二：“𪔏，差。”朱育《集奇字》。）又宋董逌《廣川書跋》引“朱鮪《集字》，‘舟’爲古文‘周’字”。清鄭珍《汗簡箋正》“自周”字下云：《廣川書跋》所云即指此文，董逌所見《集字》‘𪔏’譌作‘舟’，知其書南宋時尚存，其名‘育’作‘鮪’，則與前載異。”
　　唐張懷瓘《十體書斷》：

―――――――――

　　①　編訂者按：“書”，沈文原寫作“出”，誤，今正。

　　史籀者，周宣王史官教學童書也，與孔氏壁中古文異體，甄豐定六書二曰"奇字"是也，其迹有"石鼓文"存焉。

段玉裁《説文敘注》："張懷瓘謂'奇字即籀文，其迹有石鼓文存'，非是。"

南唐徐鍇《説文繫傳·通釋》：

　　按：蕭子良云："籀書即大篆，新臣甄豐謂之奇字，史籀增古文爲之，故與古文異也。"

按："奇字"即是壁中古文與籀文中的奇異之體，王莽時曾使甄豐校定其字，故別爲一體。張懷瓘、徐鍇謂"奇字"即籀文，那是錯誤的，新莽"六書"所以没有大篆者，蓋大篆即在古文之中，不是甄豐改大篆之名而爲"奇字"。又"奇字"在莽時雖爲一種書體的固定名稱，但是載籍中所用的，也往往可以作爲一種當時人所不識得的古篆解釋，比方《南史·顧野王傳》"天文地理、蓍龜占候、蟲篆奇字，無所不通"，就是一個例。至於吳時朱育作的《異字》，雖然《汗簡》引作《集奇字》，但與新莽"六書"的"奇字"是否一事，却還不容易斷定，因爲《會稽典録》裏面説朱育"造作異字千名以上"，然則朱育所"好"的，似乎是自己創造異字，却不是"壁中書"裏面的"奇字"。

3. 篆書

許慎謂"篆書"即係"小篆"，且以爲程邈所作。衛恒《四體書勢》亦有此説。宋董逌《廣川書跋》卷四：

李季忱示余程邈篆四簡，簡十二字。余考之自漢以後書篆書所不及也。或謂書家但言"邈在雲陽獄，初從簡便作書，主於隸徒，故號隸文。當多事時用之適當，遂公行之，邈不更爲篆文。篆自史籀後李斯因之，作爲小篆，由漢逮今，不能改"。豈邈與斯當秦之世，固嘗爲此篆文，不可考也。張懷瓘曰："古文，謂孔子壁中書；篆書，史程邈作也；隸書，程邈所獻也。"初未信此言，逮得季忱所藏刻銘，於是信之，知唐世書多，懷瓘自有據也。

按：作隸書的人，並沒有不可以寫"篆書"的理由。董氏以程邈有"篆書"的遺迹，而且寫得極好，遂斷定"篆書"是程邈作的，這個證據，固然很不充分，但因此可以知道程邈作"篆"，自漢迄宋，均有此說。

4. 隸書

許慎作"左書"，因其"令隸人佐書"，故或曰"隸書"，或曰"左書"。段玉裁謂：

"左"，今之"佐"字，"左書"，謂其法便捷，可以佐助篆所不逮。

"隸書"的作者，《漢志》《説文》均未説明，自蔡邕、衛恒以後，才有程邈造隸之説，但據閻若璩《潛邱劄記》的考證：

《水經注》：青州刺史傅宏仁説："臨淄人發古冢，得銅棺，前和外隱起爲隸字，言'齊太公六世孫胡公之棺'也，唯三字是古，餘同今書。以證'隸'自出古非始於秦也。"

則似周代即有"隸書"，不過驗之傳世之周秦金石刻辭，殊不見有"隸書"之迹。（敦煌發見之隸書簡牘，以漢武帝太始中者爲最古。）要之"篆"之變而爲"隸"，"隸"之變而爲"楷"，其勢皆以漸，未必爲一人之力所能創造者。我們對於這種變遷之軌迹，只當著眼於時代上求之，若必追求創造之爲何人，非唯難能，抑且不必。

5. 繆篆

許慎《說文敍》以爲"繆篆，所以摹印"，晋衛恒、後魏江式均同此說。唐顏師古《漢書·藝文志》注亦云：

> 繆篆，謂其文屈曲纏繞，所以摹印章也。

唐韋續《五十六種書法》：

> 細篆書，李斯摹寫始皇碑序，皆用此體，亦曰"繆篆"。

宋黄庭堅曰：

> "繆篆"讀如"綢繆束薪"之"繆"，漢以來符璽印章書也。

宋米芾《辨印帖》：

> 有人收古印，文曰"相侯宣印"，乃是丞相富民侯薛宣印，最小，繆篆，乃今所謂"填篆"也。"填篆"自有法，近世填皆無法。

元戴侗《六書故》：

> 凡字有從多而省者，趨於巧便也；有從省而多者，趨於巧繆
> 也；鐘鼎之文多便，符璽之文多繆。

明徐官《古今印史》：

> 《説文敘》中有曰"繆篆，所以摹印也"，"繆"字今人多讀作
> "繆誤"之"繆"，去聲，非是。官以理推之，當讀如"綢繆牖户"之
> "繆"，平聲，蓋言篆文屈曲填滿如綢繆也。人多忽而不講，篆刻
> 往往致誤，爲此故也。

清陳澧《摹印述》：

> 繆篆，世所傳古銅印字是也。漢延光殘碑，張遷、韓仁碑額，
> 即繆篆體。漢晉銅器及瓦當文、甄文，亦多此體。

以上諸説，大氐都以新莽的"繆篆"，當秦書的"摹印"，一體而有
二名。但元吾丘衍《三十五舉》云：

> 漢有摹印篆，其法只是方正，篆法與隸相通，後人不識古印，
> 妄意盤屈，且以爲法，大可笑也。多見故家藏漢印，字皆方正，近
> 乎隸書，此即摹印篆也，王球《嘯堂集古録》所載古印，正與相合。
> 凡屈曲盤回，唐篆始如此，今碑刻有顏魯公官誥尚書省印可考

其説。

明趙宧光《金石林緒論》：

> ……从此流傳，變而弱者，一曰"繆篆"，唐宋元諸人如李陽冰、僧夢英，以至我明程南雲、李東陽、文氏父子是也。

則皆以"繆篆"爲"摹印"的別派，非即秦之"摹印"。

羅振玉《赫連泉館古印存敘》中論秦印書體曰：

> 其書體與傳世權量銘同。許祭酒謂秦書有八體，五曰"摹印"，今以秦印傳世者證之，未見有殊體如有周官私璽者也。（周之官私璽，其書體與古文或異。）

其論漢印書體曰：

> 其文字初承先秦，而日趨方正，與漢代傳世器物銘相似，吾丘竹房所謂"方正如隸者"是也。偶有屈曲其文，如世所謂"繆篆"者。

我們看了羅氏以古器遺文證驗的結果，知道吾丘衍之説近是。段玉裁、桂馥《説文》注中只説"摹印即新莽之繆篆"，却没有詳細證明，大概是因了許慎説"繆篆，所以摹印"，遂誤會以爲秦之"摹印"即新莽之"繆篆"，其實"繆篆"是新莽時用以摹印之一種別體，羅氏所謂"偶有屈曲其文,如世所謂'繆篆'者"是也,並不是秦時即以"繆篆"摹印章,特辨明之如此。

6. 鳥蟲書

鳥蟲書之名稱:

許慎《説文敍》謂:

> 鳥蟲書,所以書幡信也。

蓋本於班《志》所云"六體者,……皆所以通知古今文字,摹印章,書幡信也"之語,而以"書幡信"歸之於鳥蟲書。晋衛恒、後魏江式均同此説。而宋王愔《文字志·古書有三十六種》及梁庾元威《論書》却分"蟲篆"與"鳥書"爲二,齊蕭子良《古今篆隸文體》又分而名之爲"鳳鳥書""科斗蟲書",是又以"科斗文"合於"蟲書",未必有當於古。

鳥蟲書之起源:

梁庾元威《論書》謂:

> 風魚蟲鳥,是七國時書。

唐唐玄度《論十體書》説:

> 鳥書,周史官史佚所撰。粵在文代,赤雀集户,降及武朝,丹鳥流室,今此之法,是寫二祥者焉。

韋續《五十六種書法》謂:

蟲書，魯秋胡婦浣蠶所作，亦曰"雕蟲篆"。

傳信鳥迹書，六國時書節爲信，象鳥形也。

大氐皆是傅會無根之說。近人華學涑《秦書八體原委》則謂"董武鐘"刻辭爲"蟲書"之起源，斷定其出於七國之際，其實"董武鐘"之時代，尚有須研究者。

鳥蟲書之形式：

《漢志》顏師古注：

蟲書，謂爲蟲鳥之形，所以書幡信也。

唐張彥遠《歷代名畫記》：

按：字學之部，其六鳥書，在幡信上，書端象鳥頭者，則畫之流也。

段玉裁《說文敘注》：

上文四曰"蟲書"（謂秦書八體），此曰"鳥蟲書"，謂其或像鳥，或像蟲，鳥亦稱羽蟲也。

鳥蟲書之用途：

許慎雖謂"鳥蟲書，所以書幡信"，但如左思《吳都賦》所謂：

鳥册篆素。

《魏志·衛覬傳》：

好古文，鳥篆、隸草，無所不善。

《後漢書·陽球傳》：

或鳥篆盈簡。

《三國志·王粲傳》裴注引《魏略》：

邯鄲淳善《蒼》《雅》、蟲篆。

皆似泛指古篆而言，蓋"鳥書"亦有別言與通言之不同。不盡謂幡信之書。

幡信之解釋：

晋崔豹《古今注》：

信幡，古之徽號也，所以題官號以爲符信，故謂爲"信幡"也。……用"鳥書"，取其飛騰輕疾也。

段玉裁《説文敘注》：

書幡，謂書旗幟；書信，謂書符卪……按：秦書八體尚有“刻符”“署書”“殳書”，此不及之者，三書之體，不離乎“摹印”“書幡”之體，故舉二以包三。

按：《漢書》及《說文》之所謂“幡信”，即崔豹《古今注》之“信幡”。段氏分一名而爲二物，殊覺失當。

新莽六書在今日可以考見者：

（1）古文，文則有《說文》重文中之古文及一部分之正文，魏三體石經之古文——正始石經，王國維《魏石經考》中《漢魏石經經本考》定其爲“壁中書”，茲將其理由撮錄於下：

自後漢以來，民間古文學漸盛，至與官學抗行，逮魏初復立大學，暨於正始，古文諸經蓋已盡立於學官，……而太學舊立石經猶是漢代今文之學（王氏本洪适《隸釋》，漢石經《詩》用《魯詩》本而兼存齊、韓二家異字，《公羊》用嚴氏本而兼存顏氏異字，由此推定其於他《易》《書》《禮》三經，亦必各以施、孟、梁丘之《易》，歐陽、大小夏侯之《書》，大小戴之《禮》中之一家爲主，而於其後著諸家之異同），故刊古文經傳以補之。《隋志》載梁有三字石經《尚書》十三卷、三字石經《春秋》十二卷，此蓋魏石經二經足本。十三卷者，後來僞孔傳之卷數，與馬融、王肅注本之十一卷、鄭玄注本之九卷分卷略同，而與歐陽、大小夏侯之二十九卷或三十一卷，乃“壁中書”之五十八篇爲四十六卷者絕異，乃漢魏間分卷之法；其《春秋》十二卷，則猶是《漢志·春秋古經》之篇數，亦即賈逵三家經訓詁之卷數，與《漢志》公、穀二家經各十一卷者不同，蓋漢魏以前左氏所傳《春秋經》皆如是也。

　　魏時學官所立《尚書》既爲馬、鄭、王三家，則石經亦當用三家之本，三家雖同爲古文《尚書》，然其本已改今字，……而此具"古""篆""隸"三體者，"壁中本"古文《尚書》後漢時尚在秘府，許慎見之，鄭玄亦見之，中更董卓之亂，雖未必存，然當時未必無傳寫之本。《隋志》謂："晋世秘府所存有古文《尚書》經文。"《尚書正義①》引束皙云："《盤庚序》'將治亳殷'，孔子壁中書作'將始宅殷'。"皙所據"壁中書"，蓋即晋秘府之古文《尚書》，雖未必爲壁中原書，亦當自"壁中本"出矣。……

　　……今就魏石經遺字中古文觀之，多與《說文》所載壁中古文及篆文合。(《說文》篆文中本多古文。)且有與殷周古文合而爲許書所未載者，然則謂魏石經古文出於"壁中本"，或其三寫四寫之本，當無大誤。……

至於魏石經遺文之傳世者，則有黃縣丁氏所藏殘石(三體共存一百十字，其中古文三十六字)，宋洪适《隸續》所録(計八百十九字，其中古文二百五十一字)，郭忠恕《汗簡》所引(計一百二十二字)，夏竦《古文四聲韻》所引(計一百十四字)，四者之中，去其重複，約得二百字。(王氏謂"郭、夏所引除見於《隸續》者，頗有《尚書》《春秋》《左傳》三經所無之字，殆未可盡據"。)

　　(2)奇字，則有《說文》所引"倉"之奇字"仝"、"人"之古文奇字

---

①　編訂者按："義"，沈文原寫作"篆"，誤，今正。

"儿"、"涿"之奇字"叿"、"無"之奇字"无"、"晉"之奇字"晉"（"晉"下云：晉，籀文晉。一曰：即奇字晉）五字。又郭忠恕《汗簡》所引吳朱育《奇字》，玉函山房雖輯有成書，而《隋志》注則謂之《異字》，《會稽典錄》謂"育造作異字千名以上"，是育之《奇字》，是否采自壁中，尚未敢斷言。（後漢衛宏《古文官書》，《尚書序》孔穎達正義及《太平御覽》卷九百七十八並引作《古文奇字》，段玉裁《衛宏古文官書考》據《漢書·儒林傳》顏師古注證明"奇字"係"官書"之譌。又《隋書·經籍志》載郭顯卿《古今奇字》一卷[《唐志》作郭訓《古文奇字》二卷]，已佚。）

（3）篆書，除《説文》中所録之外，金文則有權量符印之文（文字最多者爲端方所藏之新莽量，篆書凡八十一字），石刻則有孔林墳壇刻石二種。

（4）隸書，則有始建國鐘、萊子侯刻石、新莽甄文、敦煌木簡（見《流沙墜簡》）之類。

（5）繆篆，（6）蟲書，則泉布印章及瓦當文中尚可考見其形迹。

八體與六技異同之比較：

唐孔穎達《尚書正義》：

> 亡新於秦八體用其小篆、蟲書、摹印、隸書，去其大篆、刻符、殳書、署書，而加以古文與奇字。以摹古故，用古文奇字而不用大篆也。

段玉裁《説文敍注》於亡新六書之下云：

按:秦文八體尚有刻符、署書、殳書,此不及之者,三書之體不離乎摹印、書幡之體,故舉二以包三;古文則析爲二以包大篆,莽意在復古應制作,故不欲襲秦制也。

謝啓昆《小學考·八體六技》下云:

按:八體六技,當是漢興所試之八體,合以亡新改定之六書,"技"字似誤。蓋以古文、奇字易大篆;刻符;署書;殳書;篆書即小篆;左書即隸書;繆篆即摹印;鳥蟲書即蟲書。

現在試把以上三説列表以明之:

孔説

秦書	八體			大篆	小篆	刻符	蟲書	摹印	署書	殳書	隸書
新莽	六書	古文	奇字	篆書			鳥蟲書	繆篆			左書

段説

秦書	八體	大篆		小篆	刻符	蟲書	摹印	署書	殳書	隸書
新莽	六書	古文	奇字	篆書	鳥蟲書		繆篆			左書

謝説

秦書	八體	大篆		小篆	刻符	署書	殳書	蟲書	摹印	隸書
新莽	六書	古文	奇字	篆書				鳥蟲書	繆篆	左書

此三説均與講義小有出入，兹再以己意列一表於下：

秦書	八體	大篆		刻符	署書	殳書	小篆	蟲書	摹印	隸書
新莽	六書	古文	奇字	篆書				鳥蟲書	繆篆	左書

這個表的理由已見於前。其中"奇字"是"古文""大篆"的别寫；"繆篆"是"摹印"的支派。

八體六技演出的書體：

八體六技之外，宋王愔《文字志·古書有三十六種》，齊蕭子良《古今篆隸文體》有藥書、楷書、蓬書、懸針書……龜書、麒麟書、金錯書、蚊脚書凡數十種，齊末王融《圖古今雜體》有六十四書，韋仲定爲九十一種，謝善勛則增其九法，合成百體，梁庚元威《論書》有一百二十體，唐唐玄度以古文、大篆、八分、小篆、飛白、倒薤篆、散隸、懸針書、鳥書、垂露書爲十體書，張懷瓘《書斷》又分古文、大篆、籀文、小篆、八分、隸書、章草、行書、飛白、草書爲十體，韋續復纂《五十六種書》，就中唯《書斷》所論，於書法沿革上尚有研究之價值，其他大率出於八體六技，因事生變，遂致繽紛。《隋書·經籍志》云：

> 漢時以六體教學僮，有古文、奇字、篆書、隸書、繆篆、蟲鳥，並藥書、楷書、懸針、垂露、飛白等二十餘種之勢，皆出於上六書，因事生變也。

徐鍇《説文繫傳·疑義》篇云：

……鳥書、蟲書、刻符、殳書之類，隨事立制，同於圖畫，非文字之常也。

又云：

五體之外（案：謂古文、科斗、籀文、篆文、隸文），漢魏以來縣針、倒薤、偃波、垂露之類，皆字體之外飾，造者可述。而齊蕭子良、王融、韋仲、庾元威之徒，隨意增益，妄施小巧，以異爲博，以多爲貴，至於宋景之史，秋胡之妻，皆令撰書，厚誣前人，以成己學，是以王融作七國時書，皆成隸字，其爲虛誕，不言可明，是以一百二十文體臣所不敢言也。

由此觀之，鳥蟲、符、殳，已非文字之常，倒薤、懸針，尤爲不急之務，庾元威所以有純墨五十種、采色五十種，殆皆字體之外飾，小徐謂其"隨意增益，妄施小巧，以異爲博，以多爲貴"，屏而不言，誠爲卓見。

蒼頡一篇

（原注："上七章秦丞相李斯作，《爰歷》六章車府令趙高作，《博學》七章太史令胡母敬作。"按：鄭樵《通志》云："斯字通古，上蔡人〔今河南上蔡縣〕。"《蒼頡篇》當是秦始皇二十六年〔西曆二二一年〕書同文字以後所作。）

班固《漢書·藝文志》：

　　《蒼頡》七章者，秦丞相李斯所作也；《爰歷》六章者，車府令趙高所作也；《博學》七章者，太史令胡毋敬所作也，文字多取《史籀篇》而篆體復頗異，所謂秦篆者也。……漢興，閭里書師合《蒼頡》《爰歷》《博學》三篇斷六十字以爲一章，凡五十五章，併爲《蒼頡篇》。

許慎《說文解字敘》：

　　秦丞相李斯作《蒼頡篇》，中車府令趙高作《爰歷篇》，太史令胡毋敬作《博學篇》，皆取史籀大篆，或頗省改，所謂小篆者也。

晉《衛恒傳》、魏《江式傳》均與此同。

段玉裁《說文敘注》：

　　李之七章、趙之六章、胡毋之七章，各爲一篇。《漢志》最目合爲《蒼頡》一篇者，因漢時閭里書師合爲三篇，斷六十字以爲一章，凡五十五章，併爲《蒼頡篇》故也。

下面再把《蒼頡篇》的內容分層來說明一下：

1. 名稱。

李、趙、胡毋三家的書，漢後合爲一篇，統稱《蒼頡》，上文已經說過的了。但是這五十五章的《蒼頡》，也可以叫做《三蒼》，徐鍇《說文繫傳·通釋》：

臣鍇按:《蒼頡》《爰歷》《博學》,通謂之《三蒼》。

段玉裁《説文敍注》:

漢初蓋《倉頡》《爰歷》《博學》爲《三倉》,班於《倉頡》一篇下自注云"上七章",則《爰歷》爲中,《博學》爲下可知也。

此書之所以名《蒼頡》者,任兆麟爲他哥哥任大椿《小學鈎沉》作的序裏面説:

於首曰"蒼頡識書",此篇以《蒼頡》名者,如《急就》亦以首二字名篇也。(按:"蒼頡識書"原文並非四字連文。)

又王國維《史籀篇疏證敍録》:

古字書皆以首二字名篇,存者有《急就篇》可證①。推之《蒼頡篇》,首句當云"蒼頡作書",《爰歷》《博學》諸篇當無不然。

又王氏《蒼頡篇殘簡跋》:

《流沙墜簡》卷二第八簡有"蒼頡作"三字,乃漢人隨筆塗抹者,余以爲即《蒼頡篇》首句。其全句當云"蒼頡作書",實用《世

---

① 編訂者按:"證",沈文原寫作"談",誤,今正。

本》語，故此書名《蒼頡篇》。

至於"蒼頡"的"蒼"字。《漢志》作"蒼"，《說文》作"倉"，段玉裁注謂：

> "倉"或作"蒼"。按：《廣韻》云"倉姓，倉頡之後"，則作"蒼"非也。

2. 體裁。

這裏分字體與文例兩層來說：

字體方面。《藝文志》說："文字多取《史籀篇》，而篆體復頗異，所謂秦篆者也。"《說文敘》裏更說得詳明：

> ……其後諸侯力政，不統於王，惡禮樂之害己，而皆去其典籍，分爲七國，……言語異聲，文字異形，秦始皇帝初兼天下，丞相李斯乃奏同之，罷其與秦文不合者。斯作《倉頡篇》，中車府令趙高作《爰歷篇》，太史胡毋敬作《博學篇》，皆取史籀大篆，或頗省改。

段玉裁注：

> 省者，減其繁重；改者，改其怪奇，如"民""弟""革""西"皆象古文之形，所謂改也。云"取史籀大篆，或頗省改"者，言史籀大篆，則古文在其中。大篆既或改古文，小篆復或改古文大篆。"或"之云者，不盡省改也。

羅振玉《殷商貞卜文字考》謂《史籀》一書"亦猶《倉頡》《爰歷》《凡將》《急就》等篇,取當世用字,編纂章句以便誦習"。王國維《史籀篇疏證敘錄》亦謂"凡既有文字之國,未有能以一人之力創造一體者"。然則《倉頡篇》所著之"小篆"並非李、趙、胡毋之所創造,只就古文大篆之通行於秦代者,取而編成歌括耳。

至其字形,《説文》之外,石刻則有琅邪臺、泰山殘石(葉昌熾《語石》云:"秦始皇東巡刻石凡六:始於鄒嶧,次泰山,次琅邪,次之罘,由碣石而會稽,遂有沙丘之變。今唯琅邪臺一刻尚存諸城海神祠内,通行拓本皆十行,唯段松苓所拓精本前後十三行,翁、阮、孫三家著錄者皆是也。泰山二十九字,乾隆五年毁於火,今殘石僅存十字耳。之罘、碣石、會稽三刻久亡,嶧山唐時焚①於野火,當時即有摹本。宋鄭文寶得徐鉉摹本重刊,今尚在西安府學。");金文則有虎符、權、量、詔版、兵器(參考《秦金石刻辭》),均可參考。

文例方面。謝啓昆《小學考》"李斯《倉頡》"下云:

鄭注《周禮》引《倉頡·鞄斁篇》,又引《柯欙篇》,許氏《説文敘》稱:"俗儒見《倉頡篇》中'幼子承詔',因曰:'古帝王之所作也,其詞有神仙之術焉。'"此七章中之篇目可考也(按:此説本孫星衍)。郭璞注《爾雅》引《倉頡篇》曰:"考妣延年。"《顏氏家訓·書證》篇引《倉頡篇》曰:"漢兼天下,海内並廁,豨黥韓覆,叛討殘滅。"(按:此四句是《訓纂》諸篇語,梁庾元威《論書》已疑之;顏之推亦謂由後人羼入,非本文也。),此七章之語句可考也。至吾丘

① 編訂者按:"焚",沈文原寫作"樊",誤,今正。

衍誤目《倉頡》爲十五篇，且謂即《説文》目録五百四十字，此乃其師説之繆，不足信也。

段玉裁《説文敘注》：

> 自《倉頡》至《彥均》，章皆六十字，凡十五句，句皆四言，許引"幼子承詔"，郭注《爾雅》引"考姚延年"是也。

陶方琦《倉頡篇補本序》：

> 近覽慧琳《音義》，其二十七引《倉頡·女部》作"嬉"，是《倉頡》舊書亦有部目，以類相從，義與古合。

又或以《廣韻》"母"下引"《倉頡篇》云：'其中有兩點，象人乳形。'"以爲説解形體亦同《説文》。（案：近日所見清内府藏唐人寫《唐韻》"母"字下云："从子，象女懷子形。"不作《倉頡篇》語，與今《廣韻》不同。）

根據以上諸説來研究《倉頡篇》的文例，應該注意的共有四點：

（1）是否有篇目可考？

（2）是否以字形偏旁分部，如《説文》之例？

（3）是否有説解？

（4）是否章六十字，凡十五句，句皆四言？

現在在下面采集各家的考證，參以自己的意見，來解決上面的幾個問題：

梁章鉅《孫（星衍）輯〈倉頡篇〉校證》：

> 案：所列篇名三條，似不甚確。據《考工記》"《倉頡篇》有'鞄
> 甃'，《倉頡篇》有'柯欘'"，是謂《倉頡篇》中有此字耳，不云"《倉
> 頡》有《鞄甃篇》，有《柯欘篇》"，無以證其爲篇名也。至《説文敘》
> 曰"又見《倉頡篇》中'幼子承詔'"，云"篇中"，其非篇名可知。

這樣看起來，孫、謝二家所説的篇目可考，是不對的了。至於分部及有説解的話，我以爲就許、郭二家所引的遺文看來，殊不見有以偏旁分部之組織，再史游《急就》亦謂"分別部居不雜廁"，但其所謂"部居"，只是將姓名、布帛、菽麥、服飾、器用……等依類羅列，其中間有一句之字"形旁"相同者，如"絳緹絓紬絲絮綿""襜褕袷複褶袴裩""鐵鈇鑽錐釜鍑鍪""笔篅筤筥篗箄籫"……等句，然亦偶然有之，非全篇之通例。所以段玉裁《説文敘》"分別部居，不相雜廁也"下注云：

> 案：史游《急就篇》亦曰"分別部居不雜廁"，而其所謂"分別"
> 者，如姓名爲一部；衣服爲一部；飲食爲一部；器用爲一部。《急
> 就》之例如是，勝於李斯、胡毋敬、趙高、司馬相如、揚雄所作諸篇
> 散無友紀者，故自述曰"急就奇觚與衆異"也。

然則慧琳之所謂"部"，至多不過如《急就》之"部居"而已，不應就有《説文》"建首立一""據形系聯"式的分部。再《廣韻》所引的説解，恐

怕不是李、趙的原文，因爲韋昭注《藝文志》云："班固十三章疑在《蒼頡》下篇三十四章之内。"是韋氏謂賈魴《滂喜》爲《倉頡》下篇，即漢人稱漢《三蒼》爲《蒼頡》之證；又北齊顔之推《家訓·書證》篇云："《蒼頡篇》李斯所造，而云'漢兼天下，海内並廁，豨黥韓覆，畔討滅殘……皆由後人所羼，非本文也。"是魏晉以來亦稱漢《三蒼》爲《蒼頡》之證。不但此也，唐人並且將張揖、郭璞的《三蒼》注亦統謂之《蒼頡》。按：唐人書中所引的《蒼頡》遺文，往往有反切，反切始於應劭（後漢靈帝時人，西曆一七〇——一八〇年之際），揚、賈之書，決無其語，李、趙更無論矣。然則唐人所指之《蒼頡》，實即魏張揖《三蒼訓詁》、晉郭璞《三蒼注》，通言亦得謂之《蒼頡篇》耳。根據上面所説的種種理由看來，各家所云《蒼頡篇》亦有部首及説解，大約是不可相信的了。

　　現在要研究到是否四言成文的問題了。段玉裁在《説文敍》"分別部居，不相雜廁也"下注道：

　　　　秦之《倉頡》《爰歷》《博學》合爲《倉頡篇》者，每章十五句，每句四字，《訓纂》《滂熹》同之。《凡將篇》每句七字，《急就》同之。其體例皆雜取需用之字，以文理編成有韻之句，與後世千字文無異，所謂"雜廁"也。

羅振玉《倉頡篇殘簡考釋》根據段注而爲之説曰：

　　　　秦漢間字書，約分二系：一以七字爲句，一以四字爲句。以七字爲句者，《凡將》《急就》……此一系也；以四字爲句者，爲《倉頡》《訓纂》諸家。班氏謂《蒼頡》六十字爲一章。段氏玉裁注《説

文》謂"自《倉頡》至《彦均》,章皆六十字,凡十五句,句爲四字,許
引'幼子承詔'、郭注《爾雅》引'考姚延年'是也"。今考《顔氏家
訓·書證》篇又引《倉頡》"漢兼天下,海内并廁,豨黥韓覆,叛討
殘滅"四句,均《倉頡》四字爲句之證……今此諸簡,第一簡五句,
第二簡二句,並四字爲句,有韻可尋。其第三、第四兩簡,雖不能
知其何字爲韻,然四字爲句而非七言,則昭章可見。且考第一簡
凡五句二十字,合三簡則得十五句六十字,正爲一章。若以三稜
之柧書之,則一柧正得一章,與班《史》所記正合,然則此諸簡之
爲《倉頡》,殆無疑矣。

據此則四字爲句,十五句爲一章,證據確鑿,殆可論定。此外則羅氏
更據敦煌殘簡定爲二句一韻,這一點是近來的新發見,至於篇目、分
部、説解,恐怕不是《蒼頡篇》所有的體例。

　　3. 篇、章、句字之數目。

　　秦時《蒼頡》《爰歷》《博學》,本爲三篇。據《漢志》,漢興之後,合
爲一篇,故《藝文志》最目只標"《蒼頡》一篇",又李、趙原書之分章,已
不可考,至漢所合之《蒼頡》,則《漢志》謂其"斷六十字爲一章,凡五十
五章"。又每章之句數,據上節的考證,知其爲:

$$60 \div 4 = 15 \ 句$$

而全書的總字數爲:

$$60 \times 55 = 3300 \ 字$$

這是篇、章、句、字之數之可考者。

又梁庾元威《論書》云：

> 漢晉正史及古今字書並云《蒼頡》九篇，是李斯所作。今竊尋思，必不如是，其第九章論"豨""信""京劉"……等，郭云："豨信是陳豨、韓信，京劉是大漢，西土是長安。"此非讖語，豈有秦時朝宰談漢家人物，牛頭馬腹，先達何以安之。

此云《蒼頡》九篇，蓋即色該揚、賈所續之書在內。但據庾說，第九章內已有揚、賈之語，然則《漢書》所謂五十五章者，彼時又有紛更，其詳不可得而聞矣。

又元吾丘衍《學古編》云：

> 《倉頡》十五篇，即是《說文》目錄五百四十字，許慎分爲每部之首。

此蓋誤本徐鍇《繫傳》"奭"下注云"《史篇》，史籀所作《倉頡》十五篇也"之語而譌，不足據爲典要。

4. 佚文。

王國維代姬覺彌所作的《重輯倉頡篇敍錄》上説：

> 李、趙、胡毋原書一改於漢初閭里書師，而三篇合爲一篇，二十章分爲五十五章；二改於揚子雲，而五十五章中重複之字均易以新字。後漢以後揚本孤行，又與揚、賈所續之書合爲《三蒼》，

张稚让、郭景纯皆合《三苍》注之,所用者亦扬本也。杜林《苍颉训纂》《苍颉故》二书,当用汉闾里书师旧本;《训纂》先亡,至隋而《苍颉故》亦亡。张、郭之书至唐末而亦亡。其用《苍颉》字者,《急就》《元尚》,而《元尚》亦亡。唯许叔重作《说文解字》用《苍颉》《训纂》二篇字;张稚让《广雅》中当有《滂喜》字,然已无可识别矣。

《汉志》所著《苍颉》一篇,系汉初闾里书师改定之本,扬雄、杜林曾为之注释。扬、杜之书隋时已亡,故《隋志》不录,而于《三苍》三卷下注云:"梁有《苍颉》二卷,后汉司空杜林注,亡。"(《唐志》又有杜林《苍颉训诂》二卷,恐系误载。)其佚文见于古籍,遗简而确知其为李、赵、胡毋之书者,兹列举于下:

幼子承诏。(许慎《说文解字叙》)

考妣延年。(郭璞《尔雅·释亲》注)

苍颉作。(《流沙坠简》卷二第十九简)

游敖周章。黫卢黯黮,黤黝黸黭,黪黬赫赧,儵赤白黄。(《流沙坠简》卷一第一简)

走走病狂,疕疛灾痰。(《流沙坠简》一第二简)

狸猰貙㺉,(《流沙坠简》一第三简)

寸,薄厚广侠,好丑长短。(《流沙坠简》一第四简)

𢱭(《说文·廾部》引扬雄说:"廾从两手。")

膔(《说文·肉部》引扬雄说:"鸟腊也。")

肺(《说文·肉部》引扬雄说:"䪺从聿。")

踳(《説文・舛部》引揚雄説:"舛从足春。")

疊(《説文・晶部》引揚雄説:"以爲古理官決罪,三日得其宜,乃行之,从晶,从宜。")

頫(《説文・頁部》引揚雄曰:"人面頫。")

捥(《説文・手部》引揚雄曰:"掔,握也。")

拜(《説文・手部》引揚雄説:"拜从兩手下。")

綷(《説文・系部》揚雄以爲:"《漢律》,祠宗廟丹書告。")

鼂(《説文・黽部》引揚雄説:"匽鼂,蟲名。"杜林以爲朝旦。)

斡(《説文・斗部》揚雄、杜林皆以爲"軺車輪斡"。)

堇(《説文・艸部》,堇,杜林曰:"藕根。")

茤(《説文・艸部》引杜林説:"芰从多。")

藍(《説文・艸部》引杜林説:"艸葎藍皃。")

莽(《説文・艸部》:"杜林以爲騏驎字。")

構(《説文・木部》:"杜林以爲椽桷字。")

朩(《説文・朩部》"索"下引杜林説:"朩亦朱朩字。")

㲋(《説文・巢部》引杜林説:"以爲貶損之貶。")

耐(《漢書・高帝本紀》注引應劭説:"古耐字从彡,杜林以爲法度之字皆从寸,後改如是。")

豻(《史記・司馬相如列傳》正義引杜林云:"豻似貊,白色。")

怯(《説文・犬部》引杜林説:"㹤从心。")

耿(《説文・耳部》引杜林説:"耿,光也,从光,聖省。")

娸(《説文・女部》引杜林説:"娸,醜也。")

妿(《説文・女部》引杜林説:"加教於女也。")

嫯(《説文·女部》引杜林説:"卜者黨相詐驗爲嫯。")

鉼(《説文·甾部》:"杜林以爲竹筥,揚雄以爲蒲器。")

軎(《説文·車部》"軎"下云:"从車,象形,杜林説。")

此外尚有《急就篇》,王國維《重輯蒼頡篇》的《敘録》云:

> 史游《急就》,班孟堅謂"皆《蒼頡》正字"。《急就》三十一章,章六十三字,得千九百五十三字,除複重字三百三十五,尚得千六百十八字;而《蒼頡》三千三百字,且有複字,則《急就》之字固已踰《蒼頡》之半,輯《蒼頡》者宜莫先於此。

《急就篇》原書具在,兹不備録。綜上所説,《蒼頡》佚文約可分爲四類:

(1) 古書中所引;

(2) 漢殘簡所存;

(3)《説文》稱引揚雄、杜林所説之字;

(4)《急就篇》所録。

至於清代從事搜輯《倉頡篇》佚文的學者,頗復不少,就其體裁看來,應該區爲四派:

(1) 孫星衍輯《倉頡篇》(岱南閣叢書本)

陳鱣校補,孫輯《倉頡篇》

梁章鉅《倉頡篇校證》及補遺

陶方琦《倉頡篇補本》(諸可寶編刻)

陳其榮增訂《倉頡篇》(觀自得齋叢書本)

王仁俊《倉頡篇輯補斠證》

曹元忠《倉頡篇補本續》

(2) 任大椿輯《倉頡篇》(《小學鈎沉》中第一種)

黃奭《漢學堂經解‧倉頡篇》

顧震福《小學鈎沉續編‧倉頡篇》

(3) 馬國翰《玉函山房輯佚書‧蒼頡篇》

(4) 姬覺彌《重輯倉頡篇》

現在再把他們搜輯方法的異同述說一下：

孫星衍《倉頡篇輯本敘》曰：

《倉頡》七章者，秦李斯所作；一篇者，趙高、胡毋敬所益；五十五章者，漢閭里師所併；八十九章者，揚雄所續；一百二章者，班固所續；《訓故》一篇爲二卷者，杜林所撰；《三倉》三卷者，晉張軌所合；《三倉訓故》三卷者，魏張揖、晉郭璞所撰。趙高《爰歷》、胡毋敬《博學》在《倉頡》中；揚雄《訓纂》、賈魴《滂喜》在《三倉》中。杜林《故》亡於隋，《倉頡》《三倉》及《故》亡於宋。然自漢及唐，汔於北宋，傳注、字部、類書、內典頗有引者。星衍始刺其文，撰爲三卷。《訓纂解故》即用《説文》部居，使讀者易於尋覽。

《倉頡》始作，其例與《急就》同。名之《倉頡》者，亦如《急就》以首句題篇，《凡將》《急就》皆是。詞或三字、四字以至七字，備取六蓺群書之文，以便幼學循誦，故《七略》目之小學。揚雄、班固、杜林以下始有訓故，今許君《說文解字》所稱揚雄、杜林、班固說，即《倉頡篇》也，……今皆取之。

　　……杜林書亡，見於《隋志》，故唐人引《倉頡》《三倉》，多雜反語，實出郭璞爲多，或亦名張揖。然應劭、晉灼及張衡賦舊注所稱《倉頡》，皆在揖、璞之前，實是揚、杜之書，無可疑者。今依諸書所引，存揖、璞名，餘或古說，蓋未可別。且以璞注此書，親見漢人《訓纂》，諒非無據矣。……

　　國家廣求遺書，藏在秘閣。其有佚者，儒臣多依《永樂大典》撰集成編。《說文》既盛行於時，唯《倉頡》不可得。……星衍以戊辰（乾隆十三年，西曆一七四八年）之歲，讀書江寧瓦官寺閣，游覽內典，見玄應所著，並釋慧苑《華嚴經音義》引《倉頡》爲多，隨加鈔摭，兼采儒書，閱五年矣，粗具條理，刊而行之，庶亦小學之助。

（乾隆四十九年［西曆一七八四年］自序）

孫書取材的方法，已經在他的序文裏面說明白了。至於他的結構，分上中下三卷：上卷首"篇名"，如"觚罼篇""柯欘篇"，爲《倉頡篇》篇目之可考者；次"本文"，如"考妣延年""樊鄧酈"，爲《倉頡篇》文句之可考者，而其中又因所引書名之異同分爲"倉頡""三倉"兩類；次"訓纂解詁"，如"讖書，河洛書也""眴眴，目視不明貌"，爲《倉頡篇》中連文成義之詞，而經揚、杜輩加以訓釋者，以其不便分別部居，故不歸入下列各部中（亦分"倉頡""三倉"兩類）；次"部目"，列《說文》部目一百五十八，以統屬下兩卷所列訓纂解詁之各字，即序中所云"訓纂解故即用《說文》部居，使讀者易於尋覽"者。中、下兩卷盡屬"訓纂解詁"，如"示，現也""瑗，玉佩名"，爲揚、杜輩所訓釋之單字，照上所列部目，分別部居；每部之中仍分"倉頡""三倉"二類。

孫書先於乾隆四十六年（西曆一七八一年）用篆文刻於西安，後以剌取書傳，所得益多；又因舊刻篆文不通於俗，乃於乾隆五十年（西曆一七八五年）重刻於汴梁，畢沅爲之作序，即今所傳之本。

乾嘉間陳鱣曾校補孫本，陳其榮謂其"行間眉端，密綴朱書，具見覃討該洽，讎校精詳"（陳其榮《增訂倉頡篇序》），然世未見其刻本。其後梁章鉅又爲《倉頡篇校證》三卷，《補遺》一卷，其辨"鞄䩖""柯欘""幼子承詔"等非《倉頡》篇名，爲校正孫氏錯誤之最著者。至光緒初年，日本所古佚書復入中國，於是陶方琦采取唐釋慧琳《大藏音義》，遼釋希麟《續一切經音義》，及隋杜臺卿《玉燭寶典》，日本傳刻唐本《玉篇》零部，續爲二卷，附諸孫書，名曰《倉頡篇補本》。又以"孫輯《倉頡》，以《說文》部分條例系其下，觚雖相異，意若可師。近覽慧琳《音義》，其二十七引'《倉頡・女部》作嬉'，是《倉頡》舊書亦有部目，以類相從，義與古合"，故其書分別部居，一仍孫氏之例。（光緒十年，西曆一八八四年成書）。近人曹元忠復補陶氏之遺，續爲一卷。光緒十五年陳其榮得陳鱣所校孫本，復采孫、陳二家未見之書，成《增訂倉頡篇》三卷。光緒十七年王仁俊又於馬國翰、任大椿、孫星衍及陶方琦之外，得二百二十事，依孫書例，分爲三卷。王氏以爲"《倉頡》所訓，每多假字，謹以《說文》求之本字，爲之斠證"，故其書名《倉頡篇輯補斠證》，此則異於前列諸书者。

任大椿《小學鈎沉》，成書在乾隆中，而刊行却比孫書較後（原書有嘉慶二十二年［西曆一八一七年］其弟子汪廷珍一跋，敘其以此書原本繕寫屬王念孫父子刊其譌誤，授之剞劂）。其中首列《倉頡》及《三倉》，兹將其族弟兆麟之序擇録於左，藉以見其書之體例：

> 此《倉頡篇》，就余兄子田往時采集之本，以所引用書先後爲次，較孫淵如所輯逸文頗備。余爲更定句五，字二十。於首曰"倉頡識書"，此篇以"倉頡"名者，如《急就》亦以首二字名篇也。"秔稴麻荅"句，見鄭氏《周禮注》；"幼子承詔"句，見許氏《說文敍》；"鞄觺""柯橢"，見鄭司農《考工記注》；"考姁延年"句，見郭璞《爾雅注》；以後"眩""費"以下字，並依原本敍次，補者續見焉。仍分上下篇，從《隋·經籍志》"《倉頡》二卷"之舊。《解詁》《三倉》並附於後。

道光中黄奭刻《漢學堂經解》，先用孫本，後復改從任書，而稍附益之。其序曰：

> 孫淵如先生以《三倉》附《倉頡篇》爲一書，而用《說文》部居，遂使謂爲《說文》注不可；謂爲《倉頡篇》不可；謂爲《三倉》亦不可。不如任子田先生《倉頡篇》自歸《倉頡篇》；其杜林《倉頡訓詁》《倉頡解詁》，張軌《三倉》，張揖、郭璞《三倉訓詁》《三倉解詁》，張揖《埤倉》，樊恭《廣倉》，各自爲書，所謂離之則雙美，此其體例本善，不盡關王懷祖先生校正之力也。

黄氏雖稱美任書體例之善，然任書排列次第，亦頗淩亂，蓋非其定本故爾。近人顧震福依其體例，更爲補正一卷（在《小學鈎沉續編》中，光緒十八年，西曆一八九二年自敘），而附《倉頡解詁》《三倉》《三倉解詁》於後，其取材亦多本慧琳《音義》。

馬國翰《玉函山房輯佚書》（此書本爲乾隆間山陰章宗源所輯。章氏輯書事，見孫星衍《五松園文稿·章宗源傳》），其中《蒼頡篇》之輯法，見於序文中，今引於下：

> 諸書多引《蒼頡篇》，而成文句者，僅"考姁延年""幼子承詔"等七句，餘則兩字一字而已。兹據合輯以成文句者列前，兩字者次之，一字者又次之。吾丘衍《學古編》謂"《蒼頡》十五篇即是《説文》目録五百四十字，許氏分爲每部之首"，並據編録，即以諸書所引單字屬各部首字下，以便省覽。"漢兼天下"四語，當在揚雄、班固所續篇内，故録於後。張、郭注《三蒼》，合《訓纂》《滂喜》注之，然諸引《蒼頡篇》皆及注，爲張爲郭，不能區分，故並題姓名於前（謂題魏張揖訓詁，晋郭璞解詁於卷首），而於所引二家，必詳書以別之。其或引《三蒼》與《蒼頡》字同者，悉入此篇，亦並詳注於下。至渾引《三蒼》而不知何篇者，別輯爲《三蒼》一卷。杜林書（《蒼頡訓詁》）亦別輯録，以其字皆篇中正字，故備收入，兼及其説焉。

此書取材之簡，分卷之疏，姑且不論，其大弊病在於本吾丘氏之説，盡取《説文》部首以當《蒼頡》，謝啓昆《小學考》謂"吾丘衍之説，乃其師説之謬，不足信也"，誠然。

姫覺彌《重輯蒼頡篇》二卷，其書爲民國七年（西曆一九一八年）王國維所代作。蓋不滿意於前人諸書，故另行編輯。現在把他批評各家的大旨和他自己輯書的方法，從其敘録中撮録於下：

　　……諸家之書，猶有未厭人意者：史游《急就》，班孟堅謂皆《蒼頡》正字；《急就》三十一章，章六十三字，得千九百五十三字，除複重字三百三十五，當得千六百十八字，而《蒼頡》三千三百字且有複字，則《急就》之字固已踰《蒼頡》之半，輯《蒼頡》者宜莫先於此，而乃獵張、郭之訓詁，棄李、趙之本文，此余所未解者一也。任、馬二家《蒼頡》《三蒼》，各自爲卷；孫氏以下，亦於每部中各加區別。然魏晉以後《三蒼》盛行，而《蒼頡》《訓纂》《滂喜》均尟單行之本，李、趙之書固得謂之《三蒼》，揚、賈之書既合於《三蒼》，亦遂謂之《蒼頡》，如韋昭稱《滂喜》爲《蒼頡》下篇是也。故同一字也，而或引《蒼頡》，或引《三蒼》。又如顧野王《玉篇》殘本所引有《蒼頡》，無《三蒼》；司馬貞《史記索隱》所引有《三蒼》，無《蒼頡》；未必《玉篇》所引悉爲李、趙之書，《索隱》所引盡出《三蒼》中下二卷也。以此分類，殊爲駢枝，此余所未解二也。《蒼頡》三篇，皆四字爲句，二句一韻，由近世敦煌所出隸書殘簡足以證之。乃或信吾丘衍野説，謂《倉頡》十五篇即《説文》部目五百四十字，遂盡取以入録。不知以字形分部，乃創自許君，其部首諸字固非通行之字，《倉頡》無緣收之，此余所未解者三也。今兹所輯，以漢殘簡之所存，揚雄、杜林之所説，及《急就篇》所用《倉頡》正字爲上卷，而以揚、杜、張、郭之説此諸字者附焉。其餘諸書所引《蒼頡》《三蒼》之字併爲下卷。上卷爲《漢志》所録《蒼頡》之字；下卷則《隋志》所録《三蒼》之字；又別本字與注爲二。原書次第已不可尋，故仍用孫氏書例，以《説文》部目爲之編次，取便簡閲。

王氏此序所論諸家得失之數，頗爲詳盡。任兆麟《小學鈎沉序》中
雖云：

> 元帝時史游作《急就篇》，皆《蒼頡》中字。今《急就》三十二
> 章，章六十三字，計二千零十六字，《蒼頡》字數三千三百，較《急
> 就》餘字一千二百八十四。

然此千餘之大宗佚文，直待王氏始行輯入，可見讀書得間之不易。

現在再把《漢志》所録注釋《蒼頡篇》的書，在這裏插敍一下：

> 《蒼頡傳》一篇
>
> 揚雄《蒼頡訓纂》一篇
>
> 杜林《蒼頡訓纂》一篇
>
> 杜林《蒼頡故》一篇

段玉裁《説文敍注》：

> 《藝文志》又稱《蒼頡傳》一篇、揚雄《蒼頡訓纂》一篇、杜林
> 《蒼頡訓纂》一篇、杜林《蒼頡故》一篇，此四篇者，又皆漢人釋《蒼
> 頡》五十五章之作。五十五章，四言爲句，如今童子所讀《千文
> 字》。此四篇者，如顏師古、王伯厚之釋《急就篇》也。

《蒼頡傳》一篇

此書不知作者爲誰。謝啓昆《小學考》則以爲揚雄所作，蓋班固

總記小學家之後云"凡小學十家，四十五篇"，必《別字》與《蒼頡傳》皆爲雄作，然後乃與十家之數相符。此書久佚，《隋志》已不著錄。他書亦不見徵引。

揚雄《蒼頡訓纂》

謝啓昆《小學考》云：

按：揚雄《蒼頡訓纂》，《隋·經籍志》已不列其目，蓋其亡久矣。《説文解字·肉部》：膲，引揚雄説"鳥腊也"；肺，引揚雄説："全从巿"；……又《黽①部》鼁，引揚雄説"匽鼁，蟲名"，《廣韻》鼁，引《蒼頡篇》"蟲名"，知即《訓纂》也。又《説文解字·甾部》䉛，引杜林以爲竹筥，揚雄以爲蒲器；《斗部》斡，揚雄、杜林説"皆以爲輂車輪斡"。揚與杜並有《倉頡訓纂》，故許君亦兼引之也。至《氏部》引揚雄賦曰"響若氏隤"，稱賦者，以別於《訓纂》也。

這是説《蒼頡訓纂》，係揚雄解釋《蒼頡篇》中字義之書。

王先謙《漢書補注》於揚雄《蒼頡訓纂》下云：

此合《蒼頡》《訓纂》爲一，下文所云又易《蒼頡》中重複之字，凡八十九章也。

這是説《蒼頡訓纂》，係揚雄以己之《訓纂》，附於改定本之《蒼頡》，即《三蒼》中之上下二篇合而爲一者。

---

① 編訂者按："黽"，沈文原寫作"龜"，誤，今正。

俞樾《與鄭小坡文焯書》：

> 揚子雲所作《訓纂篇》，與所作《蒼頡訓纂》，自是兩書。
> 《漢·藝文志》曰："《蒼頡》一篇，《凡將》一篇，《急就》一篇，《元
> 尚》一篇，《訓纂》一篇。"而《訓纂》下注"揚雄作"，然則揚雄所作
> 《訓纂篇》，自與《蒼頡》《凡將》《急就》《元尚》一例，是羅列字體之
> 書，非解説字義之書。……《漢書·藝文志》又云"《蒼頡傳》一
> 篇，揚雄《蒼頡訓纂》一篇，杜林《蒼頡訓纂》一篇，杜林《蒼頡故》
> 一篇"，此別是一書，乃解説字義之書。謂之"蒼頡訓纂"者①，蓋
> 取《蒼頡篇》中之字而訓釋之，如顏師古、王伯厚之注《急就篇》
> 耳，故介乎《蒼頡傳》《蒼頡故》之間，其體例可知矣。《説文》所引
> 揚雄説，乃取之《蒼頡訓纂》，而非取之《訓纂篇》。《訓纂篇》有字
> 而無説，《漢志》云"元始中徵天下通小學者以百數，各令記字於
> 庭中，揚雄取其有用者以作《訓纂篇》"是也。許書九千三百五十
> 三字，自《蒼頡篇》以下之字必已盡取，不別其爲某字出某篇，故
> 凡所引揚雄説，非《訓纂篇》也。

又《與鄭小坡書》：

> 班《志》既分《訓纂》與《蒼頡訓纂》爲二書，一列《蒼頡》《凡
> 將》《急就》《元尚》之後，一介《蒼頡傳》《蒼頡故》之間，顯有經傳
> 之別。……所不可解者，二書體例不同而名則相混。乃愚又思

---

① 編訂者按："者"，沈文原寫作"書"，誤，今據文意改。

之，揚子雲作《太玄》擬《易》，未嘗作《易傳》；作《法言》擬《論語》，未嘗作《論語注》；蓋子雲著述之心甚盛，自我作古，予聖自居，不屑爲傳注之學。其作《訓纂》以擬《蒼頡》，何獨爲《蒼頡訓纂》乎？竊疑《蒼頡訓纂》非揚雄所自作也，乃後人因有杜林《訓纂》之後，嫌其未備，又采取揚雄所説以成此書。曰"訓纂"者，因杜林之書而名之也，與揚雄《訓纂篇》名同而義異也。曰"揚雄《蒼頡訓纂》"者，因揚、杜兩《訓纂》並行，各題名以別之也。尊説謂著書者無自加姓名之理，是矣。然謂是班史所加，則上文《訓纂》一篇之上何不加"揚雄"二字，而必注其下曰"揚雄作"乎？班氏總記其後云"凡小學十家，四十五篇"，注曰："入揚雄、杜林二家二篇。"可知此揚、杜兩《訓纂》，《七略》所無，而班固增入之，劉氏《七略》有揚雄《訓纂》無揚雄《蒼頡訓纂》也。以此證之，知其非出雄手，而《訓纂》之名同而義異矣。

這是説揚雄《蒼頡訓纂》非雄自作，《七略》本無，後人因杜林《蒼頡訓纂》不備，乃取揚説以成此書，班氏以之附入小學目録之後。《説文》所引揚雄諸説，即取之於此。

鄭文焯《説文引群説故》中《揚雄〈訓纂篇〉考》云：

《倉頡訓纂》者，非雄所自爲，或後人統《倉頡篇》上下言之，凡所續作，皆附於《蒼頡》，韋昭所謂"班固續雄作十三章，後人不別，疑在《蒼頡》下篇三十四章中"是也。

這是説後人合揚雄之《訓纂》與秦之《蒼頡》而爲一篇。現在綜上諸

説,折衷己見,我以爲:

a. 依《漢志》排列目録之類次看來,《訓纂篇》當如《蒼頡》《急就》之例,爲羅列字體之書;揚雄《蒼頡訓纂》當如杜林《蒼頡訓纂》《蒼頡故》,爲解説字義之書。

b. 揚雄《蒼頡訓纂》與《訓纂》,自是兩書,不過揚雄《蒼頡訓纂》到底是雄所自作,抑係後人采雄説以成之者,却不容易斷定。

c.《説文》中所載①揚雄諸説,或即是揚雄《蒼頡訓纂》中語。

杜林《蒼頡訓纂》一篇(林,東漢初年人,光武帝建武二十三年卒[西曆四十七年])

杜林《蒼頡故》一篇

《漢書·藝文志》:

> 《蒼頡》多古字,俗師失其讀,宣帝時徵齊人能正讀者,張敞從受之,傳至外孫之子杜林,爲作訓故。

《隋書·經籍志》"《三蒼》三卷"下原注:

> 梁有《蒼頡》二卷,後漢司空杜林注,亡。

《舊唐書·經籍志》:

> 《蒼頡訓詁》二卷。(原注:杜林撰。)

---

① 編訂者按:沈文原無"載"字,今據文意補。

《唐書·藝文志》：

> 杜林《蒼頡訓詁》二卷。

謝啓昆《小學考》：

> 按：《説文解字·艸部》董，引杜林曰"藕根"；芛，引杜林説"芛从多"……《斗部》斡，引杜林説"輻車輪斡"；《史记索隱》引杜林云"豻似貊，白色"，皆《蒼頡故》之文也。

孫星衍《蒼頡篇序》：

> 杜林書亡，見於《隋志》，故唐人引《蒼頡》《三蒼》，多雜反語，實出郭璞爲多，或亦名張揖。然應劭、晋灼及張衡賦舊注所稱《倉頡》，皆在揖、璞之前，實是揚、杜之書，無可疑者。

按：杜林《蒼頡訓纂》及《蒼頡故》，大概是用漢閭里書師五十五章之本，二書至隋均亡。《唐書》復有杜林《蒼頡訓詁》二卷者，鄭文焯《説文引群説故》謂"當是合《訓纂》與《故》爲一書"，不知與事實合否？

以上四種，爲注釋《蒼頡篇》之書。

《凡將》一篇

（原注："司馬相如作。"按：相如漢武帝時人，元狩六年卒［西曆前一一七年］。）

《漢書・藝文志》：

> 武帝時司馬相如作《凡將篇》，無復字。元帝時，黃門令史游作《急就篇》，成帝時，將作大匠李長作《元尚篇》，皆《倉頡》中正字也。《凡將》則頗有出矣。

宋王應麟《漢藝文志考證》於《凡將》一篇下注云：

> 《文選・蜀都賦》注引司馬相如《凡將篇》曰："黃潤纖美宜制禈。"《藝文類聚》引《凡將篇》曰"鐘磬竽笙筑坎侯"。（原注：《唐志》猶有此書，今闕。）《說文》引相如說。

宋程大昌《演繁露》曰：

> 漢小學家司馬相如作《凡將篇》。其後元帝時史游又作《急就篇》。《凡將》今不可見矣，《藝文類聚》載《凡將》一語曰"鐘磬竽笙筑坎侯"，與《急就》記樂之言，所謂"竽瑟箜篌琴筑箏"者，其語度規制全同，率皆立語總事，以便小學，《急就》也者，正規模《凡將》也。

馬國翰《玉函山房輯佚書・凡將篇序》：

> 是書本《蒼頡》《爰歷》《博學》而作。《凡將》者，取發凡起例之義。顏師古《急就篇序》云："司馬相如作《凡將篇》，俾效書寫，

多所載述,務適時要,史游景慕擬之。"然則《凡將》體例與《急就》同,必首有"凡將"二字,如《急就》首句云"急就奇觚與衆異",因以名篇也。《漢志》一篇,《隋志》有一卷以爲亡,《唐志》復以一卷著録,今佚。王應麟云:"《凡將》見《文選注》《藝文類聚》'黄潤纖美宜制禪''鐘磬竽笙筑坎侯'二句。"考陸羽《茶經》,段公路《北户録》皆引之,許氏《説文》每引其説,並據輯録。詳載《説文》及《集韻》於各字下,以備參考,且代訓釋焉。

謝啓昆《小學考》:

按:《説文解字·口部》引司馬相如説"淮南宋蔡舞嗙喻"(俗本"舞"上有"歌"字,宋本無之),當即《凡將篇》句。又《文選·蜀都賦》注引云"黄潤纖美宜制禪";《藝文類聚·樂部》引云"鐘磬笙竽筑坎侯";陸羽《茶經》引云"鳥喙桔梗芫華,款冬貝母木蘗蔞,芩草芍藥桂漏蘆,蜚廉雚菌荈詫,白斂白芷菖蒲,芒消莞椒茱萸",皆以六字或七字爲句,體同《急就》,唯所云"白斂白芷",與班《志》云"《凡將篇》無復字"不合。至《説文·禾部》"稯"字引司馬相如曰"稯,一莖六穗",乃其《封禪書》語也。

清代輯《凡將篇》的凡四家:

任大椿《小學鈎沉》

馬國翰《玉函山房輯佚書》

黄奭《漢學堂叢書》

顧震福《小學鉤沉續編》

所采取的材料，除上面所說的成句之外，還有《說文》引相如說數條，《集韻》引相如一條。至於注釋他的，則有：

王紹蘭《凡將篇逸文注》（未見刻本）。

就上面所說的看來，《凡將篇》的佚文雖然是很少，但是他的內容也可以因此考見幾點：

a. 取材的範圍頗與《急就》《元尚》不同，有出於《蒼頡篇》之外者。

b. 無重複字。

c. 多以七字爲句。

d. 以事物性質之相近者聯屬成文，略如《蒼頡》《急就》之體。

《急就》一篇

（原注："元帝時黃門令史游作。"［按：元帝在位十六年，當紀元前四八～三三年之頃。］）

名稱：

《四庫全書總目提要》：

是書《漢志》但作"《急就》一篇"，而小學類末之敘錄則稱"史游作《急就篇》"，故晉夏侯湛《抵疑》稱"鄉曲之徒，一介之士，曾諷《急就》，通甲子"，《北齊書》稱李鉉"九歲入學，書《急就篇》"，或有"篇"字，或無"篇"字，初無一定。《隋志》作"《急就章》一卷”，《魏書・崔浩傳》亦稱“人多託寫《急就章》”，是改“篇”爲“章”，在魏以後。然考張懷瓘《書斷》曰：“章草者，漢黄門令史游所作也，王愔云（原注：案此蓋引王愔《文字志》之語）‘漢元帝時史游作《急就章》，解散隸體，漢俗簡惰，漸以行之’是也。”然則所謂“章草”者，正因游作是書以所變草法書之，後人以其出於《急就章》，遂名章草耳。今本每節之首俱有“章第幾”字，知《急就章》乃其本名，或稱《急就篇》，或但稱《急就》，乃偶然異文也。

謂之《急就》者，宋晁公武《郡齋讀書志》云：

書凡三十二章，雜記姓名、諸物、五官等字，以教童蒙。急就者，謂字之難知者，緩急可就而求焉。

傳本：

裏面再分“注釋”和“寫刻”兩種來説。

注釋的有：

後漢曹壽：

《舊唐書・經籍志》：“《急就章》一卷，史游撰，曹壽解。”

後魏崔浩：

《隋書・經籍志》：“《急就章》二卷，崔浩撰。”

《魏書・崔浩傳》：浩表言“太宗即位元年（按：即永興元年，

西曆紀元四〇九年），敕臣解《急就章》《孝經》《論語》《詩》《尚書》《春秋》《禮記》《周易》，三年成訖”。

後魏豆盧氏：

《隋書·經籍志》：“《急就章》三卷，豆盧氏撰。”

謝啓昆《小學考》：“《北史·豆盧寧傳》曰：‘寧，昌黎徒何人，其先本姓慕容氏，燕北地王精之後也。高祖勝，以燕。王始初歸魏，授長樂郡守，賜姓豆盧氏。或云北人謂歸義爲豆盧，因氏焉；又云避難改焉，未詳孰是。’按：豆盧氏《急就章》，《隋志》不載其名，今述《北史》以著其得姓之由云。”

後魏劉芳：

《北史·劉芳傳》：“芳才思深敏，特精經義，博聞强記，兼覽《倉》《雅》，尤長音訓，辨析無疑。……昔漢世造三字石經於太學，學者文字不正，多往質焉。芳音義明辨，疑者皆往詢訪，故時人號爲‘劉石經’。芳撰……《急就篇續注音義證》三卷。”

北齊顏之推：

《舊唐書·經籍志》：“《急就章注》一卷，顏之推撰。”

唐顏師古：

《舊唐書·經籍志》:"《急就章注》一卷,顏之推撰;又一卷,顏師古撰。"

師古自序曰:"師古家傳《蒼》《雅》,廣綜流略,尤精訓故,待問質疑,事非稽考,不妄談說,必則古昔,信而有徵。先君(师古父思魯)常欲注釋《急就》以貽後學,雅志未申,昊天不弔,奉遵遺範,永懷罔極。舊得皇象、鐘繇、衛夫人、王羲之等所書篇本,備加詳覈,足以審定,凡三十二章,究其真實。又見崔浩及劉芳所注,人心不同,未云善也。遂因暇日爲之解訓,皆據經籍遺文,先達舊旨,非率愚管,斐然妄作。字有難識,隨而音之。別理兼通,亦即並載,可以袪發未寤,矯正前失。"

宋羅願跋之曰:"右《急就》一篇,漢黄門令史游作,唐秘書監顏師古爲之解訓。……篇中所摭《蒼頡》正字,其體雖不存,而其讀具在,因可以見漢世官府市里之名物;又得顏氏解訓而益明,可用虞覽。然顏以'慈'姓爲祖於宣慈惠和之才子;'審'姓爲出於審曲面勢者名;'忠敬'與'愛君',而必以爲慕趙盾、鬭拳;解'距虛'即蛩蛩;以'檻車膠'爲膠人之目;謂'老復丁'爲蠲其子孫之役,亦不皆是。顧作者以錄古文,而解者以著漢事,雖非《詩》《書》論世之學,要主於好古存舊。且其語亦微有勸,不若後世俗師俚童相教以罵訟之書,故因著定之,以爲前世小書其偶存者猶如此,學者亦因有啓焉。"

清顧千里《思適齋集·跋急就篇》云:"宋淳熙十年(孝宗,當紀元一一八三年)趙汝誼校刻顏師古注《急就篇》羅願爲之記者,已不傳;王伯厚因其本作補注,刻在《玉海》後,故獨存。"

宋王應麟：

《宋史·藝文志》："王應麟《補注急就篇》六卷。"（按：今本四卷。）

應麟自識之曰："古者保氏教六書，外史達書名，漢猶有課試舉劾之法，故馬尾之書必謹。自篆而隸，自隸而藁，鐘王之後，以意行書，先漢遺文古事，寖以晻昧。《急就》雖存，而曹壽、劉芳、豆盧氏、顏之推注解，軼而不傳，昔以是爲童蒙之學，今有皓首未覯者。俗書溢於簡牘，訛音流於諷誦，襲浮踵陋，視名物數度若弁髦，而大學之基不立。迺因顏注補其遺闕，擇衆本之善，訂三寫之差，以經子探其原，以《爾雅》《方言》《本草》辨其物，以《詩》《傳》《楚辭》叶聲韻，以《説文》《廣韻》正音詁，若'閡''閣'之相混，得於《釋文》；'揣捇'之所出，取於《莊子》；'稽極'之誤，因《説文通釋》而知；'利親''勝客'之類，因《史記》《漢表》而見，'篁'當作'薗'，'繰'當作'操'，'壘'當作'垒'，實事求是，不敢以臆説參焉，疑者闕之，以俟後之君子。"

《四庫全書提要》曰："《急就章》唯顏師古注一卷存，王應麟又補注之，釐爲四卷。師古本比皇象碑多六十三字，而少《齊國》《山陽》兩章，止三十二章，應麟《藝文志考證》標'真定常山至高邑'句，以爲此二章起於東漢，最爲精確；其注亦考證典該，足補師古之闕。"

鄭知同序莊士驤《急就章考異》曰："王伯厚補顏氏注，仍依羅式，弁以御書；首校顏氏，次及黃李，兼取皇本，又得朱子越東刊石，凡五家。殊別字各於當句下旁詳注之。魯直所篆，別采入

《補注》。其自注亦間取諸家誼長者舉證之，第未肯暢違顏説，不過稍稍商確，若然，故未可云折衷盡善也。"

以上所列各家注本，今唯顏、王二家尚存。至於清代作者，多屬校勘、注釋之書，當乏鉅制。現在標舉其關於注釋之書目於次：

> 萬光泰《急就篇補注》二卷
>
> 李賡芸《急就訓纂》四卷
>
> 陳本禮《急就探奇》一卷

案：陳書不重客觀的故實是訓，而務主觀的闡發義指。其言曰："史稱元帝多疾，政皆委任宦豎，故宏恭、石顯等得以專權擅寵，作威福，……擾亂天紀，以至天怒人怨，……而帝弗之有。時游與恭、顯同仕黃門，目睹其姦，欲諫不能，隱默不可，故憤著斯篇，亦猶'家父作誦，以究王訩'之義，傳稱'游勤心納忠'，蓋指此也。"其最得意之見解，爲其《急就姓氏考原》，大旨謂："《急就》所載百有三十八姓，有以國名者、官名者、郡邑名者、乳名小字名者、鳥獸草木名者，要皆高祖時關中所徙，或後來詔求遺賢，所謂六國後及豪傑名家者，非游虛構妄談，亦非漫作姓氏考據。蓋游時感憤朝政，不欲顯言，故捃摭往事，搜羅遺賢，爲忠謨之告。師古、伯厚廣引博徵，如注姓譜、姓苑，則失之遠矣。"陳氏自謂"拙注別有在於牝牡驪黃之外者，非徒斤斤以訓詁鳴也，務使章各有指，句各有義，不肯囫圇吞棗，埋沒忠貞。"向來學者喜歡用忠君愛國的眼光去詮釋文學的《楚辭》，陳氏却更擴而充之用之於小學的《急就》，其爲迂妄，自不待言，以其見解獨異於衆家，故特著録之(原書嘉慶十七年[紀元一八一二年]自序)。

鄭知同訂補莊士驥《急就章考異》一卷

案：莊書校勘之外，略備解釋；其餘字之正俗，義之本借，多所案證。

此外清代之學者，率多集力於《說文解字》，亦如顧炎武《日知錄》所謂"漢魏以後童子皆讀史游《急就篇》"者，其於《急就》，遂少措意者矣。

寫刻的有：

後漢杜度：

宋羅願記趙汝誼校刻顏注《急就篇》云："自東漢杜度、張芝善藁法，始用以寫此章，號章草。"

後漢崔瑗：

明張丑《清河書畫舫》："似道家藏名蹟有崔瑗臨史游《急就章》。"

後漢張芝：

唐張懷瓘《書斷》："張芝，字伯英。韋誕云：'其草書《急就章》，皆一筆而成。'"

宋黄伯思《東觀餘論·跋章草急就補亡後》:"今世所傳唯張芝、索靖二家爲真,皆章草書,而伯英本祇有'鳳爵鴻鵠'等數行。"

魏鍾繇:

顏師古《急就篇注序》:"舊得皇象、鍾繇、衛夫人、王羲之等所書篇本,備加詳覈,足以審定,凡三十二章,究其真實。"

《玉海》引《太宗實録》:"先是下詔求先賢墨迹,有以鍾繇書《急就章》爲獻,字多踳駁。"

吳皇象:宋紹聖摹勒本,葉夢得臨本(明宋克補),明玉烟堂本。

羅願跋顏注《急就篇》云:"此書舊分三十二章,前代能書者多以草書寫之。今世有一本,相傳是吳皇象寫,比顏解本無'焦滅胡'以下六十三字,又頗有訛脱。顏本不分章,象所寫三十一章而已。"

案:此爲《玉海》所稱"碑本",即紹聖摹勒皇象本。

清孫星衍《急就章考異序》:"今所見法帖有紹聖三年(宋哲宗,西一〇九六年)勒石本,與《玉海》所載'碑本'文字異同皆合,則即王應麟所引'碑本'也。"

案：紹聖本即孫氏《考異》所據之本。但孫氏又云："葉石林謂索靖章草《急就篇》一千四百五十字，按今紹聖本纔一千三百九十九字，前題史游名，知即索靖本。"前既云紹聖本即玉海皇象碑本，此又以爲是索靖本，恐誤。

宋葉夢得臨皇象本《急就篇跋》云："右章草漢黃門令史游《急就》二千二十三字，相傳爲吳皇象書，摹張鄧公家本。……此書有顏師古注本尚在，乃相與參校，以正書並列中間。臨搨轉寫多，不無失實，好事者能因其遺法，以意自求於刻畫之外，庶幾絕學可復續也，宣和二年（徽宗，西一一二○年）題。"此本明時已殘缺，宋克仲溫爲張夢辰補書之。英宗正統四年（西一四三九年）楊政以重摹之本刻石。清鈕樹玉《石刻〈急就章〉書後》云："葉石林臨本《急就篇》，今存者一千三百九十九字，明初宋仲溫補六百一十六字，凡二千一十五字，正統間吉水楊君政刻於石，今在華亭（縣名，舊屬江蘇松江府）。"顧千里《思適齋集·跋〈急就篇〉》亦云："宣和二年葉夢得題言：'張必碑本，葉從而摹之，與趙、羅所見皆全文，而今本不可得見矣，唯明正統間楊政重摹葉殘本尚在松江府學。'"民國六年（丁巳，西一九一七年）羅振玉以其搨本影印於《吉石盦叢書》三集，其跋云："史游《急就》，以宋人所稱皇象本爲最古，王伯厚《補注》中屢引以校顏注本，由宋至今且七百年，意人間久絕矣。……光緒戊戌（二十四年，西一八九八年）有以鈕匪石校刻本餉予者，所據爲趙承旨寫本，亦以今隸書之者。然鈕氏跋稱曾於平津館見葉石林臨本，宋仲溫補六百十六字，乃明正統間刻石華亭，始知世尚有石本，乃大索之吳中書帖肆，又遺友人於華亭求之，不可得也。丁未（光緒三十三年，西一九○七年）在京師乃忽於廠肆邂逅遇之，爲之驚喜欲狂，亟選工欲鋟之木，而良工不可得。今年丁巳，距得本時又十年矣，往昔之願，尚未克償，乃影印以傳之。校印既完，爰書此本致之之難，蓋二十年訪求僅乃得之，當世學者毋忽視也。"其實原石迄今尚存於松江府學，但搨本流傳不多耳。

明海寧陳元瑞《玉烟堂法帖》本者，《經籍訪古志》云："《急就篇》有數本，《玉烟堂法帖》所收，僅存三之一，乃影模石本者，極爲善本也。"近人李濱《玉烟堂帖本〈急就章〉草法考》敘云："今之傳《急就》艸書者，唯陳氏《玉烟堂法帖》本存千三百三十五字爲最善，……考玉烟堂本較索靖本少百餘字，紹聖本少數十字，……明楊政摹皇象帖原石今在松江，字體、字數與玉烟堂本皆同。然則玉烟本缺落雖甚，猶傳皇本。"

晋衛夫人、晋王羲之：

均見顏序。又梁陶弘景《上武帝書》："馮澄云：'右軍《急就篇》二卷，古法緊細。'"

晋索靖：

黄伯思《東觀餘論·跋章草急就補亡後》："……靖所書乃有三之二，其闕者自'毋縛'而下纔七百五十字，此本是已，蓋唐人摹而弗填者。……予遂手搨一通，陶隱居謂之填郭書，近世謂之雙鈎書，蓋欲知筆徑所自故爾。予既手搨，復補其遺字於局終，因以備忘。"

葉夢得《石林集》云："索靖章草《急就篇》一千四百五十字，闕七百五十九字。余聞世有此唐人硬黄臨本舊矣，紹興甲子（高宗紹興十四年，西一一四四年）偶得秘書郎黄長睿雙鈎所摹於福唐。"

後魏崔浩：

《魏書·崔浩傳》："浩既工書，人多託寫《急就章》，從少至老，初不憚勞，所書蓋以百數。"

唐陸柬之：

見《宣和書譜》。

宋太宗：

羅願記趙刻顏注《急就篇》云："國朝至道中太宗皇帝嘗親書此篇，又於顏本外多'齊國給獻'以下百二十八字，凡爲章三十有四，此兩章蓋起於後漢。"

《玉海》引《太宗實錄》："上親草書一本，仍刻石分賜近臣。"

宋葉夢得：摹皇象本，參以正書。

見前。

宋朱熹本：

朱文公刊於浙東，即《玉海》所謂"越本"者。

元趙孟頫：正書。

鈕樹玉《趙松雪正書急就篇跋》："嘉慶辛未（嘉慶十六年，西一八一一年）六月予游揚州，訂交汪君孟慈，出其家藏趙松雪正書《急就篇》墨迹見示，末有王覺斯跋云：'此册出自内府。'予爲審定其文，實從皇象碑本者，以王伯厚所稱'碑本'第七章全缺，又稱碑本'屏廁'句在'塹彖'句上,'變化'句在'姦邪'句上,而此本悉與之合也。亟假細録一通,並列其異同於後。……今王本絶無善本,以之相校,足正其譌舛,則此册之足寶貴,不僅書法精妙也。"

元鄧文原:臨皇象本。

見明汪珂玉《珊瑚網》。

明宋克:摹皇象本。

見前。

明俞和:

見《王世貞集》。

明陳元瑞法帖本:摹皇象本。

見前。

清梁國治:

孫星衍《急就章考異序》:"故大學士梁國治有臨本,字小於紹聖本,缺字較少,不言據何本,而相國書脱誤亦多。"

按:孫氏《考異》據紹聖帖本爲主,而參以此本。

日本高野弘法真蹟本:草書,殘篇。

日本澀江全善《經籍訪古志·急就篇》下云:"此篇有數本,……一高野大師真蹟本,爲讚州善通寺藏,凡三十三章,有《齊國》一章,與顏本多合(案:與顏注"或本"多合),其爲摹唐本審矣；而有《齊國》章全存，則可知太宗所據亦係唐本也。"

日本小島知足仿唐石經體寫本《急就篇》：正書。

　　《經籍訪古志·急就篇》下云："澀江全善天保中（按：小島知
　足天保八年序，即清道光十七年，西一八三七年）刻定本以傳於
　世，其正文一從顔本，又從太宗本録《齊國》《山陽》二章，凡三十
　四章，依皇本及讚州本爲之校正，小島知足傚唐石經體正楷書
　之，學者宜據此起正名之學也。"

此本黎氏已收入《古逸叢書》。

　　以上所述均係草書、正書之寫本或刻本，現在傳世者唯摹刻皇象
之紹聖本、葉石林本、玉烟堂本及趙孟頫正書本、小島唐"石經體"本
而已。其他則僅有一部分間接存於各家校本之中。現在再把各家重
要校本説明於此：

　　唐顔師古本：

　　據顔氏自叙，知道他是據皇象、鐘繇、衛夫人、王羲之四家的寫本
審定爲三十二章。

　　宋黄庭堅手校箋釋本：

　　據羅記知黄本出於太和縣人家，有《齊國》《山陽》兩章。黄於篇
中時小小箋釋，與顔解本詳略不同。

　　宋趙汝誼校刻顔解本：

　　羅願記云："户部郎總六道賦天水趙公汝誼欲是正傳廣之

（指顏解本），乃録至道御書三十四章，登於卷首，且用今禮部侍郎眉山李公清之家本寫之，次於御書正文之後，益考驗同異，附以黃太史所箋，升注爲大字，以便觀者，可傳後。"

宋王應麟補注本：

王氏所謂"擇衆本之善，訂三寫之差"者，據《玉海》所列有碑本、顏本、黃本、李本、越本五家。

清孫星衍《急就章考異》本：

孫氏自敘："予惜顏注本既不依古本分章，《玉海》所稱'碑本'異字，核之今帖（指紹聖三年勒石本），尚有遺漏。因以'帖本'爲定，校各本文字，爲考異一卷。"孫氏的長處，不在於此，却在於能辨別字形，故其敘云："後世既不識草書，故各本所釋《急就》，亦有歧舛，如以榮爲崇，昌爲岡，他爲化，尊爲苟，絜爲索，稽爲皆，靮爲勒，骨爲骱，治爲詔之類，尤數之不能終。而十一章'橐'見及《説文》，今釋爲'導'，二十二章文有'狸兔飛角狼麋麞'。按：《説文》'角'是'弢'之籀文，音丑略切，今釋爲'枭'字，獸之屬安得有鳥名，三十章文有'驷覺没入檄報留'，'驷'即驟省文，或釋爲'聊'，或爲'輒'，俱不詞矣。"孫氏書序於嘉慶三年（西一七九八年）。參考本爲紹聖摹勒皇象本（即《玉海》碑本）、梁國治本、顏本、黃本、李本、越本、《玉海》本。咸豐中聊城楊以增重校孫本，復略有所刊正。

清鈕樹玉《校定皇象碑本急就章》：

鈕氏以顏監不據皇本，或有意改之字。又以趙文敏小楷本參校楊政石刻，無不吻合，遂定趙本亦出休明。於是用趙本爲主，下附各家異同，成書一卷。（嘉慶十七年[西一八一二年]自跋。）

此外尚有英人斯坦因在敦煌發見之《急就》殘簡，雖字才逾百，然爲漢人之墨迹，其價值當更駕乎摹皇象本之上，兹特附錄於次：

《流沙墜簡》漢人寫《急就篇》殘簡（凡木觚三，木簡三）：

羅振玉考釋之曰："右《急就篇》第一、第十、第十二、第十八、第二十四，凡五章。唯第一章完好，餘皆殘斷。其存字除篇目外，計得全字一百十有九、半字一。取以校皇象本、顏師古注本，則此簡與二本互有得失。"其中頗多漢時俗字，如"孺"作"孺"、"俾倪"作"鞞輗"、"彎"作"戀"、"殿"作"壂"之類。羅氏謂："由是觀之，知古人寫書多隨意用世俗通行之字，雖字書且然，不似後人點畫之嚴矣。"

體裁：

這裏也分"字體"和"文例"兩層來説。

字體：

唐張懷瓘《書斷》據晋王愔《文字志》之語，謂史游以草書寫《急就章》，世遂名其書體爲"章草"。此説之中又分二派：

（1）章草出於隸：王愔所謂"解散隸體粗①書之"是也。

（2）章草出於篆：孫星衍以爲不出於隸，蓋出於篆。故其《急就章考異序》云："夫草從篆生，故'武'字先書'戈'，後書'止'，以止包戈；'無'字上爲'艸'，下爲'亡'，省'大'省'林'；'稟'從禾；'釜'從父；'鹿'頭從廿；'卷'首從釆也。真出於草，故'苑'誤則爲'花'，'修'誤則爲'脩'，'嫋'誤則爲'嬲'，'疊'誤則爲'叠'，一隅可以反之。"

此外又有相反的一説，謂《急就篇》不是草書，羅願跋顏解本《急就篇》云：

---

① 編訂者按："粗"，沈文原寫作"分鹿"，誤，今正。

漢興，稍開書禁，兼崇字學，吏民上書，頗劾其不正者。然古來用字約少，板策所書，多者纔百名以上，今漢代試爲史者，一童所記至九千字，烏睹古所謂正哉？游當孝元時，先斯等已遠，獨能取其篇中（謂《倉頡篇》）正字，類而韻之，以爲此書，使操觚小童不隨俗迷誤。是時元帝善史書，而游爲此篇，皆稍稍近古，傳稱‘游勤心納忠，有所補益’，豈此類邪？自東漢杜度、張芝善薰法，始用以寫此章，號‘章草’。説者因謂草書起於游，蓋不察游作書之意。

案：史游原書之字體，今不可得而見，若以漢魏學者多用草書寫《急就篇》之例推之，游書或亦係草書（但《流沙墜簡》所載漢人寫的《急就》殘簡，却是隸書），至謂“章草”之名即由於寫《急就章》，則不盡然，考《漢志》目録稱“《急就》一篇”，“一篇”云者，猶後世言一卷或一本耳，原書本名，當只云《急就》、《急就篇》或《急就章》，恐皆爲後起之名；且《史籀》十五篇所用之文字，世謂之“籀文”，而不謂之“篇文”，以此推之，《急就》所用之草書，亦當謂之“急就草”，而不當謂之“章草”，蓋“籀”云、“急就”云者，書名之特稱，“篇”云、“章”云者，卷帙之通號，是則“章草”之名，殊不足以表示其出於《急就》之意，我以爲顧炎武《日知録》本米芾之説，以“草書之可通於章奏者謂之‘章草’”，其説實較張懷瓘爲長。總之，史游《急就》容或是章草寫的，而章草却不必因此得名，這是我們所應該知道的。

文例：

《急就》之體，首章七言、四言，次三言，次七言，末章四言，而以七言作收，其格局於變化之中含有規矩。用韻則七言每句有韻，三言、四言則隔句一韻。內容則首敘姓名，次陳諸物，次說五官（司徒、司馬、司空、司士、司寇），末頌漢德。我們現在要知道文字學導源時期——《說文》以前之字書的情形，應該以現存的《急就篇》爲中心來研究，尤其是要注意《急就》開篇所說的"《急就》奇觚與衆異，羅列諸物名姓字，分別部居不雜廁"，看他"與衆異"的在甚麼地方，又是怎麼樣的"分別部居"？這裏先引《說文敘》"分別部居，不相雜廁"下段玉裁注裏面的一段話來參考：

> 《倉頡篇》者，每章十五句，每句四字，《訓纂》《滂熹》同之。《凡將篇》每句七字，《急就》同之。其體例皆雜取需用之字，以文理編成有韻之句，與後世《千字文》無異，所謂"雜廁"也。

又云：

> 按：史游《急就篇》亦曰"分別部居不雜廁"，而其所謂"分別"者，如姓名爲一部，衣服爲一部，飲食爲一部，器用爲一部，《急就》之例如是，勝於李斯、胡毋敬、趙高、司馬相如、揚雄所作諸篇散無友紀者，故自述曰"急就奇觚與衆異"也。

段氏前面說《急就篇》和《倉頡》以下諸字書相同，也是"雜廁"的，後面卻又說他與李斯、胡毋敬諸家不同之處，在於"不雜廁"，前後的說話，互相矛盾。案：《倉頡篇》的佚文，據舊材料，"幼子承詔""考妣延年"等句看來，固然看不出他"不雜廁"的地方，但是倘據《流沙墜簡》羅振玉氏考定的新材料看來，卻分明是以"彩色""疾病""禽獸""度量形容"等類排比成文;又《凡將篇》的"鐘磬笙竽筑坎侯",又何嘗不是"分別部居"呢?顏師古《急就篇注敘》云"司馬相如作《凡將篇》,史游擬而廣之",既謂之"擬《凡將》",其體例自必相似;然則所謂"奇觚與衆異"者,或者是內容比《倉頡》《凡將》排比得整齊,遂自誇爲"與衆異"耳。也許所謂"衆"者,並非指《倉頡》一派的字書,而係指斥他種書籍,亦未可知。至於《說文敘》亦引"分別部居,不相雜廁"二語,說明他的"建首立一""據形系聯"。段玉裁謂:"此前古未有之書,許君之所獨創,若網在綱,如裘挈領,討原以納流,執要以說詳,與《史籀篇》《倉頡篇》《凡將篇》亂雜無章之體例,不可以道里計。"但據我看來,許氏《說文》的"建首立一""據形系聯",也不能說與《急就》等書沒有一點因緣的關係,比方《急就篇》"絳緹絓紬絲絮縣"之皆從"糸"作,"襜褕袷複褶袴褌"之皆從"衣"作,"鐵鈇錐鑽釜鍑鑿"之皆從"金"作,"笢篅篅筥箅筭篝"之皆從"竹"作,我以爲就是《說文》分部之所自昉,大概許氏受了這個影響,然後才想出"雜而不越,據形系聯",比較更爲精密的一種分部的辦法。據此可以推知《說文》以前的字書,大約經過兩個階級:

　　(1)以文理編成有韻之句,與後世《千字文》無異,雖其立語總事,略有類別,却不精密。
　　(2)羅列諸物,分別部居,不相雜廁。

經過了這兩個階級,然後産出以五百四十部首統納九千三百五十三字的《說文》。所以與其說《說文》的體例是許氏所獨創的,無寧說是因爲時勢所趨自然産生的爲尤有深意,這是我們研究文字學史的人所應該注意的。

最後還要把一部集《急就篇》校本之大成的書敘一敘，這是什麼書呢？就是王國維《急就篇校正》(民國八年，西一九一九年自序)，其書共參考十一種本子，以葉摹皇本爲主，合其他十本以校之，並略定其得失。現在把他所用的本子，表列於下：

(1) 漢人隸書本

即敦煌本。

(2) 松江石刻本

即葉宋合刊本。

(3)《類帖》本

明末《類帖》翻刊葉本，千三百九十九字，無釋文及宋補字，爲嘉興沈氏所藏。

(4) 陳氏獨抱廬覆刊松江本

金陵陳雪峰重刊葉本，間有校改之字。

(5) 趙文敏章草本

乾隆中内府以之與俞紫芝釋文刊於《三希堂法帖》，蓋明人之摹本。商務印書館石印者，即此本。王氏定爲與葉本同源。

(6) 趙文敏正書本

即《靈鶼閣叢書》中鈕匪石校定本。

(7) 岱南閣本

即孫氏所謂紹聖本。王氏謂"孫序云'其本存一千三百九十九字'，與松江所刊葉本存字正合"，又"葉本摹於宣和二年(西一一二〇年)，尚存二千二十三字，豈紹聖(紹聖三年爲西一〇九六年)所刊之本，字反銳減，乃與明刊葉本正合耶？疑即松江本"。孫序云"'出索靖'者固非,即紹聖三年摹淛之款,亦不可信"。其説與余合。

(8) 顏本

(9)《古佚叢書》本

即日本小島本。

(10) 宋太宗御書本

(11) 日本僧空海臨本

日本香取縣三豐郡地藏日本遣唐僧空海臨晋人草書真蹟,存九百十六字。

王氏用上述之十一本,分爲四類(敦煌本除外),現在代他列表説明:

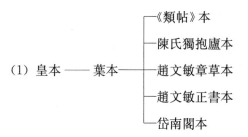

(1) 皇本 —— 葉本 —— 《類帖》本

陳氏獨抱廬本

趙文敏章草本

趙文敏正書本

岱南閣本

王氏謂:"明季《類帖》與陳氏獨抱廬本同出松江石本;岱南閣本雖號出索靖,然孫氏所舉存字之數與明刊葉本正合;趙氏真、草二本存字較多,然亦與葉本同源。"又謂:"葉跋稱'《急就》二千二十三字,摹張鄧公家本,相傳爲吳皇象書',其章數文字亦多與王氏所引皇象碑本合,是葉本出皇,殆屬可信。"

(2) 鐘繇本——宋太宗本

王氏謂:"宋太宗本雖不著所出,然王氏引《太宗實録》云'先是(端拱二年,西九八九年)下詔求先賢墨迹,有以鐘繇書《急就章》爲獻,字多蹖駮,上親草書一本,仍刻石分賜近臣'云云,是太宗所書,本出鐘繇，特易其蹐駁之字耳，其本比皇象本多第七、第三十三、三十四三章，末二章王深甯定爲後漢人作，別出於後。今檢有‘飲馬（案：原文作“馬飲”）漳鄴及清河’‘遼東濱西上平岡’二語，乃紀魏武平冀州破烏桓事，當作於建武（案：當作“建安”）十二年之後；末又云‘漢土興隆中國康’，則又在魏代漢之前。此二章足證其出於繇書，蓋即繇所續也。”

（3）衛夫人或王羲之（？）——日僧空海臨本

王氏謂：“空海本首章‘馮漢彊’作‘馮晉彊’，爲崔浩改‘漢彊’爲‘代彊’之所本；而有‘齊國給獻’以下二章，與宋太宗本同，其他字亦多同。宋太宗本蓋亦出於鐘元常而爲晉人所書者，顏監所稱衛夫人及王羲之本，當居其一矣。”空海本不分章，與顏本同，又有《齊國》章，無《山陽》章。

（4）晋代以前諸家本——顏師古本

王氏謂：“顏注自序稱‘舊得皇象、鐘繇、衛夫人及王羲之等篇本，備加詳覈，足以審定，凡三十二章，究其真實’云云，是顏氏徧校諸家，定著三十二章。其每章之首，不冠以第一、第二等字，同於晋人本。其無第三十三、三十四兩章，蓋從皇本，而第七章則取諸鐘本，然此章有‘續增紀’‘遺失餘’二語，明謂此章遺失而自續增之，蓋亦出後漢人手，敦煌所出殘簡‘銅鐘鼎鈃銷匜銚’章上署‘第十二’，與皇本章次正同，知史游原本固無此章也。就此三本互勘，則顏本章數與文字，實①居鐘、皇二本間，知顏氏‘詳覈諸本’之説不誣。要其所歸，與鐘本爲近。故以章論，皇本尚存先漢之舊，鐘、顏則有竄入之

---

① 編訂者按：“實”，沈文原寫作“灾”，誤，今據王國維《校松江本急就篇》（《王國維全集》第六卷，浙江教育出版社，2010 年）改。

章；以文字言，則皇本屢經傳摹，自不能無譌，鐘、顏二本，亦有改字之失，各有優劣不能偏廢也。"

《元尚》一篇

（原注："成帝時［西曆前三二～七年］將作大匠李長作。"）

據《藝文志》知其文皆《倉頡》中正字，餘無可考。

《訓纂》一篇

（原注："揚雄作。"按：雄生於漢宣帝甘露元年，卒於新莽天鳳五年［西紀元前五三～紀元一八］。）

《藝文志》：

> 元始中（平帝元始四年，西紀元四年）徵天下通小學者以百數，各令記字庭中。揚雄取其有用者以作《訓纂篇》，順續《倉頡》，又易《倉頡》中重複之字，凡八十九章。

許慎《説文敘》：

> 孝宣皇帝時召通《倉頡》讀者，張敞從受之。涼州刺史杜業、沛人爰禮、講學大夫秦近亦能言之。孝平皇帝時徵禮等百餘人，令説字未央廷中，以禮爲小學元士，黃門侍郎揚雄采以作《訓纂篇》。凡《倉頡》已下十四篇，凡五千三百四十字，群書所載略存之矣。

段玉裁於許說下注之曰：

> 《倉頡》已下十四篇，謂自《倉頡》至於《訓纂》，共十有四篇，篇之都數也；五千三百四十字，字之都數也。《藝文志》曰："漢時閭里書師合《倉頡》《爰歷》《博學》三篇，斷六十字以爲一章，凡五十五章，並爲《倉頡篇》。"此謂漢初《倉頡》祇有三千三百字也。……《志》又曰："揚雄《訓纂篇》順續《倉頡》，又易《倉頡》中重複之字，凡八十九章。"此謂雄所作《訓纂》凡三十四章，二千四十字，合五十五章，三千三百字，凡八十九章，五千三百四十字也。班但言章數，許但言字數，而數適相合。不數《急就》《元尚》者，皆《倉頡》中字，既取《倉頡》，可不之數也；不數《凡將》者，《凡將》字雖或出《倉頡》外，而必眩於《訓纂篇》中，故亦不之數也。《訓纂》續《倉頡》而無複《倉頡》之字，且易《倉頡》中自複者，故五千三百四十字一無重複也。

《隋書·經籍志》：

> 《三蒼》三卷。（原注："郭璞注。秦相李斯作《蒼頡篇》，揚雄作《訓纂篇》，後漢郎中賈魴作《滂喜篇》，故曰《三蒼》。"）

據《揚雄傳》："雄以爲經莫大於《易》，故作《太玄》；傳莫大於《論語》，作《法言》；史篇莫大於《倉頡》，作《訓纂》。"然則《訓纂》之體裁，與《蒼頡》相仿可知。又據上文之考證，知其章數爲三十四；字數爲二千四十；每章之字數爲 $2040 \div 34 = 60$，亦與《蒼頡》相同。唯《漢志》稱一篇，許序又云"凡《倉頡》已下十四篇"，其分合之詳，却不可得而知之了。其書後漢之末已合賈魴《滂喜篇》附載於《蒼頡》之後，徵之韋昭《漢志注》謂"班固十三章，疑在《蒼頡》下篇三十四章之内"，刺稱《滂喜》爲《蒼頡》下篇，則《訓纂》爲《蒼頡》中篇可知。至魏張揖作《三蒼訓詁》、晋郭璞作《三蒼注》（亦作《解詁》），又以《三蒼》之名統該《蒼頡》《訓纂》《滂喜》三篇。張、郭注本，至宋已亡。至其佚文，王應麟《藝文志考證》以《史記正義》引《訓纂》"户扈鄠"（此乃姚察《漢書訓纂》耳，孫星衍、謝啓昆已辨正之）及《説文》引揚雄説當之。《玉函山房輯佚書》因之成《訓纂篇》，而加玄應《音義》"鱓①，蛇魚也"一句。自孫星衍以後，多以之輯入《蒼頡篇》中，與俞樾所説"《説文》所引揚雄説，乃取之《蒼頡訓纂》，而非取之《訓纂篇》"之語相合，考許書所引揚雄説之中"捖"（《説文》作"挈"）、"拜"二字，均見於史游《急就》，《志》云《急就》皆《倉頡》中正字，又云《倉頡訓纂》無複字，今"捖""拜"二字既見於《急就》，即是《倉頡》中正字不容再見於《訓纂》，這更是《説文》所引揚雄説非《訓纂篇》中語之確證。

《別字》十三篇

《漢志》原注無作者姓名，謝啓昆《小學考》題爲揚雄《別字》，注佚。錢大昕曰："即揚雄所撰《方言》十三卷也，本名《輶軒使者絕代語釋別國方言》，或稱《別字》，或稱《方言》，皆省文。"蓋以《別字》十三篇與今本《方言》十三卷之卷數正同，遂定其爲一書耳。而大昕之猶子繹作《方言箋疏》謂：揚雄《方言》"當歆求書時，撰集未備，歆欲借觀未

---

① 編訂者按："鱓"，沈文原寫作"鮮"，今據釋玄應《一切經音義》（中華書局，1985 年）改。

得,故《七録》不載,《漢志》亦不著録"。又云:"郭氏云'三五之篇著',與歆書十五篇(案:當作"十五卷")之數正合。而《隋書·經籍志》云'《方言》十三卷',《舊唐書》稱'《別國方言》十三卷',是併十五爲十三,斷在郭注後,隋以前,無疑矣。"我以爲錢繹的考證是不錯的。揚雄之書,本名《輶軒使者絶代語釋別國方言》(雄答劉歆書中謂之《殊言》),應劭、孫炎、薛綜、杜預……諸家引之者,則略稱《方言》,《舊唐書·經籍志》謂之《別國方言》,要皆原書省略之稱(宋洪邁《容齋隨筆》易"絶代"爲"絶域",是誤記耳),至於《別字》,則本非原書之簡名;且《方言》《殊言》之稱,均係表示言語聲音上之區別,倘謂之《別字》,則精意之全失矣,故我以爲《方言》與《別字》自是兩書,未可混爲一談。

以上所敘述的是《説文》以前的字書而在《漢志》"小學家"目録之内者,其他尚有:班固《十三章》、賈魴《滂喜篇》,在《漢志》目録之外,現在還得説明一下:

班固十三章

(班固生於光武建武八年,卒於和帝永元四年[西三二～九二]。)《藝文志》:

> 臣復續揚雄,作十三章,無復字。

韋昭注之曰:

> 臣,班固自謂也。作十三章,後人不别,疑在《蒼頡》下篇三

591

十四章中。

按:《隋書·經籍志》有班固《太甲》《在昔》二篇,當即是《十三章》之篇名。其佚文已不可考。《説文》所引班固説,當有出於《十三章》之中者?

賈魴《滂喜篇》

(魴,和帝永元中[西八九～一〇四之間]郎中,與許慎同時。)
梁庾元威《論書》:

> 《倉頡》五十五章爲上卷,揚雄作《訓纂》記《滂喜》爲中卷,賈升郎更續記《彦均》爲下卷,人稱爲《三蒼》。

《北史·江式傳》:

> 李斯破大篆爲小篆,造《倉頡》七章,趙高造《爰歷》六章,胡毋敬造《博學》七章,後人分爲五十五章爲上卷;至哀帝元壽中揚子雲作《訓纂》爲中卷;和帝永元中賈升郎接記《滂熹》爲下卷,故稱爲《三蒼》。

《隋書·經籍志》"《三蒼》三卷"下注云:

> 後漢郎中賈魴作《滂喜篇》。

唐張懷瓘《書斷》：

> 秦造隸書以赴急速，爲官司刑獄用之，餘尚用小篆焉。漢亦因循，至和帝時賈魴撰《滂喜篇》，以《倉頡》爲上篇，《訓纂》爲中篇，《滂喜》爲下篇，所謂《三蒼》也。皆用隸字寫之，隸法由兹而廣。

南唐徐鍇《説文繫傳》[①]：

> 賈魴以《三蒼》之書皆爲隸字，隸字始廣而篆籀轉微。

清段玉裁《説文敘注》：

> 韋昭注《漢》云“班固《十三章》疑在《倉頡》下篇三十四章之内”，然則賈魴所作有三十四章，而班之《十三章》在其中。

又云：

> 揚雄《訓纂》終於“滂熹”二字，滂熹者，言滂沱大盛，賈魴用此二字爲篇目，而終於“彦均”二字，故庚氏云“揚記滂喜，賈記彦均”，《隋志》則云“揚作《訓纂》，賈作《滂喜》”，其實一也。

又云：

---

① 編訂者按：經核，引文出自北宋徐鉉《説文解字韻譜序》，此處沈氏寫作“南唐徐鍇《説文繫傳》”，疑誤。

懷瓘《書斷》云:"《倉頡訓纂》八十九章,合賈廣班,三十四章,凡百二十三章,文字備矣。"按:八十九章,五千三百四十字,又增三十四章,二千四十字,凡七千三百八十字。許全書凡九千三百五十三文,蓋五千三百四十字之外,他采者三千十三字,班、賈之篇未嘗不在網羅之内。

按上諸説,知賈魴續《訓纂》以作《滂喜》,遂併《蒼頡》《訓纂》而爲《三蒼》。現在再把關於《三蒼》的事情在下面説一下,作一個總結:

《隋書·經籍志》:

> 《三蒼》三卷。(原注:郭璞注。)

《舊唐書·經籍志》:

> 《三蒼訓詁》二卷。(原注:張揖撰。)

清謝啓昆《小學考》:

> 按:郭璞注《三倉》,亦稱《解詁》。原書已亡於宋,其見於傳注、字部、類書、内典所引者,近代孫星衍輯爲一書,凡三卷。所采張揖《訓詁》及郭璞《解詁》,皆存郭璞之名(案:"郭璞"當作"揖、璞"),惜無可别者尚多。

按:《三蒼》的佚文和張、郭的注解，清代任大椿、馬國[①]翰均輯有專書，孫星衍輯的《倉頡篇》，於每部中亦將《三蒼》別條記載，以示區別。不過古來《三蒼》之名，本有兩說：一是指李、趙、胡毋的五十五章，一是指合賈廣班的書；而張、郭所注的《三蒼》，亦或竟稱爲《蒼頡》，因此我們可以知道《倉頡》和《三蒼》佚文的證明，是一件不可能的事情了。大概《説文》中當有《蒼頡》《訓纂》之字，《廣雅》中當有《滂喜》字，然已無法辨別了。近人姬覺彌《重輯倉頡篇》，其下卷所記爲《隋志》所錄《三蒼》之字，可供參考。

附:《三蒼》表

書名	篇數	章數	每章字數	總字數	説明
《蒼頡》	1	55	60	3300	合李、趙、胡毋三家之書爲一篇，亦名《三蒼》。
《凡將》	1				頗有出於《蒼頡》之外者。
《急就》	1	皇本、葉本 31（鐘本、宋太宗本 34、顏本 32）		皇本 2023（鐘本 2214、顏本 2086）	皇本皆《蒼頡》中正字。
《元尚》	1				皆《蒼頡》中正字。
《訓纂》	1	34	60	2040	順續《蒼頡》，兼包《凡將》而無複字。
班固《十三章》		13			或即《太甲》篇及《在昔》篇
《滂喜》	1	34	60	2040	順續《訓纂》，兼采班固《十三章》字，魏晋以來合《蒼頡》《訓纂》《滂喜》三篇注釋之，謂之《三蒼》。

---

① 編訂者按：“國”，沈文原寫作“圖”，誤，今正。

　　此外尚有仿《三蒼》體裁的許多字書，見於《隋書·經籍志》，如崔瑗的《飛龍篇》、蔡邕的《聖皇篇》《黃初篇》《吳章篇》《女史篇》……之類，段玉裁謂"其字已具《三倉》中，故不得列於《三倉》"。按：《三倉》在《說文》之前，在文字學史上自有他相當之價值，至於這些書，大都作於《說文》之後，那就沒有敘記的必要了。

　　考《說文》以前文字學的書，約分兩派：

　　　　（1）記文字形體的，《史籀》《三蒼》一派。
　　　　（2）記言語變遷的，《爾雅》《方言》一派。

第一派的《三蒼》之學，上面敘述的就是了。其體裁只是雜字式、歌括式的把許多代表事物名稱的文字，依類的記載起來，而不知分析其"形聲相益"之體，以說明此文字結構之所以然；注釋之者，如杜林、揚雄之輩，亦但隨文解義而不求造字之本訓，這都是不及《說文解字》澈底的地方。但是《三蒼》在漢代爲文字學唯一的門逕書，就是魏晉以後，迄於唐朝，也還是講習不衰。大概唐朝以前，字指之學，傳授不一，雖如江式、顏之推之推崇《說文》，不遺餘力者固有，而反對許氏學說者，亦正復不少，如鄭玄之駁《五經異義》，庾元威說"許慎穿鑿賈氏，乃奏《說文》"，後周黎廣从崔元伯受字義，頗與許氏有異，而《唐書·選舉志》載"凡學館諸生，九經外讀《說文》《字林》《三蒼》"，據此可知唐時《三蒼》與《說文》並重，而唐以前《說文》的勢力之未能統一文字學界，也就是《三蒼》之學猶盛的一個反證，吾人於此可以知道《三蒼》在文字學史上的價值了。實際上說起來，《三蒼》之學，在今日文字學家仍自有拿他來與《說文》作比較研究的必要，只是材料散佚的太多，爲可惜耳。清陳鱣在其所輯《埤倉拾存》的自敘裏面說的好：

> 鱣著《説文解字正義》，思盡①讀《倉》《雅》字書，每於古訓遺文，單詞片語，零行依附，獲則取之，以資左證。

而孫星衍亦謂：

> 《倉頡》者，許君所據，特成於衆手，又隨章句成義，多非六書本訓，故有異於《説文》者：若"陶"用"匋"訓，"郭"用"𩫏"訓，"強"本蟲也而以爲健，"殿"本擊也而云大堂。有謬於《説文》者：若"爨"從"冎"象持甑，而以爲持缶；"繭"從茻省，而以爲节聲。有長於《説文》者：若"膡""𦠌"，俱脽也，而以"膡"爲多汁，"𦠌"爲少汁。"繒，帛也"，而以爲雜帛；"纊，絮也"，而以爲細絮。觀其會通，要是古書，不可不覽。

大氐《三蒼》之中，古訓猶存，一則可以因之證明許書"穿鑿"之迹，一則可以因之訂正許書轉寫之譌，其爲重要之參考材料，當亦不亞於卜辭、金文。

第二派的《爾雅》《方言》，雖不是和《説文》一個系統的正宗字書，却是表示文字和語言之關係的兩部重要的書，是記録古今語和方言變遷的書，他的骨子是注重在聲音方面，所以一直等到古音學昌明的清代，然後才能夠把他的内容研究出一個系統來。關於清代學者研

---

① 編訂者按："盡"，沈文原寫作"史"，誤，今據《埤倉拾存·自敘》（載《簡莊詩文鈔》，清光緒十四年羊復禮刻本）改。

究《爾雅》《方言》的學說，當然應該放在後面述説，現在只把這一派的書大概的體例，在這裏插序一下。

《爾雅》三卷二十篇

（《漢志》"《孝經》家"如此著録，今本只十九篇。）

作者及其時代：

漢鄭玄《駁五經異義》：

> 玄之聞也，《爾雅》者，孔子門人所作，以釋六藝之言，蓋不誤也。

魏張揖《進〈廣雅〉表》：

> 昔在周公，……剋定四海，勤相成王，踐阼理政，日昃不食，坐而待旦。……六年制禮，以導天下，著《爾雅》一篇，以釋其意義。傳於後嗣，曆①載五百，《墳》《典》散霚，唯《爾雅》恒存。《禮三朝記》：哀公曰："寡人欲學小辨以觀於政，其可乎？"孔子曰："《爾雅》以觀於古，足以辯言矣。"《春秋元命包》言："子夏問：'夫子作《春秋》不以"初""哉""首""基"爲始何？'"是以知周公所造也。率斯以降，超絶六國，越踰秦楚，爰暨帝劉，魯人叔孫通撰置《禮記》，文不違古。今俗所傳三篇《爾雅》，或言仲尼所增，或言子夏所益，或言叔孫通所補，或言郣郡梁文所考，皆解家所説先師口傳，既無正諗聖人所言，是故疑不能明也。"

---

① 　編訂者按："曆"，沈文原寫作"應"，今據《廣雅》（明畢效欽五雅本）改。

晉郭璞《爾雅注序》：

> 《爾雅》者，蓋興於中古，隆於漢氏，"豹鼠"既辯，其業亦顯。

梁吳均僞作劉歆《西京雜記》：

> 郭偉以謂"《爾雅》周公所制，而《爾雅》有'張仲孝友'，張仲，宣王時人，非周公之制明矣"。余嘗以問揚子雲，子雲曰："孔子門徒游、夏之儔所記，以解釋六藝者也。"家君以爲"《外戚傳》稱史佚教其子以《爾雅》，《爾雅》，小學也；又記言孔子教哀公學《爾雅》，《爾雅》之出遠矣，舊傳學者皆云周公所記也。'張仲孝友'之類，後人所作耳"。

唐陸德明《經典釋文》：

> 《釋詁》一篇，蓋周公所作；《釋言》以下，或言仲尼所增，子夏所足，叔孫通所益，梁文所補，張揖論之詳矣。

邵晉涵《爾雅正義》云：

> 《漢書·藝文志》"《爾雅》三卷二十篇"，張揖謂"周公著《爾雅》一篇，今所傳三篇，爲後人增補"，是張揖所謂"篇"，即《漢書》所謂"卷"，猶云周公所作祇一卷，後人乃有三卷耳。陸氏乃以周公所作爲二十篇之一，殆考之不審，以致斯誤。

綜上諸説看來,説《爾雅》作者約可分爲三派:

(1)周公所作,仲尼、子夏……之徒所益。

(2)孔子門人所作。

(3)只知其"興①於中古,隆於漢氏",而不知其爲誰所作。

案:以上三説,要以第(3)説爲得"不知爲不知"之義。以爲周公或孔子之徒所作者,其證據本於《春秋元命包》及《大戴禮》,《春秋元命包》是"漢世虛僞之徒"所作。北周盧辯注《大戴禮》"爾雅以觀於古"云:"爾,近也,謂依於《雅》《頌》。"王念孫云:"是盧氏不以'爾雅'爲書名。案:彼文云'循弦以觀於樂,爾雅以觀於古',謂循乎弦,爾乎雅也,盧説爲長。"據此則張揖雖祖述舊説,歸之周、孔,臨了還是"既無正諟",而終於"疑不能明"。再看郭璞的《爾雅注》及《方言注》上説"少玩《雅》訓","沉研鑽極,二九載矣",以他這樣用功於《雅》學的人,其對於《爾雅》産出的傳説,倘有確實的證明,是斷會不提到的。但是他序文中所述的,僅是空空的"興於中古,隆於漢氏"八個大字,更可見那些傳説都是不可相信的了。《四庫全書提要》以爲"大抵小學家綴緝舊文,遞相增益,周公、孔子,皆依託之詞;觀《釋地》有'鶼鶼',《釋鳥》又有'鶼鶼',同文複出,知非纂自一手",其説頗爲合理。

篇題及篇數:

漢劉熙《釋名》:

---

① 編訂者按:"興",沈文原寫作"與",誤,今正。

《爾雅》：爾，昵也，昵，近也；雅，義也，義，正也。五方之言不同，皆以近正爲主也。

唐陸德明《經典釋文》：

《爾雅》者，所以訓釋五經，辯章同異，實九流①之通路，百氏之指南，多識鳥獸草木之名，博覽而不惑者也。爾，近也，雅，正也，言可近而取正也。（又云："爾，字又作'邇'；雅，字亦作'疋'。"）

清阮元《與郝蘭皋户部論〈爾雅〉書》：

古人字從音出，喉舌之間，音之所通者簡，天下之大，言之所異者繁。《爾雅》者，近正也。正者，虞夏商周建都之地之正言也；近正者，各國近於王都之正言也。……然則《爾雅》一書，皆引古今天下之異言，以近於正言。夫曰近者，明乎其②有異也；正言者，猶今官話也；近正者，各省土音近於官話者也。

案：劉歆《七略》論《尚書》古文經③曰"古文讀應爾雅，故解古今語可知也"，這是阮說之所本。

現在再說分篇的名目：

---

① 編訂者按："流"，沈文原寫作"法"，今據《經典釋文》（上海古籍出版社，2013年）改。

② 編訂者按：沈文"其"字後，原衍一"其"字，今删。

③ 編訂者按："經"，沈文原寫作"話"，誤，今正。

釋詁第一（上、下）

釋言第二

釋訓第三

釋親第四

釋宮第五

釋器第六

釋樂第七

釋天第八

釋地第九

釋丘第十

釋山第十一

釋水第十二

釋草第十三

釋木第十四

釋蟲第十五

釋魚第十六

釋鳥第十七

釋獸第十八

釋畜第十九

按：《漢志》著録《爾雅》三卷二十篇，今所傳本止十九篇，清翟灝謂："古《爾雅》當更①有《釋禮》篇，與《釋樂》篇相隨，'祭名'與'講武''旌旄'三章，乃《釋禮》之殘闕失次者。"孫怡谷《讀書脞録續編》駁之

---

① 編訂者按："更"，沈文原寫作"文"，誤，今據翟灝《爾雅補郭》（商務印書館，1936 年）改。

曰:"《廣雅》篇第一依《爾雅》,《廣雅》無《釋禮》篇,則晴江之説非也。蓋《釋詁》分上、下二篇,故《漢志》稱二十篇爾。近人以《毛詩·周南·關雎故訓傳第一》正義引《爾雅序篇》,欲以《序篇》充二十篇之數,然《爾雅》果有《序篇》,景純豈應删而不注;且唐作《正義》時尚存此篇,則張揖魏人,其著《廣雅》,亦必沿用之矣。"(近人胡元玉《雅學考》謂:"《爾雅序篇》即鄭君《三禮目録》《論語篇目弟子》、趙臺卿《孟子篇敍》之類,皆注家解釋篇名之作,蓋唐前注《爾雅》諸家所爲,其人則不可考矣。")邵晉涵《爾雅正義》亦云:"考諸書之徵引《爾雅》者,似有佚句而無闕篇。班固所言篇第,今莫可考。"

體例:

《詩·周南·關雎詁訓傳》正義引《爾雅序篇》云:

> 《釋詁》《釋言》,通古今之字,古與今異言也;《釋訓》,言形貌也。

邵晉涵《爾雅正義》:

> 《爾雅》所以分篇者:孔穎達《詩疏》云:"詁訓者,釋古今之異辭,辨物之形貌。《釋親》已下,皆指體而釋其別,亦是詁訓之義。"是則《爾雅》每篇皆謂之"釋"者,並是"詁訓"之義也。《釋詁》《釋言》《釋訓》,所以通其語言,《釋親》以正其親屬;《釋宫》辨居室之度;《釋器》辨用物所宜,《釋樂》連屬於《釋器》者,以作樂之器亦爲器也;《釋天》辨歲時月星之名;《釋地》辨九州四極之域;《釋丘》《釋山》《釋水》因《釋地》而類及之也;《釋草》《釋木》

《釋蟲》《釋魚》《釋鳥》《釋獸》《釋畜》，或別其異名，或詳其形體，俾學者多識不惑，遇物能名也。

《四庫全書總目提要》：

其書歐陽修《詩本義》以爲"學《詩》者纂集博士解詁"，高承《事物紀原》亦以爲"大抵解詁詩人之旨"，然釋《詩》者不及十之一，非專爲《詩》作。揚雄《方言》以爲"孔子門徒解釋六藝"，王充《論衡》亦以爲"五經之訓詁"，然釋五經者不及十之三四，更非專爲五經作。今觀其文大抵采諸書訓詁名物之同異以廣見聞，實自爲一書，不附經義。

傳授及注釋

漢趙岐《孟子題辭》：

孝文皇帝欲廣游學之路，《論語》《孝經》《孟子》《爾雅》皆置博士。

近人皮錫瑞《經學歷史》云：

其言有可疑者，《史記》《漢書·儒林傳》皆云"文帝好刑名，博士具官未有進者"，既云"具官"，豈復增置；五經未備，何及傳記。漢人皆無此說，唯劉歆《移博士書》有"孝文時諸子傳說立於學官"之語，趙氏此說當即本於劉歆，恐非實錄。

《太平御覽》引《漢舊儀》：

> 武帝初置博士，取學通有修，博識多藝，曉古文《爾雅》，能屬文章者爲之。

《漢書‧平帝紀》：

> 元始五年，徵天下通知逸經、古記、天文、曆算、鐘律、小學、史篇、方術、本草及以五經、《論語》《孝經》《爾雅》教授者，在所爲駕一封軺傳，遣詣京師，至者數千人。

蓋《爾雅》自漢以來，"授受不絕，故賈、董之書，訓釋經文，悉符《雅》義；至於太史公受《尚書》於孔安國，其爲本紀、世家，徵引《尚書》者，輒以訓詁之字闡釋經義，悉依於《爾雅》"（邵氏《爾雅正義》）。他如終軍以能辨豹鼠見賞於武帝（《爾雅》郭注）、蔡謨以不識蚅蝺被譏於謝尚（《晋書‧蔡謨傳》）。《雅》學之尚，由來久矣。至於注釋音訓者，唐陸德明《經典釋文序録》載有：

> 犍爲文學注三卷（原注："一云犍爲郡文學卒史臣舍人。漢武帝時待詔。闕中卷。"）

諸書多引"犍爲舍人"，或作"舍人"，《文選注》間稱爲"郭舍人"。臧鏞堂《爾雅漢注》謂"《文選注》舍人上衍'郭'字"。

《隋書‧經籍志》云："梁有漢劉歆、犍爲文學、中黄門李巡《爾雅》

各三卷，亡。"

　　劉歆注三卷（原注："與李巡注正同，疑非歆注。"按：今散見於諸書者，不盡於李巡。）

　　樊光注六卷（原注："京兆人後漢中散大夫，沈旋疑非光注。"）

　　《隋志》作三卷，《唐志》與《釋文》同。邵晉涵《爾雅正義》："《詩疏》所引某氏注，《左傳疏》所引樊光之注與某氏注同，則某氏疑即樊光，然《詩疏》亦間引樊光注與某氏互見，其爲一人與否，疑未能定也。"

　　李巡注三卷（原注："汝南人，後漢中黃門。"）

　　盧文弨《釋文考證》云云："《詩正義》曰：'李巡與鄭同時，鄭讀《爾雅》，蓋與巡同。'案：見《漢書·宦者傳》，蔡邕《石經》之刻，李黃門白帝兆其謀也。"

　　孫炎注三卷（原注："音一卷。"按：此孫炎係魏人，非五代時之孫炎。）

　　《隋志》云："《爾雅》七卷，孫炎注。"《唐志》云："《爾雅》六卷，孫炎注。"清胡元玉《雅學考》謂："宋尤延之《遂初堂書目》尚著録孫炎《爾雅注》，但未載卷數，可見叔然之書南宋時實①未全佚，不得以《宋志》

---

　　①　編訂者按："實"，沈文原寫作"炎"，誤，今據胡元玉《雅學考》（上海古籍出版社，1996年）原文改。

未著録，而謂其時也無傳本也。"

　　郭璞注三卷(原注："字景純，河東人，東晋弘農太守著作郎。《音》一卷，《圖贊》二卷。")

　　《釋文》云"先儒多爲億必之説，乖蓋闕之義，唯郭景純洽聞强識，詳悉古今，作《爾雅注》，爲世所重。"《隋志》作五卷。郭[①]《唐志》作一卷。

　　郭注的内容，當在下面"文字形義學之成立時期"中專篇敘述。

　　沈旋《集注》

　　《隋志》："《集注爾雅》十卷，梁黄門郎沈旋注。"

　　施乾音

　　謝嶠音

　　顧野王音

　　《經典釋文敘録》："《爾雅》梁有沈旋(約之子)集衆家之注，陳博士施乾、國子祭酒謝嶠、舍人顧野王並撰音，既是名家，今亦采之，附於先儒之末。"

　　《經典釋文》之外，尚有：

鄭玄注

余蕭客《古經解鈎沉》據《周禮疏》引《爾雅》"北極謂之北辰",下引鄭康成注"天皇北辰耀魄寶",以爲鄭氏有《爾雅注》。邵晉涵則謂:"《康成傳》不言其注《爾雅》,其即《鄭志》引《爾雅》而釋之,後人遂以爲康成《爾雅注》與?"

以上所列各家音注,除郭璞外,其餘諸家,並皆佚亡。其援輯諸書佚文之作,則有:

> 唐陸德明《經典釋文·爾雅音義》
>
> 清臧鏞堂《爾雅漢注》三卷(問經堂本)
>
> 清嚴可均《爾雅一切注音》十卷(木犀軒叢書本)
>
> 清陳鱣《爾雅集解》(未刻)
>
> 清黄奭《爾雅古義》(漢學堂經解本)

諸書,可以參考。

按:漢人謂"《爾雅》所以釋六藝之文",故①《七略》以之入於"《孝經》家"。《隋志》析入《論語》類,謂"《爾雅》諸書解古今之意,並五經總義,附於此篇"。到了《唐書·經籍志》,然後才把他歸入"小學家"内,但是宋陳止齋、傅良以爲"隋唐以來以科目取士,此書浸廢,韓退之尚以注蟲魚者爲不切,則知誦習者寡矣"。宋代經有陸佃《音義》、鄭樵注,號稱博洽,而未得其真諦,大有"焦明已翔乎寥廓,而獵者猶

----

① 編訂者按:"故",沈文原寫作"攻",誤,今正。

視乎藪澤"的景象，所以阮元説"要當以精義古音，貫串證發，多其辭説，爲第一義；引經傳以證釋爲第二義"。宋人對於這個却是辦不到的。一直等到古音學昌明的清朝，郝懿行的《義疏》出來，才揭穿一部《爾雅》的秘密，遠紹郭璞，以音注《雅》。至於釋其體例者，晚近則有陳玉澍、劉師培、王國維諸家，而王氏之書尤能得阮元所云"山水器樂草木蟲魚諸篇，亦無不以聲音爲本"的意思。蓋《爾雅》係音符文字盛行之後的産物，其書係以半音符（前人謂《爾雅》多增加偏旁之俗字，不知此正時代潮流之表現），或純音符的字記載舊書雅記中所遺留的古雅之别語和口耳相傳的方俗之異言，成爲一種分類而不甚完備的辭書，在當時雖只用以解釋古書，現在却可以據之以推尋古今音義遞衍嬗變的軌迹，與《説文解字》成爲研究古代語言文字的兩部姊妹式的重要書籍。

《小爾雅》一卷

名稱及其作者：

《漢書·藝文志》：

> 《小雅》一篇。

宋祁校《漢書注》："小字下邵本有'爾'字。"

錢大昕曰："李善《文選注》引《小爾雅》皆作'《小雅》'，此書依附《爾雅》而作，本名《小雅》，後人僞造《孔叢》，以此篇竄入，因有《小爾雅》之名，失其舊矣。宋景文所引邵本，亦俗儒增入，不可據。"按：此以爲今世所傳之《小爾雅》，即《漢志》所載者，其書原名《小雅》，後乃加"爾"字耳。按：慧琳《一切經①音義》所引亦多作"小雅"。

宋翔鳳《小爾雅訓纂》六："按：唐以前人引《小爾雅》有三名：其作'《小爾雅》'者，據其本名也；有作'《爾雅》'者，以與《爾雅》同爲一家，故冒《爾雅》之號，猶《易緯》爲《易》，《逸禮》爲《禮》也；有作'小雅'者，省文，猶《齊論語》《魯論語》，後人亦稱《齊論》《魯論》也。臧君庸據宋本《漢書·藝文志》但稱'《小雅》一篇'，無'爾'字，斷爲後人所增，此言未當。王伯厚宋人，所見《漢書》是宋本矣，而《漢志考》正作'《小爾雅》'。又《經典釋文》及注疏中多引《小爾雅》文，按之影宋本《釋文》及宋槧各注疏，凡作《小爾雅》者，亦各有'爾'字，知《漢書》宋本偶脱此文，難爲確證。"按：此以爲《漢志》所載者，其名與書，均與今同，宋本作"《小雅》"者，偶脱一"爾"字耳。

戴震《書〈小爾雅〉後》曰："《小爾雅》一卷，大致後人皮傅掇拾而成，非古小學之遺書也。如云'鵠中者謂之正'，則正鵠之分未之考矣；'四尺謂之仞'，則築宮仞有三尺，不爲一丈，而爲及肩之牆矣；'澮深二仞'，無異洫深八尺矣。其解釋字義，不勝枚數以爲之駁正，故漢世大儒不取以説經，獨王肅、杜預及東晉枚頤奏上之《古文尚書孔傳》頗涉乎此。……或曰：'《小爾雅》者，後人采王肅、杜預之説爲之也'。"《四庫全書總目提要》本之以爲之説曰："案：《漢書·藝文志》有《小爾雅》一篇，無譔人名氏，《隋書·經籍志》《唐書·藝文志》並載李軌注《小爾雅》一卷，其書久佚。今所傳本，則《孔叢子》第十一篇鈔出別行者也。……漢儒説經，皆不援及，迨杜預注《左傳》，始稍見徵引，明是書漢末晚出，至晋始行，非《漢志》所稱之舊本，晁公武《讀書志》

---

① 編訂者按："經"，沈文原寫作"注"，今正。

以爲'孔子古文',殆循名而失之。"按：所以爲《漢志》所録，其書久佚，今世所傳《孔叢子》第十一篇，實別爲一書。謝啓昆《小學考》亦主此説，故云："按：《小爾雅》非《漢志》之《小雅》，戴氏論之詳矣。"

《隋書·經籍志》：

《小爾雅》一卷（李軌略解）。

按：舊、新《唐書·志》並與此同。宋翔鳳曰："按：《經典釋文序録》云：'李軌，字宏範，東晉祠部郎中都亭侯。其注《小爾雅》，當在《孔叢》既出之後。'"

《中興書目》：

《小爾雅》一卷（孔鮒撰，十三章）。

宋翔鳳曰："按：宋室南渡，古籍凌夷，李軌之書已不傳，當時録館閣書，從《孔叢》采出此篇，故自後録《小爾雅》者並以爲孔鮒所撰，此作僞之徒捃摭以入《孔叢》，而依託於鮒，撰人名氏，其實不可究知。李軌所解，自不無王肅輩竄定，然尚是漢代《孝經》家相傳之本，故唐以前無一人以爲孔鮒撰《小爾雅》者。至分爲十三章，不與《爾雅》相應，疑本爲一篇，李氏作注，析其章段，然其來已久。（《詩·周頌》正義已引《廣名》。）"

按：宋翔鳳曰："《七略》有《小爾雅》一篇，蓋《爾雅》之流别，經學之餘裔也。説《詩》者毛氏，説《禮》者鄭仲師氏、馬季長氏，往往合焉。晉李軌作《小爾雅略解》，傳於唐世，書並單行，故隋唐諸《志》並著李軏《解》而不著撰《小爾雅》名氏；顏注《漢書》，此亦蓋闕，蓋是書出西京之初，儒者相傳，以求佔畢之正名，輔奇觚之絕誼，則其來古矣。迭更五季，茲書遂佚。晚晉之人，僞造《孔叢》，嘗刺取以入其書。宋人寫館閣書者，又就《孔叢》以録出之，當代書目遂題爲孔鮒所撰，而李軏之解不傳，則唐以前之元本不可復見。今既采自僞書，定多竄亂①，根株粗究②，涇渭易明，若夫條分縷析，舉此證彼，兩漢諸儒，門户不隔，烏可不知其同異，考斯雅訓乎。"我以爲宋氏之説，大致不誤。唯認《孔叢》第十一篇，即爲《漢志》所載者，其説雖本諸宋人，然未足爲定論。考清代論《小爾雅》者，分爲兩派：戴震、謝啓昆、《四庫總目提要》以爲係晉人僞作；宋翔鳳、胡承珙、王煦以爲係《漢志》原書；王氏並信其爲孔鮒真作，未免信古太過。要是漢魏以來補續《爾雅》之書耳。

體例及其注釋：

宋陳振孫《直齋書録解題》：

> 《小爾雅》一卷，今《館閣書目》云，孔鮒撰，蓋即《孔叢子》第十一篇也。曰《廣詁》《廣言》《廣訓》《廣義》《廣名》《廣服》《廣器》《廣物》《廣鳥》《廣獸》，凡十章，又廣度、量、衡爲十三章，當時好事者鈔出別行。

> 按：王應麟《藝文志考證》云"《小爾雅》十三章，申衍詁訓"，故《廣詁》《廣言》《廣訓》仍依《爾雅》舊題，泛釋經書古今異語。《廣義》《廣

---

① 編訂者按："亂"，沈文原寫作"觀"，誤，今據《小爾雅訓纂》（清光緒間廣雅書局刻，民國九年番禺徐紹棨編，重印廣雅書局叢書本）改。

② 編訂者按："究"，沈文原寫作"就"，誤，今據《小爾雅訓纂》改。

名》則專言人事，推《廣訓》之所未及。自餘各從其類，分釋名物，其中解說制度，頗與鄭康成有異。又所釋字義，往往一字兼該二義，與《爾雅》相類，譬如《廣詁》"經、屑、省，過也"，"經"爲經過之"過"，"省"爲過失之"過"。亦猶《爾雅》"予"有"予我""賜予"兩訓，"數"有"曆數""算數"兩訓，宋陸佃所謂"一名兩讀"者是。此書今所傳本，不敢必其即爲《漢志》之原書，然以其所載多是古訓，足以補《爾雅》之闕遺，故今依《漢志》敘於《爾雅》之後。注釋之者東晉有李軌，其書南宋時已佚，今世所行者，唯有《孔叢子》之宋宋咸注，淺疏無據，扁略已甚。迨至清代有宋翔鳳、胡承珙、胡世琦、王煦、葛其仁諸家疏諸其書，其義始顯。

揚雄《輶軒使者絕代語釋別國方言》十三卷

劉歆與揚雄書：

　　三代周秦軒車使者、遒人使者以歲八月巡路，宋代語、僮謠、歌戲。欲得其最目，因從事郝隆宷之有日，篇中但有其目，無見文者。歆先君數①爲孝成皇帝言："當使諸儒共集訓詁《爾雅》所及，五經所詁不合《爾雅》者，詁籀爲病，及諸經氏之屬，皆無證驗，博士至以衆世之博，學者偶有所見，非徒無主而生是也。"……屬聞子雲獨采集先代絕言、異國殊語以爲十五卷，其所解略多矣。

---

　　①　編訂者按："數"，沈文原寫作"類"，今據《方言·書》(清乾隆嘉慶間嘉善謝氏刻抱經堂叢書本)改。

揚雄答劉歆書：

雄少不師章句，亦於五經之訓所不解。常聞先代輶軒之使，奏籍之書皆藏於周秦之室，及其破也，遺棄無見之者。獨蜀人嚴君平、臨邛林閭翁孺者，深好訓詁，猶見輶軒之使所奏言。……君平財有千言耳，翁孺梗概之法略有。……雄爲郎之歲，自奏少不學，而心好沉博絕麗之文，願不受三歲之奉，且休脫直事之縣，得肆心廣意以自克就。……故天下上計孝廉及內郡衛卒會者，雄常把三寸弱翰，齎油素四尺，以問其異語，歸以鉛摘次之於槧，二十七歲於今矣。而語言或交錯相反，方覆論思，詳悉集之，燕其①疑。

以上是《方言》後面附錄的劉歆从揚雄取《方言》書，及雄答歆書中的説話，藉此可以考見雄作這部書的動機和經過。至其篇名、篇數、字數，古籍所載，間有異同，茲述之於次：

名稱：

雄答歆書：

又敕以《殊言》十五卷，君何由知之？

晉常璩《華陽國志》敘雄所作書云：

典莫正於《爾雅》，作《方言》。

---

① 編訂者按："其"，沈文原寫作"共"，今據《方言·書》改。

此外漢末應劭注《漢書》，魏孫炎注《爾雅》，吳薛綜述《二京解》，晉杜預注《左傳》，張載、劉逵注《三都賦》，皆引作"《方言》"。及郭璞作注，《序》中亦云："《方言》之作，出乎輶軒之使。"而卷首題曰"輶軒使者絕代語釋別國方言"。

後魏江式《求撰集古今文字表》：

臣六世祖瓊往晉之初，與從父兄應元俱受學於衛覬，古篆之法，《倉》《雅》《方言》《說文》之誼，當時並取善譽，數世傳習斯業，所以不墜。

唐孔穎達《左傳正義》：

揚雄以《爾雅》釋古今之語，作書擬之，采異方之語，謂之《方言》。

《隋書·經籍志》：

《方言》十三卷。（漢揚雄撰，郭璞注。）

舊、新《唐志》：

揚雄《別國方言》十三卷。

按：原名當爲《輶軒使者絕代語釋別國方言》，《殊言》《方言》《別國方言》皆其省略之異名耳。宋洪邁《容齋隨筆》引"絶代語釋","代"字作"域",此殆偶爾誤記,不足信也。至於《漢志》所録之《別字》,則別爲一書,並非《方言》,其說明已詳見前《別字》條下。

篇數:

劉歆與揚雄書:

> 屬聞子雲獨采集先代絶言、異國殊語,以爲十五卷。

郭璞序云:

> 是以三五之篇著,而獨鑒之功顯。

按:《隋志》及《唐志》均云"十三篇"而《宋志》又云"十四卷"。盧文弨云:

> 隋唐以下《志》皆云"十三卷",併合與遺脱不可知,然定在郭注之後。《宋志》又云"十四卷",當因劉歆書與雄答書向附在簡末者,亦別爲卷而併數之也。

字數:

應劭《風俗通義序》云:

> 揚雄好之(謂方言),天下孝廉衛卒交會,周章質問,以次注續,二十七年,爾乃治正,凡"九千字"。

錢繹《方言箋疏》云：

今計本文實萬一千九百餘字，蓋子雲此書本未成也。觀其答劉歆書言："交錯相反，方復論思，詳悉集之。"又云："張伯松屬雄以此篇目頗示其成者。"又云："如可寬假延期，必不敢有愛。"其曰"方復論思，詳悉集之"，則正在構綴時也。曰"頗示其成者"，則尚有未成者也。曰"寬假延期，必不敢有愛"，則謂他時成書之後也。書中自十二卷以下大率皆僅舉其字，不言何方，其明證也。當歆求書時，撰集未備，歆欲借觀未得，故《七錄》不載，《漢志》亦不著錄。至卷帙字數之不同，或子雲既卒之後，侯芭之徒搜其遺稿，私相傳述，不免輾轉附益，如徐鉉之增《說文》，故字多於前。

此外懷疑《方言》非雄真書者，則有宋洪邁《容齋隨筆》，其所持之理由有四：

（1）《漢史》本傳雄自序其平生所爲文，初無所謂《方言》。《藝文志》載雄書亦不及《方言》。

（2）雄答劉歆書稱"莊君平"爲"嚴君平"，漢顯宗諱"莊"，故改曰"嚴"。《法言》於"莊"字不諱，此何獨諱？

（3）劉歆只從之求書，而答曰"必欲脅之以威，陵之以武，則縊死以从命也"，何至是哉？

（4）既云成帝時劉歆與雄書，而書中乃云孝成皇帝，反覆牴牾。

（5）書中稱"汝潁之間"，先漢人無此語。

清戴震在《方言疏證》裏面逐條的把他駁掉了：

　　(1)洪邁併《傳贊》內"自序"二字，結上所録《法言自序》者未之審；又未考雄之文，如《諫不受單于朝書》《趙充國頌》《元后誄》等篇，溢於雄傳及《藝文志》外者甚多，而輕置訾①議，豈應劭、杜預、晋灼及隋唐諸儒咸莫之考實邪？（兼士按：雄卒於莽天鳳五年，歆求《方言》，當亦在王莽時，去雄卒之年不遠，雄答歆書謂"而可且寬假延期，必不敢有愛"，是其時書尚未成，故不與歆，以此推之，恐終雄之世此書竟未完成，故雄傳及《藝文志》均不録耳。）

　　(2)洪邁不知本書不諱而後人改之者多矣，此書下文蜀人有"楊莊"者，不改"莊"字，獨習熟於"嚴君平"之稱而妄改之。

　　(3)時歆爲莽國師，故雄爲是言，絶其終來强以勢求，意可見矣，洪邁乃②云，此於知人論世漫置不辨，而妄議不輕出其著述爲非，亦不達於理矣。

　　(4)《方言》各本附劉歆書及雄答書云："雄爲郎一歲，作繡補靈節龍骨之銘詩三章③；及天下上計孝廉，雄問異語，紀十五卷，積二十七章，漢成帝時劉子駿與雄書，從取方言曰。"此五十二字，不知何人所記，宋本已有之。其曰"漢成帝時"四字，最爲繆妄。據《漢書·雄傳贊》云："初雄年四十餘自蜀來至京師。"（當在成帝元延年間，西曆前一〇年之頃）又云："年七十一，天鳳五年卒。"（西一八年）使歆與書在成帝之末年甲寅（綏和二年，西

---

　　① 編訂者按："訾"，沈文原寫作"些"，誤，今據《方言疏證》（楊應芹、諸偉奇主編《戴震全書（修訂本）》第三册，黄山書社，2010年）改。
　　② 編訂者按："乃"，沈文原寫作"云"，誤，今據《方言疏證》改。
　　③ 編訂者按："章"，沈文原寫作"志"，誤，今據《方言疏證》改。

前七年)，下距天鳳五年凡二十五年。由甲寅上溯二十七年，乃元帝竟寧元年戊子(西前三三年)，雄年甫二十，豈年四十餘自蜀來至游京師者邪？洪邁不察"漢成帝時"四字係後人序入此二書者之妄，乃以疑古，疎謬甚矣。

(5) 書内舉水名以表其地者多矣，何以先漢人不得稱"汝潁之間"邪？

以上所述兩派的話，當然是戴氏之説比較的理由充分一點。現在又須講到這部書的内容了。

目的及其方法：

三代周秦的時候，輶軒使者歲巡路以求代語、僮謡、歌戲，到了漢朝，那些藏在"周秦之室"的"奏籍之書"，都已"遺棄無見之者"了。揚雄有感於此，獨就"天下上計孝廉及内郡衞卒會者，把三寸弱翰，齎油素四尺，以問其異語，歸即以鉛摘次於槧。或交錯相反，方覆論思，群悉集之，燕其疑"。他用這個方法，經歷了二十七年之久，采集了許多材料，編成十五卷(今本十三卷)《輶軒使者絶代語釋別國方言》，實在可以算得私人研究方言的一位開山祖師。至於他爲什麼要研究方言？我們可以在他答劉歆書中看出是因爲"少不師章句，亦於五經之訓所不解"而研究方言；又在書中釋"古今語"一條裏面看出是因爲"初別國不相往來之言也，今或同，而舊書雅記故俗語不失其方，而後人不知，故爲之作釋"。但其書不僅僅解釋"古今語"，而尤注重"方言"，觀其舉字必辨其何方云然，便可知其用意了，這是他較《爾雅》精密之地方。所以郭璞序《爾雅》，只説："總絶代之離詞，辨同實而殊號。"其序《方言》，則曰："考九服之逸言，標六代之絶語，類離詞之指韻,明乖途而同致。"蓋言其不但由縱方面觀其嬗變之迹,且能由橫方面明其推衍之勢。其書之所以標題爲"絶代語釋別國方言"者,也就是這個道理。據此可以知道他研究方言的目的是因爲古書中所存留已死的語言,不容易懂得,想拿活的方言來比照著尋一個相當的解釋;倒轉來説,就是拿當時各地表示方言的聲音和方言裏面所包含的意義,來推尋古書裏面相當的文字(找不出相當之字的,但直音之),這便是揚雄方言學的大概。現在更進一層,具體的把他書中所引用"方言"的例,統計起來作成一表如下:

(1) 通語、凡語、凡通語、通名

這一類是不含地域性的普通話。

(2) 四方之通語、四方異語而通者、某地某地之間通語

這一類是通行區域較廣的方言。

(3) 古今語、古雅之別語

這一類是縱方面言語生滅新舊交替之際所殘留的古今語。

(4) 某地某地之間語、某地語

這一類是橫方面因地理的差别而發生變異的各地方言。

(5) 轉語(或作"語之轉")、代語

這一類是兼包縱橫兩方面因聲音轉變而發生的異言。例如"庸謂之倯",是疊韻相轉;"愖、乾、耇、革,老也",是雙聲相轉。其實前面(2)(3)(4)諸例中"轉語"儘多,這不過是古人舉一反三的一種互見的例。

綜上五例看來,更足以見其"考逸言""標絶語",古今兼包,耳目並用的一種精神,實駕乎《爾雅》之上了。

注釋此書者，在晉則有郭璞，在清則有錢繹，雖其書皆有可觀，然推演音理，惜尚未能盡其極致。

大氐《史篇》《三蒼》，是目治的記載文字形體之書；《爾雅》《方言》，是耳治的記載語言聲音的書。前者之弊，在於隨文解義，上面已經說過了。後者之弊，亦有二點：

（1）關於意符文字的形體構造，一點也不說到，這因爲他們是音符時代之産物的緣故。

（2）只是臚列許多轉注的語言、假借的文字，却不能説明此轉注、假借之所以然，推尋其語根之所在。

後來許慎有見於此，做了一部形、音、義並舉兼包的《説文解字》，於是文字學乃由導源時期入於成立時期。

文字形義學之沿革二——成立時期

（西曆紀元一〇一年～一七七六年，後漢和帝永元一三年～清乾隆四一年）

漢許慎《説文解字》

（慎生於明帝年間［約西七〇年左右？］，卒於桓帝年間［西一五〇年左右？］）

許慎事迹及其作《説文》之時代：

《後漢書·儒林傳》：

> 許慎，字叔重，汝南召陵人也（今河南郾城縣東四十五里有

故召陵城)。性淳篤，少博學經籍，馬融常推敬之，時人爲之語曰
"五經無雙許叔重"。爲郡功曹，舉孝廉，再遷，除洨長，卒於家。
初慎以五經傳說臧否不同，於是譔爲《五經異義》，又作《説文解
字》十四篇，皆傳於世。

許慎《説文解字》自敘其作書之年曰：

　　粤在永元困頓之年(和帝永元一二年，西一〇〇年)，孟陬之
月，朔日甲申，……次列微辭。

許沖安帝時《上説文解字表》云：

　　先帝(謂和帝)詔侍中騎尉賈逵脩理舊文，……臣①父故太
尉南閣祭酒慎本從逵受古學。……博問通人，考之於逵，作《説
文解字》，……凡十五卷。慎前以詔書校書東觀，教小黄門孟生、
李喜等，以文字未定，未奏上。今慎已病，遣臣齎詣闕，……建光
元年(西一二一年)九月己亥朔二十日戊午上。

清朱筠《重刻宋本説文解字敘》云：

　　按逵傳，逵以永元八年(西九六年)自左中郎將復爲侍中騎
都尉，内備帷幄，兼領秘書近署。據此知許君本從逵受學。其考

---

　　① 編訂者按："臣"，沈文原寫作"曰"，誤，今據許沖《上説文解字表》《説文解
字》，中華書局，1963 年)改。

之於逵，作此書，正當逵爲侍中之後四年（永元一二年，西一〇〇年）。其後二十一年（西一二一年），當安帝之建光元年歲在辛酉，君病在家，書成，乃令其子沖上之也。

段玉裁《説文解字敘注》云：

> 許以詔書校書東觀，不見本傳。蓋安帝永初四年（西一一〇年）"詔謁者劉珍及五經博士校定東觀五經，諸子傳記，百家藝術，整齊脱誤，是正文字"。《儒林傳》則云"太后詔劉珍與劉騊駼、馬融校定東觀五經、諸子"云云，與《和帝（按：當作安帝）紀》同。《馬融傳》亦云"永初四年拜爲校書郎中，詣東觀典校秘書"。蓋此時分司其事者史不盡載，許亦其一也。許①於和帝永元十二年（西一〇〇年）已創造《説文》；歷十一年至永初四年（西一一〇年），復校書東觀，其涉獵者廣，故其書以博而精也；又十有一年（安帝建光元年、西一二一年）而書成。

按：考許君事蹟者，有朱筠《重刻説文敘》、段玉裁《説文敘注》、嚴可均《許君事蹟考》、陶方琦《許君年表》等書，然諸家之説，互有異同：嚴、陶二家以爲許君於永元八年創草《説文》，永元十二年成書，故作後敘，果爾，則距許沖上《説文》之時爲二十一年，毋乃太遠；且以如斯經緯萬端之《説文》，四年功夫，便可草成，使人亦未能深信，故現在從朱、段二家之説，以永元十二年爲創草《説文》之年，又朱氏以許君校

---

① 編訂者按："許"，沈文原寫作"詳"，誤，今據段玉裁《説文解字敘注》（《説文解字注》，上海古籍出版社，1988年）改。

書東觀，教小黃門孟生、李喜等，爲章帝建初八年（西八三年）事，是在和帝永元十二年（西一〇〇年）許君作《説文》之前十七年，於理不合，故現在从段、嚴、陶三家之説，以安帝永初四年爲許君校書東觀以《説文》教小黃門孟生、李喜之年。蓋許於永元十二年草創《説文》之後，永初四年，即以其草稿教孟生、李喜等，其中内容，隨時潤色。至建光元年已老病不復再能修改，遂使其子上之安帝，而已復作一後敍，總説全書之篇數、部數、字數、説解之字數，及其草創之年月，至於中間教小黃門事，及其成書之年，則在許沖《表》中補詳之。明乎此，則知許後敍實作於許沖上書之時，故其文與沖表相連，而前加"敍曰"二字，故作更端之詞，以別於前敍。段氏不明此意，移置"敍曰"二字於上文"古者庖羲氏之王天下也"之上，恐非原書之真相？此外許君生年，洪亮吉以爲在東漢之初，並無確證。至其卒年，唐張懷瓘《書斷》以爲在安帝末年，亦係由許沖表中"今慎已病"之語臆測之耳。《後漢書·西南夷夜郎傳》云："桓帝時，郡人尹珍自以生於荒裔，未知禮義，乃从汝南許慎、應奉受經書圖緯。"則是許君於桓帝朝尚生存之明證。考賈逵於許君爲師，逵生於光武建武八年（西三二年），卒於明帝永平一三年（西七〇年）；馬融於許君爲友，融生於章帝建初四年（西七九年），卒於桓帝延熹九年（西一六六年）；鄭玄於許君爲後輩，玄生於順帝陽嘉二年（西一三三年），卒於獻帝建安五年（西[1]二〇〇年）。以此推求，許君或爲明帝—桓帝間之人歟？

《説文解字》之體例：

現在先説他作書的用意：

許慎《説文敘》（上）説：

世人……詭更正文，鄉壁虛造不可知之書，變亂常行，以耀於世。諸生競説字，解經誼（各本作"誼"，今从段氏改訂），稱秦之隸書爲倉頡時書，云"父子相傳，何得改易"。乃猥曰："馬頭人爲'長'，人持十爲'斗'，'虫'者屈中也。"廷尉説《律》，至以字斷法，"苛人受錢，'苛'之字，止句也"。若此者甚衆，皆不合孔氏古文，謬於《史籀》。俗儒鄙夫，翫其所習，蔽所希聞，不見通學，未嘗睹字例之條，怪舊埶而善野言，以其所知爲祕妙，究洞聖人之微恉。又見《倉頡篇》中"幼子承詔"，因曰"古帝王之所作也，其辭有神僊之術焉"，其迷誤不諭，豈不誖哉！《書》曰"予欲觀古人之象"，言必遵修舊文而不穿鑿。孔子曰"吾猶及史之闕文也，今亡矣夫"，蓋非其不知而不問，人用己私，是非無正，巧説邪辭，使天下學者疑。蓋文字者，經蓺之本，王政之始，前人所以垂後，後人所以識古，故曰"本立而道生"，"知天下之至賾而不可亂也"。今敘篆文，合以古、籀，博采通人，至於小大，信而有證，稽譔其説，將以理群類，解謬誤，曉學者，達神恉，分別部居，不相雜廁。萬物咸睹，靡不兼載，厥誼不昭，爰明以諭。

次再述《説文》的内容：

許書《後敘》云：

此十四篇，五百四十部，九千三百五十三文，重一千一百六十三，解説凡十三萬三千四百四十一字。其建首也，立一爲耑，方以類聚,物以群分,同條牽屬,共理相貫,雜而不越,據形系聯,引而申之,以究萬原,畢終於亥,知化窮冥。

許沖《上説文表》云:

慎博問通人,考之於逵,作《説文解字》,六藝群書之詁,皆訓其意,而天地、鬼神、山川、草木、鳥獸、蚰①蟲、雜物、奇怪、王制、禮儀,世間人事,莫不畢載,凡十五卷。

按:許沖併敘目數之,故爲十五卷,唐李陽冰刊定《説文》,分三十卷,南唐徐鍇作《繫傳》,亦分三十卷,徐鉉校定仍爲十五篇,而每篇分析爲二,加"上""下"兩字以別之。

至於後世評論《説文》之文頗多,兹擇其最有價值者,撮舉於次,以概一般。

北齊顔之推《家訓·書證》篇:

客有難主人曰:"今之經典,子皆爲非,《説文》所言,子皆云是,然則許慎勝孔子乎?"主人拊掌大笑應之曰:"今之經典,皆孔子手迹耶?"客曰:"今之《説文》,皆許慎手迹乎?"答曰:"許慎檢以六文,貫以部分,使不得誤,誤則覺之。……其爲書隱括有條例,剖析窮根源,鄭玄注書,往往引其爲證,若不行其説,則冥冥不知一點一畫有何意焉。"

---

① 編訂者按:"蚰",沈文原寫作"蛇",誤,今據許沖《上説文解字表》改。

清段玉裁《說文敘注》云：

> 許君以爲音生於義，義著於形。聖人之造字，有義以有音，有音以有形；學者之識字，必審形以知音，審音以知義。聖人造字，實自像形始。故合所有之字，分別其部爲五百四十，每部各建一首，而同首者則曰"凡某之屬皆从某"，於是形立而音義易明。凡字必有所屬之首，五百四十字，可以統攝天下古今之字。此前古未有之書，許君之所獨創，若網在綱，如裘挈領，討原以納流，執要以說詳，與《史籀篇》《倉頡篇》《凡將篇》亂雜無章之體例，不可以道里計。顏黃門云：(文見上段)。此最爲知許者矣。蓋舉一形以統衆形，所謂"隱栝有條例"也；就形以說音義，所謂"剖析窮根源"也。是以《史篇》《三倉》自漢及唐遞至放失，而《說文》遂嫥行於世。

《說文》雖然是像上面所說那樣條理秩然的一部空前的書，但是關於他作書的體例，序文中卻只說了兩句"今敘篆文，合以古籀""分別部居""據形系聯"，而沒有具體的詳悉說明。所以徐鍇的《說文繫傳》、清江沅的《說文釋例》、王筠的《說文釋例》、張行孚的《說文發疑》、鄭知同的《說文淺說》、張度的《說文補例》，均以己意抽繹解釋，而最扼要深入的說明，我以爲終當首推段氏。段氏之說，散見於他的《說文注》中，不容易把他彙集攏來，現在只把他的外孫龔自珍述說的幾條，錄在下面，參考一下：

> 一本義也。段先生曰："許氏書與他師訓詁絕異，他師或說

其初引申之義，或説其再引申之義，許則説其《倉頡》《史籀》以來之本義。然而本義什七八，非本義亦什二三，何也？本義亡，則姑就後義説之，去古稍遠，時爲之勢爲之也。"

一本字也。段先生曰："群經諸子百家，假借同聲之字；東漢而降，增益俗字，則並不得稱爲假借字，假借字行而本字廢矣，俗字行而本字益廢矣。許書純用本字，若曰'訓某之字當如此作'。後儒反疑其迂僻，則由沿習假借與承用俗字二端中之也。"

一次第也。段先生曰："五百四十部次第相蒙，所謂'據形系聯'者也。每部之中，其臚字又次第相蒙，學者苟澄心以求之，易知也。流俗本有顛倒置者，及屬入非其次者，於是乎別寫定。"（按：謂段氏改定之，下仿此。）

一變例也。段先生曰："許法後王，以小篆爲質，以古文爲附見，此常例也。其有一部之文皆从古文之形，不从小篆之形，則不得不列古文爲部首矣。又有古文之所从隸於部首，篆文之所从不隸部首，則不得不先列古文矣。淺人不察，改其變例，使皆合於常例，亦有改之未盡改者，乃於'二'（古文上）、於'吕'、於'市'諸部發其凡而別寫定。"

一字複舉也。段先生曰："許之例什九於小篆下複舉一字，淺人刪之，亦有刪之未盡刪者，乃於'艸'、於'木'、於'水'諸部發其凡而別寫定。"

一以聲爲義也。段先生曰："古今先有聲音而後有文字，是故九千字之中从某爲聲者，必同是某義，如从'非'聲者定是赤義，从'番'聲者定是白義，从'于'聲者定是大義，从'酉'聲者定是臭義，从'力'聲者定是文理之義，从'劦'聲者定是和義。全書八九十端，此可以窺上古之語言，於《劦部》發一凡焉。"

一引經以説字也。段先生曰："許引經以説字，後人不察而改經，如《艸部》有'藺'引《易》之'麗'以説之，豈許所見《易》有作'藺'者哉？《金部》有'鑷'引《左傳》之'懭'以説之，豈許所見《左傳》有作'鑷'者哉？引《左傳》'厖①涼'，引《孟子》'原原而來'皆其本文。如此者數十端，後儒不察，先改許，又據所改許以改經，於是乎別有寫定。"

一今訓密，古訓寬，無兩讀也。段先生曰："後世以平聲之'予'爲我訓，以上聲之'予'爲錫訓，《爾雅》《説文》無此區別也。以平聲之'相'爲相與訓，以去聲之'相'爲相度訓，毛萇《詩傳》、《説文》無此區別也。似此者數十端，後儒分析，亦其時勢使然。然以讀古書，鮮不懫者。許氏之義古矣，義古故例簡，例簡故詞殺。"

一古字不止九千字也。段先生曰："古字少，今字多，固也。然經典正字許有不收者，鐘鼎吉金遺文尤多不收者。又如'由'、如'妥'、如'叔'、如'免'從其文而得聲者反收，而謂古無'由''妥''叔''免'可乎？是古字不止九千也。拘謹太過之士，懲徐氏新附之泛濫，見《説文》偶無之，即搖手戒勿用，豈定論哉？然則許之僅收九千餘名何也？曰尉律課九千也。"

一許稱經不可執家法求也。段先生曰："漢氏之若鄭、若許五經大師，不專治博士説，亦不專治古文説。《詩》稱毛而兼稱三家，《春秋》稱《左》而兼稱《公羊》《穀梁》，餘經可例推，於'心''肝''脾''肺''腎'五篆下發其凡焉。"

---

① 編訂者按："厖"，沈文原寫作"龐"，誤，今據龔自珍《最録段先生定本許氏説文》（《中國學報》1913年4月，第6期）改。

段氏之説頗精,惜於許書體例,尚未悉舉,兹再撮取張度《説文補例》之説以補之。

部首遞次之例:

部首遞次之例固以形系,亦未嘗不兼誼也,唯偏重在形耳。形之例多變,誼則無變。有形則系以形,無形則系以誼,形誼俱無,是冒特起之例焉。其最顯者,分一字之半承上部,一半啓下部。亦非遞字貫通勢難遞次者,仍以前數部字形爲系。並前數部亦無形誼可系,是爲特起矣。如《告部》之上爲《牛部》,《告部》之下爲《口部》,是分"告"字之"牛""口"承上啓下。如《气部》下《上部》,形誼不類矣,"七"字之形誼,就前數部"王"字之形誼系也。如《烏部》之次《華部》,《冊①部》之次《马部》,"烏""華""冊""马",既無可系之形誼,前數部字亦無可系者,祇是特起之例,不可妄爲穿鑿也。十四篇五百四十部首其通例如此也。

有部首字可歸併而必列爲部首者,一以爲屬字之所從;一以爲屬字之作訓也。如《蓐部》不併入《艸部》,爲"薅"字也。"薅"訓"从蓐好省聲"。若歸入《艸部》,訓即繁瑣;从艸从"姆","姆②"爲俗字,且又無聲,非造字之本意,此"蓐"字必須列爲部首也。

有部首而無屬字者,"三""久""乇""丞""克""录""丐""彝""咼""易""能""く""燕""率""它""开""四""五""六""七""甲"

"丙""丁""庚""癸""寅""卯""未""戌""亥"等部。部首者，一部之首也，無屬字，則不得爲首矣。許君列爲部首，此變例也。其誼有二：如《𩰊部》下有古文作"兕"，《它部》下有或字作"蛇"，"兕""蛇"固經傳習見字，雖非屬，無異於屬爲"𩰊""它"之重文，示人以習見字之有本也。再如"會意""形聲"字皆兩从，以所从誼重者歸部。"剝"字"从刀录"，會意字也，誼重在"刀"，故歸《刀部》，不得歸《录部》；"祿"字"从示录聲"，形聲字也，誼重在"示"，故歸《示部》，"录"爲聲，亦不得歸《录部》。"录"字無所屬，又有从"录"之字而誼不得歸《录部》，若不以"录"爲部首，是無"录"字矣。此一字亦列爲部首者，爲會①意、形聲字之所从設也。

有同是一字，於理不得列爲部首者，如《𩰊部》下之《彌部》，訓曰"古文亦'𩰊'字"，是"𩰊""彌"一字也。《人部》下有《儿部》，訓曰"仁人也，古文奇字人也"，"人""儿"亦一字也。《大部》下《亣部》，訓曰"籒文大，改古文，亦象人形"，"大""亣"亦一字也。許君於同一字分列部首，爲屬字各有所从，不得不然，亦例之變也。

有實是一字，許君未明言同列爲部首者，如"左"即"𠂇"字，"華"即"𠌶"字，"麻"即"𣏟"字，同爲部首。蓋字體日孳，許君意重古文，勢不能不用小篆，既用小篆，小篆所从之字不能不列爲部首矣。

部字敘次之例：

---

① 編訂者按："會"，沈文原寫作"合"，誤，今正。

部字敘次之例，先吉後凶，先實後虛，不言形者，以所從之部即形，故不言形也。部中之字均以誼類相敘，層次井然，大部敘字多如此，許君之原例也。

有字誼與部誼遠，字誼與部誼殊（如《玉部》之"瑩"字、"靈"字①，《木部》之"杲"字、"棐"字），字體與部首字體相反（如《正部》之"乏②"，《彳部》之"亍"），疊部首以成字（如《人部》之"从"，《林部》之"森"），均歸部末，此部中敘字之通例也。

有部中字與部首字誼全別，以誼衡之，但見其蕪雜，此等多爲小部，祇可例爲形系矣。王冊山曰：許君記字之時，去倉頡造字之時已越二千餘年矣，古誼失傳，胡可詳究，此例之所由變也。

有部中字不從部首而以類聚者，爲《烏部》"舄""焉"二字（《內部》字例略同，猶訓"從內"也）。《艸部》末之五十三籀文，不歸部中而續部後，亦類聚之意也。此皆例之僅見者。嚴鐵橋疑五十三籀文爲後人所加，非也。

屬字歸部之例：

屬字歸部之例，亟爲繁瑣，各家以形附視之，字誼時有扞隔，不知形亦有誼，以形附，實以誼附也。兩旁均無誼，則爲形附之正矣。

有屬字不屬部首字，而屬部首之重文者，如《布部》"帠""㡀"

---

① 編訂者按："如《玉部》之'瑩'字、'靈'字"，沈文原寫作"如《王部》之'瑩'字、'靈'字"，誤，今據《說文補例》改。

② 編訂者按："乏"，沈文原寫作"五"，誤，今據《說文補例》改。

632

兩字均从"希"之籀文"希"也。《厺部》"疏"字从"厺"[①]之古文"㐬"也。

有部首字爲本誼，屬字通爲借誼，而本誼反歸他部者，如《攴部》"敊"字，"戾也"，不入《韋部》，不欲以一字亂通部之字也。皆爲例之變矣。

兩从字其从同，其誼同，分屬兩部者，必其字之訓與上下字訓近，以類及也。

重文之例：

王戉山曰："其例有三：一爲無部可入之字，如'云''ㄋ'二字不入《雲部》，即無復可隸之部矣；一爲偏旁相同之字，如'祺'之籀文'禥'，'祀'之或[②]體'禩'，仍从'示'，誼不得入他部也；一爲聲意不合之字，如'鼻'之古文'㮃'，雖从'囟'从'朩'，兩體明白，而不入此兩部，故附之'鼻'下也。非是三者而類焉，蓋出後人妄爲迻併矣。故以《玉篇》照之，雖不敢謂盡本許，亦未必盡出顧氏離析也。"度按：簊友此三説爲重文之例，亦淺之乎視重文矣。簊友以《玉篇》分別《説文》者三百八十有二字，遂謂後人鹵莽移異部之同字輒使相附。既作此説，又不能無疑，是"以此三百八十二字分於他部，則正文不益多耶？顧氏既分之，當見未合併本，則其敍之也應與同誼之字類聚，何以多廁後收字中耶？將無

---

① 編訂者按：沈文原脱"从'厺'"二字，今據《説文補例》補。

② 編訂者按："或"，沈文原寫作"弍"，誤，今據《説文補例》改。

許君本收於同部，顧氏因偏旁不同，乃離之以便檢閲耶？又何以偏旁畫一者顧氏亦如《説文》同部耶？"有此數疑，可謂善讀書者之得間矣。蓋《説文》無一處無誼者，即例亦以誼爲例也。重文爲許書所尤要者，豈可徒以附字視之乎？許君意在復古，勢不能不用篆，復古之意，度每於重文中得之也。故知其例有三：

一以重文正篆誼之失，如"帝"之古文"帝"，"開"之古文"閞"均是也。

一以重文校篆體之誼，如"瑱"之或字"顛"，"裯"之或字"驕"均是也。《玉篇》分"驕"字於《馬部》，以菉友之例覈之，此等字均謂後人移併者，豈然乎？

一以重文辨篆古之聲，如"簋"之古文"朹"，"簠"之古文"匚"均是也。菉友以例覈之，亦疑《説文》爲後人移併者可乎？愚謂出此三例之外，如菉友所舉"畢"字，兩體明白，豪無聲誼，正恐爲後人妄添者矣。

説解之例：

凡指事字不應言"从"、言"象"，象形字不應言"从"、言"聲"，形聲字不能不言"聲"，會意字不能①不言"从"也。覈以通例應然，正有不盡然者：指事之"三"字亦曰"从三數"，指事之"八"字亦曰"象分背之形"，象形之"艸"字亦曰"从二中"，象形之"莧"字亦曰"苜聲②"，有聲之"此"字而不言聲，會意之"玨"字而不言

---

① 編訂者按：沈文原脱"不能"，今據《説文補例》補。
② 編訂者按："聲"，沈文原寫作"風"，誤，今據《説文補例》改。

"从"。或曰,此無定例乎?是又不然。例者,誼也,合乎誼即合乎例也。（説解字體者解六書也,六書固有會通之例。）

王田山曰:"許君説解必先字誼而後字形。爲會意字,必先舉本部之字而後及別部之字,如'天'在《一部》,曰'从一大'也。有以詞之順而先言他部字者,如'折'在《艸部》,而曰'从斤斷艸'是也。即其文不如是,亦必曰'从斤艸',不曰'从斤从艸'也。並峙爲誼者,先以一誼爲主,則當曰'从某从某'矣。此類,小徐多得之,大徐多失之。或爲形聲字,則曰'从某某聲'而已。如其變也,則聲兼意,意兼聲,其詞並同曰'从某从某,某亦聲',或曰'从某某,某亦聲',如'胖'下云'从半从肉,半亦聲','珥'下云'从玉耳,耳亦聲'。亦有退部首於下者,便文也;然亦據今本言之耳,如'吁'字本在《于部》,説之曰'从口从于,于亦聲',後人增於《口部》,遂曰'从口亏聲','否'字本在《不部》,説之曰'从口从不,不亦聲',後人亦增於《口部》,遂曰'从口从不','吁'則有聲無意,'否'則有意無聲,知爲後人竄亂也。"按:此説解正例也,此外隨字立解,誼合即例合也,固不能盡以此該之,在學者之達其神恉矣。

一曰:

"一曰"者("或曰""又曰"同),於例爲別一誼也。段懋堂曰:"凡意有兩歧者,出一曰之例。"王田山曰:"此二字爲許君本文者蓋寡,其爲後人附益者一種,合《字林》於《説文》者一種,或兩本不同,爲校書所記者一種,願讀者無爲所愚也。""裡,絜祀也。一曰,精意以享爲禋。"段懋堂曰:"'絜祀'二字已包之,何必更崇稱引乎?"度按:《詩》"以饗以祀,克禋克祀",《周禮·大宗伯》"以禋祀祀昊天大帝"均享祀、禋祀並舉,鄭注:"禋之言烟,周人尚臭,烟氣之臭聞者。"《三禮誼宗》:"禋有三誼:烟也,絜也,精也。"("絜"取物之絜,"精"取意之敬。)是祀之與享,絜之與精,亦微有分誼,似此等"一曰",尚不可遽斷爲妄添也。……後人妄加"一曰"者固有,是在學者之審辨矣。

與某同意:

説解中有曰"與某同意"者,一爲字意難明,互證以明之也;一恐訓語繁敛,以歸簡質也。如"寘"與"牽"同意,謂"冂"象牛之縻也,"攴"與"鼓"同意,"鼓"字下不言丞飾,借"鼓"字之"攴"以互證之也。

某與某同:

説解中又有"某與某同"者,嚴定字體也。……如"黽"下云"黽頭與它頭同",隸書"黽"作"黽","它"作"它",有此一説,知"黽"頭、"它"頭之爲象形矣。"鹿"下[1]云"鳥鹿足相似",鳥之足與鹿之足何曾似,知許君專定字體,深惡"鳥"足之作四點,"鹿"足之作"比"字矣。

---

[1] 編訂者按:"下",沈文原寫作"上",誤,今正。

闕：

　　説解中有曰"闕"者，段懋堂曰："或言形，或言誼，或言聲，當分別讀之。"嚴鐵橋曰："凡言'闕'者，轉寫斷爛。校者加'闕'字記之。"王畊山曰："其條有三：一則字形失傳也，一則字形校著而不可解者也，一則疊文與本文無異者也。有'闕'字非許君本文，説解奪佚，爲後人所加者；有不但'闕'字爲後人增，並其篆亦不可信者。"《釋例》一書，出於《校議》，畊山之説校鐵橋爲精也。其説"單"字曰"'卑'非字，故云'闕①'"，"赢"字曰"分'亡''口''肉''凡'四字，本不可解，統以象形，又不知爲何獸，故云'闕'"，"屾之與山，㳊之與水，鱻之與魚，誼同而音又近，或亦本無此字，特以它字从之，而列之爲字，故言'闕'邪？"許君言"闕"之本例不過如此，執此以衡它説，後人妄加者可以辨矣。

讀若：

　　漢儒注經，讀爲某者，改字也；讀若某者，定音也。《説文》祇用"讀若"以辨音，爲通例也。舉其條例於左：

　　有以讀若明古聲古字者："自讀若鼻"是也。

　　有以讀若引經以證古今文者："㢟"下云"讀若'三年導服'之導"，許君用古文"導"，不用今文"禫"也。

　　有以讀若引經見經之異字者："裗"下云"讀若《詩》'葛藟縈

---

① 編訂者按："闕"，沈文原寫作"闚"，誤，今據《説文補例》改。

之'。一曰,如'靜女其袾'之'袾'",《艸部》"蓘"下引《詩》"葛藟
蓘之",《女部》"妓"下引《詩》"靜女其妓"是也。

有以讀若見方音者:"餽,讀若楚人言恚人。"菉友曰:"留其
聲於言外,可徵俗語之無字矣。""俟,讀若汝南湠水",《説文》無
"湠"字,以俗言俗字定其音也。足見《説文》訓中字不皆本於《説
文》也。

有以讀若定異讀異誼者:"丨"字下云"引而上行讀若囟,引
而下行讀若退①"是也。

有以讀若明假借者:"冪,讀若傲""勾,讀若鳩"是也。衛、包
多本此改經。

有以讀若合雙聲者:"奘,讀若頒,一曰讀若非","分""非"
"頒""八"雙聲也。

有以讀若明同字者:"欚,讀若柅""辛②,讀若愆",'欚'
'柅'、'辛''愆'同字也。

有以讀若分別字誼者:"算,讀若筭"是也。

有以讀若分別字形者:"柔,讀若柸"是也。

有讀若某以聲兼誼者:"虺,讀若瞽"是也。

有讀若俗語以定聲者:"櫐,讀若'春麥爲櫐'之'櫐'""扰,讀
若'告言不正曰扰'"。王艸山曰:"諺語在人口中,未嘗著於竹
帛,許君欲人以口中之音,識目中之字,本無可疑,特雜於引經本
誼之中,遂爲之眜目耳。""櫐"字自大徐以非異文爲疑,後人莫不
疑之,如"扰"字从手,亦無"言"誼,豈獨"春麥爲櫐"不異字乎?

---

① 編訂者按:"退",沈文原寫作"復",誤,今據《説文補例》改。
② 編訂者按:"辛",沈文原寫作"卒",誤,今據《説文補例》改,後"辛"字同。

有讀若某某之本誼者：王田山曰："字音隨誼而分，故有一字而數音數誼者，第言讀若某，尚未定爲何誼之音，故本其誼以別之。'趉'，讀若'無屈'之'屈'，蓋'居伸''蒲屈'，其音各異，此如本音，故以本誼定之。"又曰："趌，讀若'小兒孩'，此字無它誼，許君此語出於偶然也。"度按：《前漢書‧儒林傳》《易》，箕子明夷"，趙賓讀"箕子"爲"荄兹"；《尚書》"孩子王子不出，我乃趌躋"，僞孔傳"孩子"作"刻子"，據此"孩"字當有異讀，故許君"趌"下以"小兒孩"實其讀也。

有讀與某同、讀若某同者：王田山曰："凡言'讀與某同'者，言其音同也，凡言'讀若某同'者，當是'讀若某'句絕，'同'字自爲一句，即是一字分隸兩部也。然傳寫既久，必有'與''若'二字互譌者。"（按：此假張氏引用王說有誤奪之處，兹照《說文釋例》補訂。）度按："讀與""讀若"二者，今書例限不分，如"薾，讀若亂同"，當是謂同字；"徐，讀若堡同"，此"讀若"非謂同字，祇定音矣。"玊，讀與私同"，自是定音；"攺，讀與撫同"，此"讀與"亦謂同字矣。許君全書無一字無意誼者，田山此說愚見亦以爲然，今本"讀與某①同""讀若某同"例限不分，恐皆傳寫之互譌矣。

引書之例：

嚴鐵橋曰："《說文》舊本稱'《尚書》'或但稱'《書》'，六朝唐初引見如此，其'唐''虞''夏''商''周'等字，皆校者所加。亦有

---

① 編訂者按："某"，沈文原寫作"集"，誤，今據《說文補例》改，後"某"字同。

未盡加者,如'圛'下、'塙'下、'亞'下稱《尚書》,'蘸'下、'詔'下、'卟'下、'榴'下但稱《書》,唯'《周書》'與七十一篇之'《周書》'無別,彼不得不加'逸'字也。"(亦有未加者,如"苡"下、"獱"下引"《周書》"尚不云"逸"也。)

《周禮》或稱《周官》。《儀禮》《禮記》《禮緯》均稱"《禮》"。許書無出篇目之例,如"偭"字下引《禮》出《少儀》"兩字,此校者所加也。《明堂月令》單稱者,漢時未併入《記》中也。

《春秋》經傳漢時別行,校者統添"傳"字,"妾"字下"《春秋》曰'女爲人妾'",見僖公十七年《左傳》,此應有"傳"字而又奪之。可證處往往於"讀若"例中見之,如"矕"字下"讀若《春秋》'黑肱①以濫來奔'",昭公三十一年《經》,不出"傳"字,"霸"字下"讀若《春秋傳》'墊隘'",成公六年《左傳》,即出"傳"字,經傳皆分,許書原例也。

說解中引書有獨稱"傳曰"者:如"輅"字下"《傳》曰'輅,輅孔子客'","鱏"字下"傳曰'伯牙鼓琴,鱏魚出聽'",蓋古傳多有之,故不出其書名也。

說解中徵引各書名目:《易》《書》《書序》("坶"字下引《周書》,《書序》文也)、《五行傳》(伏生鴻範《五行傳》也)、《詩》(《自敘詩》毛氏)、《韓詩傳》(見"魃"字下)、《魯詩說》(見"鷊"字下)、《禮》《周官》《儀禮》《禮記》《禮緯》(許書統謂之《禮》,《敘篇》又稱《儀禮》爲《禮記》,以《儀禮》篇末往往有《記》也)、《明堂月令》(《大戴禮·德盛》篇云《明堂月令》)、《春秋》(《自敘》"《春秋》左

---

① 編訂者按:"肱",沈文原寫作"月",誤,今據《說文補例》改。

氏")、《公羊傳》(見"規"字下)、《國語》(見"鷽"字下)、《論語》《孟
子》《孝經》《孝經説》(見"公"字下。《孝經説》者,《孝經緯》也)、
《逸周書》《爾雅》《山海經》《史篇》《老子》《墨子》《弟子職》(《管
子》篇名,《漢志》列於《孝經》十一家)、《司馬法》(《漢志》禮家《軍
禮司馬法》百五十五篇)、《楚詞》、甘氏《星經》、《大一經》(《漢志》
五行家有《泰一會易①》二十三卷,《泰一》二十九卷)、《韓非子》
《淮南傳》、揚雄《賦》(見"氏"字下)、《太史卜》《律曆書》《漢律》
《樂浪挈令》(臣鉉等曰:"挈令,蓋律令之書。")。(未出書名者
不録。)

　　説解中有博采古聖先賢當代通人或説者:有天老曰、伊尹
曰、師曠曰、孔子曰、孟子曰、墨子曰、韓非曰、吕不韋曰、楚莊王
曰、宋宏曰。有孔子説、司馬相如説、淮南王説、董仲舒説、劉
歆②説、揚雄説、爰禮説、尹彤説、逯安説、王育説、莊都説、歐陽
喬説、黄顥説、譚長説、周成説、官溥説、張徹説、甯嚴説、桑欽説、
杜林説、衛宏説、徐巡説、班固説、傅毅説、劉向説、京房説、張林
説、賈侍中逵説,不稱名者,尊師也。"心"字下有"博士説",《漢
書·百官表》:"博士,秦官也,事通古今。"

　　説解中有徵引地名者,非盡氾③然無意也,如"亳"下訓"杜
陵亭也",是以"亭"字釋"亳"之从"高",象臺觀高之形,顧亭林謂
許叔重不知地理,亭林未識此例也。殷亳古作"薄",孫淵如辨之
已詳,如"郿"下訓"右扶風鄠縣"是也,《詩》"有邰家室",周作

---

①　編訂者按:"會易",沈文原寫作"套易",誤,今據《説文補例》改。
②　編訂者按:"歆",沈文原寫作"韻",誤,今正。
③　編訂者按:"氾",沈文原寫作"記",誤,今據《説文補例》改。

641

"邨"，漢作"鄒"，古今字，一地也。許書無字無來歷者，合於誼即合於例，不知六書，不得謂之識字，不知《説文》之例，不能明《説文》之誼。……度作《説文補例》，所以求讀《説文》也。

看了上面段、張二家的説明，我們對於《説文》的體例，大致可以明白了。此外關於《説文》所收字體方面，以其有關於文字史者頗大，現在特將他更端説明。古來論《説文》字體的大氐分爲二派：

一説許書中正文下列有古文、籀文者，其正文皆係小篆。

晋衛恒《四體書勢》：

> 許慎撰《説文》，用篆書爲正，以爲體例最可得而論也。

後魏酈善長《水經注·穀水注》：

> 許氏字説專釋於篆而不本古文。

其後清段玉裁因之，於《説文》"一"之古文"弌"下注云：

> 許書法後王，遵漢制，以小篆爲質，而兼録古文、籀文，所謂"今敘篆文，合以古籀"也。小篆之於古、籀，或仍之，或省改之，仍者十之八九，省改者十之一二而已。仍則小篆皆古、籀，故不更出古、籀，省改則小篆非古、籀，故更出之。

又於《説文敘》"今敘篆文，合以古籀"下説：

篆文，謂小篆也。許重復古而其體例不先古文、籀文者，欲人由近以考古也。小篆因古、籀而不變者多，故先篆文，正所以說古、籀也。隸書則去古遠，難以推尋，故必先小篆也。其有小篆已改古、籀，古、籀異於小篆者，則以古、籀附小篆之後，曰"古文作某""籀文作某"，此全書之通例也。其變則先古、籀後小篆。

自宋以來，小學家大都於此種觀念，於是或旁搜他種古文以補許書重文之闕遺，或杜撰一種古文以改訂《說文》形體之錯誤，如宋郭忠恕《汗簡》、夏竦《古文四聲韻》、元戴侗《六書故》、楊桓《六書統》、魏校《六書精蘊》等，其作書之動機，多由於認定《說文》只有篆文，無多古、籀故爾。但照段氏所說的理由研究起來，覺得有可疑之點二：(1)與許書自序中推崇古、籀，遵修舊文的意趣相背。(2)無以解釋以"弌""弍""𠂤""𠕋"……等爲"一""二""牙""册"……等的古文之不合造字先簡後繁之例。於是又有：

一說許書以古文爲主，重文中之古文，乃古文之別體。

清錢大昕《汗簡跋》：

《說文》所收九千餘字，古文居其大半。間有標出"古文""籀文"者，乃"古""籀"之別體。如"一""二""三"之字，必先有"一""二""三"，然後有從"弋"之"弌""弍""弎"，而叔重乃注古文於"弌""弍""弎"之下，可知所言古文者，皆古文之別矣。

清鄭知同《說文本經答問》駁段氏之說曰：

　　許君敘云："今敘篆文，合以古籀。"此全書之綱領也。今欲識許君之書，當先辨"篆"與"合"字。《竹部》"篆"訓"引書"，謂引其筆而書之，此篆之本義。"敘篆文"者，謂用篆法書字，意在明不用漢世隸法作書，非謂秦小篆之字體也。"合"是相合不背之意。"合古籀"者，謂其字體必不背乎古、籀，乃用登錄，意在明不雜取漢世俗書羼入，非謂立小篆爲主，而會合古、籀之文出之也。段氏誤讀二語，解篆文爲秦篆，遂認許書以小篆爲質。解"合"字爲"會合"，遂謂許君以小篆文會合古、籀而作書。其小篆與古、籀同者，立一篆體，而古、籀合在其中。其不同者，先立小篆，以古、籀合出其下。此大亂許書之例者也。

又說：

　　蓋"敘篆文，合古籀"二語，上句本就字法言，下句乃就字體言。其出此二語之意，以不敘篆文則是《凡將》《訓纂》諸篇之就隸書寫古字。不合"古""籀"則如大徐新附之以古篆偏旁加漢後俗體。故必字法、字體兩明之，而後其書爲三代之法，三代之字，昭然可識，皆對俗隸言之。可見許君之書爲復三代之古文而作，以古文爲主，非如段氏云以小篆爲質也。

王國維《漢代古文考·〈說文〉"今敘篆文合以古籀"》說：

　　《說文》通例……凡古、籀與篆異者，則出古文、籀文。至古、籀與篆同，或篆文有而古、籀無者，則不復識別。若夫古、籀所有而篆文所無，則既不能附之於篆文後，又不能置而不録，且《説文》又無於每字下各注"此古文""此籀文""此篆文"之例，則此種文字必爲本書中之正字審矣。故《叙》所云'今叙篆文，合以古籀'者，當以正字言，而非以重文言。重文中之古、籀，乃古、籀之異於篆文，及其自相異者。正字中之古、籀，則有古、籀、篆文俱有此字者，亦有篆文所無而古、籀獨有者。全書中引經以説之字，大半當屬此第二類矣。然則《説文解字》實合古文、籀文、篆文爲一書，凡正字中其引《詩》《書》《禮》《春秋》以説解者，可知其爲古文，其引《史篇》者，可知其爲籀文，引杜林、司馬相如、揚雄説者，當出《倉頡》《凡將》《訓纂》諸篇，可知其爲篆文。雖《説文》諸字中有此標識者十不逮一，然可得其大略。昔人或以《説文》正字皆篆文而古文、籀文唯見於重文中者，殆不然矣。

此外孫星衍《重刻宋本説文叙》，張行孚《説文發疑·小篆多古籀文》亦均以《説文》中之正文即爲"古""籀"，非本小篆。此説實較前説爲精。鄭氏之作，蓋因其父珍《汗簡箋正》證明郭氏所褒輯者爲後世僞託之古文，於是力主《説文》"無字非古"之説。不過鄭氏解釋"合以古籀"之"合"字，謂是"相合不背之意"。果如是則原文當作"今叙篆文，合'於'古籀"，文理方爲可通。今許氏不用"於"字而用"以"字，此點大應注意。按：《爾雅》"合，對也"，郭注謂"相當對"；又"仇，合也"，郭注謂"對合也"，是"合"有儷對之義。（"仇""讎"古通。）"今叙篆文，合以古籀"者，蓋謂著録篆字時，以"古文"（壁經，《左傳》。鼎彝）《史篇》儷對參證之也。大約上句承上文"諸生競逐説字解經誼，稱秦之隸書爲倉頡書"而言，下句承上文"説字皆不合孔氏古文，謬於《史籀》"而言。言己之著《説文解字》，黜俗隸，崇篆體，遵修舊文而不穿鑿，如此解釋，方與許氏原文之意符合無間，今再徵之以傳世殷周龜甲、鐘鼎之刻辭，亦多與許書中之正文相合，如"一""示""言"……之不從許書古文作"弌""爪""𧮫"……及《石鼓文》"速"之不從《説文》籀文作"遬"、"驅"之從《説文》古文作"歐"、"處"之從《説文》或體作"処"，由此益可知《説文》正文之即古文或籀文，而重文中之"古""籀""或體"，實難强爲分別。蓋"籀""篆"二體乃遞相傳述之古文，不可視爲籀、斯所創作截然不同之二種文字。至《説文》所載之"籀文"，所謂"與古文或異"者，乃就當世僅存之《史籀》九篇以校壁中古文而異耳，非古、籀實有異同（參考羅振玉《殷商貞卜文字考》）。推之"古""籀"之於小篆，亦復猶是。又許氏當時采取之篆字，其大宗殆不出下列三種：(1)《史篇》殘本，(2)漢改定本《倉頡篇》，(3)壁中經。至於鐘鼎文字，則以出土者少，且傳拓無法，故著録頗少。今以傳世之殷周卜辭、金文取校《説文》，其與正文合者多，與重文合者少。而重文中之古文，則與效法"壁經"之魏三體石經中之古文成一系統。由此更可知《説文》正文多取《史篇》《倉頡》，爲殷周古文之正宗，重文乃《史篇》、"壁經"之異體奇字，爲晚周或秦漢之變體（參考王國維《漢代古文考》）。兹並將《説文》著録篆字之體例列表説明於下：

《説文》著録篆字體例表

正文	重文	
正篆	無	
正篆	古文	
正篆	籀文（《草部》別言"大篆"）	

正文	重文	
正篆	或	重文爲古、籀或小篆之異文，疑不能定，故曰"或"
正篆	奇字	
正篆	篆文	
正篆	俗	重文爲後起通用之字，故曰"俗"
正篆	通人説及他書	

按：第二例至第七例是説明各重文之字體，第八例爲標準各重文之出處。此外重文中當有"古文""籀文""篆文""或體"數種同列並舉者，要之"古文""籀文"，異體頗多，不能因重文中之有"古""籀"，便斷定正文之非"古""籀"，此理固至爲明瞭。《説文》重文中之籀文，形多重疊。如"孶"之作"蕴"，"乃"之作"𠧪"，"鹵"之作"鹵"，重疊正文之全體者爲一類。又如"敗"之作"𣂈"，"次"之作"㳄"，重疊正文之半體者爲一類。又如"昔"之作"瞽"，"鱸"之作"鱸"，"靁"之作"靁"，於正文全體之外增加重複之形者爲一類。又如"囿"之作"圃"，改變正文爲重疊之體者爲一類。然"某"之古文作"楳"，"宜"之古文作"𡨄"，其重疊竟一如籀文，我們因此可以推知古文與籀文是不能截然劃分的。古文之見於《史篇》者，後人①把他叫作"籀文"便了。王筠對於"楳""𡨄"等字謂"恐是籀文"，未免是膠柱之見了(參考王筠《説文釋例》)。

"篆文"二字，本來是隸書以前字法的通名，後來專把小篆叫做"篆文"，實在是篆文的別義，亦如"倉頡""三倉"之含有廣狹兩義一樣。又許書之所謂"今文"("灋"下云：法，今文省)或亦是指小篆而言。

① 編訂者按："人"，沈文原寫作"八"，誤，今據文意改。

正文中間亦確有知其非"古""籀"而爲後起之字者，如《豆部》的"登（豆屬）""梪①（豆飴）"二字，取豆之通假②義而不用其本義（《未部》豉，俗從豆作"豉"）。《邑部》的"鄯"字（鄯善，西胡國也），鄯善本名樓蘭，漢昭帝時，傅介子誅其王，始更名爲鄯善，爲刻印章。如此之類，都是可以證明其爲後起之篆而非古、籀的。

最終還須將《説文》流傳的版本在這裏大概敍述一下：

許氏《説文解字》自漢末即有傳習之者。《吴志》"嚴畯少耽③學，……好《説文》"，陳江總有《借劉太常〈説文〉詩》，當時皆是迻寫之本，故顔之推《家訓》有"今之《説文》皆許慎手迹乎"之問。至唐代宗大曆間（西曆七六六～七七九）李陽冰以篆學得名，更刊定《説文》，其書久已不傳。幸徐鍇《説文繫傳·袪妄》篇尚存其説若干條，學者於此尚得睹其詆訶許氏之梗概。又嚴可均《鐵橋題跋》云："諦觀楚金《繫傳》，知邢昺等所引《説文》皆李陽冰本也。鼎臣亦頗取陽冰語羼易許書。後人又取鼎臣本校改楚金本。唯《袪妄》篇尚存楚金之舊，以勘《通釋》及鼎臣本，其羼易之迹略可得之。"又云："鼂以道得唐本《説文》，以校徐鼎臣本，著《參記許氏文字》一書，今不得見。而仲達（戴侗字）《六書故》頗載唐本、蜀本、監本，且於二徐本外間載他本。其唐本蓋即取諸鼂氏書也。"又唐人著注疏音義所引《説文》，多有與今本不同者，此皆今日可用以推求唐本及李本之材料。及至宋初，徐鉉奉詔以集書正副本，及群臣家藏者校定《説文》爲三十卷，每卷共分上下。其許慎注義及序例偏旁有之而《説文》闕載者十九字，及

---

① 編訂者按："梪"，沈文原寫作"登"，誤，今據《説文解字》原文改。
② 編訂者按："假"，沈文原寫作"段"，誤，今據文意改。
③ 編訂者按："耽"，沈文原寫作"耿"，誤，今據《三國志》（中華書局，2019年）改。

經典相承傳寫與時俗要用而《説文》無者均承詔附益之，並加孫愐音切。其書於太宗雍熙三年（西曆九八六年）寫雕流布。其後因李燾《五音韻譜》出，鉉本遂微。段玉裁《汲古閣〈説文〉訂序》云："前明一代多有刊刻《五音韻譜》者，而刊刻鉉書者絶無。好古如顧亭林，乃云：'《説文》原本次第不可見，今以四聲列者，徐鉉等所定也。'嘻！其亦異矣。"其實明末亦有翻刊之者，常熟毛晋及其子毛扆得宋始一終亥小字本以大字開雕。（段氏《汲古閣〈説文〉訂序》謂毛所仿刻爲明趙均所鈔大字本，孫星衍《重刻宋本〈説文〉序》亦云"毛晋初印本依宋大字本翻刊"。阮元謂毛晋所刻係據王昶所藏之宋小字本，"凡有舛異，皆毛扆妄改"。按：王本後歸陸氏䜌宋樓，今藏日本岩崎氏文庫，商務印書館借印入《續古逸叢書》中。）段玉裁《汲古閣〈説文〉訂①序》謂曾見其"初印本，斧季（毛扆字）親署云'順治癸巳（十年，西曆一六五三年）汲古閣校改第五次本'，考四次以前，微有校改，至五次則校改特多。往往取諸小徐《繫傳》，亦間用他書。今坊肆所行，即第五次校改本也。"毛本清朱筠曾於乾隆三十八年（西曆一七七三）翻刻於安徽，是爲朱刻大字本。嘉慶十二年（西曆一八〇七）額勒布重雕新安鮑惜分家藏宋本，是爲藤花榭中字本。嘉慶十四年（西曆一八〇九）孫星衍重刊宋小字本，依其舊式，自謂"即有譌字，不敢妄改"，是爲平津館小字本。民國十二年商務印書館假日人岩崎氏所藏宋本影印，此書殆即孫氏所據者？兹並將上述各種本子列表説明於下（徐鍇《繫傳》及李燾《五音韻譜》歸在下面"專治《説文》的書"一類中講）：

---

① 編訂者按：沈文原脱"訂"，今補。

毛扆汲古閣五次剜改本

未剜改本殊不易得。段玉裁謂元和周錫瓚藏有汲古閣初印本。許瀚跋校孫本《説文》云："道光壬辰（十二年，西曆一八三二年）何紹基得毛氏未剜本於武林。"

朱筠重刻汲古閣大字本

原序云："惜未及以徐鍇《繫傳》及他善本詳校。第令及門宛平徐瀚檢①正刻工之譌。又令取十三經正文分別本書載與不載者，附著卷末，標曰《文字十三經同異》。"

額勒布藤花榭中字本

孫星衍謂"近有刻小字宋本者，改大其字，又依毛本校定，無復舊觀"，殆即指此本。

孫星衍平津館小字本

此本重刻入《小學彙函》。同治十二年（西曆一八七三）陳昌治重編爲一篆一行本，刻於廣州。商務印書館影印岩崎所藏宋本（在《續古逸叢書》中）。

此即王昶所藏者。孫刻蓋亦據此本。

唐寫本《説文·木部》（莫友芝爲之箋異，同治三年［西曆一八六四］曾國藩刻於安慶。）

是書係殘本，且原書已不可見，真僞未易判決，特附記於後。原本有米友仁鑒定款識。劉毓崧以書中避諱之字考之，定其爲憲宗元和十五年（西曆八二〇）寫本。其文共計百八十有八，與兩徐本篆體不同者五，説解增損殊別百三十有奇。説解與段玉裁《注》、嚴可均

---

① 編訂者按："檢"，沈文原寫作"拾"，誤，今據朱筠《笥河文集·説文解字敘》（中華書局，1985 年）改。

《校議》所改訂者頗多闇合，而與段說同者尤夥。假使眞爲唐人寫本，是較唐寫卷子本《玉篇》更爲可寶，然頗有人疑其係掇拾段說，以作僞者。光緒九年(西曆一八八三)張炳翔重刊入《許學叢書》。

以上敘述開闢這個時期的許愼之歷史，與夫《說文解字》之内容及其傳本的大概。下面再將這個時期中間：

    (1)專治《說文》的學說(附僞託古文諸書)；

    (2)祖述《說文》的各種字書；

    (3)非《說文》系的各種字書。

分類的擇要敘述一下：

(1)專治《說文》的學說：文字形義學創始於許愼，到了漢末已有傳習之者，劉熙作《釋名》，張揖作《廣雅》，韋昭、唐固注《國語》，多采取許書，《吳志》稱嚴畯“少耽學，又好《說文》”，《王粲傳》注引《魏略》“邯鄲淳善《蒼》《雅》、蟲篆、許氏字指”。又江式、顏之推亦均推崇許氏，不遺餘力，這都是當時學者傳習《說文》的證據。但是魏晉以來研究字指之學的，其傳受却也各自不同，譬如江式《求撰集①古今文字表》云：

> 魏初博士張揖著《埤倉》《廣雅》《古今字詁》，……其《字詁》方之許愼篇，古今體用，或得或失矣。

---

① 編訂者注：“求撰集”，沈文原寫作“乞撰”，誤，今正。

又《後周書》説：

> 黎景熙其從祖廣太武時爲尚書郎，善古學，嘗從吏部尚書崔元伯受字義，又從司徒崔浩學楷篆。自是家傳其法，景熙亦傳習之，頗與許氏有異。

又梁庾元威《論書》：

> 許慎穿鑿賈氏，乃奏《説文》；曹庄開拓許侯，爰成《字苑》。

又北齊顔之推《家訓》：

> 世之學者讀五經是徐邈而非許慎。

這又是字指之學有出於《説文》之外的證據。到了唐代，於國子監置書學博士，立《説文》《石經》《字林》之説，舉其文義，歲登下之（參考《新唐書·選舉志》《百官志》）。《説文》至此才立於學官。但如張參《五經文字》、唐玄度《九經字樣》，解説字形，未盡遵守許氏，釋玄應之《衆經音義》亦偶有與許説異者。又當時學者多誤將《字林》與《説文》混而第一，故引用者往往稱《字林》爲《説文》，唐朝末年，《説文》殘缺，校之者又取《字林》以補《説文》。此外如李陽冰之刊定《説文》，多排斥許説；後唐林罕因之作《字原偏旁小説》，晁公武《郡齋讀書志》謂其"頗與許慎不同，而互有得失"。及至宋初二徐校定《説文》雕印官本之後，《説文》乃爲研究文字學者之唯一法程了。

宋李燾《説文五音韻譜序》：

> 徐鍇所著書四十篇，總名《繫傳》，蓋尊許氏若經也。

又云：

> 嘗謂小學放絶久矣，欲崇起之，必以許氏爲宗。

宋陳振孫《直齋書録解題》：

> 張有工篆書，專本許氏，一點畫不妄錯。嘗爲林攄母書墓
> 碑，"魏"上加"山"，攄非之，有云："手可斷，字不可易。"

元李文仲《字鑑序》：

> 在《説文》之前者，非《説文》無以明，生《説文》之後者，捨《説
> 文》無以遵。

據此可以知道《説文》見重於宋以後的情形了。不過宋以後之治
《説文》者，除徐氏之外，其他雖名爲整理《説文》，而其所用之方法，均
無足取，徒令人對於文字形義上增加一層迷惑而已，至如王安石《字
説》之獨逞臆説，郭忠恕《汗簡》之僞託古文，雖皆爲反《説文》派的，但
都不能成一種氣候。現在將李陽冰以次各家學説釋要敘述於下。雖
其中立説之可取者，十不能得一二，因爲要教後之學者知道古人已經

走過的有這許多迷途和歧路，我們就不致再去蹈那個覆轍了。

唐李陽冰刊定《説文》

宋李燾《説文五音韻譜》：

> 大曆間（代宗，西曆七六六～七七九）李陽冰獨以篆學得名，更刊定《説文》，仍祖①叔重。然頗出私意，詆訶許氏，學者恨之。

後唐林罕《字原偏旁小説序》：

> 唐將作少監李陽冰就許氏《説文》復②加刊正，作三十卷，今之所行者是也。

其書久已失傳，徐鍇《繫傳·袪妄》篇載其所刊定之五十六字，加以駁正。而《通釋》中間或亦引其説，如“改”下引“李陽冰曰：‘已有過，攴之即改。’”“尸”下引‘李陽冰曰：‘尸展。’”徐鉉校定《説文》亦頗取李説屢易許書，如“笑”字乃李氏所補，鉉據以入《竹部》（《繫傳》所載“笑”字，係張次立據鉉本增入）。又據嚴可均之考證（原文見前 650 頁），知邢昺所引及《六書故》所據，當有李説。此外如唐慧琳《一切經音義》（德宗貞元四年，西七八八～憲宗元和五年，西八一〇）引用許

---

① 編訂者按：“祖”，沈文原寫作“袒”，誤，今據《説文解字五音韻譜序》（明弘治十四年車玉刻本）改。

② 編訂者按：“復”，沈文原寫作“後”，誤，今據《全唐文·林氏字源編小説序》（中華書局，1983 年）改。

書以時考之，或與李氏《刊定説文》有關，亦未可知。今據二徐本所錄，則其刊定之文，可分三類：（1）補篆，如"笑"字是。（2）改篆，如"日""欠""頁""非""金""豸"諸字是。（3）改注，有説象形而不本許誼別出新解者，如"隹""木""與""豕""亥"諸字是；有改指①事、象形爲會意者，如"刃""齊""未""州""率""土"諸字是；有改形聲爲會意者，如"毒""路""袁""戌"諸字是；有改會意爲形聲者，如"豐""血""秃"諸字是；有以切音説造字者，如説"弦"字小徐譏其"全以音爲字，則是七書，不得言六書"。今觀小徐所駁李氏諸説，游衍無據者固多，然其中亦有一二勝解，爲徐氏所不及者，如謂"日"字當作正圓形；"隹"非短尾鳥之稱；"木"象木形，非從屮；"与②"與"互"同意；"亥"字本象豕形，古文減一畫爾之類，皆有當於古人造字命名之旨，未可一例抹殺。

南唐徐鍇《説文繫傳》

（鍇字楚金，南唐後主時官内史舍人，年五十五卒。卒逾年，江南滅於宋。鉉生於後梁末帝貞明六年[西九二〇]，卒於宋太祖開寶七年[西九七四]。）

本書分《通釋》一至三十（以許書十五篇，篇析爲二），通釋其文字，引申許説，間加己見。《部敘》三十一至三十二，擬《易·序卦傳》以明《説文》五百四十部先後之次。《通論》三十三至三十五，就字義推闡道德法制等次第相因之理。《袪妄》三十六，斥李陽冰之説。《類聚》三十七，舉數目、助語、五行……等字相比爲義者，類聚而釋之。《錯綜》三十八，旁推六書之旨，通諸人事以盡其意（按：此篇辭似未

---

① 編訂者按："指"，沈文原寫作"稿"，誤，今據文意改。
② 編訂者按："与"，沈文原寫作"與"，誤，今據文意改。

完,亦擬《易傳》之作。)《疑義》三十九,舉《說文》偏旁所有而闕其字,及篆體筆畫相承小異者,並略述六書要指及書法沿革。《系述》四十,自敘其作書之旨趣。音則用朱翱反切。《繫傳》北宋時已殘缺不完,故宋本卷末有熙寧二年(神宗,西一〇六九)蘇頌記云:"舊闕二十五、三十共二卷,俟別求補寫。"又尤袤於乾道九年(孝宗,西一一七三)題云:"余暇日整比三館亂書,得徐鍇《說文繫傳》,愛其博洽有根據,而一半斷爛不可讀。……乃從葉石林氏借得之,方傳録未竟,而余有補外之命,遂令小子概於舟中補足。是書得於蘇魏公家,而譌舛尚多,當是未經校理也。"又李燾《說文五音韻譜序》云:"余蒐訪歲久,僅得其七八,闕卷誤字,無所是正,每用太息。"又王應麟《玉海》亦云:"今亡第二十五卷。"是《繫傳》在宋時已殘闕不完,今傳本第三十卷不缺,當是宋人續得補入,故《玉海》云然。其第二十五卷,則後人撫采徐鉉之書以足之,非其原本。清初是書尚尟傳本,故錢曾《讀書敏求記》稱爲"驚人秘笈",方以智《通雅》謂"楚金所繫,今皆遺失",王士禎《古夫于亭雜録》亦謂"《說文繫傳》不見,不知海内藏書家尚有傳之者否"。後乾隆三年(西一七三八)徐堅曾重鈔吳玉搢寫本。自乾隆四十七年(西一七八二)安徽汪啓淑合舊鈔數本校録付梓,然後《繫傳》乃有刻本。

今將清代各家刻本臚舉於下,並加以說明:

歙汪啓淑大字本

王筠《書朱文藻〈說文繫傳考異〉後》曰:

　　余初讀汪氏本,見其篆文欹側伸縮之迹,一符汲古,臆其憚於撫寫,即刻毛本之篆付之剞劂。偶有數字異體,則刻後校改,故其文彌劣,而校者又頗疏也。

石門馬俊良《龍威秘書》小字本

王筠《説文繫傳校録》云：

> 乙未八月（道光十五年，西一八三五）在都借馬氏《龍威秘
> 書》讀之，是書蓋以汪本付刊，而頗有校正。

壽陽祁寯藻刻仿宋本（附校勘記）

祁氏以汪本、馬本譌奪錯亂，因從顧千里之孫瑞清假得舊鈔本，
校以蘇州汪士鐘所藏宋刻本第三十二至三十四卷，大略相符，因定顧
本爲景宋足本（顧本第二十五卷係據大徐本補入），遂請李兆洛董紀
其事，依寫開雕。復請苗夔蒐采《韻會》等書所引《繫傳》，輯補編附。
又命其弟子承培元等作校勘記三卷。書成於道光十九年（西一八三
九）。從此《繫傳》始有較善之本可讀。但仍有不饜人意之處，今擇録
王筠《上祁春圃先生書》於下，以資參考：

> 按：刻書者，依其原本而刻之也；校書者，列各本異文纖悉必
> 備也；定書者，校各本之長短別白而定一尊也。夫子此舉，本是
> 刻書，而從事諸人遽欲定書。又不敢顯背夫子之言，乃成陽奉陰
> 違之舉，吁！可異也。……夫子博搜①舊本而得顧鈔，將以信今
> 而傳後，是以刻之。是必一依其舊，雖明知其誤而亦仍之，而後
> 於刻書之義合，而後於夫子之初指合也。蓋不論是非，一仍其
> 舊，人見其非，曉然以爲非，而後人見其是，乃敢確然信以爲是。

---

① 編訂者按："搜"，沈文原寫作"按"，誤，今據《清詒堂文集・上春圃先生書》（齊
魯書社，1987年）改。

今改其非，人尚安敢信其是者乎？夫子既欲再刻，則願仍取顧氏本刻之，勿取竹君先生藏本刻之。何也？竹君先生本與汪刻本、朱文藻《考異》所據，其行款及篆注之有無，一切悉同。唯顧氏別自爲一本。兩本相校，可以互勘，勝以水濟水多矣。似當使與顧氏善者借之以來，而命性情醇謹不敢忘作者董其事，一切謬誤，悉仍其舊，而前刻之本亦歸於有用。何也？所引古書，今校正之，可以省初學翻閱之日力也。即有小徐所據之古書尚有不同今本而爲吳氏（汝庚）、承氏（培元）所誤改者，亦可以此本正之。如《考工記》注所引之"倚移從風"，即今本《上林賦》之"猗狔從風"，又《通釋》二十五卷乃張次立補，此宋時大徐本也，今盡以汲古本改之，儳矣！然大徐"繭"字篆雖從"芇"，注固云"芇省"，竹君先生本則作"繭"，《韻會》引同，《衣部》"襺"字亦同。彼不通全書而讀之，何以妄下雌黃乎？然既有兩本互校，則此等錯誤都從末減矣。

觀此可知祁本之缺點，但書中所云祁欲再刻，則未成爲事實。王筠於《繫傳》亦別有《校錄》，頗可參考。

按：《繫傳》在宋代已有脫誤，且經張次立竄亂，原書真本今日已不可得見，唯元初黃公紹《韻會》所引，多爲小徐真本，故段玉裁《說文注》中往往引以校訂許書。其《汲古閣說文訂序》云：

> 今世所存小徐本，乃宋張次立所更定，而非小徐真面目；小徐真面目僅見於黃公紹《韻會舉要》中。（按：《韻會》爲黃公紹作，其館客熊忠因就而約之爲《舉要》。）

又嚴可均《韻會舉要跋》亦云：

> 《説文》用小徐《繫傳》本，《繫傳》本宋世已不全。此書所引起《系部》止《卯部》，亦用大徐及舊韻所引補入。而"木""禾""馬""心"等部彼時尚全，今復有爛闕。故《韻會》可作宋本《繫傳》觀也。

徐鍇《説文解字篆韻譜》

（馮桂芬刻本，《小學彙函》本）

鉉爲之序曰：

> 許（慎）、李（陽冰）之書，僅存於世，學者殊寡，舊章罕存，秉筆操觚，要資檢閲，而偏旁奥密，不可意知，尋求一字，往往終卷。力省功倍，思得其宜。舍弟楚金特善小學，因命取叔重所記，以《切韻》次之，聲韻區分，開卷可睹。……止欲便於檢討，無恤其他。故聊存訓詁，以爲別識。其餘敷演，有《通釋》焉。五音凡五卷。

鍇既殁，鉉復廣求餘本，爲之校定，又作後序云：

> 今復承詔校定《説文》，更與諸儒精加研覈。又得李舟所著《切韻》，殊有補益。其間有《説文》不載而見於序例注義者，必知脱漏，並從編録。疑者則以李氏《切韻》爲正，殆無遺矣。前序猶

謂學者殊寡,而今之學者蓋多,家畜數本,不足以供其求借,穎川
陳君文灝……因取此書刊於尺牘,使模印流行,繕寫省功百倍
矣。因躬自篆籀,庶抵來命。

是此書雖爲錯作,而經鉉屢次修補。可目爲兄弟二人所合作者。
其原意只在便於檢尋許書,然今日却可因之以校勘二徐兩本《說文》,
如王筠《篆韻譜校》所舉"坣""燮""諤""匷""影""鶴""媱""尊"諸字,
各本或奪或譌,獨賴此書正之。又觀鉉序所云"今之學者蓋多,家畜
數本,不足以供其求借",可見二徐提倡《說文》之後。學者聞風興起
的狀況,而工具書之有裨益於學問之研究,亦可於此見之。

徐鉉校定《說文》

(鉉字鼎臣,梁太祖貞明二年[西九一六]～宋太宗淳化二年[西
九九一]。)

今世流傳始一終亥之《說文》,即爲鉉所校定之本,其流傳之梗
概,上面已經敘過了。現在只將他校定的方法略說一下。宋太宗雍
熙三年(西九八六)鉉等《上校定〈說文〉表》云:

　　蓋篆書堙替,爲日已久,凡傳寫《說文》者,皆非其人,故錯亂
遺脫,不可盡究。今以集書正副本及群臣家藏者,備加詳考,有
許慎注義序例中所載而諸部不見者①,審知漏落,悉從補錄。復
有經典相承傳寫及時俗要用而《說文》不載者,承詔皆附益之,以

---

① 編訂者按:"者",沈文原寫作"書",誤,今據徐鉉《上校定〈說文〉表》(《說文解
字》,中華書局,1963年)改。

廣篆籀之路，亦皆形聲相从不違六書之義者。其間《説文》具有正體，而時俗譌變者，則具於注中。其有義理乖舛，違戾六書者，並序列於後，俾夫學者無或致疑。又許慎注解，詞簡義奧，不可周知。陽冰之後，諸儒箋述有可取者，亦从附益。猶有未盡，則臣等粗爲訓釋，以成一家之書。《説文》之時未有翻切，後人附益，互有異同。孫愐《唐韻》行之已久。今並以孫愐音切爲定，庶夫學者有所適从。

綜觀以上所述各節，可見二徐顯揚《説文》之功了。但是他們的書頗有缺點，曾經清錢大昕、戴震二家所駁斥，特撮録在這裏，以代批評。錢氏《潛研堂文集·跋大徐本〈説文〉》云：

鉉等雖工篆書，至於形聲相从之例，不能悉通，妄以意説：如《説文》"代"取"弋"聲，徐以"弋"爲非聲，疑兼有"忒"音，不知"忒"亦从"弋"聲也。……"軍"取"軍"聲，徐以爲當从"揮"省。不知"揮"亦从"軍"聲，"軍"轉爲"威"，猶"斤"轉爲"幾"，"祈""圻""蘄""沂"之取"斤"聲，"揮""軍"之取"軍"聲，皆聲之轉而徐未之知也。……"兑"取"台"聲，徐以爲非聲。按："兑""説"同義，"説"即从"兑"得聲，"台"轉爲"説"，猶"珍"轉爲"餤"，此四聲之正轉，而徐亦未之知也。……"籬'取'糕'聲，讀若'酉'"，徐云："'糕'側角切，聲不相近。"按："糕"本从"焦"聲，平入異而聲相通，鄭康成謂"猶""摇"聲相近，"脩"有"條"音，"縣"有"宙"音，"秋"从"鰌"聲，"茅"从"矛"聲，"朝"从"舟"聲，"彫"从"周"聲，皆聲之相轉，何獨疑"籬"之"糕"聲，是古音相通之例徐亦未之知也，其他增入會意之訓，大半穿鑿附會，王荆公《字説》，蓋濫觴於此。

又《十駕齋養新録》"二徐私改諧聲字"一條云：

《説文》九千三百五十三文，形聲相从者十有其九，或取同部之聲，今人所云"疊韻"也；或取相近之聲，今人所云"雙聲"也。二徐校刊《説文》，既不審古音之異於今音，而於相近之聲全然不曉，故於"从某某聲"之語，妄有刊落。然小徐猶疑而未盡改，大徐則毅然去之，其誣妄較乃弟尤甚。今略舉數條言之："元，从一兀"，小徐云"俗本有'聲'字，人妄加之也"。按："元""兀"聲相近，"兀"讀若夐，瓊或作璇，是"夐""旋"同音，"兀"亦與"旋"同也；"髡"从兀或从元；"軏"，《論語》作"軏"，皆可證"元"爲"兀"聲。小徐不知古音，轉以爲俗人妄加。大徐並不載此語，則後世何知"元"之取"兀"聲乎？……"昆，从日，比聲"。按："比""頻"相近，"玭"或作"蠙"，"昆"由"比"得聲，取相近之聲也。小徐不敢質言非聲，乃創爲"日月比之"之説，大徐采其語而去"聲"字，毋乃是今而非古乎？

此外戴震《六書論序》亦云"謂諧聲最爲淺末者，後唐徐鍇之疏也"。我們看了錢、戴兩先生的議論，可以知道二徐學説之缺點。及二徐兄弟之優劣，而清代小學家與宋代小學家異同的消息，亦可以於此參得之。

宋李燾《説文解字五音韻譜》

（燾字仁甫，眉州丹稜人，宋徽宗政和五年～孝宗十一年［西曆紀元一一一五年～一一八四年］。）

燾因徐鍇《篆韻譜》，別作《五音韻譜》。初稿仿《類篇》以韻改次部中文字，而部敘仍依《説文》不改。繼虞似良（仲房）謂部敘亦宜以聲相从，不可獨異。遂用徐氏舊譜，參取《集韻》卷第，起東終甲，而偏旁各以形相从，悉依《類篇》，於是《説文》形聲具存於此譜。較之《篆韻譜》專以聲相从，偏旁一切都置之者，檢閲較更徑捷。雖學者譏其移徙《説文》目一至亥之部爲始東終甲，致舊次蕩然無遺。然實爲檢閲《説文》的一種必要工具。且於《説文》原注，采録無遺，此層亦比《篆韻譜》爲佳，故流俗盛行。段玉裁《汲古閣〈説文〉訂序》説：

> 自鉉書出而鍇書微，自李氏《五音韻譜》出而鉉書又微，前明一代多有刊刻《五音韻譜》者（明萬曆陳大科刻大字本、又明刻中字本、又天啓世裕堂重刻本）而刊刻鉉書者絶無。

可見燾書之風行一時。但其書雖行而其名却不顯，明人刊《文獻通考》載其序徐鍇《繫傳》下，《永樂大典》又載於徐鍇《韻譜》下，世遂不知此書之爲燾作。明陳大科、茅臻竟誤爲許慎舊本。顧炎武又以爲"《説文》原本次第不可見，今以四聲列者，徐鉉等所定也"。我們看了魏了翁《集陽雜鈔》載李燾《五音韻譜》前、後序，則此書固爲燾作無疑。至於燾書所本的《説文》本子，據桂馥的考證：

安邑宋君葆淳得《説文》小字本，有毛晉印、季振宜印，是元明間坊本，與毛氏刻本間有不同，如《水部》"洇"字从因，音於真切是也。昔陸佃、王子韶入資善堂修定《説文》，疑此即陸、王修定之本，李氏《五音韻譜》出於此本。

但"洇"字今所存宋本本作"洇"。唯小徐本作"洇"，毛扆據以改大徐本耳，未足據爲《五音韻譜》與大徐本不同之證。其後元包希魯作《説文解字補義》，全載《韻譜》原文，惜包書秖有元刻本，頗不易得。

以上是説自唐李陽冰以來校定《説文》，及爲《説文》作箋注、作索引的各家。現在還要説一説宋代以還闡發推衍《説文》之義，以羽翼許書的著作，爲敘述便利起見，分爲三派來講：

甲、研究字原偏旁者

這一派裏面又可分三類：一爲隨意改訂《説文》者；二爲恪遵《説文》者；三爲本鐘鼎古文校訂《説文》者。現在先述第一類。

宋釋夢瑛《篆書偏旁字原》

自唐李監以臆説刊定《説文》，其侄騰本之書《説文字原》五百餘字，刊於石，其名見於《崇文總目》而世無傳本。後唐林罕又取陽冰所重定者，篆《字原偏旁小説》五百四十一字（明宗長興二年，西九三一年自序），復采《開元文字》，以隸書釋於篆文之下，曾刻石於成都，今亦不存。鼂氏《讀書志》謂其"以《説文》部居隨字出文以定偏旁，其説頗與許慎不同，而互有得失"。入宋有夢瑛，與郭忠恕同習篆，亦宗陽冰，以林罕妄改許書，特篆書《偏旁字原》五百四十字，於真宗咸平二年（西九九九年）勒石於長安文廟，今尚存，乾隆五十七年（西一七九二年）吳照曾摹刻於《字原考略》中。其書雖爲矯正林罕而作，然亦多與許氏有異，故畢沅、盧文弨均譏其篆體失正，音切不合。

元周伯琦《説文字原》

（《吉石盦叢書》三集有石印影元槧本）

其書於惠宗至正九年（西一三四九年）自序，其略云：

> 文字五百四十，定其次敘，述以贊語，複者删之，闕者補之，音訓之譌者正之。分爲十有二章，以應十又二月之象。

周書於許氏五百四十部，移其次第，增入十七部，删去十七部，又復改定字形，如"丘"作 Ⅷ，"禿"作 ，"畫"作 之類，於許氏多所牴牾。分部以類相从，略如《玉篇》，而輾轉相生，自成一家之説。伯琦又著《六書正譌》（明胡氏重刊本），以韻分爲五卷，自謂《字原》以敘制作之全，《正譌》以刊傳寫之謬。蓋《正譌》者，於世俗通行之字，正其點畫偏旁、音義訓詁之譌，使不繆於篆籀六義制作之本旨。《四庫提要》評此二書，謂其"推衍《説文》者半，參以己見者亦半，瑕瑜互見，通蔽相仿，不及張有《復古編》之精密，而亦不至如楊桓《六書統》之糅雜"。

這一類的學者偏重主觀，雖名爲闡發《説文》真義，其流弊直是不憑證據，妄改古書，於是有第二類的學者起而矯之。

宋張有《復古編》

（乾隆安邑葛氏重刊本）

吳興道士張有（謙中）以爲《説文》"點畫之微，轉仄從衡，高下曲直,毫釐有差,則形聲頓異。自陽冰前後名人,格以古文,往往而失"。有於是作《復古編》,據古《説文》以爲正,一筆不妄錯。用心三十年,至徽宗政和三年(西一一一三年),年六十,始成書三千言。《四庫提要》評之云:

> 《復古編》根據《説文》以辨俗體之譌,以四聲分隸諸字。正體用篆書,而別體、俗體則附載注中,猶顔元孫《干禄字書》分正、俗、通之例。下卷入聲之後附録《辨證》六篇:一曰聯緜,二曰形聲相類,三曰形相類,四曰聲相類,五曰筆迹小異,六曰上正下譌,皆剖析毫釐,至爲精密。

有雖有意矯正林夢瑛之失,而《復古編》亦不能無疵瑕。錢大昕《十駕齋養新録》①評之曰:

> 謙中雖篤信《説文》,然所據者乃徐氏校定本,如"樗""琛""襦""韻""塾""劇""坳""辮""毹"②皆徐新附字,"笑"爲③李陽冰所加而誤仞爲正文。"琵琶"乃"摠把"之譌而以爲"枇杷","凹凸"乃"窅突"之俗而以爲"坳埞","認"古書作"仞"而以爲"訒","妙"古書作"眇"而以爲"紗","采"與"突"④,"須"與"湏","畐"與"㚖",形聲俱别而併爲一文,此則誤之甚者。

---

① 編訂者按:經核查,下段引文當出自《潛研堂集‧跋復古編》(上海古籍出版社,1989 年)。

② 編訂者按:"毹",沈文原寫作"球",誤,今據《潛研堂集‧跋復古編》改。

③ 編訂者按:沈文原引脱"'笑'爲"二字,今據《潛研堂集‧跋復古編》補。

④ 編訂者按:"突",沈文原寫作"突",誤,今據《潛研堂集‧跋復古編》改。

其書後吳均(元人?)曾增修之。

元曹本《續復古編》

(光緒姚氏咫進齋重刊影元鈔本)

曹書於張氏六類之外添加音同字異、字同音異二類,積功二十年而始成書(文宗至順三年～惠宗至正十二年,西一三三二～一三五二)。

這一類的學者,矩矱許書,謹守繩墨,一洗前人妄作之惡習,其直接影響於宋元人者少。而間接影響於清代乾嘉學者則甚夥。至其流弊則在於過崇《說文》,雖其錯誤奪略之處,亦不敢旁求他證以訂正之。至於第三類學者,則又與之不同。

宋郭忠恕《汗簡》

(廣雅書局鄭珍《箋正》本)

忠恕原仕周,爲國子書學博士,太宗時曾召爲國子監主簿,後以放縱敗度,於太平興國二年(西九七七年)流登州,道卒。此書《宋志》與《佩觿》並載,《郡齋讀書志》《直齋書錄解題》及《崇文總目》均但載《佩觿》而不及此書,是宋代已罕見。後李建中得之秘府,大中祥符五年(真宗,西一〇一二年)李直方得之建中。初無撰者名字,建中以字下注文有臣忠恕字,證以徐鉉所言,定爲郭氏之作。《四庫提要》曰:

其分部从《说文》之舊①,所徵引古文凡七十一家,前列其

---

① 編訂者按:"舊",沈文原寫作"曰",誤,今據《四庫全書總目提要》(中華書局,1965年)改。

目，字下各分注之。時王球、吕大臨、薛尚功之書皆未出，故鐘鼎闕焉。其分隸諸字即用古文之偏旁，與後人以真書分部、案韻繫字者不同。……所徵七十一家，存於今者不及二十分之一，後來談古文者輾轉援據，大氐從此書販鬻，則忠恕所編實爲諸書之根柢。

錢大昕《跋汗簡》云：

　　郭忠恕《汗簡》，談古文者奉爲金科玉律。以予觀之，其灼然可信者，多出於《説文》，或取《説文》通用字，而郭氏不推其本，反引他書以實之。其他偏旁詭異不合《説文》者，愚固未敢深信也。予嘗謂學古文者當先求許氏書，鐘鼎真贋雜出，可采者僅十之一，至如"岣嶁文""滕公石室文""崔彦裕纂古"之類，似古實俗，當置不道。

鄭知同序鄭珍《汗簡箋正》云：

　　先君子恒苦後來溷亂許學而偽託古文者二：在本書中有徐氏"新附"，在本書外有郭氏《汗簡》，世不深考，漫爲所揲。自宋已還，咸稱新附爲《説文》，與許君正文比並，已自誣惑。而《汗簡》尤若真古册書之遺。昫其奇佹者，至推爲遭秦所劫盡在於斯，而反命許書爲小篆，何其倒也。……新附之蔽不過舉漢後字加諸先秦，猶屬經典通行習用，識者辨其非古，求得本文則已，無他詩也，《汗簡》之不經則異是，其歷采諸家自《説文》《石經》而外，大抵好奇之輩影附詭託，務爲僻怪，以炫末俗。甚者有如"碧落文""王庶子碑""天台經幢""義雲切韻""裴光遠集綴"等十數種，其骫骳之蹟，往往如出一轍，郭氏乃專信不疑，裒輯繁猥，不遺餘力。加之自爲裁制，求合所定偏旁，未免變易形體，以就己律，不必其出處有然，自我作古，於斯爲劇。即或本非俗造，舊有自來，而出世久傳譌，動成歧異，至有一文演爲數體，是類復了無決擇，前後差互疊出，更屬觸目榛蕪。其間偶有真書出許祭酒網羅之外，賴其著錄以存編中，正寥寥可指屈，初無補於全文之踳駁也。

鄭氏之批評郭書，極爲恰當。《汗簡》規模，雖仍許書之舊，而部首形體，多半變更。所本固祇屬流傳之典册，實開後人以鐘鼎改《説文》之先河。忠恕尚有《佩觿》二卷，論列形者譌變之由，及字畫之疑似者，亦《干禄字書》之流亞也。

宋夏竦《古文四聲韻》

是書竦序於慶歷四年（仁宗，西一〇四四年）。

其略曰：

> ……太學博士周之宗正丞郭忠恕首編《汗簡》，究古文之根本，文館學士句中正刻《孝經》，字體精博，西臺李建中總①貫此學，頗爲該洽，翰林少府監丞王維恭寫讀古文，筆力尤善，殆今好

事者傳識古文科斗字也。臣逮事先聖，久備史官。祥符中（真宗）郡國所上古器多有科斗文，深①懼不通，以忝厥職。由是師資先達，博訪遺逸。斷碑蠹簡，搜求殆徧。積年②踰紀，篆籀方該。自嗟其勞，慮有散墜，遂集前後所獲古體文字，準《唐切韻》分爲四聲，庶令後學易於討閱，仍條其所出，傳信於世。⋯⋯

序中雖云參考古器文字，實際則仍郭書之舊，所加之鐘鼎唯己西方彝、𥁕敦、𥁕生鼎、分寧鐘、戠敦、師𠤳敦歉③器而已（乾隆時汪啓淑重刻汲古閣影宋抄本以其不見於原目，疑爲後人闌入者，並削去）。故元熊朋來序楊鉤④《增廣鐘鼎篆韻》曰：

> 初夏氏仿二徐韻例以《唐韻》繫古篆，於時器款未備，其間鐘鼎字文缺略，頗泛取俗書以備奇字，亦未以鐘鼎名也。

體例則改《汗簡》以偏旁分部⑤，而分韻録之。《汗簡》偏旁全用古文，不從隸體，猝不易尋。此書以韻分字，而以隸領篆，較易於檢閱。字數則《汗簡》所引七十一家，此書標目有九十八家，雖汪啓淑指摘有重出者，有錯誤者，有後人闌入者，然比之《汗簡》，實略有增益。關於此書之價值錢大昕批評得甚爲恰當：

---

① 編訂者按："深"，沈文原寫作"瀾"，誤，今據《古文四聲韻》改。
② 編訂者按："年"，沈文原寫作"筆"，誤，今據《古文四聲韻》改。
③ 編訂者按："歉"字疑誤，不知本當作何字。
④ 編訂者按："鉤"，沈文原寫作"鈎"，誤，今正。
⑤ 編訂者按："分部"後沈文原有"與"字，語義不通，疑爲衍文，故删。

英公博覽好古而未通六書之原，不能別擇去取，故踳謬複沓，較之《汗簡》爲甚。如崔①彥裕《纂古》多謬妄不②經之字，《籀韻》亦復後人妄作，精於六書者自能辨之。

這一類的學者，在於矯正以主觀改字的積弊，客觀的取材於流傳簡册之古文，以補《說文》之不足。但是他們的弊病，就是錢大昕所說的"不能別擇去取"，今覽郭、夏之書，形體多有合於正始三體石經之古文，蓋上本"壁經"而又恭以六朝以來之譌寫與杜撰，雖名爲補拾《說文》之闕遺，其實尚遠不如《說文》重文中之古、籀爲猶近古。其後徽宗政和中（西一一一一～一一一七）王楚作《鐘鼎篆韻》（見《宋志》，已佚），宣和中（西一一一九～一一二五）杜從古以《汗簡》《古文四聲韻》缺佚未備，因而廣之，作《集篆古文韻海》（見阮元《四庫未收書提要》），南宋高宗紹興十三年（西一一四三）薛尚功又作《廣鐘鼎篆韻》（見晁氏《讀書志》），元楊鉤③博采金石奇古之蹟，益以奉符《党氏韻》，補夏、薛兩家所未收，作《增廣鐘鼎篆韻》（見阮元《四庫未收書提要》），吾丘衍亦有《續古篆韻》之作（陳宗彝《抱獨廬禁書》本），然後漸知根據金文，別立系統，此亦當時古器發見日多有以使之然。迄於清康熙五五年（西一七一六）汪立名因訂補明朱雲《金石韻府》，作《鐘鼎字源》，亦爲此派之流亞。諸家於時代之分，真僞之辨，雖均無真知灼見，然咸同以來小學家之喜於金文中探討古文之原始形象，其風蓋遠

---

① 編訂者按："崔"，沈文原寫作"雀"，誤，今據《潛研堂集·跋古文四聲韻》（上海古籍出版社，1989年）改。

② 編訂者按："不"，沈文原寫作"石"，誤，今據《潛研堂集·跋古文四聲韻》改。

③ 編訂者按："鉤"後，沈文原有"汶"字，疑爲衍文，今刪。

胚胎於宋代。論其應用之手段與所取之材料，後者固然遠勝於前者，然察其動機，則同爲不滿足《説文》中所采録之古文而別有所補苴，這是我們研究文字學史的人應當注意之點。

乙、以六書分釋《説文》字義者

這一派多混用甲派中第一類與第二類的方法，以六書統釋《説文》之全體。

宋鄭樵《通志·六書略》

（樵生於宋徽宗崇寧三年，卒於高宗紹興三十二年[西一一〇四～一一六二]。）

其自序曰：

> 小學之義，第一當識子母之相生；第二當識文字之有間。象形、指事，文也；會意、諧聲、轉注，字也；假借，文字俱也。象形、指事一也，象形別出爲指事。諧聲、轉注一也，諧聲別出爲轉注，二母爲會意，一子一母爲諧聲。六書也者，象形爲本，形不可象則屬諸事，事不可指則屬諸意，意不可會則屬諸聲，聲則無不諧矣。五不足而後假借生焉：

> 一曰象形：而象形之別有十種：有天物之形，有山川之形，有井邑之形，有艸木之形，有人物之形，有鳥獸之形，有蟲魚之形，有鬼物之形，有器用之形，有服飾之形，是象形也。推象形之類則有象貌、象數、象位、象氣、象聲、象屬，是六象也，與象形並生而統以象形。又有象形而兼諧聲者，則曰"形兼聲"；有象形而兼會意者，則曰"形兼意"。十形猶子姓也，六象猶適庶也，兼聲、兼

意猶姻婭也。

二曰指事：指事之別有兼諧聲者則曰"事兼聲"，有兼象形者則曰"事兼形"，有兼會意者則曰"事兼意"。

三曰會意：二母之合，有義無聲。

四曰轉注，別聲①與義：故有建類主義，亦有建類主聲，有互體別聲，亦有互體別義。

五曰諧聲：母主形，子主聲者，諧聲之義也。然有子母同聲者，有母主聲者，有主聲不主義者，有子母互爲聲者，有三體主聲者，有諧聲而兼會意者則曰聲兼意。

六曰假借，不離音義：有同音借義，有借同音不借義，有協音借義，有借協音不借義，有因義借音，有因借而借，有語辭之借，有五音之借，有三詩之借，有十日之借，有十二辰之借，有②方言之借。六書之道，備於此矣。

在鄭樵以前，沒有以六書統釋文字的。樵以爲"六經之作，唯藉文言，文言之本，在於六書。六書不分，何以見義。經之有六書，猶弈之有二棋，博之有五木"，於是作"《象類》之書"。今《通志·六書略》即"取《象類》之義，約而歸於六書，使天下文字無所逃，而有目者可以盡曉"。

又著《六書證篇》，其說曰：

---

① 編訂者按："聲"，沈文原寫作"書"，誤，今據《通志·六書略》（中華書局，2003年）改。

② 編訂者按："有"，沈文原寫作"於"，誤，今據《通志·六書略》改。

　　許氏多虛言，《證篇》唯實義。許氏所説多滯於死，《證篇》所説獨得其生。蓋許氏之義著於簡書而不能離簡書，故謂之"死"。《證篇》之義捨簡書之陳迹，能飛行走動，不滯一隅，故謂之"生"。（以下舉例）《説文》於"一"則曰"惟初太始，道立於一，造分天地，化成萬物"。故於"一"之類則生"元"、生"天"、生"丕"、生"吏"，然"元"從上，"丕"從地，"吏"從又，皆非"一"也，唯"天"從"一"。《證篇》於"一"則曰"一"數也。又象地之形，又象貫物之狀，在上爲"一"，故生"天"、生"百"。在中爲"貫"，故生"毌"（音貫）、生"𨍭"（古文車）。在下①爲"地"，故生"旦"、生"丕"。爲"貫"爲"地"者無音，以無所麗，則復爲"一"矣，是以無音。（《論"一""二"之所生》條）

樵之所以主張如此解釋文字者，其理由是：

　　書與畫同出，畫取形，書取象，畫取多，書取少。書窮能變，故畫雖取多而得算常少，書雖取少而得算常多。六書也者，皆象形之變也。（《象形第一》條）

　　按：樵書的特長是：（1）以六書統攝一切文字，爲有系統的解釋。（2）六書之本，推原圖畫，較之捨本逐末，株守《説文》者，確有"生""死"之別。自樵發端，沿元及明，迄於清代王筠，爲能集此派之大成者。至於他的短處是：（1）六書之中，再分細類，拘泥形式，偏重演繹，

---

① 　編訂者按："下"，沈文原寫作"上"，誤，今據《通志·六書略》改。

志在周密,反成挂漏,意期明晰,適滋溷殽。(2)刻意分析六書以求其別,不知融會六書以觀其通,遂致六書相因而生之理不能盡明,造字進化之程因而全昧。(3)論象形、諧聲之惑,則"厶"①可訓勢,"武"可从"亡";述起一成文之圖,則轉へ爲ㄥ(側加切),反〈爲〉(音泉),雖古今殊文,雜采鐘鼎,而六書舉例,多本俗字,例證不盡徵實,訂正或憑臆説。綜上所評,二長三短,鄭書内容,略盡於是。

宋末戴侗《六書故》

(乾隆李鼎元重刻本)

侗,永嘉人,淳祐(理宗)中登進士第,德祐(恭帝)初由秘書郎遷軍器少監,辭疾不起,蓋終於元代。

《四庫提要》評《六書故》云:

是編大旨主於以六書明字義,謂字義明則貫通群②籍,理無不明。凡分九部:一曰數,二曰天文,三曰地理,四曰人,五曰動物,六曰植物,七曰工事,八曰雜,九曰疑。(按:首卷爲《六書通釋》)盡變《説文》之部分,實自侗始。……元吾丘衍《學古編》曰"侗以鐘鼎文編此書,不知者多以爲好,以其字字皆有,不若《説文》與今不同者多也。形古字今,雜亂無法,鐘鼎偏旁不能全有,却只以小篆足之,或一字兩法,人多不知。……引經而不能精究經典古字,反以近世差誤等字引作證據。'鏒''鍾''鎣③'

---

① 編訂者按:"厶",沈文原寫作"△",誤,今據《通志·六書略》改。
② 編訂者按:"群",沈文原寫作"辟",誤,今據《四庫全書總目提要》改。
③ 編訂者按:"鎣",沈文原寫作"鎣",誤,今據《四庫全書總目提要》改。

'鋸''尿''屎'等字,以世俗字作鐘鼎文,'卯'字尤爲不典,六書到此,爲一①厄矣"云云。其詆諆甚至,雖不爲不中其病,然其苦心考據,亦有不可盡泯者,略其紕繆而取其精要,於六書亦未嘗無所發明也。

按:《提要》所說,尚未能盡其内容。兹就本書以研究之,尚有應舉出之數點如下:

(1) 通釋六書而忽略轉注,其言曰:"有有形而有聲者,有有事而有聲者,有有意而有聲者。有形而有聲者,象其形而聲从之,求其義於形可也。有事而有聲者,指其事而聲从之,求其義於事可也。有意而有聲者,會其意而聲从之,求其義於意可也。是三者,雖不求諸聲,猶未失其義也。至於諧聲,則非聲無以辨義矣。雖然,諧聲者猶有宗也,譬如人然,雖不知其名,猶可以知其姓,雖不察其精,抑猶未失②其粗者也。至於假借則不可以形求,不可以事指,不可以意會,不可以類傳,直借③彼之聲,以爲此之聲而已耳;求諸其聲則得,求諸其文則惑,不可不知也。"其說五書之理頗是,唯於轉注則蓋闕不言。

(2) 謂引申之義非假借,其言曰:"古人謂'令''長'爲假借,蓋已不知假借之本義矣。……二者皆有本義而生,所謂引而申之,觸類而長之,非外假也。所謂假借者,義無所因,特借其聲,然後謂之假借,若'韋'本韋背,借爲韋革之'韋';'豆'本爲俎豆,借爲豆麥之'豆';令

---

① 編訂者按:"一",沈文原寫作舊式標點"丨",誤,今據《四庫全書總目提要》改。
② 編訂者按:沈文原引脱"失"字,今據《六書故》(上海社會科學院出版社,2006年)補。
③ 編訂者按:沈文原引,"借"後衍"假"字,今據《六書故》删。

鐸之'令',特以其聲令令然,故借用'令'字,'稀令''伏令'以其狀類鈴也,故又從而轉借焉,若此者,假借之類也。"是專以借音者當假借,其於"本無其字"之界説,尚無確解。

（3）主張"六書類推"之説,其言曰:"六書推類而用之,其義最精,'昏'本爲日之昏,心目之昏猶日之昏也,或加'心'與'目'焉;嫁取者必以昏時,故因謂之昏,或加'女'焉;'熏'本爲烟火之熏,日之將入,其色亦然,故謂之熏黄,《楚辭》猶作'纁黄',或加'日'焉;帛色之赤黑者亦然,故謂之熏,或加'糸'與'衣'焉;飲酒者酒氣醺而上行亦謂之熏,或加'酉'焉,夫豈不欲人之易知也哉,然而反使學者昧於本義。故言婚者,不知其爲用昏時;言日曛者,不知其爲熏黄;言纁帛者,不知其爲赤黑。"此説即宋人之所謂"右文",清人之所謂"以聲爲義",當俟下面講第三派時再詳論之。

（4）以鐘鼎文變易《説文》,其言曰:"六書始於象形、指事,古鐘鼎文猶可見其一二焉。許氏書祖李斯小篆,徒取形勢之整齊,不免增損點畫,移易位置,使人不知制字之本。'⊙'本象日之圜,而點其中以象日中之微黑,小篆遂作日〇。☽本象初月,小篆作〇,乃與'肉'無别。〰、⋀⋀象其峰之隆殺,譌而爲山、𡶵。𦥑、�本象其四足而尾,譌而爲从巾。𤆬、𤌶本象其歧尾,譌而从火。凡此之類迷失其本文者也。"

（5）謂字義同者多由雙聲相通,其言曰:"聲,陽也;韻,陰也。聲爲律,韻爲吕。今之爲韻書者,不以聲爲綱,而鑿者每以韻訓字,故其義多忒,聲之相通也,猶祖宗衆姓之相生也,其形不必同,其氣類一也;雖有不同焉者,其寡已矣。韻之相邇也,猶猩爰之似人,鼺之似虵,蜀之似蠺也,其形幾似,其類實遠,雖有同焉者,其寡已矣。'台'

‘余’‘吾’‘我’‘卬’皆爲自謂之名，‘爾’‘汝’‘而’‘若’皆爲謂人之名，‘誰’‘孰’‘若’皆爲問人之名，此皆聲之相通①者也。‘春’之爲言‘蠢’也，‘悥’者‘得’也，‘祖’者‘且’也，‘子’者‘滋’也，‘丑’者‘紐’也，此所謂韻之相擬者也。不能審聲，而配韻以主義，未有不爲鑿說者也。”此說實證之以“古今語”“方言”轉變之軌迹，頗與之相合。清代錢大昕之說近之。

（6）須方言音轉不當立文，其言曰：“凡方言往往以聲相禪，雖轉爲數②音，實一字也，不當爲之別立文。姑舉其略：吳人、越人呼‘人’爲奴紅切，今俗書作‘儂’，台人魚鄰切，温人奴登切。‘母’古……”

（編訂者按：原印本到此結束。）

---

① 編訂者按：“通”，沈文原寫作“迪”，誤，今據《六書故》改。
② 編訂者按：“數”，沈文原寫作“類”，誤，今據《六書故》改。

筆記三則*

一、薢茩　解果　蟹堁蟹螺　累解　間介

《説文》："菱，秦謂之薢茩。"案："薢茩"即"角"之複音轉語，其字亦通於"解果"。《荀子·儒效》篇"解果其冠"，楊注引或説："解果，陜隘也。"案：謂冠梁中高旁下之形。又可作"蟹堁"，《説苑·復恩》篇引淳于髡語："蟹堁者宜禾。"案：《史記》作"甌窶"，《正義》以爲"高地狹小之區"，蓋與下文"汙邪"窪下之義相反。《荀子》楊注引作"蟹螺"，倒言之則爲"累解"。《荀子·富國》篇："和調累解，速乎急疾。"案：楊注："累解，嬰累解釋也。"分析釋之，非也。俞樾《諸子平議》謂即"解螺"之倒文，甚是；謂其義猶平正，則非。蓋"累解"之義爲狹隘間阻，言君國長民者在能調和上下之隔閡，其功效速於急疾束溼之爲治者也。其語又轉爲"間介"，《孟子·盡心》："山徑之蹊間介，然用之而成路。"案：趙注以"介然"屬下爲句。馬融《長笛賦》"間介無蹊"，李善引《孟子》此句解之，自是古讀。劉師培謂"間介"即"扞格"之轉音，甚是。蓋山徑本艸萊間阻不通，由人用之而後成路也。綜而言之，上述

---

* 　編訂者按：三篇筆記原分載於《段硯齋雜文》，今整理爲一篇。

"薢茩"諸轉語,均表示角形∧,其義爲陿隘阻塞,與"果贏""鹿盧"之表示弧形⌒,其義爲圓通旋轉者有別。又"薢茩"既爲"角"之轉語,角者二綫相遇之名,故孳乳之語爲"邂逅";亦猶"隅"爲兩壁相遇之際,孳乳之語爲"遇";"菁"爲交積材,孳乳之語爲"遘";它如"鏠"之與"逢","鍔"之與"遻",亦其比也。

二、《詩·齊風》"子之還兮"

王引之《經義述聞》:"毛傳:'還,便捷之貌。'《韓詩》作'嫙',云'好貌'。家大人曰:《韓詩》説是也。……作'還'者,假借字耳。《説文》'嫙,貌好也',義本《韓詩》。"又曰:"《漢書·地理志》曰'臨淄名營邱',故《齊詩》曰'子之營兮'。顏師古曰:'之,往也,言往適營邱。'(錢氏《答問》從之。)家大人曰:《齊詩》説以'營'爲'營邱',非也。凡《詩》中'旄邱''頓邱''宛邱'之類,皆連'邱'字言之,無單稱上一字者。'營'本作'嫙','嫙''昌''茂',皆好也。作'還'、作'營'者借字耳。"兼士案:毛義較長。"還"爲便捷之貌,正與下文"儇利"之訓相應,皆所以形容从禽馳逐便旋輕捷之狀。(下文"揖我謂我儇兮"之"儇",《韓詩》作"婘",云"好貌",亦不如毛"儇利"之説爲切。)《山海經·北山經》:"歸山有獸焉,其名曰驒,善還。"注:"還,旋,旋舞也。"此詩之"還"蓋與之同意。他如《爾雅》"鷹隼醜,其飛也翬"之"翬","雉、羊、雞之絶有力皆曰奮"之"奮","魚有力者鰴"之"鰴",皆與"驒"爲轉語,殆均以善還而得名。蓋"還"爲孔武有力之象徵,故戲劇中武生常以打旋表示勇猛之氣概。毛云"便捷",云"儇利",正是獵者周旋奮迅之狀。《韓詩》作"嫙",聲旁見義。《齊詩》作"營","營"古通"環",亦與"還""旋"之音義相通。三家字異而義實同。毛序云:"習於田獵謂之賢，閑於馳逐謂之好。"韓云"好貌"，不足爲異毛之證。《齊詩》説誤而字仍合。王氏駁《齊》"營邱"之説固是，至其軒輊輕毛，似仍未深得詩人之恉也。

三、煴火　蘊火

《漢書·蘇武傳》："鑿地爲坎，置煴火，覆武其上。"師古注："煴謂聚火無焱者也，音於云反。"又《召信臣傳》："太官園種冬生蒽韭菜茹，覆以屋廡，夜䒱蘊火，待温氣乃生。"師古曰："蘊火，蓄火也，音於云反。"案：《説文》："煴，鬱烟也。"王筠《説文句讀》云："鬱與韭鬱之意相似，彼謂不使出氣，此謂不使生光燄也。"《左傳·昭公二十九年》："鬱湮不育。"《史記·高帝紀》集解引賈注："鬱，滯也；湮，塞也。"劉師培云即"鬱伊"之轉音。"鬱烟"殆亦同語。其意與"無焱""蓄火"之義相通。蓋以灰薶蘊火焱，使其力勻而難爐。後世附會其義誤讀爲"文火"。楊萬里詩："不文不武火力勻，閉閣下簾風不起。"今俗謂燉肉不用猛火爲"文火"，正宜作"煴火"也。又《説文》："裒，炮肉，以微火温肉也。从火，衣聲。"大徐本烏痕切。又《廣雅·釋詁》："熅，煴也。""裒""熅"，殆均爲"煴"之變易字。其轉語爲"煨"。《説文》："煨，盆中火也。"《衆經音義》卷四引《通俗文》："熱灰謂之煻煨。"今人冬日以火烘花令開，尚謂之"唐花"，與《漢書》"蘊火"之義正合。"煨"之與"煴"，脂諄對轉也。

雑　談

兒童公育 *

徹底的婦人問題解決法
處分新世界一切問題之鎖鑰

解決婦人問題，其最大之障礙物，即爲家族制度。家族制度者，人類私有財産制度的歷史上之惡性傳統物；自來社會種種進化，莫不受其累而形遲滯焉，不過亞洲與歐美，其受毒程度有深淺之別耳。今世界大戰告終，社會行將改造，建設此新世界之唯一原則，人莫不知其爲 Democracy 矣。假使不趁此時機打破家族制度，則婦人終竟不能脫離向日之覊絆，而社會之重心，仍屬於男子方面。是 Democracy[①]云者，但爲片面的而非普遍的。

今世與婦人問題並爲人所重視之勞動問題，其最重要之條件，曰"工資增加"。假使家族制度不先打破，則[②]生活程度逐日增高，贍妻養子，終莫能釋内顧之憂。此種不均等的經濟支配法，殊難維持長久

　＊　編訂者按：原載《新青年》1919 年第 6 卷第 6 期，第 563—567 頁；又載《北京大學日刊》1919 年 10 月 31 日—11 月 4 日，第 474—477 號。本書據《新青年》版整理。

　①　編訂者按："Democracy"，《北京大學日刊》版作"人本主義"。

　②　編訂者按：《北京大學日刊》版無"則"字。

之治安。是"工資增加"云者,但爲治標的而非治本的。

婦人解放,其難點不在未生育之前,而在既生育之後,此爲研究婦人問題者,最當注意之處。歐美婦人智識程度,未必遽遜於男子,而卒未能與男子並駕齊驅,共同活動於社會中心者,亦家族制度爲之累故耳。家族制度重要之元素,實爲兒女。今欲解決婦人問題,若不先從處置兒童方法著手,是婦人解放云者,但爲一時的而非到底的。

年來國人對於婦人問題,發表之文章頗多:或據事迹以評現狀,或本理想以定目的。至於處此現狀之下,當用如何手段,而後可以排除障礙,完全達到理想中所定之目的,此種方法,卻少精密之討論。間有言之者,亦不過一枝一節,絕鮮道及根本的具體進行方法者。① 今本一己之見解,粗分進行方法爲四級,陳說於次。

四級方法:

(1) 女子須與男子受同等之教育,備有同等之智識。由小學以至大學,男女均須同校。破除向來以"良母賢妻"爲唯一標準之女子教育。

(2) 智識既備,生計自廣;然後可以脫離男子之羈絆,爲社會服一切職務。

(3) 男女既能各謀生計,夫婦當以分居爲常法,合居爲例外,破除固有之家庭形式。

(4) 婦人問題最難解決之點,在於既生育之後。今研究婦人問題者,對於兒童,若無相當之良法以處置之,則婦人問題終無澈底解決之一日。良法唯何? 吾以爲即"兒童公育"是也。

---

① 編訂者按:《北京大學日刊》版無"間有言之者,亦不過一枝一節,絕鮮道及根本的具體進行方法者"一句。

兒童公育之組織

社會先當立一調查機關，酌定每若干人口之間，於適當地方設一公共教養兒童之區。其中如"胎兒所""收生所""哺乳所""幼稚園""小學校①""兒童工場②""兒童圖書館""兒童病院"等，及其他衛生設置，均須完備。擔任教養之人材，以體格壯健、常識完備③、秉性親切爲合格之三大要件。此外更當設一"兒童學研究會"，聘任"兒童學專家"（如"兒童心理學者""兒童生理學者""兒童教育學者"之類），隨時調查④討論；每年聯合若干區，開一"兒童比賽會"，請專門"兒童學者"評定成績之優劣，以期競爭改良兒童公育之組織，至於盡善盡美。

兒童公育之經費

凡爲父母者，每一兒童，須年助金⑤若干：極貧者，得酌減助金⑥，或免助金⑦；資産家，除年助金之外，尚須納開辦臨時助金，及特別常年助金，大率以資産之多寡比例出金。凡助金額數，及減免納金，均須由本區人民公決之。至於遺產，統須歸入兒童公育機關，不得授與⑧私人，如遇特別情形，可由本區人民公決辦法⑨。

四級方法關於社會各方面之利益

每條下附識之(1)(2)(3)(4)即上方所列之四級方法。茲欲表明

---

① 編訂者按："小學校"，《北京大學日刊》版作"國民小學"。
② 編訂者按："兒童工場"，《北京大學日刊》版作"兒童試驗工場"。
③ 編訂者按："常識完備"，《北京大學日刊》版作"學問專長"。
④ 編訂者按："調查"，《北京大學日刊》版作"督察"。
⑤ 編訂者按："須年助金"，《北京大學日刊》版作"年納金"。
⑥⑦　編訂者按："助金"，《北京大學日刊》版作"納金"。
⑧ 編訂者按："授與"，《北京大學日刊》版作"遣交"。
⑨ 編訂者按："如遇特別情形，可由本區人民公決辦法"，《北京大學日刊》版作"遇有特別情形時，由本區人民公決辦理"。

其與各方面有因果關係,故分識於各條之下。

關於女子方面之利益:

(a) 女子之智力、體力,原與男子無大差別。其後因女子爲男子所私有,遂終身埋頭①於生育、中饋之職務。數千年來乃養成男優女劣之習慣,今將桎梏女子之制度一切解放,女子之智力、體力,不久必可恢復本來面目。(1)(3)(4)

(b) 不至因養育而廢學問、失職業,終身可以不依夫賴子。(3)(4)

(c) 永無操婢、妾、娼妓諸賤業者。(1)(2)

(d) 不必人人備有賢妻良母之唯一智識。(3)(4)

(e) 長於教養兒童者可以作爲專業,在兒童公育機關爲一般兒童造福。(3)(4)

(f) 獨身、結婚、離婚、夫死再嫁,或不嫁,可以絕對自由,無家庭之拘束與兒女之牽掣。(3)(4)

關於男子方面之利益:

(a) 可以終身免負家累。(2)(3)(4)

(b) 可以改良納妾宿娼之惡習。(1)(2)(3)(4)

注:男子納妾宿娼,實爲蔑視女子之人格。由心理方面觀察之,其最大原因,則唯厭故喜新,此層(1)(3)法足以防止之。此外尚有特別情形,如爲求嗣續納妾者,(4)法足以防止之。如畏負家累,寧宿娼而不娶者,(2)(3)(4)法足以防止之。

關於兒童方面之利益:

(a) 使自覺其個人在於社會之上位置,以發達其對於人類互助之觀念。(3)(4)

(b) 不受父母之溺愛或壓制,可以掃除崇拜祖先、依賴家長之惡

---

① 編訂者按:"埋頭",《北京大學日刊》版作"服務"。

習，使其有發揮本能之機會，了解獨立之精神。（3）（4）

（c）先天遺傳之惡根性或病質（如腺病質之類），得賴合於學理的教養以救正之，不致將來遺害於社會。（3）（4）

（d）婦人解放後，爲社會上種種之活動，不能家居撫顧兒女，往往於兒童健全上發生影響。兒童公育之後，可毋慮矣。（4）

（e）依分功原則教養兒童，其德育、智育、體育可以平行發達，成效必在舊式專賴父母爲生活者之上。（3）（4）

關於教育方面之利益：

（a）聯合家庭教育、學校教育、社會教育爲一氣，可免向來學校與家庭隔閡矛盾之弊，且可化學校之死教育爲適應社會需要之活教育。（4）

（b）各種兒童教養機關合而爲一，自人力、財力兩方面言之，亦爲最經濟的組織。（4）

（c）無憑藉世産，或因貧乏而失教育之兒童。（4）

關於社會方面之利益：

（a）純粹以個人爲單位，男女平行發展，共同盡力於各種事業，社會生産之能率自必倍增。（2）（3）

（b）家族制度、權貴階級、資産階級，均可藉此打破，永無復活之機緣，然後勞動問題、經濟均等問題，得有根本之解決。（2）（3）（4）

（c）家庭破除，兒童公育之後，無産階級間接可以得有産階級之抱注（參考上文“兒童公育之經費”節），又公共宿所及食所，自必應勢而興，當然騰出許多土地，節省許多糧食，以調節過與不足。此亦均貧富之一方法也①。（3）（4）

---

①　編訂者按：“此亦均貧富之一方法也”，《北京大學日刊》版作“亦實行 Communism 之一種穩健方法也”。

注:或以兒童公育之後,人人對於養育子女不負責任,恐將來發生人滿之患。此固爲理想上必有之問題。故上文規定:凡爲父母者,均須以子女之多少爲比例,助金①於兒童公育機關,即所以令其負責任也。此外如禁止早婚,可於法律上規定之;節制性慾,可於道德上提倡之,皆消極的②防止人口增多之法也。倘因此而竟謂兒童公育之必③不可實行,則亦因噎廢食之論已。

綜觀上說,欲解決社會一切問題,非先解決婦人問題不可;欲解決婦人問題,非先解決家族問題不可;欲解決家族問題,非先解決兒童問題不可。解決兒童問題之唯一良法,曰"兒童公育"。美總統威爾遜嘗謂"國際同盟爲解決和會一切問題之鎖鑰"。我於兒童公育之對於新世界一切問題亦深信其有此鎖鑰之價值。頗欲趁戰後社會組織須變動之時機,將此主義宣傳,以供同志之研究。

或有以兒童公育難於實行爲慮者,不知理想爲事實之先導,易卜生、托爾斯泰④當時所主張之正義人道,世多疑其太迂。遲至今日,已得發展之機勢,人莫不以其所主張爲事理之當然矣。兒童歸國家教養之說,昔日柏拉圖輩早已引其端緒,今時機已經成熟,人類私有財産制度的歷史行將告終,兒童本爲社會之分子,今歸之於⑤社會公共教養,實合於自然之原理。吾深信⑥欲立 Democracy 穩健完密之基礎,破除舊世界之種種惡業。捨此別無根本的良法⑦。

附言一:此種組織,與舊式之"育嬰堂""貧兒院",其性質根本不

① 編訂者按:"助金",《北京大學日刊》版作"納金"。
② 編訂者按:《北京大學日刊》版無"的"字。
③ 編訂者按:《北京大學日刊》版無"必"字。
④ 編訂者按:"托爾斯泰",《北京大學日刊》版作"脱爾斯太"。
⑤ 編訂者按:"之於",《北京大學日刊》版作"諸"。
⑥ 編訂者按:"深信"後,《北京大學日刊》版有"此種組織不久必可普遍實現於社會,蓋"。
⑦ 編訂者按:"良法"後,《北京大學日刊》版有"故也"。

同。此爲根本的、互助的、平等的。彼爲補救的、慈善的、階級的。不能混爲一談，認此爲含有彼之擴張性也。①

　　附言二：此稿成於病餘，無力參考成説②，僅抒己見而已。尚望研究社會問題專家有以教之，幸甚。

八、一、三〇

---

① 　編訂者按：《北京大學日刊》版，無"附言一"一段。
② 　編訂者按："成説"，《北京大學日刊》版作"各家成説"。

我對於教育會的疑問 *

教育會豈不是大家都認爲是最高尚、最潔白的機關嗎？但是我却以爲他是教育界亂苗的莠、害群的馬。何所見而云然呢？現在把我所根據的理由簡單的一條一條寫在下面：

（1）論起教育會本來的性質，應該教育會是各校教職員的公共團體，各校教職員是教育會的分子才對；但是各省教育會的中心人物，多半是教育界的游離分子，本身現在並不服務於教育界，却終日奔走於闊老豪商之門，藉著教育會的招牌，來達他政治生活的目的。這豈不是和曹汝霖充當蒙藏民意代表的議員，同是一樣的笑話嗎？

（2）各省教育會的中心人物，既非現在服務於教育界者，所以他們對於教育界的一切運動，都覺得是漠不相關似的。原來他們只是把教育會當作一種變相的政黨地盤，至於發展教育事業，本不是他們所抱的希望。

（3）教育會對於教育界的舉動，豈但消極的漠不相關而已，簡直可以說是還有大害。何以故呢？向來政府方面總覺得我們教職員的組合（如教職員聯合會、教職員公會等），是非法的機關，這就是教育

　　＊　編訂者按：原載《晨報》1921 年 7 月 29 日，第 904 號第 7 版。

會在政府方面打起正統的旗號聯絡取寵有以致之的原故。這實在是教育精神上和事業上的一個大障礙啊！

（4）一般的人都隱隱然認定教育會爲教育界的一個立法機關，他們自己也就居之不疑，竟敢提出"利用星期讀經子"一類荒謬的議案，想叫我們來執行。試問教育會爲什麼應該有這種權利？教職員爲什麼應該負這種義務？

我們服務於教育事業的朋友們啊！我們倘是希望教育事業繼續的向前發展，那麼應該有一種覺悟。就是：對於那名不符實的教育會，對於那自命爲教育立法機關的教育會，不得不鄭重的把他研究一下。

我以爲北京專門以上學校教職員聯合會，應該叫他正式的永久存在。從此橫方面推廣至於各省；縱方面擴充至於中小學，使其成爲一種有組織的、大規模的教育職業組合。再由此旁聯農、工、商各種職業組合，而把指導智識的責任放在肩上，使社會的重心漸漸的轉移到教育職業組合的上面，那時候才可以希望教育事業的澈底革新。就是改造社會，或許也要從這條路上走才行啊！

籌畫北京大學研究所國學門經費建議書[*]

　　竊唯東方文化自古以中國爲中心，所以整理東方學以貢獻於世界，實爲中國人今日一種責無旁貸之任務。吾人對於从外國輸入之新學，曰我固不如人，猶可説也。此等自己家業，不但無人整理之，研究之，並保存而亦不能，一聽其流轉散佚，不知顧惜，如敦煌石室之秘籍發見於外人後，法、英、日本，均極重視，搜藏甚夥，且大都整理就緒；中國京師圖書館雖亦存儲若干，然僅外人與私家割棄餘剩之物耳。又如英人莫利遜文庫，就中收藏中國史學上貴重之材料極多，中國亦以無相當機關主持收買，遂爲日人岩崎氏所得，近聞已囑託東京帝國大學文學部整理研究，不久當有報告公佈。以中國古物典籍如此之宏富，國人竟不能發揮光大，於世界學術界中爭一立脚地，此非極可痛心之事耶！

　　國立北京大學年來設立研究所國學門，幸承海內外學者之贊助，規模得以粗具；然欲使其充分發展，則非有固定而且優裕之基金不可。大凡一種學問欲得美滿的效果，必基於系統的充分研究；而此系統的充分研究，又必有待於真確完備之材料。關於東方學之參考材料，範

---

　　* 編訂者按：原載《段硯齋雜文》。

圍廣大，搜求既非易事，整理尤費工夫。茲略舉數事，以爲例證：

　　古代器物，爲考古學之重要材料。但此等材料向來皆零星向古董商人購入，於研究上之障礙甚大：

　　（1）古物之發現，多由於無意識偶然的發見。發掘者既無相當之學識，器物因之損壞者，往往而有；至於地層之紊亂，位置之錯移，更無論矣。此爲無意的損失。

　　（2）古董商爲蒙混賞玩家起見，得於甲地者，往往冒稱出於乙土，連帶可以明了其時代者，故意錯亂之以希圖善價。學者於此對於地方及年代遂不得不費一番無謂之考證，而不易更進爲比較綜合的研究。此爲有意的障礙。

　　苟欲掃除此等弊病，必須集合各專門學者組織一古物調查發掘團，應用智慧的測量，爲考古學的發掘。譬如鉅鹿宋大觀故城，必須先行設計，然後開掘，再施以科學的整理，如意大利之於羅馬邦卑然，乃於學問爲真有益。

　　他如安陽之甲骨，因風水忌諱而土人不敢采掘之地尚多；澠池石器時代之古物，雖經安特生博士發見，而我國學者从未身蒞其境。此一例也。

　　又如中國古代民族語言，爲學者所憑藉以探溯無文之世或載籍以外之事蹟的一種可貴之資料，其中可以考見現代文化與語言之源流及其系統之處，絕非淺尟。日本古民族蝦夷之語言，已由其國之學者搜集研究，於學問界有極大之貢獻。中國如西南各省苗、蠻諸族之語言，雖略經外人探討，然外人多不能深通中國之古音學及文字學，當然難得圓滿之效果。將來國語漸漸統一，此等絕好之考古資料，恐有湮沒漸滅之患，此事亦亟須定一規模，從事調查。他如方言、方音、歌謠、諺語等普遍之調查，與精密之比較，皆不應蹉跎後時。然此等調查研究，均極艱苦，非有相當之準備，莫能實行。此又一例也。

此外流傳國外者如《永樂大典》，莫利遜文庫、敦煌石室之書簡古物，均應設法調查，編次目錄，分別審定，何者須迻鈔，何者須照像，何者須施氈拓，何者須作模型。至於國內之史蹟、古物、舊書雅記之急須調查保存整理研究者，尤爲繁夥。揆諸理論，則亟待料理；按諸事實，則滯碍萬端。凡此種種，均非有負責之機關，充分之經費，相當之人材，長久之時日，莫能舉辦，而經費一層，尤爲先決問題。

國立北京大學研究所國學門對於以上所述多端，逐漸進行。其已著有成績者：歌謠研究會、清內閣大庫檔案會；正在籌備中者，有風俗調查會、風俗博物館、古蹟古物調查會、考古學研究室、方言研究會等。但爲經費所限制，無力發展，深爲可惜！若待大學預算增加，則現在固有之教育經費，尚不可靠，增加之期，殆猶河清之不可俟。茲幸各國對於庚子賠款均有退還我國興辦文化事業之主張，深望此事實行後能每年撥給北京大學研究所補助經費若干元（倘蒙國內外公私團體及個人捐助經費，亦極歡迎，其承受辦法，當另訂詳章），以爲搜集材料、培養人材、延聘學者、建築房屋之用。就此基礎，擴而充之，即可成一大學附屬之博物院，各學系均可於此取資參考。將來與各國間成績之交換、物品之贈借，均可規定一圓滿之辦法，以共圖東方學術之發展。中國幸甚！學術幸甚！

民國十一年九月

青年必讀書 *

伏園先生：

　　在許多日子以前承你寄了一張選填"青年必讀書十部"的單子給
我，當時因爲事忙，並且覺得這個題目之下的文章很不易做，本來打
算不交卷的。原來一般青年所要最低限度的必需知識，當然須求之
於學校的教科書及講義之中，這個我知道不是徵求者所需要的答案。
此外大之如講社會主義的書，小之如談個人衛生的書，又何嘗不是青
年應備的常識，那又太汗漫，不是十部所能概括的。後來一想，在別
一種解釋之下，或者可以勉强寫出一個答案。所謂別一種解釋者，即
指中國青年在學校講義之外關於本國歷史所必需的最低限度的知識
而言。這個解釋或者錯會了題意，文章却有法下筆了。假使你認爲
文不對題，給牠一個 0 分也好。

　　你寄來的格式紙，破得很利害，不能用了，現在就把答案寫在
這裏：

　　(1)《科學方法論》

　　這是正確思想，指示方法的唯一門逕書。

---

　　* 編訂者按：原載《京報副刊》1925 年 2 月 25 日，第 71 號第 8 版。

（2）《書目答問》

譬如用兵，這是參謀用的一幅險要地圖。

（3）《中國歷史研究法》

（4）《經學歷史》

（5）《中國哲學史大綱（上卷）》

（6）《詩經》

（7）《史記》

一切古代思想、學術、政治、制度之原，均可於此書中求之。

（8）《漢書》

文體、文辭具備，竊以爲與其讀《文選》，不如讀《漢書》，固不必塵作史書看也。

（9）杜詩

一洗選體詩之濫調，無體不具，亦無體不精，宋元以來之作者無能出其範圍。

（10）《儒林外史》

一幅近世中等社會之縮圖，讀之可見儒教之流毒，固不塵爲科舉時代寫照也。

沈兼士　九日

附注：書數拘於十部，當然難免"削足就履"的毛病。《哲學史大綱》是大學的一種講義，並且尚未完成，舉了出來，或者未免失當。

關於文學院論文之辦法 *

（特指國文、史學、社會經濟三系而言）

現在論文之弊：

（1）本科學生學力不足。關於論文之選題立說，均尟有把握，敷衍成篇者居其多數。

（2）此等不成熟之作品，徒耗費作者及指導者之時間精力，毫無保存之價值。

（3）同時學生若多，所選題目過於紛歧時，指導之教授，頗有頭緒紛繁，應付困難之苦。

兹提議改良之法：

（1）論文以分類搜集各種學術之材料爲其主要工作，無須加以主觀的論斷。

（2）各系由教授會擬定總題及分類小題，分若干組，令學生自由認定。

（3）每組工作可由一人或數人擔任之，倘一年不能完成時，得使

　＊　編訂者按：原文載《輔仁學誌》1936 年第 1 卷 1、2 合期，第 4—5 頁。

下屆四年級生繼續工作。

（4）各類材料俟搜集相當完備時，由指導之教授總編輯之。

如此辦法其利如下：

（1）學生可得博覽書籍及分類取材之練習。

（2）學生可培養通力合作之精神。

（3）開教授與學生合力著述之風氣。

（4）學校利用此法，不費一錢，於若干年後，可成若干部偉大之著作。

（5）以中國現在之人力、財力言，各種學術史及各種學術辭典，非如此作法，決不能編輯，即編成，亦不能完善。

（6）使畢業生出校後，於學術研究上與母校仍保持相當之聯絡，且可藉此鼓勵其終身研究成一專家。

查本校近年來各系三四年級指導研究，頗著成績，儻能與此項提議聯合進行，當更易奏效。

詩　歌

古體詩

和樊山消夏詩四首①

其一

一桁湘簾隔俗氛，鳥聲輕囀恰相聞。

扇頭小品三王畫，塵尾清譚六代文。

蕉紙試書和曉露，松窗破睡看晴雲。

縹緗自足芳芸氣，曝罷衣衫可當薰。

其二

撥盡人間萬事繁，疏狂本自厭簪冠，

籐床石枕隨宜設，花譜魚經引興看。

卍字爐香消日永，半天竹韻借秋寒，

新詞愛讀樊川集，滿坐清風暑到難。

其三

樸素端應謝綺綾，輕絺衫子著單層，

斛常汲水起居注，屏是司風左右丞。

---

① 編訂者按：轉引自周祖謨《懷念尊敬的恩師沈兼士先生》，葛信益、朱家溍編《沈兼士先生誕生一百周年紀念論文集》，紫禁城出版社，1990 年，第 21—22 頁。

香饌蓮花供作鮓，餻羹棗核琢成冰，

邇來却爲蕭閑慣，孤負書窗短檠鐙。

其四

屋小如牽岸上槎，雕櫺面面護輕紗。

荷箭嫩碧斟郫酒，菊腊甘芳點越茶。

西嶽好从僧借榻，東湖漫約客浮家。

此身不受緇塵汙，剝啄門前剩餉瓜。

病中聞蘇曼殊以胃病死，追懷往事，悵然有作①

智度寺[1]中記初見，輸心談笑日宴宴；

新句傳吟駭世俗，"袈裟點點疑櫻瓣"[2]。

人生貴在任自然，唧唧啾啾失天全；

於子乃見真顏色，乞錢且買雪茄烟[3]。

海外歸來感離索，失喜西湖逢行脚！

孤山藕漿嗟至味[4]，裘馬清狂興如昨。

自爾南北各分張，吳江燕樹長相望；

病裏忽聞君竟死，展讀遺書徒恨恨。

[1] 原注：智度寺爲余昔在日本小石川寓居之所。
[2] 原注：曼殊有句云："袈裟點點疑櫻瓣，半是脂痕半淚痕。"
[3] 原注：曼殊嘗困乏，向人借銀十元，以之盡購雪茄烟。
[4] 原注：曼殊一日遊孤山放鶴亭，主者爲調藕粉餉之，歸來賞嘆人物之美不離口。家兄士遠因戲之以詩云："今宵不兆興亡夢，夢到孤山吃藕漿。"

---

① 編訂者按：摘自楊鴻烈《拙作〈蘇曼殊傳〉後的幾句閑話——謝答周作人、沈兼士兩先生所寄給的信和詩》，《晨報副刊》1923 年 12 月 6 日，第 309 號。

虞美人·香山除夜[1]

兒時除夜貪迎歲，歡笑何曾睡。

中年除夜感飄蓬，風雪征程南北復西東。[1]

而今病臥西山下，兩度逢除夜。

粥餘藥罷百無宜，靜對寒梅數點且忘機。

[1] 原注：余自十九歲東遊日本，家居度歲之年絕少。歸國後由杭入京，由京赴陝，均於行旅中過除夕。

十六字令·香山冬日

寒，木落山空白日閑。無人處，雀糞點朱闌。

見心齋看雪

千甕擁瓊樓，萬松張玉蓋，乘興一行吟，不勞索笠戴。

和豈明先生五秩壽詩[2]

錯被人呼小學家，莫教何字寫袈裟。

---

① 編訂者按：以下三首詩，摘自劉運祺、蔡炘生選注《現代名家詩詞選注》，廣西人民出版社，1987年。

② 編訂者按：原載《人間世》1934年第2期，第5頁。

有山姓氏譌成魏，無虫人稱本是蛇。

端透而今應知澈，魚模自古屬歌麻。

眼前一例君須記，荼苦由來即苦茶。

題馬英林紀念册①

讀書雨夜一鐙昏，歎息何由起九原。

邪正古來觀大節，是非死後有公言。

未能劇論希捫蝨，且復長歌學叩轅。

它日安知無志士，經過指點放翁門。

援庵先生見示近作《明季滇黔佛教考》，奉詒一首②

吾黨陳夫子，書城隱此身。不知老將至，希古意彌真。

傲骨撑天地，奇文泣鬼神。一編莊誦罷，風雨感情親。

追悼高步瀛先生輓聯③

冀北馬群空，後進何人知大老；

天上鑱鎗落，家祭無忘告乃翁。

---

① 編訂者按：原載《輔仁》(年刊)，輔仁大學，1939 年。

② 編訂者按：原載《沈兼士先生遺墨》，《輔仁學誌》1947 年第 15 卷第 1—2 期合刊。

③ 編訂者按：摘自《悼高閬仙先生》，《國民雜誌》1941 年創刊號。

哭觀兒①

已悲年少成孤露，老淚何堪灑墓墟。

廿載艱辛勤顧復，而今寂寞對楹書。

《明渤海孫氏積善堂題贊手卷》題詩②

曲肱飲水从吾好，丘壑寒藤想故家。

積善自應綿世澤，清芬肸響至今誇。

亂中屢聞南知友惡耗，幸其傳訛，歌以訊之③

風雨悲長夜，艱危念此身；腥膻何日去，道義一生親。

憔悴行吟客，遐荒振鐸人；屋梁瞻落月，消息未應真。

入蜀雜詩（十八首）④

（一）

去歲由賊中違難入蜀，自冬徂夏，家訊渺然。會有客从北平來，

---

① 編訂者按：轉引自周祖謨《懷念尊敬的恩師沈兼士先生》，葛信益、朱家溍編《沈兼士先生誕生一百周年紀念論文集》，第 22 頁。

② 編訂者按：轉引自酈千明編著《沈兼士年譜》，四川辭書出版社，2022 年，第 436 頁。

③ 編訂者按：轉引自馬嘶《一代宗師魏建功》，文化藝術出版社，2007 年。

④ 編訂者按：原載《輔仁生活返校節特刊》1946 年 5 月 19 日；又載《益世報·人文週刊》1947 年 8 月 18 日、9 月 1 日。本書據《益世報·人文週刊》版整理。

將余女君健近畫雪景一幀,報平安,謂敵卒時至家中訶刺余蹤迹,屬勿寄書,恐爲所持,且言河朔民窮食匱,人懷偕亡之志,慨然有作。(癸未五月)

　　盡室羈窮域,孤征念老身。千山勞物役,一紙慰情親。

　　戰地誅求急,胡天雨雪頻。轉蓬聊忍性,生意待來春。

(二)

　　雨中至歌樂山,伯兄留宿鑑齋(六月)

　　骨肉情何極,相邀散客襟。感時傷老病,小息養身心。

　　梔子香能靜,松林霧更深。雨檐涼意足,駐屐一微吟。

(三)

　　孟真書來邀至李莊,詞意悃款,情動乎中。會有西北之役,不克赴,詩以謝之。(七月)

　　壯懷久搖落,憤激偶然爲,禮樂非吾好,干戈未定時[1]。

　　來書情疊疊,去國意遲遲,相約待請宴,幽棲典籍隨。

[1] 原注:方却立夫禮樂館之聘。

(四)

　　諶揖山輓詞(八月)

　　棘没銅駝有歲年,眼中人事益凄然。

　　通家故舊猶餘幾,老輩風流竟孰傳。

　　千首詩篇贏白首,一生勳業賸青氊。

　　他時討虜功成日,寄語賢郎告祭筵。

(五)

　　束束雲章(九月)

　　當代論才士,推君第一流。晚交逢亂世,密語寄深憂。

報國經綸熟，爲人道氣遒，澄清終有會，隼擊待高秋。

（六）

送客歸燕（十月）

君向幽燕我滯秦，晚風寒菊倍傷神，

尊前一曲千回首[1]，東去論心有幾人。

[1] 原注：餞席酒酣，客引吭高歌。

（七）

民族復興節朱益民、胡宗南招宴常寧宮，朱君即席賦詩，奉和一首（十月）

民族中興日，將軍百戰身，關河終古在，宇宙一番新。

燕樂酬佳節，招要到野人，酒酣清興發，高詠動梁塵。

（八）

宗南邀同語堂至潼關閱兵，遍歷城防，歸途登太華，宿北峰。道士出紙索書，爲題一絕。（十一月）

觀兵破曉出潼關，攬勝來朝入華山。

眼前多少興亡事，化作烟雲任往還。

（九）

長安客舍之夜（甲申二月）

亂裏笙歌雜楚辛，酒顏紅頰白頭新。

遥知燈火闌珊處，更有傷離念遠人。

（十）

芝田東歸賦此將意（三月）

送汝東歸意惘然，飄蓬心緒早春天；

可憐玉蝀橋邊路，花影搖風又一年。

709

（十一）

幼年隨宦漢中，山城花事極盛，與諸兄姊家塾放學，頗饒嬉春之樂。夏淺春深，徜徉綠蔭庭院，尤愛聽鳲鳩婦呼雨之聲。喪亂之餘，舊遊重記，偶聞鳴鳩，不勝逝水之感。（四月）

漠漠輕陰欲雨天，海棠開罷柳吹緜；

鳴鳩有意驚春夢，喚起童心五十年。

（十二）

甲申六月，勾當公事了，關東烽警益亟，一日數驚，乃決計去陝返蜀。道出寶雞，以候飛機，須作十日留。束君雲章馳函邀至蔡家坡雍興公司小住，越日束君自西安來會，下陳君之榻，羈客如歸。訪子雲之居，清談忘倦。瀕行賦此，不徒惜別已也。（六月）

中原談笑失，國事復何如？一夕安危異，千家去住殊。

雄才焉濟世，漂梗已窮途。多謝攀留意，清言且暫娛。

（十三）

朱逷先挽詞（七月）

十載經離亂，千秋隔死生，詩篇新枉寄，杯酒未能傾。[1]

柱史藏山業，楹書絕代名，猿啼三峽暮，惻惻若爲情。

[1] 原注：頃自西安徭役畢返渝，征車甫卸，驚聞君赴。

（十四）

題畫（八月）

紙閣蘆簾隱者居，青山紅樹望中舒；

秋來應有蒓鱸感，爲寫谿山無盡圖。

（十五）

中秋芃生招宴並示中秋無月之作，次韻奉酬。（九月）

秦關蜀道老苔漁,感慨秋風憶扁鱸,

無月無花空悵望,有人有酒莫孤虛。

豪情匣底長鳴劍,倦客懷中滅字書,

記取故鄉今日事,胥濤萬鼓渺愁予[1]。

[1] 原注:錢塘江潮以八月十五日最大,萬人傾巷觀之。

（十六）

九日用少陵韻①

去年病臥長安客,今日淹留蜀水濱。

取次中秋到重九,生憎②雨久盼晴新。

且澆壘塊高樓酒,苦憶情親絶塞人。

引領官軍收薊北,放歌燕市蕩胡塵。

（十七）

心如招赴汪山看梅,以病不往,仲兄賦詩見示,輒和其韻,並柬與會諸公。

裙屐風流花照簷,客中高會想精嚴,

影疏香暗堪滋味,不啻蓴羹著豉鹽。

羈懷都不關山水,孤負名園數點花,

燒罷藥罐了無事,紙窗斜日聽昏鴉。③

（十八）

滯渝忽復經年,土候不習,時時苦病。離明仲良自成都辱書,招

---

① 編訂者按:此詩又發表於《中華樂府》1945 年第 1 卷第 1 期。

② 編訂者按:"生憎",《中華樂府》版作"等閑"。

③ 編訂者按:此詩又名《甲申客渝和友人招赴汪山看梅之作》,載《文藝日報》1957 年第 7 期。

往遊息，賦此奉答。

> 明年六十即平頭，擾擾兵塵且未休，
>
> 劫後見聞足歌哭，峽中節序失春秋。
>
> 茶粗飯淡隨緣缽，坎止流行不繫舟，
>
> 清興未因衰病減，扶筇還上望江樓。

雷鳴遠司鐸殉國六週年紀念[1]

> 萬物備我智仁勇，千禩流芬言德功，
>
> 歌樂山前春畹晚，杜鵑聲裏杜鵑紅。

書曩陷敵中奉懷之作以歸魏建功[2]

建功自臺灣北來小聚，甚歡。行將南返，出自治《藤印存》索題，因書曩陷敵中奉懷之作以歸之。八載艱難，一夕款曲，雞鳴庭樹，明日茫茫，欲不悢悢，豈可得邪！

> 念遠傷離候，煢煢絕塞身。腥臊何日去，道義一生親。
>
> 憔悴行吟客，遐荒振鐸人。屋梁瞻落月，消息未應真。

---

[1] 編訂者按：原載《大公報》（天津）1946 年 6 月 24 日，第 15316 號。

[2] 編訂者按：據馬嘶《一代宗師魏建功》第 358 頁所附影印件整理，題目爲編者後擬。

新　詩

見聞①

驕兒蹚艸撲花蝶，村婦撿柴歌竹枝。

野景當前殊不惡，未能因病廢題詩。

真②

我來香山已三月，領略風景不曾厭倦之。

人言："山唯草樹與泉石，未加雕飾何新奇？"

我言："草香、樹色、冷泉、醜石都自有真趣，妙處恰如白話詩。"

香山早起作，寄城裏的朋友們③

天剛明，披了衣，拄了杖，

---

① 編訂者按：原載劉復編《初期白話詩稿》，星雲堂影印，1933 年。

② 編訂者按：原載《新青年》1918 年第 5 卷第 3 期，第 44 頁。

③ 編訂者按：同上書第 4 期，第 64 頁。

散步到石橋旁,

坐在箇石頭上,

受他山水的供養。

靜悄悄地,領略些帶露的草香,

聽一陣迎風的松響,

赤脚臨水,洗脱了骯髒。

這時候,自然的樂趣,

同那活潑潑的小孩子一樣。

一忽爾,山頭上吐出了太陽,

金閃閃的光,照得北京城隱約可望。

一般都是太陽照的地方,

何以城裏那樣煩熱,

鄉下這樣清凉?

山中雜詩(兩首)[①]

泉

腦弱失眠宵洗脚,眼疲抛卷午澆頭。

受他冷冷清清的,傍著梅邊自在流。

西風大作,温度斗降,橋邊散步,寫所見

五更山雨振林木,晨起凉意先上足。

---

① 編訂者按:原載《新青年》1919年第5卷第6期,第40頁。

野貓親人去又來，殘蟬咽風斷難續。

赤膊小孩抱果筐，晌午橋頭行彳亍，

爲言："今日天氣涼，滿筐果子賣不出。

賣不出，不打緊。肚裏挨餓可難忍！"

"有趣"和"怕"①

月色朦朧，竹影重重，鑑池水聲淙淙，我在池邊，弄水捉月。

撲通！跌下水裏去，拍手笑說："有趣！有趣！"

今夜我在清如許，臨水看月，仿佛二十年前的境地。

却怕跳跳奔奔的小阿觀做我當初有趣的事。

春　意②

斜陽半院，松影遮廊，我在水廊上閑坐；初春天氣，漸覺暖和。

廊下半開凍的方塘，注入清泠泠的春水，沖動冰澌，時起微波。

一雙白鴨，洗浴剛罷，站在冰塊上，晒翅刷毛，快活不過！

活潑潑的小阿觀，對著這個景緻，却也半晌不動，一聲不響的伴著我。

寄生蟲③

Distoma！你寄生我肚裏，十多年了。

---

① ②　編訂者按：原載《新青年》1919 年第 6 卷第 6 期，第 44 頁。

③　編訂者按：同上書，第 46 頁。

我精神強的時候，你就弱些。

你精神強的時候，我就弱些。

弱之又弱，萬一至於死，不知你那時候還能夠獨活嗎？

一個睡著過渡的人①

呷呀呷呀，許多人搖櫓。一個人却在船裏昏沉沉地睡著，櫓聲也搖不醒他，浪花也打不醒他。

索郎索郎，好容易船到岸，豫備下錨了。睡著的人，居然不費一手一脚的勞力，也身隨著人渡了過來。

括達括達，一齊在岸邊大道上往前走。好夢初醒的人，今番再不使出一點脚腿底本能來，可就要"拉下"[1]了。

[1] 原注：北方話"拉下"是落後底意思。

小孩和小鴿②

（八年秋天在香山旅館）

幾陣秋風，把避暑的大人先生都吹下山了。

旅館裏屋簷下被客人們嚇走的一群小鴿子，慢慢的尋回了舊巢，咕咕的叫著。

後山坡幾個鄉下人，担了收穫的高粱，在夕陽影裏，唱著山歌往

① 編訂者按：原載《新青年》1920年第7卷第2期，第69頁。
② 編訂者按：原載《新青年》1921年第8卷第6期，第56頁。

家裏走。

那一群小鴿子在白場上踱來踱去，拾那遺剩下狼藉著的高粱粒兒吃。吃完了走到山溪邊去喝水。

阿觀在旁邊站著看得出了神。鴿子們却不怕他，時時別轉頭看一看，依然伸著脖子一口一口的喝水。

訪　談

文字學專家沈兼士[*]

一、他研究文字學是用新的方法
故宮整理文獻工作大功已告成

"近二十年來，文字學很有發展，研究古韻者，多能應用發音學的理論，以解決聲紐與韻部之疑難；研究字形者，多能利用古器遺聞，以推尋原始象形之真相，其成績均大有可觀。"這是沈兼士氏，在爲蔡元培先生六十五歲慶祝論文《右文説在訓詁學上之沿革及其推闡》上開首的幾句話，可以説是他對於近二十年來攻文字學的人一個概略的批評。本來中國文字，最古也不過有五六千年的歷史，而中國語言要比文字古遠得多，自然我們可以説文字是由語言中演變成的。從前研究文字的學問，叫作"小學"，後章太炎（炳麟）氏改稱爲"文字學"，當然這是合乎潮流的名詞。沈兼士氏雖然有一個時期，被時代所激動，曾經攻習過化學同鐵路方面的學問，但是因爲他幼時受過嚴格的"四書五經"訓練，青年時又曾從章太炎氏攻習文字學多年，所以便研究文字學了。可是他研究文字學，是用最新的方法，並不是像從前治

---

[*]　編訂者按：茜頻（賀逸文）采訪，連載於《世界日報》1935 年 9 月 10 日—23 日，第253—266 號。

"小學"的那種舊方法。他民國三年起，在北京大學擔任教授文字學，直到現在，民國十年的時候，北京大學開辦國學門研究所，便是由沈氏主辦，他們用新的方法研究國學，使著整個的學術界，都受了他們的影響。民國十三年，清室善後委員會接收故宮，沈氏擔任整理文獻方面的工作，最近已將數百年零亂的文案，用科學的方法整理出來，而爲學術界研究的新資料，這些偉大繁重的工作，都是沈氏領導的。所以我決定去訪問他，請他發表些工作的經過同意見。

一個清晨的時光，我獨自去訪問他，我想他那時應該是在家的，所以事先並沒有與他約定時間，哪知他已經很早就出門了。後來還是約定時間，才會見他的。閽者引我到客廳等待，我想他一定從門外進來，哪知當我凝視著墻壁懸掛的字畫時，沈氏便從裏間出來了。一個高的身量，同强壯的體格，却使我出乎意料之外。當我沒有會見他以前，我理想中的沈氏，應該有迂腐的氣派，或者還許有些傲慢的神氣，哪知他的謙和同振作的精神，反倒使我驚訝。我們寒暄了幾句後，我便將來意説明，並且因爲他有事情，祇能先談半小時，約定了一個時間再繼續談話。

二、沈十九歲時即自費赴日本留學
中山先生當時在日組同盟會沈亦參加

沈氏首先説："中國並没有偉人，如文天祥，在歷史固然稱得起民族英雄，但是消極方面的，岳飛在歷史上，也没有得到好效果。那麼像我們這樣的人，更是談不到了。"他這幾句話，雖然是表示謙恭，可是我們可以知道他還有許多言外之意。我祇是略爲的贊同兩句，仍是開始問他家庭同個人的事。

　　沈氏是浙江吳興縣人。沈姓發源，即在南方，魏晉的時候，還是在南方，現在北方的沈姓，都是从南方遷來而同化的。他今年四十八歲，光緒十三年生於原籍，依世紀說是十九世紀的人，在中國是清末的人，這兩個時期，正是世界同中國演變最積極的時候，對於他後來的思想同研究，都有最大的影響，沈氏的祖父，在光緒年間，應試北闈，考中解元，與潘祖蔭是同時的。後來到陝西做官，在任上逝世，他們才回到原籍去的。沈氏既然是生在書香之家，所以很早就將四書五經讀過，而且還做過八股文，因爲在陝西，不及到南邊去應試。

　　當他十九歲的時候，正是光緒三十一年，那時維新的氣氛很重，使著他不得不學些應用的學問，所以在那年便自費的到日本去留學，當時與相契的幾個朋友，如章梓及陶冶公，對於清朝政治都感到不滿，並且不甘心當時的兩江總督某，因此大家都學物理、化學，預備自造槍彈作武器，這些辦法，現在談起來，似乎有點笨，但是那時他們的一腔熱血，却是也怪可憐的。慈禧后及光緒皇帝逝世的時候，沈氏正在日本，他們對於這個消息，不但沒有悲感，而且還認爲這是一個最好改進的機會，所以他們印了很多的傳單，在國內外散發，給了後來作革命工作的人，一點開端。因爲我們都知道，社會的改變，不是單純的原因能够促成的，必須要有歷史上的原因，他們的力量，便是奠定在歷史方面的力量。沈氏在日本時，孫中山先生由歐洲到日本，組織同盟會，沈氏便與錢玄同，同時加入了同盟會，他一方面與主持光復會的陶成章也有相當的契合，那時沈氏年已二十歲，便也想擔任起當時危險性最大的革命工作，現在耽於浮華的青年，應當發生什麼感想？

三、初到北平來是在法大擔任教授
北大研究所成立　沈首任國學門主任

後來章太炎因爲蘇報案已經了結，到日本講學，沈氏便从章氏研究文字學，他得了深一層的研究，所以奠定了他後來深造的基礎，北大教授馬裕藻、周作人，師大文學院國文系主任錢玄同，及北平大學女子文理學院院長許壽裳等數人，他們當時从章氏的同學，都是感覺滿清的政治不好，而都有一點抱負的，不期大家又因爲志趣的相同，又都研究國學了，成爲現在學術教育界的生力軍。

沈氏在日本數年，因爲肺病關係，便回國了，他在家鄉住了兩年，民國二年，才到北平來，在法政大學（即現在北平大學法商學院）擔任教授，民國三年又到北京大學教授文字學，固然以前就有"小學"的課程，可是从沈氏他們起，才用新的方法教授文字學，而且對於古人對於文字學的見解，用了一番檢討的功夫，給後來研究文字學的人，開了一條新路綫。民國八年"五四運動"時，沈氏正在北京大學，可是因爲在西山養病，並沒有參加工作。可是十年以後至十七年之間，當時學界對於北政府之政治改革運動，多半是參加的。

民國十年，蔡元培長北京大學時，成立北大研究所，首先開辦的是國學門，由沈氏任主任。當時他們便想用一種新的方法去研究國學，所以他們決定研究古代的國學，采用考古學；研究近代史學，采用檔案學；關於橫的方面，則从風俗學著手，他們這些新奇的研究方法，將以前的舊方法推翻了，並且掀起一般人對於國學同考古的興趣，現在國內的考古機關，都是受了他們的影響。結果北大這部分勢力，便分佈到全國了。我們談起的時候，沈氏還很謙恭的說：“北京大學國學研究所，對於學術界實在有點貢獻，不過不是我個人的力量，如馬叔平（衡）、劉半農（復）、周作人、胡適之、蔣夢麟諸先生，都是很幫忙的，他們的力量最大。”

四、整理故宮檔案工作極爲繁重
沈對整理方法舉出錯誤多點

民國十三年清室善後委員會接收清宮，沈氏便想將檔案整理工作，擴充到故宮，因爲故宮裏的檔案，多半是内務府的，對於清代入關以來滿洲的制度、帝制的組織、宮中的度支，包藏甚多。還有一部分内閣大庫的，自然都是把清代的庶政詳細記載，所以認爲那些檔案，是研究近代史最好的材料，於是沈氏便與陳援庵（垣）先生擔任了故宮博物院文獻整理的責任，領導這些繁重的工作。當他們從前在北大初整理檔案的時候，大部分精力和工夫，都耗費在初步的形式整理上面，因爲要將數十萬件亂七八糟的東西，一一依據名目，排比時代，這是多麼令人望而生畏的一椿工作，加之整理時的塵垢太多，眯目塞鼻，工作人如胡鳴盛病眼，魏建功傷肺，當時辛勞的情形，也就可以想象。但是那時他們的經驗太少，所以方法上仍有不少的缺點，第一是太重形式，祇知區別名稱，排比時代，而忽略檔案的内容。第二祇知注意檔案本身，而忽略衙署職司文書手續的研究，遂使各類檔案，都失掉牠們的聯絡性。第三是過於注意搜求珍奇的史料，以資宣傳，而忽略多數平凡材料的普遍整理，因此我就問沈氏，爲什麼會發生這些錯誤，他說：“這些錯誤，都由於没有把各種檔案綜合的研究、深刻的觀察，所以結果僅知其形式，而不知其内容；僅知其區別，而不知貫通;僅知有若干不相連屬的珍異史料,而不知統計多量平凡的材料,令人得一種整個的概念,以建化腐朽爲神之功,這樣做法,是不容易將檔案整理出一個系統來的,檔案學更是沒有成立的希望,後來有了機會,將内閣大庫澈底清理一翻,再拿宫中内閣軍機處三部分檔案,比較綜合的一研究,然後才知道内閣的史書,就是紅本的擇由,也就是實録的長編,宫中的繳回硃批奏摺,就是軍機處摺包的原件,諸如此類,明白了不少的掌故,由此看來,整理一類的檔案,須要弄清楚牠當時其未歸以前的作用如何,整理各類檔案,須要弄清楚牠們當時的性質,和手續上的連絡如何,不是祇顧形式的分門別類,或是披沙檢金的搜尋若干珍貴史料便算盡了整理檔案的責任,那麽應當怎樣才算是合理的方法呢? 當然是值得研究的。"沈氏説完了,略爲休息一下,我也等了一會,又接著問他。

五、整理檔案除探求本身外尚須參證典籍
現在整理的方法有三步驟

因此我就問他,整理檔案以甚麽方法爲合理。沈氏説:"从前文獻館,也曾編次若干有關清史的重要材料,刊行問世,然大半是零星撤拾,所以多掛一漏萬,主要的弊病,在於不求普通整理的完成,而急求表現,因此我們於民國二十三年改組時,就決定以全力注重普遍之整理,分北平現存的史料,軍機處的照會、函電,内閣大庫的黄册、檔案,内務府的各種檔案,爲若干組,同時整理,先因名以立類,再以類編目。因爲整理檔案,與部勒群籍,難易不同,書籍以整部全佚爲單位,檔案以零星散頁爲單位,書籍分類有中西成規可循,檔案則無定法。書籍編目有書名可據,檔案須隨件擇由,所以講分類,必須先考

據職官的隸屬、衙署的司掌,講編目必先研究公文的程式、檔案的術語,除於檔案本身探求外,尚須參證典籍,訪詢耆獻,然後仿記事本末的體例,將關於清代各大事的案件,依事按月,編成索引,藉作重修清史的長編,以供史家的參考。"這樣我們可以知道他們先後所用的方法不同。不過我覺得用科學方法整理檔案,以文獻館爲首創,因此我請沈氏具體的將方法説明,他説:"我現在整理檔案的方法,具體説來,第一步,是整理。整理又分爲:(1)拂去塵垢,整齊形式;(2)依據機關及名目,分別部類;(3)排比朝代年月;(4)標寫號簽及登記卡片。第二步是編纂,編纂的步驟:(1)據前記的卡片,依事類及時、地、人等項,編纂分類目録;(2)編檔案中所載各項大事及人名索引,以替代舊式紀事本末體之史書;(3)檔案所用術語彙纂;(4)校勘各種官書與檔案記載之異同詳略。第三步是陳列,陳列又分爲(1)普通陳列式,此種陳列爲提倡一般參觀者對於檔案之興趣起見,將不同時地性質之各種文物,繽紛雜陳,避免單調,以期引人注意;(2)專門陳列式,此種陳列,特爲專家研究而設。或以機關爲主,如内閣、軍機處、内務府等室,或以時代爲主,如乾隆時代工藝品、慈禧后御用品等室,或以事物性質爲主,如地圖、戲劇、清錢等室,均用綜合的系統的方法,表現陳列,務使一代政治文化之實際情形,能於此立體式的陳列室中,縱橫多面的反映出來。以上三項整理,以不失原來之真相爲原則,編纂以普遍編目爲原則,陳列以就文物之性質相互聯貫爲原則。總之其目的在於充分使學者取材便利而已。至於史學上一切問題之研究,及各種史籍的編纂,那自有研究院及各大學的史家,去負責擔任,我們不敢存此奢望了。"

六、檔案關係一代政治學術的盛衰甚大

民十一以後學術界始重視考古學與檔案學

談到這裏，關於整頓檔案的方法，算是談完了，因此我就問沈氏關於我國檔案的沿革，同在歷史上的關係。沈氏毫不思索的說："周官五史，掌一切政教出納的記載，古時學在王官，史之所掌，爲政與學的總匯，所以老子爲柱下史，知成敗、存亡、禍福、古今之道，號稱博學，爲諸子的巨擘。秦亡後，周室所藏，遺棄無見之者，而揚雄傷之，然蕭何猶獨收秦丞相御史律令圖書，使沛公知天下，阨塞戶口多少强弱，民所疾苦，以興漢室，於是知檔案關係一代政治學術的盛衰極大。魏荀勖《中經新簿》中的丙部，有舊事、皇覽部、雜事等。《隋書·籍志·史部》有起居注、職官、儀注、刑法、簿錄等類，大率皆是當時的檔案文書。古人説'六經皆史'，我們也可以説史皆檔案。精密一點來説，檔案是沒有摻過水的史料，後代私家著述漸盛，公家的檔案反形沒落。唐宋以來，目錄書中著錄的書籍日增，而一切政學來源記載鼻祖的檔案，士大夫反不屑道及，祇爲各衙署中錄事小吏之徒所掌管，偶被檢查而已。閱清代公私記載，每每見銷毀檔案的事，可以知道不重視的程度了。"因此沈氏又告訴我關於近代檔案保存的情形。近代檔案，當然是指清代二百年間的公家文書，約可分爲中央政府與地方政府兩種，中央政府包括内庭（即宮中及内務府）、外庭（即内閣軍機處）、各部院，地方政府包括省會（即督撫司道各衙門）、外縣（即道府州縣各衙門），現在故宮博物院所藏的，祇有中央政府一部分（内庭及外庭的檔案，各部院祇有刑部的檔案），這些檔案雖經過清代及民國以來屢次的損失，但重要性猶在其他檔案以上。至於保存的經過，近

來王靜安、徐中舒、趙泉澄、方甦生諸君，都有文字發表，北京大學研究所國學門一覽，敍述明清檔案整理會的始末，更爲詳細。

嗣我又問沈氏尚有其他關於文化建設、學術研究的事業。沈氏說：“民國十一年我主持北京大學研究所國學門時，首立明清史料整理會，以保存內閣檔案。旋又創辦考古學會、風俗學會，並設古物及風俗陳列室，俾治國學的人，也知道利用縱橫兩面的自然材料作實際比較的研究，一洗向來文人徒託空言的積習。我國學界的重視考古學與檔案學，也就是从這時起。繼又於故宮博物院文獻館倡議，將內閣大庫、軍機處、內務府三類檔案，聯合集中保管，擬定一般檔案的整理編目法，計劃普通式及專門陳列式的方案，文獻整理及陳列的規模粗具。”

七、沈對文字學向來有五項主張

他編纂的《廣韻聲系》即將出版

旋我又請沈氏發表些關於文字學的意見。首先問他對於文字學的主張。他說：“我向來主張：(1)象形字的原出於文字畫。(2)六書造字應分意符字及音符字兩個階段。(3)意符字不直接代表語言。(4)《説文》本義説多不足信。(5)語辭的變化，有關係於字形字音的變化等說。我於民國二十二年，發表《右文説在訓詁學上之沿革及其推闡》論文一篇，主要在證明中國語根與語辭的分化衍變，可由形聲字的諧聲系統中求得之，即漢語中宗族的研究，非賴此不能成立。繼又根據上述理由，編纂《廣韻聲系》一書，以爲實驗這種理論，及彙搜中古語言發展史料的第一步工作，現已由輔仁大學編輯室編竣，即將出版。其他與此材料連帶可以解決的各種問題，都將與助理者共同研究,陸續發表,以爲研究中國語言文字學的一助。"沈氏研究語言文字學多年,著述方面,除上述兩書外,尚有講義及其他短篇文字均爲大家所熟知。章太炎先生曾經說過,文字聲音訓詁的研究不是向來所謂小學,而是中國語言文字之學,這是學者們都知道的。沈氏平日主張由右文說以探尋中國語的語根,其說非所習聞。因此我就請沈氏說明這種道理。他說:"文字是間接或直接代表語言的符號,語言不能沒有變化,所以文字不能無訓詁。語言的變化約有二端:(1)由語根生出分化語,(2)因時間或空間的變動,生出轉語。這兩種都是依雙聲疊韻爲變化的軌迹,所以訓詁也須以音爲樞紐。因此訓詁家重聲訓。古代聲訓的書,首推《白虎通》《釋名》,次爲《說文》,不過古代聲訓,條件太簡,所以易涉傅會,而賴右文矯正。泛聲訓的範圍最廣,袛取音近,別無條件。同聲母字相訓,雖已有限制,但是在若干同聲母的形聲文字中,僅隨意取二字以相比較,條件猶嫌過寬。唯右文須綜合一組同聲母字,而抽繹其具有最大公約數性的意義,以爲諸字的共訓。所以憑藉這些材料來探討語根及字族,是比較可相信的一點。"據他這樣說來,聲訓與右文的關係很深的,是以我請沈氏再說明關於右文的概念,因爲一般人,往往將牠與形聲兼會意誤爲一事。沈氏說:"《藝文類聚·人部》引晋楊泉《物理論》:'在金曰堅,在草木曰緊,在人曰賢。'都說這是開右文的端緒。而右文說的異於前人者:(1)右文是研究一組同從一聲母的形聲字與聲母在訓詁上的關係,較但說形聲兼會意者爲有系統。(2)所用以解釋同聲系字的共訓是歸納聲母及形聲中含有最大公約數的意義而成的,較之僅據聲母,望形生訓者爲近於真實的。"

八、清末小學家注意右文的爲章太炎、劉師培
右文紛亂的情形並非無法整理

　　嗣我又問章太炎先生對於右文的意見。因爲章氏是清末小學家，近復被推爲國學大師，而沈氏曾從章氏學，當然是能夠知道章氏意見的。他說："清末小學家，注意右文的，當爲章太炎與劉師培。"他說完了這句話，便站起拿過來一本書，又說："至於章氏的意見，在他著的《國故論衡》上《語言緣起說》一段裏說：'語言之初，當先緣天官，然則表德之名最夙矣。然文字可見者，上世先有表實之名，以次擴充，而表德之名因之。後世先有表德、表業之名，以次擴充，而表實之名因之。是故同一聲類，其義往往相似。如阮元說從古聲者有枯槁、苦窳、沽薄諸義，此已發其端矣。'章氏並有五例博徵諸說，我在這裏代說一個，第一個例是：'如立一"爲"字以爲根，爲者，母猴也。猴喜模仿人舉止，故引申爲作爲，其字則變爲"僞"。凡作爲者異自然，故引申爲詐僞。凡詐僞異真實，故引申爲譌誤，其字則變作"譌"。"爲"之對轉爲"蝯"，"僞"對轉復爲"譌"矣。'章先生此種引申義的各字，十九皆與表示語根的字有聲母與形聲字的關係，雖不明言右文，而右文之說，得此更增有力憑證。同時章先生更有進於前人的意見：(1)自來訓詁家尠注意及語根，章氏首先標舉語根以爲研究的出發點，由此而得中國語言分化的形式，可謂獨具隻眼。(2)根據引申之說，系統的臚舉出形聲字孳乳的次第，亦屬創舉。章先生以後作《文始》，就是動機於此。不過方向又復轉變。現在再引《文始》的一段，以資比較：'略例庚曰：昔王子韶創作右文，以爲從某聲出，便得某義。若《句部》有"鉤""笱"，《臤部》有"緊""堅"，《丩部》有"糾""嚻"，《辰部》有"娠"

"覣"，及諸會意相兼的字，信多合者。然以一字相衡，即令形聲攝於會意。夫同音之字，非止一二，取義於彼見形於此者，往往而有。若農聲之字多訓厚大，然"農"無厚大義。支聲之字多訓傾衺，然"支"無傾衺義。蓋同韻同紐者別有所受，非可望形爲詭。況復旁轉、對轉，音理多塗，雙聲馳驟，其流無限，而欲於形內牽之，斯子韶所以爲荆舒之徒，張有沾沾，猶能破其疑滯。今者小學大明，豈可隨流波蕩。《文始》所說亦有媾取本聲者，無過十之一二。深懼學者或有錮躄，復衍右文之緒，則六書殘而爲五，特詮同異，以諆方來。'章先生文中批評右文說的弊病，說'取義於彼見形於此者往往而有，非可望形爲詭'的話，確是中肯，但是這種紛亂的情形，並非無法整理，因爲推其理，不外兩種，或緣音近，用代本字；或本無字，祇表音素。前者就是通借法，可依右文的義以求本字，後者依聲托事，歸於本音。宋人固不知此，而清儒諸家於此已略得緒理，但尚未充類至盡。如能以右文爲主，再輔以章氏之說，縱橫旁達，以求其流衍之勢，則語言文字的變化雖多歧路，也可以無補羊之慮。"

九、自來諸家所論右文學多不从歷史上著眼
研究右文的人不應拘泥於字形

於是又轉問沈氏對於諸家右文學說的意見。按沈氏對於文字學的研究綦深，他的意見，自然是值得我們注意的。他說："自來諸家所論，多不知從此種學說的歷史上著眼，觀察作者何代，述者何人，僅憑一己一時的見到，騰諸口說，詡爲發明。實在即是古人陳說，但有詳略不同，絕少實質的差別。這是學說不易進步的最重要原因。同時諸家所論，或偏重理論，或僅述現象，或執偏以該全，或

捨本而逐末，若求具歷史的眼光，用科學的方法，以爲綜合歸納研究的，殊不多見。因爲右文的字，變衍多途，有同聲的字，而所衍的義，很多歧别，如非聲字多有分背義，而‘菲’‘翡’‘痱’等字，又有赤義。吾聲字多有明義，而‘齬’‘語(論難)’‘敔’‘圄’‘語’等字又有逆止義，由於單音的語，一音素孕含的義，不一而足，諸家對此多説‘凡从某聲，皆有某義’，不加分析，率爾牽合，執其一而忽其餘。又如聲母‘非’訓‘違’，其形爲‘从飛下翅，取其相背’，所以右文爲相背義，這是聲母與形聲字意義相應的。至‘非’之右文，又得赤義，僅是借‘非’以之表音，並非本字。又‘吾’的右文是‘逆止’義，或借爲‘午’字，至又有明義，本字不可得而確知。(章先生《小學答問》‘蘇’字條云：‘魚之爲言寤也，《釋名》言“魚目不閉”是也，孳乳爲“寤”。’説亦可通。)諸家對此，又多胡囉言之，莫爲别白。又有義本同源，衍爲别派，如‘皮’的右文有：(1)分析義，如‘詖’‘簸’‘破’諸字；(2)加被義，如‘彼’‘鞁’‘貱’‘帔’‘被’諸字；(3)傾衺義，如‘頗’‘尬’‘跛’‘波’‘披’‘陂’‘坡’諸字。求其引申之迹，則加被、分析應先由‘皮’得義，再由分析而又得傾衺義。又如‘支’的右文，先由‘支’得歧别義，如‘芰’‘跂’‘敲’‘豉’‘枝’‘岐’諸字，再由歧别義引申而得傾衺義，如‘伎’‘頍’‘攲’諸字，諸家對此又未能求其原委。復有同一義象之語，而所用的聲母頗歧别的。因爲文字孳乳，多由音衍，形體異同，未可執著。所以音素同而音符雖異，也可以相通，如‘與’‘余’‘予’的右文，都有寬緩義。‘今’‘禁’的右文，都有含蘊義。豈徒同音，聲轉亦然，尼聲字有止義。刃聲字也有止義(‘刃’字，古也在泥母)，如‘仞’‘訒’‘忍’‘紉’‘軔’等是。釁聲字有赤義，㒼聲字也有赤義，如‘滿’‘樠’‘璊’等是，諸如此類，都是右文中最繁複困難之點，倘忽諸不顧，非離其宗,即絶其□①,而語勢流行的疆界諸多模稜。諸家多取同聲母字以爲之説,不是澈底的意見。訓詁家利用右文以求語言的分化、訓詁的系統,固爲必要,然形聲字,不盡屬右文,其理至明,其事至顯。而自來傾信右文説的人,每喜抹殺聲母無義的形聲字,一切以右文説之,過猶不及,所以章氏發'六書殘而爲五'的慨歎。至《説文》本是一家之言,説字形字義,未必盡與古合,自宋以來,小學漸定一尊於《説文》。到了清朝,訓詁家更尊其説解,以爲都是本義,也是偏見。今挈右文,固不能不本諸《説文》,然也應當旁參古訓,溝通音理,以求其縱横旁達之勢。諸家多囿於《説文》,其所得似未爲圓滿。因此研究右文的人,對於音符字,須先審明音素,不應拘泥於字形;對於音素,須先分析其含義,不只當牽合於一説。"

十、用右文的方法可訂正古書違誤判斷異訓得失
一般懷疑《説文》裏的字是假造的是不對的

"那麼右文的應用功效如何?"我在當他述説完畢他的意見後,又這樣的問了他一句。他説:"右文的功用,在黄承吉的文章裏,有這樣一段説明,他説:'凡所遇右文注釋訓詁之字,……於誤解之義,亦即可燭見而無所遁。更不至見先儒訓釋異同,輒貿貿然是非莫辨,以至兩存其説,而無所宰制。'由此可以看出右文文法的應用,對於校勘古書、審定字義者,有很大的益處。但是黄氏僅講理論,而没有舉出例證,恐不足使人信。現特舉例證明之:(1)《説文》:'眽,目財視也。'段注:'財,當依《廣韻》作"邪"。邪,當作"衺"。此與《辰部》"脈",音義

---

① 　編訂者按:原字漫漶不能識,故以□代之。

皆同，"財視"非其訓也。辰者，水之衺流別也。'又《糸部》：'紙，散絲也。'段注：'水之衺流別曰"辰"，別水曰"派"，血理之分曰"衇"，散絲曰"紙"。'桂馥《說文義證》'《釋詁》"覛，相也"，郭注："覛謂相視也。"馥疑"財"爲"相"之誤。'不過桂說不及段說得以聲爲義的道理。又我覺得《說文》'各'訓'異詞'，故從各聲字得有歧別之義。雖全文裏的'各'字都當格至義講。然'各'的音素，含有歧別的意義，也是事實，不必拘拘於爲本字或借字。如路因歧出而得名，《釋名·釋道》'路，露也，人所踐踏而露見也'未爲得之。論訟紛紜謂之'詻'。'鞀，生革可以爲縷束也''挌，枝格也''笿，栖笿也'，與'鞀'同意，'絡'亦如之。段意以爲《說文》'格'訓'木長皃'，'挌'乃'枝格'本字。若以右文之說衡之，從各聲字，因歧別義得枝格義，形旁的爲'木'，爲'扌'，衹是重文，初非二字。段氏本字之分，實爲蛇足。因此我們可以概括的說，用右文的方法，可以訂正古書的違誤，判斷異訓的得失，同時可以發見許書說解非盡爲本來的意義。三者對於訓詁學的貢獻極大，而第三點爲最有價值，賴此以得訓詁的蕃衍，雖至賾而不可亂，所謂'超以象外，得其環中'。因爲要求文字的孳乳，必先探語言的分化，若徒執著形體，斷不能得語言多面的變動。"關於右文的理論，沈氏談得很多，總算是至詳至盡了。於是我問他一般對於許慎《說文》，認爲不是文字源流而解釋的。他說："一般人懷疑許慎的《說文》，他們的理由是《說文》裏的字，是許氏假造的，這是不對的，因爲在許氏的時候（西一〇〇年）已經有這樣有組織而且很完善的講古文字的著作，可稱爲世界首屈一指的了，至於注解的正確與否，重文之真實與否，又是另一個問題。不過我覺得許氏這番工作，在中國文字學史上，總算是有相當的功績，假若沒有他的《說文》，恐怕到現在還沒有人認識鐘鼎文,不要説甲骨文了。"

十一、中國現在教育的大弊端是抄襲形式而不求實用

關於文字學方面的問題,我們談得很多了。於是我們又轉談到其他的問題。首先我提出來的是請沈氏發表些對於教育上的意見。因爲他在各大學任教歷二十餘年,同時並曾主學校行政事宜,對於中國的教育政策及制度,一定是有很好的意見。當我提出這個問題以後,沈氏沉思了一會才説:"我國自從興辦學校以後,首先是沿用日本的教育制度,近年來復采用歐美的教育制度,這倒是没有關係,因爲教育的好壞,不完全在乎制度的本身,重要的關鍵是施行方面。我覺得中國現在的教育,有一個大弊病,就是抄襲形式,而不求實用。我們的祖宗都是會做八股的,八股是不許人們説自己的話,偏要'替聖人立言'。其流毒的一方面是浮誇虚妄,一方面是埋没個性,我們國民的細胞血液中,恐怕都有這種流毒的成分,所以辦教育的多半是抄襲陳言,狠少顧及適合中國社會實際的效用。不但是文法科有此弊,就是學理工科的,又何嘗免的掉'洋八股'的雅號。這個致病之因,固然很複雜。我以爲最大的是教育,行政當局閉户造車,出而不見得就合我國内務、財政、實業、交通等等一切現狀之轍,有以致之,比方實業教育,政府的教育當局和實業當局應該聯合各省的建設當局通盤籌劃,因地致宜,如畜牧皮革、水産、礦産、磁器、造紙、蠶絲、茶葉、釀造……等固有的,應該復興,尚未發達的,應該創立,譬如江西,應該恢復窰業,並設立窰業學校,即附屬於公司,以便進行改良磁器的計劃;浙江紹興,可以創立釀造學校,以便擴充釀造的計劃,亦即附於制造場。凡興一處之實業,即可隨之設專門學校,務期於實際技術之

中,講求理論,而不濫鈔書本,徒託空言。此等人才,目前未始不可於留學畢業生中求之,不足,然後補用國內畢業生。將來留學生之選派與夫國內學校設置,均應照此原則,定額分配。如此行之數年,相信可使國無廢業,人無棄材。至於各省千篇一律的工業、農業……等校,我看是很不易切於實用的。關於學制,也有一點批評,我們知道日本維新以來,高等專門學校的技術人才,是很有功勞於社會國家的。後來因爲大學畢業的人,一天一天增加,職業發生恐惶,於是高等專門學校,才不能不昇格。"

十二、我國的高中相當於日本的高等學校
但是實際程度相差得太遠
中國不但缺乏學者,事務家亦太少

"回看我國的情形如何,數年前的專門學校,今日都已改大。設備的情形,技術的效用,一概不管。雖美其名曰'深造',恐怕反於理論、技術,兩無所得了。其他普通中學,似亦有可議的地方。拿我國的教育,與世界各國來比,最不得不注意的就是日本。日本的大學學者之養成,在於高等學校之訓練。以學制而論,我國的高級中學,即相當於日本的高等學校,但是實際的程度卻差得太遠了。所以我國的高中畢業生到日本,不但不能入大學,就是高等學校也怕不易考。如此,我國的大學畢業生,比起日本來就要低一頭了。再說:我國高中學生,進了大學,多半還要補習一年基礎學科,才能夠學專門學問。這也是大學程度不易提高的一個大原因。民國四年教育當局取消各省的高等學堂,近年來又取消大學預科,據我看來,都是無積極計劃的辦法。現在政府很用力量在整理大學方面,對於中學,似乎不應該

太拋荒了吧？至於小學的話我沒有資格來講。既承下問勉强説幾句來塞責。國聯的調查專員説中國的教育，太偏於西化而忘記了中國的歷史和社會。但是教育的要義，是要注意到補偏救弊的，中國的毛病，中國人應該自己知道，中國民族性的短處，我以爲有最大的兩件：(1)没有合作的精神，(2)缺乏建設的能力。這個偏弊的倘不設法去補救，國家的復興是難有希望的，我以爲小學教育家應該設計一種具體的方案，來培養我們的兒童，使他們能充分具有上述的兩種興國强種的要素。倘是只在課本上寫幾段文章，那還是等於'八股'的無用。末了還有幾句話要説的，一般人都説我國的學者太少，我以爲尤其是事務家更缺乏。中國的學者多半鄙夷事務，作事務的多半毫無學問，我看這也是一切事業不易進步的一個原因，我希望大學的學生應該有一種訓練作事的機會。"旋我又請沈氏對政治發表點意見，他笑而不答，我知道他不願意説的。於是就問他將來研究的計劃，他説他將來當然是繼續的研究文字學，不過能否有成績，就不敢説了，這當然是他謙恭的話。我因爲時間太長，就此告別了。

我所知道的魯迅先生[*]

　　因爲我知道輔仁大學文學院院長沈兼士和魯迅是同學，並且在一起教過書，不但對於魯迅知道得很清楚，並且他們很要好，因此我特地以記者的資格，到那有著雕刻美的輔仁大學去訪問過他。當我問他的時候，他很沉痛的對我作了下面的談話：

　　"在前幾個月聽説周（樹人）病了，不久又聽説好了，現在傳來這個消息，真是出人意外、突如其來的事情。我和周先生認識，遠在三十年前，那時他在日本仙台醫學專門學校讀書，暇時从事翻譯，集成《域外小説集》。在他从事翻譯以前，固然還有林琴南等，但是林氏的譯法是另一種，不能相提並論。因此，先生在翻譯西洋作品上，可説是老前輩了。"

　　"以後我和周先生同在太炎先生門下讀書，不過那時除上課的時候外，見面的機會很少，有時談談文學，也是偶然的事情。"

　　"在民國初年，蔡元培先生任教育總長的時候，他任科長，在辦公時間外，从不作無謂酬應，只作學術上的研究，他搜集外間所難見到的書籍很多，是搜集的'造像'，一般只注意'造像'之下的文字，而他

　　* 編訂者按：原載《中國學生》1936 年第 3 卷第 10 期，第 19 頁。

搜集的'造像'則有一千餘種，那是最可寶貴的。當他在廈門大學、中山大學、北京大學各校教書的時候，都曾想把所收存的'造像'捐贈給學校，但均未實現。"

"先生的嗜好有三種：就是吸烟、喝酒和吃糖。這三種嗜好，一般人固然也有，不過先生嗜好的程度極深，正如同他的學問一樣。吸烟起初吸得很少，以後有人勸他，而他反覺得吸紙烟不過癮，便吸起雪茄來了。他總是烟不離嘴，臉同手指薰得很黃，好像吸'鴉片'似的。酒，他不但嗜喝，而且酒量很大，天天要喝，起初喝啤酒，總是幾瓶幾瓶的喝，以後又覺得啤酒不過癮，'白乾''紹興'也都喝起來。糖，一般兒童都愛吃，但幾十歲的成年人不太有這種嗜好，先生則最喜歡吃糖。吃飯的時候，固然是先找糖或者甜的東西吃，就是他的衣袋裏也不斷裝著糖果。隨時嚼吃。先生身體的柔弱，與以上三種原因也不是無關的。"

"他在新文藝文壇上，所佔的地位，人人都知道，而他對中國舊學問上，更具有深切的研究、偉大的眼光和見解，高於郭沫若等的造詣，不過先生不把他自己圍在一個圈子裏，而還要作更高的追求。他是最富於感情的，同時他的感情是熱烈的，有人說他'孤僻'那又是另一種的看法，他生平最孝，對於他母親可說孝道已盡，他母親現在八十餘歲，在西城住著，她聽到這個消息，還不知怎樣難過呢！先生是不好應酬的一個人，他在北平時也不大和人來往，以後他去南方，後來雖然來平在北大、師大、輔仁等校講演，因爲時間倉促，也沒有作長久的談話。最近幾年來他還常常寄幾本著作來，不想他現竟與世長辭，這真是中國和全世界文壇上的一個極大的損失！"

故宮文獻館工作計劃*

　　故宮博物院文獻館,過去兩年度之工作,均作檔案普遍之整理,宮中檔案、内務府檔案、内閣大庫檔案及軍機處檔案等,大致均已整理就緒。本年度工作,注重分類編目,並擬出版《檔案名稱術語辭典》。據該館館長沈兼士談:

　　最早文獻館整理工作,因無一定之計劃,故無顯著之成績。近兩年度,則按一定之方針,向前進行,各工作人員均努力從事,已有相當成績。本年度工作計劃有二:(一)用十進法將檔案分類。(二)編輯《檔案名稱術語辭典》。以往作普通之整理工作,因檔案分類方法,頗不劃一,致檢查參考,時感不便。現在決定注重檔案性質之分類,使用十進分類法,本年三月間,已訂定整理檔案規程,及規定整理各種檔案之標準方法,以資遵守。如此用十進法分類,一方面固可使系統清楚,再則合乎一般分類標準,但檔案分類工作至爲繁複,非圖書分類可比,對檔案名目,須有深切瞭解,方可進行。檔案名目,亦非顧名思義可知,須將檔案内容詳細明瞭,故本年度將檔案名目,詳細解釋,彙集成册,作爲《檔案名稱辭典》。至於檔案中所用一切術語,亦決搜集一處,不過須待下年度方可進行。

---

　　*　編訂者按:原載《中華圖書館協會會報》1936 年第 12 卷第 3 期,第 23 頁。

圖書在版編目(CIP)數據

沈兼士集/趙芳媛整理. 一上海:上海人民出版
社,2024
(菿漢叢書)
ISBN 978-7-208-18857-0

Ⅰ.①沈… Ⅱ.①趙… Ⅲ.①沈兼士-文集 Ⅳ.
①C52

中國國家版本館 CIP 數據核字(2024)第 079150 號

責任編輯 邵　沖
封面設計 陳綠競　等

菿漢叢書
章太炎研究中心　主編

沈兼士集
趙芳媛　整理

出　版	上海人民出版社	
	(201101　上海市閔行區號景路 159 弄 C 座)	
發　行	上海人民出版社發行中心	
印　刷	蘇州工業園區美柯樂製版印務有限責任公司	
開　本	890×1240　1/32	
印　張	24	
插　頁	5	
字　數	515,000	
版　次	2024 年 9 月第 1 版	
印　次	2024 年 9 月第 1 次印刷	

ISBN 978-7-208-18857-0/I·2145

定　價　138.00 圓